Silvio Paolucci
Giuseppina Signorini
Luciano Marisaldi

Di tempo in tempo

L'Età moderna

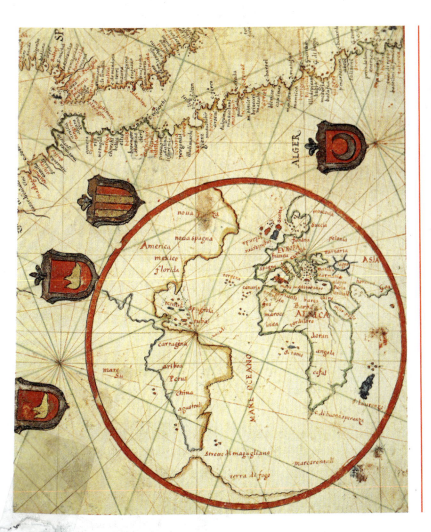

Una rappresentazione del mondo di Età moderna

La carta nautica in copertina è del XVI secolo. È costruita sulla base di un portolano, cioè un libro che contiene informazioni sull'andamento delle coste, sui punti di riferimento per i naviganti, sui fondali, sui tempi di navigazione.

Le carte nautiche presentano le regioni costiere con molta precisione, come si vede nella parte alta della figura, che descrive la costa nordafricana.

Non esiste un reticolato di meridiani e paralleli. Le righe di colore diverso sono i prolungamenti di una rosa dei venti centrale e di altre periferiche, che hanno lo scopo di indicare le direzioni da seguire.

Nello spazio interno dell'Africa, il disegnatore ha inserito un tondo che raffigura il Vecchio e il Nuovo Mondo. La scoperta delle Americhe ha spostato il «centro» del mondo dal Mediterraneo all'Oceano Atlantico: è il grande cambiamento che segna l'inizio dell'Età moderna.

ZANICHELLI

Copyright © 2017 Zanichelli editore S.p.A., Bologna [72124]
www.zanichelli.it

Di tempo in tempo è la seconda edizione di Paolucci, Signorini, Marisaldi *Il racconto dello storico*, Zanichelli 2012

Diritti riservati
I diritti pubblicazione, riproduzione, comunicazione, distribuzione, trascrizione, traduzione, noleggio, prestito, esecuzione, elaborazione in qualsiasi forma o opera, di memorizzazione anche digitale e di adattamento totale o parziale su supporti di qualsiasi tipo e con qualsiasi mezzo (comprese le copie digitali e fotostatiche), sono riservati per tutti i paesi. L'acquisto della presente copia dell'opera non implica il trasferimento dei suddetti diritti né li esaurisce.

Fotocopie e permessi di riproduzione
Le fotocopie per uso personale (cioè privato e individuale, con esclusione quindi di strumenti di uso collettivo) possono essere effettuate, nei limiti del 15% di ciascun volume, dietro pagamento alla S.I.A.E. del compenso previsto dall'art. 68, commi 4 e 5, della legge 22 aprile 1941 n. 633. Tali fotocopie possono essere effettuate negli esercizi commerciali convenzionati S.I.A.E. o con altre modalità indicate da S.I.A.E.

Per le riproduzioni ad uso non personale (ad esempio: professionale, economico, commerciale, strumenti di studio collettivi, come dispense e simili) l'editore potrà concedere a pagamento l'autorizzazione a riprodurre un numero di pagine non superiore al 15% delle pagine del presente volume. Le richieste vanno inoltrate a

CLEARedi Centro Licenze e Autorizzazioni per le Riproduzioni Editoriali
Corso di Porta Romana, n. 108
20122 Milano
e-mail autorizzazioni@clearedi.org e sito web www.clearedi.org

L'editore, per quanto di propria spettanza, considera rare le opere fuori del proprio catalogo editoriale.
La loro fotocopia per i soli esemplari esistenti nelle biblioteche è consentita, anche oltre il limite del 15%, non essendo concorrenziale all'opera. Non possono considerarsi rare le opere di cui esiste, nel catalogo dell'editore, una successiva edizione, né le opere presenti in cataloghi di altri editori o le opere antologiche.
Nei contratti di cessione è esclusa, per biblioteche, istituti di istruzione, musei e archivi, la facoltà di cui all'art. 71 - ter legge diritto d'autore. Per permessi di riproduzione, diversi dalle fotocopie rivolgersi a ufficiocontratti@zanichelli.it

Realizzazione editoriale:
- Coordinamento editoriale: Marina Di Simone
- Coordinamento redazionale e redazione: Laura Russo
- Segreteria di redazione: Rossella Frezzato, Deborah Lorenzini
- Progetto grafico e impaginazione: Studio 8vo, Bologna
- Revisione didattica, rilettura critica dei testi, soluzioni degli esercizi e contributo all'ideazione degli apparati cartografici e iconografici: Elisa Donin
- Revisione didattica di aperture e sintesi di capitolo: Letizia Ori
- Revisione didattica e contributo all'ideazione degli apparati cartografici e iconografici degli esercizi *Il capitolo a colpo d'occhio*: Giuseppina Lenoci
- Consulenza didattica: Sabrina Frigiolini, Giuseppina Lenoci, Laura Manzoni
- Ricerca iconografica: Costanza Pastore/Studio 8vo, Bologna
- 10 in leggibilità: le 10 regole sono state elaborate in collaborazione con lo studio grafico Chialab, Bologna. L'Istituto Superiore per le Industrie Artistiche (ISIA) di Urbino ha verificato che tutte le regole siano rispettate in questo libro
- Carte: Bernardo Mannucci
- Disegni: Claudio Prati
- Rilettura dei testi: Il Nove, Bologna

Copertina:
- Progetto grafico: Miguel Sal & C., Bologna
- Ideazione: Studio 8vo, Bologna
- Realizzazione: Francesca Ponti
- Immagine di copertina: Ioannes Superantius, **Portolano** (dettaglio). XVI sec.
  © DEA / A. DAGLI ORTI/De Agostini/Getty Images. Artwork Studio 8vo, Bologna

Prima edizione: 2012
Seconda edizione: marzo 2017

Ristampa:

8 7 6   2022 2023 2024

Garanzie relative alle risorse digitali
Le risorse digitali di questo volume sono riservate a chi acquista un volume nuovo. Zanichelli garantisce direttamente all'acquirente la piena funzionalità di tali risorse. In caso di malfunzionamento rivolgersi a www.zanichelli.it/contatti/assistenza
La garanzia di aggiornamento è limitata alla correzione degli errori e alla eliminazione di malfunzionamenti presenti al momento della creazione dell'opera. Zanichelli garantisce inoltre che le risorse digitali di questo volume sotto il suo controllo saranno accessibili, a partire dall'acquisto, per tutta la durata della normale utilizzazione didattica dell'opera. Passato questo periodo, alcune o tutte le risorse potrebbero non essere più accessibili o disponibili: per maggiori informazioni, leggi my.zanichelli.it/fuoricatalogo

File per sintesi vocale
L'editore mette a disposizione degli studenti non vedenti, ipovedenti, disabili motori o con disturbi specifici di apprendimento i file pdf in cui sono memorizzate le pagine di questo libro. Il formato del file permette l'ingrandimento dei caratteri del testo e la lettura mediante software screen reader.
Le informazioni su come ottenere i file sono su www.zanichelli.it/scuola/bisogni-educativi-speciali

Grazie a chi ci segnala gli errori
Segnalate gli errori e le proposte di correzione su www.zanichelli.it/correzioni.
Controlleremo e inseriremo le eventuali correzioni nelle ristampe del libro.
Nello stesso sito troverete anche l'errata corrige, con l'elenco degli errori e delle correzioni.

Zanichelli editore S.p.A. opera con sistema qualità
certificato CertiCarGraf n. 477
secondo la norma UNI EN ISO 9001:2015

Contributi:
- Compiti di realtà, progetto multidisciplinare: Francesco Mariutto
- *History Highlights*: Elisa Donin
- Didattica in itinere: Iolanda Pellegrino

Contributi dell'Edizione insegnante:
- Percorsi letterari, proposte di lezione con il metodo *flipped classroom*: Maria Cristina Pennacchio
- *History Highlights*: Elisa Donin

Realizzazione delle risorse digitali:
- Coordinamento redazionale: Laura Russo
- Redazione: Jacopo Bassi
- Audiolibro: Immagina srl, Bologna
- Progettazione esecutiva e sviluppo software di Booktab, realizzazione di carte animate e mappe interattive: duDAT srl, Bologna
- Carte: Bernardo Mannucci
- Stesura e ricerca iconografica dei percorsi multimediali, sceneggiatura ed esercizi interattivi delle carte animate, sceneggiatura del video *History Highlights*, PowerPoint di *History Highlights*, esercizi interattivi ZTE: Elisa Donin
- Ideazione e realizzazione dei video *Ciak, si impara!*: Appears srl, Bologna
- Progettazione esecutiva e sviluppo software dell'applicazione Guarda!: Yoomee Technologies, Bologna I Ravenna
- Realizzazione e adattamento della sceneggiatura del video *History Highlights*: Antonio Mannucci, Pier Xenofon Kotanidis
- Voce narrante: Richard Rice
- Disegni: Giulio Peranzoni
- PowerPoint per capitolo: Lorenzo Ferrari

Soluzioni degli esercizi e altri svolgimenti di compiti assegnati
Le soluzioni degli esercizi, compresi i passaggi che portano ai risultati e gli altri svolgimenti di compiti assegnati, sono tutelate dalla legge sul diritto d'autore in quanto elaborazioni di esercizi a loro volta considerati opere creative tutelate, e pertanto non possono essere diffuse, comunicate a terzi e/o utilizzate economicamente, se non a fini esclusivi di attività didattica.

Solutions of the exercises
The solutions of the exercises, including the steps leading to the results and other forms of treatment of the assigned exercises, are protected by Copyright Law (L.633/1941) as a modification of the exercises deemed original creative intellectual property work and therefore may not be used economically or disseminated to third parties, except for the exclusive purpose of teaching activities.

Diritto di TDM
L'estrazione di dati da quest'opera o da parti di essa e le attività connesse non sono consentite, salvi i casi di utilizzazioni libere ammessi dalla legge. L'editore può concedere una licenza. La richiesta va indirizzata a tdm@zanichelli.it

Data mining out of this work or parts thereof and connected uses are not allowed, unless for free uses permitted by law. Publisher may agree to license specific uses. The request may be sent to tdm@zanichelli.it

 Questo libro è stampato su carta che rispetta le foreste.
www.zanichelli.it/chi-siamo/sostenibilita

Stampa: Tiber
Via della Volta 179 -25124 Brescia
per conto di Zanichelli editore S.p.A.
Via Irnerio 34, 40126 Bologna

Silvio Paolucci
Giuseppina Signorini
Luciano Marisaldi

2 Di tempo in tempo
L'Età moderna

 **I video del libro sul tuo smartphone**

GUARDA!

1 SCARICA LA APP **DA:**

2 INQUADRA, SCATTA, GUARDA
- **Inquadra** con la fotocamera del tuo smartphone l'immagine che ha l'icona
- **scatta**
- **guarda** il video

PER IL COMPUTER E PER IL TABLET

 **L'eBook multimediale**

1 REGÌSTRATI A MYZANICHELLI
Vai su **my.zanichelli.it** e regìstrati come studente

2 SCARICA BOOKTAB
- Scarica **Booktab** e installalo
- Lancia l'applicazione e fai login

3 ATTIVA IL TUO LIBRO
- Clicca su **Attiva il tuo libro**
- Inserisci il **codice di attivazione** che trovi sul **bollino argentato adesivo** in questa pagina

4 CLICCA SULLA COPERTINA
Scarica il tuo libro per usarlo offline

Per saperne di più, vai
su.zanichelli.it/guarda

Unità 1 INDICE

NUOVI ORIZZONTI GEOGRAFICI E CULTURALI

Uno sguardo sul mondo 2
Esploratori e popoli coraggiosi solcano gli oceani 4

Capitolo 1 - Dal Mar Mediterraneo agli oceani infiniti 6
1. Il Mediterraneo orientale sotto il dominio turco 7
2. La penisola iberica e le esplorazioni atlantiche 10
3. Il Nuovo Mondo: la "scoperta" dell'America 14
- **Fonti** Gli *Indios* descritti da Colombo 16
- **Vita quotidiana** Nuove abitudini alimentari e nuove malattie 18
4. Le esplorazioni geografiche fra XV e XVI secolo 19
- Ricostruisco la mappa del capitolo 21
- **Geostoria** Il primo giro del mondo 22
- Sintesi 24
- Esercizi 25
- **Imparo a imparare** Interpreto le carte geografiche 27
Il capitolo a colpo d'occhio 28

Capitolo 2 - Alla conquista del Nuovo Mondo 30
1. Antiche civiltà amerindie 31
2. Arrivano i *conquistadores* 35
- **Vita quotidiana** Il passato che ritorna 38
3. Effetti della conquista sulle popolazioni dell'America e dell'Africa ... 39
- **Vita quotidiana** Lo sfruttamento degli *Indios* 41
- **I protagonisti** Bartolomé de Las Casas, il protettore degli *Indios* 42
4. L'economia europea dopo le conquiste 43
- Ricostruisco la mappa del capitolo 45
- **Geostoria** Navi che "scalano" le montagne: il canale di Panama 46
- Sintesi 48
- Esercizi 49
Il capitolo a colpo d'occhio 52

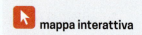

1400

1492 Cristoforo Colombo "scopre" l'America

Capitolo 3 - Umanesimo e Rinascimento 54

1. La riscoperta della cultura classica: l'Umanesimo 55
- **Vita quotidiana** La carta e la stampa a caratteri mobili 57
2. Il Rinascimento: uno sguardo nuovo sull'uomo e sul mondo 58
- **Patrimonio della cultura** L'arte rinascimentale 60
- **Vita quotidiana** Alla corte dei signori 62
3. Un nuovo interesse per la scienza e per le tecniche 63
4. Poco cambia nella vita delle donne 66
- Ricostruisco la mappa del capitolo 68
- **I protagonisti** Donne famose del Rinascimento 69
- Sintesi 70
- Esercizi 71
- **Il capitolo a colpo d'occhio** 74

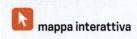

Capitolo 4 Riforma protestante e Riforma cattolica 76

1. L'Europa cristiana si divide 77
2. La diffusione delle dottrine protestanti 80
- **Geostoria** Il cristianesimo e le altre religioni nell'Europa di oggi 84
3. La Riforma cattolica o Controriforma 86
- Ricostruisco la mappa del capitolo 87
- **Fonti** I registri parrocchiali 88
- **I protagonisti** L'ordine dei gesuiti 89
- Sintesi 90
- Esercizi 91
- **Imparo a imparare** Confronto immagini di propaganda religiosa 92
- **Il capitolo a colpo d'occhio** 94

Sei pronto per la verifica? IN 1 ORA 96
Compito di realtà «Terra in vista!» 98
History Highlights The English Reformation 99
Cittadinanza e Costituzione Falsi miti: la droga, il fumo, l'alcol 100
Prova Invalsi 104

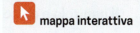

1517 Martin Lutero dà inizio alla Riforma protestante

1550   1600

Unità 2 — INDICE

LA FORMAZIONE DEGLI STATI MODERNI

Uno sguardo sul mondo 106
Novità politiche, economiche e scientifiche 108

Capitolo 5 - Regni e imperi nell'Europa del Cinquecento 110

1. L'Europa in guerra 111
   Fonti I lanzichenecchi e il sacco di Roma 116
2. Divisioni religiose e conflitti 117
3. Spagna e Inghilterra, potenze rivali 120
   I protagonisti William Shakespeare 123
4. Nasce l'impero degli zar 124
- Ricostruisco la mappa del capitolo 125
   Geostoria La disfatta dell'Invincibile Armata: la natura contro gli Spagnoli 126
- Sintesi 128
- Esercizi 129

Il capitolo a colpo d'occhio 132

Capitolo 6 - Contrasti nell'Europa del Seicento 134

1. Difficoltà economiche e calo demografico 135
   I protagonisti Ascesa e caduta di Masaniello 138
   Vita quotidiana L'abbigliamento, un simbolo della condizione sociale ... 139
2. La guerra dei trent'anni 140
3. Paesi emergenti: Olanda e Inghilterra 142
4. L'espansione sui mari: i commerci e le colonie 146
   Fonti La tratta dei neri: dall'Africa all'America 150

1527 i lanzichenecchi saccheggiano Roma

1500 — 1550

- Ricostruisco la mappa del capitolo 151
- Sintesi 152
- Esercizi 153
- Imparo a imparare Rifletto sulle mie abitudini di lettura 155
- **Il capitolo a colpo d'occhio** 156

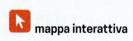

Capitolo 7 - Modelli di governo, modelli di pensiero 158
1. La Francia del Re Sole 159
- Vita quotidiana L'etichetta alla corte di Versailles 161
2. Il regno di Luigi XIV 162
3. Le rivoluzioni inglesi 164
- Fonti I tre pilastri della monarchia parlamentare inglese 167
4. La nuova scienza 168
- I protagonisti Galileo Galilei, un rivoluzionario della scienza 170
- Ricostruisco la mappa del capitolo 171
- Patrimonio della cultura Il barocco 172
- Sintesi 174
- Esercizi 175
- **Il capitolo a colpo d'occhio** 178

mappa interattiva

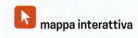

mappa interattiva

Sei pronto per la verifica? IN 1 ORA 180
Compito di realtà Abiti e mode fra il Cinquecento e il Seicento 182
History Highlights Francis Drake and the Spanish Armada 183
Cittadinanza e Costituzione Lo Stato moderno 184
Percorso di geostoria Il Mediterraneo: punto d'incontro, di scontro, di scambio fra popoli e civiltà 188

esercizi su ZTE

1689
Bill of rights: in Inghilterra nasce la prima monarchia costituzionale

1650   1700

Unità 3 INDICE

RAGIONE E RIVOLUZIONE

Uno sguardo sul mondo 192
Si consolida la supremazia europea nel mondo 194

Capitolo 8 - Gli inizi della rivoluzione industriale 196

1. Lo sviluppo industriale comincia in Inghilterra 197
Scienza e tecnica Inventori e innovatori rivoluzionano l'industria inglese ... 200
2. Il sistema di fabbrica trasforma società e ambiente 201
Fonti Gli artigiani temono il moltiplicarsi delle macchine 202
3. Lo sviluppo delle scienze e delle tecniche in età industriale 204
• Ricostruisco la mappa del capitolo 206
Scienza e tecnica Rane, bicchieri e aquiloni:
　　　　　　　　　　i primi esperimenti sull'elettricità 207
• Sintesi 208
• Esercizi 209
Il capitolo a colpo d'occhio 212

Capitolo 9 - L'età dei Lumi e delle riforme 214

1. L'Illuminismo: l'età della ragione 215
Patrimonio della cultura Pompei, il passato che vive 218
2. Le idee politiche ed economiche degli illuministi 220
Fonti Riflessioni per migliorare lo Stato e la società 222
3. Un vento di riforma attraversa l'Europa 224
4. Nuovi rapporti di forza in Europa 226
• Ricostruisco la mappa del capitolo 230
I protagonisti Due sovrane illuminate: Maria Teresa d'Austria
　　　　　　　　e Caterina II di Russia 231
• Sintesi 232
• Esercizi 233
Il capitolo a colpo d'occhio 236

Capitolo 10 - Nascono gli Stati Uniti d'America 238

1. Le tredici colonie inglesi 239
2. La guerra d'indipendenza americana 242
Fonti La *Dichiarazione d'indipendenza* 243
3. Gli Stati Uniti: organizzazione politica e conquista del West 245
• Ricostruisco la mappa del capitolo 247
I protagonisti Gli uomini del West: pionieri, sceriffi, *cowboy*, cercatori d'oro ... 248

1600　　　　　　　　　　　　　　　　　1650

Geostoria La storia nei nomi geografici	249
• Sintesi	250
• Esercizi	251
Il capitolo a colpo d'occhio	254

Capitolo 11 - La rivoluzione francese ... 256

1. La Francia alla vigilia della rivoluzione ... 257
2. Lo scoppio della rivoluzione ... 260

Fonti La *Dichiarazione dei diritti dell'uomo e del cittadino*	261
Vita quotidiana Mode e costumi della rivoluzione	264

3. La Francia rivoluzionaria e repubblicana ... 265
4. Guerra civile e Terrore ... 268

• Ricostruisco la mappa del capitolo ... 270

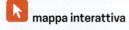

I protagonisti Le donne e la rivoluzione	271
• Sintesi	272
• Esercizi	273
Imparo a imparare Riassumo con le immagini	277
Il capitolo a colpo d'occhio	278

Capitolo 12 - L'Europa napoleonica ... 280

1. Napoleone Bonaparte: un generale d'eccezione ... 281

I protagonisti Eleonora de Fonseca Pimentel	285

2. Napoleone conquista l'Europa e crea un impero ... 286

I protagonisti Napoleone imperatore	289

3. L'impero napoleonico verso la fine ... 290
• Ricostruisco la mappa del capitolo ... 293

mappa interattiva

Geostoria I luoghi della prima campagna di Bonaparte in Italia	294
• Sintesi	296
• Esercizi	297
Imparo a imparare Leggo un dipinto propagandistico	299
Il capitolo a colpo d'occhio	302

Sei pronto per la verifica? IN 1 ORA	304
Compito di realtà La lunga storia delle macchine a vapore	306
History Highlights Benjamin Franklin's mission to France	307
Cittadinanza e Costituzione Gli esseri umani e l'ambiente	308
Percorso di geostoria Le forze della natura e la storia	312

esercizi su ZTE

scoppia la rivoluzione francese **1789**

Unità 4 INDICE

L'ETÀ DELLE RIVOLUZIONI LIBERALI E NAZIONALI

Uno sguardo sul mondo 316
Nuovi Stati e nuove nazioni 318

Capitolo 13 - In Europa e in America rivolte e rivoluzioni ... 320
1. Si ritorna al passato: la Restaurazione 321
2. I primi moti rivoluzionari 324
- Fonti I patrioti e Carlo Alberto 325
3. Nuovi moti indeboliscono la Restaurazione 328
- I protagonisti Patrioti italiani del primo Ottocento 330
4. Il sentimento di nazione e le rivoluzioni nazionali d'America ... 331
- Patrimonio della cultura La funzione civile dell'arte e della letteratura ... 334
5. Una guerra civile americana 336
- Ricostruisco la mappa del capitolo 338
- Geostoria I movimenti migratori verso le Americhe 339
- Sintesi 340
- Esercizi 341
- **Il capitolo a colpo d'occhio** 344

Capitolo 14 - Il Risorgimento italiano 346
1. Si programma l'Italia futura 347
2. Il 1848: l'anno delle rivoluzioni 350
3. La vittoria delle forze conservatrici 352
- I protagonisti Una patriota italiana: Cristina Trivulzio di Belgioioso ... 354
4. Cavour: diplomazia e guerre vittoriose 355
- Fonti Il «grido di dolore» dell'Italia oppressa 358
5. Garibaldi e la spedizione dei Mille 360
- Ricostruisco la mappa del capitolo 363
- Geostoria Sulle orme dei Mille 364
- Sintesi 366
- Esercizi 367
- Imparo a imparare Leggo il testo di un inno nazionale 371
- **Il capitolo a colpo d'occhio** 372

1815
Congresso di Vienna: comincia la Restaurazione

1800 1820

Capitolo 15 - Contrasti e tensioni nella società industriale 374

1. Un'economia che lentamente si trasforma 375
2. La società industriale 378
   Fonti Engels fra gli operai inglesi 381
3. Soluzioni diverse per i problemi sociali 382
4. Il mondo della borghesia 385
• Ricostruisco la mappa del capitolo 386
   Vita quotidiana Il nuovo volto delle città 387
   Geostoria Parole della geografia economica:
                settori economici e indicatori di sviluppo ...388
• Sintesi 390
• Esercizi 391
Il capitolo a colpo d'occhio 394

Capitolo 16 - Europa e Italia alle soglie del Novecento 396

1. L'Italia alla prova 397
   I protagonisti I briganti e il nuovo Stato 401
2. Unità d'Italia e unità tedesca si compiono insieme 402
3. Le potenze europee a fine Ottocento 405
4. In Italia il secolo si chiude fra tensioni e tumulti 408
   Vita quotidiana I primi passi della scuola italiana 408
• Ricostruisco la mappa del capitolo 411
   Geostoria La popolazione d'Italia ieri e oggi 412
• Sintesi 414
• Esercizi 415
   Imparo a imparare Rifletto sulla ricostruzione di un fatto storico ...416
Il capitolo a colpo d'occhio 418

Sei pronto per la verifica? IN 1 ORA 420
Compito di realtà La penisola italiana e le sue suddivisioni 422
History Highlights Queen Victoria and her long reign 423
Cittadinanza e Costituzione La Costituzione della Repubblica italiana ...424
Prova Invalsi 428
Progetto multidisciplinare 430

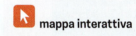

1861 nasce il regno d'Italia

1860 — 1880 — 1900

Unità 1

NUOVI ORIZZONTI GEOGRAFICI E CULTURALI

Capitolo 1
Dal Mar Mediterraneo agli oceani infiniti

Capitolo 2
Alla conquista del Nuovo Mondo

Capitolo 3
Umanesimo e Rinascimento

Capitolo 4
Riforma protestante e Riforma cattolica

Compito di realtà

Prova Invalsi

Uno sguardo sul mondo
Le esplorazioni transoceaniche prima di Colombo

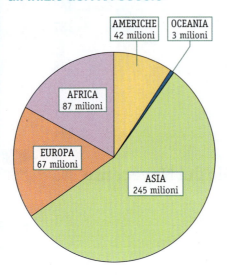

La popolazione mondiale all'inizio del XVI secolo

- AMERICHE 42 milioni
- OCEANIA 3 milioni
- AFRICA 87 milioni
- EUROPA 67 milioni
- ASIA 245 milioni

Le cinque città più grandi nel 1500

Pechino	690 000
Vijayanagara (India)	480 000
Istanbul (Costantinopoli)	410 000
Il Cairo	360 000
Hangzhou (Cina)	260 000

→ Grande migrazione austronesiana (IV millennio a.C.)
→ Viaggi transoceanici dei Vichinghi (IX-X secolo)
→ Esplorazioni dell'ammiraglio cinese Zheng He (inizio XV s

Comprendo i cambiamenti nello spazio e nel tempo

EUROPA			Vichinghi in Islanda e in Groenlandia	
ASIA		MIGRAZIONE AUSTRONESIANA		
AFRICA				
AMERICA			Vichinghi in America	
	6000 a.C.	....	1000 d.C.	 1300

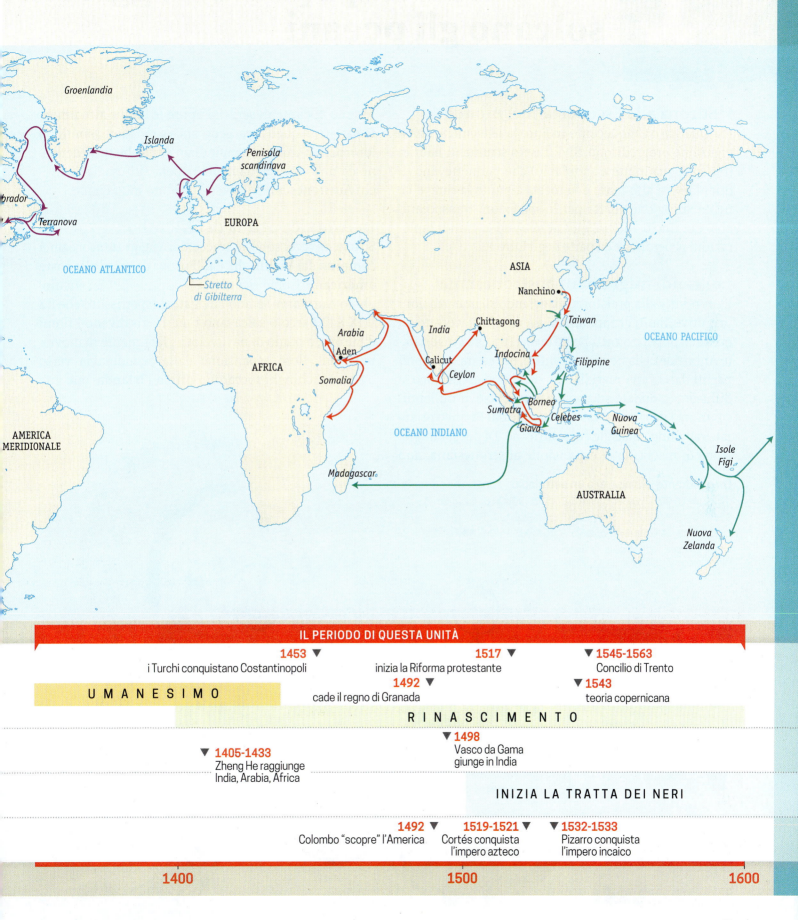

Unità 1 — Esploratori e popoli coraggiosi solcano gli oceani

L'Europa alla "scoperta" del mondo

Fra Quattro e Cinquecento in Europa le tecniche di navigazione progredirono. Si diffusero strumenti nautici (bussola, quadrante e astrolabio) che permettevano di orientarsi in alto mare e fu messa a punto la caravella, un'imbarcazione adatta per le spedizioni transoceaniche. Cominciò allora l'epoca eroica delle grandi esplorazioni geografiche da parte degli Europei.

Le grandi migrazioni austronesiane

Eppure sin dalla preistoria, viaggiando su imbarcazioni primitive, molti gruppi umani avevano attraversato gli oceani e popolato tutti i continenti (tranne l'inabitabile Antartide). Già nell'Età neolitica, per esempio, popoli partiti dalla Cina meridionale o dal Sud-est asiatico si diffusero (a ondate successive e nel corso di millenni) su un'area geografica vastissima, che dal Pacifico orientale raggiunge quasi le coste africane. Di questa migrazione di massa, detta **espansione austronesiana**, non restano documenti scritti. Eppure le lingue attualmente parlate in quell'area geografica sono molto simili fra loro: per gli studiosi è un indizio certo che tutte derivano da un'unica lingua-madre: quella diffusa dagli antichi Austronesiani nel corso della loro migrazione.

In America prima di Colombo

Scarse, invece, sono le tracce dei viaggi transoceanici compiuti dai **Vichinghi**, dall'Europa del nord **alle coste americane**. Come ricorderai [→ vol. 1, cap. 7], i Vichinghi (o Normanni) erano navigatori espertissimi che fra il IX e l'XI secolo solcavano i mari e risalivano i fiumi d'Europa, a bordo di navi veloci e facilmente manovrabili. Nella loro espansione dalla Scandinavia verso ovest, i Vichinghi toccarono prima l'**Islanda**; poi, gui-

▽ **Un quadrante** (a sinistra) **e un astrolabio** (a destra); il primo strumento serviva per orientarsi calcolando l'altezza della stella polare rispetto all'orizzonte; il secondo serviva per stabilire la latitudine, in base alla posizione degli astri.
Écouen, Musée National de la Renaissance. Parigi. Collezione Brieux. Foto White Images/Scala, Firenze.

dati da **Erik il Rosso**, raggiunsero la **Groenlandia**. Da lì, intorno all'anno 1000, ripartirono alla ricerca di una terra dal clima più mite. La trovarono navigando verso sud-ovest e la chiamarono **Vinland**, cioè la "terra del vino". Senza saperlo, erano **giunti in America** – forse fra il Labrador e l'isola di Terranova – circa **500 anni prima** di Cristoforo Colombo, compiendo un'impresa straordinaria, tramandata dalle leggende nordiche e confermata da recenti scoperte archeologiche. La spedizione tuttavia non ebbe conseguenze pratiche, e fu presto dimenticata.

Un'importanza fondamentale nella storia dell'umanità ebbe invece, nel 1492, la **"scoperta" dell'America** fatta da **Colombo** che, come vedremo, diede inizio a un lungo periodo di espansione economica e di predominio politico dell'Europa sul mondo.

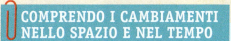

⌄ **Una nave vichinga**, il *drakkar*. In questo caso la prua termina con una minacciosa testa di drago. Miniatura inglese del X secolo.
Londra, British Library.

⟩ In basso a destra, **una delle spedizioni dell'ammiraglio Zheng He** riprodotta su un francobollo messo in circolazione in Cina nel 2005.

L'Europa può espandersi senza rivali

L'Europa non era la sola potenza in grado di primeggiare sui mari. La Cina, per esempio, da tempo conosceva **tecniche di navigazione** all'avanguardia. I Cinesi avevano introdotto per primi il timone unico di poppa e il principio dei **compartimenti stagni** che rendono le imbarcazioni più sicure. Le loro navi erano **giunche enormi**, assai più lunghe di una caravella, che potevano avere fino a una decina di alberi con grandi vele quadre. All'inizio del XV secolo (quando ancora gli Europei non superavano di molto lo Stretto di Gibilterra), l'ammiraglio cinese **Zheng He** aveva condotto sette spedizioni navali con scopi commerciali e scientifici, toccando i mari dell'Indocina, dell'Indonesia e dell'India meridionale e spingendosi fino al golfo Persico, al Mar Rosso e alle coste africane [→ vol. 1, cap. 16]. Ma poi i viaggi di esplorazione erano cessati, anche perché l'impero cinese era ricco e non aveva bisogno di importare nulla dall'estero.

Così, ormai **senza rivali**, l'Europa poté imporsi come **dominatrice** su tutti i mari del pianeta, inaugurando un'epoca nuova per le relazioni internazionali, e creando a suo vantaggio economico la **prima unità** commerciale **del mondo**.

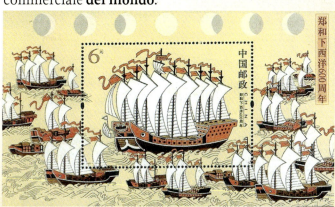

📎 COMPRENDO I CAMBIAMENTI NELLO SPAZIO E NEL TEMPO

1. Osserva la carta a p. 2, leggi la legenda e rispondi.
   a. La più imponente migrazione transoceanica della preistoria fu quella austronesiana. Individua l'isola più occidentale raggiunta dagli Austronesiani: di quale continente fa parte? Quale oceano la bagna?
   b. Servendoti di un atlante, controlla in quale Stato odierno si trovano il Labrador e l'isola di Terranova, che corrispondono alla "Vinland" dei Vichinghi.

2. Osserva il francobollo in questa pagina: è stato emesso in Cina per commemorare un importante anniversario. Un dettaglio indica quante centinaia di anni sono trascorse dall'evento ricordato: sai dire di quale evento si tratta? Come si chiamano le imbarcazioni raffigurate? Chi è il personaggio celebrato?

Capitolo 1 — Dal Mar Mediterraneo agli oceani infiniti

MI ORIENTO NEL CAPITOLO dal 1453 → al 1529

1 Nel 1453 i Turchi ottomani conquistano **Costantinopoli**. Con **Solimano il Magnifico** l'impero ottomano raggiunge la massima espansione.

2 I **Portoghesi** per primi cercano **nuove rotte** via mare per raggiungere l'oriente, dove rifornirsi di **spezie** e merci preziose.

3 Finanziato dai re spagnoli, il navigatore italiano **Cristoforo Colombo** attraversa l'Oceano Atlantico e arriva in **America**.

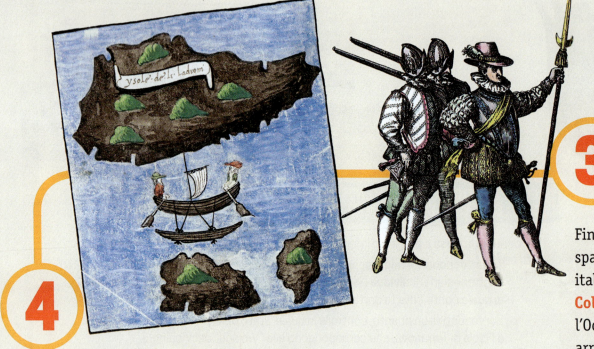

4 Si apre un'epoca di **esplorazioni geografiche**. **Ferdinando Magellano** compie il **primo viaggio intorno al mondo**, dimostrando che la Terra è sferica.

1. Il Mediterraneo orientale sotto il dominio turco

Gli Ottomani vittoriosi a Costantinopoli

Il 29 maggio **1453** l'assedio turco di Costantinopoli, durato quasi due mesi, era finito: i Turchi ottomani erano entrati nella città e per tutta la giornata avevano ucciso e saccheggiato. Quella sera il sultano **Maometto II** giunse a cavallo fin davanti alla porta della chiesa cristiana di Santa Sofia, scese di sella, raccolse da terra una manciata di polvere e se la rovesciò sul turbante in segno di umiltà verso Allah. Poi entrò nella chiesa devastata, diede ordine di coprire d'intonaco i mosaici cristiani delle pareti (la tradizione musulmana è contraria alla rappresentazione di Dio e della persona umana) e fece innalzare in fretta un'alta e sottile torretta di legno a forma di minareto, da cui un imam recitò ad alta voce l'invito alla preghiera. La grande chiesa cristiana, orgoglio degli imperatori bizantini, divenne così una moschea musulmana.

La basilica di Santa Sofia a Istanbul con le sue cupole e i minareti da cui l'imam chiama i fedeli alla preghiera.
Foto A. Jedynak/Shutterstock.

Istanbul, capitale dell'impero ottomano

Dopo la conquista ottomana, Costantinopoli si riprese presto. Con il nuovo nome di **Istanbul**, si trasformò nella più grande e popolosa città del mondo mediterraneo, crocevia di intensi traffici commerciali e centro culturale frequentato sia dai musulmani sia dagli occidentali.

L'espansione ottomana dal 1306 al 1566.

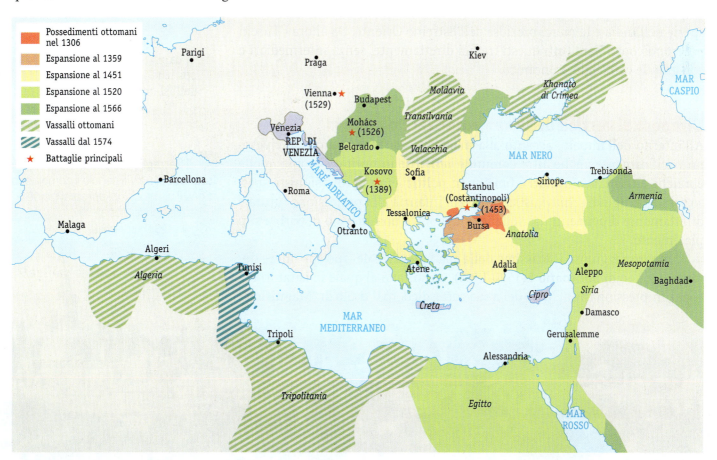

Fu lo stesso Maometto II a far ricostruire gli edifici danneggiati dai saccheggi e a ripopolare la città, chiamando genti turche dall'Anatolia. Sulle rovine dell'antica **acropoli*** di Bisanzio ordinò di innalzare un nuovo palazzo, il **Serraglio** (dal turco *sarayi* che significa "palazzo"), che fu la residenza dei sultani per quattro secoli.

* **Acropoli**
La parte alta delle antiche città greche dove sorgevano i templi delle divinità cittadine.

Continua la spinta espansiva degli Ottomani: Selim I

La conquista di Costantinopoli non arrestò la spinta espansiva dei Turchi ottomani. Con una serie di campagne militari essi si spinsero a nord fino a minacciare l'Austria e l'Ungheria, attraversarono il Mare Adriatico e nel 1480 conquistarono e saccheggiarono **Otranto**, in Puglia. Sbarcarono anche sulle coste del Friuli, dentro i confini del territorio della repubblica di Venezia. Sulle sponde meridionali del Mediterraneo la loro avanzata fu altrettanto travolgente: il sultano **Selim I** (1512-1520) conquistò la Siria e pose fine, in Egitto, al governo dei Mamelucchi (nome che significa «schiavi bianchi»).

Le conseguenze della conquista dell'Egitto

La conquista dell'Egitto ebbe due importanti conseguenze. La prima fu di carattere **religioso**. Dipendevano infatti dall'Egitto le città della **Mecca** e di **Medina**, sacre all'islam. Dopo la conquista, i sultani di Istanbul furono considerati i successori di Maometto e divennero i capi spirituali di tutte le popolazioni musulmane del Medio Oriente e dell'Africa mediterranea.

La seconda conseguenza fu di tipo **economico**. Passavano attraverso l'Egitto, per arrivare poi sui mercati europei, l'oro del Sudan, la seta della Cina, le spezie dell'India e le merci preziose dell'Estremo Oriente. Da allora i Turchi poterono controllare tutti questi traffici direttamente, senza intermediari e con grande vantaggio economico.

L'impero al vertice della sua potenza: Solimano I

All'interno dell'impero, accanto alla maggioranza musulmana, convivevano pacificamente anche altre comunità religiose minoritarie, come quelle ebraiche e cristiane. Militari e funzionari politici erano professionisti, spesso schiavi o figli di schiavi, istruiti fin dall'infanzia alla professione futura e direttamente dipendenti dal sultano, che poteva nominarli o deporli a suo piacimento.

L'impero raggiunse il massimo della sua potenza e del suo splendore durante il regno di **Solimano I** (1520-1566), un sultano al quale i visitatori europei, impressionati dal lusso della sua corte, diedero il titolo di "**Magnifico**".

ORGANIZZO I CONCETTI

Con la conquista dell'Egitto → i sultani ottomani / i Turchi ottomani
- i sultani ottomani **diventano** capi spirituali dell'islam
- i Turchi ottomani **controllano** i traffici con l'Africa, l'India e l'oriente

▽ **Il Serraglio dei sultani di Istanbul**. Dal XVIII secolo il complesso prese il nome di *Topkapi sarayi,* cioè «Palazzo del cannone».
Foto Bertl123/Shutterstock.

Solimano fu un abile **legislatore***, un uomo di cultura e un intrepido condottiero. Con lui l'impero si estese ancora, a nord fino a **Belgrado**, a **Budapest** (in Ungheria) e fino alle porte di **Vienna (1529)**, a sud fino a **Baghdad** (in Mesopotamia) e a **Tripoli** nell'Africa mediterranea.

A Tripoli, a Tunisi e ad Algeri si insediarono corsari e pirati turchi, assoldati dal sultano e detti "**pirati barbareschi**" (da Barberia, la regione dell'Africa settentrionale chiamata in arabo Maghreb): a uno di loro, **Khayr al-Din**, un "rinnegato", come si diceva allora – cioè un cristiano convertito all'islam – Solimano affidò il comando supremo della flotta ottomana.

* **Legislatore**
Colui che fa le leggi.

Pirateria e "guerra di corsa"

Nel Quattro-Cinquecento la pirateria era in aumento nel Mediterraneo, anche a causa dell'accresciuto traffico commerciale. L'incontro con una nave pirata o corsara era un'avventura tremenda: i malcapitati sorpresi da un attacco piratesco rischiavano non solo i beni, ma anche la libertà o addirittura la vita.

Fra gli assalti dei pirati e quelli dei corsari non c'era praticamente differenza. Sia gli uni sia gli altri attaccavano i mercantili, li svuotavano di tutto il carico, si impadronivano anche dei viveri, delle vele, dei pezzi di artiglieria, sequestravano gli uomini dell'equipaggio per richiedere un riscatto. Ma mentre i pirati agivano, per così dire, "in proprio", i corsari ricevevano da un sovrano una "**patente di corsa**", cioè l'autorizzazione ad attaccare e a depredare le navi dei Paesi nemici.

 **Trattative per la liberazione di prigionieri catturati dai pirati barbareschi.** Illustrazione del XVII secolo.
Foto Mary Evans Picture Library/Alamy.

COLLEGO CAUSE ED EFFETTI

▶ **PERCHÉ** sulle coste mediterranee sorgono torri di guardia e molte zone vengono abbandonate? Scegli la risposta giusta.

☐ Per proteggersi dagli attacchi dell'esercito ottomano.

☐ Per avvistare i pirati, che attaccano i villaggi costieri.

☐ Per sfuggire alle epidemie di malaria.

I territori costieri si modificano

I pirati attaccavano le navi in mare aperto, ma non risparmiavano neppure i villaggi costieri: li saccheggiavano, ne catturavano gli abitanti e li vendevano come schiavi. Proprio a questo periodo risalgono molte delle **torri di guardia** erette sulle coste meridionali della Spagna e dell'Italia per avvistare in tempo le navi pirata e cercare di mettersi in salvo.

La pirateria nel Mediterraneo ebbe **gravi conseguenze anche sull'ambiente**. Lunghi tratti di costa presi di mira dai pirati vennero abbandonati dalle popolazioni, che si rifugiarono nell'interno, in particolare sulle alture, dove sorsero piccoli **centri fortificati**. Intanto le zone costiere venivano invase dalle paludi e diventavano regno delle zanzare e della **malaria***: era l'inizio di una situazione ambientale che si manterrà per secoli.

* **Malaria**
Malattia, a volte mortale, trasmessa dalla puntura di alcune zanzare, le cui larve si sviluppano in acque stagnanti o paludose.

COLLOCO GLI EVENTI NEL TEMPO

1453 gli Ottomani conquistano Costantinopoli

1529 Solimano I assedia Vienna

2. La penisola iberica e le esplorazioni atlantiche

La conquista cristiana di Granada

Il 2 gennaio **1492**, dopo una decina d'anni di assalti e di trattative, fu il giorno della **resa di Granada**, la capitale dell'ultimo regno musulmano nella Spagna cristiana. Vestiti di lussuosi abiti in stile moresco (arabo), i vincitori, **Isabella** regina di Castiglia e **Ferdinando** re d'Aragona, salirono lungo i sentieri alberati che portavano all'**Alhambra**, reggia e fortezza dei re musulmani. Qui, in un salone luccicante di specchi, sulle cui pareti erano riprodotti versetti del Corano, li attendeva l'ultimo re musulmano per la consegna delle chiavi del palazzo: con questo gesto simbolico l'Alhambra passava dagli Arabi ai re di Spagna. Immediatamente dopo la pia regina Isabella fece consacrare dal vescovo la moschea della reggia. Poi, nell'edificio diventato ora chiesa cristiana, si inginocchiò a pregare.

La penisola iberica prima del 1492.

La corte dei Leoni dell'Alhambra. Granada è la città spagnola in cui la dominazione araba ha lasciato un'impronta più marcata.
Foto Liquid Studios/Shutterstock.

La cacciata degli ebrei dalla Spagna

Castiglia e Aragona erano Paesi profondamente diversi per lingua, tradizioni, economia e storia. I re cattolici, Isabella di Castiglia e Ferdinando d'Aragona, sapevano bene che l'unità religiosa della popolazione sarebbe stata la base più solida su cui fondare il nuovo regno e il loro potere. Perciò in Spagna tutte le **minoranze religiose** furono perseguitate, forzate alla **conversione** oppure **espulse**.

Il 1492, l'anno della vittoria cristiana sul regno islamico di Granada, fu anche quello dell'allontanamento dalla Spagna di decine di migliaia di ebrei, costretti ad abbandonare il Paese entro il tempo massimo di quattro mesi, con il divieto di portare con sé oro o denaro. Gli ebrei espulsi (chiamati **sefarditi**, dall'ebraico *Sefarad*, che vuol dire Spagna) trovarono rifugio in Italia, nell'Africa del nord, in Portogallo (ma in seguito anche lì vennero perseguitati) o nel più **tollerante impero ottomano**.

> **COLLEGO CAUSE ED EFFETTI**
>
> ▶ **PERCHÉ** molti ebrei lasciano la Spagna? Scegli le risposte giuste.
>
> ☐ I re di Spagna sono musulmani e allontanano ebrei e cristiani.
>
> ☐ Le minoranze religiose vengono perseguitate.
>
> ☐ I re di Spagna, cristiani, vogliono ricostituire l'unità religiosa del Paese.

La sorte di ebrei e musulmani convertiti

Molti ebrei preferirono convertirsi al cattolicesimo. Ma subito si cominciò a dubitare della sincerità della loro conversione e ad accusarli di conservare di nascosto le usanze della religione ebraica. Più tardi anche i musulmani di Spagna furono costretti a scegliere fra la conversione e l'esilio: quelli che scelsero la nuova fede vennero sospettati e perseguitati come gli ebrei convertiti finché, all'inizio del XVII secolo, furono costretti anch'essi a lasciare la Spagna.

Anche per smascherare i falsi convertiti (chiamati *conversos*, se ebrei, o *moriscos*, se musulmani) fu istituito il tribunale dell'**Inquisizione spagnola**. L'allontanamento di musulmani ed ebrei, tuttavia, impoverì il Paese di bravi contadini, di abili artigiani, di mercanti e anche di molti medici e professionisti, con conseguenze negative per l'economia del regno e per la sua ricchezza culturale.

Il battesimo dei musulmani convertiti in Spagna. Bassorilievo del 1520 circa.
Granada, Cattedrale. Foto P. Maeyaert/Bridgeman Images.

Le preziose spezie dell'oriente

Nell'aprile 1492, pochi mesi dopo la conquista di Granada, la regina Isabella di Castiglia si impegnò a concedere navi ed equipaggi, nonché il titolo di «**ammiraglio*** del gran mare oceano», a un navigatore italiano di nome **Cristoforo Colombo**. Questi cercava **finanziamenti*** per un viaggio oltre l'oceano alla volta delle Indie (la parola indicava allora le regioni dell'Estremo Oriente).

Le Indie erano le terre della seta, dei tessuti preziosi, degli imperi favolosi descritti da Marco Polo nel *Milione*: per questo i sovrani spagnoli non dimenticarono di affidare a Colombo una lettera per il **Gran Khan** (khan significa "signore, sovrano"). Ma le Indie erano importanti soprattutto perché proprio da lì provenivano le **spezie** – pepe, zenzero, noce moscata, chiodi di garofano, cannella – ricercatissime su tutti i mercati europei e a quel tempo assolutamente indispensabili sia come medicinali sia per rendere più gradevoli i cibi.

* **Ammiraglio**
Autorità suprema sul mare, sia civile sia militare. Oggi indica il comandante di una forza navale.

* **Finanziamenti**
Somme di denaro fornite per realizzare un'impresa o un progetto.

Dai lontani Paesi dell'oriente le spezie erano trasportate sulle navi dei mercanti arabi fino al Mar Rosso e poi, su imbarcazioni più piccole, raggiungevano Suez. Qui venivano caricate su cammelli e, via terra, arrivavano ai porti del Mediterraneo da dove partivano le navi genovesi e veneziane che provvedevano a distribuirle in tutta Europa. I mercanti facevano affari d'oro, ma a causa di questi passaggi a catena – dagli Arabi a Veneziani e Genovesi e da questi agli altri Europei – il prezzo delle spezie aumentava vertiginosamente.

I Portoghesi aprono nuove rotte oceaniche

Sulla via delle Indie Colombo era stato preceduto dai navigatori portoghesi. Già dal 1415 il Portogallo si era impossessato del porto africano di Ceuta, posto sullo **Stretto di Gibilterra**, proprio all'imboccatura del Mediterraneo, e di qui poteva controllare tutto il traffico di schiavi, di avorio e, soprattutto, di oro proveniente dall'Africa. L'Europa aveva un grande bisogno dell'**oro africano**, perché le sue miniere si erano esaurite e i **mercanti orientali**, in cambio delle loro merci preziose, accettavano soltanto oro sonante. Perciò in un primo momento i navigatori portoghesi si concentrarono sull'Africa. Poi, quando il dominio ottomano sul Mediterraneo orientale rese pericolose o impraticabili alcune rotte marittime, tentarono nuove vie cercando di **circumnavigare l'Africa**, cioè di navigare tutt'intorno a questo continente, per poter raggiungere l'oriente e rifornirsi direttamente di merci pregiate.

Obiettivi e difficoltà delle esplorazioni

Alla base di questo progetto c'era certamente la speranza di **arricchirsi**, ma a essa si aggiungeva il desiderio cristiano di **diffondere il Vangelo** fra popolazioni che ancora non lo conoscevano.

Nel Quattrocento le difficoltà di navigazione negli oceani erano ancora enormi. Per sfruttare pienamente la forza dei venti, bisognava a volte allontanarsi dalla costa anche per migliaia di miglia e affrontare il mare aperto. Era necessario anche superare antiche paure: che all'equatore il mare ribollisse per il gran caldo, che gli oceani fossero popolati di creature mostruose, che al di sotto dell'equatore ci si ritrovasse a testa in giù.

△ **Un mercante di spezie** mostra un enorme sacco di cannella, ricercatissima in Europa. Miniatura del XV secolo.
Foto De Agostini Picture Library/M. Seemüller/ Bridgeman Images.

COLLEGO CAUSE ED EFFETTI

▶ **PERCHÉ** i Portoghesi esplorano nuove vie per l'Africa e l'Asia? Completa le frasi.

- Hanno bisogno di .... per i pagamenti.
- Vogliono raggiungere direttamente l'............................ , per rifornirsi di merci pregiate.
- Desiderano diffondere il .... fra i popoli non cristiani.

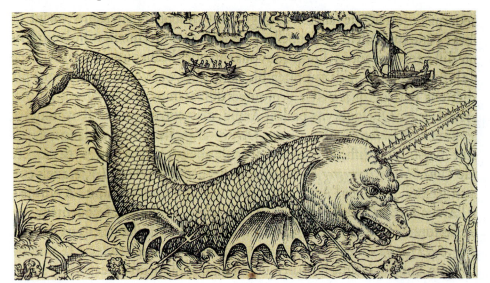

◁ **Un mostro marino**, incisione del XVI secolo.
Foto De Agostini/A. Dagli Orti/ Bridgeman Images.

Tuttavia fin dalla metà del secolo i Portoghesi avevano messo a punto un nuovo tipo di imbarcazione, la **caravella**: maneggevole, veloce e con un'ampia capacità di carico, fu questa la nave delle esplorazioni e dei viaggi transoceanici.

I Portoghesi raggiungono per primi le Indie

Le spedizioni portoghesi si spinsero sempre più a sud lungo le coste occidentali dell'Africa, raggiungendo in tappe successive il Capo Bojador (1434), il Capo Bianco e il Golfo di Guinea, esplorato nel 1456 dal genovese Antoniotto Usodimare.

Il punto più meridionale dell'Africa fu avvistato nel **1488** dal portoghese **Bartolomeo Diaz**, che gli diede il nome di Capo delle Tempeste. Una decina di anni più tardi un altro portoghese, **Vasco da Gama**, partì con quattro piccole navi per raggiungere l'India. Egli ormai conosceva il ritmo dei venti e, doppiato il Capo delle Tempeste, che ribattezzò **Capo di Buona Speranza**, risalì la costa orientale dell'Africa fino a Mombasa. Di lì, in ventitré giorni di navigazione attraverso l'Oceano Indiano, raggiunse il porto di Calicut, in India. Era il **1498**: la via marittima delle Indie era ormai aperta e i Portoghesi l'avevano trovata per primi.

Vasco da Gama ritratto in un manoscritto portoghese del XV-XVI secolo.
Parigi, Bibliothèque Nationale.

ORGANIZZO I CONCETTI

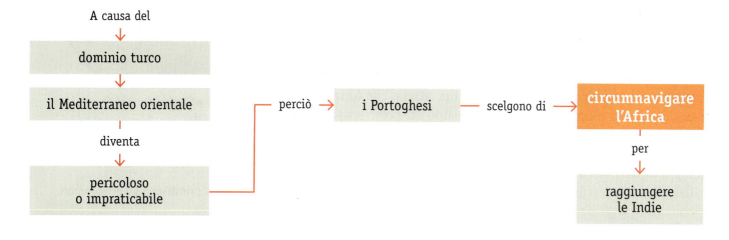

Unità 1 Nuovi orizzonti geografici e culturali

3. Il Nuovo Mondo: la "scoperta" dell'America

> **COLLEGO CAUSE ED EFFETTI**
>
> ▶ **PERCHÉ** Colombo pensa di poter raggiungere le Indie navigando verso ovest? Scegli le risposte giuste.
>
> ☐ Crede che la Terra sia sferica.
> ☐ Possiede le mappe usate da Vasco da Gama per arrivare in India.
> ☐ Crede (sbagliando) che fra le Canarie e il Giappone ci siano solo 3000 miglia.

Il progetto di Colombo: raggiungere l'est navigando verso ovest

Già qualche anno prima dell'impresa di Vasco da Gama, il navigatore italiano Cristoforo Colombo aveva attraversato l'Atlantico, sbarcando in una terra che aveva scambiato per le **Indie orientali**.

A differenza dei Portoghesi, che insistevano nei loro tentativi – poi riusciti – di circumnavigare l'Africa, Cristoforo Colombo si proponeva di **raggiungere l'oriente dirigendosi verso occidente**.

L'idea, audace e stravagante, si basava su due convinzioni, che Colombo condivideva con alcuni geografi del tempo. La prima (giusta) era che la Terra fosse sferica; la seconda (sbagliata) era che la distanza fra le isole Canarie e il Giappone non superasse le 3000 miglia. In realtà le miglia sono quasi 10 000, senza contare che fra l'Europa e l'Asia si estendono le Americhe, di cui gli Europei ignoravano l'esistenza.

Isabella di Castiglia finanzia la missione di Colombo

Colombo non aveva i mezzi per realizzare il suo progetto. Li ottenne dopo lunghi anni di attesa, quando la regina Isabella di Castiglia ebbe raggiunto l'obiettivo che più le premeva: eliminare il dominio arabo da Granada. Solo allora la sovrana gli concesse tre navi: due caravelle, la **Niña** e la **Pinta**, e una imbarcazione più grande e più lenta, la **Santa Maria**, che fu la nave ammiraglia. Con questa piccola flotta Colombo salpò dal porto spagnolo di Palos il 3 agosto **1492**. Conoscendo la direzione dei venti, egli seppe sfruttarli con abilità. Non si diresse direttamente a ovest (come avevano fatto altri che non erano più tornati) ma a sud verso le Canarie, dove sostò quasi un mese, in attesa dei venti favorevoli; poi puntò a occidente verso il mare aperto.

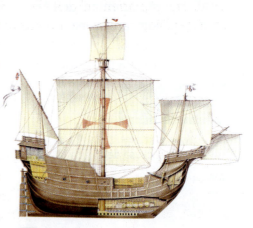

△ **La Santa Maria di Cristoforo Colombo** in un disegno ricostruttivo. Foto De Agostini/Getty Images.

▽ Il primo viaggio di Colombo.

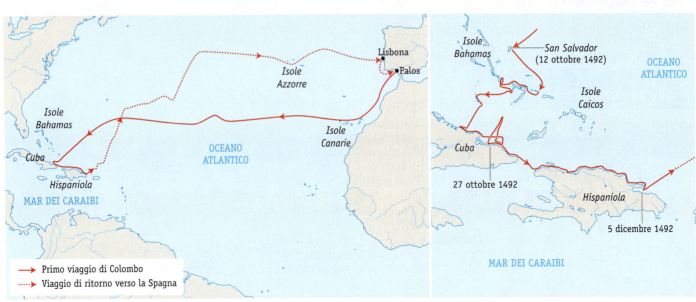

Preparativi e strumenti di viaggio

Sulle navi Colombo aveva fatto caricare acqua, formaggio, carne in salamoia, cereali per fare il pane e qualche cassa di sonagli, specchi e perline di vetro da usare per **scambi** o per doni. Per la navigazione disponeva di strumenti come la **bussola**, che indicava il nord; il **quadrante**, che permetteva di localizzare la stella polare; l'**astrolabio** che, basandosi sull'altezza del Sole a mezzogiorno, consentiva di stabilire la latitudine*. La longitudine* – misura particolarmente importante negli spostamenti da est a ovest o viceversa – non si sapeva ancora determinare con esattezza (per farlo si sarebbe dovuto attendere un paio di secoli). Spinte dal vento, **le caravelle correvano veloci**: i tempi di navigazione stabiliti da Colombo rimasero quasi invariati fino al XIX secolo, quando l'oceano cominciò a essere percorso da piroscafi a vapore.

* **Latitudine**
È la distanza di un punto sulla Terra dall'equatore. Si distingue in latitudine sud (a sud dell'equatore) e latitudine nord (a nord dell'equatore).

* **Longitudine**
È la distanza di un punto sulla Terra dal meridiano fondamentale (quello di Greenwich). Si distingue in longitudine est (a est del meridiano) e longitudine ovest (a ovest del meridiano).

Colombo raggiunge il continente americano

Tuttavia, nel gran mare vuoto le tre imbarcazioni dovettero navigare 36 giorni. E per l'equipaggio furono giorni terribili, con la Spagna ogni momento più lontana, l'acqua e i viveri che scarseggiavano e la tentazione sempre più frequente di ammutinarsi* e tornare indietro. Finalmente il **12 ottobre 1492** una delle navi annunciò con un colpo di cannone che la terra era in vista.

Colombo sbarcò su una piccola isola, che gli **indigeni**, ossia le popolazioni del luogo, chiamavano Guanahani e che egli ribattezzò San Salvador: oggi si chiama Watling e appartiene all'arcipelago delle Bahamas. Convinto di aver raggiunto le Indie, Colombo chiamò **Indiani** gli abitanti dell'isola (o *Indios* in spagnolo) e il nome rimase poi a indicare i nativi d'America. Nei giorni successivi Colombo raggiunse Cuba, che ritenne parte della terraferma asiatica, e Hispaniola (oggi Santo Domingo), scambiata per un'isola giapponese.

Il grande navigatore non si rese mai conto di aver scoperto un nuovo continente, neppure nel corso delle successive tre spedizioni durante le quali esplorò anche il Venezuela e l'America centrale.

* **Ammutinarsi**
Ribellarsi, sollevarsi, da parte di un equipaggio contro i propri comandanti.

COLLEGO CAUSE ED EFFETTI

▶ **PERCHÉ** Colombo chiama Indiani i popoli che incontra in America? Cerca la risposta nel testo.

◀ **Lo sbarco di Colombo in America.** Stampa del XVI secolo.
Collezione privata. Foto White Image/Scala, Firenze.

Fonti

Gli *Indios* descritti da Colombo

Ritornando dal suo primo viaggio in America, Colombo inviò una lettera al tesoriere privato del re, insieme a un'altra destinata alle altezze reali. La lettera, scritta fra il 15 febbraio e il 14 marzo del 1493, è una relazione sulle isole scoperte nelle Indie e comprende anche una descrizione delle popolazioni indigene d'America. Riportiamo una parte di questa descrizione.

> « Essi non hanno ferro, né acciaio, né armi [...]. Usano solo armi di canne, ponendo a capo di queste un bastoncino aguzzo [...] e non osano quasi servirsene. Sono così privi di malizia e così generosi che quasi non lo si crederebbe. Non negano mai una cosa di loro proprietà, anzi invogliano le persone a richiederla e si mostrano così amorevoli che darebbero il cuore stesso, e chiedendo loro o cosa di valore o di poco prezzo la si ottiene subito. Credono che io con queste navi e questi uomini sia disceso dal cielo. Questo non deriva dalla loro rozzezza, perché anzi sono dotati di sottile ingegno, e navigano abilmente in tutti questi mari e rispondono prontamente su ogni cosa: solo è che non avevano mai visto gente vestita alla nostra maniera e con navi del genere. Essi hanno in queste isole moltissime "*canoas*". Ho veduto alcune di queste piroghe portare fino a settanta o ottanta uomini. »

LAVORO SULLE FONTI

1. Che tipo di documento hai letto (romanzo, cronaca, lettera, articolo di legge)? Chi l'ha scritto? In che data? A chi è destinato?
2. Secondo le informazioni fornite dal documento gli indigeni sembrano pericolosi? Gelosi delle cose di loro proprietà?
3. Che cosa pensano di Colombo e dei suoi uomini? In che modo Colombo giustifica le credenze degli *Indios*?
4. Colombo afferma che gli indigeni sono dotati di sottile ingegno: che prove porta?
5. Colombo vuole dare un'immagine positiva o negativa degli indigeni, secondo te?

Dal trionfo alla sventura

Al ritorno dal suo viaggio Colombo ricevette in Spagna **accoglienze trionfali**. Ma poi, passati i primi entusiasmi, la **delusione** si impadronì degli Spagnoli. Essi avevano sperato di ricavare grandi ricchezze dalle spedizioni oltremare. Invece, nelle terre scoperte da Colombo si era trovata solo una minima quantità d'oro, non c'erano i palazzi dalle cupole dorate descritti da Marco Polo, ma capanne dai tetti di canna, e invece di ricchi mercanti c'erano indigeni nudi con cui era quasi impossibile intendersi.

Il prestigio di Colombo a corte cominciò a diminuire. I sovrani diedero ascolto a coloro che lo accusavano di non saper amministrare le nuove terre e Colombo dovette subire gravi umiliazioni e amarezze. Quando morì, nel **1506**, era quasi povero e ormai dimenticato.

L'America prende il nome da Amerigo Vespucci

Neppure la terra che egli aveva scoperta derivò da lui il proprio nome. Esso proviene da un altro navigatore italiano, il fiorentino **Amerigo Vespucci**, protagonista fra il 1499 e il 1502 di importanti viaggi di esplorazione, per conto della Spagna, lungo le coste dell'America. Egli si spinse fino alla parte più a sud del continente e durante questi viaggi si convinse, probabilmente per primo, che la costa lungo la quale navigava non poteva essere asiatica ma doveva costituire un continente a sé, separato dall'Asia: un **Nuovo Mondo**, totalmente sconosciuto agli Europei. In onore di Vespucci un geografo tedesco propose di chiamare il Nuovo Mondo **America**, cioè "terra di Amerigo". Fino al XVIII secolo, però, rimase in uso anche il nome di Indie occidentali.

COLLEGO CAUSE ED EFFETTI

▶ **PERCHÉ** dopo un primo entusiasmo, gli Spagnoli rimangono delusi dalle scoperte di Colombo? Scegli la risposta giusta.

☐ Le nuove terre scoperte sono troppo lontane.
☐ Le nuove terre scoperte sono più povere di quanto gli Spagnoli immaginassero.
☐ Le nuove terre scoperte sono sovrappopolate.

Capitolo 1 Dal Mar Mediterraneo agli oceani infiniti

L'inizio dell'Età moderna

Secondo la maggior parte degli storici, l'**impresa di Colombo** ebbe conseguenze di tale importanza nella storia del mondo che l'anno 1492 fu scelto per indicare la fine di un'epoca, il Medioevo, e l'ingresso in un'altra: l'**Età moderna**, che comprende tre secoli (dalla seconda metà del XV alla fine del XVIII secolo).

I due eventi (la conquista di Costantinopoli e la resa di Granada) con cui si aprono i primi due paragrafi di questo capitolo possono considerarsi i **momenti finali di una storia incentrata intorno al Mediterraneo** – gran parte della storia antica e medievale – e, nello stesso tempo, come la fase d'inizio di una storia nuova e moderna, che, partendo dal Mediterraneo, si spalanca su uno scenario assai più vasto, comprendente tutto il mondo.

Sappiamo comunque che la divisione in periodi della storia non solo è **convenzionale**, ma è **frutto della cultura europea**, perciò si basa su vicende essenzialmente europee. In realtà [→ Uno sguardo sul mondo p. 4] tutti i continenti, compresi quelli di cui gli Europei ignoravano l'esistenza, erano popolati da tempo e in ciascuno si erano svolte vicende importanti per la storia dell'umanità.

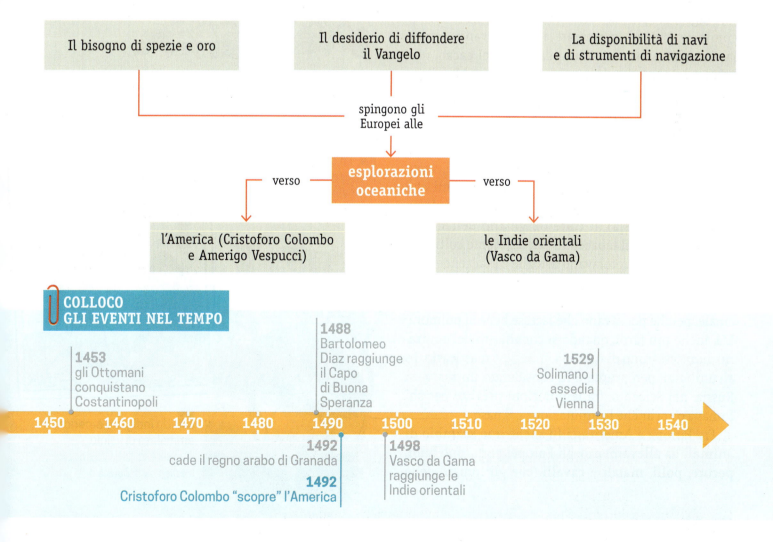

Vita quotidiana

Nuove abitudini alimentari e nuove malattie

Quello di Colombo fu il primo di una lunga serie di viaggi di esplorazione che favorirono, fra Europa ed America, lo scambio di cibi, piante e animali prima del tutto sconosciuti in ciascuno dei due continenti. Sulle tavole degli Europei giunse dall'America il **mais**, o granoturco: un cereale che Colombo stesso portò con sé fin dal primo viaggio (insieme con Indiani ornati di piume e pappagalli variopinti). All'inizio questo cereale fu accolto con diffidenza benché fosse molto resistente al gelo e adatto a vari usi alimentari.

Anche la **patata**, originaria del Perù, si diffuse lentamente, soprattutto perché non si sapeva bene come cucinarla; ma poi finì per affermarsi e divenne un alimento fondamentale sulla tavola dei poveri e una grande risorsa in caso di carestia.

Dall'America giunsero poi il **pomodoro**, le **arachidi**, i **fagioli**, la **patata dolce**, il **tabacco**. Le classi ricche cominciarono ad apprezzare nuove bevande, come la cioccolata, che si otteneva dai semi del **cacao**, una pianta dell'America tropicale. Nel Nuovo Mondo la cioccolata era consumata fredda, tiepida o bollente, con l'aggiunta di spezie e di molto pepe.

A loro volta gli Europei introdussero in America molte delle piante coltivate in Europa; ma soprattutto crearono, nelle regioni tropicali ed equatoriali, vaste **piantagioni** per la coltivazione di quei prodotti che richiedono climi caldi, come la **canna da zucchero** (originaria dell'Asia), il **caffè** (originario dell'Africa), il **cotone**. Anche il tabacco fu intensamente coltivato. Gli indigeni ne arrotolavano le foglie e le accendevano con un tizzone per aspirarne il fumo. Gli Europei, in un primo tempo, utilizzarono il **tabacco** come medicinale, perché pensavano che facesse bene ai polmoni. Ma anche più tardi, quando si convinsero del contrario, non cessarono di fumarlo, fiutarlo e masticarlo. In alcuni Stati, però, fumare fu considerato un reato: in Russia, nel Seicento, fra le punizioni previste per chi fumava c'era anche l'amputazione del naso.

Fra Europa e America ci fu anche uno **scambio di animali da allevamento**: gli Europei portarono **buoi**, **pecore**, **polli**, **maiali** e **cavalli** (che gli Indiani delle praterie del nord impararono a cavalcare con grande abilità). Dall'America giunse in Europa il **tacchino**.

Numerose furono le **malattie contagiose** trasmesse dagli Europei agli indigeni d'America, con effetti rovinosi su quelle popolazioni: il **vaiolo**, il **tifo**, il **morbillo**, l'influenza. Si pensa che dal Nuovo Mondo sia giunta in Europa la **sifilide**, una malattia a lungo considerata incurabile che causò fra gli Europei un altissimo numero di morti.

▲ **La pianta della patata dolce**. Illustrazione da un trattato botanico inglese del XVI secolo. Washington, Library of Congress.

▶ **La coltivazione del mais**. Disegno da un manoscritto del XVI secolo. Firenze, Biblioteca Medicea Laurenziana.

◀ **Un indigeno americano ammalato di vaiolo**. Acquerello del XVII secolo. Madrid, Real Biblioteca.

4. Le esplorazioni geografiche fra XV e XVI secolo

Le colonne d'Ercole: simbolo di un'epoca nuova

Lo Stretto di Gibilterra, cioè il passaggio fra il Mar Mediterraneo e l'Oceano Atlantico, è delimitato da due promontori, detti nell'antichità **colonne d'Ercole**. La leggenda racconta che le colonne furono erette dal mitico eroe Ercole per segnalare il confine estremo oltre al quale non era concesso agli uomini di avventurarsi (su di esse l'eroe avrebbe inciso la scritta *non plus ultra*, che in latino significa "non più avanti"). Per molto tempo gli Europei credettero che affrontare l'oceano fosse un'impresa folle, e forse colpevole, vietata agli esseri umani.

Ma tra Quattro e Cinquecento marinai, esploratori e avventurieri superarono le colonne proibite e percorsero il mare aperto, alla scoperta e alla conquista del mondo. Le colonne d'Ercole non furono più considerate un confine invalicabile e la loro immagine, impressa sulle monete d'argento spagnole del Cinquecento, divenne quasi un **simbolo dell'epoca nuova**.

Una statua di Ercole nel porto di Ceuta, presso lo Stretto di Gibilterra.
Foto C. Hellier/Alamy.

Nuove spedizioni in Canada e in Brasile

Nel 1497-1498, viaggiando per conto dell'Inghilterra, i fratelli veneziani **Giovanni e Sebastiano Caboto** raggiunsero l'isola di Terranova e il **Canada**, probabilmente le stesse terre dove, secoli prima, era approdato un gruppo di navigatori vichinghi, con un'impresa ardita ma priva di conseguenze pratiche.

Nel **1500** il portoghese **Pedro Álvares Cabral**, che era salpato alla volta delle Indie lungo la rotta tracciata da Vasco da Gama, raggiunse invece il **Brasile**, forse sospinto fuori rotta da venti impetuosi, e ne prese possesso in nome del Portogallo.

Le coste del Brasile e i suoi abitanti in un atlante portoghese del 1519.
Parigi, Bibliothèque Nationale. Foto Bridgeman Images.

Magellano progetta il giro del mondo

La prova definitiva che la Terra è rotonda venne dal viaggio del portoghese **Ferdinando Magellano**. Seguendo la vecchia idea di Colombo, egli voleva giungere a est navigando verso ovest. Era però necessario scoprire un passaggio fra l'Atlantico e l'oceano misterioso che si estendeva al di là delle Americhe.

Magellano, che viaggiava per conto della Spagna, partì nell'agosto **1519** e costeggiò a lungo l'America meridionale, scendendo sempre più a sud, alla ricerca di un varco verso il mare sconosciuto. Finalmente nell'ottobre 1520 avvistò, proprio all'estremo sud, lo stretto che oggi porta il suo nome. Penetrato nell'oceano che chiamò **Pacifico**, Magellano impiegò più di tre mesi per raggiungere un'isola abitata (Guam, nell'arcipelago delle Marianne). Molti marinai morirono di fame, sete o malattie. Magellano stesso perdette la vita in uno scontro con gli indigeni delle isole Filippine [→ Geostoria: Il primo giro del mondo p. 22]. Delle cinque navi della flotta, una sola tornò in patria, nel settembre **1522**, dopo aver compiuto per la prima volta il giro del mondo. Fra i superstiti c'era l'italiano **Antonio Pigafetta**, autore di un accurato diario di bordo che documenta questa importante spedizione.

ORGANIZZO I CONCETTI

▶ Completa la tabella.

Nuove esplorazioni nel continente americano	
1497-1498 I fratelli	raggiungono l'isola di .... e il ...., già scoperti dai Vichinghi.
1500 Pedro Álvares	raggiunge il ...., fino ad allora sconosciuto.
1519-1520 Ferdinando	costeggia l'America meridionale verso sud, scopre lo ...., che gli permette di raggiungere l'Oceano ....

Le imprese di **Magellano** intorno al mondo sono narrate e illustrate da Antonio Pigafetta nel suo diario, 1525 circa.
Milano, Biblioteca Ambrosiana. Foto M. Ranzani/De Agostini Picture Library/Bridgeman Images.

COLLOCO GLI EVENTI NEL TEMPO

Tordesillas: il mondo diviso fra Spagna e Portogallo

Sia i Portoghesi sia gli Spagnoli furono autorizzati dai papi a impadronirsi delle terre scoperte purché si impegnassero a diffondere la fede cristiana fra popoli mai raggiunti dalla parola di Cristo. Nel **1494**, con il **trattato di Tordesillas**, i sovrani di Spagna e Portogallo divisero il mondo in due parti, pressappoco lungo il 50° meridiano ovest, e stabilirono che tutte le terre poste a est di questa linea immaginaria, detta *raya*, appartenessero al Portogallo, quelle a ovest alla Spagna. Il papa diede la sua autorizzazione.

I principali viaggi di esplorazione.

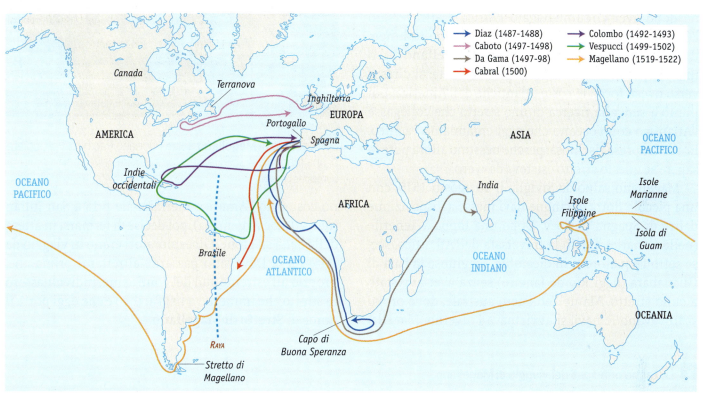

RICOSTRUISCO LA MAPPA DEL CAPITOLO

Geostoria

Il primo giro del mondo

Le **Molucche**, isole dell'Asia sud-orientale, furono a lungo la **terra delle spezie**, meta obbligata per tutti i mercanti europei che dal Quattrocento vi giungevano dopo aver circumnavigato l'Africa e attraversato l'Oceano Indiano. Poiché il percorso era molto lungo, il navigatore portoghese **Ferdinando Magellano** cercò una via più breve per raggiungere l'oriente: si diresse verso ovest, toccò le coste atlantiche dell'America, poi puntò a sud, alla ricerca di uno stretto che collegasse l'Atlantico con l'oceano che oggi chiamiamo Pacifico. Era un'impresa rischiosa, perché nessuno allora poteva sapere se questo stretto esisteva davvero.

Magellano salpò da Siviglia il 10 agosto 1519, con una piccola flotta di cinque navi messe a disposizione dal re di Spagna Carlo V. Dopo una tappa a Tenerife (nelle Canarie), iniziò la traversata dell'Atlantico, scese sotto l'equatore e, in dicembre, raggiunse la baia di Guanabara (oggi Rio de Janeiro) senza aver avvistato alcuno stretto. Ma nell'emisfero australe, dove ormai si trovavano le navi, si avvicinava l'inverno. Magellano costeggiò l'America meridionale fino a San Julián (nell'attuale Argentina), poi decise di fermarsi in attesa della bella stagione. Gli esploratori erano in viaggio da sette mesi. Dovevano passarne altrettanti prima che, proprio all'estremo sud del continente, individuassero lo stretto che immetteva nel Pacifico e che oggi porta il nome di **Stretto di Magellano**.

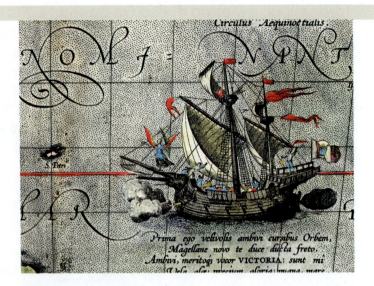

↑ **La nave di Magellano** solca l'Oceano Pacifico. Particolare di una mappa del 1590.
Collezione privata.

↓ Le tappe principali del viaggio di Magellano.

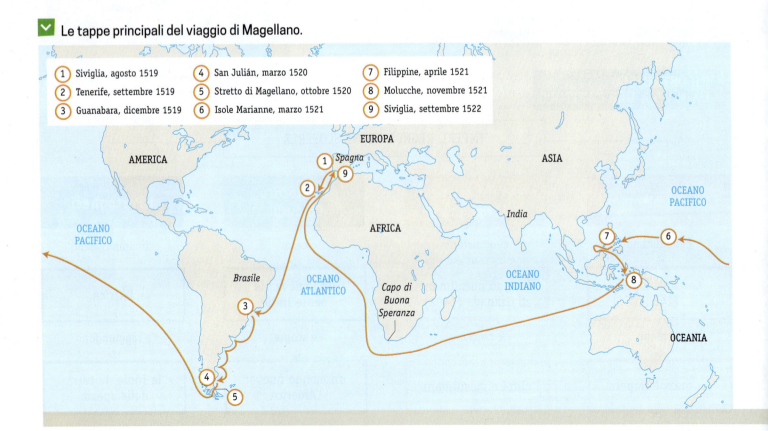

1. Siviglia, agosto 1519
2. Tenerife, settembre 1519
3. Guanabara, dicembre 1519
4. San Julián, marzo 1520
5. Stretto di Magellano, ottobre 1520
6. Isole Marianne, marzo 1521
7. Filippine, aprile 1521
8. Molucche, novembre 1521
9. Siviglia, settembre 1522

Attraversato faticosamente il tempestoso stretto, entrarono in un oceano sconosciuto, che li accolse con acque placide e correnti favorevoli (e perciò fu chiamato **Pacifico**). Eppure la parte più tragica del viaggio doveva ancora iniziare. Sullo sterminato specchio delle acque non si scorgeva traccia di isole, le provviste andavano esaurendosi e i marinai erano tormentati dalla fame. Varie malattie si accanirono sugli equipaggi e molti uomini morirono. Finalmente, in condizioni disperate, le navi toccarono terra, prima su un'isola delle **Marianne** (Guam), quindi nell'arcipelago delle **Filippine**. Ma qui, il 27 aprile 1521 Magellano venne ucciso durante uno scontro con gli indigeni. I superstiti proseguirono il viaggio verso le Molucche, dove riempirono le stive di spezie, poi presero la via del ritorno e giunsero a Siviglia nel settembre 1522.

Erano trascorsi tre anni dalla partenza. Delle cinque navi della flotta rientrò nel porto di Siviglia solo la nave ammiraglia. Dei 265 uomini dell'equipaggio ne ritornarono solo 18. Quei pochi però avevano compiuto un'impresa senza precedenti: la prima, avventurosa circumnavigazione del mondo.

Magellano (al centro dell'immagine) è ucciso durante uno scontro con gli indigeni dell'isola di Mactan, nelle Filippine. Incisione del XVI secolo.
Foto Granger Collection/Archivi Alinari.

COMPRENDO I CAMBIAMENTI NELLO SPAZIO E NEL TEMPO

1. Completa la linea del tempo, sistemando nelle caselle le date riportate nella legenda e aggiungendo una sintetica descrizione dell'evento corrispondente: per esempio, *settembre, sosta alle Canarie*.

1519	1520	1521	1522

2. Stabilisci se le seguenti affermazioni sono vere (V) o false (F). Poi correggi a voce quelle false.
   a. La spedizione di Magellano fu l'ultima delle grandi esplorazioni portoghesi. V F
   b. La meta della spedizione era l'India. V F
   c. Durante il viaggio di andata, le navi della flotta doppiarono il Capo di Buona Speranza. V F
   d. Le navi della flotta navigarono nelle acque di tre oceani. V F
   e. Magellano fu ucciso da alcuni dei suoi uomini nel corso di una rivolta. V F
   f. Per Magellano, il viaggio si concluse presso le isole Marianne. V F

Sintesi

1. Il Mediterraneo orientale sotto il dominio turco

Nel 1453 i **Turchi ottomani** conquistano **Costantinopoli** che, con il nome di **Istanbul**, diventa il centro più grande e popoloso del Mediterraneo.

L'impero ottomano si espande anche nella penisola balcanica e in Africa settentrionale. I sultani turchi diventano i capi spirituali della maggior parte dei musulmani e controllano i commerci con l'oriente. Il sultano più potente è **Solimano I il Magnifico**.

Nel Mediterraneo molte zone costiere sono abbandonate dai loro abitanti a causa degli attacchi dei **pirati** e diventano paludose.

2. La penisola iberica e le esplorazioni atlantiche

Nel 1492 i sovrani Ferdinando d'Aragona e Isabella di Castiglia sconfiggono il **regno di Granada**, l'ultimo regno musulmano di Spagna. I re spagnoli, che vogliono un Paese interamente cristiano, cacciano gli ebrei e, più tardi, i musulmani.

L'Europa ha bisogno di oro africano, perché le sue miniere si sono esaurite, e di spezie, perché quelle che vengono dalle Indie costano troppo. Inoltre il dominio turco sul Mediterraneo rende difficili e pericolose le rotte marittime.

I Portoghesi per primi circumnavigano l'Africa per raggiungere le Indie: **Bartolomeo Diaz** arriva al Capo di Buona Speranza; **Vasco da Gama** raggiunge Calicut, in India.

3. Il Nuovo Mondo: la "scoperta" dell'America

Cristoforo Colombo, finanziato dai re di Spagna, tenta di arrivare in oriente attraversando l'Atlantico e il **12 ottobre 1492** raggiunge le coste dell'**America**, un continente sconosciuto. Colombo è convinto di trovarsi nelle Indie: per questo chiama Indiani (*Indios*) gli abitanti del luogo.

L'America prende il nome da **Amerigo Vespucci**, forse il primo a capire che le terre scoperte sono un Nuovo Mondo.

Secondo molti storici, con l'impresa di Colombo ha inizio l'**Età moderna**, che dura dalla seconda metà del XV alla fine del XVIII secolo.

4. Le esplorazioni geografiche fra XV e XVI secolo

Nel 1497-1498 i fratelli veneziani **Giovanni** e **Sebastiano Caboto** scoprono il Canada per conto dell'Inghilterra.

Nel 1500 il portoghese **Pedro Álvares Cabral** raggiunge il Brasile.

Ferdinando Magellano fra il 1519 e il 1522 compie il primo viaggio intorno al mondo e dimostra che **la Terra è rotonda**.

Con il **trattato di Tordesillas** del 1494, Spagna e Portogallo si dividono il possesso delle terre scoperte: una linea immaginaria, la *raya*, separa i territori portoghesi (a est) da quelli spagnoli (a ovest).

Capitolo 1 Dal Mar Mediterraneo agli oceani infiniti

Esercizi

VERIFICO LE CONOSCENZE Paragrafo 1

1 Completa il testo scegliendo le parole nell'elenco.

Selim I ▪ Solimano I ▪ Istanbul ▪ Austria ▪ Costantinopoli ▪ Magnifico ▪ Egitto ▪ barbareschi ▪ Italia ▪ oriente ▪ Mecca ▪ torri di guardia ▪ Medina ▪ merci ▪ prigionieri

Nel 1453 Maometto II conquistò .... che poi prese il nome di ....
Poi i Turchi ottomani continuarono a espandersi sia a nord, puntando verso l'........................... e l'Ungheria, sia a sud, dove il sultano .... conquistò la Siria e l'..........................., da cui dipendevano le città sacre della .... e di .... e da dove passavano le .... provenienti dall'Africa e dall'........................... . L'impero ottomano raggiunse il vertice della potenza nel XVI secolo con il sultano ...., che gli Europei chiamavano il ....
Sulle coste del Mediterraneo si insediarono pirati turchi, detti ...., che attaccavano le navi, si impadronivano delle merci e facevano .... i passeggeri. Per avvistare le navi pirata sorsero nel sud della Spagna e dell'........................... moltissime ...., ancora oggi esistenti.

STABILISCO COLLEGAMENTI E RELAZIONI Paragrafo 2

2 Completa le frasi con le parole adatte.

a. Nella Spagna dei re cattolici tutte le minoranze religiose furono perseguitate ed espulse perché ....

b. L'allontanamento di ebrei e musulmani impoverì la Spagna perché ....

c. L'Europa aveva bisogno di spezie e di oro perché ....

d. I Portoghesi poterono per primi lanciarsi nelle esplorazioni marittime perché ....
....

SCOPRO I CAMBIAMENTI NELLO SPAZIO E NEL TEMPO Paragrafo 2

3 Confronta il disegno del XV secolo con la carta attuale dell'Africa, poi rispondi alle domande.

a. Quali differenze noti fra le due rappresentazioni?

b. Perché il disegno mette in evidenza Lisbona, la capitale del Portogallo?

c. Nel disegno sono tracciati con grande risalto i fiumi africani: perché?

d. Nel disegno la caravella sulla sinistra è rappresentata capovolta: perché?

Esercizi

COMPONGO UN TESTO
Paragrafo 3

4 Scrivi un testo di dieci righe utilizzando come scaletta le domande proposte.
  a. Perché Colombo pensava di raggiungere l'oriente navigando verso occidente?
  b. Perché ottenne aiuti dai re di Spagna solo nel 1492?
  c. Quale malinteso portò Colombo a chiamare "Indiani" gli indigeni d'America?
  d. Per quali motivi Colombo cadde in disgrazia presso la corte di Spagna?

LAVORO SULLE FONTI
Paragrafo 4

5 Leggi il documento e l'introduzione che lo accompagna, poi rispondi alle domande.

Ecco alcune righe sulla vita di bordo, scritte da Antonio Pigafetta nella sua *Relazione dal primo viaggio intorno al mondo*.

« Mangiavamo biscotto, devenuto ormai polvere con vermi a pugni; puzzava grandemente de orina de sorci, e bevevamo acqua gialla già putrefatta da molti giorni. E mangiavamo pelle di bue, durissima per il sole, pioggia e vento. Li sorci se vendevano mezzo ducato l'uno se pur ne avessemo potuto avere. Ma sovra tutte le altre sciagure questa era la peggiore: crescevano le gengive ad alcuni sopra li denti così de sotto come de sovra, che per modo alcuno non potevano mangiare [non potevano mangiare in nessun modo], e così morivano per questa infermità. »

  a. Che cosa mangiavano i marinai? Che cosa bevevano? Che cosa era considerato una leccornia da pagare con denaro sonante?
  b. Come si manifestava lo scorbuto (una grave malattia dovuta alla mancanza di vitamina C, che è contenuta nella frutta e nella verdura)?
  c. Perché, secondo te, sulla nave si caricava una scarsa quantità di frutta e verdura?
  d. Qual è la spedizione di cui si parla? Chi ne fu il capo?
  e. L'autore del testo, Antonio Pigafetta, prese parte alla spedizione? Da che cosa si può capire?

RIORGANIZZO DATI E CONCETTI
Intero capitolo

6 Completa la tabella inserendo i nomi degli esploratori, il Paese per cui navigavano, la meta e la data del viaggio.

Esploratore	Per conto di	Dove giunse	Quando
Bartolomeo Diaz		Capo di Buona Speranza	
	Spagna		1492
		Terranova e Canada	
		Calicut (in India)	
Amerigo Vespucci			
Pedro Álvares Cabral	Portogallo		
		Giro del mondo	

Imparo a imparare — INTERPRETO LE CARTE GEOGRAFICHE — Intero capitolo

Qui sotto abbiamo riprodotto due planisferi. Se osservi attentamente le forme e le dimensioni dei continenti sulle due carte, ti accorgerai che sono diverse. Le carte geografiche non sono mai del tutto esatte, perché è impossibile rappresentare su un foglio piano la superficie sferica della Terra senza deformarla almeno un po'. Nel primo planisfero l'Europa è molto ingrandita, e sembra avere un'importanza maggiore rispetto agli altri continenti. Nel secondo, ogni Stato riacquista la sua giusta estensione. Perciò una grande organizzazione internazionale come l'ONU ha scelto per tutte le sue carte questo secondo tipo di rappresentazione della superficie terrestre.

7 **Verifica con un esperimento i concetti che hai appena appreso.**

È impossibile rappresentare su un foglio piano una superficie sferica. Puoi fare tu stesso/a la prova con una vecchia palla di gomma (che in questo caso rappresenterà la Terra): per stenderla su un piano dovrai per forza tagliarla e ogni parte resterà sempre un po' curva.

Unità 1 Nuovi orizzonti geografici e culturali

Il capitolo a colpo d'occhio

QUANDO

1. In che anno si sono svolti questi eventi? SCRIVI le date sui puntini, poi COLLOCALE sulla linea del tempo.

A
.... Cristoforo Colombo "scopre" l'America.

B
.... Vasco da Gama raggiunge Calicut, in India.

C
.... Ferdinando Magellano compie il primo giro del mondo.

1490 — 1495 — 1500 — 1505 — 1510 — 1515 — 1520 — 1525

DOVE

2. Sulla carta sono tracciate le rotte di tre importanti viaggi di esplorazione. Chi li ha compiuti? SCEGLI i nomi dall'elenco e COMPLETA la legenda.

Caboto • Colombo • Cabral • Diaz • Da Gama • Magellano • Vespucci

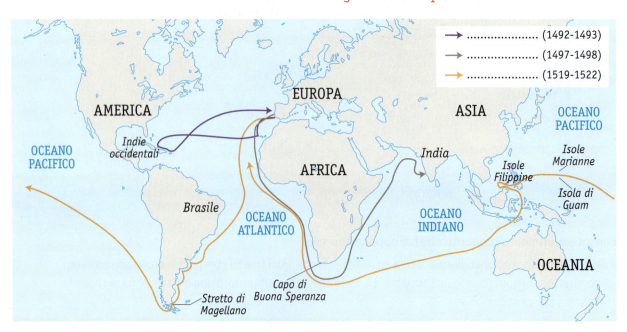

→ .... (1492-1493)
→ .... (1497-1498)
→ .... (1519-1522)

Capitolo 1 Dal Mar Mediterraneo agli oceani infiniti

LE PAROLE DA RICORDARE

3. SCRIVI le parole seguenti accanto alle definizioni corrispondenti (ATTENZIONE: ci sono delle parole in più).

Bussola • Età Antica • Medioevo • Età Moderna • astrolabio • spezie • giunca • caravella

Età storica che inizia con la scoperta dell'America: ....

Età storica che finisce con la scoperta dell'America: ....

Nave utilizzata dagli Europei per attraversare gli oceani: ....

Prodotti importati dall'oriente, utilizzati come medicinali o per conservare gli alimenti: ....

LA MAPPA DEI CONCETTI

4. COMPLETA la mappa inserendo al posto giusto le parole seguenti.

Amerigo Vespucci • Indie • Costantinopoli • musulmani • Turchi • Cristoforo Colombo • Granada • America

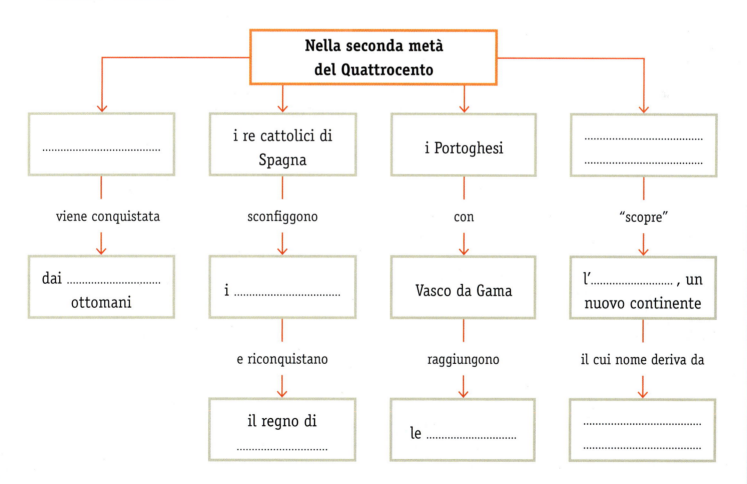

Capitolo 2 — Alla conquista del Nuovo Mondo

MI ORIENTO NEL CAPITOLO — dal XV secolo → al XVI secolo

1 Da molto tempo prima dell'arrivo di Colombo, nell'America centrale e meridionale esistono **grandi civiltà**: le principali sono quelle dei **Maya**, degli **Aztechi** e degli **Inca**.

2 Dall'Europa arrivano i *conquistadores*, avventurieri in cerca d'oro e di fortuna. In breve l'impero azteco e quello degli Inca sono vinti e sottomessi, e le **civiltà amerindie** sono distrutte.

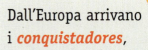

3 Le **guerre**, il **lavoro forzato** e le **malattie** portate dai conquistatori sterminano gli Amerindi. Per avere nuova manodopera nelle piantagioni americane, gli Europei portano dall'Africa **schiavi neri**.

4 Nel Cinquecento il **commercio** diventa **mondiale** e raggiunge tutti i continenti conosciuti. In Europa la **popolazione cresce** ma si alzano anche i **prezzi** delle merci.

Capitolo 2 Alla conquista del Nuovo Mondo

1. Antiche civiltà amerindie

Il continente americano

I primi Europei che raggiunsero le terre americane furono, nel X secolo, i navigatori vichinghi ma, come sappiamo [→ Uno sguardo sul mondo p. 4], le loro imprese furono considerate a lungo leggendarie. Perciò per gli abitanti d'Europa la conoscenza delle Americhe cominciò solo con la "scoperta" di Cristoforo Colombo e con i successivi viaggi di esplorazione.

Naturalmente il continente americano esisteva anche prima dell'arrivo di Colombo; come l'Europa, era abitato da migliaia di anni ed era sede di fiorenti **civiltà**. I più antichi abitanti dell'America erano probabilmente dei cacciatori nomadi provenienti dalla Siberia asiatica. Durante l'ultima **glaciazione***, seguendo gli animali di cui andavano a caccia, essi raggiunsero il continente americano a piedi, attraversando a piccole tappe e nel corso di numerose generazioni (20, 50 o anche di più) lo **Stretto di Bering**, che oggi separa l'Asia dall'America e che allora era ricoperto di ghiacci. Gradualmente, nel corso dei millenni, si diffusero in tutto il continente dando vita a civiltà evolute e complesse, in particolare nella **Mesoamerica** (attuali Messico meridionale, Guatemala, Honduras, Belize) e nella regione delle **Ande settentrionali** (corrispondente a Perù, Bolivia, parte del Cile e dell'Ecuador). Queste civiltà sono dette **amerindie**, vale a dire degli Amerindi, gli antichi "Indiani d'America".

* **Glaciazione**
Periodo durante il quale la temperatura si abbassa e i ghiacci si espandono coprendo vaste parti della Terra.

Dov'è lo Stretto di Bering?

Le antiche civiltà amerindie (a sinistra) e l'America centro-meridionale oggi (a destra).

Civiltà della Mesoamerica

Nel Messico meridionale gli archeologi hanno scoperto delle colossali teste scolpite nel basalto, un tipo di pietra che gli antichi Amerindi riuscirono a trasportare da località lontane più di 100 chilometri. Le sculture sono opera del popolo degli **Olmechi**, che diede vita – fra il 1200 e il 400 a.C. – alla più antica civiltà indigena di cui sia rimasta traccia: da essa derivano tutte le successive culture della Mesoamerica.

Poco più a nord, sull'altipiano centrale del Messico, resti di templi, palazzi, piramidi tronche indicano il luogo in cui fiorì, fra il II e il VII secolo, la città di **Teotihuacán**, un grande centro religioso e commerciale che contava forse 200 000 abitanti.

Dei **Maya**, forse la più splendida e la più nota delle antiche civiltà amerindie, che conosceva la scrittura e studiava le stelle, abbiamo già parlato l'anno scorso [→ vol. 1, Uno sguardo sul mondo p. 38].

Colossale testa olmeca alta circa 2,5 metri; secondo alcuni studiosi rappresenterebbe un sovrano del popolo olmeco, 1000-600 a.C.
Villahermosa, Parco Museo La Venta.
Foto Photoshooter2015/Shutterstock.

L'osservatorio astronomico di Chichén Itzá, costruito dai Maya nello Yucatán (Messico meridionale) e dichiarato patrimonio dell'umanità dall'UNESCO. È soprannominato *El Caracol*, che in spagnolo significa "la chiocciola", per via della scala a spirale che si trova al suo interno e collega fra loro le porte dell'edificio, perfettamente allineate alla posizione del Sole e della Luna in alcuni momenti dell'anno.

Gli Aztechi o Mexica

Nel Cinquecento, quando in America arrivarono gli Spagnoli, nella regione della Mesoamerica era in piena fioritura la civiltà dei **Mexica**, detti **Aztechi** (nome che deriva da Aztlán, la leggendaria terra di origine di questo popolo).

Intorno alla metà del IX secolo gli Aztechi iniziarono la migrazione che doveva condurli nella valle del Messico. Secondo la tradizione, durante il viaggio si divisero in otto tribù, una delle quali fu guidata nel lungo cammino da **Huitzilopochtli**, il dio protettore degli Aztechi, mezzo uomo e mezzo uccello. Questi diede ai migranti un nome (Mexica) e gli attrezzi per il lavoro agricolo (in precedenza i Mexica vivevano di raccolta e di caccia); inoltre, indicò loro il luogo in cui avrebbero dovuto costruire una città: due isolotti sul Lago Texcoco (ora prosciugato). La città, fondata nel 1325, fu **Tenochtitlán**, la grandiosa capitale azteca.

L'impero azteco

Dalle sponde del lago Texcoco gli Aztechi cominciarono la loro **espansione** che li portò, in poco più di un secolo, a creare **il più grande impero** della Mesoamerica. Alle comunità sottomesse, ben 371, i vincitori imponevano il loro dominio e il pagamento di gravosi **tributi** sotto forma di prodotti agricoli, materiali preziosi, oggetti di lusso: cacao, cotone, palle di gomma d'albero, oro, giada, ambra, gioielli, penne multicolori da usare a scopi ornamentali, mantelli ricamati e dipinti, uccelli vivi, pelli di animali selvatici e così via. Lo raccontano gli antichi manoscritti aztechi: veri "testi di figure" chiamati **codici** dagli Spagnoli e compilati usando una forma di scrittura composta da immagini, segni e simboli, che solo negli ultimi decenni è stato possibile decifrare.

Le credenze religiose degli Aztechi

Gli Aztechi, come tutte le antiche popolazioni amerindie, credevano che il **tempo** avesse un **andamento ciclico**. Pensavano, cioè, che avvenimenti già accaduti si ripetessero dopo un certo numero di anni e che, periodicamente, il mondo fosse soggetto a **distruzioni** e a **nuove creazioni**, a causa della lotta perpetua fra le forze del bene e quelle del male.

Per salvare il mondo dalla rovina occorreva rinvigorire gli dèi, nutrendoli con il sangue di donne e di uomini sacrificati. Per questo motivo gli Aztechi praticavano **sacrifici umani**, che ai loro occhi non costituivano una crudeltà ma un **dovere sacro**, un compito loro assegnato dalle divinità per conservare l'ordine dell'universo.

Il dio più esigente era **Huitzilopochtli**, dio del Sole e della guerra, che ogni notte doveva lottare contro le tenebre per dare al mondo la luce del nuovo giorno: era in suo nome che gli Aztechi compivano le loro conquiste.

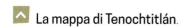

La mappa di Tenochtitlán. Al centro campeggia la piazza cinta da mura con i templi e lo sferisterio, un edificio rettangolare dedicato al gioco rituale della palla. Stampa del 1524.

Chicago, Newberry Library. Foto Akg.

Completa la tabella scegliendo le risposte giuste.

Territorio in cui si sviluppa la civiltà azteca:
☐ America centrale (Mesoamerica)
☐ America meridionale

Capitale dell'impero azteco:
☐ Teotihuacán
☐ Tenochtitlán

Religione praticata dagli Aztechi:
☐ politeista (tanti dèi)
☐ monoteista (un solo dio)

Gli Aztechi avevano un'idea del tempo:
☐ lineare
☐ ciclica

Sacrifici umani in onore del dio Huitzilopochtli. Illustrazione azteca riportata in un codice spagnolo della metà del XVI secolo.

Firenze, Biblioteca Nazionale. Foto Granger/Alamy Stock Photo.

Sulle Ande si estende l'impero degli Inca

Nell'America del sud, nella regione delle Ande, dal XIII secolo cominciò a espandersi l'impero degli Inca (il termine *inca*, che indicava il **sovrano**, fu poi esteso a tutto il popolo).

L'imperatore era ritenuto il diretto discendente del **dio Sole**, nato da un suo raggio. Era il proprietario di tutte le terre e aveva una moltitudine di persone al suo servizio. Perché il sangue regale rimanesse puro, l'imperatore doveva sposare una delle sue sorelle, ma poteva avere anche altre mogli. Dopo la morte veniva mummificato.

La capitale dell'impero incaico, **Cuzco** (nell'attuale Perù), nel XV secolo era una delle più grandi e ricche città del mondo: si dice che avesse quasi 300 000 abitanti e palazzi adorni di lamine d'oro. La **rete stradale** degli Inca si estendeva per ben 40 000 chilometri lungo la catena montuosa andina e superava i dislivelli per mezzo di ponti in muratura, scalinate scavate nella roccia, gallerie, passerelle di liane e canne. Le strade erano regolarmente percorse da messaggeri dell'imperatore, da eserciti, da carovane di **lama**, un animale da carico particolarmente robusto che gli Inca avevano addomesticato.

A volte si spostavano intere masse di popolazione per eseguire i lavori imposti dal sovrano: seminavano e raccoglievano il **mais** (un terzo di tutti i prodotti della terra spettavano all'inca), lavoravano nelle miniere, costruivano strade o **terrazze agricole**, cioè ripiani ottenuti sui fianchi delle montagne per aumentare la superficie delle terre coltivabili. Gli Inca non conoscevano la scrittura, ma si scambiavano informazioni grazie a un sistema di **cordicelle** variamente **annodate e colorate** (detto *quipu*), sul cui funzionamento sappiamo ancora poco.

> **ORGANIZZO I CONCETTI**
>
> ▶ Completa la tabella scegliendo le risposte giuste.
>
> | Territorio in cui si sviluppa la civiltà inca: |
> |---|
> | ☐ America centrale |
> | ☐ America meridionale (Ande) |
>
> | Capitale dell'impero inca: |
> |---|
> | ☐ Teotihuacán |
> | ☐ Cuzco |
>
> | L'imperatore (inca) è: |
> |---|
> | ☐ considerato un discendente del dio Sole |
> | ☐ eletto dal popolo |
>
> | La civiltà inca è: |
> |---|
> | ☐ povera e arretrata |
> | ☐ molto sviluppata, ma non conosce la scrittura |

▶ **Scene di vita quotidiana nell'impero inca all'inizio del Cinquecento**: i contadini trasportano il raccolto di mais nei magazzini imperiali, dove un funzionario registra la consegna mediante il sistema dei nodi sulle cordicelle.
Collezione privata.

> **COLLOCO GLI EVENTI NEL TEMPO**

- Civiltà degli Aztechi (al culmine)
- Civiltà degli Inca
- Civiltà dei Maya (al tramonto)

1400 — 1450 — 1500 — 1550 — 1600

1492 Colombo "scopre" l'America

2. Arrivano i *conquistadores*

La conquista dell'America
Nei territori dell'America occupati dagli Spagnoli giungevano voci frequenti sull'esistenza di un regno dalle infinite risorse d'oro, che si estendeva a occidente, nei territori dell'odierno Messico. Era l'impero azteco, giunto allora al massimo del suo splendore. Con l'incarico di esplorare i territori messicani, il 18 febbraio **1519** salpò da un'isola delle Antille **Hernán Cortés**, il primo dei *conquistadores*, i conquistatori spagnoli. Costoro erano spesso **avventurieri senza scrupoli**, che volevano sì evangelizzare le nuove terre, ma cercavano anche – o soprattutto – un'occasione per arricchirsi alla svelta.

Gli Spagnoli si impadroniscono dell'impero azteco
Hernán Cortés aveva con sé poco più di **600 uomini** fra marinai e soldati, 16 cavalli, 10 cannoni e una quarantina di archibugi. Approdato sulle coste sud-orientali del Messico, Cortés ordinò di incendiare le undici navi della flotta, per togliere ai suoi uomini ogni tentazione di fuga; poi iniziò la marcia verso l'interno, deciso a conquistare quel territorio con le armi. L'esercito di Cortés era piccolo, mentre gli Aztechi, nei tempi migliori, potevano schierare in campo anche **100 000 soldati**. Eppure, in poco più di due anni, egli si impadronì dell'intero Paese, massacrò un gran numero di Aztechi, ne distrusse la capitale, **Tenochtitlán**, torturò e uccise il loro **ultimo imperatore**.

> **COLLEGO CAUSE ED EFFETTI**
>
> ▶ **Qual è la MOTIVAZIONE principale che spinge i *conquistadores* verso l'America? Scegli la risposta giusta.**
>
> ☐ Curiosità verso le culture indigene.
> ☐ Desiderio di arricchirsi.
> ☐ Necessità di trovare nuove terre da coltivare.
> ☐ Spirito di evangelizzazione.

Cortés conquista la città di Tenochtitlán. Dipinto del XVIII secolo.
Collezione privata. Foto Bridgeman Images/Archivi Alinari.

Alcune cause della facile conquista

Come mai Cortés riuscì a ottenere una vittoria così schiacciante in così breve tempo? Le ragioni sono diverse.

Il re azteco Montezuma, per esempio, non oppose quasi resistenza ai conquistatori spagnoli: probabilmente perché era convinto che Cortés fosse il dio **Quetzalcoatl**, tornato nella sua terra, così come annunciavano le leggende degli antichi [→ Vita quotidiana: Il passato che ritorna p. 38].

Cortés, inoltre, apparve come un liberatore alle popolazioni indigene che gli Aztechi avevano sottomesso e a cui avevano imposto pesanti tributi.

Per di più i *conquistadores* si spostavano su **cavalli**, animali sconosciuti agli amerindi; e le loro **armi da fuoco** erano di gran lunga superiori alle armi degli indigeni, che combattevano a piedi ed erano protetti solo da corazze di cotone imbottito.

Ma, soprattutto, gli Spagnoli furono favoriti dal rapido diffondersi di **malattie contagiose**, che loro stessi avevano portato dall'Europa e che sterminarono gran parte delle popolazioni locali.

Dopo la conquista militare, il Messico diventò una colonia* della Spagna; fu governata da un viceré e si chiamò vicereame della Nuova Spagna.

* **Colonia**
In Età moderna una colonia è un territorio sul quale la potenza colonizzatrice esercita un predominio economico (sfruttandone le risorse), politico, militare e culturale.

La fine dell'impero incaico

Nel **1532** fu la volta dell'impero degli Inca. I conquistatori spagnoli, guidati da **Francisco Pizarro**, attirarono in un tranello il sovrano inca **Atahualpa** e, dopo averlo catturato, gli imposero di pagare un forte riscatto in cambio della libertà. L'inca fece dunque riempire di oggetti d'oro e d'argento una stanza lunga quasi sette metri e larga cinque, ma gli Spagnoli non mantennero la parola data: ottenuto ciò che volevano, accusarono Atahualpa di tradimento e lo strangolarono, dopo averlo battezzato.

Dopo l'esecuzione di Atahualpa, Pizarro fece incoronare un re da lui scelto, poi marciò su Cuzco, la capitale, dove arrivò nel **1533**. Anche qui, come già era avvenuto contro gli Aztechi, giocarono a favore degli Spagnoli l'uso dei cavalli e delle armi da fuoco; la credenza degli *Indios* che gli stranieri fossero dèi; la crisi in cui si trovava l'impero incaico, lacerato dalle lotte fra due pre-

Le colonie americane nel 1533.

☐ Possedimenti spagnoli
☐ Possedimenti portoghesi

Lo scontro fra Spagnoli e indigeni. Disegno spagnolo del XVI secolo.

Madrid, Biblioteca Nacional. Foto Bridgeman Images.

tendenti al trono; e, infine, una violenta **epidemia di vaiolo** portata dai nuovi arrivati, che fece strage fra gli indigeni.

Anche l'impero degli Inca diventò una colonia, ebbe il suo viceré e il nome di vicereame del Perù.

La distruzione delle civiltà amerindie

In pochi decenni, poche migliaia di *conquistadores* armati, seguiti da un numero di poco superiore di coloni* spagnoli, avevano sconfitto imperi grandi e popolosi. Dopo la conquista spagnola le civiltà degli *Indios* vennero **soffocate e distrutte**, le loro ricchezze furono depredate, opere d'arte in oro e argento vennero fuse per farne **lingotti***, intere **biblioteche di "libri di immagini"** che raccontavano la storia di quei popoli e dei loro dèi furono **date alle fiamme**. Alle lingue locali si sostituì, con poche eccezioni, lo **spagnolo**; alle loro religioni si sovrappose il **cristianesimo**.

Agli occhi degli indigeni la caduta di Tenochtitlán e la resa di Cuzco parvero fatti assai più gravi di una sconfitta militare: questi avvenimenti significavano che i loro dèi erano stati vinti, che avevano perduto il loro potere e che il regno del Sole era finito per sempre. E per molti *Indios*, dopo la caduta degli dèi e del loro mondo, non valeva più la pena di lottare per vivere.

* **Colono**
In questo caso la parola significa «abitante delle colonie».

* **Lingotto**
Barra di metallo fuso (per esempio oro o argento).

Antiche profezie che annunciano il ritorno degli dèi — Malcontento delle popolazioni sottomesse — Superiorità degli armamenti spagnoli — Malattie contagiose portate dagli Europei

favoriscono la

sconfitta dei popoli amerindi

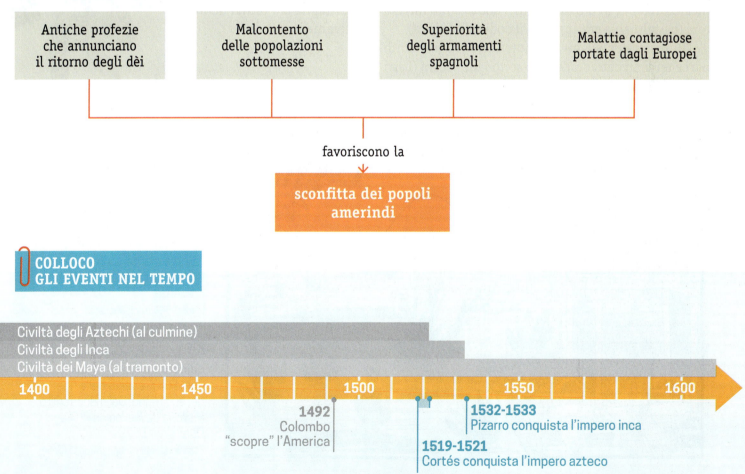

Civiltà degli Aztechi (al culmine)
Civiltà degli Inca
Civiltà dei Maya (al tramonto)

1400 — 1450 — 1500 — 1550 — 1600

1492 Colombo "scopre" l'America

1519-1521 Cortés conquista l'impero azteco

1532-1533 Pizarro conquista l'impero inca

Vita quotidiana

Il passato che ritorna

La conquista del Messico e del Perù fu narrata dai *conquistadores* come un'impresa epica, compiuta da uomini appartenenti a una civiltà superiore (quella europea) contro popolazioni primitive e selvagge. Ma la storia della vittoria spagnola fu scritta anche **dal punto di vista dei vinti**, gli Aztechi e gli Inca, per i quali la sconfitta significò la distruzione della loro civiltà.

Le cronache indigene della conquista spagnola cominciano invariabilmente con la descrizione dei molti **segni** (comete, fulmini, incendi, uccelli spaventosi, uomini con due teste) che venivano interpretati come presagi di prossime sciagure.

I cronisti *indios* narrano la leggenda del dio **Quetzalcoatl** [→ par. 2], che doveva tornare in Messico per vendicarsi e riprendere la sua terra, proprio nell'anno che il calendario azteco denominava "uno-canna" (cioè nel **1519**, l'anno in cui giunse Cortés). I cronisti ricordano inoltre le antiche profezie, secondo le quali l'impero incaico avrebbe avuto fine sotto il dodicesimo imperatore (e Atahualpa era appunto il dodicesimo inca).

Gli *Indios* stentavano a comprendere i fatti straordinari e terribili che accadevano sotto i loro occhi (l'arrivo degli Spagnoli, la rovina dei loro regni, la caduta dei loro dèi...) e, per meglio interpretarli, si rivolgevano al passato che, secondo le loro credenze tradizionali, era destinato a **ripetersi sempre uguale**, dopo un certo numero di anni.

Ma proprio i miti e le profezie che annunciavano il ritorno degli antichi dèi e la loro vittoria contribuirono a confondere gli Amerindi e a **indebolirne la volontà di resistenza**, perché li indussero a credere, almeno in un primo momento, all'origine divina degli Spagnoli. Certo il dubbio non durò a lungo, ma quando essi si accorsero dell'errore, gli stranieri avevano già preso possesso del territorio e ne avevano sottomesso gli abitanti: per gli indigeni la battaglia era ormai definitivamente perduta.

Quetzalcoatl, il Serpente piumato: secondo gli Aztechi, questo dio, che i nemici avevano cacciato dalla sua terra, sarebbe tornato un giorno per riaffermare il suo potere. Cortés fu inizialmente scambiato per il dio e sfruttò a suo favore questa credenza.
Madrid, Biblioteca Nacional.

Montezuma avvista una cometa, che sarà interpretata come un presagio della fine del suo regno. Dal manoscritto *Historia de las Indias* di Diego Durán, del 1579.
Foto Bridgeman Images/Archivi Alinari.

3. Effetti della conquista sulle popolazioni dell'America e dell'Africa

Il lavoro forzato e l'*encomienda*

L'intera America spagnola era considerata proprietà personale dei re di Spagna. Essi assegnarono porzioni di territorio americano, con i relativi abitanti, a *conquistadores* e coloni spagnoli, perché ne sfruttassero le ricchezze e istruissero gli indigeni nella fede cristiana; agli *Indios*, in cambio di protezione, era richiesto di lavorare per i proprietari spagnoli. Questo sistema di assegnazioni di terre ed esseri umani fu detto *encomienda*.

Molti coloni spagnoli, però, non pensavano che ad arricchirsi. Perciò, anziché proteggere i loro *Indios* e prendersene cura come avrebbero dovuto, li sottoposero a fatiche massacranti e a durissimi turni di lavoro nelle **piantagioni*** e nelle miniere, in particolare in quelle d'argento appena scoperte a **Potosí**, in Bolivia, dove il numero di indigeni morti a causa dello sfinimento fu altissimo [→ Vita quotidiana: Lo sfruttamento degli *Indios* p. 41].

* **Piantagione**
Area di terreno occupata da piante coltivate della stessa specie, di solito destinate all'esportazione.

Dov'è Potosí?

Bartolomé de Las Casas in difesa degli *Indios*

Contro lo spietato sfruttamento degli Indiani d'America si levarono molte voci di protesta, soprattutto da parte dei frati domenicani. Il più famoso fra loro fu il missionario spagnolo **Bartolomé de Las Casas**, che difese con energia gli Amerindi dall'accusa di inferiorità, con cui gli Europei cercavano di giustificare l'asservimento di quei popoli [→ I protagonisti p. 42].

Verso la metà del Cinquecento lo stesso papa intervenne a fianco dei frati domenicani, affermando la **piena dignità umana** delle popolazioni d'America. Poco tempo dopo (nel **1542**) le *encomiendas* vennero abolite.

Il calo della popolazione amerindia

Prima della scoperta di Colombo, l'America era popolata da alcune decine di milioni di abitanti (forse 40 o 50). Verso la metà del Cinquecento il loro numero si era ridotto a soli 8 milioni. Il crollo demografico fu provocato, in parte, dalle **guerre di conquista** e dal **lavoro forzato** nelle piantagioni e nelle miniere. Ma gli Amerindi morirono soprattutto a causa delle **malattie contagiose** importate dagli Europei, come il vaiolo, il tifo, il morbillo, la semplice influenza. Erano malattie con cui essi non erano mai venuti a contatto in precedenza e contro le quali il loro organismo non aveva potuto sviluppare nessun tipo di difesa. Perciò le vittime si contarono a milioni. Sia i vincitori sia i vinti interpretavano il gran numero di morti come una punizione divina e un segno certo che Dio era dalla parte degli Spagnoli.

> **Il lavoro forzato degli *Indios*** e i maltrattamenti su di essi dei coloni spagnoli. Stampa del XVI secolo.
> Londra, British Museum. Foto Bridgeman Images/Alinari.

La popolazione dell'Africa: la tratta dei neri

Lo sterminio degli *Indios* non fu una tragedia soltanto per l'America ma anche per l'**Africa**. Gli Europei, infatti, cominciarono a deportare nelle colonie migliaia e migliaia di schiavi africani, strappati alle loro terre e destinati a sostituire la manodopera amerindia, sempre più scarsa e indebolita. La **tratta dei neri**, cioè la **compravendita** di intere popolazioni dell'Africa, incominciò nel XVI secolo, pochi anni dopo la scoperta dell'America, e proseguì fino a tutto il XVIII secolo e per gran parte del secolo successivo, anche dopo essere stata dichiarata illegale. Furono i Portoghesi a dare inizio alla tratta. Ma presto, come e più di loro, se ne occuparono anche Spagnoli, Inglesi, Olandesi, Francesi.

L'impatto degli Europei sull'economia africana

Gli Europei si procurarono gli schiavi neri per le colonie del Nuovo Mondo soprattutto lungo la costa occidentale dell'Africa, affacciata sull'Oceano Atlantico. Ma le loro rotte toccarono anche le coste orientali, dove sorgevano dozzine di città ricche e potenti, come Mombasa, Malindi, Mogadiscio. I loro abitanti (mercanti arabi o africani) commerciavano con l'oriente e parlavano una lingua – lo *swahili* – che è in uso ancora oggi in molti Paesi dell'Africa orientale.

I Portoghesi, alla ricerca della via delle Indie e di facili guadagni, giunsero per primi in questa regione prospera ed evoluta: assalirono le città, le saccheggiarono una dopo l'altra e si impadronirono delle loro ricchezze. L'aggressione fu così violenta che alcune di esse non si ripresero mai più.

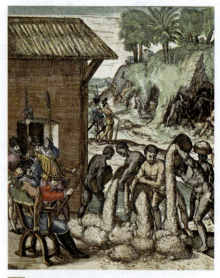

Schiavi africani e indigeni al lavoro. Dopo aver decimato la popolazione indigena gli spagnoli deportarono schiavi dall'Africa da utilizzare come manodopera nelle piantagioni e nelle miniere. Illustrazione del 1595.
Berlino, Kunstbibliothek Staatliche Museen. Foto BPK/Scala, Firenze.

La mescolanza delle popolazioni

Nel Nuovo Mondo le popolazioni amerindie, europee e africane si mescolarono. Spagnoli e Portoghesi si ritenevano superiori agli *Indios* e in misura ancora maggiore agli Africani. Tuttavia, poiché le donne bianche all'inizio erano poche, spesso *conquistadores* e coloni si univano a donne amerindie o a schiave nere. Da queste unioni nascevano bambini **meticci**, che avevano caratteristiche in parte europee e in parte amerindie, o **mulatti**, incroci fra Europei e Africani. I meticci finirono per formare in Messico la maggior parte della popolazione; i mulatti divennero particolarmente numerosi in Brasile.

Cittadinanza e Costituzione
Falsi miti: la droga, il fumo, l'alcol
p. 100

ORGANIZZO I CONCETTI

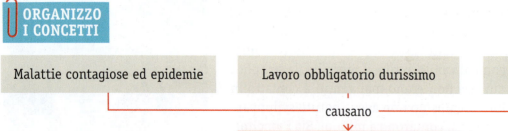

Vita quotidiana

Lo sfruttamento degli *Indios*

Prima di prendere possesso di un nuovo territorio i *conquistadores* leggevano alle popolazioni amerindie un testo in lingua spagnola, con cui le si invitava ad accettare docilmente il dominio del re di Spagna. Se dopo la lettura gli indigeni mostravano di non volersi sottomettere, gli Spagnoli catturavano uomini, donne e bambini, li riducevano in schiavitù e li destinavano al lavoro nelle *encomiendas* e nelle miniere.

Nelle *encomiendas* ogni proprietario aveva sugli schiavi tutti i diritti e gli *Indios* venivano crudelmente puniti per ogni piccolo errore. Le **violenze** furono tante che nel XVI secolo la stessa istituzione dell'*encomienda* fu abolita dal re di Spagna.

Ancora peggiore era la sorte di coloro che lavoravano nelle **miniere**, specialmente in quelle d'argento di **Potosí** (nell'attuale Bolivia), poste sulle Ande a oltre 4000 metri di altitudine. Gli *Indios* estraevano il metallo in gallerie profonde, dove l'aria era quasi irrespirabile per l'umidità e le polveri sospese. I proprietari fissavano la quantità giornaliera di argento da estrarre e trattenevano in miniera coloro che non riuscivano a consegnarla, costringendoli a volte a dormire per più giorni all'interno delle gallerie. In queste condizioni di vita e di lavoro non sorprende che l'età dei minatori *indios* non superasse in media i 25 anni.

▼ **Le miniere d'argento di Potosí**, in Bolivia, dove gli *Indios* lavoravano in gallerie dall'aria irrespirabile. Stampa del XVI secolo.
Lisbona, Accademia di Scienze. Foto Akg.

▼ **I soprusi dei *conquistadores***. «Dateci l'oro e l'argento, inca!», urla un soldato spagnolo prima di appiccare il fuoco a una casa in cui ha murato vivi degli indigeni.
Madrid, Biblioteca Nacional. Foto Bridgeman Images/Archivi Alinari.

I protagonisti

Bartolomé de Las Casas, il protettore degli *Indios*

Nel 1502, sulla stessa nave che portava nel Nuovo Mondo Francisco Pizarro (il futuro conquistatore del Perù, colui che fece strangolare l'inca Atahualpa dopo essersi fatto consegnare un favoloso riscatto in oro) viaggiava anche un giovane frate. Si chiamava Bartolomé de Las Casas e sarebbe diventato il più tenace **difensore degli indigeni** d'America contro la brutalità e la ferocia dei conquistatori.

All'inizio Bartolomé non era molto diverso dagli altri avventurieri giunti in America per avidità di oro e di ricchezze: partecipava a spedizioni di conquista e riceveva, in cambio dei suoi servizi, un certo numero di *Indios* che metteva a lavorare sui propri terreni. Ma poi, divenuto sacerdote, prese gradualmente coscienza delle **insopportabili ingiustizie** commesse ai danni degli indigeni, si indignò per le stragi feroci compiute dagli Spagnoli e, spinto anche dalla predicazione dei frati domenicani che condannavano le atrocità dei conquistatori europei, nel 1514 prese la decisione di dedicare la propria vita alla difesa degli *Indios*.

Da allora rinunciò ai propri schiavi e si spostò instancabilmente dal Nuovo Mondo all'Europa per denunciare ai regnanti europei – in particolare ai re di Spagna e, più tardi, allo stesso imperatore Carlo V [→ cap. 5 par. 1] – le **durissime condizioni di vita** degli indigeni d'America. Intervenne sui coloni spagnoli e sui *conquistadores*, spingendoli – a volte con successo – a pentirsi delle loro azioni. Dimostrò, con il suo comportamento, che la conversione degli indigeni non doveva essere raggiunta con la violenza ma con la persuasione e la predicazione del Vangelo di Cristo. Nel 1523 entrò nell'**ordine domenicano**, continuando a impegnarsi per migliorare le condizioni degli *Indios*.

Ma tanto attivismo suscitò forti malumori fra i ricchi e potenti spagnoli del Nuovo Mondo, che chiesero – e ottennero – la reclusione del domenicano in convento.

A sostegno degli *Indios* Bartolomé de Las Casas scrisse anche diversi trattati: nel più famoso, dal titolo *Brevissima relazione della distruzione delle Indie* (1552), egli accusa i *conquistadores* di aver commesso un **genocidio**, cioè di aver distrutto un intero popolo. Il trattato fu tradotto in molte lingue ed ebbe una larghissima diffusione in tutta Europa.

> **Bartolomé de Las Casas** intento a scrivere i suoi memoriali.
> Siviglia, Biblioteca Capitular y Colombina. Foto Scala, Firenze.

COLLOCO GLI EVENTI NEL TEMPO

- Civiltà degli Aztechi (al culmine)
- Civiltà degli Inca
- Civiltà dei Maya (al tramonto)

1400 — 1450 — 1500 — 1550 — 1600

- **1492** Colombo "scopre" l'America
- **1519-1521** Cortés conquista l'impero azteco
- **1532-1533** Pizarro conquista l'impero inca
- **1542** abolizione delle *encomiendas*

4. L'economia europea dopo le conquiste

Che cos'è l'economia

Cerchiamo di capire che cosa significa **economia***, una parola che abbiamo già incontrato varie volte. Per vivere gli esseri umani hanno bisogno di cibo, di abiti, di un'abitazione. Inoltre sentono la necessità di istruirsi, di curare la propria salute, di spostarsi da un luogo all'altro, di scambiarsi prodotti e informazioni, di divertirsi e così via. Ogni attività che permette a uomini e donne di procurarsi **beni*** (come il cibo, gli abiti, le medicine) e **servizi** (come l'istruzione scolastica o il trasporto pubblico) è detta **attività economica**. L'insieme delle attività economiche costituisce appunto l'economia.

* **Economia**
Questa parola deriva dal greco *oikonomia*, che significa "amministrazione della casa".

* **Bene**
Per gli economisti, un bene è una risorsa (come l'acqua, per esempio) o un prodotto (come un abito, un'automobile, una casa e così via) che serve per soddisfare un bisogno.

La ripresa economica

Nel Cinquecento l'**economia europea è in ripresa**. Prima di tutto ricomincia a crescere la popolazione dopo la grave crisi del XIV secolo. Il **commercio si espande** e assume dimensioni veramente **mondiali**, toccando dopo le scoperte geografiche tutti i continenti, a eccezione dell'Oceania, non ancora esplorata.

Nelle principali città commerciali sorgono le **Borse**, edifici in cui i mercanti si incontrano per concludere i loro affari. Si sviluppano le **attività finanziarie**: prestito di denaro a interesse, compravendita di valuta straniera o di lettere di cambio, antenate delle nostre cambiali. Le attività finanziarie sono svolte da ricchi banchieri, alcuni dei quali diventano così influenti da poter intervenire persino nella scelta degli imperatori.

Traffici commerciali nel porto di Anversa, dipinto del XVII secolo.
Tarbes, Musée Massey. Foto Bridgeman Images/Archivi Alinari.

Il cambiavalute e sua moglie conteggiano con cura i guadagni della giornata. Quadro fiammingo del XVI secolo.
Foto G. Dagli Orti/De Agostini Picture Library.

L'aumento dei prezzi

La ripresa economica ha il suo rovescio: nel Cinquecento si verifica un generale **aumento dei prezzi**, che colpisce i **cereali**, in particolare il grano.

Il rialzo dei prezzi ha cause complesse. La principale sembra essere il forte **aumento della popolazione**: c'è bisogno di più grano per la popolazione che cresce. Anche la produzione agricola aumenta, ma **non riesce a stare al passo** con la crescita della popolazione. In altre parole, l'**offerta** di grano (cioè la quantità di grano disponibile e messa in vendita) è scarsa rispetto alla **domanda** di grano (cioè alla quantità di grano necessaria e richiesta dai compratori). Perciò il suo **prezzo si alza**: chi vuole comprarne deve pagarlo di più.

Il rialzo del prezzo dei cereali – elemento base in un'economia prevalentemente agricola – spinge in alto quello di tutti gli altri beni di consumo.

L'inflazione e il potere d'acquisto del denaro

Quando i prezzi salgono e occorre più denaro per acquistare uno stesso bene (o, per meglio dire, quando il denaro **perde** parte del suo **potere d'acquisto**), si verifica un fenomeno che è detto **inflazione**.

Il fenomeno dell'inflazione.

ORGANIZZO I CONCETTI

COLLOCO GLI EVENTI NEL TEMPO

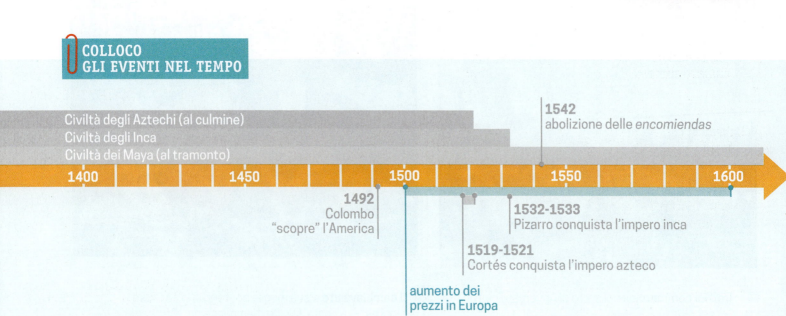

L'inflazione non colpisce tutti allo stesso modo. Non dà troppi svantaggi ai mercanti, che possono sempre alzare il prezzo delle loro merci; favorisce chi ha debiti, perché può restituire denaro svalutato (con minore potere d'acquisto); ma danneggia gravemente i salariati che ricevono una paga fissa (salario) e coloro che, come molti aristocratici del Cinquecento, riscuotono affitti per le loro proprietà.

Come puoi vedere dal grafico qui a fianco, fra il 1520 e il 1620 i salari dei lavoratori (linea rossa) aumentano, ma molto meno rispetto al prezzo del pane (linea verde), che invece schizza verso l'alto e cresce fino a sei volte e mezzo nel corso del secolo. Secondo gli studiosi di economia, un grafico come questo indica che **la gran massa della popolazione tende a impoverirsi**.

Il prezzo di un bene di consumo, infatti, si alza se i possibili compratori sono molto numerosi o, per dirla con gli economisti, **se la domanda del bene è alta**. Nel Cinquecento la maggior parte della popolazione si nutre di cibi poco costosi, come pane e zuppe di cereali. Perciò la domanda di pane si alza vertiginosamente e il prezzo del pane cresce moltissimo.

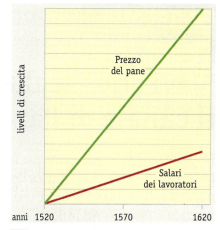

Salari e prezzi.

COLLEGO CAUSE ED EFFETTI

▶ **PERCHÉ** in Europa la gente comune si impoverisce, nonostante dalle miniere americane arrivino oro e argento? Scegli le risposte giuste.

☐ L'oro e l'argento vengono usati per comprare merci di lusso.

☐ L'oro e l'argento finiscono nelle monete che vengono coniate per i commerci quotidiani.

☐ L'oro e l'argento servono ai sovrani per finanziare le guerre e rimborsare i banchieri.

Dove finiscono l'oro e l'argento americani?

L'oro e l'argento che dalle miniere americane giungono a tonnellate fino alla Spagna vengono utilizzati soprattutto per **finanziare le guerre** dei re spagnoli e per **rimborsare i banchieri** presso i quali i sovrani si sono indebitati con prestiti ad alto interesse. Oppure prendono direttamente la via dell'India e degli altri Paesi d'oriente, dove vengono scambiati con spezie, sete e altri prodotti di lusso. Non contribuiscono, quindi, ad arricchire la massa della popolazione, che al massimo può disporre di qualche moneta spicciola di rame. È proprio questa moneta "piccola", usata dalla gente comune, a **perdere valore** assai più dell'argento e a **impoverire** chi la possiede.

RICOSTRUISCO LA MAPPA DEL CAPITOLO

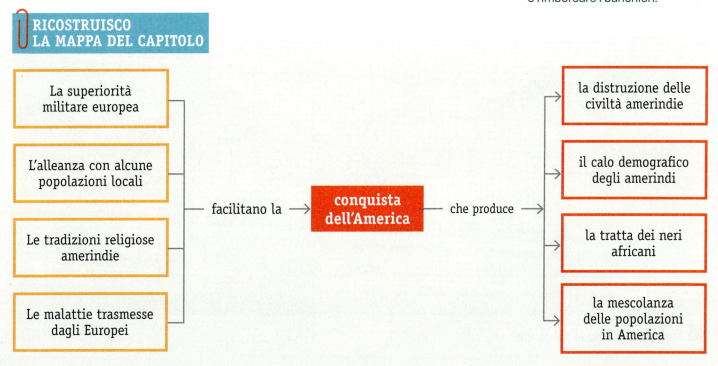

Geostoria

Navi che "scalano" le montagne: il canale di Panama

La parte dell'America compresa fra il Golfo di Tehuantepec e la Colombia costituisce l'**istmo** centro-americano: una sottile lingua di terra, che si allunga fra Oceano Pacifico e Oceano Atlantico, congiungendo il Nord al Sud America. Nel punto più stretto della regione – l'istmo – è stato costruito un **canale navigabile** – il canale di Panama – che unisce i due oceani, evitando alle navi una lunga navigazione fino allo Stretto di Magellano per passare da un oceano all'altro.

Il primo tentativo di costruzione del canale risale al **1881** quando, sotto la direzione di Ferdinand de Lesseps (l'imprenditore che aveva già diretto con successo la realizzazione del canale di Suez fra Mediterraneo e Mar Rosso nel 1869) iniziarono i lavori di scavo. L'impresa si rivelò subito estremamente difficoltosa. Il terreno, infatti, presentava dei rilievi e, per superarli, era necessario spianare le alture oppure "scavalcarle". Lesseps scelse la prima via e fra i monti della regione cominciò a scavare profondi fossati in cui incanalare le acque. Presto, tuttavia, le operazioni furono sospese: sia per le enormi difficoltà tecniche incontrate, sia per il diffondersi di epidemie di malaria e di febbre gialla che provocarono fra gli operai ben 22 000 vittime.

L'opera di costruzione fu ripresa nel **1904** dalla **statunitense Compagnia del Canale**, che in dieci anni riuscì a portare a termine i lavori. Nel **1914** il primo transatlantico poté passare da un oceano all'altro superando i dislivelli naturali, cioè – per così dire – "scalando" le montagne.

Il disegno qui sotto aiuta a capire come sia possibile. Il canale di Panama è costituito da un sistema di **chiuse**, cioè di sbarramenti che formano piccoli bacini artificiali (qui indicati con le lettere A, B, C, D). I bacini vengono riempiti o svuotati di acqua quanto basta per innalzarne o abbassarne il livello e quindi per sollevare o far discendere le navi fino all'altezza voluta. Insieme all'acqua, infatti, salgono o scendono anche le imbarcazioni che galleggiano nelle chiuse.

Seguiamo, osservando il disegno, il viaggio di una nave lungo il canale di Panama, dall'Oceano Atlantico fino al Pacifico. La nave entra nelle chiuse di Gatun (in cui viene **immessa acqua**) e raggiunge i 26 metri di altitudine; attraversa poi il grande lago artificiale di Gatun e arriva alle chiuse di Pedro Miguel e di Miraflores (da cui l'acqua viene tolta): in due salti successivi, ritorna così a livello del mare.

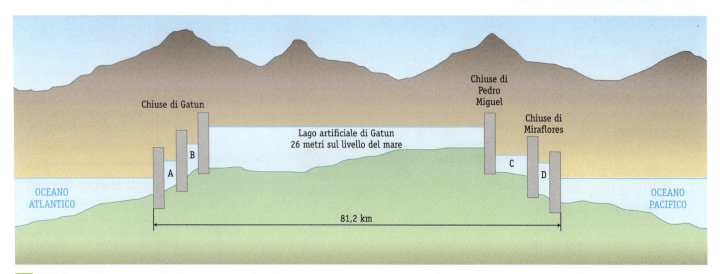

Il sistema di chiuse del canale.

Fin dalla sua costruzione il canale fu percorso annualmente da migliaia di navi e divenne una **fonte di ricchezza** per tutto lo Stato del Panama. Con il tempo però le sue dimensioni, piuttosto ridotte, cominciarono a diventare un problema, perché non consentivano il passaggio di grandi navi come, per esempio, le **superpetroliere**. Così negli anni Duemila si rese necessario dare inizio a lavori di ampliamento: rapidamente, fra il **2006** e il **2016**, fu realizzata una nuova e più moderna corsia di traffico, che oggi permette il transito di navi di grande mole (vedi la foto in basso) e raddoppia, di fatto, la capacità del canale.

I lavori di costruzione del canale di Panama, all'inizio del Novecento.

Il canale di Panama oggi.
Foto BlackMac/Shutterstock.

Il canale di Panama nel **1914**, poco dopo la sua inaugurazione.

COMPRENDO I CAMBIAMENTI NELLO SPAZIO E NEL TEMPO

1. Con l'aiuto di un atlante, scrivi un testo di 20 righe seguendo la traccia indicata dalle domande.
   a. Quali parti del mondo unisce l'istmo centroamericano?
   b. Quali oceani mette in comunicazione il canale di Panama?
   c. Quali vantaggi porta alla navigazione?
   d. Su quale idea si basava il progetto che Ferdinand de Lesseps intraprese per realizzarlo?
   e. Quale fu invece la soluzione adottata dalla Compagnia del Canale qualche anno più tardi?
   f. Quanto durarono i lavori? In che anno fu aperto il canale?
   g. Perché negli anni Duemila si diede inizio a lavori di ampliamento del canale?

2. Osserva il disegno a pagina precedente e prova a descrivere il percorso di una nave che dal Pacifico voglia raggiungere l'Atlantico attraverso il canale di Panama (segui l'esempio contenuto nella scheda).

Sintesi

1. Antiche civiltà amerindie

Ben prima della "scoperta" di Colombo, in America c'erano antiche civiltà, come quella degli Olmechi e dei **Maya**. Nel Cinquecento fioriscono le civiltà degli Aztechi e degli Inca.

L'**impero azteco** si estende in Mesoamerica e ha come capitale **Tenochtitlán**. Gli Aztechi sono un popolo guerriero; fanno sacrifici umani per nutrire con il sangue i loro dèi e per conservare l'ordine dell'universo.

L'**impero incaico**, la cui capitale è **Cuzco**, si trova nella regione delle Ande. Presso gli Inca, l'imperatore è considerato un discendente del Sole e possiede tutte le terre dell'impero.

2. Arrivano i *conquistadores*

Nel 1519-1521 **Hernán Cortés**, il primo dei *conquistadores* spagnoli, sconfigge l'impero azteco; nel 1532-1533 **Francisco Pizarro** sottomette l'impero inca.

Gli Spagnoli sono meno numerosi degli *Indios*, ma vincono perché possiedono **cavalli** e **armi da fuoco** e diffondono fra gli *Indios* **malattie infettive**. Inoltre, a causa di antiche **superstizioni**, vengono scambiati per divinità.

Le civiltà amerindie vengono distrutte, le loro ricchezze saccheggiate. La lingua e la religione degli indigeni sono sostituite da quelle dei conquistatori.

3. Effetti della conquista sulle popolazioni dell'America e dell'Africa

I re di Spagna affidano le terre d'America e gli *Indios* che vi abitano a *conquistadores* e a coloni spagnoli.

Questi dovrebbero **proteggere** gli *Indios* e **convertirli** al cristianesimo ma, in realtà, li obbligano a compiere duri lavori nelle piantagioni e nelle miniere.

Il **lavoro forzato**, le **guerre**, le **malattie infettive** portate dagli Europei fanno calare moltissimo la popolazione amerindia.

Per procurarsi nuovi lavoratori, gli Europei deportano in America **schiavi africani**: comincia così la **tratta dei neri**.

4. L'economia europea dopo le conquiste

Nel Cinquecento in Europa la **popolazione ricomincia ad aumentare**, l'economia cresce e i traffici commerciali si estendono al mondo intero.

La domanda di prodotti cresce più dell'offerta: perciò **si alzano i prezzi**, in particolare quello del grano. Si verifica così il fenomeno dell'**inflazione**: i prezzi salgono e occorre più denaro per comprare lo stesso prodotto.

L'oro e l'argento americani non migliorano la vita della gente comune, perché servono piuttosto a **finanziare le guerre** e a **pagare i debiti dei re di Spagna**.

Esercizi

COSTRUISCO LE MIE COMPETENZE

COMPLETO UNA CARTA STORICA
Paragrafo 1

1 Scrivi sulle carte i nomi delle località e dei popoli elencati.
Messico ▪ Yucatán ▪ Ande ▪ Tenochtitlán ▪ Cuzco ▪ Aztechi ▪ Maya ▪ Inca

LAVORO SULLE FONTI
Paragrafo 2

2 Osserva l'immagine, leggi la didascalia che la accompagna, poi completa la legenda scrivendo nei quadrati le lettere corrette.

Il documento, disegnato da un azteco, rappresenta per immagini la conquista del Messico. Nei riquadri in alto sono indicate le date: «uno-canna» (1519) e «due-coltello» (1520). Cortés, barbuto, è a cavallo, con scudo, spada e croce; sotto gli zoccoli del cavallo sono i simboli aztechi della guerra, lo scudo e le frecce. Un soldato di Cortés massacra gli Aztechi nel tempio. Una cometa, in forma di serpente dorato, annuncia prossime sventure.

Legenda
- ☐ Hernán Cortés
- ☐ massacro di Aztechi
- ☐ cometa
- ☐ data «uno-canna»
- ☐ data «due-coltello»
- ☐ simboli aztechi della guerra

Unità 1 Nuovi orizzonti geografici e culturali

Esercizi

LAVORO SULLE FONTI
Paragrafo 2

3 Leggi il documento e l'introduzione che lo precede, poi rispondi alle domande.
Un cronista indio racconta come gli Spagnoli di Pizarro apparvero agli occhi degli Inca.

« Avevano visto arrivare nel loro paese esseri molto diversi da noi per abitudini e per vestiti: somigliavano a dei *Viracochas*, nome con il quale chiamavano un tempo il Creatore di tutte le cose [...]. Ed essi li chiamarono così perché erano molto diversi da loro e perché li vedevano cavalcare animali grandissimi con i piedi d'argento. Li chiamavano così anche perché li vedevano parlare tranquillamente fra loro per mezzo di pezzuole bianche. E possedevano anche dei fulmini che essi credevano fulmini del cielo. »

a. Che cosa pensano gli Inca degli stranieri giunti nel loro Paese? Perché?

b. Prova a spiegare che cosa sono gli «animali grandissimi» che gli Spagnoli cavalcano, i loro «piedi d'argento», le «pezzuole bianche» con cui gli Spagnoli parlano fra loro, i «fulmini» che possiedono.

COMPONGO UN TESTO
Paragrafo 3

4 Seguendo la traccia delle domande, componi un breve testo che illustri alcune conseguenze della conquista dell'America.

a. Quali furono gli effetti della conquista spagnola…
- sulle civiltà amerindie?
- sulle opere d'arte, sulle lingue e sulle religioni degli indigeni?
- sui libri che narravano la storia di quei popoli e dei loro dèi?
- sulla popolazione degli *Indios*?

b. Quali mescolanze si formarono nelle popolazioni d'America in seguito alla conquista?

c. Quali furono gli effetti della conquista sulle popolazioni dell'Africa? Perché?

RIORGANIZZO DATI E CONCETTI
Paragrafo 3

5 Osserva il grafico e rispondi alle domande.

a. Calcola di quanti milioni diminuisce la popolazione amerindia nei primi cinquant'anni del Cinquecento.

b. Aiutandoti anche con la mappa di p. 40, scrivi una didascalia di non più di cinque righe che spieghi le cause del calo della popolazione amerindia.

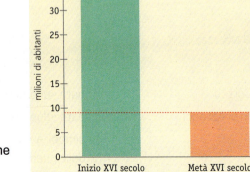

▶ Il calo della popolazione amerindia.

LEGGO UN'IMMAGINE
Paragrafo 4

6 Osserva il disegno di p. 44 e completa la didascalia usando le parole dell'elenco.

inflazione • un sacchetto • cliente • pezza di stoffa • potere d'acquisto • bene • più denaro • due sacchetti

Nell'immagine in alto la .... acquista una pezza di stoffa, pagando con ....
di monete. Nella seconda immagine un'identica .... viene acquistata al prezzo di
.... Il denaro ha perduto parte del suo .... e occorre ....
per acquistare lo stesso .... : è il fenomeno dell' ....

VERIFICO LE CONOSCENZE
Paragrafo 4

7 Completa il testo usando le parole dell'elenco.

Borse • inflazione • mondiale • ripresa • finanziare • rialzo dei prezzi • insufficiente • arricchirono • prezzi

Nel Cinquecento l'economia europea era in .... e il commercio era diventato ....
Nelle grandi città sorgevano le .... , luoghi dove si incontravano gli uomini d'affari. Alla ripresa
economica si accompagnò un forte .... , in particolare di quello del grano, perché la popolazione
cresceva e la produzione agricola era .... Si verificò così il fenomeno dell' .... :
il denaro perdette parte del suo potere d'acquisto e i .... salirono. L'oro e l'argento americani
servirono per .... le guerre e i debiti dei re spagnoli, ma non .... la popolazione.

USO LE PAROLE DELLA STORIA
Intero capitolo

8 Completa le frasi con le parole appropriate.

a. Le civiltà create dagli .... in .... sono dette amerindie.
b. Si definisce «colonia» un territorio sottomesso su cui i vincitori esercitano un predominio .... ,
.... , ... e culturale.
c. Le .... erano le parti di territorio americano assegnate a ....
spagnoli, i quali acquisivano tutti i diritti sugli *Indios* che in quei territori vivevano.
d. Si chiama .... un grande appezzamento di terra in cui si coltivano piante della
stessa specie, spesso destinate all' ....
e. La tratta dei neri è la .... di schiavi africani portati forzatamente in ....
f. Si definivano «....................» coloro che nascevano da un genitore europeo e un genitore
amerindio.
g. Si definivano «....................» coloro che nascevano da un genitore europeo e un genitore
africano.
h. L'insieme delle attività economiche costituisce l' ....
i. Gli economisti chiamano .... tutto ciò che serve a soddisfare un ....
j. In economia si chiama .... la quantità di una merce disponibile e posta in vendita.
k. In economia si chiama .... la quantità di una merce necessaria e richiesta.

Unità 1 Nuovi orizzonti geografici e culturali

Il capitolo a colpo d'occhio

QUANDO

1. In che anni si sono svolti questi eventi? SCRIVI le date sui puntini, poi COLLOCALE sulla linea del tempo.

.... Hernán Cortés conquista l'impero azteco

.... Francisco Pizarro conquista l'impero inca

1510 — 1515 — 1520 — 1525 — 1530 — 1535 — 1540 →

DOVE

2. OSSERVA la carta e COMPLETA la didascalia.

La carta rappresenta l'America centro-................................. , che nel 1533 era stata in buona parte conquistata da Spagnoli e ....

Un trattato del 1494 stabilisce che agli Spagnoli spettino tutti i territori a ovest di una linea immaginaria, la ....

I territori conquistati vengono trasformati in colonie.

Le colonie spagnole prendono il nome di vicereame della .... e vicereame del ....

L'AMERICA CENTRO-MERIDIONALE NEL 1533, DOPO L'ARRIVO DEI *CONQUISTADORES*

- Possedimenti spagnoli
- Possedimenti portoghesi

52

LE PAROLE DA RICORDARE

3. SCRIVI le parole seguenti accanto alle definizioni corrispondenti (ATTENZIONE: ci sono delle parole in più).

Inflazione • *encomienda* • civiltà amerindie • colonia • genocidio • economia • tratta dei neri

Civiltà create dagli "Indiani d'America" ....

Territorio occupato, governato e sfruttato da una potenza conquistatrice
....

Territorio americano assegnato ai coloni spagnoli, allo scopo di sfruttarlo e di insegnare la religione cristiana agli *Indios* ....

Compravendita di neri africani, venduti come schiavi ....

Distruzione di un intero popolo ....

LA MAPPA DEI CONCETTI

4. COMPLETA la mappa inserendo al posto giusto le parole seguenti:

Azteco • dei neri • degli *Indios* • inca • delle civiltà amerindie

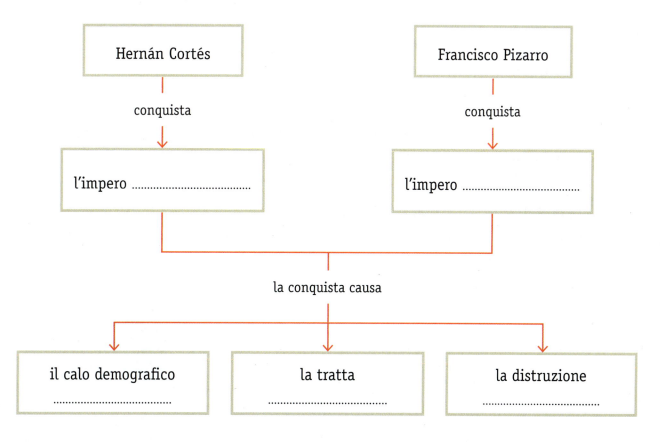

Capitolo 3 — Umanesimo e Rinascimento

GUARDA! IL VIDEO

MI ORIENTO NEL CAPITOLO dal 1350 → al 1600

1 Fra Tre e Quattrocento gli studiosi **umanisti** riscoprono la cultura classica degli autori greci e latini. **Johannes Gutenberg** inventa la stampa a caratteri mobili, che favorisce la diffusione dei libri.

2 Principi e signori agiscono da **mecenati**, proteggendo e finanziando gli artisti-scienziati del **Rinascimento**, come Leonardo da Vinci e **Michelangelo Buonarroti**.

4 La vita delle donne cambia poco. Pochissime sono **istruite** mentre tutte le altre sono **analfabete**, addestrate solo ai lavori domestici. Molte donne sono vittime della **caccia alle streghe**.

3 Nasce un nuovo interesse per la **natura** e per l'**uomo**, che vengono osservati, analizzati e descritti minuziosamente.

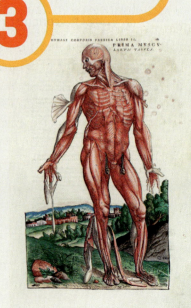

1. La riscoperta della cultura classica: l'Umanesimo

Gli umanisti: uomini di studio e di mondo

Nel Quattrocento l'Italia è culla di uno straordinario rinnovamento culturale, già iniziato nel secolo precedente e giunto ora a piena fioritura. Protagonisti dell'epoca sono gli **umanisti**, gli studiosi della cultura classica, cioè delle lingue e letterature dell'antichità (in latino *humanae litterae*).

Gli umanisti sono uomini colti, sanno parlare e scrivere correttamente in latino, lingua che usano anche per comunicare con studiosi di altri Paesi, e sono soliti chiamarsi con nomi latini. Conoscono anche la cultura greca, che in occidente si diffonde soprattutto dopo il 1453, con l'arrivo di molti letterati greci in seguito alla conquista turca di Costantinopoli.

Negli antichi **scrittori greci e latini** questi studiosi riconoscono dei **maestri di vita e di pensiero** e, seguendo il loro esempio, partecipano con impegno alla vita politica e culturale del proprio tempo: sono notai, storici, insegnanti, ambasciatori, uomini di corte e di governo.

> **ORGANIZZO I CONCETTI**
>
> ▶ Completa l'elenco.
>
> | Gli umanisti | • studiano la cultura ....
 • parlano e scrivono in ....
 • conoscono e apprezzano la lingua ....
 • partecipano attivamente alla vita politica e culturale del tempo |
> |---|---|

Un periodo di ricerche e di scoperte letterarie

L'interesse per la cultura classica non è del tutto nuovo (ci sono dei precedenti, per esempio, tra l'VIII e il IX secolo, al tempo della rinascita culturale voluta da Carlo Magno).

Ma è soprattutto fra la metà del Trecento e la metà del Quattrocento – il periodo che molto più tardi verrà definito **Umanesimo** – che tanti dotti e studiosi, prima italiani e poi europei, cominciano a rileggere e a interpretare i testi degli scrittori antichi, cercano nei monasteri manoscritti dimenticati, mettono a confronto le varie copie di uno scritto correggendo sviste ed errori dei copisti, rifiutano interpretazioni non controllate criticamente.

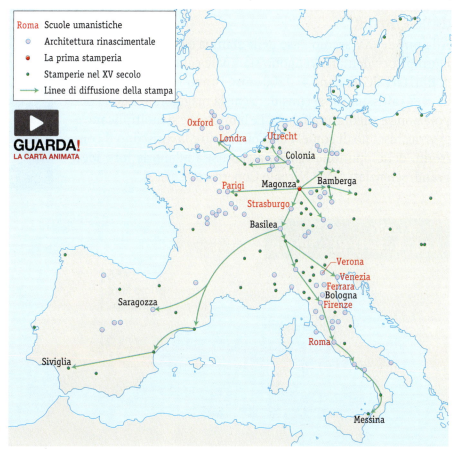

▷ L'Europa del Rinascimento (XV-XVI secolo).

La "rinascita" della civiltà dopo un tempo di "barbarie"

Uno degli obiettivi principali degli umanisti è far rivivere la civiltà classica – quella degli antichi Greci e Romani – che è venuta meno nell'età, a loro avviso "buia" e "incivile", caratterizzata dalle migrazioni e dalle dominazioni barbariche. I dieci secoli che "stanno in mezzo" fra la grandezza del mondo classico e la "rinascita" della civiltà a cui gli umanisti aspirano, ricevono proprio dai dotti di questo periodo il nome di **Medioevo**, una "età di mezzo" giudicata negativamente.

Nascono i libri a stampa

La diffusione della cultura è favorita dall'invenzione della **stampa a caratteri mobili**, attribuita all'orefice tedesco **Johannes Gutenberg** (1400-1468), e dal contemporaneo affermarsi dell'uso della carta, che diventa nel XV secolo uno dei più diffusi materiali per la scrittura, sostituendosi rapidamente alla pergamena*.

Nel Medioevo la trascrizione a mano richiedeva tempi lunghissimi. Un libro, scritto e miniato* su costose pergamene, era un **oggetto di lusso** che solo poche persone potevano permettersi (principi, alti ecclesiastici, ricchi mercanti). Così gli esemplari in circolazione erano pochi. La nuova stampa a caratteri mobili permette, invece, di produrre un **alto numero di copie** identiche di uno stesso libro in **tempi rapidi** e a prezzi più economici.

Il primo libro a stampa, pubblicato nel **1455**, fu la Bibbia.

La stampa contribuisce al diffondersi della cultura

Alla fine del XV secolo l'uso della stampa è già diffuso in tutta l'Europa occidentale. Vengono stampate centinaia di migliaia di libri (si calcola siano 450 000 entro l'anno 1500): un numero davvero altissimo se si considera che la maggioranza della popolazione è ancora analfabeta. Le biblioteche si moltiplicano e si arricchiscono di copie. I libri circolano e favoriscono il confronto delle opinioni. A libri a stampa affidano le loro idee grandi scienziati come Niccolò Copernico [→ par. 3].

* **Pergamena**
Pelle di agnello, pecora o capra sottoposta a un lungo trattamento e usata come materiale di scrittura. Dal Quattrocento in poi fu sostituita dalla carta, prodotta con gli stracci e molto più economica.

* **Miniato**
Illustrato con miniature, piccole composizioni pittoriche eseguite con colori vivaci (fra cui il rosso ottenuto da un minerale chiamato «minio», da cui il nome) e con grande cura dei particolari.

Studiosi discutono davanti alle pagine di un libro aperto. Incisione del 1540.
Londra, Middle Temple Library. Foto Science Photo Library.

COLLOCO GLI EVENTI NEL TEMPO

XIV secolo	XV secolo	XVI secolo
Umanesimo →	1455 primo libro a stampa	

Vita quotidiana

La carta e la stampa a caratteri mobili

Per secoli gli Europei avevano scritto su **pergamena**, un materiale costoso e tanto difficile da produrre che, quando un testo sembrava ormai inutile, veniva "grattato via" con appositi raschietti per rendere nuovamente disponibili i fogli. Nel XII secolo, grazie agli Arabi, giunse però in Europa la **carta**, un'invenzione cinese. Per fabbricarla si riducevano in poltiglia vecchi stracci macerati nell'acqua e si stendeva l'impasto in strati uniformi e sottili che poi si appendevano ad asciugare. Sulla pergamena, ma ancor meglio sulla carta, si potevano stampare testi e illustrazioni.

Per la stampa, nel Quattrocento, cominciarono a essere usati dei piccoli timbri di metallo, detti **caratteri mobili**, che riproducevano lettere, cifre o altri segni di scrittura e si potevano utilizzare per comporre parole, frasi e pagine intere. Le "pagine di metallo" così composte venivano spalmate d'inchiostro e su di esse veniva pressato, mediante un **torchio**, il foglio di carta da stampare. La stampa era un lavoro manuale, per il quale si usavano strumenti come compasso, forbici e pennelli [1]. Lo strumento fondamentale era però il torchio, usato per pressare la carta sulla matrice inchiostrata [2] e manovrato da un operaio [3]. Si stampava più volte la stessa pagina in modo da produrre contemporaneamente molte copie di uno stesso libro; un correttore di bozze [4] controllava poi che non ci fossero errori. Il nuovo sistema di stampa, che rimase quasi invariato fino all'Ottocento, fu detto **stampa tipografica**, cioè stampa per mezzo dei tipi, i caratteri mobili di metallo.

⌄ **Il processo di stampa** in una miniatura francese del 1537. Parigi, Bibliothèque Nationale.

⌃ **La bottega di un cartaio** in un disegno del XIV secolo. Bologna, Biblioteca Universitaria.

2. Il Rinascimento: uno sguardo nuovo sull'uomo e sul mondo

Nasce una cultura laica

Nel corso del Medioevo la cultura europea era fortemente influenzata da una visione religiosa del mondo. Ma a partire dal Trecento – e molto più decisamente nei due secoli successivi – si fecero strada **idee**, **atteggiamenti**, **aspirazioni e valori nuovi**.

Prese forma una **cultura laica**, che non rifiutava il cristianesimo né i suoi **dogmi***, ma si rivolgeva soprattutto all'**uomo terreno**, occupandosi della sua vita e delle sue opere su questa terra, dei suoi interessi e dei suoi sereni piaceri, piuttosto che del mondo dello spirito e della vita nell'aldilà. Agli studiosi di questo tempo l'essere umano appariva superiore per **dignità** a ogni altra creatura terrena, perché capace di conoscenza, dotato di libertà e in grado di decidere, da solo, il proprio **destino**.

> **Percorso multimediale**
> Il Rinascimento: una rivoluzione culturale
> 41 documenti

* **Dogma**
Verità di fede a cui ogni cristiano è tenuto a credere. Per estensione, il termine indica una verità che è considerata indiscutibile.

Un rinnovamento in tutti i campi dell'attività umana

Per indicare il periodo storico-culturale italiano ed europeo compreso fra i secoli XV e XVI entrò in uso, verso la metà dell'Ottocento, la parola **Rinascimento**. Essa esprime la volontà, tante volte ribadita dagli umanisti, di far rinascere la civiltà classica.

La cultura rinascimentale ebbe le sue origini in **Italia**, nelle città capitali degli Stati signorili e principeschi, e da qui si diffuse in tutta Europa. Non era una cultura popolare, non raggiunse le campagne e non toccò la grande maggioranza del popolo. Fu un fenomeno limitato a un numero ristretto di persone colte, in particolare letterati, artisti, principi e grandi signori.

L'idea di rinnovamento propria di questo periodo culturale si estese a quasi ogni forma di esperienza e di attività umana: alle opere letterarie, alle arti, alle scienze e alle tecniche.

Federico da Montefeltro, signore di Urbino, protettore di artisti e letterati, in un ritratto del 1475.
Urbino, Palazzo Ducale. Foto Scala, Firenze.

Artisti e mecenati

Nel Medioevo, pittura, scultura e architettura erano considerate **arti meccaniche** (cioè manuali e pratiche), che si imparavano in una bottega sotto la guida di un maestro.

Ma a partire dal Quattrocento si comprese che la produzione artistica richiedeva **capacità creativa** e **scienza** (cioè studio) e non soltanto pratica di bottega, proprio come le **arti liberali** (cioè intellettuali) che venivano insegnate nelle università.

Alcuni pittori cominciarono a firmare con orgoglio le loro opere, mentre prima, con poche eccezioni, pitture e sculture restavano anonime. Gli artisti migliori erano contesi dalle corti e circondati da grande considerazione.

Signori e principi erano infatti generosi **mecenati*** e spesso veri intenditori d'arte: facevano a gara per accogliere artisti, scienziati e scrittori, li ospitavano, li proteggevano, commissionavano loro opere grandiose, favorendo

* **Mecenate**
Colui che protegge e finanzia le arti e gli artisti, come faceva Mecenate, amico dell'imperatore romano Augusto e grande protettore dei letterati del suo tempo.

in questo modo la grande fioritura artistica del Rinascimento. D'altra parte, la presenza a corte di un artista famoso dava prestigio al signore: pitture e sculture testimoniavano la sua generosità ed erano uno strumento di propaganda che rafforzava il suo potere [→ Vita quotidiana: Alla corte dei signori p. 62].

L'artista-scienziato del Rinascimento

All'artista in questo periodo si chiedeva di essere esperto in molti campi del sapere. Egli doveva saper decorare appartamenti, costruire cattedrali, progettare costumi per le feste di corte, costruire congegni meccanici, prosciugare paludi, erigere fortificazioni e così via. Doveva unire creatività e scienza, essere insieme **artista** e **scienziato**.

Il fiorentino **Filippo Brunelleschi** (1377-1446), l'ideatore della grande cupola di Santa Maria del Fiore a Firenze, fu per esempio orefice, scultore e architetto sommo. Si devono a lui i primi calcoli geometrici sulla **prospettiva**, che è forse la più grande scoperta del tempo (o riscoperta, visto che i Greci e i Romani già ne facevano uso), perché permette di rappresentare la realtà così **come appare ai nostri occhi**, senza appiattirla né deformarla.

Pittore, scultore, architetto e poeta fu **Michelangelo Buonarroti** (1475-1564), che portò a piena maturazione gli ideali artistici del Rinascimento, anticipandone anche gli sviluppi futuri. Sono opera sua sculture famosissime come la *Pietà*, il *Mosè*, il *David* e l'immenso ciclo di affreschi che adorna la **Cappella Sistina**.

Anche **Leonardo da Vinci** (1452-1519) – tanto celebre da poter essere ricordato, al pari di Michelangelo, con il solo nome di battesimo – fu artista e scienziato grandissimo, pittore, scultore, architetto, inventore, musico. Proprio per lui, tipico uomo del Rinascimento, fu creata la definizione di «genio universale» [→ Patrimonio della cultura: L'arte rinascimentale p. 60].

COLLEGO CAUSE ED EFFETTI

▶ **PERCHÉ** i mecenati finanziano e proteggono gli artisti? Completa le frasi.

- La presenza di famosi artisti a corte è fonte di ....
- Le opere degli artisti testimoniano la .... del signore e ne rafforzano il ....

La *Pietà* di Michelangelo. Quest'opera scolpita dall'artista nel 1498, a soli 23 anni, raffigura con grande partecipazione emotiva la Vergine Maria che tiene tra le braccia il Cristo morto.
Città del Vaticano, Basilica di San Pietro.

COLLOCO GLI EVENTI NEL TEMPO

- XIV secolo
- 1377 nasce Filippo Brunelleschi
- Umanesimo
- 1455 primo libro a stampa
- XV secolo
- Rinascimento
- 1452 nasce Leonardo da Vinci
- 1475 nasce Michelangelo Buonarroti
- XVI secolo

Patrimonio della cultura

L'arte rinascimentale

Osserva le due miniature medievali riprodotte in questa pagina: la prima A rappresenta l'imperatore Ottone III di Sassonia, la seconda B Matilde di Canossa. Puoi notare che, in entrambe le immagini, i due personaggi più importanti – cioè Ottone e Matilde – hanno dimensioni maggiori rispetto agli altri personaggi. Inoltre, tutte le figure sono allineate sullo stesso piano: non si capisce chi è più lontano e chi è più vicino. Potremmo dire che le miniature non rispettano le proporzioni e non danno il senso della profondità.

In età rinascimentale si afferma invece un **nuovo concetto dello spazio**: gli artisti dispongono le figure su piani diversi, raffigurando più grandi i personaggi vicini, più piccoli quelli lontani, così come appaiono ai nostri occhi, indipendentemente dalla loro importanza sociale. Seguendo le regole della **prospettiva** (già nota agli antichi) essi riproducono la realtà nelle tre dimensioni di lunghezza, larghezza e profondità. Il pittore Piero della Francesca C è fra i primi a studiare e ad applicare le regole geometriche della prospettiva.

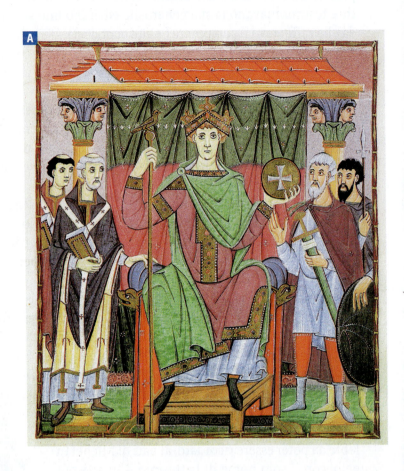

Gli artisti rinascimentali si preoccupano di dipingere o di scolpire figure armoniose e ben proporzionate. La giusta proporzione, cioè il giusto rapporto fra le misure delle varie parti di un insieme (un corpo umano, un paesaggio e così via) è per loro, come per gli antichi, indice di armonia, equilibrio e misura: vale a dire, la base stessa della bellezza.

Un esempio eccezionale degli studi sulla proporzione è l'*Uomo vitruviano* D disegnato attorno al 1490 dall'artista-scienziato Leonardo da Vinci, che trasse ispirazione da un trattato dell'architetto latino Vitruvio. L'uomo è rappresentato in due diverse posizioni (a gambe unite e braccia aperte, a gambe divaricate e braccia leggermente alzate); l'immagine che risulta è il frutto di un'accurata ricerca scientifica sulle proporzioni ideali fra le diverse parti del corpo umano, tracciate con straordinaria abilità artistica.

Fra Quattro e Cinquecento, seguendo l'esempio dei classici, pittori e scultori tornano anche a rappresentare la natura, che nel Medioevo era stata quasi dimenticata, e riscoprono temi, miti e personaggi propri dell'età classica. L'interesse per i modelli classici è evidente, per esempio, in alcune opere del pittore Sandro Botticelli (1445-1510), interprete perfetto della cultura umanistica del Quattrocento fiorentino. Nel dipinto intitolato *Primavera* E egli dà forma a figure di rara bellezza, che rappresentano personaggi della tradizione greca e romana sullo sfondo di una natura leggiadra.

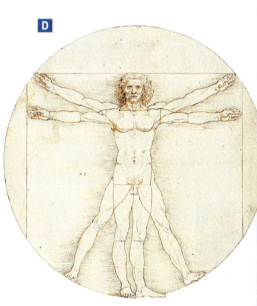

COMPRENDO LE TRADIZIONI CULTURALI E RELIGIOSE

1. Osserva le immagini e rispondi alle domande.
   a. Quale tecnica ha applicato Piero della Francesca per restituire il senso della distanza e quello della profondità?
   b. Che cosa stava ricercando Leonardo da Vinci quando disegnò l'*Uomo vitruviano*?
   c. A quale ambito (storia, storia sacra, mitologia) appartengono i personaggi del dipinto di Botticelli? Spiega la ragione di questa scelta.

A **Ottone III** in una miniatura del X secolo.
Monaco, Bayerische Staatsbibliothek.

B **Matilde di Canossa** in una miniatura del XII secolo.
Città del Vaticano, Biblioteca Apostolica.

C ***La flagellazione di Cristo*** di Piero della Francesca, 1459 circa.
Urbino, Galleria Nazionale delle Marche.

D **L'*Uomo vitruviano*** di Leonardo da Vinci.
Venezia, Gallerie dell'Accademia.

E **La *Primavera*** di Sandro Botticelli, 1480 circa.
Firenze, Galleria degli Uffizi.

Vita quotidiana

Alla corte dei signori

I palazzi dei principi rinascimentali conservano spesso, per ragioni di difesa, torri e fossati di origine medievale, ma all'interno offrono ogni tipo di comodità: le stanze sono riscaldate da ampi camini, l'acqua sale ai vari piani grazie a speciali congegni, i bagni hanno rivestimenti di marmo. In ogni palazzo ci sono saloni adorni di arazzi, tappezzerie, affreschi e specchi; c'è spesso uno **studiolo**, un piccolo ambiente tranquillo che il principe usa per studiare e meditare; c'è la **biblioteca**, ricca di manoscritti preziosi e delle prime opere a stampa.

Il **lusso** è d'obbligo, perché il principe deve dare prova della sua ricchezza. Perciò il vasellame da tavola, i candelabri, la scacchiera da gioco, i calamai dello studio sono lavorati in cristallo o in metalli preziosi e spesso perfino lo scaldaletto e il vaso da notte sono fusi in argento.

Il signore vive circondato dalla sua corte che è formata da centinaia, a volte da migliaia di persone: familiari, parenti, funzionari, servitori. Parecchi sono gli **artisti** e i **letterati** che il principe ospita, da gran mecenate, e in cambio essi lo esaltano nelle loro opere. Gli umanisti lo consigliano e collaborano con lui nel governo dello Stato. L'**astrologo** gli prepara gli oroscopi: come nel Medioevo si crede ancora che le stelle esercitino un grande influsso sulle azioni degli uomini e per attaccare battaglia si attende la data che l'astrologo indicherà. Non c'è principe che non tenga con sé almeno un **buffone**, che deve divertirlo e distrarlo dai pensieri fastidiosi con scherzi, battute di spirito, stramberie. Alcuni buffoni, assai intelligenti, sono ricercatissimi, e i principi se li prestano reciprocamente quando vogliono scambiarsi delle cortesie. A corte si trovano anche **cantori** e **musicisti** che nelle numerose occasioni di festa (balli, banchetti e così via) suonano pifferi, trombe, liuti e viole.

Coloro che vivono a corte – i **cortigiani** – devono possedere determinate qualità, elencate dallo scrittore cinquecentesco Baldassar Castiglione in un celebre trattato. Il perfetto cortigiano sa maneggiare le armi; è colto e conversa con garbo; s'intende di musica, danza e arte; soprattutto sa dare buoni consigli al suo signore e mostra in ogni cosa controllo e senso della misura.

La corte e la famiglia di Ludovico II Gonzaga, marchese di Mantova, in un dipinto di Andrea Mantegna, 1470 circa.
Mantova, Castel San Giorgio. Foto Scala, Firenze.

3. Un nuovo interesse per la scienza e per le tecniche

Si sviluppano gli studi scientifici e naturalistici

In questo periodo nacque un nuovo interesse per la **natura**, intesa come una realtà che gli uomini potevano studiare, conoscere e anche dominare. Venne ripresa la tradizione degli **erbari** medievali, libri che descrivevano caratteristiche e proprietà delle piante, e si cominciarono a sostituire ai disegni le pianticelle vere essiccate.

Dagli inizi del Cinquecento la Chiesa autorizzò la **dissezione*** dei cadaveri, in precedenza proibita e praticata di nascosto da artisti e scienziati. L'osservazione diretta degli organi interni del corpo umano permise al medico fiammingo **Andrea Vesalio** di pubblicare, nel **1543**, il primo trattato moderno di **anatomia*** umana, dimostrando come molte convinzioni mediche dell'Antichità e del Medioevo fossero prive di fondamento.

La rivoluzionaria teoria dell'astronomo Copernico

Fu soprattutto in campo astronomico che iniziò una vera **rivoluzione**. Gli studiosi antichi e medievali credevano che fosse il Sole a ruotare intorno alla Terra, immaginata come il centro di tutto l'universo. Questa teoria era stata sostenuta dall'astronomo egiziano Tolomeo e perciò era detta tolemaica oppure geocentrica (da *geo*, "Terra"). Anche la Bibbia sembrava confermare le idee di Tolomeo: vi si raccontava infatti che il condottiero ebreo Giosuè, durante una battaglia, aveva ordinato al Sole di fermarsi. Ma nel Cinquecento lo scienziato polacco Niccolò Copernico (1473-1543) presentò una nuova teoria, poi rivelatasi esatta, secondo la quale è invece la Terra a girare intorno al Sole.

La teoria di Copernico, detta **copernicana** o **eliocentrica** (da *helios*, "Sole"), poteva mettere in discussione l'autorità delle Sacre Scritture, perciò venne combattuta e solo con difficoltà riuscì ad affermarsi fra gli studiosi.

Un "salto" di dieci giorni per correggere il calendario

Lo sviluppo degli studi astronomici permise di correggere un errore di calcolo, che rendeva inesatto il calendario giuliano, risalente a Giulio Cesare e ancora in vigore nel Cinquecento. Secondo quel calendario, l'anno durava 365 giorni (366 negli anni bisestili). L'anno solare in realtà è più breve di 11 minuti e 9 secondi circa. L'errore era piccolo, ma con il trascorrere dei secoli aveva portato a una differenza di ben dieci giorni fra il calendario e le stagioni: tutte le feste mobili della Chiesa, come la Pasqua, risultavano perciò spostate. Nel **1582** papa Gregorio XIII promosse una riforma del calendario: vennero soppressi dieci giorni dell'anno in corso, per cui al giovedì 4 ottobre seguì il venerdì 15 ottobre. Per l'avvenire si stabilì di non considerare bisestili tutti gli anni finali di secolo, ma solo quelli divisibili per 400 (per esempio, il 2000 è stato bisestile e lo sarà il 2400, ma non lo sarà il 2100). Il **calendario gregoriano** è oggi in vigore in quasi tutti i Paesi del mondo.

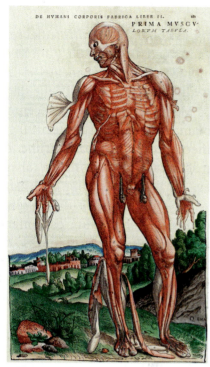

Tavola anatomica della muscolatura umana dal trattato di Andrea Vesalio.
Collezione privata. Foto Bridgeman Images/Archivi Alinari.

* **Dissezione**
Sezionamento di un cadavere per esaminarne gli organi interni.

* **Anatomia**
Studio della forma e della struttura degli esseri viventi.

Le ore di uguale durata: orologi meccanici nelle città

Per calcolare il trascorrere del tempo i contadini nelle campagne si regolavano ancora con il sole (la loro giornata lavorativa andava dall'alba al tramonto), con le campane del vicino monastero (che suonavano le **ore canoniche***), con l'alternarsi delle stagioni e con il succedersi delle feste religiose.

Ma già dalla fine del Trecento le maggiori città europee (in Italia e Germania, ma anche in Francia e Inghilterra) cominciarono a installare **orologi meccanici** sui campanili, sulle torri, sulle facciate dei palazzi. Si trattava di meccanismi complessi, che talvolta erano progettati per mostrare anche le fasi lunari e la posizione degli astri e dei pianeti (orologi astronomici).

Questi orologi, la cui costruzione poteva durare anni, erano ingombranti e costosi e richiedevano costantemente la presenza di qualcuno che li facesse funzionare e li riparasse in caso di guasto (e i guasti erano frequenti). Tuttavia, a differenza delle campane delle chiese, gli orologi meccanici suddividevano i tempi del giorno e della notte in **ore di uguale durata** e potevano scandire con più regolarità i ritmi sempre più dinamici della vita cittadina.

* **Ore canoniche**
Nei monasteri erano le ore destinate alla recitazione di preghiere o alla lettura di testi religiosi.

> **COLLEGO CAUSE ED EFFETTI**
>
> ▶ **PERCHÉ** gli orologi meccanici hanno una funzione importante nella vita cittadina? Cerca la risposta nel testo.

Si trasformano le fortificazioni...

Le città medievali erano protette da cinte murarie alte quanto bastava per ostacolare efficacemente, in caso di assedio, la scalata da parte dei nemici. Con l'invenzione delle **armi da fuoco** le difese medievali non bastarono più e il vero pericolo, più che l'assalto di nemici, diventarono le **cannonate** che demolivano le mura. Perciò, a difesa delle città, fu necessario costruire **nuove fortificazioni** e trasformare i castelli in **fortezze**.

Alle alte torri, bersaglio fin troppo facile per bombarde e cannoni, si sostituirono possenti **torrioni** molto allargati alla base. Le cinte murarie divennero massicce e furono rinforzate da terrapieni e da **bastioni***, disposti in modo da poter dominare da ogni lato il terreno circostante. Per offrire una superficie meno estesa agli attacchi nemici, alcune opere di fortificazione assunsero forme "a pentagono" o "a stella".

* **Bastione**
Opera di fortificazione costituita da una massa di terra ricoperta di mattoni o di pietre. È detto anche baluardo.

... e cambia l'aspetto delle città

Ma soprattutto all'interno delle mura le città italiane cambiarono aspetto. Scomparvero le cupe torri, le strette case addossate le une alle altre, i portici di legno tipici del Medioevo. Le vie divennero larghe e diritte. Antichi edifici furono abbattuti e al loro posto i nobili e i ricchi si fecero costruire palazzi signorili dalle forme eleganti e armoniose. Questi palazzi ebbero ampie fine-

▼ *La città ideale*, dipinto di un autore non identificato della fine del XV secolo.
Urbino, Galleria Nazionale delle Marche.

stre, stanze luminose, cortili fiancheggiati da colonne e, tutt'intorno, giardini costruiti come un'opera d'arte, con vasche, statue, grotte artificiali, aiuole dalle forme geometriche.

Gli architetti del tempo progettavano la "città ideale", un luogo di serena convivenza, fatto a misura dell'uomo del Rinascimento e perciò predisposto per i suoi studi, le sue attività, i suoi svaghi, il suo quieto benessere. Questi progetti non riuscirono mai a tradursi davvero in realtà, anche se alcuni tentativi di realizzare città armoniose e dalle proporzioni ideali vennero fatti, come nel caso dei piccoli borghi di Sabbioneta e di Pienza (oggi rispettivamente in provincia di Mantova e di Siena).

ORGANIZZO I CONCETTI

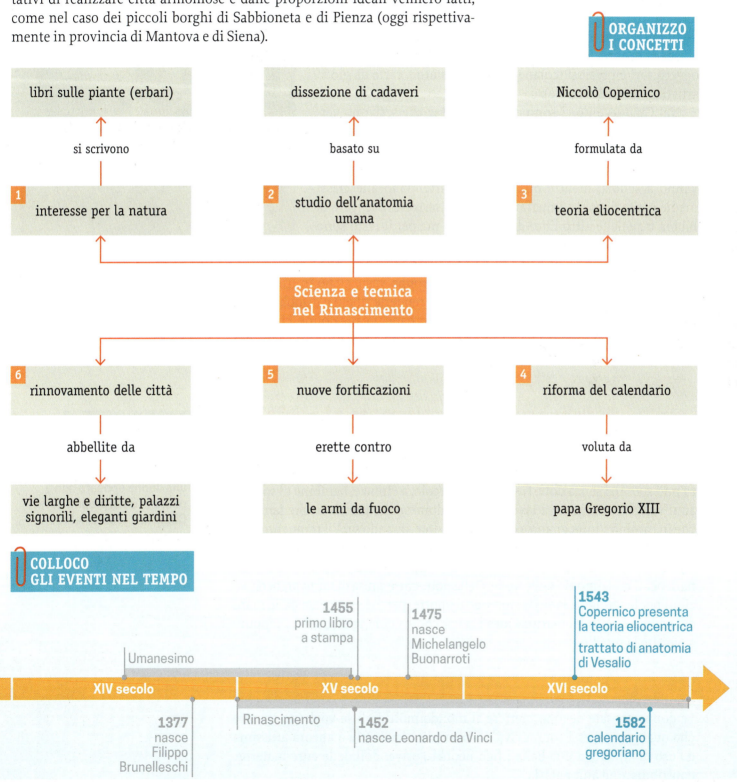

COLLOCO GLI EVENTI NEL TEMPO

4. Poco cambia nella vita delle donne

Solo le donne ricche ricevono un'istruzione

Nelle corti del Rinascimento anche le donne proteggono le lettere e le arti. Una famosa mecenate è **Isabella d'Este**, marchesa di Mantova, che conosce il greco e il latino, suona il liuto, arricchisce la propria biblioteca di eleganti volumi, orna la corte di oggetti rari e preziosi (cofanetti, orologi, statue, carte da gioco artisticamente disegnate).

Nel Cinquecento ci sono donne poetesse che scrivono versi in volgare e anche in latino, e altre che intraprendono studi classici, riservati in precedenza soltanto ai maschi. L'**istruzione** è però **un privilegio** di pochissime donne: quelle povere non vanno a scuola, mentre quelle che appartengono alle classi medie o alte di solito imparano appena a scrivere, a leggere la Bibbia e qualche altro libro di devozione, ma per il resto sono educate ai **lavori domestici**, soprattutto di filato e di cucito. Gli umanisti sono favorevoli a una maggiore istruzione femminile, ma molti di loro pensano che conoscenze troppo vaste siano inutili per le donne e perfino dannose, perché potrebbero renderle ribelli e disobbedienti. La virtù dell'obbedienza è invece molto raccomandata alle donne, che restano sottoposte per tutta la vita all'autorità di qualcun altro (prima il padre, poi il marito). Solo le vedove, a volte, sono libere di decidere da sé.

Scene di vita domestica in un affresco di Francesco del Cossa del 1470 circa.
Ferrara, Palazzo Schifanoia. Foto Bridgeman Images.

La dote delle figlie è un grosso problema per le famiglie

Di solito le figlie femmine non sono gradite, perché se si sposano devono portare al marito la **dote**, cioè la parte dei beni di famiglia che viene loro assegnata al momento del matrimonio. Nell'Europa del Rinascimento nessuna ragazza può sposarsi senza dote. Nel XV e XVI secolo, a Firenze, bambine di soli 6-8 anni vengono mandate a lavorare come domestiche presso ricche famiglie che in cambio s'impegnano a dar loro una dote, quando sarà il momento. Oppure i padri fiorentini depositano per tempo una certa somma presso una banca, il **Monte delle doti**, e facendo fruttare gli interessi si procurano il denaro per il matrimonio delle figlie. Della dote, che è causa di tante preoccupazioni per le famiglie, la figlia non può disporre, perché essa passa dalle mani del padre a quelle del marito. Questi la usa come vuole, spesso senza neppure avvertire la moglie.

> **COLLEGO CAUSE ED EFFETTI**
>
> ▶ **PERCHÉ** nel Cinquecento una donna sposata non è padrona della propria dote? Cerca la risposta nel testo.

La mortalità infantile è alta

Le donne sposate devono mettere al mondo molti figli se vogliono sperare che qualcuno di essi sopravviva. La **mortalità infantile** è ancora altissima e l'uso di affidare a una balia i figli neonati, privandoli delle cure materne, contribuisce ad aumentarla.

Le donne ricche nel Rinascimento non allattano i loro bambini, perché l'allattamento può impedire alle madri di restare nuovamente incinte, mentre le famiglie ci tengono ad annunciare presto una nuova gravidanza. È il padre a concludere il contratto di baliatico con il marito della balia, stabilendo la ricompensa e la durata dell'allattamento, che di solito, per ridurre la spesa, è più breve per le bambine.

In quest'epoca sembra che ci sia una gran fretta di allontanare il neonato da casa, forse per paura di affezionarsi troppo a quell'esserino così debole e così esposto alla morte.

Un neonato in fasce su uno dei rilievi in terracotta invetriata (realizzati da Andrea della Robbia) che decorano la facciata dello Spedale degli Innocenti a Firenze.

Aumenta il numero dei trovatelli

Se il bambino è considerato illegittimo, perché nato da una coppia non sposata, è facile che venga abbandonato negli angoli delle strade o davanti alle chiese. Frequenti sono anche i casi di abbandono dovuti alla povertà della famiglia e all'impossibilità di allevare il bambino. Il numero dei trovatelli è così alto che a Firenze, nel 1445, si apre addirittura un istituto per assistere i bambini senza famiglia: lo **Spedale degli Innocenti**. I figli illegittimi del marito, invece, soprattutto se egli è un principe, vengono accolti in famiglia e la moglie è tenuta ad accettarli e ad allevarli insieme con i propri.

La caccia alle streghe

In età rinascimentale si intensificò la **caccia alle streghe**, un fenomeno che iniziò nel Medioevo ma raggiunse il suo massimo sviluppo nei secoli XVI e XVII. In questo periodo furono accusate di **stregoneria** non meno di 100 000 donne e di esse un gran numero venne condannato a morte, per rogo, per affogamento, per decapitazione. Anche molti uomini subirono processi per la stessa ragione, ma il numero delle donne condannate fu quasi cinque volte superiore, perché si era convinti che le donne fossero per natura più esposte alle tentazioni e all'influsso del demonio.

La lotta contro la stregoneria

La parola «strega» deriva dal latino *strix*, un uccello notturno che si credeva rapisse i neonati. Anche delle streghe si pensava che avessero il potere di uccidere bambini e animali o di farli gravemente ammalare. Si diceva che volassero nel cielo a cavalcioni di un caprone o di una scopa, che stringessero patti con il diavolo e che celebrassero con lui riti satanici. Di solito venivano accusate di stregoneria donne vecchie, povere, scarsamente istruite, poco in grado di difendersi e per qualche motivo malviste dalla comunità. La stregoneria, ispirata dal demonio, era considerata un **crimine gravissimo**, come l'eresia. Nei processi si praticava la tortura e molte delle donne accusate, non riuscendo a sopportare il dolore fisico, finivano per confessare colpe mai commesse.

In età rinascimentale la lotta contro la stregoneria fu accanita e in tale lotta i **tribunali laici** si mostrarono più rigidi e severi di quelli ecclesiastici: in Spagna e in Italia, dove dal Cinquecento operò solo il **tribunale religioso dell'Inquisizione**, il numero dei processi e delle condanne fu inferiore a quello di altri Paesi.

Streghe al rogo. Stampa tedesca del 1555.

Parigi, Bibliothèque des Arts Décoratifs. Foto Bridgeman Images/Archivi Alinari.

Unità 1 Nuovi orizzonti geografici e culturali

RICOSTRUISCO LA MAPPA DEL CAPITOLO

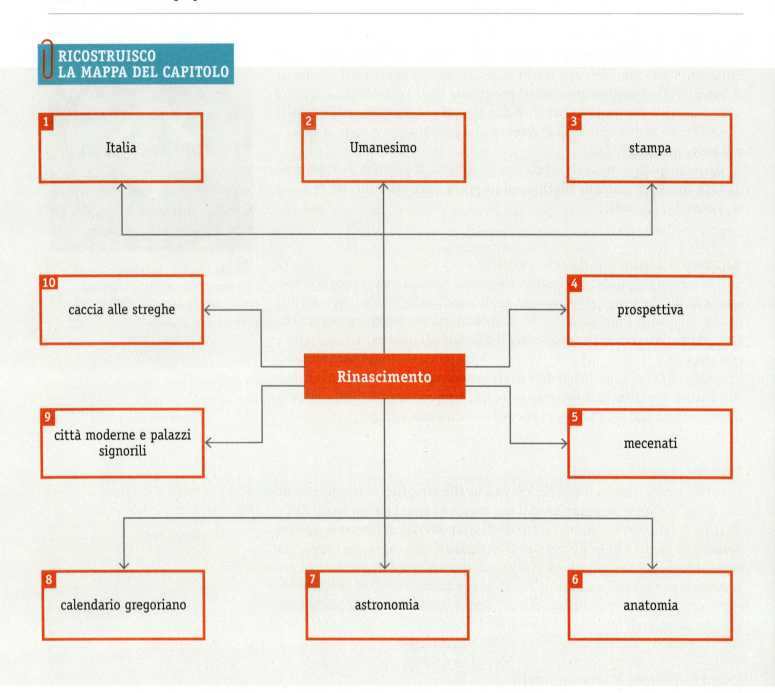

1. Italia
2. Umanesimo
3. stampa
4. prospettiva
5. mecenati
6. anatomia
7. astronomia
8. calendario gregoriano
9. città moderne e palazzi signorili
10. caccia alle streghe

COLLOCO GLI EVENTI NEL TEMPO

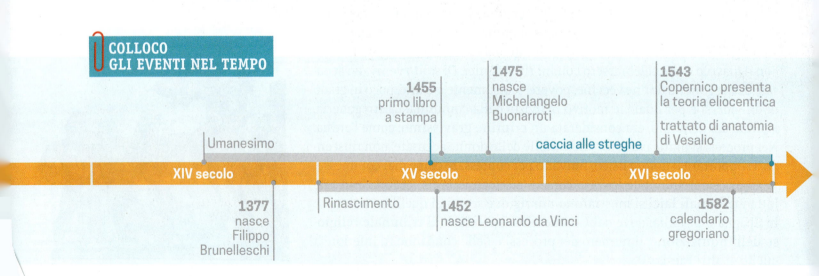

- Umanesimo — XIV secolo
- 1377 nasce Filippo Brunelleschi
- Rinascimento — XV secolo
- 1452 nasce Leonardo da Vinci
- 1455 primo libro a stampa
- 1475 nasce Michelangelo Buonarroti
- caccia alle streghe — XVI secolo
- 1543 Copernico presenta la teoria eliocentrica; trattato di anatomia di Vesalio
- 1582 calendario gregoriano

I protagonisti

Donne famose del Rinascimento

In particolari circostanze, anche in quest'epoca di sottomissione femminile alcune donne riuscivano a mettere a frutto le proprie doti. Isabella d'Este (1474-1539), per esempio, governò il ducato di Mantova con grande saggezza ed energia, prima a fianco del marito e, dopo la morte di questi, in nome del figlio che era ancora minorenne. Con lei il ducato divenne uno dei maggiori centri del Rinascimento italiano. Isabella amava la cultura e le arti e attirò nella capitale del ducato importanti artisti (come Giulio Romano e Tiziano). Quando però suo figlio raggiunse la maggiore età, Isabella venne allontanata dalla vita politica.

Se nel Rinascimento erano poche le donne che potevano dedicarsi alla politica, ancor meno erano quelle che potevano dimostrare le proprie capacità artistiche. Un'eccezione è costituita dalla pittrice Sofonisba Anguissola, vissuta tra il 1530 circa e il 1626. Nata in una nobile famiglia di Piacenza, ricevette un'ottima educazione. Suo padre, uomo di idee aperte, la sostenne sempre e inviò alcuni suoi schizzi a Michelangelo, che li apprezzò. Sofonisba lavorò come ritrattista presso la corte del re di Spagna per quasi dieci anni, conquistando fama e ricchezze. Dipinse fino a tarda età, e solo la perdita della vista interruppe la sua carriera.

Un'altra donna importante del Rinascimento fu Vittoria Colonna (1490-1547). Appartenente a una delle più nobili famiglie romane, fu poetessa e intellettuale, autrice di rime in stile petrarchesco. Nel suo canzoniere descrisse il suo amore per il marito, il dolore per la sua morte e il forte sentimento religioso che la portò, da vedova, a vivere quasi sempre in convento.

▲ **Autoritratto di Sofonisba Anguissola** come pittrice, 1556.
Łańcut, Museo del Castello.

◀ **Isabella d'Este** in un ritratto dello scultore Giovanni Cristoforo Romano, 1500 circa.
Fort Worth, Kimbell Art Museum. Foto Scala, Firenze.

▲ **Vittoria Colonna** in un ritratto di Sebastiano del Piombo, 1520 circa.
Barcellona, Museo Nazionale d'Arte della Catalogna.

Sintesi

RICOSTRUISCO LE INFORMAZIONI

1. La riscoperta della cultura classica: l'Umanesimo

Nel Quattrocento rinasce in Europa l'interesse per la **cultura classica**, cioè quella degli antichi **scrittori greci e latini**.

In questo periodo, che più tardi sarà chiamato **Umanesimo**, gli studiosi cercano gli antichi manoscritti, li confrontano e li correggono: vogliono far rinascere la cultura classica, poiché il Medioevo è considerato un'età incivile e oscura.

Johannes Gutenberg inventa la **stampa a caratteri mobili**, che permette di produrre numerosi libri in breve tempo e a prezzi più bassi. Ciò favorisce la **diffusione della cultura** e delle idee.

2. Il Rinascimento: uno sguardo nuovo sull'uomo e sul mondo

Tra XV e XVI secolo, nelle corti italiane nasce una nuova cultura che prende il nome di **Rinascimento** e che si diffonde in tutta Europa.

Principi e signori si comportano da **mecenati**: ospitano e proteggono letterati, artisti, scienziati e finanziano grandiose opere d'arte.

Fra i maggiori **artisti-scienziati** del Rinascimento ci sono **Leonardo da Vinci** e **Michelangelo Buonarroti**.

3. Un nuovo interesse per la scienza e per le tecniche

In questo periodo si sviluppa un nuovo interesse per la natura, per l'anatomia umana e per l'astronomia.

Nel 1543 lo scienziato polacco **Niccolò Copernico** presenta una teoria astronomica rivoluzionaria, secondo cui è la Terra a girare intorno al Sole (**teoria eliocentrica**). Prima si credeva invece, sbagliando, che fosse il Sole a girare intorno alla Terra (teoria geocentrica).

Nel 1582 il **calendario gregoriano**, in uso ancora oggi in molti Paesi del mondo, sostituisce il calendario giuliano (risalente a Giulio Cesare). Misurare il tempo diventa più semplice grazie alla diffusione degli **orologi meccanici**.

Le **fortificazioni** delle città si dotano di torrioni e bastioni in grado di resistere meglio alle armi da fuoco.

4. Poco cambia nella vita delle donne

Nonostante il grande sviluppo culturale, anche nel Rinascimento **la condizione delle donne non migliora**.

Solo alcune donne ricche ricevono un'istruzione, ma tutte le altre sono analfabete e sono addestrate solo ai lavori domestici.

Molti bambini muoiono prima di compiere un anno e molti altri vengono abbandonati.

In questo periodo si scatena una lotta violenta contro la **stregoneria**: molte vittime sono donne.

Capitolo 3 — Umanesimo e Rinascimento

Esercizi

VERIFICO LE CONOSCENZE   Paragrafo 1

1 **Completa il brano con le parole dell'elenco.**

Medioevo ▪ stampa ▪ manoscritti ▪ umanisti ▪ maestri ▪ incivile ▪ idee ▪ greci e latini

Gli studiosi della cultura classica, detti .... , cercano di far rinascere la civiltà degli antichi autori .... interrotta da dieci secoli di .... , un'età che essi considerano rozza e .... Negli scrittori classici invece vedono dei .... di vita e di pensiero, perciò cercano gli antichi .... , li confrontano, li interpretano criticamente. L'invenzione della .... a caratteri mobili facilita la produzione di copie e la circolazione delle ....

LAVORO SULLE FONTI   Paragrafo 1

2 **Leggi il documento e l'introduzione che lo accompagna, poi rispondi alle domande.**
Verso la metà del XV secolo l'abate del monastero tedesco di Hirsau commentava così una grande novità del suo tempo.

> « A quest'epoca [1450 circa] a Magonza venne inventata e progettata un'arte meravigliosa e di cui non si era saputo nulla prima, e cioè quella di comporre libri per mezzo di lettere dell'alfabeto e di stamparli. L'inventore fu Johannes Gutenberg, un cittadino di Magonza. »

a. Quando fu inventata l'arte della stampa? Dove? Da chi?
b. Ricordi in che modo venivano prodotti in precedenza i libri? Come erano chiamati coloro che li scrivevano a mano?
c. Perché l'invenzione della stampa favorì la diffusione della cultura?
d. Perché, secondo te, l'abate di Hirsau definisce "meravigliosa" l'arte della stampa?

COMPONGO UN TESTO   Paragrafo 2

3 **Scrivi un testo di 15 righe dal titolo "Il Rinascimento", seguendo la traccia delle domande.**
a. Che cos'è il Rinascimento? Dove ha origine la cultura rinascimentale? È una cultura popolare o è limitata a una cerchia ristretta di persone?
b. A quali campi si estende il rinnovamento culturale?
c. Artisti e scienziati sono apprezzati più che in passato? Come si comportano signori e principi nei loro confronti?
d. Sai indicare nomi e opere di qualche famoso artista rinascimentale?

Esercizi

RICERCO E PRODUCO
Paragrafo 2

4 **Svolgi una ricerca seguendo la traccia proposta.**

Opere magnifiche, frutto del genio di artisti famosi del Rinascimento, ornano ancora oggi città e musei. Se nel luogo in cui vivi o nelle città vicine si conservano testimonianze di quel periodo (dipinti, statue, monumenti, palazzi signorili, chiese, logge, biblioteche), organizza una visita per poterle osservare.
Scegli un'opera che ti abbia colpito e, dopo esserti documentato su un'enciclopedia o su Internet, prepara una scheda illustrativa seguendo questo schema: autore dell'opera, datazione, luogo in cui fu prodotta, luogo in cui si trova oggi, descrizione dell'opera, suo significato, curiosità. Poi presenta il tuo lavoro ai compagni.

LAVORO SULLE FONTI
Paragrafi 2 e 3

5 **Osserva le immagini, leggi l'introduzione che le accompagna, poi rispondi alle domande.**

1 *Sposalizio della Vergine* del Perugino, 1501-1504.
Caen, Musée des Beaux Arts.

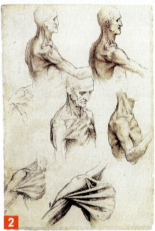

2 *Studi di anatomia* di Leonardo da Vinci, 1509-1510.
Windsor, Royal Library.

3 *Ritratto di vecchio con nipotino* di Domenico Ghirlandaio, 1488 circa.
Parigi, Louvre.

4 *Ritratto di Battista Sforza* di Piero della Francesca, 1465 circa.
Firenze, Galleria degli Uffizi.

Alle innovazioni dell'arte rinascimentale (prospettiva, ricerca delle giuste proporzioni, interesse per la natura e il mondo classico) si aggiunge anche l'usanza di fare ritratti. Nei ritratti, anche in quelli dei potenti, gli artisti rinascimentali introducono elementi di verità e non nascondono i difetti fisici delle persone rappresentate.
Quale dipinto, in particolare, mette in rilievo:

a. il nuovo interesse per la natura e il paesaggio?
   1☐ 2☐ 3☐ 4☐

b. il rispetto per le regole della prospettiva?
   1☐ 2☐ 3☐ 4☐

c. la tendenza a riprodurre le persone così come sono senza cercare di renderle più belle?
   1☐ 2☐ 3☐ 4☐

d. l'attenzione all'anatomia e all'armonia delle proporzioni come base della bellezza?
   1☐ 2☐ 3☐ 4☐

STABILISCO COLLEGAMENTI E RELAZIONI
Paragrafo 3

6 Spiega perché si verificarono gli avvenimenti elencati.
   a. Andrea Vesalio poté pubblicare il primo trattato moderno di anatomia.
   b. La Bibbia sembrava confermare la teoria geocentrica.
   c. La teoria eliocentrica metteva in discussione l'autorità delle Sacre Scritture.
   d. Fu necessario correggere il calendario.
   e. Le mura medievali non bastavano più per difendere le città.
   f. Nelle città furono abbattuti molti antichi edifici.

RIORGANIZZO DATI E CONCETTI
Paragrafo 3

7 Completa la tabella: aggiungi le parole adatte e scegli le alternative corrette.

Teoria ……………………… o geocentrica	Teoria copernicana o ………………………
Afferma che al centro dell'universo c'è ……………… e che ……………… ruota – così come tutti gli altri corpi celesti – attorno a questo centro. ☐ Si accorda / ☐ Non si accorda con quanto affermato nelle Sacre Scritture.	Afferma che al centro dell'universo c'è ……………… e che ……………… ruota – così come tutti gli altri corpi celesti – attorno a questo centro. ☐ Si accorda / ☐ Non si accorda con quanto affermato nelle Sacre Scritture.

LAVORO SULLE FONTI
Paragrafo 4

8 Leggi il documento e l'introduzione che lo accompagna, poi rispondi alle domande.
Ecco che cosa afferma il medico-umanista tedesco Heinrich Cornelius Agrippa von Nettesheim (1486-1535) a proposito delle donne.

« Dio Ottimo Massimo, creatore di tutte le cose, creò gli uomini maschi e femmine. La distinzione fra i sessi non consiste che nella diversità di quelle parti del corpo la cui differenza è necessaria ai fini della procreazione. In tutto il resto sono uguali. La donna non ha un'anima di sesso differente da quella che vivifica l'uomo. Le donne e gli uomini furono nello stesso modo dotati dei doni dello spirito, della ragione e dell'uso delle parole; furono creati per lo stesso fine. »

   a. In che cosa maschi e femmine sono uguali, secondo l'autore del brano? In che cosa sono differenti?
   b. Pensi che l'autore fosse favorevole all'istruzione delle ragazze? E alla sottomissione delle donne? Perché?

Il capitolo a colpo d'occhio

QUANDO

1. Quando si sono svolti questi eventi? SCRIVI l'anno o il periodo sui puntini, scegliendolo tra i seguenti: 1455, 1543, tra il XV e il XVI secolo.

A

B

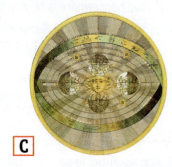
C

.... Rinascimento in Italia

.... Viene stampato il primo libro.

.... Niccolò Copernico presenta la teoria eliocentrica

Ora COLLOCA gli eventi sulla linea del tempo.

| XV secolo | XVI secolo |

DOVE

2. OSSERVA la carta, LEGGI la legenda e COMPLETA la didascalia.

La carta rappresenta l'................................ e l'............................ nell'età del Rinascimento, cioè nei secoli .... e .... Le città indicate in rosso sono centri di ....

La città tedesca segnalata con un cerchio blu è Magonza, dove sorse la

....

L'arte della stampa si diffuse rapidamente nel corso del .... secolo, permettendo la diffusione della cultura.

L'ITALIA E L'EUROPA NEL RINASCIMENTO (XV-XVI SECOLO)

Roma Centri di cultura umanistica
• Sede della prima stamperia
• Sedi di stamperie nel XV secolo

74

Capitolo 3 — Umanesimo e Rinascimento

LE PAROLE DA RICORDARE

3. COMPLETA le definizioni. SCEGLI le espressioni dall'elenco.

periodo di rinascita • fenomeni celesti • donne accusate di stregoneria
• greche e latine • ospita e protegge

Umanista	Studioso che ricerca e rilegge le opere classiche ....
Mecenate	Chi .... artisti, letterati e scienziati
Caccia alle streghe	Persecuzione di ....
Rinascimento	.... dopo un'epoca considerata rozza e incivile
Astronomo	Studioso degli astri e dei ....

LA MAPPA DEI CONCETTI

4. COMPLETA la mappa.

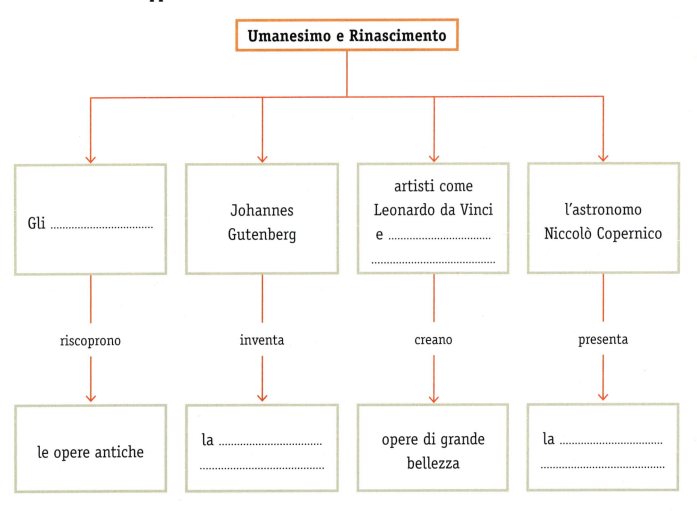

Capitolo 4
Riforma protestante e Riforma cattolica

MI ORIENTO NEL CAPITOLO dal 1517 → al 1563

1 All'inizio del Cinquecento **Martin Lutero** critica la pratica delle **indulgenze**, l'autorità del **papa** e la funzione dei **sacerdoti**. Comincia la **Riforma protestante**.

2 La Riforma ha conseguenze politiche. L'imperatore tedesco **Carlo V** si scontra con i **principi protestanti**. In Inghilterra il re **Enrico VIII** si proclama capo della **Chiesa anglicana**.

3 La **Chiesa di Roma** risponde con la **Controriforma**, che ribadisce i principi della **dottrina cattolica**. Nascono nuovi **ordini religiosi**: il più importante è quello dei **gesuiti**.

1. L'Europa cristiana si divide

L'indulgenza proclamata da papa Leone X

Nella tradizione cattolica l'**indulgenza** è la cancellazione, totale o parziale, delle pene che i peccatori devono scontare in purgatorio a causa dei loro peccati. Per ottenerla occorre pentirsi delle proprie colpe, confessarle e compiere opere buone (per esempio, digiunare, pregare, fare elemosine).

Nel 1517 papa Leone X, allo scopo di raccogliere offerte per la costruzione della nuova basilica di San Pietro, proclamò un'indulgenza a favore di coloro che, confessati e pentiti, avessero versato un'elemosina proporzionata ai loro mezzi. In alcuni luoghi però, e soprattutto in Germania, la concessione delle indulgenze si trasformò in un vero **affare commerciale**. La raccolta delle elemosine fu affidata a **banchieri senza scrupoli**, che avevano diritto a una parte del denaro raccolto e si davano molto da fare per moltiplicare le offerte. Inoltre, **monaci maldestri e ignoranti** predicavano le indulgenze come se il perdono di Dio fosse in vendita in cambio di un'elemosina. Il predicatore domenicano Johannes Tetzel, per esempio, si rivolgeva ai fedeli con un ritornello rimasto famoso: «Quando cade il soldin nella cassetta / l'anima vola al cielo benedetta».

> **COLLEGO CAUSE ED EFFETTI**
>
> ▶ **PERCHÉ** l'indulgenza proclamata da Leone X è considerata scandalosa da Lutero? Scegli la risposta giusta.
>
> ☐ Perché le offerte raccolte servono a finanziare la costruzione della basilica di San Pietro.
>
> ☐ Perché la raccolta delle offerte viene affidata a banchieri disonesti e monaci poco colti.
>
> ☐ Perché solo i ricchi possono offrire denaro per assicurarsi il perdono di Dio.

Martin Lutero dà inizio alla Riforma protestante

Da più di un secolo nell'Europa cattolica si levavano contro la Chiesa voci critiche che ne chiedevano la riforma. I nuovi metodi di predicazione, scandalosi e perfino irriverenti verso la religione, finirono per suscitare l'indignazione di un monaco tedesco, **Martin Lutero**, professore di teologia all'università di Wittenberg.

Nell'ottobre 1517 egli decise di rendere pubblico un suo scritto (le cosiddette **95 tesi**), in cui sosteneva che **le indulgenze non hanno alcun valore** e che il potere di rimettere le pene del Purgatorio non appartiene al papa, ma soltanto a Dio. Questo scritto, stampato su fogli volanti, ebbe subito una larga diffusione. Fu l'inizio di un vasto movimento religioso, che prese il nome di **Riforma protestante** e finì per staccare un gran numero di cristiani dalla Chiesa di Roma, spezzando l'unità religiosa dell'Europa occidentale.

> **Papa Leone X vende le indulgenze.**
> Incisione satirica tedesca del 1521.
> Foto Akg Images.

Solo la grazia può dare salvezza

Secondo Lutero gli esseri umani, che sono peccatori per natura, non possono far niente per meritare la salvezza eterna. A nulla servono le elemosine, i pellegrinaggi, il culto delle reliquie, i digiuni, le indulgenze. La salvezza può venire solo dalla **grazia** divina, che Dio dà gratuitamente a coloro che nutrono una fede profonda. Attraverso la **fede**, secondo Lutero, ogni cristiano entra in personale rapporto con Dio: perciò è in grado di comprendere e di interpretare da sé le Sacre Scritture – i libri sacri per i cristiani – anche senza l'insegnamento di vescovi e sacerdoti. Tutti i cristiani, dunque, sono sacerdoti agli occhi di Dio (**sacerdozio universale**).

Così, l'importanza attribuita alla sola grazia e alla sola fede finiva per ridurre l'autorità della Chiesa e del clero.

I punti principali della dottrina di Lutero

In breve la dottrina di Lutero si amplia e si precisa. Egli pensa che l'unico intermediario fra Dio e gli uomini è **Gesù Cristo**, che è il capo della Chiesa, perciò non ammette il culto della Madonna e dei santi. Non accetta l'autorità del papa ma solo quella delle Sacre Scritture. Riconosce due soli **sacramenti***, il battesimo e l'eucarestia (per la Chiesa cattolica i sacramenti sono sette), negando che gli altri siano stati istituiti da Cristo. Nella nuova Chiesa, detta luterana o riformata, non ci sono preti ma **pastori**, ministri del culto non consacrati che guidano la preghiera collettiva, predicano e amministrano il battesimo e l'eucarestia. Come tutti gli altri fedeli, i pastori **possono sposarsi** e anche divorziare, perché il matrimonio non è considerato un sacramento.

Martin Lutero in un ritratto del XVI secolo.
Weimar, Museo del Castello.

* **Sacramento**
Per i cristiani, rito sacro istituito da Gesù, che dona ai fedeli la grazia e opera per la loro salvezza.

La dottrina di Lutero (a sinistra) **e quella cattolica** (a destra). La prima porta verso il paradiso, la seconda verso l'inferno. A sinistra Lutero predica ispirato direttamente da Dio, a destra un frate riceve suggerimenti da un demonio. Incisione satirica tedesca del 1545.
Berlino, Staatliche Museen.

La pratica religiosa dopo la Riforma luterana

Il diffondersi della Riforma luterana modificò profondamente la vita quotidiana delle persone e il loro modo di accostarsi alle pratiche religiose. Scomparvero antiche usanze (come il culto delle reliquie), furono scoraggiati i pellegrinaggi e, in parte, la casa sostituì la chiesa come luogo di preghiera. Tuttavia di domenica i fedeli si riunivano nel **tempio** (il luogo di culto dei protestanti) per prendere parte alle funzioni. Il tempio aveva pareti spoglie perché le immagini sacre erano considerate una fonte di superstizione. La **funzione**, anziché in latino, era celebrata **in lingua tedesca** perché tutti capissero bene le parole, e il pastore offriva ai fedeli non l'ostia consacrata, ma il pane spezzato e il calice del vino. A differenza dei cattolici, infatti, i luterani non credono che sull'altare si rinnovino le sofferenze e la morte di Cristo.

Si svuotano i conventi e si diffonde la lettura

All'inizio del Cinquecento, in Germania, coloro che sapevano leggere e scrivere erano solo una piccola minoranza, ma con la Riforma il loro numero aumentò rapidamente. Nelle case il padre leggeva ogni giorno alla famiglia riunita passi della Bibbia e tutti imparavano inni (alcuni composti dallo stesso Lutero), da cantare durante le funzioni religiose.

Intanto conventi e monasteri si svuotavano di monaci, frati e suore che tornavano allo stato laico. L'obbligo del celibato fu abolito per tutti. Gli uomini di Chiesa dovettero pagare le tasse come tutti gli altri e sottostare agli stessi tribunali (prima potevano essere sottoposti solo ai tribunali ecclesiastici).

> **Statue e immagini sacre vengono rimosse** da una chiesa e bruciate sulla pubblica piazza, in una stampa popolare del 1524.
> Zurigo, Biblioteca Centrale.

ORGANIZZO I CONCETTI

▶ Completa la tabella.

La Riforma protestante	
Principi	• La salvezza dell'anima viene solo dalla .... divina. • Le buone azioni non valgono, vale solo la .... • Ogni cristiano interpreta da sé le .... • Non bisogna venerare la .... e i .... • Il papa non ha autorità. • Ci sono due sacramenti: .... ed .... • I .... possono sposarsi.
Usanze	• Scompaiono la vendita delle .... e il culto delle .... • I .... sono scoraggiati.
Preghiera	• Il luogo di preghiera principale è la .... • La domenica i fedeli si riuniscono nel .... • Durante la funzione, celebrata in lingua ...., il pastore offre ai fedeli il .... e il .... • Le pareti del tempio sono ....

COLLOCO GLI EVENTI NEL TEMPO

1517 | Leone X proclama un'indulgenza; Martin Lutero dà inizio alla Riforma protestante e nasce la Chiesa luterana

1500 — 1510 — 1520 — 1530 — 1540 — 1550 — 1560

2. La diffusione delle dottrine protestanti

Lutero viene scomunicato

Le convinzioni religiose di Lutero contrastavano con tutta la tradizione cattolica, perciò nel **1521** il papa lo **scomunicò**. Nello stesso anno anche l'imperatore, che era allora Carlo V [→ cap. 5 par. 1], lo condannò al **bando***, nell'intento di conservare l'unità religiosa dell'impero. Al monaco ribelle fu inoltre proibito di predicare le sue dottrine sul territorio imperiale.

Tuttavia Lutero godeva della protezione del principe Federico di Sassonia, che lo ospitò segretamente in un suo castello. Qui egli **tradusse in tedesco la Bibbia**, perché anche coloro che non conoscevano il latino potessero comprendere la parola di Dio. Grazie all'invenzione della stampa le opere di Lutero si diffusero rapidamente in Germania e all'estero.

* **Bando**
Pena d'esilio che consiste nell'allontanare il condannato dal suo Paese: anticamente era annunciata per le vie da un banditore.

La prima edizione tedesca della **Bibbia**, tradotta da Martin Lutero e pubblicata nel 1534.
Vienna, Österreichische Nationalbibliothek.

Lutero condanna la rivolta dei contadini

Alcuni sostenitori di Lutero pensavano che le idee della Riforma potessero giustificare anche **rivolte di tipo sociale e politico**. I contadini, per esempio, che vivevano in condizioni miserabili, credettero di potersi ispirare ai princìpi cristiani di uguaglianza di fronte a Dio per chiedere maggiori libertà e la riduzione delle tasse. Così, **fra il 1524 e il 1525**, insorsero in parecchie regioni della Germania contro i loro signori.

Ma Lutero non li appoggiò, anzi si schierò con i principi e condannò decisamente la rivolta, come contraria alla volontà di Dio. Nelle intenzioni di Lutero, infatti, la Riforma aveva solo carattere religioso e non voleva mettere in discussione l'ordine sociale e politico. Così la **repressione** dei ribelli fu durissima e le vittime furono più di 100 000.

I principi protestanti contro l'imperatore

Le idee di Lutero ebbero successo soprattutto perché interpretavano un diffuso **desiderio di rinnovamento religioso**. Ma oltre a ciò molti principi e signori tedeschi furono spinti ad aderire alla Riforma anche da motivi di tipo politico ed economico. C'era, per esempio, il desiderio di **ridurre il potere della Chiesa di Roma**, verso cui confluivano ogni anno le decime tedesche (le tasse sui raccolti dovute alla Chiesa). E c'era la speranza di **impadronirsi delle terre ecclesiastiche** che, con l'affermarsi della Riforma, venivano via via **confiscate*** a favore delle autorità laiche. Così quando Carlo V, alla dieta di Spira (1529), ordinò ai principi che sostenevano Lutero di sottomettersi alle decisioni della maggioranza cattolica, essi protestarono vivacemente e da allora vennero detti **protestanti**. Il nome fu poi attribuito a tutti coloro che accoglievano le idee della Riforma.

COLLEGO CAUSE ED EFFETTI

I principi tedeschi aderiscono alla Riforma PERCHÉ:

- desiderano un rinnovamento religioso
- vorrebbero ridurre il potere della Chiesa di Roma
- sperano di impadronirsi delle terre confiscate alla Chiesa.

* **Confiscare**
Togliere ai proprietari e assegnare alle autorità.

La pace di Augusta

I tentativi di accordo fra imperatore e principi protestanti furono numerosi, ma fallirono tutti e l'unità religiosa della Germania non fu ricostruita.

Solo nel **1555**, dopo diversi scontri militari, cattolici e protestanti giunsero a un compromesso con la **pace di Augusta**. Ai principi tedeschi fu riconosciuto il diritto di scegliere quale religione professare. I sudditi, invece, dovevano seguire la scelta del loro principe e, se non la condividevano, erano costretti a emigrare, perdendo beni e proprietà.

Dov'è Augusta?

Le Chiese protestanti si moltiplicano

La possibilità di interpretare personalmente le Sacre Scritture, sostenuta da Lutero, portò alla nascita di nuove Chiese protestanti. In Germania si formò il movimento degli **anabattisti** (dal greco, «ribattezzatori»), così chiamati perché, anche se avevano ricevuto il battesimo da bambini, si facevano battezzare di nuovo da adulti. Gli anabattisti rifiutavano sia l'autorità dei principi sia quella dei vescovi e del papa, vivevano in povertà e in penitenza e mettevano in comune tutti i loro averi. Considerati pericolosi sia dai cattolici sia dai protestanti, furono sterminati nella città di Münster nel 1535.

Il calvinismo: un'altra Chiesa riformata

In Svizzera idee simili a quelle luterane fecero la loro comparsa per opera dell'umanista e teologo **Huldrych Zwingli** (1484-1531) e, soprattutto, del francese **Giovanni Calvino** (1509-1564), vissuto per anni a Ginevra.

Anche Calvino, come Lutero, era persuaso che l'uomo non potesse salvarsi per mezzo delle opere. Egli anzi credeva nella **predestinazione** assoluta: Dio ha stabilito dall'eternità chi si salverà e chi sarà dannato, e l'individuo non può conoscere né cambiare la sorte che gli è destinata. Eppure un segno della benevolenza divina – e quasi una promessa di salvezza – è il **successo** nel lavoro e nella vita. Perciò i seguaci di Calvino, detti **calvinisti**, affrontavano il lavoro quotidiano con tutto l'impegno possibile, come se si trattasse di un atto religioso. Chi riusciva ad arricchirsi non sprecava il suo denaro, ma viveva austeramente e impiegava la ricchezza per creare nuove attività industriali o commerciali. Così la dottrina di Calvino finì per contribuire al progresso economico delle regioni in cui si diffuse. Fra le religioni riformate il calvinismo fu quella di maggior successo.

> **Il Tempio calvinista** di Lione. Particolare di un dipinto di J. Perrissin, 1564.
> Ginevra, Museo Internazionale della Riforma.

In Inghilterra nasce la Chiesa anglicana

Quando cominciò a diffondersi la dottrina luterana, **Enrico VIII Tudor** (1491-1547), re d'Inghilterra dal 1509 e dotto umanista, si affrettò a scrivere un libretto di condanna contro Lutero, guadagnandosi dal papa il titolo di «difensore della fede». Eppure fu proprio Enrico VIII a decidere la separazione della Chiesa inglese da Roma, per estendere la sua autorità sul clero locale e per risolvere un problema dinastico, cioè un problema riguardante la successione al trono.

Non avendo figli maschi, Enrico VIII chiese l'annullamento del suo primo matrimonio per poter sposare una dama di corte, Anna Bolena. Poiché il papa non glielo concesse, Enrico decise di rompere con la Chiesa di Roma e nel **1534** fece approvare dal parlamento l'Atto di supremazia. Con questo documento il sovrano era proclamato **capo supremo della Chiesa anglicana**, la Chiesa nazionale d'Inghilterra.

Inizialmente la Chiesa anglicana non si distingueva da quella cattolica per differenze profonde nel campo della dottrina religiosa, né per la struttura ecclesiastica, ma in seguito si avvicinò in modo più deciso alle **idee della Riforma**. Fin dall'inizio, tuttavia, l'Inghilterra non pagò più decime a Roma, furono soppressi i conventi e i loro beni vennero confiscati, fu concesso il **matrimonio** agli ecclesiastici e l'**inglese** sostituì il latino nelle preghiere e nei riti.

Il re d'Inghilterra Enrico VIII Tudor. Dipinto del 1545 circa.
Petworth House, The Egremont Collection. Foto Scala, Firenze.

ORGANIZZO I CONCETTI

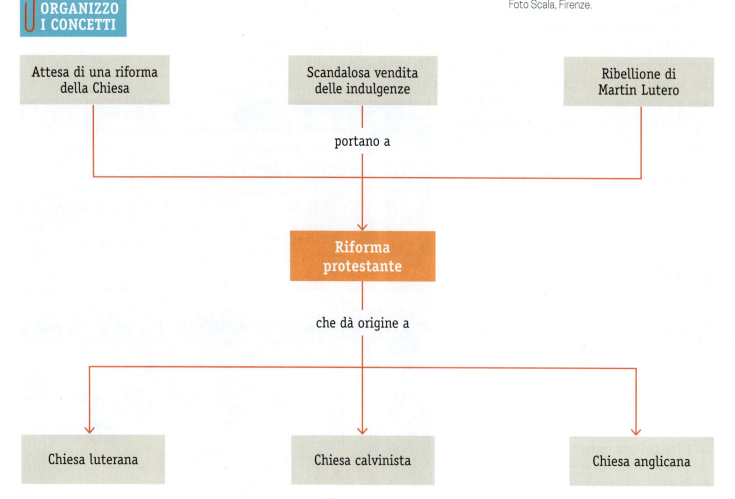

Il protestantesimo in Europa

In non più di cinquant'anni le dottrine protestanti si diffusero in gran parte d'Europa. Il **luteranesimo** si impose in quasi tutta la Germania, nei Paesi scandinavi e in quelli baltici. Il **calvinismo** si affermò in Svizzera, nei Paesi Bassi, in Francia (dove i suoi seguaci si chiamarono **ugonotti**), in Scozia e in Inghilterra (dove vennero detti presbiteriani e puritani). L'**anglicanesimo** divenne in Inghilterra la religione dominante [→ Geostoria p. 84].

Oggi le principali Chiese protestanti si raggruppano in cinque famiglie [→ tabella sotto]. Non fanno parte del protestantesimo confessioni come quella dei testimoni di Geova o quella dei mormoni.

History Highlights
The English Reformation
p. 99

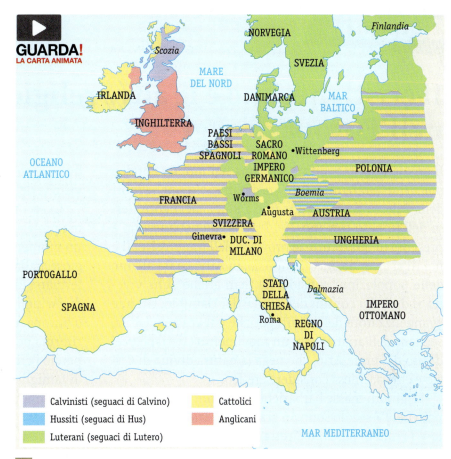

Le religioni in Europa nella seconda metà del XVI secolo.

Le principali Chiese protestanti oggi					
Luterana	**Riformata**	**Anglicana**	**Battista**	**Metodista**
Si rifà direttamente alle dottrine di **Martin Lutero**. È unita nella Lega mondiale luterana.	Segue le dottrine di **Zwingli** e **Calvino**. Dal calvinismo nacque il **puritanesimo** inglese.	Nasce nel 1534. È la **Chiesa nazionale** d'Inghilterra, il cui capo è il **sovrano**.	Deriva dal movimento **puritano** inglese del XVII secolo. Si distingue per la **tolleranza** nei confronti delle altre Chiese.	Detta anche «movimento del risveglio», nasce nel XVIII secolo dalla Chiesa **anglicana**. È caratterizzata da un forte **impegno sociale**.

Geostoria

Il cristianesimo e le altre religioni nell'Europa di oggi

Il cristianesimo si diffonde prima nel mondo ebraico poi, principalmente per opera di san Paolo, anche fuori della Palestina, giungendo fino a Roma, nel cuore stesso dell'impero romano. Nel I secolo il cristianesimo è presente in quasi tutte le province dell'impero. Nel II e nel III si estende ancora: in Asia, in Africa e fra alcune delle popolazioni considerate "barbariche", che vivono al di là dei confini del Reno e del Danubio. Grande evangelizzatore delle genti gotiche è il vescovo Ulfila, seguace dell'arianesimo, un movimento cristiano predicato dal prete Ario, che nega la natura divina di Cristo e che la Chiesa considera eretico.

Le grandi masse barbariche che irrompono nell'impero nel IV secolo sono, in gran parte, ariane. Nel secolo V i Franchi passano direttamente dal paganesimo al cattolicesimo e tre secoli più tardi il loro re, Carlo Magno, costringe a convertirsi alla religione cattolica tutti i popoli che fanno parte del grande impero carolingio. Nel IX secolo i monaci Cirillo e Metodio, inviati dall'imperatore di Bisanzio, diffondono la parola di Cristo fra gli Slavi delle pianure orientali d'Europa. Così, intorno all'anno Mille, quasi tutte le popolazioni d'Europa sono cristiane. Ma proprio in questo periodo i contrasti e le incomprensioni esistenti da secoli fra la Chiesa di Roma e quella di Bisanzio portano allo scisma d'oriente (1054) e alla separazione del popolo cristiano nelle due Chiese ortodossa e cattolica: è la prima grande divisione del cristianesimo [→ vol. 1, cap. 8 par. 2].

La seconda grande divisione è prodotta dalla Riforma protestante, iniziata da Martin Lutero nel 1517, in un momento in cui la Chiesa è scossa da proteste religiose, dalla nascita di vari tipi di sètte devote e dall'affermarsi di movimenti ereticali. Le dottrine di Lutero, di Zwingli e di Calvino attecchiscono in molti Paesi d'Europa, mentre in Inghilterra un particolare tipo di riforma porta alla nascita della Chiesa anglicana. Oggi perciò i cristiani d'Europa si trovano divisi in tre grandi famiglie: quella cattolica, quella ortodossa (concentrata soprattutto nell'Europa orientale) e quella protestante.

Oltre al cristianesimo, però, sul continente europeo sono praticate anche altre religioni. Da sempre abitano in Europa molti ebrei (attualmente circa 2,4 milioni), distribuiti in vari Paesi. Nella penisola balcanica sono presenti da tempo diverse comunità islamiche. Inoltre, per effetto dell'immigrazione di numerosi cittadini provenienti dai Paesi musulmani, la religione di Maometto è oggi diffusa in tutta Europa. Per lo stesso motivo sono ben rappresentate anche la religione buddista e quella induista – entrambe nate nell'Asia orientale – con circa un milione e mezzo di seguaci ciascuna.

◀ **I simboli delle tre principali religioni d'Europa**: la croce cristiana, la stella di David ebraica, la mezzaluna islamica.
Foto M. Tamor; Tupungato; Coffe Lover/Shutterstock.

Capitolo 4 Riforma protestante e Riforma cattolica

MI ORIENTO NELLA COMPLESSITÀ DEL PRESENTE

1. Osserva la carta e, con l'aiuto di un atlante, completa la tabella scrivendo il nome dei Paesi europei nella casella giusta.

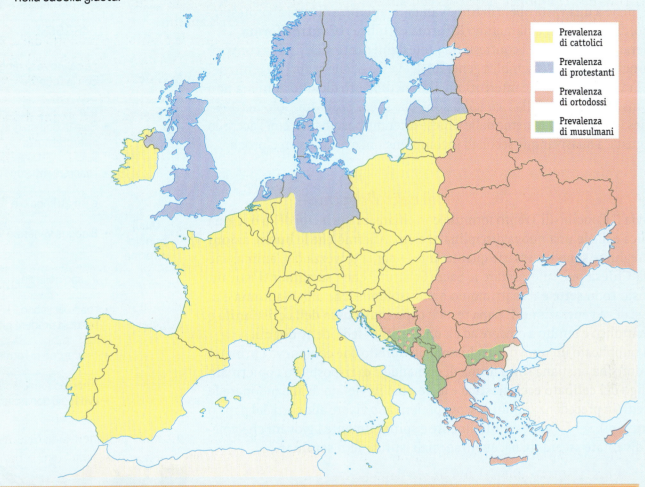

Prevalenza di cattolici	Prevalenza di protestanti	Prevalenza di ortodossi	Prevalenza di musulmani

2. Sai spiegare perché diverse comunità islamiche sono concentrate nella penisola balcanica? Se non ricordi, rivedi il cap. 1 par. 1.

3. La Riforma cattolica o Controriforma

Si riunisce il Concilio di Trento

Mentre in Europa si affermavano le dottrine protestanti, la Chiesa di Roma diede inizio a una vasta opera di rinnovamento interno e di lotta al protestantesimo, che gli storici chiamarono **Riforma cattolica** o **Controriforma**.

Sperando di superare i contrasti fra protestanti e cattolici, il papa convocò un **Concilio**, cioè un'assemblea generale dei vescovi, che si aprì a Trento nel **1545**. Fra ritardi e lunghe interruzioni, il Concilio durò diciotto anni ma non raggiunse l'obiettivo della riconciliazione che si era proposto. Solo nel 1999 la Chiesa cattolica e l'insieme delle Chiese luterane posero fine, con l'accordo di Augusta, a quasi cinque secoli di incomprensioni e di accuse reciproche.

Il Concilio definisce i princìpi del cattolicesimo

Tuttavia il Concilio di Trento formulò con chiarezza i princìpi della dottrina cattolica e diede una nuova disciplina al clero. Affermò che le **buone azioni** e le preghiere sono necessarie quanto la fede per la salvezza dell'anima; che solo la **Chiesa** può interpretare le Sacre Scritture; che i **sacramenti** istituiti da Cristo sono **sette** e il matrimonio è indissolubile; che alla **Madonna** e ai **santi** si deve venerazione. Il **papa** resta il **capo indiscusso della cristianità** e ogni cattolico è tenuto a credere ad alcune verità di fede, dette **dogmi**.

Fu pubblicato un nuovo **catechismo**, un libretto che conteneva i princìpi della dottrina cristiana sotto forma di domande e di risposte. Fu confermato l'obbligo del **celibato ecclesiastico** e ai vescovi fu vietato di abbandonare le loro sedi (in precedenza, molti vescovi preferivano vivere alle corti del papa o dei principi). Per formare culturalmente e spiritualmente i giovani che volevano diventare sacerdoti, nacquero speciali istituti detti **seminari**.

I gesuiti: un ordine religioso al servizio della Chiesa

A sostegno della Chiesa cattolica sorsero **nuovi ordini religiosi** maschili (cappuccini, teatini, barnabiti, scolopi, somaschi) e femminili (orsoline, angeliche).

Fra di essi si distinse la **Compagnia di Gesù**, fondata dallo spagnolo Ignazio di Loyola e approvata dal pontefice nel **1540**. Il nuovo ordine dipendeva direttamente dal papa ed era organizzato come un esercito. I suoi membri si impegnavano a **obbedire** a Dio e ai superiori. Per essere ammessi dovevano superare un duro periodo di studi e di penitenze. I gesuiti si dedicarono all'istruzione del clero e dei figli della nobiltà, fondando seminari e collegi. Per la loro cultura e il prestigio che li circondava molti divennero **confessori e consiglieri di sovrani**, e il loro influsso nella vita politica fu notevolissimo. Grazie alla Compagnia di Gesù il cattolicesimo in Europa riguadagnò parte del terreno perduto (la Polonia, per esempio, fu riconvertita nel XVII secolo) e altro ne conquistò in Asia e in America, dove i gesuiti fondarono **missioni**.

ORGANIZZO I CONCETTI

▶ Completa la tabella.

	La Controriforma
Come nasce	Il papa convoca un'assemblea generale dei .... : il .... (1545-1563).
Quali princìpi afferma	• La salvezza si raggiunge con la fede, le .... e le .... • Solo la Chiesa può interpretare le .... • I sacramenti sono .... e il matrimonio è .... • Bisogna venerare la .... e i .... • Il capo della cristianità è il .... • I cattolici sono tenuti a credere ai .... • I sacerdoti si formano nei .... e non possono sposarsi. • I vescovi non possono ....

L'arrivo di una missione gesuita in Cina: i religiosi si incontrano con un gruppo di funzionari locali. Incisione fiamminga del XVII secolo.
Chantilly, Bibliothèque Les Fontaines.
Foto Archives Charmet/Bridgeman Images.

Inizia un periodo di intolleranza religiosa

La Chiesa si preoccupò anche di impedire la diffusione di idee contrarie alla morale e alla fede cattolica. A partire dal **1559** fu pubblicato l'*Indice*, cioè un elenco di libri la cui lettura era proibita ai cattolici, pena la scomunica. Molte opere proibite furono bruciate sulle piazze.

In questo periodo si diede nuovo vigore al **tribunale dell'Inquisizione**, istituito nel XIII secolo per combattere le eresie. Il tribunale dell'Inquisizione (o Santo Uffizio) aveva il compito di ricercare gli eretici e di giudicarli, affidandoli poi al **braccio secolare**, cioè alle autorità dello Stato, perché fossero eseguite le condanne. L'esecuzione delle sentenze avveniva di solito sulla pubblica piazza ed era insieme spettacolo e ammonimento per il folto pubblico che vi assisteva. Anche la persecuzione contro le **streghe** si intensificò.

Fu questo un periodo di grande **intolleranza***, in cui tutti – con poche eccezioni – rifiutavano e combattevano aspramente le opinioni diverse dalle proprie. In campo religioso, l'intolleranza fu la regola e si manifestò con grande violenza in tutti i Paesi, sia cattolici sia protestanti.

Un eretico (al centro, con il copricapo rosso) è condotto davanti al tribunale dell'Inquisizione. Dipinto del 1680 circa.
Madrid, Prado. Foto Bridgeman Images/Archivi Alinari.

* **Intolleranza**
Incapacità di accettare che altri abbiano opinioni diverse, e tendenza a combatterle.

RICOSTRUISCO LA MAPPA DEL CAPITOLO

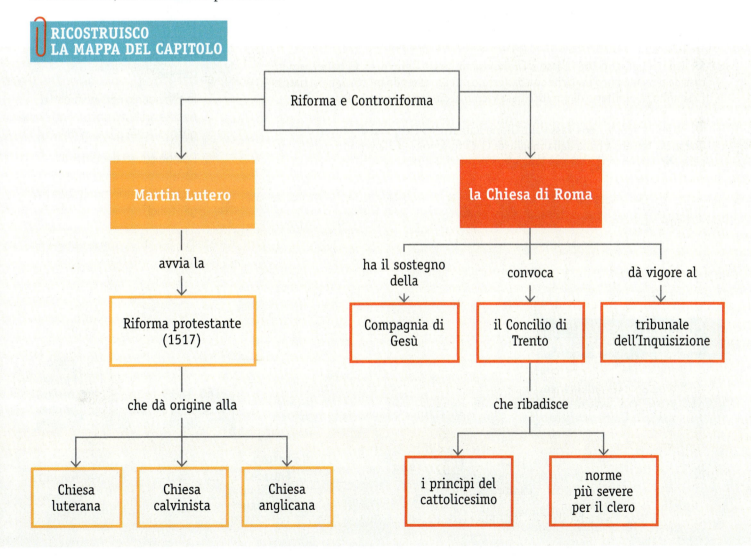

Fonti

I registri parrocchiali

Nel XVI secolo il Concilio di Trento dispose che i parroci annotassero su appositi registri gli avvenimenti fondamentali della vita cristiana (battesimi, matrimoni, uffici funebri e così via) all'interno della parrocchia. Con il tempo molti registri andarono perduti. Quelli rimasti (Libri dei battesimi, Libri dei morti, Stati delle anime) costituiscono tuttavia un'importante fonte di documentazione per gli storici.

Ti proponiamo tre documenti tratti da un registro dei morti, compilato dal parroco di un piccolo paese vicino a Rimini fra il 1662 e il 1664. Riguardano tre bambini: la mortalità dei piccoli era così alta che spesso i neonati venivano frettolosamente battezzati dai parenti subito dopo la nascita per timore di una morte imminente. Alcuni dei bambini citati in questo registro erano figli illegittimi o "trovatelli" e provenivano dal vicino ospedale di Rimini, che di solito li affidava a una balia dell'entroterra perché li allevasse.

« Addì 21 maggio 1663 Passò alla Gloria Eterna Nicolò figlio di […] da Rimini tenuto a balia da B. B., et era di nove mesi in fede. »

« Addì 23 giugno 1664 Passò all'altra vita un putto figlio di G. C. battezzato in casa da persone poco pratiche con battesimo dubbio essendo morto appena nato e fu sepolto in cimitero di questa chiesa vicino al cimitero laico. In fede. »

« Addì 24 agosto 1664 Passò alla Gloria Rainati dell'Hospital di Rimini d'età di due mesi, tenuto a balia dalla moglie di G. C. fu sepolto nella sepoltura delli Angeli. »

LAVORO SULLE FONTI

1. Che cosa hanno in comune i tre attestati di morte trascritti?
2. Qual è l'età dei defunti?
3. Quali espressioni usa il parroco per indicare il passaggio dalla vita alla morte?
4. Due bimbi vengono dall'ospedale di Rimini: quali? A chi sono affidati dopo la nascita?
5. Perché uno dei tre bambini non è battezzato in chiesa e riceve un battesimo forse non valido (dubbio)?
6. In che secolo cominciarono a essere prodotti documenti come questo, e per quale motivo?
7. Perché questi documenti costituiscono una fonte importante di informazione per gli storici?

COLLOCO GLI EVENTI NEL TEMPO

I protagonisti

L'ordine dei gesuiti

L'ordine dei gesuiti fu protagonista della riscossa cattolica dopo il successo della Riforma protestante. I gesuiti si dedicarono soprattutto all'educazione e all'evangelizzazione.

In Europa aprirono molte **scuole** frequentate dai figli delle **classi dirigenti**, coloro che avrebbero ricoperto un giorno le principali cariche politiche e religiose. I programmi di queste scuole comprendevano **ogni settore del sapere**: non solo materie religiose, umanistiche, scientifiche ma anche danza, scherma, recitazione. Per la serietà e la completezza degli studi le scuole dei gesuiti furono molto apprezzate, tanto che molte famiglie protestanti vi iscrissero i loro figli.

La Compagnia di Gesù fu in prima linea anche nell'**attività missionaria** presso i Paesi protestanti oppure nelle **Indie orientali**, in **Giappone**, in **Cina**. In **America Latina** diede vita a comunità di *Indios*, dette **riduzioni**, che venivano dirette dai religiosi ma erano organizzate dagli stessi indigeni. L'economia delle comunità si basava sul lavoro della terra, considerata una proprietà collettiva. Ma l'esperienza avviata dai gesuiti non durò a lungo perché i coloni spagnoli e portoghesi, che facevano razzia di *Indios* per venderli sul mercato come schiavi, attaccarono le riduzioni e indussero le autorità a sopprimerle.

L'ordine dei gesuiti, che presto divenne potente e rispettato, godeva di un grande **prestigio culturale** ed esercitò una profonda influenza anche nel campo delle **arti**.

La **Chiesa della Compagnia**, detta "del Gesù" ed eretta a Roma nel XVI secolo, divenne il **modello** per la costruzione di moltissime chiese cattoliche in tutto il mondo. L'edificio presenta un'**unica navata**, in modo che i fedeli possano osservare senza distrarsi l'**altare*** principale, dedicato alla celebrazione dell'eucarestia. La volta della navata è interamente coperta da un **affresco*** che rappresenta il *Trionfo del nome di Gesù*. Marmi, dorature e statue decorano ovunque la chiesa, illustrando ai fedeli le vicende narrate nelle Sacre Scritture. L'altare è sovrastato da una **cupola imponente**, simbolo della maestà di Dio e della grandezza della fede cattolica.

* **Altare**
  La tavola su cui il sacerdote celebra la messa.
* **Affresco**
  Pittura fatta con colori diluiti nell'acqua sull'intonaco ancora fresco di un muro.

◁ **Missionari gesuiti in Guatemala** (America Centrale). Particolare di un arazzo del 1555.
Città del Messico, Archivo General de la Nación. Foto Getty Images.

▽ **L'interno della Chiesa della Compagnia a Roma**.
Foto De Agostini Picture Library/Scala, Firenze.

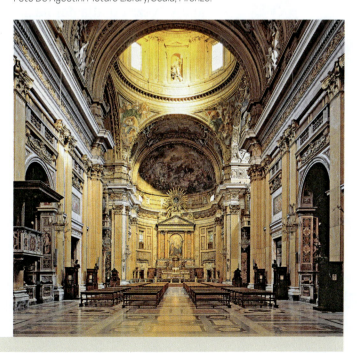

Sintesi

1. L'Europa cristiana si divide

Nel 1517 il **papa** proclama l'**indulgenza**: i fedeli possono cancellare i propri peccati facendo offerte alla Chiesa.

Il monaco tedesco **Martin Lutero** denuncia questa pratica e avvia la **Riforma protestante**.

Secondo Lutero le indulgenze non possono annullare i peccati, e nemmeno preghiere, buone azioni e penitenze: solo la **grazia divina** può dare la salvezza.

Con la fede ogni uomo entra in **contatto personale con Dio**, perciò tutti (e non solo gli ecclesiastici) possono interpretare le Sacre Scritture.

La Riforma di Lutero vieta il culto della Madonna e dei santi e riduce a due i **sacramenti** (battesimo ed eucarestia). I **pastori** sostituiscono i preti; possono sposarsi e divorziare. I fedeli si riuniscono nel **tempio**, un edificio dalle pareti spoglie, **senza immagini sacre**, dove la **funzione** si tiene **in tedesco**.

2. La diffusione delle dottrine protestanti

Nel 1521 **Lutero** viene **scomunicato** dal papa ed **esiliato** dall'imperatore tedesco, che vuole mantenere l'impero unito nella religione cattolica.

Lutero però è protetto dal principe di Sassonia. **Traduce la Bibbia in tedesco**, affinché tutti possano leggerla.

Scoppiano conflitti tra **principi protestanti** e **cattolici**, che si concludono nel **1555** con la **pace di Augusta**: ai principi tedeschi si lascia la libertà di scegliere la religione da seguire, ma i sudditi devono professare la stessa religione del loro signore.

In Europa sorgono **nuove Chiese protestanti**. Quella **calvinista**, fondata da Giovanni Calvino, sostiene che ogni uomo sia destinato da Dio fin dalla nascita alla salvezza o alla dannazione (**predestinazione**). In Inghilterra, la riforma della **Chiesa anglicana** ha anche conseguenze politiche: il re **Enrico VIII** diventa capo della Chiesa.

3. La Riforma cattolica o Controriforma

Per superare i contrasti fra cattolici e protestanti, la Chiesa di Roma convoca un'assemblea di vescovi, il **Concilio di Trento**, che dura dal 1545 al 1563.

Il Concilio ribadisce i **princìpi del cattolicesimo**: anche le buone azioni e le preghiere servono alla salvezza dell'anima; solo la Chiesa può interpretare le **Sacre Scritture**; i sacramenti sono sette; la Madonna e i santi devono essere venerati; il capo della cristianità è il papa.

Si introducono regole di comportamento più severe per i sacerdoti, che non possono sposarsi.

Nascono nuovi ordini religiosi. Il più importante è la **Compagnia di Gesù**.

Si apre un periodo di grande **intolleranza religiosa**.

Esercizi

VERIFICO LE CONOSCENZE
Paragrafi 1 e 2

1 Completa il brano con le parole dell'elenco.

Augusta • Sacre Scritture • opere • scandalosa • protestanti • Leone X • tedesco • Martin Lutero • indulgenza • bando

Nel 1517 papa .... proclama una .... La raccolta delle elemosine, affidata a personaggi senza scrupoli e predicata da monaci ignoranti, diventa sempre più .... e induce alla protesta .... , monaco e professore tedesco. Egli nega che le .... buone e le indulgenze servano alla salvezza dell'anima, pensa che ognuno possa interpretare da solo le .... e traduce la Bibbia in .... perché tutti la possano leggere. Il papa lo scomunica, l'imperatore lo mette al .... Fra l'imperatore e i principi .... inizia un periodo di conflitti. La pace di .... riconosce ai principi il diritto di scegliere la religione per sé e per i sudditi.

LEGGO UNA CARTA STORICA
Paragrafo 2

2 Osserva la carta di pagina 83, leggi la legenda e completa la didascalia, aiutandoti con il testo se necessario.

Nel .... il monaco tedesco Martin Lutero, ribellandosi alla scandalosa predicazione delle .... , dà il via a un vasto movimento religioso che prende il nome di .... Alcuni Paesi (per esempio l'Italia, l'Irlanda, il .... e la ....) restano cattolici. In Francia e Svizzera sono molti i .... (seguaci di Calvino). Nell'impero, in Danimarca, Svezia, e Norvegia prevalgono i .... In Inghilterra, con l'Atto di .... voluto dal re Enrico VIII nel .... , nasce la Chiesa .... a capo della quale c'è il re (o la regina).

RIORGANIZZO DATI E CONCETTI
Paragrafi 1 e 2

3 Mettendo le crocette al posto giusto, attribuisci a ciascuna Chiesa le caratteristiche che la contraddistinguono (fai attenzione: alcune concezioni religiose sono comuni a più Chiese).

	Luterani	Calvinisti	Anglicani	Anabattisti
1. Le opere buone non hanno valore: solo la fede può dare la salvezza.				
2. Il battesimo deve essere ricevuto da adulti.				
3. Nessuno può salvarsi se non è predestinato.				
4. Capo della Chiesa non è il papa ma il sovrano.				
5. I fedeli vivono in povertà mettendo in comune i propri averi.				
6. Ogni credente può interpretare da sé le Sacre Scritture.				
7. Il lavoro ha un valore religioso.				
8. I ministri del culto possono sposarsi.				

Esercizi

Imparo a imparare — CONFRONTO IMMAGINI DI PROPAGANDA RELIGIOSA — Intero capitolo

Il più fortunato mezzo di diffusione delle nuove dottrine protestanti furono i volantini a stampa, che rappresentavano immagini di propaganda religiosa spesso accompagnate da un breve scritto o da alcuni versetti orecchiabili. Venduti per le strade a poco prezzo, i volantini raggiungevano un larghissimo pubblico, potevano essere compresi anche dagli analfabeti e a volte erano opera di grandi artisti, come Lucas Cranach il Vecchio. Anche da parte cattolica si diffusero stampe e incisioni molto critiche nei confronti di Lutero e delle sue dottrine.

1 Martin Lutero è rappresentato come un santo, con un'aureola e una colomba sul capo.

2 In questa incisione del XVI secolo il diavolo si è impadronito della testa di Lutero, trasformata in una sorta di zampogna dentro alla quale può "soffiare" i suoi scellerati suggerimenti.
Gotha, Museo del Castello /The Bridgeman Art Library.

3 Lutero predica dal pulpito mentre il papa, i cardinali e i monaci sono rappresentati all'inferno, stretti fra le fauci di un animale mostruoso che lancia fiamme dalla bocca.
Bruxelles, Bibliothèque Royale.

4 In questa stampa Lutero è incatenato da orribili diavoli che hanno artigli, teste da caprone, ali da pipistrello e, usando un mantice, gli ispirano all'orecchio dottrine diaboliche.

4 Spiega perché i volantini costituivano un efficace strumento di propaganda. Poi distingui le immagini di propaganda protestante da quelle di propaganda cattolica e motiva le tue scelte, completando la tabella.

	Numero immagini	Motivazione
Immagini cattoliche		
Immagini protestanti		

USO LE PAROLE DELLA STORIA
Paragrafi 1 e 3

5 Completa le definizioni scegliendo nell'elenco la parola corrispondente.

Controriforma ▪ gesuiti ▪ pastore ▪ concilio ▪ missionario ▪ intolleranza ▪ dogma ▪ seminario ▪ *Indice*

a. L'assemblea generale dei vescovi convocata dal papa si chiama ....
b. Il ministro del culto nelle Chiese protestanti si chiama ....
c. L'incapacità di accettare opinioni diverse dalle proprie e la tendenza a combatterle si dice ....
d. La riforma della Chiesa cattolica per rinnovarsi e combattere il protestantesimo è detta ....
e. Chi cerca di diffondere il cristianesimo presso popoli non cristiani si chiama ....
f. L'elenco dei libri la cui lettura è proibita ai cattolici si chiama ....
g. I componenti della Compagnia di Gesù sono i ....
h. Una verità di fede a cui i cristiani sono tenuti a credere si chiama ....
i. L'istituto dove si istruiscono i futuri sacerdoti si chiama ....

LAVORO SULLE FONTI
Paragrafo 3

6 Leggi il documento e l'introduzione che lo precede, poi rispondi alle domande.

Anche i protestanti perseguitarono e uccisero gli eretici. Ma a quel tempo ci fu anche chi levò la sua voce a difesa della tolleranza religiosa. Il francese Sebastiano Castellione, per esempio, scrisse contro Calvino un libro dal titolo *Se gli eretici debbano essere perseguitati*. Eccone un brano.

> « Ci sono di quelli [Calvino e i suoi seguaci] che vogliono che quanti dissentono [hanno opinioni diverse] da loro, vengano uccisi, appena ciò sia possibile. [...] A me sembra che facciano così non per incitamento di Cristo (Cristo infatti non tollera di essere difeso con le armi, potendo ottenere, se lo volesse, facilmente, a tale fine dodici legioni di angeli), ma per poter difendere con le armi mondane [terrene] la loro potenza e il loro regno mondano. Che sia così lo si vede dal fatto che da principio, quando erano poveri e senza autorità, costoro imprecavano contro i persecutori: poi, avendo acquistato forza, imitano i persecutori e, trascurate le armi di Cristo, impugnano le armi dei farisei, senza le quali non possono difendere la propria potenza. »

a. Che cosa vogliono fare degli eretici Calvino e i suoi seguaci?
b. Che cosa li spinge ad agire in questo modo, secondo Sebastiano Castellione?
c. Si sono sempre comportati così?
d. Cristo ha bisogno di essere difeso dalle armi degli uomini? Perché?
e. Quali saranno le «armi di Cristo», adatte per convertire gli animi, che i persecutori di eretici trascurano di usare?

Unità 1 Nuovi orizzonti geografici e culturali

Il capitolo a colpo d'occhio

QUANDO

1. Quando si sono svolti questi eventi? SCRIVI l'anno o il periodo sui puntini, scegliendolo tra i seguenti: 1517, 1534, dal 1545 al 1563.

A

B

C

....
Enrico VIII fonda la Chiesa anglicana.

....
Martin Lutero dà inizio alla Riforma protestante.

.... Si svolge il Concilio di Trento, che ha lo scopo di superare i contrasti fra le Chiese.

Ora COLLOCA gli eventi sulla linea del tempo.

| 1500 | 1510 | 1520 | 1530 | 1540 | 1550 | 1560 | 1570 | 1580 | 1590 | 1600 |

DOVE

2. OSSERVA la carta e LEGGI la legenda. Poi COMPLETA la tabella: SCRIVI i nomi dei Paesi nelle caselle giuste.

Paesi cattolici	
Paesi divisi fra cattolici, calvinisti e luterani	
Paesi divisi fra cattolici e calvinisti	
Paesi luterani	
Paesi anglicani	
Paesi calvinisti	

94

Capitolo 4 — Riforma protestante e Riforma cattolica

LE PAROLE DA RICORDARE

3. COMPLETA le definizioni con le parole giuste, scegliendole da questo elenco. ATTENZIONE alle parole in più.

Roma • rifiuto • Chiesa cattolica • Ignazio di Loyola • Martin Lutero • assemblea generale • papa • ordine religioso

Riforma protestante	Vasto movimento religioso iniziato da ...., in contrasto con la Chiesa di ....
Concilio	.... dei vescovi, convocata dal ....
Intolleranza religiosa	.... dei comportamenti religiosi diversi dai propri.
Compagnia di Gesù	.... fondato da Sant'Ignazio di Loyola a sostegno della ....

LA MAPPA DEI CONCETTI

4. COMPLETA la mappa inserendo al posto giusto le parole dell'elenco. ATTENZIONE alle parole in più.

Calvino • Gesù • Martin Lutero • cattolica • calvinista • eretica • Trento

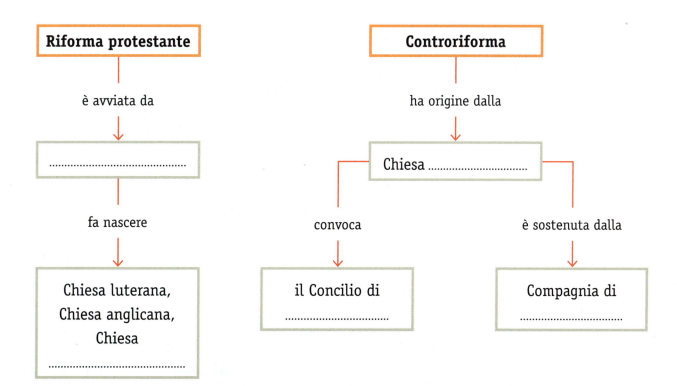

Sei pronto per la verifica?

IN 1 ORA — Punteggio massimo: 100 punti — Sufficienza: 60 punti

1. VERIFICARE LE CONOSCENZE

Completa il testo con le parole dell'elenco.

Africa • America • Cristoforo Colombo • Costantinopoli • Umanesimo • Granada • Martin Lutero • Aztechi • Concilio di Trento • Inca • Rinascimento • Riforma protestante • tratta dei neri • protestanti • ottomani

Nel 1453 i Turchi .... conquistano .... e i re spagnoli cacciano gli Arabi da .... In cerca di nuove rotte marittime per procurarsi le preziose spezie d'oriente, Vasco da Gama circumnaviga l' .... e raggiunge l'India, mentre .... si dirige verso ovest e scopre l' .... Qui gli Spagnoli conquistano i due fiorenti imperi degli .... e degli .... e li trasformano in colonie. Poiché la popolazione amerindia cala fortemente, ha inizio la .... dall'Africa.

Intanto in l'Italia e in Europa fioriscono l' .... (lo studio dei classici antichi) e il .... In questo periodo si rinnovano arte, letteratura, scienze e tecniche.

Nel 1517 in Germania .... dà inizio alla .... , che stacca dalla Chiesa di Roma un gran numero di cristiani. Nel 1545 il papa convoca il .... , ma cattolici e .... rimangono divisi.

1 punto per ogni risposta corretta – Punti: ..../15

2. ORIENTARSI NELLO SPAZIO

Osserva la carta e completa la didascalia.

Vasco da Gama salpa dal porto di .... nell'anno .... Giunto al golfo di .... è spinto dalle correnti in mare aperto, poi aggira il Capo di .... , da lui chiamato Capo delle Tempeste. Sulle coste orientali dell'Africa approda in .... , a Mombasa e .... Infine attraversa l'Oceano .... e giunge a .... , in India.

2 punti per ogni risposta corretta – Punti: ..../16

3. USARE LE PAROLE DELLA STORIA

Costruisci una frase con ciascuna delle seguenti parole o espressioni.

intolleranza • mecenate • Età moderna • caravella • caccia alle streghe • calvinismo • tratta dei neri

3 punti per ogni frase corretta – Punti: ..../21

Unità 1 Nuovi orizzonti geografici e culturali

4. COLLOCARE NEL TEMPO

In quale secolo si svolsero gli avvenimenti elencati? Metti la crocetta nella casella giusta.

	XV	XVI		XV	XVI
"Scoperta" dell'America			Concilio di Trento		
Fine degli imperi azteco e incaico			Riforma protestante		
Conquista turca di Costantinopoli			Primo giro intorno al mondo		
Inizio dell'Età Moderna			Invenzione della stampa a caratteri mobili		

3 punti per ogni risposta corretta – Punti: ..../24

5. STABILIRE COLLEGAMENTI E RELAZIONI

Spiega perché si verificarono i seguenti avvenimenti.

a. I Paesi europei intrapresero lunghi viaggi di esplorazione per raggiungere le Indie orientali.
b. Con l'arrivo degli Europei si verificò una calo della popolazione amerindia.
c. La tratta dei neri ebbe inizio.
d. La teoria copernicana venne combattuta.
e. Martin Lutero tradusse la Bibbia in tedesco.
f. Il papa convocò il Concilio di Trento.

3 punti per ogni risposta corretta – Punti: ..../18

6. LAVORARE CON LE MAPPE

Completa la mappa scegliendo le espressioni dall'elenco.

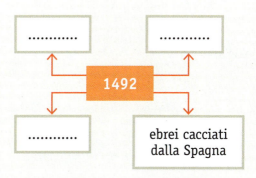

a. sconfitta dei popoli amerindi
b. aumento dei prezzi in Europa
c. "scoperta" dell'America
d. tratta dei neri
e. i Portoghesi raggiungono l'India
f. conquista cristiana di Granada
g. trattato di Tordesillas
h. fine del Medioevo

2 punti per ogni risposta esatta – Punti: ..../6

7. STABILIRE COLLEGAMENTI E RELAZIONI

Spiega perché nel Cinquecento si verifica un aumento dei prezzi che colpisce soprattutto il grano.

[extra-punteggio] 4 punti per la risposta corretta

Compito di realtà

«Terra in vista!»

L'IDEA

Tra il Quattrocento e il Cinquecento i viaggi di esplorazione oceanica intrapresi da navigatori spagnoli e portoghesi rivoluzionarono le conoscenze geografiche e avviarono cambiamenti straordinari per l'economia e i traffici mondiali.
Ricostruite i viaggi di tre grandi esploratori – Cristoforo Colombo, Vasco da Gama e Ferdinando Magellano – servendovi delle risorse disponibili in Internet.

CHE COSA DEVI FARE

Lavorando in piccoli gruppi, tu e i tuoi compagni procederete seguendo le istruzioni di questa scaletta.
1. Scegliete l'esploratore e il viaggio di cui volete occuparvi (Colombo ne compì ben quattro: potete sceglierne anche uno diverso da quello più famoso) e organizzate la raccolta delle informazioni.
2. All'interno di ciascun gruppo di lavoro, stabilite chi si occuperà di documentarsi su questi temi.
- L'itinerario (luogo e data di partenza, rotta seguita, tappe intermedie, luogo e data di arrivo); può essere utile cercare, se esistono, alcuni brani dei diari di bordo originali.
- Gli aspetti più tecnici del viaggio di esplorazione (tipo di imbarcazioni usate, strumenti di navigazione disponibili, composizione dell'equipaggio ecc.).
- Gli aspetti più geografici (caratteristiche dei luoghi visitati, clima, flora e fauna, popolazioni indigene incontrate).

3. Organizzate la vostra presentazione multimediale, che dovrà contenere almeno dodici diapositive con brevi testi e immagini.
4. Illustrate la vostra presentazione ai compagni degli altri gruppi.

INDICAZIONI DI LAVORO

Tempo a disposizione e discipline coinvolte

2 ore a scuola per la raccolta delle informazioni (Storia + Geografia + Tecnologia)
2 ore a scuola per impostare la presentazione (Tecnologia + Italiano)
1 ora a casa per completare la presentazione
1 ora a scuola per illustrare la presentazione

Materiali e strumenti utilizzabili

Libro di testo di storia.
Siti Internet, Google Earth.
Personal computer, software di elaborazione delle immagini e per la realizzazione di presentazioni multimediali.

Unità 1 Nuovi orizzonti geografici e culturali

History Highlights CLIL

The English Reformation

1. Warm up

Match each word or expression with its Italian equivalent.

clergy   seguaci
followers   Paesi scandinavi
indulgences   divisione, scisma
Nordic countries indulgenze
split   clero

2. Reading

Read the text and fill in the gaps with the English words from exercise 1. Then listen and check.

During Renaissance times there was a .... in the Catholic Church.

It was called Reformation, and it began in 1517, when the German monk Martin Luther started criticizing the pope and the Catholic .... In his opinion, they were wrong about faith; and they were corrupted, because they sold .... Luther founded a new Church, and his .... were called Protestants.

Many Protestant Churches were born in Switzerland, France, Holland and the ....

England as well had its Reformation, but it was not caused by a religious controversy. King Henry VIII wanted to divorce his wife to marry another woman, but the Catholic Church would not let him. So he decided to create an independent Church: in 1534 the *Act of Supremacy* made him head of the Church of England.

A portrait of Henry VIII ca. 1535.
Hampton Court Palace, Royal Collection Trust.

3. Check your comprehension

Tick the correct answer.

a. The first Protestant Church was born in
   ☐ Switzerland.   ☐ Germany.
   ☐ Holland.

b. The English Reformation was caused
   ☐ by a religious controversy.
   ☐ by a religious persecution.
   ☐ by a political controversy between king Henry VIII and the pope.

4. Historians at work

Decide if the following statements are true (T) or false (F).

a. Henry VIII broke away from the Church of Rome for personal reasons. T F

b. For his struggle with the Catholic Church, he needed help from Protestants, and never persecute them… T F

c. … but he remained a Catholic to the end of his life. T F

Unità 1 Nuovi orizzonti geografici e culturali

CITTADINANZA e COSTITUZIONE

Falsi miti: la droga, il fumo, l'alcol

Ieri e oggi

Fin dall'antichità si conoscevano piante capaci di rendere più pronte le funzioni della mente o, al contrario, di rallentarle, di provocare **allucinazioni***, di ridurre il controllo su di sé e sui propri comportamenti. Per il loro carattere, considerato "magico", queste piante venivano usate di frequente in alcune cerimonie religiose. Sappiamo, per esempio, che sia i Sumeri sia gli Egizi utilizzavano l'oppio (estratto da una particolare varietà di papavero) nei loro riti funebri. Nel *Milione* di Marco Polo si descrive l'uso dell'hashish, derivato dalla canapa indiana, da parte della setta degli **Assassini*** (letteralmente, «i consumatori di hashish»). E sappiamo che gli *Indios* d'America, malnutriti, esposti alle malattie portate dagli Europei, costretti al lavoro forzato nelle piantagioni e nelle miniere, cercavano di attenuare gli stimoli della fame e il senso della fatica e del dolore masticando foglie di coca (una pianta spontanea che cresce sulle Ande) miste a un impasto di cenere. Queste foglie, infatti, contengono una piccolissima percentuale di cocaina, una sostanza oggi usata in medicina come **anestetico*** e, in modo illecito, da chi spera di aumentare la propria energia fisica e il proprio senso di benessere. La cocaina pura, però, è cento volte più potente dei miscugli masticati dagli *Indios* e terribilmente dannosa per la salute.

Oppio, hashish, cocaina e altre sostanze di origine vegetale prendono il nome di **stupefacenti** o di **droghe**. A queste droghe naturali oggi si affiancano anche gli stupefacenti sintetici, che vengono prodotti chimicamente in laboratorio. Sono droghe sintetiche, per esempio, le anfetamine, assunte soprattutto da quegli atleti che decidono di "doparsi" (dall'inglese: *to dope* = drogare), per migliorare le loro prestazioni durante le gare; o l'ecstasy, una droga che è presentata sotto forma di pastiglie vivacemente colorate per attirare compratori giovani e giovanissimi ma che, nonostante l'aspetto innocuo, può danneggiare gravemente il fisico e la salute mentale di chi ne fa uso.

Dagli ultimi anni del Novecento si sono diffuse le cosiddette *smart drugs* ("droghe furbe"), presentate sotto forma di barrette, caramelle, chewing gum. Contengono sostanze usate in medicina per curare alcune malattie tipiche degli anziani (come l'Alzheimer o il morbo di Parkinson) ma che, assunte senza necessità e in modo sconsiderato, hanno sulla salute effetti gravissimi e spesso imprevedibili.

* **Allucinazioni**
Visioni ingannevoli di oggetti o persone non reali.
* **Assassini**
Appartenenti a una setta segreta nata in Persia nell'XI secolo. Furono autori di attentati e violenze contro musulmani e cristiani.
* **Anestetico**
Farmaco che rende insensibili al dolore.

◁ **Un indio mastica le foglie di coca,** statuetta di epoca pre-colombiana.
Madrid, Museo de América.

Il dramma della tossicodipendenza

Molte droghe – fra cui l'eroina e la morfina (entrambe derivate dal papavero da oppio) o la cocaina – creano assuefazione e dipendenza. Ciò significa che chi si abitua a farne uso prova sofferenza fisica in caso di privazione. Per questo motivo è spinto a continuare a drogarsi e tende anzi ad aumentare la dose di droga assunta, trasformandosi spesso in un tossicodipendente. Chi si trova in condizione di tossicodipendenza sembra avere un unico obiettivo: quello di procurarsi la droga, con qualsiasi mezzo e a qualunque costo. Ogni altro interesse per la vita sembra spegnersi in lui: pur di ottenere la droga egli è spesso disposto a rubare, a compiere atti di violenza, a prostituirsi.

Il commercio della droga è nelle mani della **criminalità organizzata**. Per guadagnare di più, gli spacciatori, cioè coloro che vendono droga, spesso la "tagliano": cioè la mescolano con sostanze meno costose, come talco e cemento, o perfino con veleni come la stricnina. L'uso di droghe "tagliate" espone i consumatori a un rischio gravissimo: al "taglio", infatti, si devono molte morti per droga. Altre sono dovute a overdose, cioè all'assunzione di una quantità eccessiva di stupefacente.

Nel "giro" della droga

Le analisi degli psicologi dicono che chi si droga è una persona dal carattere debole e insoddisfatta di sé, spesso ha una famiglia difficile alle spalle o altri gravi problemi, che non è capace di affrontare e di risolvere. C'è però anche chi si accosta alla droga con colpevole leggerezza, spinto da motivi banali: per imitare gli altri, per non essere diverso da loro, per sentirsi più adulto o per pura curiosità, convinto che non gli capiterà mai di lasciarsi intrappolare. Ma sappiamo che il più delle volte non è così: le droghe dette "leggere" (come l'hashish e la marijuana, anch'essa derivata dalla canapa indiana) spesso non sono che il primo passo verso la ricerca di sensazioni più forti e le droghe "pesanti" (cocaina, eroina) creano dipendenza fisica in chi le assume. Per uscirne occorre una grande forza di volontà soprattutto nel periodo detto di astinenza: quello in cui l'organismo sente bisogno delle sostanze tossiche a cui è stato abituato e reagisce in modo molto doloroso, con disturbi fisici e pensieri ossessivi.

È meglio quindi non cedere alle tentazioni, perché, una volta entrati nel giro della droga, è difficile uscirne.

Servizi, leggi e prevenzione

Tuttavia non si deve pensare che liberarsi dalla droga sia impossibile: un gran numero di giovani ha provato e ce l'ha fatta.

Occorre intanto sapere a chi rivolgersi per aiuto. Presso tutte le Aziende sanitarie locali (ASL) funziona un Servizio per le tossicodipendenze (SerT) dove è possibile trovare personale specializzato in grado di offrire cure e assistenza. E c'è anche un numero telefonico – l'800 18 60 70 dell'Istituto Superiore della Sanità – a cui ci si può rivolgere, gratuitamente, per ricevere informazioni, consigli e aiuto. Esistono poi numerose comunità terapeutiche pubbliche o private, create da volontari, religiosi o laici, che si occupano del recupero dei tossicodipendenti.

Occorre inoltre conoscere le leggi del nostro Paese che hanno per oggetto l'uso di stupefacenti. In Italia una legge del 1990 – che nel 1993 è stata modificata da un referendum popolare – reprimeva duramente lo spaccio e il traffico di droga, ma lasciava impunito, di fatto, chi ne faceva uso personale. Una nuova legge sulle tossicodipendenze, approvata dal Parlamento nel 2004, vieta invece anche il consumo personale della droga, senza far distinzione fra "droghe pesanti" e "droghe leggere".

Contro la droga, comunque, la miglior arma è la **prevenzione**. Occorre informarsi sui pericoli che si corrono usando stupefacenti e riflettere se valga davvero la pena di farsi tentare da esperienze così pericolose. Certo il rischio e la trasgressione attraggono i giovani. Ma chi rifiuta, chi sa dire di no, dà prova di coraggio, di forza di carattere e di giudizio maturo.

Foto Fotyma/Shutterstock.

Fumare? No, grazie

Come la cocaina, anche il tabacco giunse in Europa dopo la scoperta di Colombo.

La pianta del tabacco, originaria del continente americano, contiene nelle sue foglie una grande quantità di nicotina. Questa sostanza – largamente usata anche in agricoltura come pesticida – è responsabile di molti degli effetti dannosi che il tabacco produce sull'organismo, quando viene masticato, fiutato e, soprattutto, fumato. La nicotina, infatti, è fortemente tossica e il suo uso danneggia l'apparato respiratorio, il cuore, il sistema nervoso. Se poi l'assunzione di tabacco è costante e prolungata, la nicotina può produrre uno stato di intossicazione cronica, detto tabagismo. Chi fuma inala nicotina a ogni aspirazione e lo stesso accade a chiunque altro si trovi, suo malgrado, accanto a chi sta fumando: purtroppo il fumo passivo ha effetti simili a quello attivo.

Anche il tabacco, come la droga, provoca assuefazione (e quindi il bisogno continuo di fumare e di fumare sempre di più) e non è dimostrato che si evitino danni fumando sigarette a basso contenuto di nicotina.

Per proteggere la salute dei cittadini molti governi, come quello italiano, vietano il fumo negli ambienti pubblici (bar, cinematografi, uffici, scuole); vietano la pubblicità delle sigarette e ne proibiscono la vendita ai minori di 16 anni; inoltre, per dissuadere i fumatori incalliti, obbligano i produttori a stampare su ogni pacchetto la scritta «il fumo nuoce alla salute». Contro il fumo c'è anche un numero verde dell'Istituto Superiore della Sanità, l'800 55 40 88, a cui rivolgersi per suggerimenti e assistenza.

Il consumo di alcol

Anche l'alcol è un nemico della salute.

Sembra che fosse costume degli antichi Spartani (i cittadini di Sparta in Grecia) far ubriacare i propri schiavi per mostrare alla gioventù gli effetti scomposti e sgradevoli dell'ebbrezza. Pensavano infatti che la sola visione di persone ubriache li avrebbe scoraggiati per sempre dal bere smodatamente.

Chi è ubriaco si distingue per parole lente e impacciate, movimenti scoordinati, andatura barcollante, alterna l'allegria smodata alle lacrime, l'aggressività alla depressione. Soprattutto, non è più padrone dei suoi comportamenti, perché perde il controllo di sé e ogni senso di vergogna. Nessuno vorrebbe ubriacarsi se potesse vedersi ubriaco.

L'ubriachezza è la condizione di chi ha bevuto una grande quantità di alcolici in una sola volta. Solo il 15% dell'alcol viene quasi immediatamente eliminato attraverso la pelle e i polmoni. Il restante 85% circola nel sangue per parecchie ore: durante questo tempo svolge l'azione intossicante tipica dei veleni. Danneggia in particolare il fegato, l'apparato digerente, il sistema nervoso e induce una forma molto grave di dipendenza, l'alcolismo. Inoltre è insieme alla droga, una delle più frequenti cause di **incidenti stradali**.

I giovani e l'alcol

Fra le sostanze tossiche l'alcol è quella più a buon mercato e, nonostante la legge italiana ne vieti lo smercio ai minori di 16 anni, è anche quella che un ragazzo può procurarsi facilmente con la complicità di commercianti senza scrupoli.

In Italia l'uso di alcolici non è molto aumentato negli ultimi anni. Si è però pericolosamente abbassata l'età del primo consumo di alcol, scesa sotto i 12 anni. Si sta infatti diffondendo anche fra i giovanissimi (11-17 anni) il fenomeno del *binge drinking*, cioè dello "sballo", di solito praticato il sabato sera, quando ci si incontra per bere tanto, consumare bevande alcoliche spesso mescolate fra loro o vuotare a gara bicchieri uno dopo l'altro, con l'unico obiettivo di ubriacarsi fino allo stordimento. Secondo le statistiche, in tutte le classi d'età il consumo di alcol è più diffuso fra i maschi che fra le femmine. Negli ultimi anni però nella fascia d'età fra gli 11 e i 15 anni si nota un preoccupante aumento delle ragazzine che abusano dell'alcol, incuranti dei gravissimi pericoli a cui si espongono.

La tolleranza all'alcol, cioè la capacità di sopportarlo (quasi) senza problemi, varia da individuo a individuo. È maggiore negli uomini adulti, molto minore nelle donne, nei ragazzi e nelle ragazze. In un organismo in crescita sia il vino sia gli altri alcolici – oltre a risultare particolarmente dannosi – possono provocare l'ebbrezza anche se assunti in quantità molto limitate. Per questo l'Organizzazione Mondiale della Sanità raccomanda la totale astensione dal consumo di alcol fino ad almeno 15 anni; e considera un comportamento a rischio, al di sotto di quell'età, anche l'assunzione di una sola bevanda alcolica nel corso di un anno.

È bene ricordare che chi si trova in stato di ebbrezza, non essendo più consapevole dei propri atti e delle proprie parole, può dire cose che non pensa e compiere azioni che non vuole, può diventare oggetto di derisione, di scherzi crudeli e perfino di violenze. Anche per ottenere informazioni sull'abuso di alcol esiste un numero verde, messo a disposizione dall'Istituto Superiore di Sanità: è l'800 63 2000.

CONOSCO LA REALTÀ SOCIALE

1. Osserva i grafici e completa la didascalia.

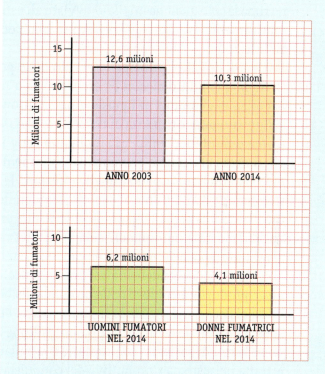

Il primo grafico mostra che in Italia, fra il .... (anno in cui nel nostro Paese fu emanata una legge che vietava di fumare in tutti i luoghi ....) e il .... il numero dei fumatori abituali è .... Il secondo grafico mostra che nel 2014 i fumatori abituali italiani sono in maggioranza ....

2. Immagina che un tuo amico ti confessi di voler provare gli effetti del fumo (o dell'alcol o della droga). Quali argomenti potresti usare per dissuaderlo? Discutine con i tuoi compagni e l'insegnante.

Prova Invalsi

La catastrofe degli *Indios* d'America: microbi antichi, popolazioni nuove

Colombo sbarcò a Santo Domingo nel 1492 (l'isola fu allora battezzata Hispaniola); sconosciuto ne è, naturalmente, il numero degli abitanti Taíno in quel momento, ma ai primi visitatori l'isola apparve densamente popolata.

Gli autori che scrissero qualche decennio dopo parlarono di una popolazione di un milione o più abitanti secondo un ipotetico "conteggio" fatto da Colombo, o da suo fratello. Nel 1514 il "Repartimiento" – o distribuzione degli indigeni ai conquistatori/coloni in qualità di domestici, manodopera nei campi, nell'allevamento e nel duro lavoro delle miniere – contò solamente 26 000 indios di tutte le età, uomini e donne. Dopo l'epidemia di vaiolo del 1518-1519 ne rimase solo qualche migliaio, avviato all'estinzione. Alla metà del secolo le comunità erano praticamente estinte; sopravvivevano solo pochissimi indigeni, che erano riusciti a resistere all'infezione.

Una delle cause principali del calo delle popolazioni indigene del Nuovo Mondo era determinata dal fatto di non essere immuni a una serie di malattie che erano sconosciute in America ma comuni in Eurasia e nei confronti delle quali i conquistatori europei avevano sviluppato buone capacità di resistenza. Malattie che in Europa erano relativamente innocue (come il morbillo, l'influenza e, almeno per gli immunizzati, il vaiolo) divennero mortali per gli indigeni che non le avevano mai sperimentate ed erano, per così dire, terreno vergine (*virgin soil* in inglese) rispetto a quelle infezioni. Il fenomeno detto "terreno vergine" fornisce una spiegazione convincente al declino demografico del continente nei due secoli successivi alla Conquista. Ma per la Hispaniola vi sono due problemi. Il primo è che non vi sono prove storiche di epidemie mortali nell'isola prima del vaiolo del 1518-1519 quando la popolazione era già ridotta a poche migliaia di abitanti [...]. Il secondo problema è che la teoria del "terreno vergine" tende a nascondere le altre cause del declino demografico quali, per esempio, gli ostacoli alla riproduzione imposti dalla profonda dislocazione sociale prodotta dalla Conquista. [...]

La dislocazione sociale fu la conseguenza del sistema della *encomienda*: gli indios venivano spostati da un posto all'altro e da un padrone all'altro; i loro tradizionali sistemi di vita – incluse le reti di sostegno comunitarie e familiari – vennero distrutti; parte delle donne veniva attratta nel sistema riproduttivo dei conquistatori; comunità, clan, famiglie venivano divise e separate.

Queste cause generali ebbero una profonda influenza sulla demografia dei Taíno. Le unioni erano più difficili e precarie; la fecondità diminuì. Nel 1514 i bambini sotto i 14 anni erano solo il 10% del totale della popolazione, un risultato coerente con una popolazione fortemente in declino.

(Adattamento da: Massimo Livi Bacci, *Storia minima della popolazione del mondo*, il Mulino).

1. «Non essere immuni» (riga 13) significa essere:

- A vulnerabili
- B sani
- C vaccinati
- D incolumi

2. Che cosa si intende per «dislocazione sociale» (riga 24)?

- A La riduzione in qualche forma di schiavitù.
- B L'allontanamento forzato da amici e parenti.
- C L'esclusione dalla società dei dominatori.
- D Il cambiamento della propria classe sociale.

3. Quale, tra le seguenti cause del calo demografico degli *Indios*, non è citata nel testo?

- A Epidemie
- B Lavori duri
- C Trasferimenti
- D Combattimenti

4. Le cifre date dal Repartimiento possono essere corrette, perché furono registrate:

- A al momento del primo contatto, dagli esploratori.
- B proprio allo scopo di conoscere il numero di abitanti.
- C per fini pratici e nell'interesse dei conquistatori.
- D per scopi religiosi dai missionari, specie domenicani.

5. Perché le epidemie, da sole, non spiegano il calo della popolazione di Hispaniola?

- A Quando si verificò l'epidemia di vaiolo, la popolazione non diminuì.
- B Al tempo dell'epidemia del 1518-1519, la popolazione si era già ridotta.
- C La popolazione era immune alle malattie meno gravi portate dagli Europei.
- D Non esistono prove storiche dello scoppio di epidemie a Santo Domingo.

6. In quale modo, secondo il testo, l'*encomienda* influì sul calo demografico degli *Indios*?

- A Soprattutto separando e dividendo gli amici.
- B Obbligando a lavori domestici per i dominatori.
- C Impedendo la possibilità di sposarsi e procreare.
- D Esponendo a lavori duri, ad esempio nelle miniere.

7. Fra le cause del calo demografico degli indigeni incide in modo particolare:

- A la mortalità degli anziani.
- B la durata media della vita.
- C la mortalità infantile.
- D il numero delle nascite.

8. L'effetto "terreno vergine" significa che una popolazione:

- A si estingue del tutto a contatto di virus sconosciuti.
- B si adatta solo con il tempo a virus mai conosciuti prima.
- C reagisce subito ai nuovi virus, ma solo se è ben nutrita.
- D si difende dai nuovi virus, purché di malattie non gravi.

9. Che cosa dimostra il testo?

- A Gli *Indios* si estinsero per cause imprecisate.
- B Gli Europei distrussero l'economia dei Taíno.
- C I Taíno erano predisposti a parecchie malattie.
- D L'estinzione dei Taíno ebbe molte cause diverse.

Unità 2

LA FORMAZIONE DEGLI STATI MODERNI

Capitolo 5
Regni e imperi nell'Europa del Cinquecento

Capitolo 6
Contrasti nell'Europa del Seicento

Capitolo 7
Modelli di governo, modelli di pensiero

Compito di realtà

Percorso di geostoria
Il Mediterraneo: punto d'incontro, di scontro, di scambio fra popoli e civiltà

Uno sguardo sul mondo
L'espansione coloniale europea nel XVII secolo

La distribuzione della popolazione mondiale nel 1650

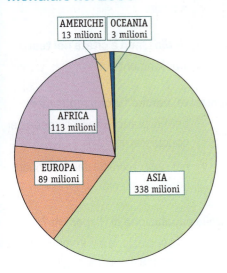

- AMERICHE 13 milioni
- OCEANIA 3 milioni
- AFRICA 113 milioni
- EUROPA 89 milioni
- ASIA 338 milioni

Le cinque città più grandi nel 1650

Istanbul	700 000
Pechino	470 000
Parigi	455 000
Londra	410 000
Isfahan (Persia)	360 000

- Principale zona di cattura degli schiavi neri
- Principali zone di sfruttamento di schiavi neri
- Piantagioni di caffè
- Piantagioni di tabacco
- Piantagioni di canna da zucchero
- Piantagioni di cacao
- Possedimenti spagnoli
- Possedimenti portoghesi
- Possedimenti inglesi
- Possedimenti francesi
- Possedimenti olandesi
- Commercio triangolare

Comprendo i cambiamenti nello spazio e nel tempo

EUROPA
- GUERRE DI PREDOMINIO — sacco di Roma 1527 ▼ — pace di Cateau-Cambrésis 1559 ▼
- GUERRE DI RELIGIONE IN FRANCIA
- CARLO V IMPERATORE
- 1581 ▼ repubblica delle Province Unite
- ESPANSIONE COLONIALE EUROPEA

IMPERO OTTOMANO
- ▼ 1520-1566 Solimano il Magnifico: vertice della potenza turca
- vittoria cristiana 1571 ▼ a Lepanto

AFRICA

1500 — 1550

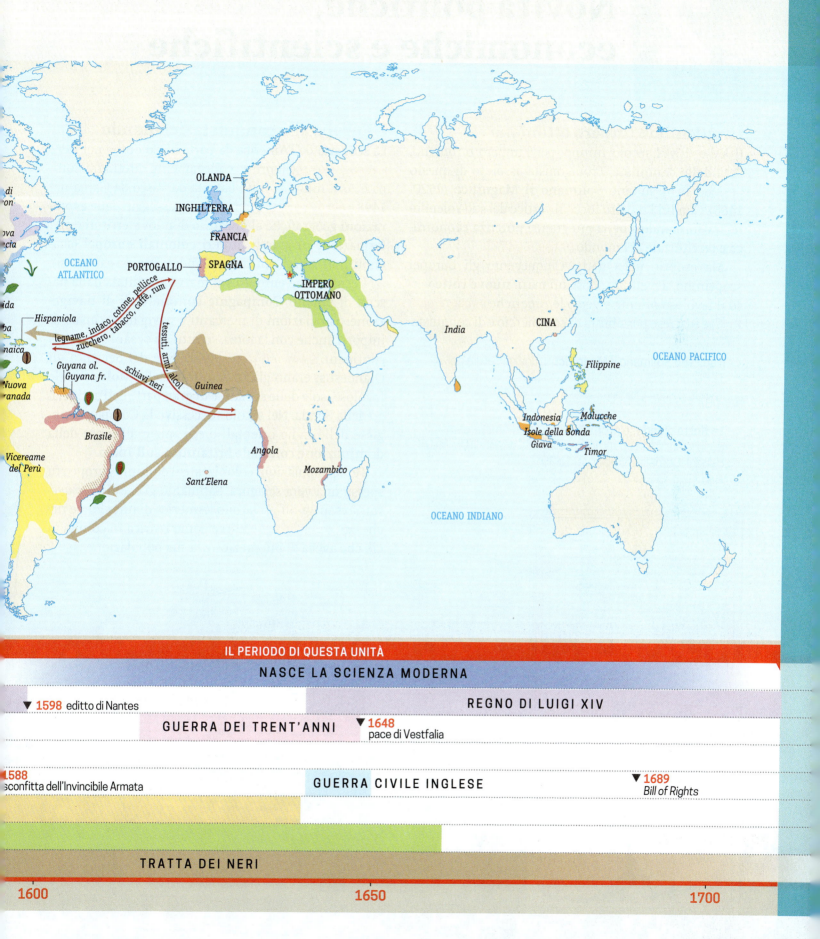

Unità 2
Novità politiche, economiche e scientifiche

Lo splendido impero ottomano

Il XV e il XVI secolo furono, per l'impero ottomano, l'**età delle conquiste**. Protagonista assoluto di questo periodo fu il sultano **Solimano il Magnifico** (1520-1566). Con lui l'impero toccò il vertice del suo splendore, trasformandosi nella più grande **potenza economica e territoriale** del mondo [→ cap. 1 par. 1].

Ma proprio nel Quattro-Cinquecento gli Europei scoprirono, avventurandosi sui mari, **nuove rotte** verso il favoloso oriente e verso le Americhe [→ cap. 1 parr. 2 e 3] e inattese possibilità di commercio e di conquista.

▽ **Il sultano Solimano il Magnifico** in una miniatura del 1580 circa.
Istanbul, Museo del Topkapi.

▽ **La flotta olandese** ritorna trionfante ad Amsterdam dopo la seconda spedizione nelle Indie orientali. Dipinto di Hendrik Cornelisz Vroom del 1599.
Amsterdam, Rijksmuseum. Foto Heritage Images/Alamy Stock Photo.

L'Europa alla conquista del mondo

La scoperta dell'America da parte di Colombo nel **1492** [→ cap. 1 par. 3] e il primo collegamento diretto fra Europa e Asia lungo la rotta battuta da Vasco da Gama nel **1498** [→ cap. 1 par. 2] segnarono il passaggio dalle **esplorazioni** geografiche al **dominio** di nuovi territori e alla formazione di grandi **imperi coloniali europei** (spagnoli, portoghesi, poi anche olandesi, inglesi e francesi).

L'espansione europea sui mari fu facilitata dalla nascita di potenti **Compagnie commerciali di navigazione**: associazioni di mercanti e navigatori, capaci di imporsi anche con la forza, su tutti gli oceani e in tutti i continenti [→ cap. 6 par. 4]. Alla fine del Seicento gli Olandesi si erano già impadroniti delle **Molucche** (le favolose isole delle spezie), e di gran parte dell'arcipelago della Sonda. Nel secolo successivo la Compagnia inglese delle Indie orientali diede inizio all'epoca della **dominazione coloniale britannica sull'India**.

Per le popolazioni colonizzate il dominio europeo fu spesso una vera sciagura. Sappiamo già come i *conquistadores* spagnoli privarono l'America di tutte le sue ricchezze [→ cap. 2 parr. 2 e 3] e come l'Africa fu colpita in ciò che aveva di più prezioso: la sua popolazione.

La tratta degli schiavi

Nei territori americani climaticamente più adatti, come il Brasile e le Antille, si svilupparono le **piantagioni** [→ cap. 6 par. 4] dove la manodopera era costituita da **schiavi neri deportati dall'Africa**. La crescente domanda di **prodotti coloniali** (cotone, tabacco, zucchero, cacao, caffè) da parte degli Europei e di **schiavi africani** da parte dei proprietari di piantagioni alimentò nell'Atlantico un grande commercio intercontinentale, detto **commercio triangolare**, che toccava Europa, Africa e America. Le navi trasportavano merci sempre diverse e gli **schiavi neri** erano considerati una "merce" come un'altra.

Il vergognoso commercio degli schiavi (la tratta) ebbe termine soltanto intorno agli anni Ottanta del XIX secolo.

⌄ **Catene per schiavi** usate per il commercio negriero dall'Africa.
Chicago, History Museum. Foto Bridgeman Images.

› **Il sistema eliocentrico di Copernico** è rappresentato in una sfera armillare del XVI secolo (si tratta di un modello della sfera celeste usato per mostrare il movimento delle stelle).
Milano, Biblioteca Ambrosiana. Foto Scala, Firenze.

Le guerre d'Europa

Mentre nel mondo si consumavano le tragedie degli Amerindi e degli schiavi neri, l'Europa combatteva le sue guerre, che furono frequenti e spesso devastanti e feroci.

Nel Cinquecento la **rivalità tra Francia e Spagna per il predominio in Europa** e in Italia coinvolse quasi tutti gli Stati europei in una guerra che durò decenni e che all'inizio ebbe per teatro la penisola italiana [→ cap. 5 par. 1]. Le **divisioni religiose fra cristiani** (cattolici, luterani, calvinisti, anglicani), quasi sempre sovrapponendosi a ragioni politiche, alimentarono violenti conflitti, sia fra Paesi contrapposti sia all'interno di uno stesso Paese.

Cominciavano intanto a prendere forma gli **Stati moderni**, come la Francia e la Gran Bretagna che, come vedremo [→ cap. 7], scelsero sistemi di governo diversi e opposti.

Una nuova visione del mondo

Fra il XVI e il XVIII secolo si fece strada, lentamente, una visione del mondo **nuova e rivoluzionaria**, che metteva in dubbio convinzioni da sempre considerate indiscutibili. Grazie agli studi e alle scoperte di scienziati come **Copernico** [→ cap. 3 par. 3], **Keplero**, **Galilei**, **Newton** [→ cap. 7 par. 4], nacque una "nuova" scienza, vale a dire la **scienza moderna**, che cambiò per sempre la concezione dell'universo. Di tutto questo parleremo nei prossimi capitoli.

> **COMPRENDO I CAMBIAMENTI NELLO SPAZIO E NEL TEMPO**
>
> Osserva la carta a p. 106 e rispondi.
> a. Da quale continente partivano le navi del "commercio triangolare"? Quali continenti toccavano? Quali "merci" trasportavano nel primo viaggio? Nel secondo? Nel terzo?
> b. In quali zone d'America, soprattutto, venivano sfruttati gli schiavi neri? Quali erano i prodotti delle piantagioni americane?

Capitolo 5
Regni e imperi nell'Europa del Cinquecento

MI ORIENTO NEL CAPITOLO — dal 1519 → al 1613

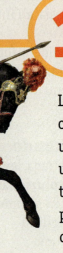

1 L'**imperatore Carlo V** concentra nelle sue mani un enorme potere. Scoppia una **guerra di predominio** tra Francia e Spagna, che per diversi anni viene combattuta in **Italia**.

2 Per motivi religiosi in **Francia** scoppia una **guerra civile**, che si conclude solo quando il re **Enrico IV** di Borbone concede **libertà di culto**.

3 I **Paesi Bassi** si ribellano alla Spagna e vengono sostenuti da **Elisabetta I d'Inghilterra**. Scoppia perciò un conflitto tra **Spagna** e Inghilterra.

4 Il principato di Mosca si rafforza con **Ivan III** il Grande. Il suo successore, **Ivan il Terribile**, diventa **zar** e lotta contro la nobiltà.

1. L'Europa in guerra

Le potenze europee e le guerre d'Italia

Nel Cinquecento alcuni Paesi europei posti sull'Atlantico – come la **Francia**, la **Spagna**, l'**Inghilterra** e, in misura minore, il **Portogallo** – stavano completando la loro trasformazione in Stati moderni: erano infatti governati da forti monarchie, si estendevano su vasti territori che i re avevano unificato, disponevano di un'efficiente **burocrazia** (cioè l'insieme dei funzionari che amministrano lo Stato) e di eserciti permanenti, che non si scioglievano neanche in tempo di pace.

L'Italia invece, che era uno dei maggiori centri di ricchezza d'Europa e, come tale, attirava il desiderio di conquista delle grandi potenze, era divisa in Stati e staterelli, deboli sia politicamente sia militarmente.

Come sappiamo [→ vol. 1 cap. 15], negli ultimi anni del Quattrocento (1494) il re di Francia Carlo VIII e il suo successore Luigi XII aprirono il periodo delle "guerre d'Italia", nell'intento di conquistare il predominio in Italia e in Europa. Nei conflitti furono coinvolti numerosi Stati, fra cui la Spagna, una grande potenza europea che, come la Francia, aspirava anch'essa alla supremazia. Alla fine Francia e Spagna giunsero a un accordo (**pace di Noyon**, 1516), in base al quale i Francesi si impadronirono del ducato di Milano e gli Spagnoli del regno di Napoli.

ORGANIZZO I CONCETTI

Stato moderno del Cinquecento

è retto da → monarchia forte

si basa su → territorio unificato, esercito permanente, burocrazia efficiente

Carlo V imperatore

Nel **1519**, però, l'equilibrio di forze raggiunto dalle grandi potenze fu sconvolto da un fatto imprevisto. In quell'anno il giovane principe **Carlo d'Asburgo**, già re di Spagna, ottenne la corona imperiale comprando i voti dei principi tedeschi a cui spettava l'elezione dell'imperatore. Dopo l'incoronazione assunse il nome di **Carlo V**.

Cittadinanza e Costituzione
Lo Stato moderno
p. 184

L'impero di Carlo V. **GUARDA! LA CARTA ANIMATA**

Che il titolo imperiale andasse alla casa d'Asburgo non era una novità. Ma il giovane imperatore (aveva soltanto 19 anni) aveva già ereditato, per via materna o per via paterna, un numero di regni e di signorie senza precedenti e poteva esercitare la sua sovranità sull'**Austria**, sulla **Boemia**, sulla **Germania meridionale**, sui **Paesi Bassi**, sulla **Spagna**, sui domini spagnoli dell'**Italia** e del **Mediterraneo** e infine sulle **colonie spagnole d'America**: si poteva ben dire che sul suo impero "non tramontasse mai il sole".

A causa dell'enorme potere concentrato nelle sue mani, Carlo V credeva fermamente di essere stato prescelto da Dio per costruire un nuovo impero universale cristiano.

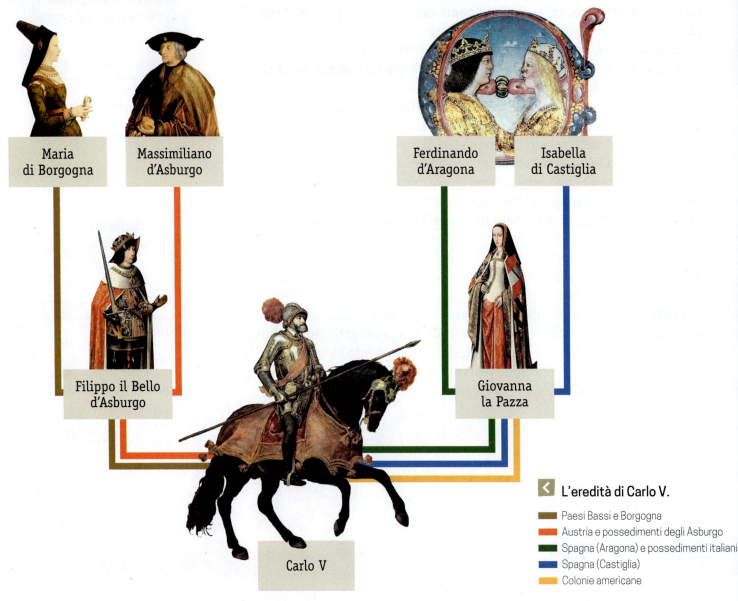

L'eredità di Carlo V.

- Paesi Bassi e Borgogna
- Austria e possedimenti degli Asburgo
- Spagna (Aragona) e possedimenti italiani
- Spagna (Castiglia)
- Colonie americane

Riprende la guerra tra Francia e Spagna

Appena eletto, Carlo V si trovò a fronteggiare tre problemi. Il primo era la **Riforma luterana**, che intralciava il suo progetto di restaurare l'unità cristiana dell'Europa. Il secondo era l'**avanzata**, che pareva inarrestabile, **dei Turchi ottomani**, dal 1520 guidati da Solimano il Magnifico [→ cap. 1 par. 1]. Il terzo era l'**ostilità di molti Paesi europei** che si sentivano minacciati dalla vastità del suo potere.

In particolare, l'impero di Carlo V rappresentava un pericolo per il nuovo re di Francia, **Francesco I**. I territori degli Asburgo circondavano infatti la Francia da ogni lato, lasciandole libera solo la via del mare. La rivalità fra Spagna e Francia si riaccese ed ebbe inizio una nuova, lunga guerra (**1521-1559**) che per molti anni ebbe l'Italia come principale campo di battaglia.

La guerra in Italia: il sacco di Roma

All'inizio Spagnoli e Francesi si scontrarono per il **possesso** del ducato **di Milano**. Questo territorio, che il trattato di Noyon aveva assegnato alla Francia, era incastrato entro i confini dell'impero [→ carta a p. 111] e ostacolava i collegamenti fra i vari domini di Carlo V. Perciò il controllo di Milano era diventato per gli Spagnoli un obiettivo di grande importanza.

Per difendere il ducato, Francesco I scese in Italia a capo di un forte esercito, ma nella **battaglia di Pavia** (1525) fu gravemente sconfitto, ferito e fatto prigioniero. Non si rassegnò tuttavia all'insuccesso e, appena liberato, cercò di organizzare una lega contro Carlo, cui presero parte anche il papa, Venezia e Firenze (**lega di Cognac**).

Carlo permise allora che un esercito di dodicimila mercenari tedeschi, detti **lanzichenecchi**, marciasse contro Roma. La città era debolmente difesa, perciò i lanzichenecchi poterono impadronirsene con facilità (maggio **1527**) e la saccheggiarono orribilmente. I massacri, le devastazioni, la profanazione di chiese e i furti si susseguirono per nove lunghi mesi: fu il cosiddetto **sacco** (cioè saccheggio) **di Roma** [→ Fonti p. 116]. Infine il papa ottenne da Carlo la pace e poco dopo lo incoronò solennemente imperatore a Bologna (1530).

COLLEGO CAUSE ED EFFETTI

▶ **PERCHÉ** Francesi e Spagnoli si contendono il ducato di Milano? Scegli la risposta giusta.

☐ È il territorio più ricco della penisola.

☐ È situato in una posizione strategica.

☐ Circonda la Francia da ogni lato.

ORGANIZZO I CONCETTI

Carlo V vuole impossessarsi del ducato di Milano
↓
il re di Francia scende in Italia per difenderlo
↓
i Francesi sono sconfitti a Pavia
↓
si alleano con il papa, Venezia e Firenze
↓
discesa dei lanzichenecchi (mercenari tedeschi)
↓
sacco di Roma
↓
il papa chiede la pace
↓
incorona Carlo V a Bologna

◁ **La battaglia di Pavia** rappresentata in un dipinto del XVI secolo.
Stoccolma, Nationalmuseum.

La pace di Cateau-Cambrésis

Nonostante i successi riportati, il potere di Carlo si era indebolito. I **Turchi ottomani**, guidati da Solimano il Magnifico [→ cap. 1 par. 1], avevano battuto l'Ungheria giungendo – per la prima volta – ad assediare **Vienna**, sulla frontiera orientale dell'impero (1529).

In Germania i **principi tedeschi protestanti** si erano ribellati all'imperatore. Francesco I, dal canto suo, appoggiava sia i Turchi sia i principi protestanti ribelli.

La guerra si trasferì fuori d'Italia, dove si protrasse ancora molti anni. Finalmente, nel **1559**, si giunse alla **pace di Cateau-Cambrésis**. Come si vede dalla carta, essa pose l'Italia, direttamente o indirettamente, sotto il controllo spagnolo. La Spagna infatti possedeva il **ducato di Milano**, i **regni di Napoli**, **Sicilia**, **Sardegna** e lo **Stato dei Presìdi** (una serie di fortezze in Toscana) e poteva inoltre contare sulla fedeltà del granducato di Toscana, della repubblica di Genova e del ducato di Savoia.

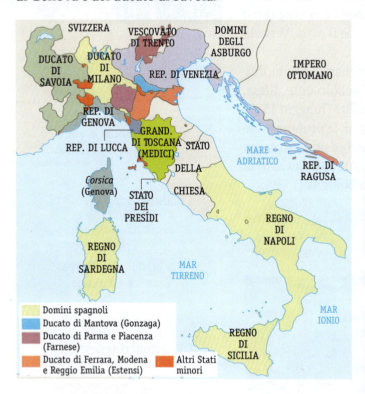

◁ **L'Italia dopo la pace di Cateau-Cambrésis (1559).** Questa sistemazione politica della penisola rimase grossomodo immutata per più di centocinquanta anni.

▽ **La pace di Cateau-Cambrésis** siglata nel 1559 fra Filippo II di Spagna ed Enrico II di Francia. Dipinto del XV secolo.
Siena, Archivio di Stato.

Fallisce il progetto imperiale e cristiano di Carlo V

Quando la guerra finì, i due protagonisti del conflitto, Francesco I e Carlo V, erano scomparsi da tempo dalla scena politica.

Il re di Francia era morto (1547) e Carlo si era ritirato in un convento. Il sogno dell'**impero universale cristiano**, per il quale l'imperatore si era battuto per tanti anni, era definitivamente tramontato. L'Europa, infatti, era divisa fra **cattolici** e **protestanti**.

Carlo stesso, inoltre, aveva spartito i territori dell'impero – troppo vasti per essere validamente difesi – tra il fratello **Ferdinando d'Austria** e il figlio **Filippo**. Al primo l'imperatore aveva lasciato la corona imperiale e i possedimenti degli Asburgo nell'Europa centrale e orientale; al secondo la Spagna, i domini italiani, le Americhe e i Paesi Bassi.

> **COLLEGO CAUSE ED EFFETTI**
>
> **Il progetto di un grande impero cristiano fallisce PERCHÉ:**
> - i Turchi ottomani minacciano la frontiera orientale
> - i principi tedeschi protestanti si ribellano all'imperatore
> - l'impero è troppo vasto per potere essere difeso
> - l'Europa è divisa tra cattolici e protestanti

Le alterne vicende degli Stati italiani

Lo scontro tra gli Asburgo e i Francesi coinvolse anche i piccoli Stati italiani. La **repubblica di Genova** fu prima alleata della Francia, poi della Spagna, dalla quale ottenne il riconoscimento della propria indipendenza e il possesso della Corsica, che i Francesi le avevano sottratto.

Firenze nel 1527 allontanò la dinastia dei **Medici**, che la governava, e divenne una repubblica. In seguito, però, sconfitta dalle truppe imperiali, tornò nelle mani dei Medici, che si impossessarono anche di Siena.

Nell'Italia settentrionale il duca **Emanuele Filiberto**, in riconoscimento del valore dimostrato a San Quintino in un'importante battaglia tra Francesi e Spagnoli (1557), riottenne dagli Spagnoli suoi alleati il ducato di Savoia, che era stato occupato dai Francesi. Da allora egli rivolse decisamente il suo interesse all'Italia: adottò l'italiano, invece del francese, come lingua ufficiale del ducato; nel 1563 trasferì la propria capitale da Chambéry (in Savoia) a Torino, in Piemonte; negli anni successivi cercò di espandere i suoi possedimenti italiani a spese degli Stati vicini, più piccoli e deboli. Per queste scelte Emanuele Filiberto è considerato il vero fondatore dello Stato sabaudo.

Il duca di Savoia Emanuele **Filiberto** in un ritratto del XVI secolo. Torino, Galleria Sabauda.

ORGANIZZO I CONCETTI

COLLOCO GLI EVENTI NEL TEMPO

Fonti

I lanzichenecchi e il sacco di Roma

I lanzichenecchi (il nome significa "servi" o "fanti di campagna") erano soldati mercenari tedeschi al servizio degli Asburgo. Convertiti da poco al protestantesimo, consideravano il papa come un nemico e vedevano nella città di Roma la sede di tutti i vizi.

Nel maggio 1527 dodicimila lanzichenecchi giunsero alle porte della città. Da mesi non ricevevano la paga, ma sapevano che Roma era mal difesa e custodiva grandi ricchezze. Perciò la attaccarono e, dopo averla conquistata, si abbandonarono a uno spaventoso saccheggio, il più terribile che Roma abbia mai subìto.

Il sacco di Roma destò fra i contemporanei una grande impressione, tuttavia le interpretazioni del fatto furono diverse. Fra i cattolici prevalse l'orrore per le stragi e la profanazione della città che era centro del cristianesimo. Per i protestanti l'avvenimento fu il chiaro segno della collera divina nei confronti della corruzione romana. Lo storico fiorentino Francesco Guicciardini (1483-1540), che a Roma poté raccogliere le testimonianze dei superstiti, ci dà, nel quinto capitolo della sua *Storia d'Italia*, una viva descrizione del saccheggio, di cui riportiamo brevi passi.

>> Entrati dentro cominciò ciascuno a discorrere alla preda [far preda] senza rispetto agli amici [dell'imperatore, come i principi Colonna], all'autorità de' prelati [ecclesiastici], a' templi, a' monasteri, alle reliquie onorate e alle cose sacre. [...] Impossibile a narrare la grandezza della preda [...] e il numero grande de' prigioni [prigionieri] che si ebbero a ricomperare [si dovettero riscattare] con grossissime taglie [...]. Molti prelati presi da' soldati, massime [in particolare] da' fanti tedeschi, che per odio della Chiesa romana erano crudeli e insolenti, erano in su bestie vili menati a torno [condotti in giro in groppa a bestie vili, per esempio asini] con grandissimo vilipendio [disprezzo] per tutta Roma; molti [prigionieri] tormentati crudelissimamente, o morirono ne' tormenti o trattati di sorte [in modo] che, pagata che ebbono [ebbero] la taglia, finirono fra pochi dì la vita. Morirono, tra nella battaglia e nello impeto del sacco, circa quattromila uomini. Furono saccheggiati i palazzi di tutti i cardinali, eziandio [anche] del cardinale Colonna. [...] Tutte le cose sacre, i sacramenti e le reliquie de' santi, delle quali erano piene tutte le chiese, spogliate de' loro ornamenti, erano gittate per terra. >>

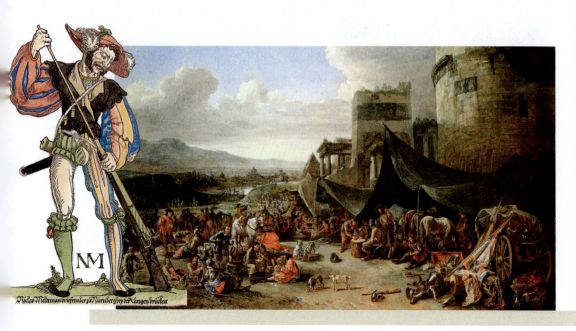

Un lanzichenecco carica il suo archibugio. Incisione del 1540. Rotterdam, Museum Boijmans Van Beuningen.

Il sacco del 1527: le truppe di Carlo V accampate nei pressi delle antiche rovine di Roma. Dipinto olandese del XVII secolo. Collezione privata. Foto Bridgeman Images.

LAVORO SULLE FONTI

1. Descrivi le caratteristiche del documento: da dove è tratto; chi l'ha scritto; quando; quali furono le fonti dell'autore.

2. Prova a comporre un testo seguendo le indicazioni:
   a. spiega chi erano i lanzichenecchi e quali sentimenti, desideri, convinzioni li spinsero ad assalire Roma;
   b. descrivi la sorte riservata a molti ecclesiastici, ai cittadini fatti prigionieri, alle chiese e alle cose sacre;
   c. spiega come il sacco di Roma fu interpretato dai cattolici e dai protestanti.

2. Divisioni religiose e conflitti

Le "guerre di religione" in Francia

In Germania, in seguito alla pace di Augusta [→ cap. 4 par. 2], cattolici e protestanti furono obbligati a vivere in territori diversi.

In Francia, invece, dove le dottrine calviniste avevano guadagnato rapidamente terreno accanto a quelle cattoliche, scoppiò una **guerra civile***. L'unità religiosa venne meno e insieme a essa il Paese fu sul punto di perdere anche l'unità politica. Infatti sia i cattolici sia i calvinisti – che in Francia erano chiamati **ugonotti** – erano convinti che la loro religione fosse l'unica vera e degna di essere difesa, e l'intolleranza fra i due gruppi portò rapidamente alla guerra. Alcune grandi famiglie della nobiltà francese si schierarono a fianco dei cattolici (per esempio, la famiglia dei **Guisa**) o degli ugonotti (per esempio, i **Borbone**) e, sotto la loro guida politica e militare, le due parti avverse si affrontarono in una serie di accanite battaglie che per ben trentasei anni (**dal 1562 al 1598**) insanguinarono la Francia.

L'episodio più atroce si verificò nell'agosto **1572**, quando gli ugonotti, giunti a Parigi per le nozze del loro capo Enrico di Borbone, furono massacrati a tradimento nella **notte di san Bartolomeo**. Nella sola capitale ne furono uccisi quasi 3000, ma la strage si allargò a tutta la Francia.

* **Guerra civile**
Conflitto in cui combattono fra loro cittadini di uno stesso Paese o di una stessa città.

La strage degli ugonotti nella notte di San Bartolomeo del 1572. Dipinto di François Dubois, fine XVI secolo.
Losanna, Musée d'Art et d'Histoire. Foto Scala, Firenze.

Enrico IV concede la libertà di religione

Il sanguinoso conflitto si avviò a una soluzione quando divenne re di Francia **Enrico IV**, cioè l'ugonotto Enrico di Borbone. Egli rinunciò alla sua fede e si convertì al cattolicesimo, ponendo così fine alle stragi e dando pace alla Francia. Nel **1598**, con l'**editto di Nantes**, Enrico riconobbe agli ugonotti il diritto di professare la loro religione quasi del tutto liberamente: per la prima volta si accettava l'idea che all'interno di uno stesso regno potessero essere praticate due religioni diverse.

Filippo II, il più potente sovrano d'Europa

In Spagna, invece, le idee protestanti non misero mai radici. Qui regnava dal 1556 **Filippo II d'Asburgo** (1527-1598), succeduto al padre Carlo V in tutti i domini fuorché nel titolo imperiale.

Nella seconda metà del Cinquecento, Filippo II era il più potente sovrano d'Europa. Aveva infatti ereditato la Spagna, i Paesi Bassi, i territori italiani e tutte le colonie spagnole d'America. Inoltre nel 1580, poiché il giovane re del Portogallo era morto senza lasciare eredi, Filippo II si era impadronito del Paese e dei suoi possedimenti coloniali in Asia, Africa e America. Gli appartenevano anche alcune isole del Pacifico, raggiunte dagli Spagnoli nel 1565 e in suo onore chiamate **Filippine**.

Filippo II era profondamente religioso. Nel suo grande potere vedeva lo strumento che Dio gli aveva concesso per difendere il cristianesimo – o, più precisamente, il cattolicesimo – da tutti i suoi nemici: protestanti, eretici, Turchi e *moriscos*.

Filippo lotta contro Turchi e *moriscos*

Per il popolo spagnolo i veri nemici del cattolicesimo erano i piccoli gruppi di ebrei rimasti in Spagna dopo la cacciata del 1492 [→ cap. 1 par. 2] e i *moriscos*, già sudditi musulmani del vinto regno di Granada, che si erano convertiti, spesso superficialmente, al cristianesimo.

Contro i *moriscos* Filippo fu inflessibile: tentò di convertirli al cattolicesimo anche con la forza e, quando essi si ribellarono, scatenò contro di loro una guerra feroce a cui essi risposero con atti di pari violenza. I *moriscos* superstiti furono cacciati dalla Spagna agli inizi del Seicento.

Nel Mediterraneo Filippo affrontò i **pirati barbareschi** [→ cap. 1 par. 1], alleati del sultano turco. Contemporaneamente cercò di indebolire lo slancio delle flotte ottomane che stavano impadronendosi, una dopo l'altra, delle fortezze cristiane appartenenti a Venezia. Tuttavia nel 1570 i Turchi sbarcarono nella veneziana isola di **Cipro** e la saccheggiarono: anche la fortezza di Famagosta (il centro principale dell'isola), dopo una lunga resistenza, dovette cedere ai loro ripetuti assalti.

La battaglia di Lepanto: una vittoria non decisiva

L'assedio di Cipro mise in allarme gli Stati europei, che si sentivano direttamente minacciati dall'iniziativa dei Turchi. Perciò, su invito di papa Pio V alcune potenze cristiane, fra cui la Spagna, Genova e Venezia, si unirono in una

ORGANIZZO I CONCETTI

In Francia le guerre di religione

↓ oppongono

cattolici e ugonotti

↓ e terminano con

l'editto di Nantes (1598)

↓ promulgato da

Enrico IV

↓ che concede

libertà di religione a tutti i sudditi

Il re di Spagna Filippo II. Ritratto del pittore italiano Tiziano Vecellio, 1551.

Madrid, Museo del Prado.

lega santa contro l'impero ottomano e allestirono una flotta imponente. Venezia, in particolare, schierò in battaglia più di cento galee e sei "galeazze", vere fortezze galleggianti armate di numerosi cannoni.

Lo scontro avvenne nel **1571** presso **Lepanto** e si risolse in una **brillante vittoria** dell'armata **cristiana**. Per la prima volta la flotta turca, fino ad allora considerata quasi invincibile, subiva una gravissima sconfitta, perciò il successo militare fu salutato in Europa con grande entusiasmo. Tuttavia, non si trattò di una vittoria risolutiva, perché i Paesi cristiani erano divisi da contrasti insuperabili e non seppero approfittare dell'insuccesso turco.

Così l'impero ottomano poté riprendersi e ricostruire flotta ed esercito. Cipro non fu restituita e l'avanzata turca continuò. Nel Seicento fu conquistata anche **Creta**, come Cipro possedimento di Venezia. Nel 1683 **Vienna** fu nuovamente assediata e messa in serio pericolo. Ma poi, a partire dal Settecento, i possedimenti territoriali turchi in Europa cominciarono lentamente a ridursi e per l'impero ottomano ebbe inizio una lunga ma inarrestabile decadenza.

Dov'è Lepanto?

Percorso di geostoria

Il Mediterraneo: punto d'incontro, di scontro, di scambio fra popoli e civiltà
p. 188

La battaglia di Lepanto in un dipinto del XVI secolo.
Greenwich, National Maritime Museum.
Foto White Image/Scala, Firenze.

COLLOCO GLI EVENTI NEL TEMPO

- 1519 Carlo V imperatore
- 1521-1559 guerra tra Francia e Spagna per il predominio in Europa
- 1527 sacco di Roma
- 1559 pace di Cateau-Cambrésis
- 1562-1598 guerre di religione in Francia
- 1571 battaglia di Lepanto
- 1572 strage della notte di san Bartolomeo
- 1598 editto di Nantes

3. Spagna e Inghilterra, potenze rivali

Filippo II combatte i protestanti

Filippo II riteneva suo dovere proteggere i propri sudditi dal dilagare dell'eresia protestante. Perciò intervenne **a sostegno dei cattolici** durante le guerre di religione francesi e cercò di **impedire** con ogni mezzo **la diffusione del protestantesimo** nei Paesi Bassi (l'Olanda e le province confinanti).

I **Paesi Bassi** erano uno Stato ricco, colto e **tollerante** in campo religioso (un'eccezione nell'Europa del tempo). Ma Filippo allontanò i signori locali dal potere, aggravò il peso delle tasse e cercò di sradicare il calvinismo che si stava diffondendo soprattutto fra i ricchi abitanti delle città. Così il malcontento nei confronti del governo spagnolo si trasformò in lotta aperta, che fu insieme **guerra di religione** fra cattolici e calvinisti e lotta per l'**indipendenza politica** del Paese dalla Spagna.

ORGANIZZO I CONCETTI

ORGANIZZO I CONCETTI

Filippo II
- è → un cattolico fervente
- combatte → i protestanti
  - in particolare → i calvinisti
  - che vivono → nei Paesi Bassi

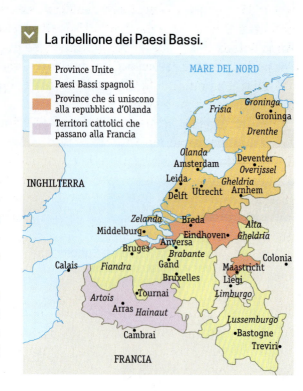

La ribellione dei Paesi Bassi.

I Paesi Bassi si ribellano

Il comando dei ribelli fu assunto da **Guglielmo I d'Orange**, principe cattolico poi convertito alle dottrine calviniste. Egli si servì anche dell'opera dei cosiddetti "pezzenti del mare": corsari protestanti, esperti e imprendibili che, con il suo consenso, assaltavano le navi spagnole e si impadronivano dei porti sul Mare del Nord.

Nei Paesi Bassi Filippo mandò un grande esercito, formato da truppe spagnole e italiane. Ma i ribelli resistettero e, per rallentare l'avanzata del nemico, giunsero a rompere le dighe e ad allagare terreni già prosciugati (una parte del territorio dei Paesi Bassi si trova infatti sotto il livello del mare).

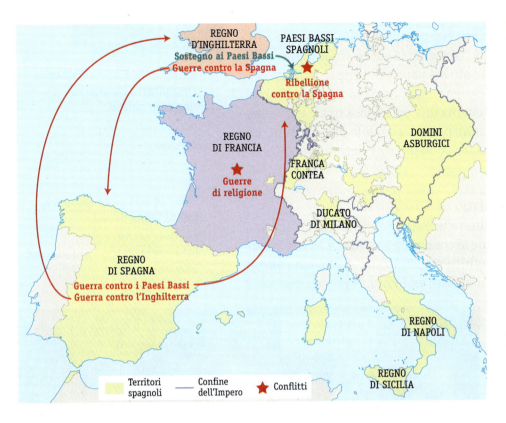

Le guerre in Europa alla fine del Cinquecento.

History Highlights
Francis Drake and the Spanish Armada
p. 183

Infine, nel **1581**, sette province del nord si proclamarono indipendenti e costituirono la repubblica delle **Province Unite**, detta anche **repubblica di Olanda**. Invece le province meridionali (corrispondenti all'incirca all'odierno Belgio), la cui popolazione era in maggioranza cattolica, rinnovarono al re spagnolo un giuramento di fedeltà.

L'Inghilterra interviene a fianco dei Paesi Bassi

Nel 1585, a sostegno dei ribelli olandesi e contro Filippo II, intervenne l'Inghilterra. Qui regnava dal **1558 Elisabetta I Tudor**, figlia di Enrico VIII e di Anna Bolena [→ cap. 4 par. 2]. Regina energica e spregiudicata, dopo aver vinto l'opposizione dei cattolici e dei puritani inglesi (così erano chiamati i calvinisti), Elisabetta rafforzò la Chiesa anglicana e si presentò al mondo come protettrice dei Paesi protestanti.

Per danneggiare la Spagna cattolica non esitò a concedere ad arditi capitani di mare speciali lettere di corsa [→ cap. 1 par. 1] che li autorizzavano ad assalire nell'Atlantico le navi spagnole e a impadronirsi del loro prezioso carico d'argento. Uno di questi **corsari**, l'inglese **Francis Drake**, dopo una serie di spettacolari imprese – fra cui l'incendio della flotta spagnola all'ancora nel porto di Cadice (1587) – fu accolto dalla regina con grandi onori e successivamente venne nominato baronetto e ammiraglio della flotta reale.

Elisabetta fa giustiziare la cugina Maria Stuart

Nello stesso 1587 Elisabetta fece giustiziare **Maria Stuart** (1542-1587), sua cugina e regina cattolica di Scozia che, cacciata dai suoi stessi sudditi, aveva cercato rifugio presso la corte d'Inghilterra. Maria Stuart costituiva un pericolo e una minaccia per Elisabetta (che era considerata dai cattolici la figlia

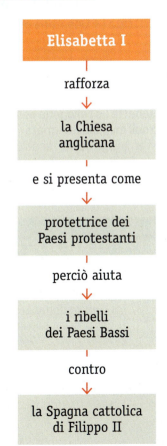

illegittima di un re scomunicato). Infatti, essendo pronipote di Enrico VIII, poteva pretendere per sé o per suo figlio Giacomo la successione al trono inglese. Per di più, Maria godeva del sostegno del papa e di tutte le potenze cattoliche d'Europa: in particolare della Spagna, dove regnava il religiosissimo Filippo II. Perciò Elisabetta vide nella cugina una pericolosa rivale e la tenne isolata e semiprigioniera per diciotto anni; poi, accusandola di aver ordito un **complotto** contro di lei, la fece processare, condannare e decapitare.

La sconfitta dell'Invincibile Armata spagnola

L'aiuto e i denari concessi dall'Inghilterra ai Paesi Bassi ribelli, le ripetute provocazioni dei corsari inglesi e infine la condanna a morte di Maria Stuart indussero Filippo II ad **attaccare l'Inghilterra** anglicana. La Spagna allestì una flotta di 130 navi, la più grande che si fosse mai vista, chiamata *Invencible Armada*, la "flotta invincibile". Ma lo scontro navale, inaspettatamente, si risolse in una dura **sconfitta per la Spagna** (1588). La flotta spagnola non riuscì neppure a sbarcare sulle coste inglesi e, a causa delle tempeste, subì gravissime perdite.

Questo episodio mostrò che l'età del predominio spagnolo sull'Europa stava volgendo al termine e che l'Inghilterra si stava trasformando in una **temibile potenza marittima** [→ Geostoria p. 126].

> **COLLEGO CAUSE ED EFFETTI**
>
> ▶ **PERCHÉ** Filippo II attacca l'Inghilterra? Scegli le risposte giuste.
>
> ☐ Elisabetta I si rifiuta di sposarlo.
> ☐ Elisabetta I aiuta i Paesi Bassi ribelli.
> ☐ Elisabetta I fa condannare a morte Maria Stuart.
> ☐ Le navi corsare inglesi attaccano abitualmente le navi spagnole.

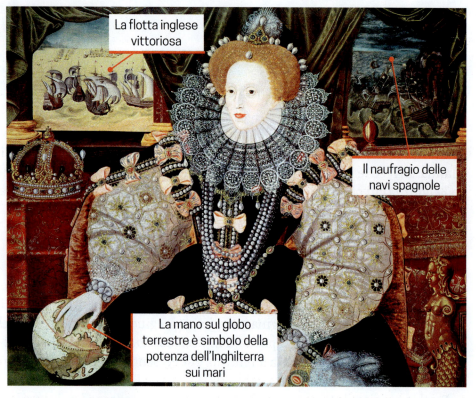

> **Elisabetta I e l'allegoria della vittoria inglese sull'Invincibile Armata.**
> Dipinto fiammingo del XVI secolo.
> Londra, National Maritime Museum.
> Foto Scala, Firenze.

- La flotta inglese vittoriosa
- Il naufragio delle navi spagnole
- La mano sul globo terrestre è simbolo della potenza dell'Inghilterra sui mari

COLLOCO GLI EVENTI NEL TEMPO

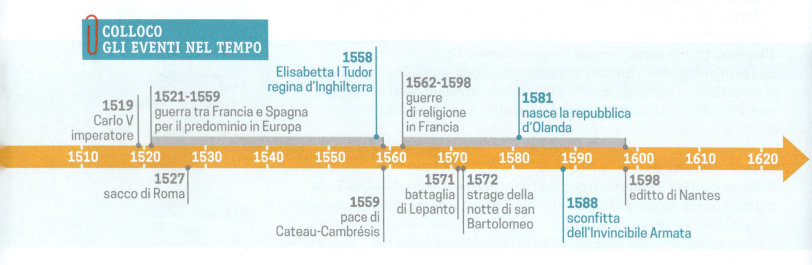

- 1519 Carlo V imperatore
- 1521-1559 guerra tra Francia e Spagna per il predominio in Europa
- 1527 sacco di Roma
- 1558 Elisabetta I Tudor regina d'Inghilterra
- 1559 pace di Cateau-Cambrésis
- 1562-1598 guerre di religione in Francia
- 1571 battaglia di Lepanto
- 1572 strage della notte di san Bartolomeo
- 1581 nasce la repubblica d'Olanda
- 1588 sconfitta dell'Invincibile Armata
- 1598 editto di Nantes

L'Inghilterra di Elisabetta I

Elisabetta I regnò quasi cinquant'anni, e durante questo periodo, noto come "età elisabettiana", l'**economia inglese** ebbe un grande **sviluppo**. Nelle campagne avvennero **trasformazioni** che migliorarono agricoltura e allevamento [→ cap. 6]. Il **commercio si intensificò** raggiungendo tutti i mercati d'Europa, fino alla Svezia e alla Russia. Navigatori arditi intrapresero l'esplorazione dell'America settentrionale dove, nel 1607, sorse la prima colonia inglese, chiamata **Virginia**.

L'età elisabettiana fu anche un'epoca di **rinascita culturale**. La regina stessa possedeva una vasta cultura umanistica e parlava perfettamente latino e greco. In quel tempo visse **William Shakespeare**, uno dei maggiori drammaturghi della storia, autore di commedie, tragedie e drammi storici. In Inghilterra e in Europa sorsero i primi **teatri pubblici** (in precedenza, i teatri si trovavano solo nelle corti dei re e dei principi).

Ritratto di Shakespeare sul frontespizio della prima raccolta delle sue opere del 1623.

I protagonisti

William Shakespeare

Durante l'età della regina Elisabetta il teatro era un'arte in pieno sviluppo. Numerose compagnie teatrali erano presenti in Inghilterra e vari drammaturghi si disputavano il favore del pubblico. Ben presto William Shakespeare oscurò la fama degli altri.

Della sua vita si conosce ben poco. Probabilmente apparteneva alla borghesia e, invece di dedicarsi all'attività paterna (il padre era un conciatore di pelli), scelse la strada del teatro, come **attore** e **drammaturgo**, riscontrando ben presto un grande successo.

Shakespeare mise infatti in scena passioni, emozioni e **sentimenti universali** ed eterni, propri degli uomini di tutti i tempi e di tutti i luoghi, come l'amore, il dubbio, la brama di potere, la gelosia.

Le sue opere sono ambientate nell'antichità classica, nell'Italia rinascimentale, nell'Inghilterra del Due-Trecento; una delle sue tragedie più famose, l'*Amleto*, è ambientata in Danimarca.

Ma più che l'ambientazione a Shakespeare importavano i **caratteri** dei personaggi, le motivazioni e le conseguenze del loro agire. Le sue opere hanno una trama complessa nella quale si intrecciano più storie e si muovono figure provenienti da tutte le classi sociali. Oltre a tragedie e drammi storici, Shakespeare scrisse anche commedie e numerosi sonetti.

Il **Globe** fu il teatro in cui Shakespeare rappresentò molte delle sue opere. Qui sotto se ne vede una ricostruzione.
Gli attori erano tutti **maschi**; i **costumi** e le **scene** erano ritenuti molto importanti e usati in grande numero; il **pubblico** della platea stava in piedi e partecipava attivamente allo spettacolo, anche lanciando frutta e ortaggi contro gli attori. Il teatro era scoperto: quando pioveva, solo il pubblico nelle gallerie era riparato, ma le rappresentazioni non venivano interrotte.

Pochi anni fa il Globe è stato ricostruito e vi vengono messe in scena opere di Shakespeare.

Una ricostruzione del Globe, il teatro in cui Shakespeare rappresentò molte delle sue opere.

4. Nasce l'impero degli zar

Sotto Ivan III si rafforza il principato di Mosca

Nel corso del XV secolo il **principato di Mosca** si era molto rafforzato, in particolare sotto il regno di **Ivan III il Grande** (1462-1505), che aveva liberato il territorio dalla minaccia dei **Tartari**, l'aveva esteso e si era imposto come sovrano di tutta la Russia. Dopo il matrimonio con Sofia, la nipote dell'ultimo imperatore di Costantinopoli, Ivan III si considerò il **successore** legittimo **dell'imperatore bizantino**.

Mosca divenne il nuovo centro della **religione ortodossa**, un ruolo che Costantinopoli, caduta in mano musulmana (1453), non poteva più svolgere, e cominciò a essere chiamata la "terza Roma", come Costantinopoli era stata detta la "seconda Roma". La città fu arricchita di monumenti e Ivan III vi fece costruire una fortezza, il **Cremlino**.

Ivan IV il Terribile e i nobili russi

Ivan IV (1530-1584) – uno dei successori di Ivan III – assunse nel **1547** il titolo di **zar***. I sudditi russi consideravano il sovrano come un intermediario fra Dio e il popolo, e la Chiesa ortodossa, secondo la tradizione bizantina, ne riconosceva l'autorità. Così Ivan IV poté esercitare un potere senza limiti, detto **autocrazia***, presentando la sua volontà di sovrano come espressione della volontà di Dio.

Gli unici che osavano opporsi allo zar erano i nobili, detti **boiari**. Contro di loro Ivan IV intervenne con spietatezza – e anche per questo fu detto **il Terribile** –, cacciandoli lontano e confiscando le loro terre. Poi distribuì i terreni confiscati a funzionari e militari fidatissimi a cui concesse anche titoli nobiliari: sorse così in Russia una nuova nobiltà "di servizio", cioè premiata per i servizi resi allo zar.

Per assicurare ai nuovi nobili la manodopera necessaria alla coltivazione dei campi, lo zar limitò la libertà di spostamento dei contadini e impose loro un avvilente stato di servitù, legandoli per sempre alla terra che coltivavano. Da allora, e fino al XIX secolo, i contadini russi furono **servi della gleba**, cioè "servi della terra".

Ivan III e Ivan IV in un'incisione del XVI secolo.
San Pietroburgo, Ermitage. Foto Scala, Firenze.

* **Zar**
Deriva dal latino *Caesar* e significa appunto "cesare", "imperatore".

* **Autocrazia**
Forma accentrata di monarchia in cui il sovrano non risponde a nessuno del proprio potere.

COLLOCO GLI EVENTI NEL TEMPO

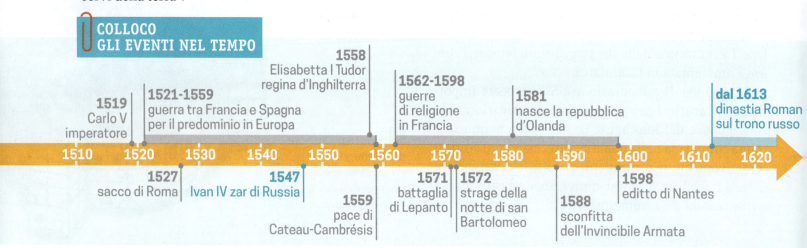

Alla morte di Ivan IV seguì un periodo di disordini che si concluse solo nel **1613**, quando lo zar Michele III diede inizio alla dinastia imperiale dei **Romanov**, che rimase al potere fino al 1917.

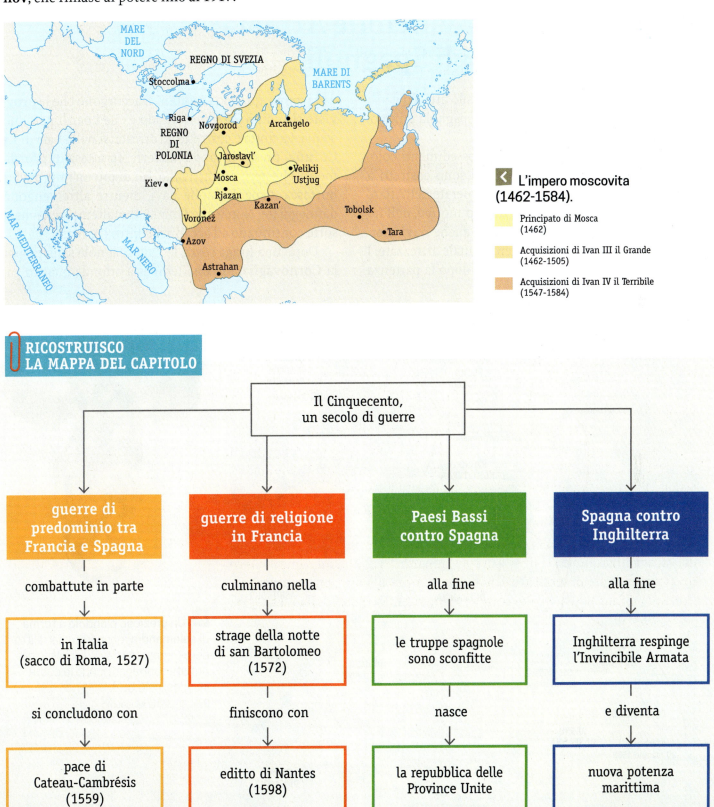

L'impero moscovita (1462-1584).
- Principato di Mosca (1462)
- Acquisizioni di Ivan III il Grande (1462-1505)
- Acquisizioni di Ivan IV il Terribile (1547-1584)

RICOSTRUISCO LA MAPPA DEL CAPITOLO

Il Cinquecento, un secolo di guerre

- **guerre di predominio tra Francia e Spagna**
  - combattute in parte → in Italia (sacco di Roma, 1527)
  - si concludono con → pace di Cateau-Cambrésis (1559)

- **guerre di religione in Francia**
  - culminano nella → strage della notte di san Bartolomeo (1572)
  - finiscono con → editto di Nantes (1598)

- **Paesi Bassi contro Spagna**
  - alla fine → le truppe spagnole sono sconfitte
  - nasce → la repubblica delle Province Unite

- **Spagna contro Inghilterra**
  - alla fine → Inghilterra respinge l'Invincibile Armata
  - e diventa → nuova potenza marittima

Geostoria

La disfatta dell'Invincibile Armata: la natura contro gli Spagnoli

Nel 1588, quando Filippo II lancia il suo attacco verso l'Inghilterra di Elisabetta I, la flotta spagnola è imponente ma non è priva di difetti.

Per non lasciare indifesi i vasti possedimenti coloniali americani, infatti, gli Spagnoli sono costretti a rinunciare a molte navi da guerra, schierate nell'Atlantico e nel Pacifico. Proprio per questo motivo, dell'Invincibile Armata entrano a far parte anche **navi mercantili**, inadatte ai combattimenti e male attrezzate. I primi problemi si presentano subito dopo la partenza da **Lisbona**, quando i capitani si accorgono che le **provviste** si stanno già deteriorando e che i barili perdono acqua. La flotta è costretta ad arrestarsi nella baia di **La Coruña**, presso il capo Finisterre, in attesa di rifornimenti, che però non arrivano. Per di più un'improvvisa burrasca disperde molte navi, mentre altre vengono danneggiate. Non è che l'inizio: il maltempo e la mala sorte continuano ad accanirsi contro l'Armata.

Dopo una lunga sosta, le navi spagnole salpano per la **Cornovaglia**, ma una tempesta affonda quattro ga-

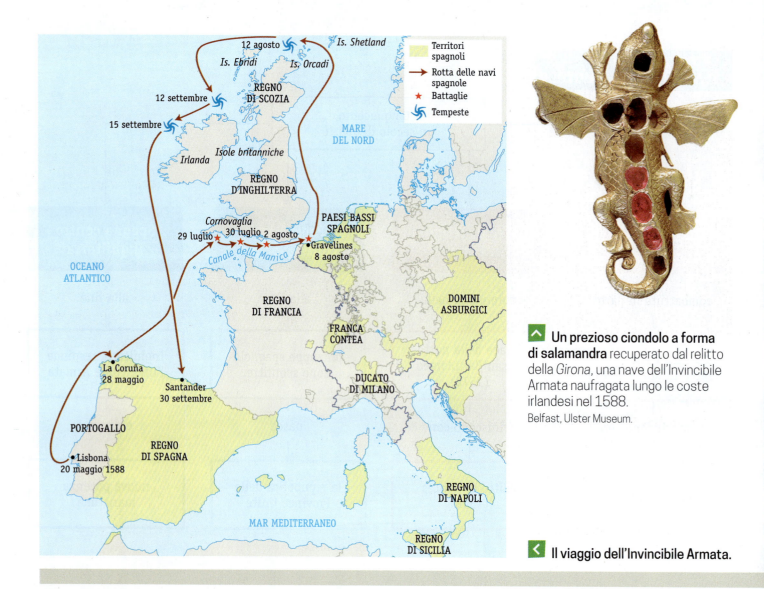

Un prezioso ciondolo a forma di salamandra recuperato dal relitto della *Girona*, una nave dell'Invincibile Armata naufragata lungo le coste irlandesi nel 1588.
Belfast, Ulster Museum.

Il viaggio dell'Invincibile Armata.

lee e un galeone. Nel canale della **Manica** gli Spagnoli, ostacolati dal vento, non riescono a sbarcare e, quando decidono di dar battaglia, i bassi fondali della Manica impediscono l'operazione. Le **navi inglesi** invece, agili e maneggevoli, in quelle acque sono perfettamente a loro agio. I comandanti dell'Armata contano sull'aiuto del governatore dei Paesi Bassi spagnoli, che dispone di 16 000 uomini; ma questi non interviene, perché non ha abbastanza battelli per l'attraversamento del canale.

Infine, visto impossibile ogni tentativo di sbarco, gli Spagnoli decidono di rientrare in patria. Ma, ancora una volta, i venti sono contrari, e l'Armata si trova costretta ad **aggirare le isole britanniche**, tenendosi al largo della costa per timore di agguati. È proprio il lungo viaggio nell'Atlantico a dare il colpo di grazia alla flotta spagnola, composta da navi inadatte alla navigazione oceanica: molti vascelli, sovraccarichi, non reggono il mare e si squarciano letteralmente in due.

Solo alla fine di settembre quel che resta dell'Armata giunge in vista della costa spagnola: rientrano **65 navi**, esattamente la metà di quelle salpate quattro mesi prima da Lisbona.

History Highlights
Francis Drake and the Spanish Armada
p. 183

◁ **Lo scontro decisivo fra Inglesi e Spagnoli.** Approfittando anche del vento a favore, nella notte fra il 7 e l'8 agosto 1588, presso Gravelines, le navi inglesi riuscirono a mettere in fuga quelle dell'Invincibile Armata, colpendone e incendiandone parecchie. Dipinto olandese del 1601.
Innsbruck, Tiroler Landesmuseum. Foto Getty Images.

📎 LAVORO CON LA CARTA

1. Completa il testo con le parole adatte. Aiutati osservando la carta e rileggendo la scheda.
L'Invincibile Armata parte da .... (in ....) il 20 maggio .... Sosta nella baia di .... per fare rifornimenti, poi, il .... maggio riprende il viaggio alla volta della .... Giunta nel canale della ...., viene impegnata in piccoli scontri con la flotta inglese fra il .... luglio e il .... agosto, ma non riesce a sconfiggere gli Inglesi né a giungere a riva, a causa dei bassi fondali del canale. I capitani spagnoli decidono di tornare in ...., ma i venti contrari li costringono ad affrontare il lunghissimo viaggio intorno alle isole ....: giungeranno nel porto spagnolo di .... solo alla fine di ...., con la flotta dimezzata.

Sintesi

RICOSTRUISCO LE INFORMAZIONI

1 L'Europa in guerra

Nel **1519** il re di Spagna **Carlo V d'Asburgo** diventa imperatore e si trova a capo di vastissimi possedimenti che si estendono dall'Europa all'America. Il re di Francia **Francesco I** si sente minacciato. Inizia così una lunga guerra (**1521-1559**) tra Francia e Spagna, che all'inizio viene combattuta soprattutto in Italia.

Dopo la **pace di Cateau-Cambrésis**, la Spagna controlla la maggior parte del territorio italiano.

Carlo V divide i suoi domini tra il fratello **Ferdinando**, che riceve il titolo imperiale, e il figlio **Filippo**, al quale toccano la Spagna, i territori italiani, le Americhe e i Paesi Bassi.

2 Divisioni religiose e conflitti

In Francia la divisione fra cattolici e protestanti (chiamati **ugonotti**) fa scoppiare una **guerra civile**: si verificano episodi sanguinosi come la **strage di san Bartolomeo**.

Gli scontri terminano solo quando il nuovo re di Francia **Enrico IV di Borbone** si converte al cattolicesimo e con l'**editto di Nantes** concede agli ugonotti di professare la loro religione.

Filippo II, il cattolico re di Spagna, combatte contro i *moriscos* (i musulmani convertiti), i pirati barbareschi e i **Turchi**. Un'alleanza di Stati cristiani batte la flotta turca a **Lepanto** nel **1571**, ma i Turchi si riprendono in breve tempo.

3 Spagna e Inghilterra, potenze rivali

Nei **Paesi Bassi** scoppia una rivolta politica e religiosa contro la Spagna di Filippo II. Gli olandesi sono guidati da **Guglielmo d'Orange** e appoggiati da **Elisabetta I**, regina d'Inghilterra, che utilizza contro la Spagna anche navi corsare.

Filippo II invia la sua flotta, l'**Invincibile Armata**, contro l'Inghilterra, ma le navi spagnole non riescono a sconfiggere quelle inglesi.

Durante il regno di Elisabetta I, in **Inghilterra** si sviluppano i commerci, riprende l'esplorazione dell'America, fiorisce la cultura e il Paese diventa una grande **potenza marittima**.

4 Nasce l'impero degli zar

Nel XV secolo il **principato di Mosca** si rafforza sotto il regno di **Ivan III il Grande**, che libera il territorio dalla minaccia dei **Tartari**.

Il suo successore **Ivan IV** è soprannominato **il Terribile** per la crudeltà con cui lotta contro i nobili russi ribelli, che vengono cacciati e privati delle loro terre. Ivan il Terribile diventa **zar** (cioè imperatore) ed esercita un potere senza limiti.

Capitolo 5 Regni e imperi nell'Europa del Cinquecento

Esercizi

RIORGANIZZO DATI E CONCETTI
Paragrafo 1

1 Osserva la carta a p. 111 e lo schema a p. 112 e completa la tabella.

L'impero di Carlo V			
Territori controllati in qualità di imperatore	Possedimenti ereditati per via materna	Possedimenti ereditati per via paterna	Territori conquistati da Carlo

VERIFICO LE CONOSCENZE
Paragrafo 1

2 Completa il brano, basandoti sulla carta di p. 111 e aiutandoti con il testo, se necessario.

L'immenso impero di .... si estende sia in Europa sia in ....
In Europa il grande potere dell'imperatore costituisce una .... soprattutto per il
regno di .... , che è accerchiato dai domini degli .... Scoppia
così, nel .... , una guerra fra Spagnoli e .... che termina solo
nel .... con la pace di ....
Durante la guerra, nel 1527, la città di .... viene saccheggiata dai ....

STABILISCO COLLEGAMENTI E RELAZIONI
Paragrafo 1

3 Spiega il perché, completando le frasi che seguono.

a. Si diceva che sull'immenso impero di Carlo V "non tramontasse mai il sole" perché ....
....

b. Francesco I di Francia si sentiva particolarmente minacciato dal potere di Carlo perché ....
....

c. Il possesso del ducato di Milano era di grande importanza per gli Spagnoli perché ....
....

d. Nonostante i molti successi, il potere di Carlo V alla fine si indebolì perché ....
....

RIORGANIZZO DATI E CONCETTI
Paragrafo 1

4 Rivedi il sottoparagrafo *La pace di Cateau-Cambrésis* a p. 114 e osserva la carta che lo accompagna, poi completa la tabella.

Stati italiani direttamente governati dalla Spagna	Stati italiani alleati della Spagna

129

Esercizi

COLLOCO NEL TEMPO
Paragrafo 1

5 Cerca le date in cui si verificarono i seguenti avvenimenti e poi rimettili nel giusto ordine cronologico.

- ☐ a. .... Sacco di Roma.
- ☐ b. .... Elezione dell'imperatore Carlo V.
- ☐ c. .... Discesa in Italia di Carlo VIII.
- ☐ d. .... Pace di Cateau-Cambrésis.
- ☐ e. .... Pace di Noyon.

VERIFICO LE CONOSCENZE
Paragrafo 2

6 Completa il brano con le parole dell'elenco.

Filippo II • Enrico IV • *moriscos* • sconfitta • guerre di religione • 1571 • 1598 • 1562 • lega santa • Nantes

In Francia, negli anni fra il .... e il .... , si combattono sanguinose .... fra cattolici e ugonotti, a cui pone fine il re .... che si converte al cattolicesimo e con l'editto di .... concede agli ugonotti libertà di culto. Il re di Spagna .... perseguita i .... , cioè i musulmani convertiti, e insieme alle potenze cristiane unite nella .... affronta i Turchi ottomani che dominano nel Mediterraneo. A Lepanto nel .... la flotta turca viene duramente .... , ma i cristiani, disuniti, non sanno approfittare della vittoria.

LAVORO SULLE FONTI
Paragrafo 2

7 Leggi il documento e l'introduzione che lo precede, poi rispondi alle domande.

Riportiamo una piccola parte di una lettera inviata ai duchi di Mantova dal loro ambasciatore a Parigi, che aveva assistito al feroce massacro noto come "strage della notte di san Bartolomeo".

> « Le parti che erano in armi tutto ieri andarono saccheggiando le case e le stalle degli ugonotti, ammazzando tutti quei che trovavano. I quali subito erano tirati sulle strade in spettacolo pubblico, e spogliati nudi, e molti altri se ne portavano di mano in mano alla Senna e si pensa che ne siano stati ammazzati più tosto più di duemila che altrimenti. »

a. Dove e quando avvenne il massacro?
b. Chi furono le vittime e chi i persecutori?
c. Che cosa accadeva alle persone assassinate?
d. In che modo ci si liberava dei cadaveri? (Osserva anche l'immagine a p. 117.)
e. Quanti si dice siano stati i morti?

LAVORO CON LE MAPPE
Paragrafo 3

8 Scrivi una didascalia che spieghi la mappa a p. 120 seguendo la traccia delle domande e, se necessario, aiutandoti con il testo.

a. Contro quale Stato si ribellarono i Paesi Bassi nel XVI secolo?
b. Per quali motivi? Spiegalo con parole tue.
c. Da quale Stato i Paesi Bassi ricevettero aiuto? Perché?
d. Perché il conflitto si può considerare anche una guerra di religione?
e. A quale risultato politico portò il conflitto?

STABILISCO COLLEGAMENTI E RELAZIONI — Paragrafo 3

9 Spiega perché si verificarono gli avvenimenti elencati.

a. Filippo II combatté il protestantesimo.
b. Durante la guerra contro la Spagna, i ribelli dei Paesi Bassi ruppero le dighe e allagarono i terreni.
c. Le province olandesi meridionali si mantennero fedeli alla Spagna.
d. Elisabetta I si accordò con i corsari.
e. Maria Stuart costituiva un pericolo per Elisabetta I.

LAVORO CON LE MAPPE — Paragrafo 3

10 Completa la mappa con le parole mancanti, scegliendole dall'elenco.
Invincibile Armata ▪ florida ▪ Paesi Bassi ▪ Spagna ▪ importanza

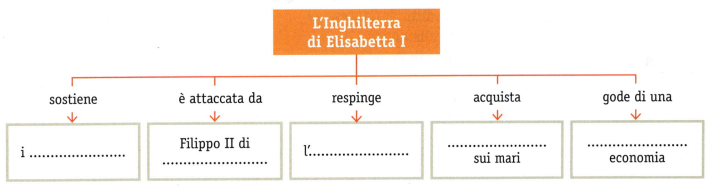

LEGGO UNA CARTA STORICA — Paragrafo 4

11 Osserva la carta muta e leggi la legenda. Scegli tre colori fra loro ben distinti; con ciascuno di essi colora un rettangolo della legenda e l'area della carta corrispondente.

Unità 2 La formazione degli Stati moderni

Il capitolo a colpo d'occhio

QUANDO

1. Quando si sono svolti questi eventi? SCRIVI l'anno o il periodo sui puntini, scegliendolo tra i seguenti: 1527, 1571, 1598.

A

.... Sacco di Roma durante la guerra fra Carlo V e Francesco I.

B

.... L'editto di Nantes pone fine alle guerre di religione in Francia.

C

.... Battaglia di Lepanto fra Turchi ottomani e lega santa.

2. Ora COLLOCA gli eventi sulla linea del tempo.

1520 1530 1540 1550 1560 1570 1580 1590 1600

DOVE

3. OSSERVA la carta, LEGGI la legenda e COMPLETA la didascalia.

L'immenso impero di .... si estende sia in Europa sia in ....

In Europa scoppia una lunga guerra fra Carlo V e Francesco I, re di .... , che si sente minacciato.

La guerra termina con la firma del trattato di .... nel ....

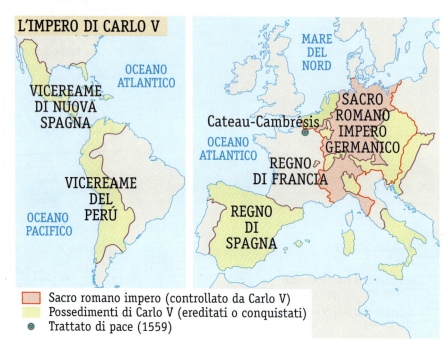

L'IMPERO DI CARLO V

- Sacro romano impero (controllato da Carlo V)
- Possedimenti di Carlo V (ereditati o conquistati)
- Trattato di pace (1559)

LE PAROLE DA RICORDARE

4. COMPLETA le definizioni. SCEGLI le parole dell'elenco.

Burocrazia • eserciti permanenti • ugonotti • servi della gleba • lanzichenecchi

Contadini obbligati a non abbandonare la terra che coltivano: ....

Nome con cui erano chiamati i seguaci di Calvino in Francia: ....

Restano in armi anche in tempo di pace: ....

Insieme dei funzionari e degli uffici della pubblica amministrazione: ....

Soldati mercenari tedeschi del Cinquecento: ....

LA MAPPA DEI CONCETTI

5. COMPLETA la mappa inserendo al posto giusto le parole seguenti. ATTENZIONE alle parole in più.

Cacciata dei boiari • guerra tra Spagna e Paesi Bassi • trattato di Cateau-Cambrésis • guerra tra Russia e Inghilterra • guerra tra Spagna e Inghilterra • editto di Nantes

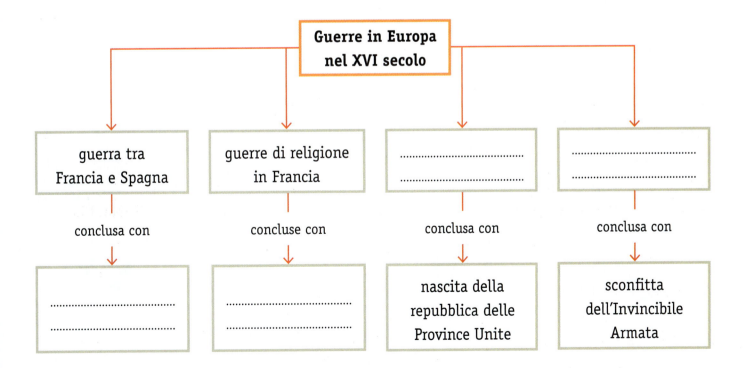

Capitolo **6**

Contrasti nell'Europa del Seicento

1602 COMPAGNIA OLANDESE DELLE INDIE ORIENTALI

GUARDA! IL VIDEO

MI ORIENTO NEL CAPITOLO dal 1600 ⟶ al 1664

1 Dalla metà del Cinquecento una **crisi economica** colpisce la **Spagna**. La **popolazione cala** in molti Paesi europei.

2 I sovrani europei, divisi tra **cattolici** e **protestanti**, si scontrano nella **guerra dei trent'anni**, che produce devastazione soprattutto in Germania.

3 In questi anni l'**Olanda** è la maggiore **potenza commerciale**. La **ricca società olandese** è istruita e tollerante. L'**Inghilterra** si arricchisce grazie ai commerci, a un'agricoltura moderna e a una forte industria mineraria.

4 Gli imperi coloniali di Spagna e Portogallo sfruttano gli **schiavi neri** per il lavoro nelle piantagioni. In Olanda e Inghilterra nascono potenti **compagnie commerciali di navigazione**.

Capitolo 6 Contrasti nell'Europa del Seicento

1. Difficoltà economiche e calo demografico

L'indebolimento economico della Spagna

Per la Spagna, che era stata a lungo il Paese più ricco d'Europa, iniziò nella seconda metà del Cinquecento, un periodo di **difficoltà economiche**.

A partire dai primi anni del regno di Filippo II, la monarchia spagnola ebbe sempre più **bisogno di denaro**, soprattutto per sostenere le spese di guerra che, dopo l'introduzione delle armi da fuoco, erano enormemente aumentate. Perciò, come altri sovrani europei, anche i re spagnoli furono costretti a indebitarsi con i banchieri di molti Paesi. In particolare, i banchieri genovesi diventarono i principali finanziatori della Spagna a cui prestavano denaro ad altissimo interesse, dato il forte rischio di non vederselo restituire. La Spagna infatti non fu sempre in grado di pagare i suoi debiti e dovette ripetutamente dichiarare **bancarotta***.

Un altro strumento per riempire le casse dello Stato, anch'esso usato dai re spagnoli e da tutti i sovrani d'Europa, fu l'imposizione di **tasse straordinarie** che, come vedremo, suscitarono malcontento e rivolte fra la popolazione.

L'economia italiana nel Seicento

L'Italia, che la pace di Cateau-Cambrésis (1559) aveva sottoposto al **predominio della Spagna**, poté godere, dopo decenni di guerre, di un periodo di relativa tranquillità.

Nella seconda metà del Cinquecento la popolazione aumentò, e crebbero anche la **produzione agricola** e quella **manifatturiera**.

Le manifatture italiane, in particolare quelle tessili, erano specializzate nella lavorazione di **prodotti di lusso** che erano molto richiesti e venduti a caro prezzo in tutta Europa [→ Vita quotidiana p. 139].

Verso la fine del Cinquecento, però, i produttori italiani si trovarono a dover affrontare la concorrenza sempre più agguerrita delle manifatture tessili dell'Olanda e dell'Inghilterra, che producevano panni di lana leggeri, non troppo raffinati ma assai più economici dei tessuti italiani. Per il loro basso prezzo questi panni, che navi inglesi e olandesi trasportavano direttamente fino ai porti dell'Europa del sud, conquistarono nel Seicento tutti i mercati mediterranei, compresi quelli italiani.

Le **esportazioni** dell'Italia cominciarono quindi a **calare**, riducendosi nel corso del Seicento quasi soltanto ai prodotti agricoli (grano, vino) provenienti dalle ricche regioni della pianura padana, e ad alcune materie prime, come la seta **grezza*** o semilavorata.

Per di più, dalla fine del Cinquecento i porti italiani iniziarono a subire la concorrenza di quelli atlantici (per esempio, Lisbona o Anversa). Dall'Atlantico, infatti, partivano le **nuove rotte marittime** per le Indie orientali e occidentali. Il Mediterraneo e l'Italia, invece, erano ormai **esclusi dai grandi traffici** internazionali e cominciavano a perdere l'importanza commerciale avuta per secoli.

COLLEGO CAUSE ED EFFETTI

L'economia della Spagna entra in crisi **PERCHÉ**:
- serve molto denaro per le spese di guerra
- i sovrani si indebitano con le banche, che fanno prestiti ad altissimo interesse

* **Bancarotta**
Impossibilità di pagare i propri debiti, a causa di spese eccessive e, a volte, anche di imbrogli. Il nome è composto da «banco» e «rotto», perché nel Medioevo si usava rompere il banco del banchiere che non pagava.

I territori italiani soggetti al dominio spagnolo.

* **Grezzo**
Si dice di un materiale allo stato naturale, che deve essere ancora lavorato.

Il calo della popolazione e le sue cause

Dopo la grande crisi demografica del XIV secolo la popolazione europea aveva ripreso a crescere in modo via via più consistente, fino a **raggiungere e a superare**, nel Cinquecento, il livello precedente all'epidemia di peste nera. Ma poi, dalla fine del secolo, la crescita cominciò a **rallentare** e in alcune regioni si **fermò** del tutto.

Sulle ragioni del nuovo **calo demografico** non tutti gli studiosi sono d'accordo. Alcuni pensano che nel corso del Cinquecento i terreni agricoli siano stati sfruttati eccessivamente fino a diventare improduttivi e a provocare carestie: a causa della scarsità di cibo, le popolazioni indebolite sarebbero state colpite più facilmente dalle ricorrenti epidemie. Altri attribuiscono il calo della popolazione soprattutto alle difficoltà economiche, che avrebbero indotto le coppie a rimandare i matrimoni a età avanzata, riducendo in tal modo il numero dei possibili figli.

ORGANIZZO I CONCETTI

Il calo demografico

prima spiegazione:
- terreno troppo sfruttato e impoverito
- carestie e fame
- popolazione indebolita
- epidemie e morte

seconda spiegazione:
- difficoltà economiche
- matrimoni tardivi
- meno nascite

I poveri ricevono cibo e abiti nuovi da uomini caritatevoli. Particolare del quadro *Sette opere di misericordia* del pittore fiammingo Pieter Brueghel il Giovane, prima metà del XVII secolo.
Ulm, Museum der Brotkultur. Foto Fine Art Images/Heritage Images/Getty Images.

Popolazioni in calo, popolazioni in crescita

Il calo demografico non si manifestò ovunque nello stesso modo. Fu forte nelle **regioni mediterranee** (in Italia, per esempio, nel **1630** morì di **peste** un terzo della popolazione del **centro** e del **nord**; nel **1656** una catastrofica epidemia colpì il **regno di Napoli**) e ancora maggiore fu in **Germania** (che, come vedremo, fu il teatro principale di una lunga **guerra**, detta **dei trent'anni**). Tuttavia il numero degli abitanti continuò ad aumentare nei Paesi del nord-ovest (**Inghilterra** e **Olanda** soprattutto), che seppero reagire con successo alle difficoltà del momento.

La peste del 1630 a Bologna. In primo piano, su un cavallo bianco, la personificazione della morte.
Bologna, Collezioni Genus Bononiae.

La difficile situazione economica è causa di rivolte

Fra Cinque e Seicento la Spagna, oltre a numerose difficoltà economiche, dovette affrontare anche una serie di gravi problemi politici. Come sappiamo [→ cap. 5 par. 3], i Paesi Bassi si erano già liberati dal dominio spagnolo (anche se la Spagna rifiutava di riconoscerne l'indipendenza). A questa perdita nel Seicento si aggiunsero anche rivolte in Italia, provocate soprattutto dall'aumento delle tasse, che il governo spagnolo imponeva.

A **Napoli** l'introduzione di un nuovo tributo sulla frutta scatenò nel **1647** una rivolta popolare, guidata da un giovane pescivendolo, Tommaso Aniello, detto **Masaniello**. Questi per diversi giorni governò Napoli (che allora, insieme a Parigi, era la più grande città dell'Europa), ma presto morì assassinato [→ I protagonisti: Ascesa e caduta di Masaniello p. 138]. La rivolta si estese ugualmente, ma i ribelli erano disorganizzati e in breve gli Spagnoli riuscirono a sedarla.

ORGANIZZO I CONCETTI

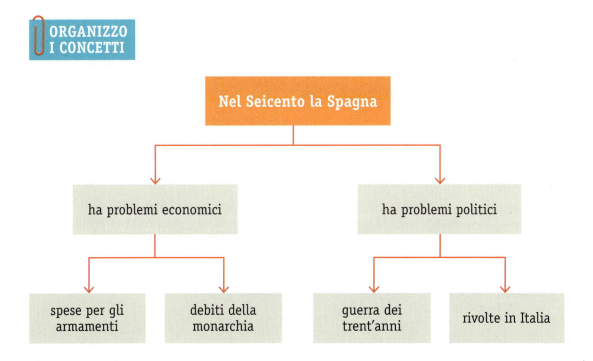

I protagonisti

Ascesa e caduta di Masaniello

L'intensa e sanguinosa avventura di Masaniello si svolse tutta nel giro di quaranta giorni, in una Napoli sottoposta alla monarchia spagnola, oppressa dalla povertà e dal continuo aumento delle tasse.

Tutto ebbe inizio con l'imposizione di una nuova, odiatissima **tassa sulla frutta**, che suscitò le proteste della parte più misera della popolazione, cioè dei "lazzari" (termine che viene dallo spagnolo *lacería*, "miseria"). Il **6 giugno 1647**, sulla piazza del Mercato, un pescivendolo di 27 anni, Tommaso Aniello di Amalfi, soprannominato Masaniello, diede fuoco alla baracca dove si conservavano i registri delle tasse, riducendoli in cenere fra l'esultanza popolare. Fu solo il primo atto di una vera **rivolta** contro i governanti: il **7 luglio** i fruttivendoli rifiutarono di pagare le tasse e accolsero gli esattori venuti a riscuotere con una gragnuola di fichi e di sassi. I palazzi dei ricchi furono dati alle fiamme e un folto numero di persone, guidato da Masaniello, marciò verso la reggia al grido "Viva il re di Spagna, mora il malgoverno". Il **13 luglio**, a una settimana dall'inizio della sommossa, il viceré accettò di abolire la tassa sulla frutta e concesse il perdono a tutti coloro che avevano commesso reati durante la rivolta. Per Masaniello, nominato Capitano del popolo e acclamato dalla folla come un re, fu il giorno del trionfo.

Ma se l'ascesa del giovane pescivendolo era stata rapida, ancora più rapida fu la sua caduta. Sembra infatti che a questo punto Masaniello si sia abbandonato a eccessi e a stravaganze, tanto che alcuni lo considerarono impazzito. Molti, fra quelli che lo avevano seguito, smisero di sostenerlo; e i suoi nemici capirono che era giunto il momento di passare all'attacco. Il **16 luglio** Masaniello fu **assassinato** in chiesa, mentre assisteva alla messa, con quattro archibugiate al petto.

Ma la sua morte non portò a Napoli né pace né concordia. Il popolo, anzi, si divise fra chi si limitava a chiedere meno tasse e chi invece voleva la nascita di una repubblica. Per le strade, fra un gruppo e l'altro, si susseguirono **risse** e piccoli scontri. In tanta confusione ci fu chi, in gran segreto, chiese aiuto agli Spagnoli, che intervennero prontamente e in breve tempo riportarono la città sotto il loro controllo.

> **Masaniello** in un dipinto di Salvator Rosa del 1650 circa.
> Siena, Palazzo Chigi Saracini.

COLLOCO GLI EVENTI NEL TEMPO

- **1630** epidemia di peste nel centro-nord d'Italia
- **1647** rivolta di Masaniello
- **1656** epidemia di peste nel napoletano

(1600 — 1610 — 1620 — 1630 — 1640 — 1650 — 1660 — 1670)

Vita quotidiana

L'abbigliamento, un simbolo della condizione sociale

Nel Seicento i nobili sono tenuti a dare di sé un'immagine di **ricchezza** e di **splendore**. Non praticano attività manuali (in Francia è loro proibito per legge), si dedicano al gioco, alla caccia, ai banchetti, al corteggiamento delle signore. Soprattutto mostrano la massima indifferenza nei confronti del denaro e non esitano a spenderlo a piene mani, indebitandosi senza scrupoli, perché considerano il risparmio una virtù meschina.

Per un nobile seguire la **moda** è un obbligo: l'abbigliamento, infatti, più di ogni altra cosa, è un segno visibile di **distinzione sociale**. Esistono perfino leggi che puniscono chi finge, vestendosi in maniera troppo ricercata, di appartenere a una classe superiore rispetto a quella di cui fa parte.

Come testimoniano i dipinti del tempo, nel Seicento la moda subisce grandi cambiamenti. All'inizio del secolo si portano colletti alti, inamidati e pieghettati, detti **gorgiere**. Le signore indossano bustini rigidi e stretti che scendono a punta sul davanti; e portano, sospeso intorno ai fianchi, un cerchio di legno o di metallo detto **guardinfante**, che allarga smisuratamente la gonna. Verso la metà del secolo, con l'affermarsi in Europa della moda francese, uomini e donne si coprono di **gioielli** e **stoffe preziose**, di nastri e fibbie, di pizzi e merletti. Tutti, maschi e femmine, portano **scarpe col tacco** e **parrucche** che a volte hanno dimensioni monumentali. Quelle maschili, tutte a riccioloni, scendono fin sotto le spalle e pesano quasi un chilo.

A differenza dei nobili, i popolani non seguono la moda. I più fortunati custodiscono con cura il loro unico vestito buono per i giorni di festa, mentre i più poveri, in città come in campagna, vestono di stracci, calzano d'estate e d'inverno le stesse scarpe, e spesso camminano a piedi nudi.

▽ **Una nobildonna inglese** con una gorgiera di pizzo e un ampio guardinfante. Dipinto di William Larkin, circa 1618. Collezione privata.

▽ *Mendicanti*, dipinto di Sébastien Bourdon, 1640 circa. Parigi, Louvre. Foto De Agostini Picture Library/ Scala.

△ **Ritratto di famiglia** di Antoon van Dyck, 1621. L'autore ha raffigurato con cura il pizzo che orna il colletto e le maniche dell'abito dell'uomo e la gorgiera ben inamidata della donna. San Pietroburgo, Ermitage.

2. La guerra dei trent'anni

Un conflitto religioso e politico

Fame, pestilenze e carestie erano spesso conseguenze della guerra. La gravissima epidemia di peste che colpì l'Italia nel 1630, per esempio, fu diffusa da truppe di **lanzichenecchi**, scesi nella penisola nel corso della **guerra** detta **dei trent'anni**. Questo terribile conflitto, che infuriò fra il **1618** e il **1648**, fu l'ultima sanguinosa conseguenza dei contrasti religiosi che avevano scosso il continente nel corso del Cinquecento.

Quasi tutte le potenze europee vi furono coinvolte. Da un lato si schierarono i **sovrani cattolici**: gli Asburgo d'Austria, il re di Spagna e i principi cattolici di Germania; dall'altro i **principi protestanti** tedeschi, la Danimarca, la Svezia, l'Olanda e infine anche la Francia, che era cattolica ma si sentiva minacciata di accerchiamento come ai tempi di Carlo V [→ cap. 5 par. 1].

La guerra dei trent'anni fu l'ultima delle guerre di religione: con essa gli imperatori austriaci tentarono di riconquistare al cattolicesimo i territori che avevano perduto in seguito alla Riforma. Ben presto però i **motivi politici** prevalsero su quelli religiosi e la posta in palio fu, ancora una volta, il **predominio in Europa**.

ORGANIZZO I CONCETTI

I due schieramenti della guerra dei trent'anni	
Sovrani cattolici	Sovrani protestanti (eccetto la Francia)
• Asburgo d'Austria • re di Spagna • principi cattolici di Germania	• principi protestanti tedeschi • Danimarca • Svezia • Olanda • Francia

Un episodio della guerra dei trent'anni. Dipinto di Sebastian Vrancx, XVII secolo.
Epinal, Musée départemental d'Art ancien et contemporain. De Agostini/Scala, Firenze.

Le devastazioni della guerra in Germania

La Germania fu il principale teatro delle operazioni militari: vaste regioni furono devastate e ridotte a deserto, molte città furono assediate, molti villaggi distrutti. Dappertutto si ebbero **carestie** perché i raccolti venivano abbandonati dai contadini in fuga o erano depredati dagli eserciti. Il 40 per cento della popolazione tedesca morì per fame, per malattie o per i brutali saccheggi delle soldatesche di passaggio: il calo demografico fu superiore a quello di qualunque altra regione europea.

La diminuzione del numero di abitanti ebbe **conseguenze sociali** particolarmente gravi nelle regioni orientali, che erano scarsamente popolate anche prima della guerra. Qui i signori, per assicurarsi la manodopera necessaria al lavoro dei campi, ridussero i contadini in condizione di servitù, obbligandoli a non abbandonare la terra.

La pace di Vestfalia

Infine, nel **1648**, quando gran parte dell'Europa era ormai in rovina, il conflitto si concluse con la firma della **pace di Vestfalia**, un accordo che cambiò notevolmente l'aspetto politico del continente.

Gli Asburgo d'Austria persero ogni reale potere sugli Stati tedeschi, anche se di nome restarono imperatori. Le Province Unite e la Svizzera furono definitivamente riconosciute indipendenti. La Francia, che era la vera vincitrice dell'ultima fase della guerra, si impose come nuova potenza dominante in Europa.

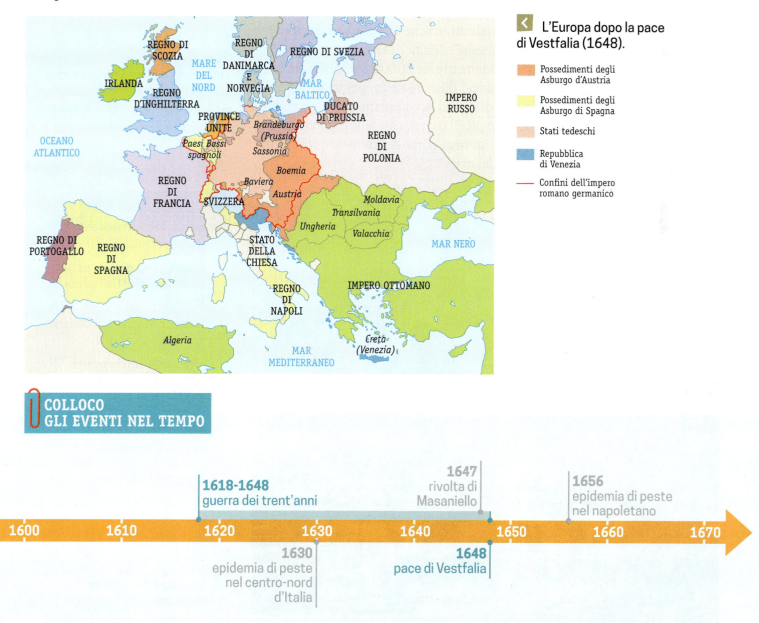

L'Europa dopo la pace di Vestfalia (1648).

- Possedimenti degli Asburgo d'Austria
- Possedimenti degli Asburgo di Spagna
- Stati tedeschi
- Repubblica di Venezia
- Confini dell'impero romano germanico

COLLOCO GLI EVENTI NEL TEMPO

- 1618-1648 guerra dei trent'anni
- 1630 epidemia di peste nel centro-nord d'Italia
- 1647 rivolta di Masaniello
- 1648 pace di Vestfalia
- 1656 epidemia di peste nel napoletano

3. Paesi emergenti: Olanda e Inghilterra

La repubblica d'Olanda è piccola ma ricca e intraprendente

La repubblica delle Province Unite (o repubblica d'Olanda), che la pace di Vestfalia aveva dichiarato definitivamente libera dal dominio spagnolo, era un Paese piccolo, la cui popolazione raggiungeva a malapena i due milioni di abitanti. Eppure nella prima metà del Seicento divenne la **principale potenza commerciale del mondo** e conquistò il **predominio sui mari**, assicurando sia gli scambi fra il Mar Baltico, l'Europa occidentale e il Mediterraneo, sia quelli con i lontani Paesi d'oriente e con le Americhe.

Nel Cinquecento l'accresciuta importanza dei traffici transoceanici aveva favorito lo sviluppo di città portuali atlantiche (Lisbona in Portogallo, Siviglia in Spagna e Anversa nelle Fiandre). Ma nel Seicento **Amsterdam**, il maggior porto olandese, passò rapidamente da 20 000 a 200 000 abitanti, divenne sede della più importante **Borsa*** d'Europa e fu, per gran parte del secolo, il centro del commercio mondiale. Ad Amsterdam giungevano prodotti da tutti i continenti conosciuti e gli Olandesi, con le loro navi robuste e veloci, si occupavano di distribuirli in ogni parte del mondo: proprio per questo furono chiamati i "carrettieri del mare".

Dov'è Amsterdam?

* Borsa
Il mercato esistente nelle grandi città, in cui si organizza la compravendita di valuta straniera, metalli preziosi, merci e titoli di credito.

COLLEGO CAUSE ED EFFETTI

▶ **PERCHÉ** l'Olanda diventa una grande potenza commerciale? Completa le frasi.

- I suoi porti sono sull'Oceano ....
- Le .... sono robuste e veloci.
- Il porto di .... è il centro dei traffici commerciali del mondo.
- Amsterdam ospita la .... più importante d'Europa.

◀ **La piazza della Borsa di Amsterdam** in un dipinto del 1659.
Chantilly, Musée Condé. Foto T. Ollivier/RMN.

L'istruzione e la tolleranza

In Olanda l'**istruzione** era tenuta in gran conto. Ogni villaggio, anche il più sperduto, aveva la sua scuola e i suoi maestri, mentre per gli studi superiori esistevano ben cinque università. La più famosa era quella di Leida, un centro di studi che nel Seicento diede grande impulso allo sviluppo scientifico europeo [→ cap. 7 par. 4].

La **tolleranza religiosa** era la regola. In Olanda convivevano pacificamente luterani, calvinisti, cattolici ed ebrei. Perseguitati religiosi, in fuga da altri Paesi, in Olanda venivano accolti e protetti; opere scientifiche e religiose, di cui altrove in Europa sarebbe stata proibita la lettura, qui erano tranquillamente pubblicate.

La pittura olandese del Seicento

In questo periodo la pittura olandese conobbe una straordinaria fioritura, per merito di grandi maestri come **Rembrandt Van Rijn** o **Johannes Vermeer** e di innumerevoli altri artisti.

Nei loro dipinti i pittori olandesi misero in risalto uno stile di vita sobrio, semplice, a volte austero, nonostante la ricchezza che nel corso del Seicento si riversò sull'Olanda. Più che soggetti religiosi, dipinsero scene di vita quotidiana: donne intente alla lettura o alle faccende domestiche, giochi di bambini, interni casalinghi ordinati, puliti, dotati di tutti gli agi che la ricchezza può procurare, ma sempre privi di ostentazione e di un lusso esagerato. A richiedere i dipinti erano spesso le famiglie di mercanti, che si arricchivano con i commerci e potevano permettersi di acquistare l'opera di un pittore.

Ritratto di giovane elegante, particolare da un quadro del pittore olandese Willem Buytewech, 1620. Budapest, Museo di Belle Arti.

Gentiluomo con donna che beve di Johannes Vermeer, 1658. Una scena di corteggiamento in un elegante interno borghese. Berlino, Staatliche Museen.

L'Inghilterra si trasforma

Intanto in Inghilterra aveva inizio una profonda trasformazione sociale ed economica. Nel Cinquecento, con l'appoggio della regina Elisabetta, si era affermata la piccola nobiltà di campagna, detta **gentry***, della quale facevano parte quei **proprietari terrieri** così ricchi da potersi **acquistare** un **castello** e un **titolo nobiliare**.

Questa nobiltà di campagna aveva cominciato da tempo a impadronirsi delle **terre comuni**, cioè delle zone lasciate a bosco o a pascolo e usate collettivamente dalle comunità contadine per raccogliere legna e far pascolare le bestie. I nuovi proprietari recintarono i terreni con siepi e muretti per impedire l'ingresso agli animali (da qui il nome di **recinzioni** dato alle proprietà) e li trasformarono in pascoli esclusivi per le loro pecore, oppure li fecero coltivare con tecniche moderne per aumentare la produzione agricola.

Il fenomeno delle recinzioni durò alcuni secoli e, soprattutto nel Settecento, si estese dalle terre comuni anche alle proprietà dei singoli contadini, i cosiddetti **campi aperti***. Ricchi possidenti terrieri se ne appropriarono e li riunirono in aziende agricole di grandi dimensioni, da cui riuscirono a trarre il massimo profitto (cioè, guadagno) facendole lavorare da contadini salariati e introducendo nuove colture e nuove tecniche di coltivazione.

Si diffonde il lavoro a domicilio

La lana pregiata degli allevamenti inglesi fu usata per produrre i **panni di lana** leggeri che facevano concorrenza ai tessuti italiani [→ par. 1]. Di solito i panni inglesi venivano lavorati nelle campagne, dove si stava diffondendo il **lavoro a domicilio**, cioè eseguito in casa per conto di altri. **Mercanti** di città distribuivano alle famiglie contadine le **materie prime** (per esempio, la lana), a volte anche **strumenti per la lavorazione** (per esempio, i telai), passavano a ritirare a una data scadenza il **lavoro finito** (per esempio, i tessuti), poi provvedevano a rivenderlo.

Nelle case contadine si lavorava nel tempo lasciato libero dalla coltivazione dei campi: le donne filavano, gli uomini tessevano, vecchi e bambini avvolgevano il filo in matasse. **Il compenso non era alto** perché i contadini non erano iscritti alle potenti corporazioni di arti e mestieri (le gilde) che in città difendevano gli interessi degli artigiani. Tuttavia i più poveri fra di loro, grazie al lavoro a domicilio, poterono migliorare le loro condizioni di vita.

Si sviluppa l'industria mineraria

Fin dall'antichità si era fatto grande uso del legname (per costruire case e navi, riscaldarsi, fondere metalli e così via). Nel corso dei secoli erano state abbattute foreste e nel Cinquecento il legno era diventato un materiale raro e costoso. Si cominciò allora a usare il **carbon fossile**, un minerale di cui l'Inghilterra era ricca. Da esso, nel Seicento, gli inglesi riuscirono ad ottenere il **coke**, un tipo di carbone particolarmente adatto nelle fabbriche e nelle fonderie. Così anche l'industria mineraria ebbe una forte ripresa.

Una coppia di nobili inglesi di campagna. Sullo sfondo si intravedono le recinzioni. Dipinto di Thomas Gainsborough del 1750 circa. Londra, National Gallery.

* **Gentry**
La parola è formata dalla fusione di due termini inglesi: *gentleman*, "gentiluomo", e *country*, "campagna".

* **Campi aperti**
Nel Medioevo i campi di un unico contadino erano distanti gli uni dagli altri, spesso "incastrati" nelle terre di altri proprietari. Dopo il raccolto, venivano "aperti" a tutta la comunità, che poteva andarci a spigolare (cioè a raccogliere le spighe rimaste) o vi conduceva le bestie al pascolo.

COLLEGO CAUSE ED EFFETTI

▶ **PERCHÉ** l'Inghilterra diventa una grande potenza economica? Completa le frasi.

- I .... fanno concorrenza ai tessuti italiani.
- Per lavorare la lana, i mercanti introducono il ....
- Con il compenso ricevuto dai mercanti, i .... migliorano le proprie condizioni di vita.
- Al posto del legname si usa il ...., di cui l'Inghilterra è ricca.
- Grazie al coke, cresce l'industria ....

Una grande potenza marittima

Nella seconda metà del Seicento l'Inghilterra cominciò a trasformarsi in una grande potenza marittima. Alla **Virginia**, la prima colonia fondata dagli Inglesi in America nel **1607** [→ cap. 5 par. 3], se ne aggiunsero presto altre, lungo la costa occidentale dell'Atlantico, fra cui la **Nuova Inghilterra** (1620), la **Carolina** (1663) – un vasto territorio che comprende le attuali Carolina del Nord e del Sud – e la **Pennsylvania** (1681).

Nelle **Antille** gli Inglesi si impadronirono delle isole **Barbados** – che divennero presto un covo di pirati – e tolsero la **Giamaica** agli Spagnoli, facendone il centro dei loro commerci nella zona.

Londra divenne nel giro di pochi anni il porto più importante d'Inghilterra e si avviò a essere il principale centro economico e commerciale del mondo.

Dove sono le Antille?

Alle origini del capitalismo

Gli intensi scambi commerciali che fin dal Cinquecento si svolgevano su tutti i mari del pianeta permisero a molti mercanti europei di moltiplicare le loro ricchezze, sotto forma di denaro, di merci, di navi, di piccoli stabilimenti detti **manifatture*** e così via.

Merci, navi, denaro, macchinari per la produzione manifatturiera costituivano il **capitale** accumulato dai mercanti. La parola "capitale" indica infatti la ricchezza che non viene consumata subito (per esempio, acquistando vestiti o gioielli) ma viene impiegata – o meglio, investita – per ottenere nuova ricchezza. Con i capitali accumulati i mercanti potevano acquistare nuove merci, affittare navi, finanziare spedizioni in Paesi lontani per ottenere un **profitto**, cioè un guadagno che avrebbero potuto investire di nuovo per farlo nuovamente aumentare.

L'accumulo di capitali permise lo sviluppo del sistema economico definito **capitalismo mercantile** (o commerciale), che aveva mosso i primi passi nel Quattro-Cinquecento, al tempo delle grandi **esplorazioni geografiche** e dell'**espansione mondiale dei commerci**. L'età del capitalismo commerciale ebbe come protagonisti i ricchi mercanti e i banchieri e durò fino alla metà del XVIII secolo.

> *** Manifattura**
> Laboratorio in cui più operai trasformano le materie prime in prodotti finiti, lavorando a mano o con semplici macchine.

COLLOCO GLI EVENTI NEL TEMPO

4. L'espansione sui mari: i commerci e le colonie

L'impero coloniale spagnolo...

Gli Spagnoli, giunti per primi in America, furono anche i primi a fondare, agli inizi del XVI secolo, un vastissimo **impero coloniale** che occupava più della metà del continente americano. Comprendeva **colonie di popolamento*** che, specialmente nel Messico e in Perù (i territori più ricchi di risorse minerarie), furono subito meta di un'intensa immigrazione.

La Spagna imponeva ai coloni (gli abitanti delle colonie) di **commerciare solo con la madrepatria***. Ma nelle isole dei Caraibi (Grandi e Piccole Antille) avevano le loro basi **contrabbandieri*** e pirati d'ogni Paese (soprattutto inglesi, olandesi, francesi). I contrabbandieri, d'accordo con le autorità locali, rifornivano i coloni dei prodotti che la Spagna vendeva a prezzo più alto o che non era in grado di procurare (per esempio, cotone leggero e a buon mercato con cui vestire gli schiavi). I pirati, invece, assalivano le navi spagnole per impadronirsi dei loro preziosi carichi d'argento e d'oro.

* **Colonia di popolamento**
È quella in cui è numerosa la popolazione proveniente dal Paese colonizzatore.

* **Madrepatria**
È il Paese colonizzatore, quello da cui provengono i fondatori di una colonia.

* **Contrabbandiere**
Chi vende (o acquista) di nascosto merci vietate.

... e quello portoghese

Ben diverso fu l'impero coloniale portoghese, che nacque nei secoli XV e XVI ed ebbe soprattutto **carattere commerciale**. Il Portogallo era un Paese piccolo e scarsamente popolato e non poté dare vita a colonie di popolamento. I mercanti portoghesi si limitarono a creare, in posizione strategica lungo le coste, piccole basi di appoggio, depositi per le merci, scali commerciali protetti da fortini. Riuscirono tuttavia a impadronirsi del **commercio delle spezie**, sostituendosi agli Arabi che per secoli avevano controllato le rotte commerciali nell'Oceano Indiano. In oriente la **lingua portoghese** continuò a essere usata negli scambi commerciali, anche quando, nella seconda metà del Seicento, la supremazia del Portogallo cominciò a cedere di fronte all'aggressiva concorrenza delle flotte olandesi, inglesi e francesi nei mari orientali.

ORGANIZZO I CONCETTI

▶ Completa la tabella.

Imperi coloniali a confronto	
Spagna	Colonie di ...., dove si trasferiscono molti Spagnoli (i ....).
Portogallo	I .... creano sulle coste basi di appoggio, depositi e scali ....

◀ **L'arrivo dei commercianti portoghesi in Giappone.** Paravento dipinto giapponese del XVII secolo.
Collezione privata. Foto © Christie's Images/Bridgeman Images.

Il Brasile e il sistema delle piantagioni

Fu in questo momento che aumentò l'interesse dei Portoghesi per il **Brasile**, la colonia scoperta da Pedro Álvares Cabral, un navigatore che nel 1500, veleggiando alla volta dell'India, era stato trascinato dai venti e dalle correnti marine al di là dell'Atlantico, sulle coste americane.

In Brasile, Paese dagli ampi territori disabitati, i Portoghesi crearono vaste **piantagioni di canna da zucchero**. Questa coltura richiede grande disponibilità di manodopera, soprattutto nel periodo della raccolta. Perciò furono fatti venire dall'Africa (in particolare dalla colonia portoghese dell'Angola) migliaia di **schiavi neri**, che dovevano essere continuamente sostituiti, perché il loro lavoro era durissimo e portava spesso a una morte precoce.

Schiavi in una manifattura per la lavorazione della canna da zucchero. Stampa del XVII secolo.
Foto SuperStock.

Le compagnie commerciali di navigazione

Fin dal XIV secolo i grandi mercanti, per condividere i rischi di lunghi e pericolosi viaggi di commercio, avevano formato delle **compagnie commerciali di navigazione**.

Nel **1602** in Olanda dieci compagnie commerciali si unirono, dando vita a una grande **Compagnia olandese delle Indie orientali**, che ottenne il **monopolio**, cioè il diritto di commerciare senza concorrenti, in tutto l'Oceano Indiano. La compagnia era **molto potente**: disponeva di una flotta e di uomini armati, poteva impadronirsi di territori, creare colonie e amministrarle, concludere accordi con le autorità locali e perfino dichiarare guerra. Così, nel **Sud-Est asiatico** i mercanti olandesi si impossessarono delle principali basi commerciali, cacciando i Portoghesi che vi erano installati fin dall'inizio del Cinquecento, e occupando gran parte dell'arcipelago indonesiano.

Anche in **America**, dove operava la **Compagnia olandese delle Indie occidentali**, sorsero diverse colonie, fra cui **Nuova Amsterdam**, una città che nel **1664** gli Olandesi furono costretti a cedere agli Inglesi, e che questi ultimi ribattezzarono **New York**. L'occupazione di Nuova Amsterdam da parte dei coloni inglesi dimostrava che, nella seconda metà del Seicento, l'Inghilterra era ormai in grado di contendere all'Olanda il **predominio sui mari**.

Il logo della potente Compagnia olandese delle Indie orientali (formato dalle lettere V O C) su una moneta emessa nel Settecento dagli Olandesi per le proprie colonie asiatiche.
Collezione privata.

L'impero commerciale olandese.

L'espansione coloniale di Francia e Inghilterra

Come l'Olanda, infatti, anche Francia e Inghilterra stavano creandosi un vasto dominio coloniale, esteso a tutti i continenti, ad eccezione dell'Australia (di cui ancora non si conosceva l'esistenza).

La **Compagnia inglese delle Indie orientali**, nata nel **1600**, inaugurò le sue prime sedi commerciali in **India** (a Madras, Bombay, Calcutta), diventando di anno in anno più potente e ponendo le basi per la successiva conquista inglese del subcontinente indiano.

Nello stesso periodo anche la Francia, per mezzo delle sue compagnie commerciali, creava basi in India, e fondava in America, intorno al delta del fiume Mississippi, una vasta colonia che prese il nome di **Louisiana**, in onore del re francese Luigi XIV.

Per il possesso di basi coloniali e per la supremazia nel commercio internazionale Francia, Olanda e Inghilterra combatterono ripetutamente fra loro nella seconda metà del Seicento e nel secolo successivo.

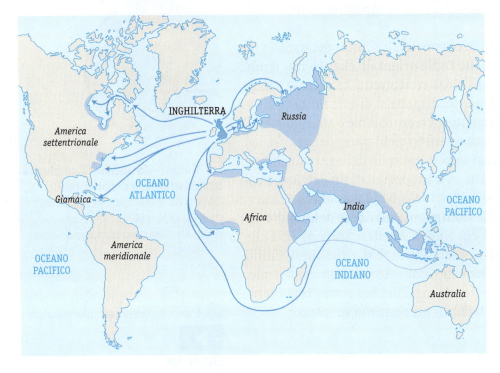

Le rotte commerciali inglesi nei secoli XVI e XVII.

→ Rotte commerciali

▪ Aree interessate dai commerci

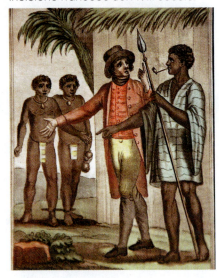

Un mercante di schiavi a Gorée, piccola isola di fronte alle coste senegalesi, principale punto di partenza degli schiavi africani. Incisione francese del XVIII secolo.

Dall'Africa all'America: neri deportati come schiavi

Dal Brasile – dove erano state introdotte dai Portoghesi – le piantagioni si diffusero rapidamente nelle **Antille** e nell'**America del nord**. Producevano canna da zucchero, caffè, tabacco, cacao, indaco, cotone. Dappertutto la manodopera era costituita da schiavi neri, provenienti dall'Africa e venduti sui mercati come merce [→ Fonti p. 150].

Per alcuni secoli Portoghesi, Olandesi, Inglesi e Francesi si contesero il monopolio della **tratta dei neri**: un vergognoso commercio da cui i **negrieri**, cioè i mercanti di schiavi, traevano guadagni altissimi. All'inizio erano gli stessi negrieri che si procuravano gli schiavi tendendo reti nelle foreste per intrappolarli o circondando di sorpresa i villaggi. In seguito re e capitribù africani accettarono di collaborare, organizzando razzie o guerre contro tribù nemiche. I nemici catturati diventavano schiavi da vendere agli Europei.

Nel Settecento ha inizio il commercio triangolare

I negrieri salpavano dai porti europei portando con sé **prodotti** (tessuti, chincaglieria, ferramenta, coltelli, ma soprattutto armi da fuoco e cavalli) **da barattare**, giunti in Africa, **con schiavi neri**, destinati alle piantagioni o alle miniere del Nuovo Mondo.

Le navi negriere ripartivano sovraccariche di "merce umana" alla volta dell'America. Il viaggio poteva durare anche due o tre mesi e avveniva in condizioni spaventose. Un gran numero di schiavi moriva di malattie o di stenti; alcuni, spinti dalla disperazione, si toglievano la vita. Giunti a destinazione, i superstiti venivano venduti. Poi le navi ripartivano per l'Europa, trasportando questa volta i **prodotti delle colonie**.

In questo **commercio**, detto **triangolare** perché toccava tre continenti, le navi non viaggiavano mai vuote. A ogni sosta, infatti, i mercanti vendevano il carico (e riempivano nuovamente le stive con altre merci), realizzando un triplice guadagno [→ Uno sguardo sul mondo, p. 109].

Lo scafo di una nave negriera con gli schiavi fittamente ammassati. Disegno del XVIII secolo. Nantes, Musée d'histoire.

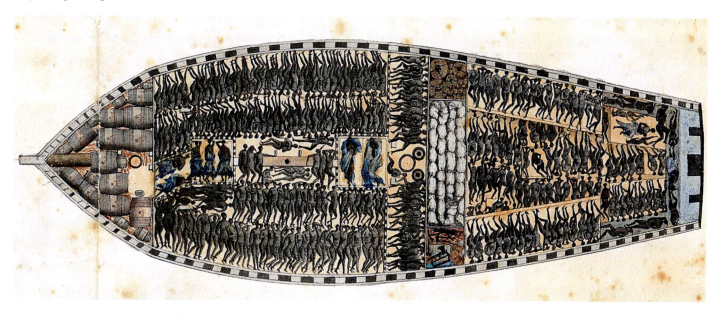

COLLOCO GLI EVENTI NEL TEMPO

predominio olandese nei commerci marittimi

predominio inglese nei commerci marittimi

- **1600** Compagnia inglese delle Indie orientali
- **1602** Compagnia olandese delle Indie orientali
- **1607** prima colonia inglese in America (Virginia)
- **1618-1648** guerra dei trent'anni
- **1630** epidemia di peste nel centro-nord d'Italia
- **1647** rivolta di Masaniello
- **1648** pace di Vestfalia
- **1656** epidemia di peste nel napoletano
- **1664** gli Olandesi cedono Nuova Amsterdam agli Inglesi

Fonti

La tratta dei neri: dall'Africa all'America

Il testo che proponiamo è tratto da uno scritto del 1606 del mercante fiorentino Francesco Carletti, testimone oculare degli eventi narrati. Leggilo e rispondi alle domande.

> Nell'isola di Capo Verde cominciammo a dire di voler comprare schiavi. Per questo quei Portoghesi che li tengono nelle loro fattorie a branchi, come bestiame, ordinarono che fossero condotti alla città per farceli vedere. Trovammo che il prezzo era molto aumentato. Ciò accadeva per il gran numero di navi venute a prelevare schiavi per le Indie (occidentali), la qual cosa causò il rialzo dei prezzi e mentre prima si davano 50 scudi l'uno, fu forza darne 100.
> Noi ne comprammo 75, i due terzi dei quali erano maschi di ogni sorta, vecchi e giovani, grandi e piccoli, mescolatamente, vendendoli qui a branchi, come da noi le pecore, con l'avvertenza però di mostrare che sono sani e senza difetto alcuno nella persona. Una volta comprati, ogni padrone li fa marchiare con un suo segno, che è un marchio d'argento infuocato che si fa loro sul petto o su un braccio o sulle spalle, dove piace al padrone. Venuto il tempo di partire, mi imbarcai, dando la cura a due portoghesi di occuparsi degli schiavi, i quali si imbarcarono sulla nostra nave e furono accomodati, gli uomini sotto coperta stivati, che a gran pena si potevano voltare da un lato all'altro, e tutte le donne sopra coperta, sparse per la nave a loro modo, il meglio che potevano, all'acqua e al vento e al sole, con grandissimo disagio. Davasi a tutti da mangiare una volta al giorno, quanto volevano, di certo miglio grosso di quei paesi [...] a mezzogiorno si dava loro da bere: il che facevano bevendo a un fiato, da un piccolo mastello, quanta più acqua potevano.
> Il viaggio fu piacevole, ma vedevamo quasi ogni giorno che morivano molti schiavi.

La tratta degli schiavi, incisione del 1826.
Foto SuperStock.

LAVORO SULLE FONTI

1. In quale particolare tipo di "merce" traffica Francesco Carletti? Dove la acquista? Da chi? Dove la trasporta per venderla?
2. Il mercante fiorentino trova la "merce" più costosa che in passato: per quale motivo è aumentata?
3. Quale termine usa per indicare i gruppi di schiavi? A quali animali li paragona?
4. A quale trattamento, di solito riservato al bestiame, sono sottoposti gli schiavi dopo l'acquisto? È un trattamento doloroso, secondo te?
5. Come vengono sistemati gli schiavi durante il viaggio? Quali disagi devono sopportare gli uomini? E le donne?
6. C'è da stupirsi se gli schiavi si ammalano e muoiono durante il viaggio? Spiega perché.

Capitolo 6 — Contrasti nell'Europa del Seicento

RICOSTRUISCO LA MAPPA DEL CAPITOLO

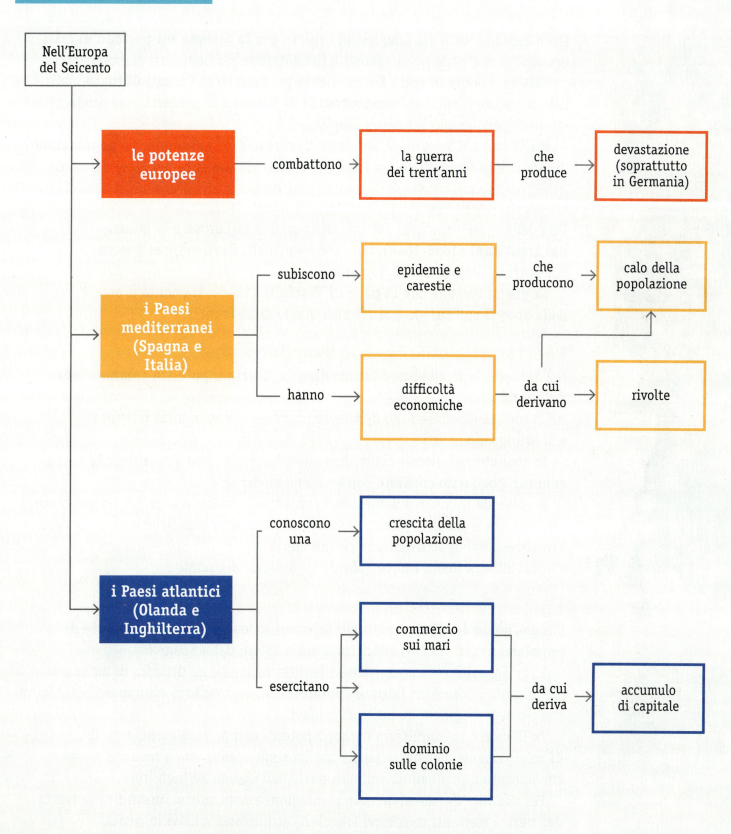

Sintesi

1 Difficoltà economiche e calo demografico

Dalla seconda metà del Cinquecento **inizia per la Spagna un periodo di crisi** economica che costringe i sovrani a indebitarsi con i banchieri di molti Paesi.

L'**Italia**, famosa in tutta Europa per la produzione di **tessuti di lusso**, dalla fine del Cinquecento subisce la **concorrenza** di Olanda e Inghilterra, che producono stoffe di poco pregio ma meno costose.

Per l'Europa il Seicento è un secolo di **carestie** ed **epidemie**. La **popolazione** diminuisce in Germania e nei Paesi mediterranei, aumenta nei Paesi del nord.

2 La guerra dei trent'anni

Una delle cause principali del calo demografico in Europa è la **guerra dei trent'anni** (1618-1648), che coinvolge molti Paesi europei e viene combattuta soprattutto in Germania.

La guerra termina con la **pace di Vestfalia** (1648): tramonta il potere della Spagna sull'Europa e si afferma quello della Francia.

3 Paesi emergenti: Olanda e Inghilterra

Nel Seicento la repubblica d'Olanda diventa la **prima potenza commerciale del mondo**.

Nella società olandese sono diffuse l'istruzione e la tolleranza religiosa e si sviluppano le arti.

In Inghilterra i piccoli nobili di campagna cominciano a **recintare le terre comuni**, che fanno coltivare con tecniche moderne.

Si diffonde il lavoro a domicilio: i contadini lavorano a casa per un mercante che fornisce le materie prime. L'uso del carbone nelle fabbriche e nelle fonderie favorisce lo sviluppo dell'industria mineraria.

L'Inghilterra fonda **nuove colonie** in America del nord.

4 L'espansione sui mari: i commerci e le colonie

Fin dall'inizio del Cinquecento, gli Spagnoli fondano in America **colonie di popolamento** in cui si trasferiscono molti coloni dalla Spagna.

I Portoghesi invece creano lungo le rotte commerciali depositi di merci e basi d'appoggio: il loro è un **impero commerciale**. In Brasile si sviluppano piantagioni che richiedono grandi quantità di schiavi.

In Olanda e in Inghilterra nascono potenti **compagnie commerciali di navigazione** che controllano i traffici sugli oceani. Nella seconda metà del Seicento il predominio sui mari passa dall'Olanda all'Inghilterra.

Per rifornire di manodopera le piantagioni americane, si intensifica la **tratta dei neri**: i mercanti di schiavi (negrieri) acquistano schiavi in Africa e li rivendono nelle colonie americane.

Capitolo 6 Contrasti nell'Europa del Seicento

Esercizi

STABILISCO COLLEGAMENTI E RELAZIONI Paragrafo 1

1 Spiega perché si verificarono gli avvenimenti elencati.

a. I re spagnoli si indebitarono ripetutamente.
....

b. I banchieri prestavano denaro ai re applicando interessi altissimi.
....

c. Nei territori spagnoli d'Italia si verificarono gravi rivolte.
....

d. Il calo demografico del Seicento fu particolarmente forte in Germania.
....

LEGGO UNA CARTA STORICA Paragrafo 2

2 Rivedi la carta e il testo a p. 141, poi rispondi alle domande.

a. Con la guerra dei trent'anni gli Asburgo d'Austria riconquistarono i territori tedeschi perduti con la Riforma?
b. Quale nuova potenza dominante emerse in Europa?
c. Quali nuovi Stati furono riconosciuti indipendenti?

LAVORO SULLE FONTI Paragrafo 2

3 Leggi il documento e l'introduzione che lo precede, poi rispondi alle domande.
Al tempo della guerra dei trent'anni gli eserciti erano formati da truppe mercenarie, pagate molto irregolarmente. Di solito i soldati vivevano a spese dei Paesi che attraversavano e, benché i regolamenti lo proibissero, commettevano ogni sorta di atrocità ai danni delle popolazioni. Ne è una testimonianza il regolamento che presentiamo.

» Nessuno deve rubare aratri né danneggiare o rompere mulini, forni o ciò che serve al bisogno di una comunità. Nessuno deve rovinare il grano o la farina né deve rovesciare botti di vino. Non bisogna neppure opprimere, battere, derubare, torturare, uccidere i sudditi del nostro Paese. Non bisogna danneggiarli in alcun modo ma tutto ciò che occorre va pagato. Per chi non osserva queste norme la pena è la morte. »

a. Quali abusi, quali violenze i soldati compivano abitualmente, benché proibiti dai regolamenti? Sottolineali nel testo.
b. Quale pena prevede il regolamento per i trasgressori?
....
c. Molti soldati mercenari si sentivano quasi autorizzati a derubare le popolazioni: perché, secondo te?
....

Unità 2   La formazione degli Stati moderni

Esercizi

VERIFICO LE CONOSCENZE
Paragrafo 3

4 Completa il brano, scegliendo le parole dell'elenco.

Amsterdam ▪ Inghilterra ▪ Olanda ▪ comuni ▪ pascoli ▪ potenza marittima ▪ a domicilio ▪ Province Unite ▪ mari ▪ recinzioni ▪ moderne

Le principali potenze economiche del Seicento furono la repubblica delle ……………………… (detta anche repubblica d' ………………………) e l' ……………………… . Nella prima metà del secolo l'Olanda esercitò la supremazia su tutti i ……………………… del mondo e il suo porto principale, ……………………… , divenne il centro del commercio mondiale.
In Inghilterra la nobiltà di campagna aveva cominciato da tempo a trasformare le terre ……………………… in campi recintati, detti ……………………… , da coltivare con tecniche agricole ……………………… o destinare a ……………………… per le proprie pecore. Spesso i contadini inglesi accettavano di svolgere anche un lavoro ……………………… . Ma soprattutto, nella seconda metà del secolo l'Inghilterra stava diventando una grande ……………………… .

LAVORO SULLE FONTI
Paragrafo 4

5 Osserva l'immagine, leggi la didascalia, poi rispondi alle domande.

Ai luoghi dell'imbarco gli schiavi catturati giungevano in lunghe file, stretti l'uno all'altro da collari di legno, chiusi intorno al collo.

a. Gli schiavi sono legati? In che modo? Anche le donne e i bambini?

b. Quali strumenti vengono usati per impedire fughe e ribellioni?

c. Nell'immagine sono raffigurati degli uomini armati: qual è la loro funzione?

VERIFICO LE CONOSCENZE
Paragrafo 4

6 Completa il brano con le parole dell'elenco.

Africa ▪ America ▪ Asia ▪ schiavi ▪ commerciali ▪ piantagioni ▪ colonie ▪ triangolare ▪ compagnie ▪ negriere ▪ canna da zucchero

Nel Seicento Francesi, Olandesi e Inglesi fondano ……………………… e basi ……………………… in ……………………… e in ……………………… , spesso per opera delle loro potenti ……………………… di navigazione. In America si impiantano grandi ……………………… di tabacco, ……………………… , caffè. Per coltivarle vengono importati dall' ……………………… migliaia e migliaia di ……………………… , trasportati da navi ……………………… che seguono le rotte del cosiddetto "commercio ……………………… ".

Imparo a imparare — RIFLETTO SULLE MIE ABITUDINI DI LETTURA

Intero capitolo

Ti proponiamo un questionario che ha lo scopo di farti riflettere sulle tue abitudini di lettura per lo studio.

7 Per ciascuno dei comportamenti elencati metti la crocetta nella colonna Sì o No.

Quando studio:
1. leggo il testo per intero. SÌ NO punti ....
2. leggo qualche riga, poi ripeto. SÌ NO punti ....
3. leggo il testo una sola volta. SÌ NO punti ....
4. leggo il testo più volte. SÌ NO punti ....
5. leggo a voce alta. SÌ NO punti ....
6. leggo e rileggo le parti che non ho capito. SÌ NO punti ....
7. mi fermo spesso per riflettere su ciò che ho appena letto. SÌ NO punti ....
8. al termine della lettura rileggo i concetti più importanti. SÌ NO punti ....

Quando incontro una parola che non conosco:
9. chiedo subito spiegazioni all'insegnante. SÌ NO punti ....
10. cerco di capire dal senso generale del testo. SÌ NO punti ....
11. cerco la parola sul vocabolario. SÌ NO punti ....
12. interrompo la lettura perché è troppo difficile. SÌ NO punti ....

Quando ci sono figure o cartine:
13. le osservo distrattamente. SÌ NO punti ....
14. le osservo solo se mi colpiscono in modo particolare. SÌ NO punti ....
15. le osservo con attenzione e leggo legende e didascalie. SÌ NO punti ....
16. non le osservo affatto. SÌ NO punti ....

Mentre leggo il libro di testo:
17. sono abituato a sottolineare. SÌ NO punti ....
18. sottolineo le parti più importanti. SÌ NO punti ....
19. sottolineo tutto il testo. SÌ NO punti ....
20. sottolineo alla prima lettura. SÌ NO punti ....
21. sottolineo alla seconda lettura. SÌ NO punti ....
22. non sono abituato a sottolineare. SÌ NO punti ....

Totale

Ora controlla, a piè di pagina, quali sono i comportamenti consigliati e assegnati 2 punti per ogni comportamento consigliato che fa già parte delle tue abitudini. Quanti punti hai totalizzato? Ti sembra di avere già un buon metodo di lettura per lo studio oppure devi ancora perfezionarlo?

Comportamenti consigliati: 1, 4, 6, 7, 8, 10, 11, 15, 17, 18, 21.

Il capitolo a colpo d'occhio

QUANDO

1. Quando si sono svolti questi eventi? SCRIVI l'anno o il periodo sui puntini, scegliendolo tra i seguenti: fra il 1600 e il 1602, fra il 1618 e il 1648, 1647.

A

B

C

....
A Napoli Masaniello organizza una rivolta contro gli Spagnoli.

....
Una lunga guerra sconvolge e impoverisce l'Europa.

....
Nascono le prime compagnie commerciali di navigazione.

2. Ora COLLOCA gli eventi sulla linea del tempo e COLORA i periodi.

| 1600 | 1605 | 1610 | 1615 | 1620 | 1625 | 1630 | 1635 | 1640 | 1645 | 1650 |

DOVE

3. OSSERVA la carta, LEGGI la legenda e COMPLETA la didascalia.

Le navi inglesi raggiungono la Russia e i porti del Mediterraneo. Percorrono l'Oceano .... per raggiungere l'.................... settentrionale e la ....

Circumnavigano l'.................... e attraversano l'Oceano .... fino a raggiungere l'.................... e l'Indonesia.

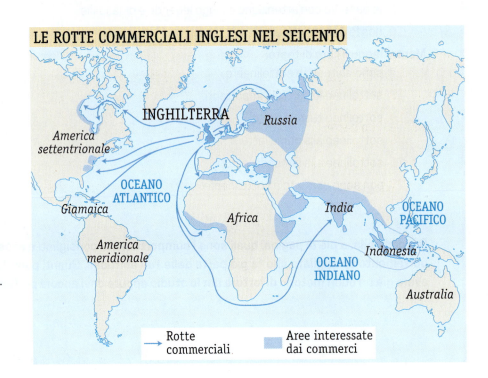

LE ROTTE COMMERCIALI INGLESI NEL SEICENTO

LE PAROLE DA RICORDARE

**4. COMPLETA le definizioni. SCEGLI le parole o le espressioni dell'elenco.
ATTENZIONE: alcune non ti serviranno.**

Lavorati a mano • nobiltà di campagna • in casa propria
• proprietà personali • Paese o città • borghesia

Madrepatria: .... da cui provengono i fondatori di una colonia.

Manifattura: laboratorio in cui molti operai producono oggetti ....
o con semplici macchine.

Lavoro a domicilio: lavoro eseguito .... per conto di altri.

Gentry: piccola .... che si afferma in Inghilterra nel Cinquecento.

LA MAPPA DEI CONCETTI

5. COMPLETA la mappa inserendo al posto giusto le parole seguenti:
Diminuisce • dei trent'anni • commerci • arricchiscono • impoveriscono • aumenta • Vestfalia

```
                          Nel Seicento
        ┌──────────────────────┼──────────────────────┐
        ▼                      ▼                      ▼
    in Europa            Italia e Spagna       Olanda e Inghilterra
        │                      │                      │
    si combatte          si ............         si ............
        ▼                      ▼                      ▼
    la guerra          per cause economiche         grazie ai
    ............         e politiche             ............
        │                      │                      │
che si conclude con            e                      e
        ▼                      ▼                      ▼
    la pace di           la loro popolazione     la loro popolazione
    ............         ............            ............
```

Capitolo 7 — Modelli di governo, modelli di pensiero

GUARDA! IL VIDEO

MI ORIENTO NEL CAPITOLO dal 1632 → al 1714

1 All'inizio del Seicento in Francia **Luigi XIV**, il **Re Sole**, concentra nelle sue mani un **potere assoluto**.

2 Luigi XIV afferma con varie guerre il potere della Francia in Europa, grazie a un **esercito ben organizzato**.

3 Dopo una **guerra civile** e l'uccisione del re, l'Inghilterra diventa prima una **repubblica** guidata da **Oliver Cromwell**, e poi una **monarchia costituzionale**.

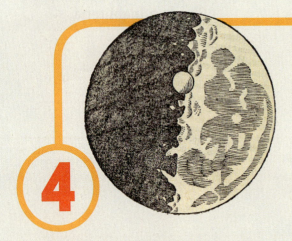

4 Nel Seicento si afferma la **scienza moderna**. Con il telescopio **Galileo Galilei** osserva per la prima volta la superficie della **Luna**.

1. La Francia del Re Sole

Nobiltà di sangue e nobiltà di toga

La nobiltà francese si divideva in due gruppi. Il primo, il più antico, risaliva all'XI secolo ed era costituito dai grandi proprietari terrieri che da generazioni combattevano a cavallo a fianco del re: essi formavano la **nobiltà di sangue** (o nobiltà di spada) e godevano di grandissimo prestigio.

Il secondo gruppo, nato negli ultimi decenni del XVI secolo, comprendeva molti ricchi cittadini (professionisti, banchieri, grandi mercanti) che avevano servito fedelmente la monarchia, svolgendo incarichi o prestando denaro al re, oppure avevano comperato una carica pubblica, come ad esempio quella di giudice, che dava diritto a un titolo nobiliare. Questa aristocrazia di data recente era chiamata **nobiltà di toga**, dal lungo mantello (la toga, appunto) indossato dai giudici.

ORGANIZZO I CONCETTI

▶ Completa la tabella.

Nobiltà di sangue (o di ....)	• più .... • formata da prestigiosi .... cavalieri del re
Nobiltà di toga	• più recente • formata da ricchi .... fedeli servitori del re

Il cardinale Richelieu al servizio della monarchia

Nel 1610 salì al trono di Francia il giovanissimo Luigi XIII, figlio di Enrico IV [→ cap. 5 par. 2]. Egli poté contare per quasi vent'anni sulla collaborazione di un primo ministro abile ed energico, il **cardinale Richelieu**. Questi si pose due obiettivi: rinforzare il potere della monarchia e fare della Francia una grande potenza internazionale.

Poiché la grande nobiltà cercava di porre limiti al potere del re, Richelieu creò dei nuovi funzionari, gli **intendenti**, a cui fu affidata l'amministrazione della giustizia e delle tasse. Questi funzionari dovevano al re la loro nomina e la loro carriera, e per questo gli erano fedelissimi.

Le rivolte dei nobili: la Fronda

La grande aristocrazia manifestò più volte il suo malcontento per mezzo di rivolte armate. La più violenta, che durò **dal 1648 al 1653**, fu la "rivolta della Fronda" (dal nome francese della fionda, un'arma usata dai popolani, che insorsero anch'essi, sobillati dai nobili). Re di Francia era allora Luigi XIV, un ragazzo di appena dieci anni, salito al trono nel **1643**. La rivolta fu domata, ma Luigi non dimenticò mai il pericolo corso. Nel **1661**, dopo la morte del cardinale Mazzarino, suo primo ministro e successore di Richelieu, **concentrò nelle proprie mani tutti i poteri di governo** e si impegnò a **ridurre il potere dell'aristocrazia** per impedire future ribellioni.

La Francia di Luigi XIV (1643-1715).

Versailles, la corte del Re Sole

A **Versailles**, poco lontano da Parigi, Luigi XIV si fece costruire una **splendida reggia**, circondata da un immenso parco e comprendente, oltre agli appartamenti reali e ai saloni da ricevimento, centinaia di stanze, destinate ad accogliere la **nobiltà** di Francia. Il re vi trasferì la sua corte e impose ai nobili l'obbligo di risiedervi. E i nobili accorsero, perché non era possibile ottenere dal sovrano nessun favore, nessun titolo, nessuno stipendio se non si faceva vita di corte. A loro Luigi XIV distribuì incarichi onorifici, che mancavano di effettivo potere (per esempio, il "privilegio" di infilargli le pantofole), ma li privò di ogni reale funzione politica, riducendoli di fatto al ruolo di **cortigiani***. A corte i nobili dovevano rispettare una rigida **etichetta***, che aveva uno scopo ben preciso: quello di stabilire una rigorosa gerarchia, al vertice della quale stava il re, fonte unica di tutti i poteri della Francia. Simbolo del sovrano era il Sole, immagine di grandezza e di splendore: proprio con il soprannome di **Re Sole** Luigi XIV è passato alla storia.

La reggia di Versailles in un dipinto della fine del XVII secolo.
Versailles, Musée du Château.

* Cortigiano
Significa "uomo di corte", ma spesso la parola ha valore spregiativo e allude all'atteggiamento servile tenuto nei confronti dei potenti.

* Etichetta
Insieme delle regole cerimoniali, degli usi e costumi prescritti a corte.

«Lo Stato sono io»

Dopo aver reso i nobili inoffensivi e aver riunito nella sua persona ogni autorità, Luigi XIV poteva ben affermare «lo Stato sono io», per significare che tutto in Francia ruotava intorno a lui e dipendeva da lui. Solo il re poteva decidere sulle tasse, l'esercito, la giustizia, il destino e i beni dei suoi sudditi. Egli esercitava un **potere assoluto** (dal latino, *absolutus*, "sciolto", "libero"): cioè non era obbligato a rispettare le leggi esistenti, neppure quelle fatte da lui, e nessuno poteva porre limiti alla sua autorità. Proprio per indicare un sistema di governo come quello imposto da Luigi XIV alla Francia fu coniato nel Settecento il termine **assolutismo***.

Seguendo l'esempio del re di Francia, i sovrani d'Europa si costruirono magnifiche regge e presero a modello i costumi della corte di Versailles. La lingua francese si diffuse rapidamente fra le persone colte e raffinate di ogni Paese e sostituì il latino nei rapporti fra gli Stati.

* Assolutismo
Indica un sistema politico in cui tutto il potere si concentra nelle mani del sovrano, che non ha limiti né controlli alla sua autorità. Deve però rispettare le leggi divine e quelle naturali (libertà, proprietà, sicurezza) operando per il bene del Paese.

COLLOCO GLI EVENTI NEL TEMPO

1630 — 1640 — 1650 — 1660 — 1670 — 1680 — 1690 — 1700 — 1710 — 1720

- **1643** Luigi XIV sul trono
- **1648-1653** rivolta dei nobili in Francia (Fronda)
- **1661** tutti i poteri a Luigi XIV

Vita quotidiana

L'etichetta alla corte di Versailles

La vita di corte a Versailles è regolata da una rigida etichetta, che tutti i **cortigiani** sono obbligati a rispettare con scrupolo. L'etichetta, per esempio, prevede l'obbligo di togliersi il cappello passando davanti al letto del re, anche se il re è assente; fissa la lunghezza degli strascichi delle signore (alle duchesse sono concessi quattro metri, alla regina quattordici); stabilisce chi debba versare sulle mani del re qualche goccia di alcol per la toilette mattutina (Luigi XIV si lava poco, come tutti al suo tempo), a chi spetti infilargli le pantofole, a chi caricargli l'orologio.

L'etichetta trasforma ogni momento della giornata del re in un **rito** spettacolare. A pranzo, per esempio, re Luigi mangia da solo, perché a nessun cortigiano è concesso l'onore di pranzare con lui. I membri della famiglia possono assistere al pranzo, ma devono restare in piedi. Il pranzo è servito in gran pompa. Le carni sono presentate al re da una quindicina di incaricati che avanzano in corteo: aprono la fila due guardie, seguono l'usciere, il maggiordomo, il gentiluomo addetto al pane, due controllori, i servitori che portano la carne, uno scudiero, il custode delle stoviglie e infine ancora due guardie. Se il re desidera bere si mobilitano quattro persone: il coppiere di tavola, il coppiere capo, l'addetto ai bicchieri, l'assaggiatore.

Le occasioni migliori per incontrare il re capitano di sera, quando a corte c'è un ballo, un concerto o uno spettacolo. Luigi XIV ama moltissimo la **musica** e il **teatro**, perciò ospita a Versailles musicisti e scrittori. Ancora più di frequente **si gioca d'azzardo**. Sedere al tavolo da gioco di Sua Maestà è un grande onore, ma un gentiluomo in una sola serata può perdervi un patrimonio. Il sovrano è generoso e presta ai giocatori il denaro per saldare i debiti di gioco, ma in questo modo li lega sempre di più a sé.

La vita di corte è molto **dispendiosa**. Ogni nobile deve possedere carrozze, servitù, abiti sfarzosi e stravaganti. Luigi XIV, che è piuttosto piccolo di statura, porta **parrucca** e **tacchi alti** che gli danno un aspetto più imponente. Possiede una collezione di parrucche e ne cambia almeno tre al giorno, ogni volta che si cambia d'abito. Per imitarlo i nobili spendono una fortuna in sarti, calzolai, modiste, parrucchieri. Tanto sfarzo non può essere retto alla lunga nemmeno dal sovrano, che deve affrontare anche i **costi** sempre maggiori delle **guerre**. Così Luigi XIV si indebita con mercanti e banchieri e, durante i conflitti, molti arredi del castello di Versailles prendono la via della **zecca**, dove vengono fusi e trasformati in denaro.

Il re e la regina durante una passeggiata a cavallo. I cortigiani che si avvicinano si tolgono il cappello. Dipinto del 1669.
Versailles, Musée du Château. Foto Fine Art Images/Heritage Images/Getty Images.

Luigi XIV in un dipinto del 1701. Il sovrano indossa parrucca e scarpe con il tacco; veste un manto ricamato e foderato di pelliccia d'ermellino, simbolo di regalità.
Parigi, Louvre. Foto RMN/Archivi Alinari.

Una partita a carte alla corte del Re Sole. Incisione del 1694.
Collezione privata. Foto Scala, Firenze.

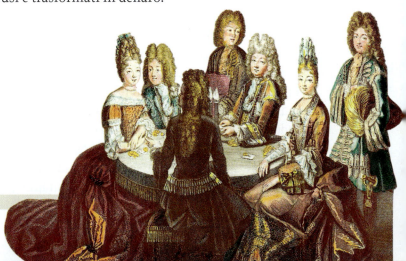

2. Il regno di Luigi XIV

Il controllo delle province e dell'economia

Luigi XIV diede agli intendenti grandi poteri e li affiancò agli aristocratici governatori di provincia che, a poco a poco, furono privati di ogni autorità. In questo modo il **controllo regio sulle province** aumentò molto.

Il re intervenne anche nella vita economica del Paese. Scoraggiò l'acquisto di merci dall'estero e favorì invece lo sviluppo in Francia di **manifatture reali**, che producevano ed esportavano sete, porcellane, tappezzerie e altri articoli di lusso. All'epoca si riteneva che la ricchezza di un Paese dipendesse dalla quantità di oro e di argento in suo possesso: perciò bisognava che le esportazioni (che portano denaro nelle casse dello Stato) fossero superiori alle importazioni (che invece lo sottraggono). Sulla base di questi princìpi economici – noti con il nome di **mercantilismo** – Luigi XIV sostenne anche l'attività delle **Compagnie francesi di navigazione** [→ cap. 6 par. 4], e ne divenne socio insieme ad altri membri della famiglia reale.

Medaglia del 1723: due guerrieri amerindi reggono lo stemma della Compagnia francese delle Indie. Collezione privata.

La persecuzione degli ugonotti

Luigi XIV entrò più volte in contrasto con il papato, rivendicando l'autonomia dei re di Francia dalla Chiesa di Roma. Ma soprattutto cominciò a perseguitare la minoranza religiosa degli ugonotti, che nel **1685** privò della libertà di culto, **annullando l'editto di Nantes** [→ cap. 5 par. 2]. Molti ugonotti allora cercarono rifugio in Olanda, Svizzera, Inghilterra e Germania; lì furono accolti volentieri perché erano per lo più mercanti, artigiani e professionisti, e portavano con loro capacità professionali, esperienza e capitali.

Moschettieri dell'esercito di Luigi XIV, incisione del XVII secolo. Parigi, Bibliothèque des Arts Décoratifs. Foto Scala, Firenze.

La Francia aggredisce i Paesi vicini

Dei 54 anni di regno di Luigi XIV ben 37 furono di guerra. Nell'intento di imporre in Europa il **predominio della Francia**, il Re Sole scatenò una serie di conflitti: contro gli Asburgo d'Austria e di Spagna, che considerava suoi nemici naturali; contro l'Olanda, pericolosissima rivale nei commerci; contro l'Inghilterra in rapido sviluppo. La Francia riportò numerosi successi, ma verso la fine del secolo i suoi tentativi di espansione furono bloccati. Le principali potenze europee infatti, spaventate dall'aggressività e dall'arroganza del re francese, si allearono contro di lui e, dopo averlo sconfitto, lo costrinsero ad abbandonare la maggior parte dei territori conquistati.

Per far fronte alle guerre Luigi XIV fece costruire un gran numero di **fortezze** e creò un **esercito stabile**, ben armato e fornito di moderne artiglierie, che nel corso di cinquant'anni passò da 50 000 a ben 300 000 unità. Le guerre ebbero costi altissimi e il re dovette aumentare ripetutamente le tasse, provocando malcontento e violente rivolte, soprattutto fra la popolazione contadina, su cui gravava il peso maggiore della tassazione.

ORGANIZZO I CONCETTI

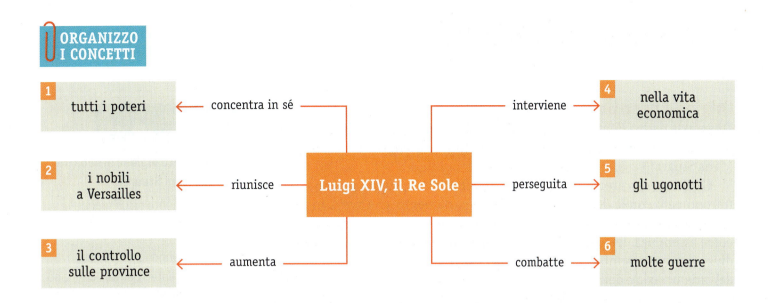

La guerra di successione spagnola

L'ultima guerra combattuta da Luigi XIV scoppiò per un problema di successione al trono. Nel 1700 morì il re di Spagna senza lasciare eredi, e Luigi XIV, che aveva sposato una principessa spagnola, pretendeva la **corona di Spagna** per il proprio nipote. Se questo progetto si fosse realizzato, gran parte dell'Europa sarebbe caduta sotto il controllo francese. Per evitare ciò, Inghilterra, Olanda, Austria e, più tardi, Portogallo e Savoia si allearono contro la Francia, dando inizio alla guerra di successione spagnola (**1702-1714**). La Francia era già indebolita dalle guerre precedenti. Il nuovo conflitto fu per i Francesi un susseguirsi di sconfitte, e la miseria si diffuse fra la popolazione.

Finalmente si giunse alla pace, conclusa a **Utrecht** (**1713**) e a **Rastatt** (**1714**). Filippo di Borbone, nipote di Luigi XIV, fu riconosciuto re di Spagna, ma dovette cedere all'Austria i Paesi Bassi meridionali e tutti i possedimenti italiani. L'Italia passò così dal dominio spagnolo a quello **austriaco**: divennero austriaci la Lombardia, il regno di Napoli e la Sardegna. Il duca **Vittorio Amedeo II di Savoia** ottenne il titolo di re e la Sicilia. Poco dopo, però, scambiò quest'isola con la Sardegna e da allora i Savoia assunsero il titolo di «**re di Sardegna**».

Filippo di Borbone in un ritratto del 1739 circa.
Madrid, Prado.

COLLOCO GLI EVENTI NEL TEMPO

3. Le rivoluzioni inglesi

Origine e peso politico del parlamento inglese

Quando la regina Elisabetta morì senza lasciare eredi, il trono inglese passò al re di Scozia, **Giacomo I Stuart**, e poi a **Carlo I**: l'uno figlio, l'altro nipote di Maria Stuart [→ cap. 5 par. 3].

Gli Stuart cercarono in tutti i modi di rafforzare il proprio potere; si scontrarono però con la decisa opposizione del parlamento, che aveva in Inghilterra una lunga tradizione e un grande peso politico. Sorto nel XIII secolo come assemblea dei grandi signori proprietari di terre (i Lord), esso si era poi diviso in due assemblee: la **Camera dei Lord**, composta da rappresentanti dell'aristocrazia e dell'alto clero, e la **Camera dei Comuni**, formata dalla piccola nobiltà di campagna (*gentry*) e dai borghesi (mercanti, artigiani, professionisti) delle città.

COLLEGO CAUSE ED EFFETTI

Il parlamento inglese si scontra con i sovrani Stuart **PERCHÉ**:

- il parlamento ha un grande peso politico, ma i re cercano di limitarlo
- i re impongono nuove tasse
- i parlamentari puritani criticano la Chiesa anglicana, di cui è a capo il re

I contrasti fra i re Stuart e il parlamento

Lo scontro fra gli Stuart e il parlamento nacque per motivi legati all'imposizione delle tasse, ma fu reso ancora più duro dai contrasti religiosi che in quegli anni agitavano il Paese. Fin dai tempi di Enrico VIII [→ cap. 4 par. 2], l'Inghilterra era prevalentemente anglicana, ma l'Irlanda era cattolica e la Scozia seguiva la dottrina di Calvino. Alla Camera dei Comuni sedevano già parecchi **puritani***, che criticavano aspramente la Chiesa anglicana e anche il re che ne era il capo. Per tenere a freno il parlamento, Carlo I evitò di convocare le Camere per ben undici anni, dal 1629 al 1640; e, quando lo fece, i contrasti esplosero.

* **Puritani**
I calvinisti più intransigenti, che intendevano "purificare" la Chiesa anglicana da ogni elemento cattolico.

La guerra civile

Da entrambe le parti si cominciò ad armare un esercito e infine, nell'estate del **1642**, si giunse a una aperta **guerra civile**. Il re poteva contare sul nord e l'ovest del Paese, mentre le ricche regioni dell'est e del sud si schierarono col parlamento. Capo delle truppe parlamentari fu **Oliver Cromwell**, un fervente puritano. Egli organizzò un esercito di tipo nuovo, in gran parte formato da volontari, molto motivati a combattere perché convinti di compiere una missione voluta da Dio. Guidate da Cromwell, le forze parlamentari ebbero il meglio: **Carlo I** fu ripetutamente sconfitto, fatto prigioniero, processato per alto tradimento e condannato a morte per decapitazione. La sentenza venne eseguita nel **1649**, e destò enorme scandalo in tutta Europa. Nello stesso anno fu abolita la Camera dei Lord e venne **proclamata la repubblica**.

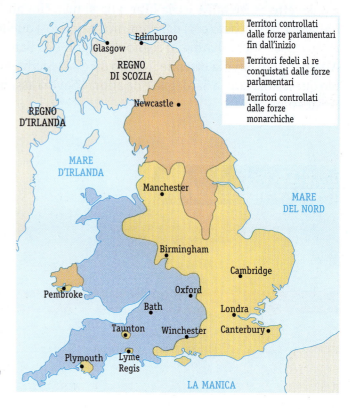

> La guerra civile inglese (1642-1649).

Il protettorato di Cromwell e il ritorno della monarchia

La proclamazione della repubblica non pose fine alle divisioni religiose e politiche del Paese e neppure alle rivolte, iniziate da tempo, in **Scozia** e nella cattolica **Irlanda**. Anzi Irlandesi e Scozzesi riconobbero come sovrano legittimo il figlio di Carlo I.

Cromwell riuscì a soffocare in pochi anni ogni ribellione: in Irlanda la **repressione** fu così **spietata** che 600 000 Irlandesi, su una popolazione di un milione e mezzo di abitanti, furono uccisi o costretti a emigrare.

Nel **1653** Cromwell si fece nominare **Lord Protettore d'Inghilterra, Scozia e Irlanda**, con il titolo di «Altezza» e il potere di indicare il proprio successore. Poi, forte del sostegno dell'esercito, impose al Paese una **dittatura militare***, concentrando in sé tutto il potere. Tuttavia, quando gli fu offerta la corona di re, egli la rifiutò. Alla sua morte la carica di Lord Protettore passò a suo figlio, che però non riuscì a tenere sotto controllo l'esercito, il parlamento e i numerosi sostenitori del re. Si aprì così la strada per un ritorno della dinastia Stuart: nel **1660** la corona fu restituita a **Carlo II**, figlio del re decapitato, e la **monarchia** fu **ristabilita**.

Ritratto di Oliver Cromwell su una medaglia del 1645.
Londra, National Portrait Gallery.

* Dittatura militare
Governo autoritario in cui una sola persona, il dittatore, esercita il potere e lo mantiene con la forza dell'esercito.

La processione per l'incoronazione di Carlo II, dipinto olandese del 1662.
Londra, City Museum. Foto Bridgeman Images.

Cambiamenti nel parlamento inglese

In questo periodo nel parlamento cominciarono a emergere due schieramenti: quello dei *tories*, sostenitori del potere del re e della Chiesa anglicana, e quello dei *whigs*, che volevano accrescere il peso politico dell'assemblea ed erano più tolleranti nei confronti delle altre religioni (fuorché quella cattolica).

I rapporti del parlamento con i restaurati re Stuart furono subito difficili. Carlo II e, soprattutto, suo fratello Giacomo II (cattolico fervente e sposato a una principessa cattolica) attirarono diffidenze e sospetti. Nel 1679 i parlamentari emanarono una legge, detta dell'*Habeas corpus*, in difesa dei diritti dei sudditi. Nel 1688 esclusero per sempre gli Stuart dal trono e offrirono la corona d'Inghilterra all'olandese **Guglielmo III d'Orange** (1650-1702), protestante come la moglie Maria, figlia dell'ultimo sovrano Stuart.

La "gloriosa rivoluzione"

Poiché la cacciata degli Stuart, questa volta, era avvenuta senza spargimento di sangue, gli storici inglesi chiamarono **"gloriosa"** questa seconda e pacifica rivoluzione (1688-1689).

Prima dell'incoronazione, però, Maria e Guglielmo dovettero accettare una sorta di **Dichiarazione dei diritti** (*Bill of Rights*, in inglese), in cui si elencavano i poteri e i diritti del parlamento che i sovrani dovevano impegnarsi a rispettare (**1689**). Nasceva così in Inghilterra la prima **monarchia costituzionale*** **e parlamentare**, una forma di governo in cui la legge stabilisce i limiti del potere del re e il parlamento ne controlla l'operato [→ Fonti p. 167].

La nuova dinastia pose fine ai contrasti civili e religiosi, e nel **1707** unificò Inghilterra e Scozia, dando origine a un nuovo organismo statale, il **Regno di Gran Bretagna**.

* **Monarchia costituzionale**
Si dice "costituzionale" quella monarchia (o quel governo) il cui potere è regolato dalle norme di una Costituzione: la Costituzione è infatti l'insieme dei princìpi fondamentali a cui devono ispirarsi tutte le leggi dello Stato.

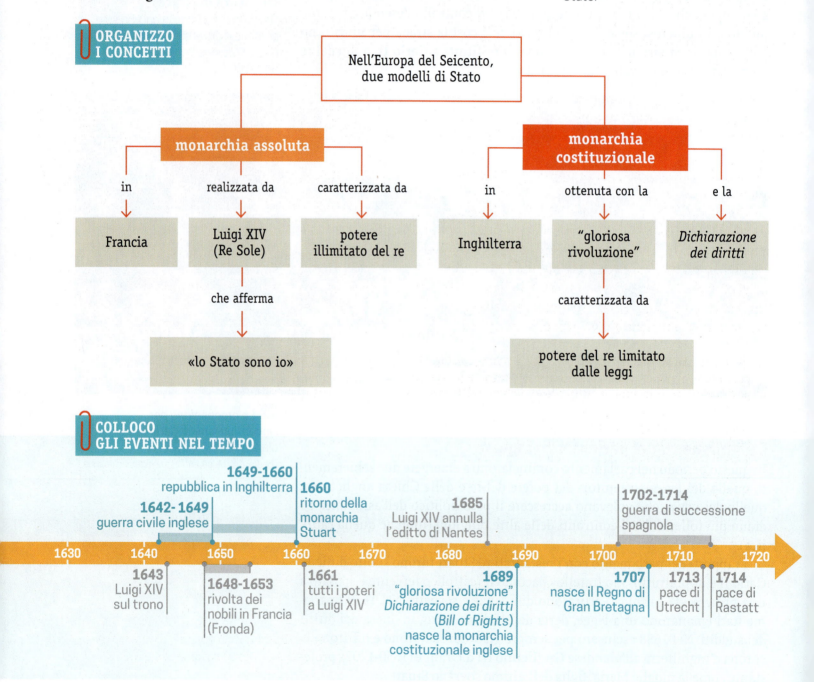

Fonti

I tre pilastri della monarchia parlamentare inglese

La *Magna Charta* (1215), l'*Habeas corpus* (1679) e il *Bill of Rights* (1689) sono i tre documenti fondamentali su cui poggia tutto il sistema costituzionale inglese.

La *Magna Charta*, concessa nel 1215 dal re Giovanni Senza Terra, assegnava ai nobili libertà e privilegi, ma riconosceva alcuni diritti anche a tutti gli uomini liberi. Nel corso dei secoli fu più volte modificata, ma resta in vigore ancora oggi.

L'*Habeas corpus* (il nome deriva dalle due parole latine con cui comincia il documento: *Habeas corpus*, cioè "Sii padrone del tuo corpo") fu approvato dal parlamento nel 1679. Stabiliva il diritto di ogni suddito, anche il più povero, a non essere arrestato e imprigionato arbitrariamente – e magari senza colpa – per ordine del re (cosa molto frequente all'epoca).

Con il *Bill of Rights*, infine, il parlamento inglese stabilì che il potere dei sovrani d'Inghilterra non fosse assoluto, ma limitato dalle leggi. Questo documento segna il passaggio da una monarchia per diritto divino – come quella di Luigi XIV, che si riteneva voluta da Dio – a un sistema in cui il sovrano può governare solo se ha il consenso parlamentare. Ne riportiamo alcuni articoli.

Guglielmo d'Orange e Maria II ricevono la corona e il *Bill of Rights*.
Londra, British Museum. Foto Bridgeman/Archivi Alinari.

« I Lord e i Comuni, riuniti in un organo comune che rappresenta legalmente la popolazione di questo regno, allo scopo di garantire i loro antichi diritti e le loro libertà, dichiarano che:
1. Il preteso potere del re di sospendere le leggi o l'applicazione delle leggi senza il consenso del parlamento è illegale [...].
4. Ogni tributo imposto dal re a favore della corona senza il consenso del parlamento è illegale [...].
5. I sudditi hanno diritto di presentare petizioni [*richieste*] al re: incarcerare qualcuno a causa delle petizioni è illegale [...].
6. Riunire e mantenere un esercito in tempo di pace senza consenso del parlamento è illegale [...].
8. La libertà di parola, di discussione e di stampa in parlamento non può essere impedita.
9. L'elezione dei membri del parlamento deve essere libera. [...]
13. Il parlamento deve essere riunito spesso. »

LAVORO SULLE FONTI

1. Descrivi il documento indicando: di che documento si tratta (pubblico, privato, trattato di pace, legge, saggio, poesia o altro); chi lo emana e a nome di chi; a che scopo viene emanato e in che anno.

2. Sul tuo quaderno elenca su tre colonne:
   a. gli atti che il re non può compiere perché ritenuti illegali;
   b. gli atti che il re può compiere solo con il consenso del parlamento;
   c. le libertà che il parlamento rivendica per sé.

3. Spiega le ragioni per cui il re d'Inghilterra non può essere considerato un sovrano assoluto.

4. La nuova scienza

Nel Seicento domina ancora la teoria aristotelico-tolemaica

Per molto tempo la scienza fu considerata un ramo della filosofia: ancora nel Cinquecento **Aristotele**, il grande filosofo greco del IV secolo a.C., costituiva la **massima autorità in campo scientifico**, e nessuno osava mettere in dubbio ciò che egli aveva affermato.

Le sue idee sull'universo erano state riprese nel II secolo d.C. dal filosofo alessandrino **Tolomeo** e si erano diffuse già dall'Alto Medioevo in Europa. Secondo la **teoria aristotelico-tolemaica**, l'universo era racchiuso in una sfera trasparente (la volta celeste) dov'erano incastrate le stelle. Al centro di questa sfera era collocata la Terra, immobile: per questo la teoria era anche detta **geocentrica**, cioè "con la Terra al centro". Intorno a essa ruotavano, con perfetti movimenti circolari, la Luna, il Sole e i pianeti (se ne conoscevano allora solo cinque), che non "cadevano" nello spazio perché erano fissati in sette sfere rotanti, i cosiddetti «sette cieli». Tutto era perfetto nei cieli, tutto era imperfetto sulla Terra. Le università medievali e la Chiesa avevano fatto propria la teoria aristotelico-tolemaica, che la Bibbia sembrava confermare [→ cap. 3 par. 3].

La teoria eliocentrica di Copernico e Keplero

Tuttavia, nel corso del Cinquecento, qualche studioso aveva cominciato ad avanzare dubbi su alcune "verità", ritenute fino ad allora indiscutibili. Come abbiamo visto [→ cap. 3 par. 3], lo scienziato polacco Niccolò Copernico aveva presentato la **teoria astronomica eliocentrica**, secondo la quale è la **Terra** che **gira intorno al Sole** e non viceversa. All'inizio del Seicento la teoria copernicana venne confermata dall'astronomo tedesco **Giovanni Keplero** (1571-1630). Questi scoprì, inoltre, che le orbite dei pianeti intorno al Sole sono ellittiche, cioè hanno la forma di un cerchio schiacciato, e non circolari come fino ad allora si era creduto (il moto circolare si considerava perfetto e la perfezione era ritenuta una caratteristica dei corpi celesti).

La diffusione delle nuove idee incontra degli ostacoli

Le nuove teorie scientifiche si diffusero con **lentezza** perché contraddicevano il "senso comune" (gli esseri umani vedono ruotare il Sole intorno alla Terra e non il contrario) ed erano in contrasto con le **idee degli antichi** e le **Sacre Scritture**. Per quest'ultimo motivo furono condannate dalle Chiese protestanti e più tardi anche dalla Chiesa cattolica.

Così per tutto il Seicento (e per gran parte del secolo successivo) le nuove idee convissero con le antiche e anche scienziati innovatori accettarono elementi della tradizione. Per fare un esempio, un grande studioso di anatomia,

Universi a confronto: in alto il sistema tolemaico; in basso quello copernicano. Da Andreas Cellarius, *Harmonia macrocosmica*, 1660. Parigi, Bibliothèque des Arts Décoratifs. Foto Mary Evans Picture Library.

l'inglese **William Harvey**, giunse nel 1628 alla scoperta della **circolazione del sangue** partendo dall'idea tradizionale della "perfezione" del moto circolare.

Lo studio della natura si basa sull'esperienza e sulla dimostrazione

Tuttavia, nonostante la lentezza della diffusione e il perdurare di vecchie conoscenze, gli storici parlano di una "rivoluzione scientifica" iniziata nel corso del Cinque-Seicento. A poco a poco si abbandona la **visione del mondo** con la Terra al suo centro, ritenuta valida per tutta l'Età antica e il Medioevo; lo **studio della natura** comincia a **staccarsi dalla filosofia** e si avvia a diventare una disciplina nuova, con leggi proprie e un proprio metodo di ricerca basato sull'esperienza e sulla dimostrazione matematica. Questo **metodo**, detto **scientifico** o **sperimentale**, sta alla base della scienza moderna.

La scienza moderna e il metodo sperimentale

Alla nascita della nuova scienza contribuisce grandemente lo scienziato italiano **Galileo Galilei** (1564-1642), matematico, fisico e astronomo sommo.

Secondo Galilei, lo scienziato deve spiegare come avvengono i fenomeni naturali, senza curarsi che essi corrispondano o no a ciò che afferma la filosofia. Per prima cosa lo scienziato **osserva i fenomeni**, di cui gli interessano non gli aspetti soggettivi (che sono diversi per ciascuno) ma quelli che si possono **misurare** (per esempio, il tempo, lo spazio, la velocità) perché sono uguali per tutti. Poi **formula un'ipotesi**, che deve essere verificata con ripetuti esperimenti. Se essa non è confermata dall'esperienza, lo scienziato deve scartarla; se lo è, lo scienziato elabora una **legge**, che può essere applicata a tutti i fenomeni della stessa specie. L'**esperienza** e il **ragionamento matematico** sono per Galilei i due strumenti fondamentali del metodo scientifico.

ORGANIZZO I CONCETTI

Lo scienziato moderno

osserva e misura
↓
i fenomeni
↓
poi formula
↓
un'ipotesi
↓
che verifica o scarta tramite
↓
ripetuti esperimenti
↓
infine elabora
↓
una legge

Galilei sostiene la teoria copernicana e viene condannato

Per i suoi studi astronomici Galilei ebbe l'idea di servirsi del cannocchiale, inventato da un ottico olandese all'inizio del Seicento. Egli lo perfezionò, lo trasformò in **telescopio** e lo puntò contro il cielo. Le prime scoperte che fece furono clamorose. La **Luna** non era sferica e perfetta, come si credeva, ma presentava **montagne** e **conche**, proprio come la Terra; sulla superficie solare apparivano macchie nere invisibili a occhio nudo; intorno al pianeta Giove ruotavano quattro piccoli satelliti di cui si ignorava l'esistenza. Queste osservazioni lo portarono a concludere – in aperto contrasto con la teoria aristotelico-tolemaica – che il mondo celeste non era affatto perfetto (dato che c'erano **macchie sul Sole** e valli sulla Luna) e la Terra non poteva essere il centro dell'universo (dato che quattro satelliti ruotavano intorno a Giove).

Le rivelazioni di Galilei, annunciate nel 1610, furono accolte da consensi ma anche da critiche. In seguito lo scienziato fu processato e **condannato dal tribunale dell'Inquisizione**, che giudicò «stolta, assurda e formalmente eretica» l'idea che la Terra ruotasse intorno al Sole. Galilei fu costretto a rinnegare le sue scoperte.

La Luna in un'illustrazione dell'opera di Galileo *Sidereus Nuncius*, 1610.
Londra, Wellcome Library.

I protagonisti

Galileo Galilei, un rivoluzionario della scienza

Galileo Galilei nasce a Pisa nel 1564. A 25 anni è già professore di matematica, prima nella sua città poi presso l'università di Padova, dove insegna la vecchia astronomia di Tolomeo.

Probabilmente è già convinto che la teoria copernicana sia quella esatta, ma non ha prove per dimostrarlo. Intanto scruta il cielo con il cannocchiale e nel 1610 pubblica le sue scoperte astronomiche in un libro, che scrive in latino per i dotti; lo intitola *Sidereus Nuncius*, cioè «Il messaggero delle stelle». Per lo scienziato è un momento di grande notorietà: in tutta Europa si parla di lui, del suo cannocchiale, dei monti della Luna, dei satelliti di Giove. Eppure, quando vuole dare dimostrazione delle sue scoperte al granduca di Toscana, c'è fra i presenti chi si rifiuta perfino di guardare attraverso il cannocchiale. Per avversari come questi la parola di Aristotele ha più valore di ciò che si vede con i propri occhi.

Ancora più grave è il contrasto con la Chiesa. Fra le Sacre Scritture e la teoria copernicana c'è una contraddizione: Galileo lo sa, ma continua a sperare nel trionfo della verità scientifica.

Nel **1632** pubblica la sua opera maggiore, il *Dialogo sopra i due massimi sistemi del mondo*, in cui sono messe a confronto le teorie di Tolomeo e di Copernico.

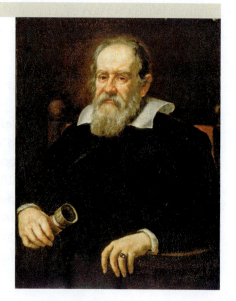

> **Galileo Galilei** in un ritratto del pittore fiammingo Justus Sustermans, pittore di corte dei Medici, 1640 circa.
> Londra, National Maritime Museum.

Il *Dialogo* è una conversazione fra tre personaggi: un acceso copernicano (Salviati), un convinto seguace di Tolomeo (Simplicio) e un uomo intelligente che vuol capire (Sagredo). Ma ai dotti ecclesiastici l'opera non piace, perché ritengono che le idee copernicane vi siano sostenute con troppo vigore.

Galileo, quindi, viene convocato a Roma per essere sottoposto a un processo per eresia.

Il processo dura parecchi mesi. Infine il tribunale dell'Inquisizione condanna Galileo ad abiurare (**1633**), cioè a rinnegare pubblicamente le idee che ha difeso per tutta la vita, e a rimanere nella sua villa di Arcetri fino alla morte.

La tradizione popolare vuole che lo scienziato, dopo l'abiura, abbia esclamato, battendo il piede per terra: «Eppur si muove!», confermando con queste parole la sua adesione alla teoria copernicana.

COLLOCO GLI EVENTI NEL TEMPO

Isaac Newton e la legge di gravitazione universale

Con il tempo però la teoria copernicana finì per imporsi e trionfare. Restavano naturalmente problemi da risolvere.

Ci si chiedeva, per esempio, in che modo i corpi celesti potessero muoversi nello spazio mantenendo le loro orbite, se non esistevano sfere rotanti. La risposta a tale quesito fu trovata nel **1687** dallo scienziato inglese **Isaac Newton** (1642-1727), che come Galilei fu al tempo stesso astronomo, fisico, matematico e sperimentatore. Egli comprese per primo che i corpi celesti si attirano gli uni con gli altri e che la forza che li attrae reciprocamente – la **gravitazione universale** – è la stessa che fa cadere a terra un corpo lasciato libero nello spazio, per esempio una mela che si stacchi dal ramo. Secondo la tradizione, Newton avrebbe intuito l'esistenza della forza di gravità proprio osservando una mela che cadeva dall'albero.

Nascono le accademie scientifiche

Fra Cinque e Seicento si moltiplicarono le **accademie**, associazioni a cui aderivano gli appassionati degli studi letterari, delle arti e, più tardi, della ricerca scientifica, per confrontare le idee e coordinare i lavori. La più antica accademia scientifica italiana (1603) fu quella dei **Lincei** (che aveva come simbolo una lince, per indicare che lo sguardo dell'uomo di scienza deve essere acuto come quello dell'animale): di questa accademia fece parte anche Galilei. Sorsero poi la fiorentina **Accademia del Cimento** (1657), il cui motto era «provando e riprovando», la Royal Society di Londra (1660), l'Accademia delle scienze di Parigi (1666). Nelle accademie si pubblicarono le prime **riviste scientifiche**.

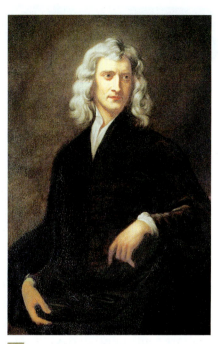

Il ritratto di Isaac Newton in un dipinto di Godfrey Kneller del 1689. Parigi, Académie des Sciences.

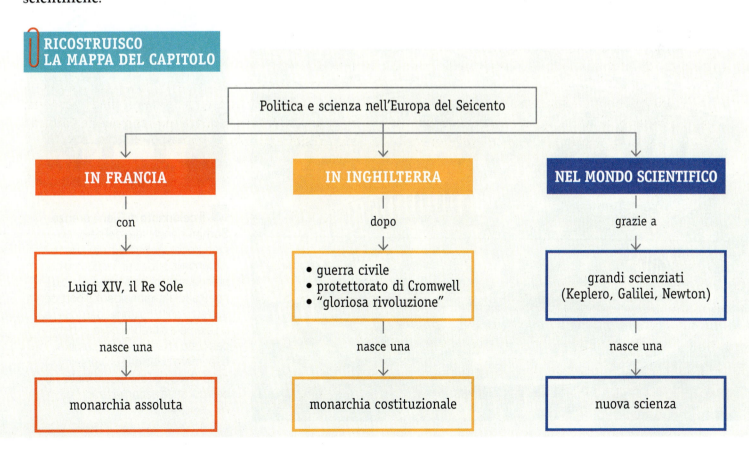

RICOSTRUISCO LA MAPPA DEL CAPITOLO

Politica e scienza nell'Europa del Seicento

- **IN FRANCIA** — con → Luigi XIV, il Re Sole → nasce una → monarchia assoluta
- **IN INGHILTERRA** — dopo → guerra civile; protettorato di Cromwell; "gloriosa rivoluzione" → nasce una → monarchia costituzionale
- **NEL MONDO SCIENTIFICO** — grazie a → grandi scienziati (Keplero, Galilei, Newton) → nasce una → nuova scienza

Patrimonio della cultura

Il barocco

Nel Seicento e nel secolo successivo si affermò in Italia e in Europa un nuovo **stile artistico** che venne applicato non solo alle arti figurative (pittura e scultura), ma anche all'architettura, alla letteratura e alla musica. Più tardi il nuovo stile fu definito spregiativamente "**barocco**", un termine che ne sottolineava gli aspetti "bizzarri" e "irregolari". Solo in tempi relativamente recenti l'arte barocca, a lungo sottovalutata, ha ottenuto l'apprezzamento dei critici.

All'equilibrio e alla misura che contraddistinguono l'arte rinascimentale, il barocco oppone il gusto per gli **effetti sorprendenti e spettacolari**: crea pareti ondulate, figure in movimento, illusioni ottiche che dilatano gli spazi. Le opere degli artisti barocchi hanno la funzione di **affascinare**, di suscitare **meraviglia e diletto** in chi le contempla; gli edifici di culto barocchi devono ispirare sentimenti di **devozione** e di **intensa religiosità**.

▼ **Il baldacchino bronzeo** di Gian Lorenzo Bernini è costruito intorno all'altare papale nella basilica di San Pietro. Il baldacchino poggia su quattro colonne a spirale, che reggono festoni di bronzo, fatti in modo da suggerire l'immagine di una stoffa agitata dal vento. Lo stile barocco tende a movimentare le superfici, che l'arte rinascimentale voleva classiche e piane.
Foto Bridgeman Images.

◀ **Il colonnato di Gian Lorenzo Bernini**, capolavoro del barocco monumentale, ha forma di ellisse e circonda la piazza di San Pietro con grande effetto scenografico (cioè spettacolare, grandioso). Il portico sorretto dalle colonne (ben 284) è un elemento proprio delle antiche basiliche cristiane, e qui sembra esprimere l'idea dell'universalità della Chiesa e l'abbraccio materno con cui essa accoglie i suoi figli.
Foto Archivi Alinari.

Il trionfo di sant'Ignazio (il fondatore della Compagnia di Gesù) e il suo ingresso in paradiso dove Cristo lo accoglie, affrescato da Andrea Pozzo sulla volta della chiesa di Roma dedicata al santo. Nella volta, le colonne dipinte sembrano un prolungamento di quelle reali, e le figure danno l'illusione di sfondare la cornice e di galleggiare nel vuoto, creando un effetto spettacolare.
Foto Scala, Firenze.

La facciata della chiesa di San Carlo alle Quattro Fontane ha pareti ondulate sulle quali le colonne e le nicchie, le rientranze e le sporgenze creano un felice gioco di luci e di ombre. È opera di Francesco Borromini che, insieme a Bernini, fu uno dei principali artisti della Roma barocca.
Foto K. Vladimir/Shutterstock.

Per la Chiesa di Roma, appena uscita dallo scontro col protestantesimo, il barocco è lo stile artistico più adatto per rafforzare i sentimenti religiosi dei fedeli e per ricondurre alla fede cattolica quelli che si sono dispersi. In contrasto con la nudità dei templi protestanti, le chiese barocche sono **riccamente decorate**. Gli altari sono impreziositi di marmi e dorature perché su di essi devono convergere gli sguardi di tutti i presenti. Sui soffitti, ampie zone affrescate creano l'illusione che la volta si apra, offrendo ai fedeli visioni di paradiso.

Il centro di irradiazione del barocco è **Roma**: per volere dei papi la città si arricchisce di chiese, palazzi, piazze e fontane. Dall'Italia il nuovo stile si diffonde in vari Paesi, in Europa e in America. Nelle città le strade si allargano, le piazze si aprono su sfondi grandiosi che le rendono simili a teatri all'aperto, nascono i primi giardini pubblici, con specchi d'acqua e viali alberati.

COMPRENDO LE TRADIZIONI CULTURALI E RELIGIOSE

1. Componi un testo seguendo la traccia indicata dalle domande.
   a. Quali aspetti del nuovo stile artistico sottolinea, in origine, la parola "barocco"? Esprime un giudizio positivo o negativo?
   b. Qual è la funzione delle opere d'arte barocche? Quale, in particolare, quella delle opere religiose?
   c. Perché nel Seicento l'arte barocca diventa uno strumento importante per la Chiesa di Roma? Come cambia l'aspetto delle città?

Sintesi — RICOSTRUISCO LE INFORMAZIONI

1. La Francia del Re Sole
Verso la metà del Seicento il re di Francia **Luigi XIV** (il **Re Sole**) concentra nelle sue mani tutto il **potere**, che diventa **assoluto**: il sovrano non è obbligato a rispettare nessuna legge. Questa nuova forma di governo si chiama **assolutismo**.
Il re controlla i nobili convincendoli a vivere alla corte di Versailles.

2. Il regno di Luigi XIV
Luigi XIV toglie potere ai governatori nobili delle province affiancandoli ai funzionari (gli **intendenti**) di sua fiducia. Favorisce le **esportazioni**, crea le **manifatture reali** e sostiene le **Compagnie francesi di navigazione**. Annulla l'editto di Nantes e **perseguita gli ugonotti**. Scatena **numerose guerre** per estendere il predominio della Francia sull'Europa. Alla fine della guerra combattuta per la successione al trono di Spagna (1702-1714), buona parte del territorio italiano passa dal controllo della Spagna a quello dell'Austria.

3. Le rivoluzioni inglesi
In Inghilterra dopo la morte di Elisabetta I sale al trono la dinastia **Stuart**.
I contrasti fra i sovrani e il parlamento inglese portano a una **guerra civile** (1642-1649), che finisce con la vittoria dell'esercito parlamentare guidato da **Oliver Cromwell**.
Il re Carlo I Stuart viene **decapitato** e l'Inghilterra diventa una **repubblica**. Cromwell crea una **dittatura militare** e reprime con la forza ogni ribellione.
Dopo la morte di Cromwell torna la monarchia. Il nuovo re Giacomo II Stuart si scontra di nuovo con il parlamento, che nel 1688 lo caccia e offre il titolo di re a suo genero, **Guglielmo III d'Orange**.
Prima dell'incoronazione, Guglielmo III firma la *Dichiarazione dei diritti* (*Bill of Rights*), in cui sono elencati poteri e diritti del parlamento che anche il re deve rispettare. L'Inghilterra diventa la **prima monarchia costituzionale** e parlamentare.

4. La nuova scienza
Tra Cinque e Seicento nasce la **scienza moderna**. Gradualmente la teoria geocentrica (secondo la quale sarebbe il Sole a girare intorno alla Terra) viene sostituita da quella eliocentrica (secondo cui la Terra gira intorno al Sole), sostenuta da **Copernico** e da **Keplero**.
Galileo Galilei fonda il metodo scientifico basato sull'esperienza e sulla dimostrazione. I suoi studi confermano la teoria di Copernico ma per questo Galileo è accusato di eresia.
Isaac Newton mette a punto la legge sulla gravitazione universale.

Esercizi

VERIFICO LE CONOSCENZE — Paragrafo 1

1 Completa il brano con le parole dell'elenco.

Mazzarino ▪ Richelieu ▪ assoluto ▪ spada ▪ Fronda ▪ giustizia ▪ pagamento ▪ titoli ▪ toga ▪ tasse ▪ incarichi ▪ sudditi ▪ popolani ▪ ministri

I sovrani francesi cominciarono a concedere a ………………………… a funzionari e amministratori di origine borghese ………………………… nobiliari e ………………………… nel campo della ………………………… o della riscossione delle ………………………… . La nuova nobiltà di ………………………… era fedele al re, ma non era ben vista dai rappresentanti dell'antica nobiltà di ………………………… . Nei primi decenni del Seicento, il potere in Francia fu detenuto da due abili ………………………… , i cardinali ………………………… e ………………………… . Quest'ultimo governò il regno al posto del giovane Luigi XIV, incoronato ancora bambino, e tenne le redini della monarchia francese quando gli aristocratici e i ………………………… di Parigi insorsero, organizzando la violenta rivolta della ………………………… . Divenuto adulto, Luigi XIV impose un sistema di governo ispirato al potere ………………………… (cioè privo di limiti, tranne quelli posti dalle leggi divine e dai diritti naturali dei …………………………).

LAVORO SULLE FONTI — Paragrafo 1

2 Il brano, tratto dalle *Memorie* di Luigi XIV, chiarisce quali debbano essere, secondo il sovrano, le funzioni del re. Dopo averlo letto, stabilisci se le affermazioni sono vere (V) o false (F).

> « Io volevo prendere completamente nelle mie mani la massima autorità dello Stato. Io sono informato di tutto, so esattamente qual è il livello di preparazione delle mie truppe e sono informato sulle condizioni delle mie fortezze; do immediatamente da eseguire i miei ordini, tratto direttamente con gli ambasciatori stranieri, ricevo dispacci [*lettere di contenuto politico*] e scrivo io stesso le risposte; per il resto, indico a grandi linee ai miei ministri ciò che va fatto. Regolo le entrate [*le tasse*] e le uscite [*le spese*] dello Stato […]. Per il popolo è un male minore sopportare piuttosto che controllare il governo, anche cattivo, del re, di cui solo Dio è giudice. »

a. Il re tiene nelle sue mani i massimi poteri dello Stato. V F
b. Il re è al corrente di tutti gli affari dello Stato. V F
c. La legge impone al re di seguire i consigli dei suoi ministri. V F
d. Il re non si occupa dell'esercito. V F
e. Le tasse e le spese statali sono decise dal re. V F
f. Il popolo deve controllare l'operato del re. V F
g. Il re rende conto delle sue azioni soltanto a Dio. V F

RIORGANIZZO DATI E CONCETTI — Paragrafo 2

3 Costruisci sul tuo quaderno una tabella con gli aspetti più rilevanti del regno di Luigi XIV.

Luigi XIV e la nobiltà	Luigi XIV e l'economia	Luigi XIV e la religione	Luigi XIV e l'Europa

Esercizi

VERIFICO LE CONOSCENZE
Paragrafo 3

4 Completa il brano con le parole dell'elenco. Fai attenzione: alcune non ti serviranno.
Oliver Cromwell ▪ Guglielmo III d'Orange ▪ puritani ▪ *Habeas corpus* ▪ parlamento ▪ Carlo I Stuart ▪ contrasti ▪ rivoluzioni inglesi ▪ Lord Protettore ▪ *Bill of Rights* ▪ costituzionale ▪ monarchia ▪ repubblica ▪ guerra civile ▪ sovrano

In Inghilterra i re Stuart incontrarono la forte opposizione del .... , tanto che nel 1642 si giunse a una vera .... L'esercito parlamentare, sotto la guida di .... , ebbe la meglio: re .... fu sconfitto, condannato e decapitato.
In Inghilterra fu proclamata la .... e Cromwell fu nominato ....
Dopo la sua morte, si tornò alla .... e la corona fu restituita alla dinastia Stuart.
Si rinnovarono però i .... fra i re e il parlamento, che alla fine decise di escludere per sempre gli Stuart dal trono. La corona d'Inghilterra fu offerta all'olandese .... , protestante e marito della figlia del re cacciato. I nuovi sovrani, prima di esser incoronati, dovettero approvare il .... , un elenco dei diritti del parlamento che limitavano i poteri del .... Nasceva così la prima monarchia ....

COLLOCO NEL TEMPO
Paragrafi 1, 2 e 3

5 Completa la tabella: scrivi prima le date e gli avvenimenti mancanti e poi, nella terza colonna, numerali secondo l'ordine cronologico. (L'esercizio è avviato.)

Avvenimenti	Date	Ordine cronologico
Decapitazione di Carlo I Stuart		2
Pace di Rastatt		7
	1689	5
	1702-1714	
Luigi XIV accentra tutti i poteri	1661	
	1642-1649	
"Gloriosa rivoluzione"		

LAVORO SULLE FONTI
Paragrafo 3

6 Osserva l'immagine, leggi l'introduzione che la precede, poi rispondi alle domande.
Il dipinto rappresenta Oliver Cromwell. Sotto l'immagine era scritto in latino: «Il carnefice di sua maestà il re d'Inghilterra».

a. Che cosa regge Cromwell con la mano destra?
b. Che cosa con la sinistra?
c. Chi è il re d'Inghilterra cui si fa riferimento?
d. L'autore del dipinto voleva rappresentare Cromwell come un eroico rivoluzionario o come un boia? L'autore del dipinto era favorevole o contrario alla decapitazione del re?

VERIFICO LE CONOSCENZE
Paragrafo 4

7 Completa il brano con le parole dell'elenco. Fai attenzione: alcune non ti serviranno.

difficoltà • Isaac Newton • Galileo Galilei • tribunale dell'Inquisizione • tolemaica • geocentrica • copernicana • eliocentrica • scienza • cannocchiale • gravitazione universale

Secondo la teoria .... o .... , il Sole ruota intorno alla Terra; invece, secondo la teoria .... o .... , la Terra ruota intorno al Sole. La nuova visione dell'universo, che seguiva la seconda teoria, cominciò a diffondersi fra molte .... Lo scienziato italiano .... contribuì alla nascita della nuova .... , facendo scoperte che mettevano in discussione l'autorità delle Sacre Scritture. Lo scienziato inglese .... formulò la legge della ....

STABILISCO COLLEGAMENTI E RELAZIONI
Paragrafo 4

8 Spiega perché:
a. la Chiesa fece propria la teoria tolemaica.
b. le nuove idee scientifiche si diffusero con difficoltà.
c. le scoperte astronomiche di Galilei confermarono la teoria copernicana.
d. i corpi celesti mantengono le loro orbite e non si disperdono liberamente nello spazio cosmico.
e. nel Seicento si moltiplicarono le accademie scientifiche.

COMPONGO UN TESTO
Paragrafo 4

9 Leggi il documento e l'introduzione che lo precede, poi componi un breve testo (segui la traccia delle domande) e attribuiscigli un titolo.
Riportiamo una parte della sentenza che nel 1633 il tribunale dell'Inquisizione pronunciò contro Galileo Galilei, accusato di aver propagandato la teoria copernicana nel suo libro dei *Dialoghi*.

« Dichiariamo che tu, Galileo [...], ti sei reso veementemente [*fortemente*] sospetto di eresia, cioè di aver creduto una dottrina falsa e contraria alle Sacre Scritture, che il Sole sia centro della Terra e che non si muova da oriente ad occidente, e che la Terra si muova e non sia centro del mondo [...] e conseguentemente sei incorso in tutte le censure e le pene dei Sacri canoni [*le leggi della Chiesa*]. [...]
E perché questo tuo grave errore non resti del tutto impunito [...], ordiniamo che sia proibito il libro dei *Dialoghi* di Galileo Galilei. Ti condanniamo al carcere formale e per penitenze salutari ti imponiamo che per tre anni dici una volta la settimana i sette Salmi penitenziali. »

a. Chi viene processato?
b. Di quali colpe è accusato?
c. Quale condanna è pronunciata contro di lui?
d. Le accuse riguardano le sue convinzioni religiose o quelle scientifiche?
e. Perché il tribunale dell'Inquisizione le giudica eretiche?

Il capitolo a colpo d'occhio

QUANDO

1. Quando si sono svolti questi eventi? **SCRIVI** l'anno o il periodo sui puntini, scegliendolo tra i seguenti: 1649, 1661, 1689.

A

.... Carlo I Stuart viene decapitato e in Inghilterra è proclamata la repubblica.

B

.... Guglielmo III d'Orange accetta il *Bill of Rights*: l'Inghilterra diventa la prima monarchia costituzionale.

C

.... Luigi XIV, il Re Sole, governa da sovrano assoluto in Francia.

2. Ora **COLLOCA** gli eventi sulla linea del tempo.

| 1640 | 1645 | 1650 | 1655 | 1660 | 1665 | 1670 | 1675 | 1680 | 1685 | 1690 |

DOVE

3. **OSSERVA** la carta, **LEGGI** la legenda e **COMPLETA** la didascalia.

La carta rappresenta la .... inglese, combattuta tra le forze monarchiche e le forze .... fra il .... e il ....

Le forze parlamentari conquistano vasti territori fedeli al .... , sia a nord sia a .... dell'Inghilterra, e alla fine risultano vincitrici.

LE PAROLE DA RICORDARE

4. COMPLETA le definizioni. SCEGLI le parole dell'elenco.

Intendente • teoria eliocentrica • monarchia assoluta
• monarchia costituzionale • teoria geocentrica

Forma di pensiero secondo cui la Terra è al centro dell'universo: ....

Forma di pensiero secondo cui la Terra ruota attorno al Sole: ....

Forma di governo in cui il re concentra nelle proprie mani tutti i poteri: ....

Forma di governo in cui il potere del re viene limitato dalla legge: ....

Funzionario nominato dal re di Francia e a lui fedelissimo: ....

LA MAPPA DEI CONCETTI

5. COMPLETA la mappa inserendo al posto giusto le parole seguenti.

Inghilterra • monarchia assoluta • monarchia costituzionale • Keplero, Galilei e Newton
• Luigi XIV • nuove teorie • "gloriosa rivoluzione"

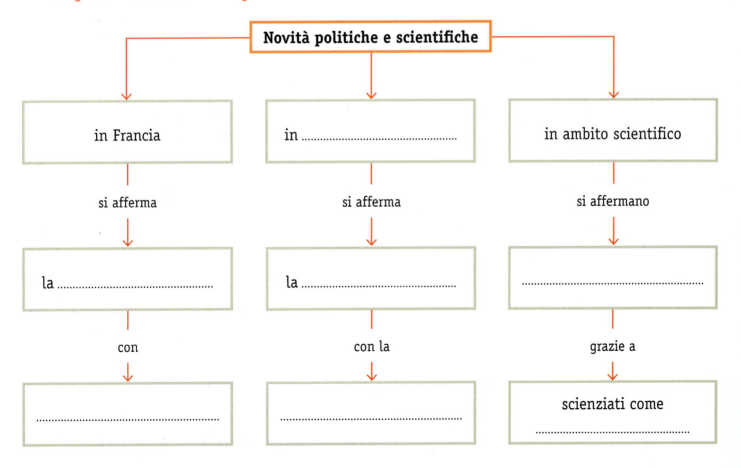

Sei pronto per la verifica?

IN 1 ORA Punteggio massimo: 100 punti   Sufficienza: 60 punti

1. VERIFICARE LE CONOSCENZE

Completa il testo con le parole dell'elenco.

Invincibile Armata ▪ dei trent'anni ▪ Lepanto ▪ Carlo V d'Asburgo ▪ Elisabetta I ▪ Filippo II ▪ guerra civile ▪ assolutismo ▪ monarchia costituzionale ▪ schiavi neri ▪ potenze marittime ▪ commercio triangolare

Il Cinquecento e il Seicento furono secoli di guerre per l'Europa. Prima scoppiò un lungo conflitto (1521-1559) fra ...., re di Spagna e imperatore, e la Francia di Francesco I, in cui furono coinvolti quasi tutti gli Stati d'Europa. In Francia si combatté una ...., per motivi sia religiosi sia politici. Il successore di Carlo V, ..., si scontrò con ebrei, *moriscos* e Turchi (questi ultimi battuti a ....); combatté i Paesi Bassi (in parte calvinisti) e inviò l'....................................... contro l'Inghilterra anglicana di ...., subendo però una bruciante sconfitta.

Nel Seicento fu combattuta la lunga guerra ...., l'ultima guerra di religione. Olanda e Inghilterra divennero grandi .... e si arricchirono con i traffici commerciali. Fra Europa, Africa e America ebbe inizio il .... con cui si scambiavano merci e .... In Francia si affermò l'....................................... di Luigi XIV, il Re Sole. In Inghilterra una "gloriosa rivoluzione" cacciò il sovrano regnante e inaugurò una ....

1 punto per ogni risposta corretta – Punti: ..../12

2. ORIENTARSI NELLO SPAZIO

Osserva la carta e completa la didascalia.

Le navi olandesi percorrono gli oceani ...., ... e ....
Le principali colonie olandesi si trovano nell'America ...., nell'America ...., in .... e .... Dall'Africa all'America le navi olandesi trasportano ....

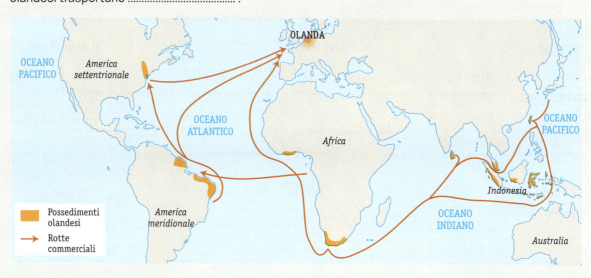

1 punto per ogni risposta corretta – Punti: ..../8

Unità 2 La formazione degli Stati moderni

3. STABILIRE COLLEGAMENTI E RELAZIONI

Spiega perché si verificarono i seguenti avvenimenti.

a. Fra Quattro e Cinquecento l'Italia attirava il desiderio di conquista delle potenze europee.
b. In Francia nel 1598 poterono aver fine le guerre di religione.
c. Nel Cinquecento il Mediterraneo cominciò a perdere l'importanza commerciale avuta per secoli.
d. Gli Olandesi furono chiamati "carrettieri del mare".
e. In Inghilterra fin dal Seicento si cominciò a sostituire il legname con carbon fossile.
f. Luigi XIV poteva dire «Lo Stato sono io».
g. Nel 1642 in Inghilterra scoppiò una guerra civile.
h. La rivoluzione inglese del 1688-1689 fu detta "gloriosa rivoluzione".

3 punti per ogni risposta corretta – Punti: ..../24

4. COLLOCARE NEL TEMPO

In quale secolo si svolsero gli avvenimenti elencati? Metti le crocette.

	XVI	XVII		XVI	XVII
La battaglia di Lepanto			Le guerre di religione in Francia		
Il sacco di Roma			La ribellione dei Paesi Bassi		
La guerra dei trent'anni			La "gloriosa rivoluzione" inglese		
La sconfitta dell'Invincibile Armata			L'editto di Nantes		

2,5 punti per ogni risposta corretta – Punti: ..../20

5. USARE LE PAROLE DELLA STORIA

Costruisci una frase con ciascuna delle seguenti parole o espressioni.

Sacco di Roma ▪ guerre di religione ▪ zar ▪ lavoro a domicilio ▪ monarchia costituzionale ▪ madrepatria ▪ (il) capitale ▪ teoria copernicana

3 punti per ogni risposta corretta – Punti: ..../24

6. LAVORARE SULLE FONTI

In questa medaglia la Terra appare illuminata dai raggi del Sole, che è rappresentato col volto di un re. Liberamente tradotta, la scritta in lingua latina *nec pluribus impar* avverte che il re non è in difficoltà neanche di fronte a molti avversari.

a. Quale grande sovrano fece coniare questa medaglia?
b. Con quale soprannome passò alla storia?
c. Quale immagine voleva dare di sé scegliendo il simbolo del Sole?
d. In che anno fu coniata la medaglia? Trascrivi la data in cifre arabe.

3 punti per ogni risposta corretta – Punti: ..../12

7. STABILIRE COLLEGAMENTI E RELAZIONI   [extra punteggio] 4 punti per la risposta corretta

Spiega le differenze principali fra monarchia assoluta e parlamentare.

Compito di realtà

Abiti e mode fra il Cinquecento e il Seicento

L'IDEA

Sfogliando questa unità avrai forse già notato come l'abbigliamento delle persone raffigurate nelle illustrazioni sia molto diverso da quello attuale. Ma nell'Europa del Cinquecento e del Seicento esistevano mode "nazionali"? E quali abiti e accessori portavano gli uomini, le donne e i bambini, i ricchi e i poveri, i nobili e i popolani? Lavorando in gruppo, svolgi una ricerca che parte dall'analisi dei dipinti realizzati in quel periodo.

CHE COSA DEVI FARE

1. Con l'aiuto degli insegnanti, procuratevi almeno venti immagini di quadri cinquecenteschi e seicenteschi. Devono essere opere con scene di vita quotidiana: scartate i dipinti con soggetto mitologico o religioso. Se possibile, stampate ciascuna immagine a colori su un foglio A4.
2. Cercate di riconoscere e denominare tutti gli elementi dell'abbigliamento dei personaggi. Stabilite quali capi, colori, stoffe, accessori vi paiono associati alle varie categorie sociali (uomini e donne, adulti e bambini, aristocratici o popolani e così via).
3. Scegliete i dettagli che vi paiono più interessanti e spiegateli con brevi didascalie. Potete scriverle su foglietti semi-adesivi che collocherete sulle riproduzioni dei dipinti analizzati. Mostrate ai vostri insegnanti i primi risultati della ricerca.
4. Poi riorganizzate i materiali già raccolti secondo criteri tematici. Quali? Ecco alcuni suggerimenti:
   - il guardaroba di una dama e quello di una donna borghese o di una popolana;
   - le scarpe dei ricchi e quelle dei poveri;
   - come si vestivano bambini e bambine;
   - la moda olandese del Seicento.

   Sulla base delle immagini a vostra disposizione, sviluppate almeno due argomenti.
5. Per ogni argomento preparate una scheda con un testo riassuntivo di almeno dieci righe e due o più immagini adeguate. Indicate il titolo, la data e l'autore delle opere che prendete in considerazione. Illustrate i dettagli importanti di ciascun dipinto con opportune didascalie.
6. Infine illustrate le vostre due schede ai vostri compagni di classe.

INDICAZIONI DI LAVORO

Tempo a disposizione e discipline coinvolte

3 ore a scuola per l'analisi delle fonti (Storia + Arte e immagine)
2 ore a scuola per l'impostazione delle schede (Storia + Arte e immagine)
2 ore a casa per il completamento delle schede
1 ora a scuola per l'esposizione in classe

Materiali e strumenti utilizzabili

Libri di testo di Storia e di Arte e immagine, Internet.
Cartoncino, pennarelli, materiali di cancelleria, stampante o fotocopiatrice.
Personal computer e software di videoscrittura e di elaborazione delle immagini.

Unità 2 La formazione degli Stati moderni

History Highlights

CLIL

Francis Drake and the Spanish Armada

1. Warm up

Match each word or expression with its Italian equivalent.

to devise a plan   tratta degli schiavi
raid   derubare
slave-trade   escogitare un piano
letter of marque   mettere in fuga, disperdere
privateer   lettera di corsa
to rob   attacco
to scatter   corsaro

2. Reading

Read the text and fill in the gaps with the English words from exercise 1. Then listen and check.

In the late 1580s Philip II of Spain devised an ambitious .... : his giant fleet of 130 ships would sail to the Netherlands, pick up 30,000 Spanish soldiers who were there to fight the Dutch rebels, and invade England.

Everything was ready by April 1587, but Francis Drake led a .... in the port of Cadiz and destroyed about 30 ships: so the Spanish Armada's departure was delayed until May 1588.

Drake was one of the best known navigators of his time. He started his career in ....-trading expeditions. In 1570 he received a .... by Queen Elizabeth I: as a .... , he .... many Spanish ships coming from the American colonies. In 1580 he completed the second circumnavigation of the world.

In 1588 Drake was vice-admiral of the English navy. At midnight on 8 August he sent some burning ships into the port of Calais and .... the Spanish Armada, that was defeated in a decisive battle the following day.

A portrait of Francis Drake.

3. Check your comprehension

Tick the correct answer.

a. When did the Spanish Armada attack England?
   ☐ In the late 1580s.
   ☐ In 1587.
   ☐ In 1588.

b. Who reigned over England at the time?
   ☐ Philip II.
   ☐ Elizabeth II.
   ☐ Elizabeth I.

4. Historians at work

Decide if the following statements are true (T) or false (F).

a. A pirate is someone who attacks and steals from a ship at sea. ☐ T ☐ F

b. Francis Drake was a pirate. ☐ T ☐ F

c. Francis Drake was a privateer. ☐ T ☐ F

d. A privateer was authorized by his king or queen to rob ships of an enemy country. ☐ T ☐ F

CITTADINANZA e COSTITUZIONE

Lo Stato moderno

Ieri e oggi

La formazione dello Stato moderno non è un fenomeno improvviso ma un **processo lento e graduale** che inizia in Europa nel XV secolo e si prolunga almeno fino al secolo XVIII.

All'inizio è favorito dall'indebolirsi dei **grandi poteri sovranazionali**, cioè l'impero e il papato, che nel Medioevo si scontrano a lungo, ciascuno per affermarsi come unico potere universale sulla cristianità. Della debolezza del papa e dell'imperatore approfittano alcuni re, che espandono i loro domini dando vita a **monarchie** di grande estensione, come la **Francia**, la **Spagna**, l'**Inghilterra**: è questa la prima forma degli **Stati moderni**.

Nello stesso XV secolo la parola "stato", che in precedenza indicava semplicemente una condizione, un modo di essere, assume il significato politico che conserva anche oggi e comincia a essere scritta con l'iniziale maiuscola.

Poi, fra Sei e Settecento, i **maggiori Stati europei** – ad eccezione dell'Olanda, che è una repubblica, e dell'Inghilterra, che è una monarchia costituzionale – prendono la forma di **monarchie assolute**, dispongono di eserciti, di funzionari pubblici e di un **efficiente sistema di tassazione**. L'applicazione rigorosa delle tasse costituisce per il popolo una sgradevole novità. Nel Medioevo, infatti, la popolazione era chiamata a contribuire alle spese pubbliche solo in situazioni di emergenza: per esempio, in caso di guerre o di catastrofi naturali. Lo Stato moderno, invece, obbliga i sudditi a **pagare tasse a scadenze precise**, per garantirsi entrate regolari e poter affrontare i molti compiti che si è assunto, come la difesa del territorio, il mantenimento dell'ordine pubblico, l'esercizio della giustizia.

Inoltre, negli Stati moderni fra il XV e il XVIII secolo, la **disuguaglianza** fra i sudditi è una regola, fissata per legge. C'è chi è tenuto a pagare le tasse e chi non deve pagarle. Ci sono regolamenti che valgono per alcuni, ma non per altri. Ci sono i **privilegi**, cioè delle leggi particolari che, per esempio, danno diritto ai nobili di ricoprire alte cariche e di non essere sottoposti a pene corporali.

Bisogna aspettare la fine del Settecento perché nuove idee e nuove rivoluzioni modifichino la condizione secolare dei popoli di gran parte d'Europa e del mondo: allora inizierà la formazione degli **Stati moderni attuali**, che derivano proprio da quelli nati in Età moderna, ma da essi si distinguono per molte e significative differenze.

Che cos'è uno Stato

Se osserviamo una carta politica dell'Europa o del mondo, notiamo che è divisa in tanti spazi di forme irregolari e di colori diversi. Ciascuno spazio, contrassegnato da un nome, è il territorio dello Stato che porta quel nome. Tutti coloro che risiedono entro i suoi confini sono cittadini di quello Stato e sono soggetti alla sua autorità.

Con parole un po' più difficili, ma più esatte, possiamo dire che uno Stato è costituito da tre elementi fondamentali: un **territorio**, delimitato da confini precisi; un **popolo** che vi abita; e la **sovranità**, cioè il potere supremo di comando, superiore a ogni altro, che è proprio dello Stato. Da questo potere supremo deriva quello corrispondente di **farsi obbedire anche con la forza** (si tratta naturalmente della forza legittima, il cui uso è diritto esclusivo dello Stato).

Che cos'è una nazione

Il concetto di Stato viene spesso confuso con quello di nazione. Il termine "nazione" indica invece un gruppo più o meno vasto di individui che hanno in comune lingua, storia, religione, cultura, tradizioni, ma che non necessariamente formano uno Stato. Il popolo dei Curdi, per esempio, è una nazione senza Stato. Infatti il territorio in cui vive – il Kurdistan – fu spartito fra sei Paesi diversi (Turchia, Iraq, Iran, Siria, Armenia, Azerbaigian). All'interno di essi i Curdi costituiscono oggi una minoranza discriminata e perseguitata, che non ha mai raggiunto l'indipendenza alla quale da secoli aspira.

Come esistono nazioni senza Stato, esistono anche Stati con più nazioni: si chiamano Stati multinazionali (o multietnici). Sono Stati multinazionali, per esempio, la Svizzera, gli Stati Uniti, la Russia, al cui interno convivono gruppi appartenenti a diverse nazionalità, dette anche **etnie**.

Oggi quasi tutti gli Stati europei – verso cui si dirige, spinto dalla guerra e dalla miseria, un numero sempre maggiore di profughi – stanno diventando **Stati multietnici e multiculturali**, perché ospitano molte e diverse nazionalità e culture.

La regione storica del Kurdistan

Stati e governi

Uno Stato può essere retto da una **monarchia** o da una **repubblica**. La **monarchia** è quella forma di governo nella quale il capo dello Stato è un sovrano (un re, un monarca), la cui carica è ereditaria e dura tutta la vita. In Età moderna può distinguersi in monarchia **assoluta** (Luigi XIV, per esempio, fu un sovrano assoluto) e monarchia **costituzionale**, se il potere del re è limitato dalla legge (come nella monarchia inglese nata nel 1689).

La **repubblica** invece è una forma di governo in cui il capo dello Stato è elettivo e resta in carica per un tempo determinato (in Italia, per sette anni). Le repubbliche possono essere **parlamentari** o **presidenziali**. In una repubblica parlamentare il capo dello Stato non ha poteri di governo, che sono affidati al **presidente del consiglio dei ministri** (il capo del governo). L'Italia è una repubblica parlamentare: il governo deve rispondere del suo operato davanti al parlamento, che può costringerlo a dimettersi, negandogli la fiducia.

Nelle **repubbliche presidenziali** il capo dello Stato è anche capo del governo. Gli Stati Uniti, per esempio, sono una repubblica presidenziale, il cui presidente è capo dello Stato federale e nello stesso tempo è capo dell'esecutivo (cioè del governo): i suoi poteri quindi sono molto ampi.

Stati democratici e Stati autoritari

Secondo il modo in cui esercitano la sovranità, gli Stati possono distinguersi in **democratici** o **autoritari**.

In uno Stato democratico la sovranità appartiene al popolo: tutti i cittadini, uomini e donne, hanno diritto di voto (suffragio universale); i partiti sono più di uno; in parlamento le decisioni vengono prese a maggioranza (la metà più uno dei voti); le minoranze sono libere di manifestare apertamente le proprie opinioni. Se invece chi ha il potere tende a imporre le sue idee e le sue leggi, riducendo la libertà di stampa e di opinione e sottoponendo i partiti d'opposizione a controlli e a limitazioni, allora la sovranità viene esercitata in modo autoritario.

Stati laici e Stati teocratici

Si chiama **laico** lo Stato che assicura a tutti i cittadini la piena libertà religiosa, accetta che sul suo territorio vengano professate religioni diverse e tiene separati i princìpi religiosi da quelli politici. In uno Stato **teocratico** invece le convinzioni religiose prevalgono su quelle politiche, le leggi sono considerate volontà di Dio, perciò ogni disubbidienza alla legge è un peccato e ogni peccato è punibile per legge. Di solito uno Stato teocratico non ammette altra religione se non quella ufficiale.

Stati unitari e Stati federali

Sotto l'aspetto dell'organizzazione interna, gli Stati possono essere **unitari** oppure **federali**.

Uno Stato è unitario quando le sue leggi e i suoi organi di governo sono unici su tutto il territorio. Uno Stato federale, invece, è costituito da più Stati che si uniscono insieme, dando vita a una **federazione**. Gli Stati Uniti d'America, per esempio, sono una federazione: qui ogni singolo Stato ha leggi proprie, ma resta sottoposto al governo centrale (governo federale) per alcune materie di interesse generale, come la politica estera o la difesa.

Diversa dalla federazione è la **confederazione**. Essa non è un vero e proprio Stato, ma un'organizzazione di Stati che non perdono la propria sovranità, sono liberi di svolgere una politica indipendente e possono separarsi quando vogliono.

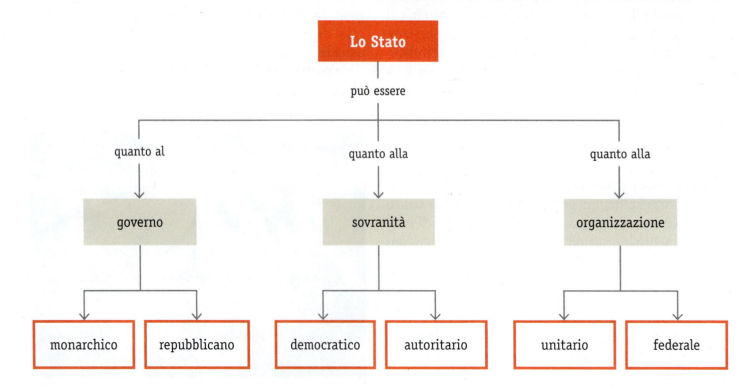

CITTADINANZA e COSTITUZIONE

Lo Stato moderno

Caratteristiche e simboli dello Stato italiano

Secondo la Costituzione, l'Italia è una repubblica democratica, parlamentare e laica.

Democratica significa che in Italia la sovranità risiede nel popolo, il quale la esercita attraverso i suoi rappresentanti (cioè i parlamentari), liberamente eletti (art. 1).

Laica indica che in Italia il potere religioso e il potere politico devono essere nettamente separati (art. 7), e che la Repubblica riconosce a ognuno il diritto di professare liberamente la propria religione (art. 8).

Parlamentare vuol dire che il Governo acquista la pienezza dei suoi poteri solo dopo aver ottenuto dal parlamento un voto favorevole sul proprio programma, detto **voto di fiducia** (art. 94).

Simbolo della repubblica italiana è il **tricolore**, cioè la bandiera a tre bande verticali, verde, bianca e rossa, di uguali dimensioni.

L'**inno nazionale**, adottato nel 1946, è il *Canto degli Italiani*, composto nel 1847 da Goffredo Mameli e più noto con il nome di *Fratelli d'Italia*.

La **festa nazionale della Repubblica** italiana ricorre il 2 giugno, in ricordo del 2 giugno 1946, quando i cittadini italiani scelsero, attraverso un **referendum***, la forma repubblicana di governo.

> ### Articolo 1
> L'Italia è una Repubblica democratica, fondata sul lavoro.
>
> ### Articolo 7
> Lo Stato e la Chiesa cattolica sono, ciascuno nel proprio ordine, indipendenti e sovrani.
>
> ### Articolo 94
> Entro dieci giorni dalla sua formazione il Governo si presenta alle Camere per ottenerne la fiducia.

* **Referendum**
Consultazione popolare a cui si ricorre, negli Stati democratici come l'Italia, quando si vuole che una decisione di grande importanza sia presa dal popolo stesso.

CONOSCO LA REALTÀ SOCIALE

1. Quali sono i tre elementi fondamentali che costituiscono uno Stato?
2. Che cos'è la sovranità? Che cos'è una nazione?
3. Completa la tabella scrivendo quali tipi di Stato corrispondono alle caratteristiche elencate.

Stato...	Caratteristiche
Repubblica	Il capo dello Stato è anche il capo del governo.
Stato	Viene limitata la libertà d'informazione e si cerca di mettere a tacere le opposizioni.
Monarchia	Il re concentra nella sua persona tutti i poteri.
Stato	I princìpi religiosi si confondono con quelli politici e prevalgono su di essi.
Monarchia	Il potere del re è limitato da una costituzione.
Stato	Leggi e organi di governo sono unici su tutto il territorio.
Repubblica	Il capo dello Stato non ha poteri di governo.
.... di Stati	Unione di Stati che non perdono la propria sovranità.
Stato	La sovranità appartiene al popolo che la esercita attraverso i suoi rappresentanti.
Stato	Ogni Stato-membro ha le sue leggi, ma resta sottoposto a un governo centrale.
Stato	Il potere politico e religioso sono separati; è garantita la libertà religiosa.

4. In quale tipo di Stato pensi sia preferibile vivere? Discutine con i compagni, esprimendo le tue preferenze e spiegandone le ragioni.

Percorso di geostoria

Il Mediterraneo: punto d'incontro, di scontro, di scambio fra popoli e civiltà

Il Mediterraneo e i suoi dominatori

Intorno a duemila anni fa il Mediterraneo è il **centro del mondo romano**.

Le province dell'impero, affacciandosi alle sue coste, gli fanno corona. Tutte le ricchezze del mondo antico, provenienti dall'Africa o dall'Asia, passano per le sue acque. I Romani lo chiamano *mare nostrum* (mare nostro) e lo percorrono da dominatori.

Cinque secoli più tardi (V secolo d.C.) tutto è cambiato.

Bisanzio, in oriente, conserva ancora la sua stabilità ma **l'impero d'occidente** non esiste più. Al suo posto sorgono regni romano-barbarici, nati a seguito di migrazioni violente e di faticose integrazioni fra popoli. Fra di essi, quello dei Vandali dispone di una propria flotta e se ne serve per attacchi e saccheggi (anche Roma viene assalita nel 455).

Nel VI secolo l'imperatore bizantino **Giustiniano** tenta di riunificare sotto il suo dominio tutti gli spazi mediterranei, ma ci riesce solo in parte, e per un periodo di tempo limitato.

Circa un secolo dopo, sulla sponda meridionale del Mediterraneo – quella africana e medio-orientale – le tribù dell'Arabia, prima sparse e nemiche, si uniscono in un solo popolo e in nome dell'**islam** – la religione predicata da Maometto – danno inizio ad una **inarrestabile espansione**. In poco tempo gli Arabi costruiscono un impero immenso e le loro navi percorrono tutti i mari conosciuti. Fra il IX e il X secolo il Mediterraneo diventa una sorta di "lago arabo", quasi interamente dominato da navi musulmane.

Il Mediterraneo delle città marinare

Ma poi, a partire dal secolo XI – trascinata dalla crescita demografica e dalla vivacità della sua economia – l'Europa cristiana **riconquista il mare**.

Lo fa con le sue **navi da guerra** inviate in oriente nel corso delle spedizioni crociate; per mezzo di **navi pirata** (in questo periodo la pirateria si confonde spesso con il commercio); e, soprattutto, con il numero sempre crescente di **navi mercantili** che le città marinare italiane (**Amalfi**, **Genova**, **Pisa**, **Venezia** in particolare) lanciano sul mare, ricavandone grandi ricchezze e potere politico.

Così, fra il XII e il XIII secolo il Mediterraneo torna a essere il **centro dei commerci internazionali** fra Europa, Nord Africa e oriente. Mentre gli Arabi gradualmente perdono terreno, le città marinare italiane si arricchiscono,

Venezia in una illustrazione del 1486.
Parigi, Musée Carnavalet. Foto Scala, Firenze.

provvedendo a distribuire in tutta Europa le merci preziose (in primo luogo le spezie) che giungono dai porti dell'oriente. Grazie alla loro intraprendenza, l'Italia del centro-nord è, in questo periodo, la regione più prospera e più attiva dell'intera area mediterranea. **Venezia**, in particolare, diventerà nel Quattrocento la città più ricca d'Italia e, forse, d'Europa.

Le navi del Mediterraneo

Fra il XIV e il XVIII secolo l'imbarcazione tipica del Mediterraneo è la **galea** (o **galera**), una nave a remi e a vela, lunga e sottile, protetta da un parapetto sporgente lungo il bordo. Dal XV secolo i rematori delle galere non sono uomini liberi, ma **schiavi** oppure **galeotti**, cioè prigionieri condannati alla "pena del remo" per un certo numero di anni.

Più grandi della galea (ma da essa derivanti) sono la **galeazza**, nave da guerra veneziana, larga, solida e capace di imbarcare fino a 1200 uomini, e il **galeone**, di proporzioni gigantesche, alto sulla superficie del mare anche 25 metri (secoli XV-XVII). Nel 1571 sono proprio **sei massicce galeazze veneziane** a dar inizio, con un intenso cannoneggiamento, alla **battaglia di Lepanto** [→ cap. 5 par. 2], combattuta fra la lega santa (cristiana) e i Turchi ottomani, per conquistare il predominio sul Mediterraneo.

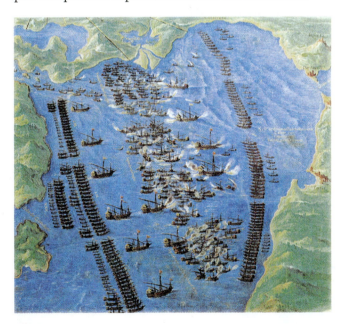

La battaglia di Lepanto in un affresco di Ignazio Danti. Città del Vaticano, Galleria delle carte geografiche.

A Le **galee veneziane** sono maneggevoli ma i remi sui lati ostacolano l'uso dell'artiglieria, che è concentrata a poppa o a prua.

B Le **galeazze** sono fornite di cannoni su tutti i lati, perché i rematori si trovano sottocoperta. Schierate davanti alle galee, esse danno inizio alla battaglia.

C Nel momento in cui le navi si affiancano per il combattimento corpo a corpo, le **galee turche** sono svantaggiate, perché hanno il ponte più basso di quelle veneziane.

Percorso di geostoria

Dalla galea alla caravella

La **galea**, con le navi che da essa derivano, è la grande **dominatrice del Mediterraneo**. Non è però un'imbarcazione adatta ad affrontare gli oceani. Infatti, la sua forma lunga e stretta la rende poco stabile in mare aperto e la stiva, di dimensioni modeste, costringe i marinai a fermarsi spesso per fare rifornimenti (cosa impossibile lontano dalle coste).

Ma dall'inizio del Trecento si diffonde sui mari europei la **cocca**, una nave robusta e maneggevole, con vele quadre e vele triangolari (le vele latine, introdotte nel Mediterraneo dagli Arabi), che consentono di navigare anche controvento. Dalla cocca ha origine la **caravella**, l'imbarcazione portoghese che per le sue caratteristiche [→ vol. 1, cap. 14 par. 3] sarà la nave di tutte le spedizioni oceaniche. Proprio la caravella raggiungerà per prima le Indie con **Vasco da Gama** [→ cap. 1 par. 2] e attraverserà per prima l'Atlantico con **Cristoforo Colombo**.

Le navi e le foreste

Tutte le imbarcazioni che navigano nel Mediterraneo o negli oceani sono costruite in legno, dai tempi più antichi fino alla seconda metà dell'Ottocento, quando al legno si sostituisce il ferro. Non è possibile calcolare esattamente quanto legname sia stato utilizzato per la fabbricazione delle navi nel corso dei secoli. Sappiamo però che nell'Arsenale di Venezia la costruzione di una sola galea richiedeva **centinaia di travi di legno pregiato**: larice, pino, quercia e faggio (quest'ultimo usato soprattutto per fabbricare i lunghi remi delle galee).

Perciò gli studiosi ritengono che fra Cinque e Seicento siano state sacrificate intere foreste per rifornire l'Arsenale di legname. Si abbattevano alberi in Veneto, in Friuli e soprattutto nella Dalmazia, la regione costiera dell'odierna Croazia, che fu per secoli sotto il dominio veneziano. Quasi certamente l'aspetto attuale delle coste dalmate – che sono aride, rocciose, prive di acque superficiali – può essere fatto risalire, almeno in parte, alla **deforestazione** praticata dai Veneziani durante il loro secolare dominio.

La caravella di Vasco da Gama. Disegno del 1497.
Foto G. Dagli Orti/De Agostini Picture Library.

Un cantiere navale in un dipinto del XVII secolo.
Genova, Museo del mare. Foto White Image/Scala, Firenze.

Il declino del Mediterraneo

Per tutto il Quattrocento e per gran parte del secolo successivo il Mar Mediterraneo rimase al centro del commercio mondiale. Tuttavia, sul finire del XVI secolo, i traffici intercontinentali fra Europa, Asia, Africa e America cominciarono a percorrere le **nuove rotte oceaniche**, che arditi navigatori avevano da poco scoperto con i viaggi di esplorazione.

Nel Seicento anche il centro di gravità dei commerci marittimi si sposta decisamente **dal Mediterraneo alla costa atlantica:** le città mediterranee, per la prima volta, subiscono la **concorrenza** dei porti oceanici (Lisbona, Siviglia, Anversa, poi Amsterdam e Londra).

Così, lentamente tagliato fuori dal commercio internazionale e invaso da flotte nordiche (olandesi, poi inglesi) che si impadroniscono dei traffici più redditizi, il Mar Mediterraneo comincia a **perdere l'importanza** di cui ha goduto per secoli [→ cap. 6 par. 1]. Il suo declino commerciale è avviato, e procederà inesorabile.

MI PREPARO AL COLLOQUIO PLURIDISCIPLINARE

1. Disponi in ordine cronologico.

Nel corso dei secoli il predominio sul Mar Mediterraneo fu conquistato da popoli diversi. Numerandoli progressivamente, disponi in ordine di successione i nomi dei popoli o delle città che, a partire dall'Età romana e fino al XV-XVI secolo, dominarono quel mare.

☐ Bizantini ☐ Repubbliche marinare ☐ Romani ☐ Arabi ☐ Vandali

2. Osserva la carta e completa la didascalia.

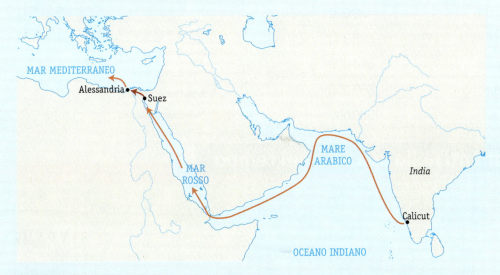

Cariche di spezie, le navi partivano da Calicut, in ...., attraversavano il Mare ...., entravano nel Mar .... e giungevano fino alla città di .... Poi le spezie erano portate, via terra, fino al porto di .... sul Mar ...., dove le attendevano le navi delle repubbliche ...., che le distribuivano in tutta ....

3. Rispondi alle domande.

La costruzione delle galee richiedeva legname pregiato: quale? Da dove proveniva quello destinato all'Arsenale di Venezia? Il disboscamento delle coste dalmate ebbe conseguenze sull'ambiente, ancora oggi visibili: quali sono?

Unità 3

RAGIONE E RIVOLUZIONE

Capitolo 8
Gli inizi della rivoluzione industriale

Capitolo 9
L'età dei Lumi e delle riforme

Capitolo 10
Nascono gli Stati Uniti d'America

Capitolo 11
La rivoluzione francese

Capitolo 12
L'Europa napoleonica

Compito di realtà

Percorso di geostoria
Le forze della natura e la storia

Uno sguardo sul mondo
L'espansione coloniale europea nel XVIII secolo

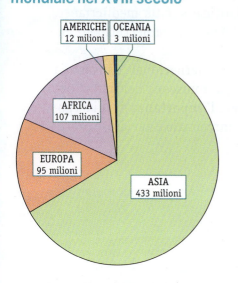

La distribuzione della popolazione mondiale nel XVIII secolo

- AMERICHE 12 milioni
- OCEANIA 3 milioni
- AFRICA 107 milioni
- EUROPA 95 milioni
- ASIA 433 milioni

Le cinque città più grandi nel 1715

Istanbul	700 000
Edo (Tokyo)	688 000
Pechino	650 000
Londra	550 000
Parigi	530 000

OCEANO PACIFICO

Viceree della Nuova Spa...

- Possedimenti spagnoli
- Possedimenti portoghesi
- Possedimenti inglesi
- Possedimenti francesi
- Possedimenti olandesi

Comprendo i cambiamenti nello spazio e nel tempo

IMPERO OTTOMANO	▼1571 vittoria cristiana a Lepanto	conquista di Candia 1669 ▼	▼1683 assedio fallito di Vien...	L E N T A
EUROPA				R I V O L U Z I O N...
				PIETRO IL GRA... ZAR DI RUSS...
VIAGGI DI ESPLORAZIONE	▼1570-1611 Henry Hudson	▼1603-1659 Abel Tasman	1681-1741 ▼ Vitus Bering	1728-1779 ▼ James Cook
AMERICHE		FONDAZIONE DELLE TREDICI COLONIE INGLES...		

1550 — 1600 — 1650 — 1700

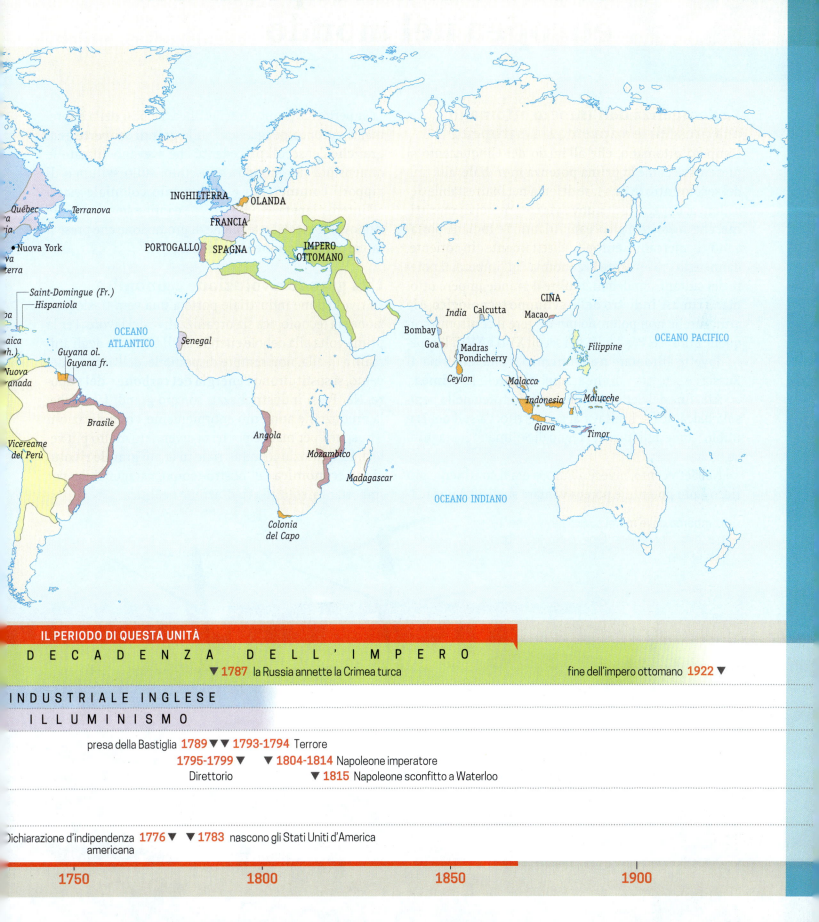

Unità 3 — Si consolida la supremazia europea nel mondo

La decadenza dell'impero ottomano e la crescente supremazia europea

L'impero ottomano, che all'inizio del Cinquecento si presentava come **la prima potenza mondiale**, alla fine del secolo entrò in una fase di lenta ma inarrestabile **decadenza**. L'apertura di **nuove vie commerciali marittime,** che attraverso gli oceani Atlantico e Indiano portavano i mercanti europei direttamente in oriente, danneggiò gravemente l'economia dell'impero. Il potere dei sultani si indebolì. Inoltre il grande impero ottomano **rimase indietro nello sviluppo tecnologico**, e le armi turche non poterono più reggere il confronto con quelle europee. Per di più, nei secoli XVII e XVIII l'impero dovette affrontare **nuovi nemici,** come Caterina di Russia [→ cap. 9 par. 3] che strappò ai Turchi la **Crimea**.

Alla fine del Settecento, il dominio turco nella penisola balcanica si limitava ai soli territori a sud del Danubio, come agli inizi del regno di Solimano il Magnifico [→ cap. 1 par. 1].

Nel Settecento, invece, l'Europa era il continente più ricco e più potente, e poteva vantare sugli altri una netta superiorità tecnica e scientifica. Le basi della supremazia europea poggiavano sulle **grandi scoperte geografiche** dei secoli precedenti, che avevano dilatato le dimensioni del mondo conosciuto; sullo sviluppo di rapporti **commerciali** e di **dominio coloniale** estesi all'intero pianeta [→ cap. 6 par. 4]; e infine su un radicale rinnovamento delle tecniche di produzione che prese il nome di **rivoluzione industriale**.

Una grande rivoluzione economica

La rivoluzione industriale portò a una vera trasformazione sia tecnologica sia organizzativa del lavoro. Per la prima volta alla debole energia degli uomini e degli animali, a quella, non sempre disponibile, dell'acqua e del vento, si sostituirono l'**energia del carbone** e **del vapore**. Nei Paesi industrializzati sorsero grandi fabbriche, la produzione aumentò enormemente, comunicazioni e trasporti per mare e per terra divennero molto più veloci. La rivoluzione industriale fu la più **grande rivoluzione economica** del nostro tempo, paragonabile, per importanza, solo alla rivoluzione neolitica.

▽ **L'imbarco delle merci** su una nave a vapore nel porto di Copenaghen. Dipinto del XIX secolo.
Foto Lessing.

La ripresa dei viaggi di esplorazione

Ripresero i grandi viaggi di esplorazione. Audaci navigatori cercarono fra i **gelidi mari dell'Artico**, un passaggio a **nord-est** o un passaggio a **nord-ovest** che collegasse i due oceani, Atlantico e Pacifico. Nessuna spedizione ebbe successo, e alcune terminarono tragicamente, come quelle dell'inglese **Henry Hudson** e del danese **Vitus Bering**. Altri esploratori – fra cui l'olandese **Abel Tasman** che scoprì la Nuova Zelanda – si spinsero a sud, alla ricerca di una Terra Australe, di cui molti ipotizzavano l'esistenza. In realtà la Terra Australe non esisteva, come dimostrarono definitivamente tre spedizioni scientifiche nel Pacifico, compiute dall'inglese **James Cook** (1728-1779), il più grande navigatore del Settecento [→ cap. 9].

Inizia l'Età delle rivoluzioni

L'Europa del Settecento fu anche uno straordinario **laboratorio di idee innovatrici** e spesso **critiche** nei confronti di molti aspetti politici, economici, culturali e religiosi che la tradizione imponeva a popoli e società. Le parole d'ordine, lanciate dai "filosofi" del tempo, detti **illuministi** [→ cap. 9 par. 1] avevano un sapore rivoluzionario: inneggiavano alla ragione umana, alla sovranità popolare, all'uguaglianza, alla tolleranza, alla libertà. Le idee degli illuministi si diffusero, varcarono gli oceani e misero radici anche in America. Qui, dove la Gran Bretagna controllava tredici colonie inglesi sorte sull'Atlantico, i **coloni si ribellarono** alla madrepatria, lottando per la propria indipendenza [→ cap. 10]. Presto seguirono altre rivolte: era iniziata l'Età delle rivoluzioni che percorse, sconvolse e trasformò profondamente l'Europa e gran parte del mondo. Di questo parleremo nei prossimi capitoli.

I viaggi del capitano Cook furono documentati da resoconti accompagnati da accuratissimi disegni che raffiguravano le popolazioni indigene e la flora e la fauna locali. L'illustrazione centrale mostra un capo Maori col volto ornato da tatuaggi rituali. Tavole del 1775 circa.
Londra, Natural History Museum; Wellington, Alexander Turnbull Library; Londra, Natural History Museum. Foto Bridgeman Images.

COMPRENDO I CAMBIAMENTI NELLO SPAZIO E NEL TEMPO

Osserva la carta a p. 192 e completa la tabella, trascrivendo i nomi dei principali possedimenti coloniali europei fra Sei e Settecento.

	America	Africa	Asia
Spagna			
Portogallo			
Olanda			
Francia			
Inghilterra			

Capitolo 8 — Gli inizi della rivoluzione industriale

GUARDA! IL VIDEO

MI ORIENTO NEL CAPITOLO dal 1733 → al 1825

1

Nella **ricca Inghilterra** del Settecento si cercano nuovi sistemi di produzione, sempre più redditizi e **meccanizzati**. L'invenzione della macchina a vapore fa partire la **rivoluzione industriale**.

2

Nelle **fabbriche** uomini, donne e bambini lavorano duramente e sono mal pagati. Nelle città costruite vicino alle fabbriche e alle miniere di carbone, l'**aria** diventa ben presto inquinata.

3

La rivoluzione industriale favorisce lo **sviluppo della chimica** e dei **trasporti**: si diffondono le **locomotive** e le navi a vapore.

1. Lo sviluppo industriale comincia in Inghilterra

La "nuova agricoltura" secondo il modello inglese

Nel Settecento l'Inghilterra era il Paese più ricco d'Europa. Parte della sua ricchezza proveniva dall'agricoltura, che da circa due secoli aveva cominciato a rinnovarsi con l'introduzione di campi recintati (**recinzioni**) nelle campagne [→ cap. 6 par. 3]. Il possesso delle terre si era concentrato nelle mani di grandi o medi proprietari nelle cui aziende lavoravano salariati agricoli o braccianti (lavoratori a giornata). Si usava la tecnica della **rotazione pluriennale**. I campi non erano **mai lasciati a riposo**. Si coltivavano alternativamente cereali, che impoverivano il terreno, e legumi e foraggi, che lo arricchivano di sostanze nutrienti. Durante l'inverno con i foraggi si sfamava il bestiame. Così i **campi non si esaurivano** e l'**allevamento cresceva**. La produzione inglese di lana, latte e carne aumentò moltissimo. Dagli allevamenti giungeva alle aree coltivate anche il **letame**, il principale concime allora conosciuto.

I cambiamenti in agricoltura avvennero lentamente e con forti differenze da una regione all'altra. Costituirono tuttavia un grande progresso, tanto che alcuni storici li hanno definiti "rivoluzione agricola inglese": essi prepararono e sostennero lo sviluppo industriale dell'Inghilterra.

* **Imprenditore**
Chi esercita un'attività economica (agricola, commerciale, industriale) assumendone in proprio i rischi e traendone i profitti.

Le attività commerciali: una grande fonte di ricchezza

Nel corso del XVIII secolo l'Inghilterra rafforzò la sua **supremazia sui mari**, vincendo anche con la guerra la concorrenza delle potenze rivali (prima l'Olanda, poi la Francia). Nel 1713 ottenne il monopolio, quanto mai redditizio, del **commercio degli schiavi** con le colonie spagnole. La sua flotta, superiore a ogni altra, assicurava rifornimenti rapidi ed economici di **materie prime** dalle colonie (soprattutto cotone grezzo per le industrie tessili) e lo smercio di prodotti inglesi finiti (per esempio, tessuti di cotone) sui **mercati coloniali**. **Imprenditori*** privati finanziavano l'ampliamento della **rete stradale** e lo scavo di **canali navigabili** per collegare le maggiori città al mare.

La potenza dell'Inghilterra alla fine del Settecento.

L'aumento della domanda e l'inizio della meccanizzazione

In Inghilterra la popolazione crebbe rapidamente e assai più che nel resto dell'Europa. Crebbe anche la domanda di **beni di consumo***, in particolare di tessuti: ben presto le manifatture inglesi, le botteghe artigiane e i molti tessitori a domicilio sparsi per le campagne non riuscirono più a far fronte alle esigenze della popolazione. Occorreva usare metodi di lavoro che permettessero di produrre di più, in minor tempo e senza aumento di costi.

Fu proprio questa necessità a stimolare il succedersi di piccole e grandi invenzioni – quasi tutte opera di artigiani di genio – che in Inghilterra caratterizzarono l'intero Settecento. Il settore tessile, per esempio, fu completamente rivoluzionato. Nel giro di pochi decenni la filatura e la tessitura, due attività che, se compiute a mano, richiedevano tempi assai lunghi, vennero meccanizzate, cioè eseguite a macchina.

Nuove macchine, come filatoi (per filare) o telai (per tessere), sempre più perfezionate e veloci, semplificarono il lavoro degli operai e ridussero straordinariamente i tempi di lavorazione. Nei decenni successivi tutte le operazioni di filatura e di tessitura furono meccanizzate, **aumentando** notevolmente **la produttività***: all'inizio del XIX secolo un solo tessitore, assistito da un ragazzo, riusciva a sorvegliare contemporaneamente quattro nuovi telai e a produrre venti volte di più di un tessitore a mano.

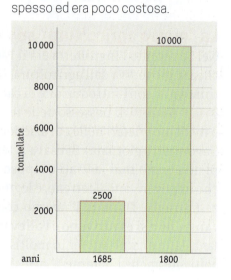

La produzione di stoffe di cotone aumentò moltissimo: chi prima indossava ruvidi panni da lavoro cominciò a portare biancheria di cotone, che poteva essere lavata spesso ed era poco costosa.

Carbone, acqua, vapore per muovere le macchine

Per azionare le nuove macchine, la forza manuale non era più sufficiente. Si ricorse allora all'energia idraulica, costruendo gli stabilimenti preferibilmente in campagna, accanto a salti d'acqua la cui forza era sfruttabile da un mulino. Poi si tentò con l'energia del vapore in pressione.

La **macchina a vapore** più usata fu brevettata nel **1769** dallo scozzese **James Watt** (1736-1819) [→Scienza e tecnica p. 200]. Funzionava in questo modo: si bruciava carbone per far bollire l'acqua di una caldaia e produrre vapore che, opportunamente regolato e diretto, avrebbe azionato i macchinari collegati. Con parole un po' più difficili, si può dire che la macchina a vapore trasformava l'energia termica in energia meccanica, cioè sfruttava il calore per produrre movimento. Grazie a un'ingegnosa innovazione introdotta da Watt, la sua macchina **consumava meno combustibile** rispetto a congegni simili.

* **Beni di consumo**
Quelli destinati all'utilizzo immediato, come il cibo o i vestiti.

* **Aumentare la produttività**
Produrre di più mantenendo invariati (o riducendo) il lavoro umano, i costi, i tempi di lavorazione.

La macchina a vapore di Watt (1769), come quelle che l'avevano preceduta, era formata da una caldaia, che portava l'acqua a ebollizione, e da un cilindro, in cui si immetteva il vapore. A differenza delle altre, però, nella macchina di Watt il raffreddamento del vapore non avveniva nel cilindro, ma in un condensatore separato. Così il cilindro si manteneva sempre caldo e richiedeva meno combustibile per raggiungere la temperatura voluta.
Londra, Science Museum.

La rivoluzione industriale: nasce l'industria moderna

La macchina a vapore fu subito impiegata nelle miniere, nelle fonderie, poi nell'industria tessile e, più tardi, nel settore dei trasporti. Il suo uso permise – insieme a una serie di innovazioni introdotte nel sistema di lavorazione – di produrre una qualità di **ghisa*** particolarmente resistente, con cui si potevano fabbricare grandi macchinari industriali, parti di edifici e perfino ponti.

* **Ghisa**
Lega di ferro, carbone e altri minerali.

Macchine, carbone e vapore permisero uno straordinario sviluppo dell'industria che fu chiamato "**rivoluzione industriale**" perché cambiò, in modo lento ma irreversibile, il sistema di lavoro e la stessa vita degli esseri umani.

La rivoluzione industriale iniziò in Inghilterra alla fine del Settecento perché in questo Paese si verificarono contemporaneamente le condizioni favorevoli che abbiamo già descritto: notevole **crescita demografica** e conseguente **aumento della domanda di beni di consumo**; disponibilità di **capitali** da investire (accumulati con il commercio e con un'agricoltura moderna e redditizia); disponibilità di **materie prime** come acqua, carbone e ferro.

A tutto ciò vanno aggiunti anche la tendenza, propria della società inglese, alle **iniziative imprenditoriali** e il suo atteggiamento di **apertura verso le novità**.

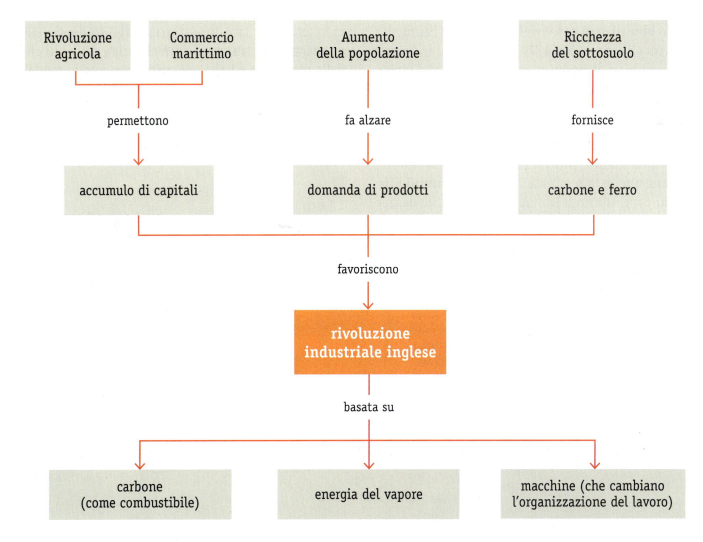

Scienza e tecnica

Inventori e innovatori rivoluzionano l'industria inglese

Nell'arco di pochi decenni, le industrie inglesi compirono uno straordinario salto di qualità grazie al lavoro di tanti **inventori** (che crearono tecnologie nuove) e **innovatori** (che perfezionarono tecnologie già esistenti).

Nel settore tessile, un'innovazione importante fu brevettata nel **1733** da **John Kay**: si trattava della **navetta volante**, che permetteva di spostare meccanicamente il filo da un bordo all'altro del telaio. I telai che la montavano divennero talmente rapidi che, per rifornirli di filo, occorreva il lavoro di sette-otto filatrici. Si cercò quindi di aumentare la produzione del filato.

Così, nel giro di pochi decenni, furono messe a punto numerose macchine nuove: dalla *spinning jenny* (**1764**), un filatoio a otto **fusi*** inventato da **James Hargreaves** che accrebbe la produzione di filo di 24 volte, fino al **filatoio idraulico di Arkwright** (**1771**), che l'aumentò addirittura di cento. Nel **1779**, combinando insieme i due macchinari di Hargreaves e di Arkwright, l'inventore **Samuel Crompton** produsse una macchina, detta la **"mula di Crompton"**, ancora più veloce, adatta a ogni tipo di filato e capace di manovrare centinaia di fusi contemporaneamente.

Ai ritmi sempre più rapidi della filatura dovette adeguarsi anche la tessitura. Nel 1787 **Edmund Cartwright** progettò un telaio velocissimo, facile da manovrare, che poteva sostituire il lavoro manuale di venti operai.

Ma fu soprattutto l'utilizzo dell'energia del vapore a favorire lo sviluppo dell'industria inglese. Il vapore sotto pressione sprigiona una forza enorme: per rendersene conto basta osservare il violento getto di vapore acqueo che esce da una pentola a pressione attraverso la valvola di sicurezza. I tentativi di sfruttare la forza del vapore per azionare un meccanismo risalgono al Seicento, ma la prima vera **macchina a vapore** nacque nel 1705, per opera dell'inventore inglese **Thomas Newcomen**. Fu largamente utilizzata per prosciugare i pozzi delle miniere dall'acqua che vi s'infiltrava, ma aveva un difetto: consumava molto combustibile.

La soluzione del problema fu trovata da un riparatore di strumenti scientifici, lo scozzese **James Watt**. Aggiustando un modellino della macchina di Newcomen, usato per fare dimostrazioni agli studenti dell'università, egli intuì quali erano le cause degli alti costi della macchina e nel 1769 costruì un nuovo modello che **riduceva** di quasi quattro volte **il consumo di combustibile**. La macchina di Watt fu subito impiegata in tutti i più importanti settori dell'industria: nelle miniere, nelle fonderie e nell'industria tessile.

***** Fuso**
Arnese di legno, grosso al centro e sottile alle estremità che, ruotando velocemente, avvolge attorno a sé il filo.

COLLOCO GLI EVENTI NEL TEMPO

- 1733 navetta volante di John Kay
- 1764 *spinning jenny* di Hargreaves
- 1769 macchina a vapore di James Watt
- 1771 filatoio idraulico di Arkwright
- 1779 "mula di Crompton"

2. Il sistema di fabbrica trasforma società e ambiente

Nascono le fabbriche

Le macchine per la produzione industriale diventarono sempre più grandi. Perciò vennero costruiti degli stabilimenti, le **fabbriche**, capaci di contenere grandi macchinari e migliaia di operai. Il lavoro a domicilio non scomparve del tutto, ma le fabbriche, che producevano più rapidamente e più a buon mercato, si diffusero sempre più.

Le prime fabbriche funzionavano a **energia idraulica** e dovevano perciò sorgere presso fiumi o torrenti. L'energia idraulica era potente, ma non sempre disponibile, perché i torrenti potevano prosciugarsi (in estate) o gelare (d'inverno). Solo quando si diffuse l'impiego del vapore, la vicinanza di corsi d'acqua non fu più indispensabile e si poté produrre energia dappertutto e in tutte le stagioni.

Il sistema di fabbrica: la divisione del lavoro

Quando le fabbriche ancora non esistevano, gli oggetti di uso quotidiano erano prodotti nelle botteghe artigiane. L'artigiano era un lavoratore indipendente, possedeva o si procurava i materiali e gli attrezzi necessari al suo lavoro e lo eseguiva **dall'inizio alla fine**, con l'aiuto di pochi apprendisti, secondo un progetto da lui elaborato e verificato con l'esperienza.

Nella fabbrica non era più così. Qui il processo di lavorazione veniva scomposto in una serie di operazioni semplici e ripetitive, affidate a lavoratori diversi, che intervenivano uno dopo l'altro per eseguire la loro parte di lavoro. Per rendere più chiaro questo concetto, il maggiore economista del Settecento, Adam Smith [→ cap. 9 par. 2], propose come esempio la fabbricazione industriale degli spilli.

Un operaio non addestrato – dice Smith – potrebbe forse produrre, lavorando da solo, uno spillo al giorno; di certo non riuscirebbe a produrne una ventina. Nella fabbrica di spilli, invece, tutto il processo di lavoro è suddiviso in diciotto operazioni diverse, affidate ad altrettanti lavoratori: uno riduce il metallo in fili, un altro raddrizza il filo metallico, un terzo lo taglia, un quarto gli fa la punta, un quinto lo schiaccia in cima per ricavarne la capocchia e così via. Le operazioni compiute da ciascun operaio sono elementari e non richiedono esperienza. Ma alla fine della giornata gli spilli prodotti sono molte decine di migliaia e il proprietario della fabbrica guadagna molto di più [→ Fonti p. 202].

La suddivisione del lavoro in una fabbrica tessile francese; tra gli operai si distinguono numerosi bambini. Stampa del 1764.
Orange, Musée Municipale. Foto Bridgeman Images/Archivi Alinari.

Fonti

Gli artigiani temono il moltiplicarsi delle macchine

Artigiani e operai considerarono la meccanizzazione dell'industria come la causa principale della disoccupazione e dei bassi salari. Per questo motivo nel 1794 gli artigiani inglesi della lana presentarono al parlamento una petizione (richiesta) perché si intervenisse contro l'uso di macchine automatiche per cardare (cioè pettinare) la lana. Ne riportiamo una parte.

> « Gli estensori della presente petizione sono sempre stati considerati membri utili della società, che si guadagnano la vita con il lavoro senza ricorrere all'assistenza parrocchiale. Ma l'invenzione e l'uso della macchina per pettinare la lana, che ha come effetto di ridurre la manodopera in modo inquietante, suscitano in loro un grave e giustificato timore di divenire un pesante carico per lo Stato, constatando che una sola macchina, sotto la sorveglianza di un adulto e servita da quattro o cinque bambini, svolge tanto lavoro quanto trenta uomini che producono manualmente secondo i vecchi metodi.
>
> L'introduzione di tale macchina priverà dei mezzi di sussistenza la massa degli artigiani e le loro famiglie. Le macchine si moltiplicano rapidamente in tutto il regno e gli estensori della petizione sono in gran numero senza lavoro e senza pane [...]. Con timore e con angoscia vedono avvicinarsi un periodo in cui [...] dovranno implorare la carità delle parrocchie. »

LAVORO SULLE FONTI

1. Descrivi il documento indicando: di che tipo di documento si tratta; a quale anno risale; da chi fu sottoscritto; a chi era rivolto.
2. Quale immagine di sé vogliono dare i lanaioli? Qual era il loro ruolo nella società preindustriale?
3. Quali conseguenze può avere sul lavoro e sulla vita dei lanaioli l'introduzione della cardatrice meccanica?
4. Ritieni i loro timori giustificati? Motiva la tua risposta.

In fabbrica o in miniera il lavoro è duro e mal pagato

Molti operai sopportavano con fatica la dura **disciplina** di fabbrica. Qui gli orari di lavoro non potevano essere stabiliti dai lavoratori – come avveniva in agricoltura o nella bottega artigiana –, ma erano imposti dalla macchina, dall'orologio e dal controllo continuo dei **sorveglianti**. Chi non lavorava abbastanza o abbastanza in fretta riceveva multe severe.

I **salari** erano bassi. Le donne e i bambini erano pagati assai meno degli uomini adulti, benché dovessero sottostare agli stessi pesanti turni di lavoro (di 10, 12, perfino 14 ore al giorno).

Nelle **miniere** il lavoro era non solo faticoso (gli uomini scavavano il minerale, le donne e i bambini lo trasportavano in superficie lungo stretti cunicoli), ma anche pericoloso per i frequenti crolli, gli allagamenti improvvisi, le esplosioni di gas (il *grisou*) o di mine difettose. Tuttavia l'industria mineraria era in pieno sviluppo, perché la rivoluzione industriale richiedeva quantità sempre maggiori di carbone e di metalli.

Il lavoro in miniera: due donne avanzano faticosamente portando pesanti carichi di carbone.
Collezione privata. Foto Bridgeman Images.

Le città industriali sono inquinate

Numerose fabbriche furono costruite nelle città, perché qui la manodopera era abbondante e a buon mercato. Molti contadini, rimasti senza lavoro a causa dell'aumento demografico, erano infatti emigrati dalle campagne. Con il loro arrivo le città industriali inglesi si ingrandirono rapidamente: **Manchester**, per esempio, passò in poco più di un secolo da 6000 a 93 000 abitanti.

Gli imprenditori preferivano impiantare le fabbriche nelle vicinanze di giacimenti di **carbone**: l'impiego di questo combustibile provocò, intorno alla metà del Settecento, i primi seri problemi di inquinamento. Le alte ciminiere delle fabbriche scaricavano nell'aria fumi velenosi e le città industriali inglesi cominciarono a ricoprirsi di una caratteristica patina nerastra di fuliggine. Nei quartieri operai, che si stendevano a perdita d'occhio accanto alle fabbriche, le case erano piccole, tetre, malsane e sovraffollate. Le pessime condizioni igieniche favorivano il propagarsi di malattie infettive, come il vaiolo, il tifo, la scarlattina, la tubercolosi e, fra i bambini, il rachitismo infantile, che provocava gravi malformazioni ossee.

Dov'è Manchester?

Cittadinanza e Costituzione
Gli esseri umani e l'ambiente
p. 308

Percorso di geostoria
Le forze della natura e la storia
p. 312

◁ **Le ciminiere delle fabbriche inquinano l'aria di Sheffield**, un'importante città industriale inglese.
Foto Alamy.

COLLOCO GLI EVENTI NEL TEMPO

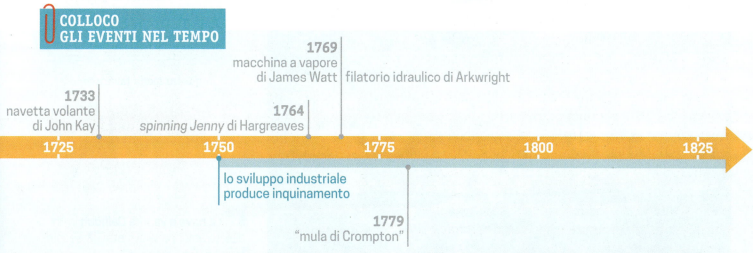

- 1733 navetta volante di John Kay
- 1764 spinning Jenny di Hargreaves
- 1769 macchina a vapore di James Watt
- filatoio idraulico di Arkwright
- lo sviluppo industriale produce inquinamento
- 1779 "mula di Crompton"

Unità 3 Ragione e rivoluzione

3. Lo sviluppo delle scienze e delle tecniche in età industriale

I progressi legati alla chimica

Le fabbriche tessili richiedevano quantità sempre maggiori di candeggianti (per sbiancare i tessuti), di coloranti (per tingere e stampare le stoffe), di sgrassanti (per ripulire la lana grezza). I metodi usati in passato, per esempio l'esposizione al sole per sbiancare i tessuti, non erano più praticabili: non c'erano in Inghilterra tanti prati a buon mercato quanti ne occorrevano per stendervi l'enorme quantità di stoffe prodotte. Per la lavorazione dei tessuti, ma anche del vetro o dei saponi, si ricorse perciò a **sostanze chimiche**, che si ottenevano in laboratorio e si potevano produrre nella quantità desiderata.

Il Settecento fu un secolo di importanti sviluppi per la **chimica***. Molte furono le scoperte e molti gli scienziati di grande valore, fra cui il francese **Antoine Lavoisier**. Egli scoprì che l'aria non è un elemento semplice (come fino ad allora si era creduto), ma un miscuglio di gas, fra cui "un'aria vitale", da lui stesso chiamata ossigeno, e un'altra che egli chiamò azoto (cioè "senza vita"). Riuscì anche a scomporre l'acqua, scoprendo le esatte proporzioni delle sostanze (cioè l'ossigeno e l'idrogeno) da cui l'acqua è costituita. Per le sue scoperte, Lavoisier è considerato il fondatore della chimica moderna.

Il vapore è applicato alle navi...

Il progresso industriale fu accompagnato dallo **sviluppo dei trasporti**. I tentativi di applicare un motore a vapore a carri e carrozze non ebbero successo. Risultati più incoraggianti si ottennero invece con la **navigazione a vapore**.

Un primo battello a vapore, dal nome *Pyroscaphe*, fu varato in Francia nel **1783**. Ma la navigazione fluviale ebbe un grande sviluppo soprattutto in America, un continente dai grandi fiumi e ancora quasi privo di strade. Nel **1807** il battello a vapore *Clermont*, dell'americano Robert Fulton, iniziò i suoi viaggi quotidiani sul fiume Hudson collegando New York e Albany. Nel **1818**

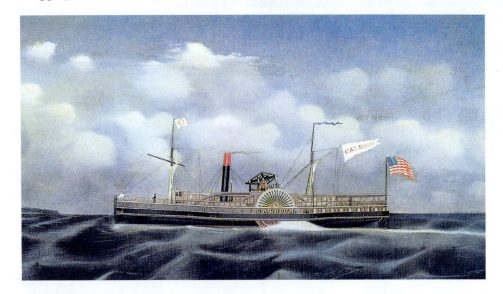

> **COLLEGO CAUSE ED EFFETTI**
>
> ▶ **PERCHÉ** l'industria stimola innovazioni nell'ambito della chimica? Cerca la risposta nel testo.

*** Chimica**
La scienza che studia le proprietà e le trasformazioni delle sostanze.

> **ORGANIZZO I CONCETTI**

◀ La nave a vapore *Calhoun* in un dipinto americano di metà XIX secolo.
Newport, Marine's Museum.

la nave americana *Savannah* attraversò in diciannove giorni l'Oceano Atlantico. I primi piroscafi a vapore però consumavano grandi quantità di carbone di cui era difficile rifornirsi durante i viaggi più lunghi. Perciò nelle traversate transoceaniche le navi dovettero far uso di vele ausiliarie ancora per decenni.

... e ai treni

Assai più rapido fu lo sviluppo delle **locomotive a vapore**. All'inizio, queste macchine erano così pesanti che spezzavano le fragili rotaie di ghisa. Furono l'ingegnere inglese George Stephenson e suo figlio Robert a costruire locomotive veramente efficienti e un nuovo sistema di ferrovie. Grazie a loro, nel **1825**, entrò in funzione la prima linea ferroviaria del mondo, la Stockton-Darlington, che collegava una miniera dell'entroterra inglese con la costa. Quattro anni più tardi gli Stephenson costruirono una nuova locomotiva, capace di raggiungere la velocità media di 36 chilometri orari e per questo battezzata *Rocket*, cioè "Razzo".

La nascita delle ferrovie non mancò di suscitare proteste. C'era chi sosteneva che velocità superiori a 50 chilometri orari avrebbero finito per asfissiare i passeggeri, togliendo loro l'aria; gli agricoltori temevano che le mucche, spaventate dal fracasso delle locomotive, avrebbero perso il latte. Ma l'esperienza dimostrò in breve che tutti questi timori erano infondati, e una rete di binari sempre più fitta attraversò l'Europa.

Una nuova forma di energia: l'elettricità

Ma già si annunciava una nuova forma di energia, chiamata **elettricità***. Nel Settecento l'elettricità era conosciuta pochissimo e veniva impiegata soprattutto per **giochi da salotto**: gli aristocratici si divertivano moltissimo a far scoccare scintille da macchine particolari (semplici condensatori che immagazzinavano elettricità) e a sobbalzare per effetto della scossa elettrica.

La locomotiva *Rocket* in una stampa del 1830.
Foto Scala, Firenze.

* Elettricità
Il nome deriva da quello dell'ambra, la resina fossile detta in greco *èlektron*. Questo materiale è in grado di attirare, se strofinato – e quindi elettrizzato –, piume e pezzetti di carta.

L'esperimento condotto dal fisico e abate francese Jean-Antoine Nollet nel 1745. Nollet fu un precursore degli studi sull'elettricità e divenne famoso per le dimostrazioni scientifiche suggestive, che teneva nei salotti aristocratici o persino presso la reggia di Versailles.
Foto Science Photo Library.

1. Nollet regge una bacchetta di vetro che ha elettrizzato sfregandola su un panno di lana.

2. Un ragazzo è sospeso su una specie di altalena, isolato dal terreno. Quando Nollet lo tocca con la bacchetta elettrizzata, il suo corpo riceve una piccola carica elettrica invisibile, ma sufficiente per attrarre i pezzetti di foglia d'oro posti sul piattino a cui il giovane accosta la mano.

3. Una dama avvicina la punta del dito al naso del giovane: scocca una scintilla visibile, che dissipa la carica elettrica "posseduta" dal ragazzo. Di conseguenza anche i pezzetti di foglia d'oro ricadono sul piattino.

Raramente si giungeva a risultati pratici; un'eccezione furono i **parafulmini**, inventati a seguito degli esperimenti che **Benjamin Franklin** condusse sull'elettricità atmosferica per mezzo di un aquilone dotato di punta metallica.

Solo nel **1800** l'invenzione della **pila** di **Alessandro Volta**, il primo apparecchio capace di produrre una corrente elettrica continua, aprì la strada all'utilizzo dell'elettricità in campo industriale.

RICOSTRUISCO LA MAPPA DEL CAPITOLO

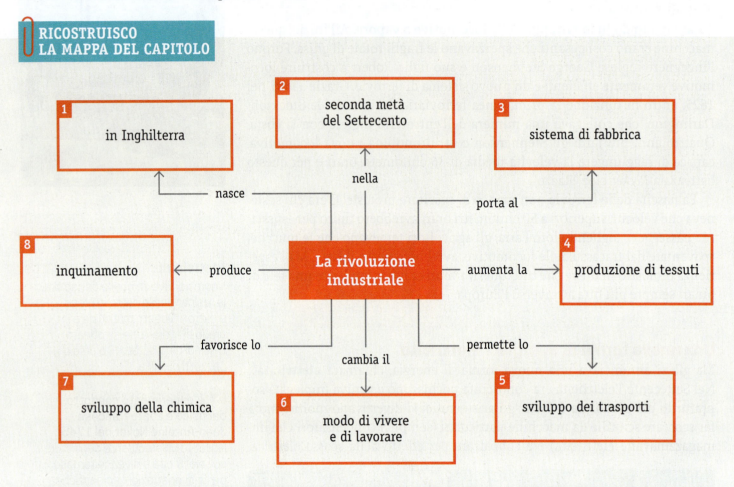

COLLOCO GLI EVENTI NEL TEMPO

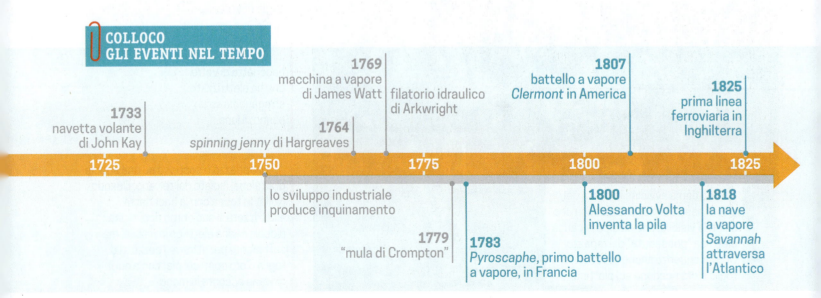

Scienza e tecnica

Rane, bicchieri e aquiloni: i primi esperimenti sull'elettricità

Nel corso del Settecento la ricerca sui fenomeni elettrici appassionò diversi scienziati.

Tre di essi – fra i più noti – affrontarono le loro indagini con modalità diverse e usando "strumenti" particolari: rane, bicchieri e aquiloni.

Il medico bolognese **Luigi Galvani** indagò per primo l'elettricità animale (o biologica). I suoi esperimenti sulla trasmissione dei segnali elettrici all'interno dei muscoli, condotti sulle rane, gli procurarono un'immensa fama e avviarono gli studi sul rapporto esistente fra elettricità e organismi viventi.

Proprio dalle esperienze di Galvani partì lo scienziato comasco **Alessandro Volta** per indagare il ruolo dei metalli nei fenomeni di trasmissione della corrente. Egli riuscì per primo a generare una corrente elettrica, modesta ma continua, utilizzando una serie di bicchieri pieni di acqua salata e collegati fra loro da ponticelli metallici, le cui estremità erano immerse nel liquido.

Più tardi, invece dei bicchieri, usò una pila verticale di dischi di cartone, imbevuti di acqua salata e alternati a dischi di rame e zinco. La pila fu il primo dispositivo capace di produrre una corrente elettrica: tutti i tipi di pile oggi esistenti derivano dalla pila di Volta.

Lo scienziato americano **Benjamin Franklin** (che fu anche filosofo, editore e uomo politico) studiò invece le scariche elettriche atmosferiche.

Dimostrò la natura elettrica dei fulmini facendo volare durante un temporale un aquilone dotato di una punta metallica e di un filo di seta al quale era legata una chiave, anch'essa metallica. L'elettricità sprigionata nell'aria dai fulmini "caricò" la punta, attraversò il filo e raggiunse la chiave: avvicinando la mano a essa, Franklin avvertì il passaggio della corrente elettrica.

Più tardi dimostrò che, usando parafulmini metallici, i fulmini potevano essere "catturati" e indirizzati verso il terreno in tutta sicurezza.

Gli esperimenti di Luigi Galvani condotti sulle zampe di rana. Tavola dal trattato di Galvani pubblicato nel 1792.
Londra, British Library.

La pila di Alessandro Volta. Esemplare del XIX secolo.
Treviglio, Museo scientifico Explorazione

L'esperimento di Franklin eseguito nel 1752. Illustrazione del XIX secolo.

Sintesi

1. Lo sviluppo industriale comincia in Inghilterra

Nel Settecento l'Inghilterra è il Paese più ricco d'Europa. L'agricoltura è molto sviluppata e usa tecniche moderne come la **rotazione pluriennale**. L'Inghilterra controlla i mari e il commercio internazionale.

L'aumento della popolazione fa crescere anche la domanda di beni di consumo. Per produrre di più, **si inventano nuove macchine** soprattutto **nel settore tessile**, come la navetta volante, la *spinning jenny* e la mula di Crompton.

Nel 1769 **James Watt** crea una **macchina azionata dall'energia del vapore**, che sfrutta il calore per produrre movimento e riesce a mettere in moto altre macchine.

La meccanizzazione permette di accelerare la produzione e trasforma il modo di vivere e di lavorare degli uomini. Macchine, carbone e vapore fanno sviluppare l'industria: in Inghilterra inizia la **rivoluzione industriale**.

2. Il sistema di fabbrica trasforma società e ambiente

Per contenere i nuovi, grandi macchinari e i numerosi operai, nascono le **fabbriche**.

Nelle fabbriche il lavoro viene diviso in una serie di **operazioni semplici e ripetute**, affidate ciascuna a un lavoratore diverso: è la **divisione del lavoro** descritta dall'economista Adam Smith.

Nelle fabbriche la disciplina è dura, i salari sono bassi e donne e bambini sono costretti a lavorare come gli uomini, ma sono pagati meno.

Si costruiscono le nuove strutture produttive vicino alle miniere di carbone, e intorno si sviluppano anche le città dove nascono subito **problemi di inquinamento** perché le ciminiere delle fabbriche scaricano nell'aria fumo e fuliggine.

3. Lo sviluppo delle scienze e delle tecniche in età industriale

Nel Settecento si sviluppa molto l'**industria chimica**, grazie anche alle scoperte di grandi scienziati come **Lavoisier**, che intuisce la presenza dell'ossigeno nell'aria.

L'uso della macchina a vapore nelle navi e poi nei treni permette uno straordinario **progresso dei trasporti**.

Proprio alla fine del secolo, partendo dagli esperimenti di Luigi Galvani, **Alessandro Volta** inventa la **pila**, un apparecchio capace di produrre **corrente elettrica**, una nuova forma di energia che si diffonderà poi nell'Ottocento.

Capitolo 8 Gli inizi della rivoluzione industriale

Esercizi — COSTRUISCO LE MIE COMPETENZE

VERIFICO LE CONOSCENZE
Paragrafo 1

1 Completa il brano con le parole dell'elenco. Fai attenzione: alcune parole non ti serviranno.

macchine ▪ capitali ▪ agricola ▪ industriale ▪ vapore ▪ acqua ▪ produttività ▪ beni di consumo ▪ operai

Nel Settecento l'Inghilterra è il Paese più ricco d'Europa, grazie alla rivoluzione ...., iniziata fin dal Cinque-Seicento, e al dominio commerciale sui mari. Per produrre di più e in minor tempo, il lavoro di uomini e donne viene sostituito da ...., mosse prima dall'energia dell'........................ poi da quella del .... Il rapido sviluppo dell'industria che trasforma il modo di lavorare e di vivere degli uomini si chiama rivoluzione .... Essa inizia in Inghilterra perché qui ci sono grande disponibilità di .... e un'alta domanda di prodotti.

RIORGANIZZO DATI E CONCETTI
Paragrafo 1

2 Osserva i grafici e rispondi alle domande.
  a. Che cosa rappresenta il primo grafico?
  b. Di quanti milioni di abitanti aumenta la popolazione nella seconda metà del Seicento? E nel Settecento?
  c. Di quante tonnellate aumenta la produzione inglese di carbone in poco più di un secolo? Ricordi come veniva impiegato il carbon fossile [→ cap. 6 par. 3]?

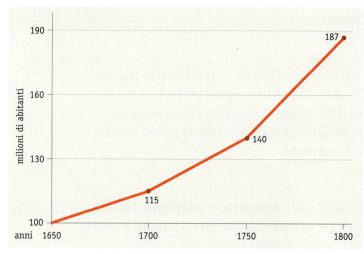

La crescita demografica in Europa nel Seicento e nel Settecento.

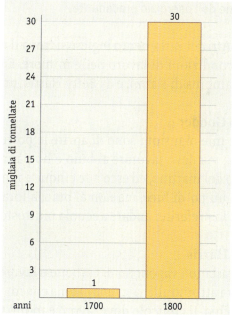

La produzione di carbone.

LAVORO CON LE MAPPE
Paragrafo 1

3 Spiega la mappa a p. 199 completandone la didascalia.
La rivoluzione .... inglese fu facilitata da tre condizioni favorevoli:
▪ l'accumulo di ...., provenienti dalla .... e dal .... ;
▪ l'accresciuta domanda di ...., causata dall'........................ della .... ;
▪ la presenza di .... e di .... nel sottosuolo inglese.
Le basi su cui si resse furono l'uso del carbone come ...., lo sfruttamento dell'energia del .... e l'introduzione di .... che cambiarono l'........................ del lavoro.

Esercizi

LAVORO SULLE FONTI — Paragrafo 2

4 Osserva l'immagine e completa la sua didascalia.

In uno stretto .... , al lume di una .... , un ragazzo trascina carponi un carrello di .... che un altro ragazzo .... , mentre una bambina di pochi anni apre e chiude la .... che immette un po' di aria nella galleria.

LAVORO SULLE FONTI — Paragrafo 2

5 Leggi il documento e l'introduzione che lo precede, poi rispondi alle domande, aiutandoti anche con l'immagine dell'esercizio precedente.

Negli Atti del Parlamento inglese si trova il rapporto di una commissione inviata a indagare sulle condizioni di lavoro nelle miniere. Ecco le dichiarazioni rilasciate da Sarah Gooder, una bambina di 8 anni, e da Betty Harris, una giovane donna.

Sarah Gooder
« Le mie mansioni sono di aprire le porte di aerazione del pozzo. Questo lavoro non mi stanca, ma devo lavorare al buio e ho paura. Ci vado alle quattro, qualche volta alle tre e mezzo del mattino, ed esco alle cinque e mezzo del pomeriggio. Qualche volta canto, quando c'è un po' di luce, ma non al buio; allora non ho il coraggio di cantare. Il pozzo non mi piace. Io preferirei andare a scuola piuttosto che in miniera. »

Betty Harris
« Trascino i vagoncini di carbone e lavoro sei ore al mattino e sei al pomeriggio. Ho una cintura attorno alla vita, una catena che mi passa fra le gambe e cammino sulle mani e sulle ginocchia. Il cunicolo dove lavoro è molto ripido, per cui siamo obbligati ad aggrapparci a una corda. Nel pozzo dove lavoro ci sono sei donne e sei ragazzi e ragazze. È un lavoro durissimo. Il pozzo è sempre umido e l'acqua ci arriva sempre alle caviglie. »

a. In che cosa consiste il lavoro di Sarah e di Betty? Quanto dura la loro giornata lavorativa?
b. Il lavoro di Sarah è faticoso? Che cosa, soprattutto, spaventa la bambina?
c. Perché Betty è costretta a camminare sulle mani e sulle ginocchia? Perché deve aggrapparsi a una corda? A che cosa servono la cintura e la catena che porta addosso?
d. Perché i padroni di fabbriche e miniere trovavano conveniente assumere donne e bambini?

STABILISCO COLLEGAMENTI E RELAZIONI
Paragrafi 2 e 3

6 Spiega perché:
   a. il lavoro di fabbrica era duro e mal pagato.
   b. le fabbriche potevano essere costruite anche lontano dai corsi d'acqua.
   c. nelle città industriali inglesi si ebbero i primi problemi di inquinamento.
   d. nei quartieri operai si diffondevano facilmente le malattie infettive.
   e. l'uso del vapore favorì lo sviluppo dei trasporti via terra e via mare.
   f. la nascita delle ferrovie provocò molte proteste.
   g. la locomotiva costruita dagli Stephenson nel 1829 fu chiamata *Rocket*.

VERIFICO LE CONOSCENZE
Paragrafo 3

7 Completa il brano con le parole dell'elenco. Fai attenzione: alcune parole non ti serviranno.
George e Robert Stephenson ▪ Antoine Lavoisier ▪ Stockton-Darlington ▪ elettricità ▪ *Rocket* ▪ vapore ▪ moderna ▪ navi ▪ produzione ▪ sostanze chimiche ▪ treni

L'uso della macchina a .... permise di aumentare la .... di tessuti. Per sbiancarli, tingerli e sgrassarli fu necessario usare ...., ottenute in laboratorio. Il fondatore della chimica .... fu lo scienziato francese ....
Il vapore fu applicato alle .... e ai .... : i piroscafi iniziarono ad attraversare gli oceani e una locomotiva, detta .... (cioè "Razzo", perché raggiungeva i 36 chilometri orari) fu costruita dagli ingegneri inglesi ....

RIORGANIZZO DATI E CONCETTI
Intero capitolo

8 Scorri le pagine del capitolo e completa la tabella, riportando le informazioni richieste sulle principali invenzioni industriali del Settecento nel campo del tessile, dell'energia e dei trasporti.

Invenzione	A che cosa serve	Inventore	Data
....	Accelerare la filatura	James Hargreaves	....
"Mula di Crompton"	Accelerare la	Samuel Crompton	....
....	Accelerare la tessitura	Edmund Cartwright	1787
....	Sfruttare calore per produrre	....	....
.... *Clermont*	Viaggiare rapidamente via fiume	Robert Fulton	....
.... *Rocket*	Viaggiare rapidamente su ferrovia	George e Robert Stephenson	1829

USO LE PAROLE DELLA STORIA
Intero capitolo

9 Costruisci una frase con ciascuna delle seguenti parole o espressioni.
rotazione pluriennale ▪ imprenditore ▪ meccanizzazione ▪ combustibile ▪ divisione del lavoro ▪ sostanze chimiche

Unità 3 Ragione e rivoluzione

Il capitolo a colpo d'occhio

QUANDO

1. In che anno si sono svolti questi eventi? SCRIVI le date sui puntini, poi COLLOCALE sulla linea del tempo: 1769, 1825, 1800.

A

.... Alessandro Volta inventa la pila.

B

.... Prima linea ferroviaria in Inghilterra.

C

.... James Watt inventa la macchina a vapore.

1770 1775 1780 1785 1790 1795 1800 1805 1810 1815 1820 1825 1830

DOVE

2. OSSERVA la carta, LEGGI la legenda e COMPLETA la didascalia.

Alla fine del .... il territorio inglese è percorso da numerosi .... navigabili, che facilitano i trasporti.

Il sottosuolo dell'Inghilterra è ricco di .... , vicino ai quali si trovano le regioni industriali: l'industria più diffusa è quella ....

L'INGHILTERRA INDUSTRIALE ALLA FINE DEL SETTECENTO

- Bacini carboniferi
- Industria tessile
- Canali navigabili

LE PAROLE DA RICORDARE

3. COLLEGA le seguenti parole o espressioni con la definizione corrispondente.

Inquinamento — stabilimento capace di contenere grandi macchine e un gran numero di operai

Rivoluzione industriale — produrre di più mantenendo invariati, o riducendo, costi e tempi di lavorazione

Divisione del lavoro — introduzione nell'ambiente di elementi nocivi che danneggiano l'ambiente stesso

Fabbrica — cambiamento profondo nel modo di lavorare basato sulla nascita delle fabbriche e sulla meccanizzazione

Aumento della produttività — suddivisione del processo lavorativo in operazioni molto semplici, affidate a lavoratori diversi

LA MAPPA DEI CONCETTI

4. COMPLETA la mappa inserendo al posto giusto le parole seguenti. ATTENZIONE alle parole in più.

Settecento • disoccupazione • inquinamento • Francia • produttività • Inghilterra

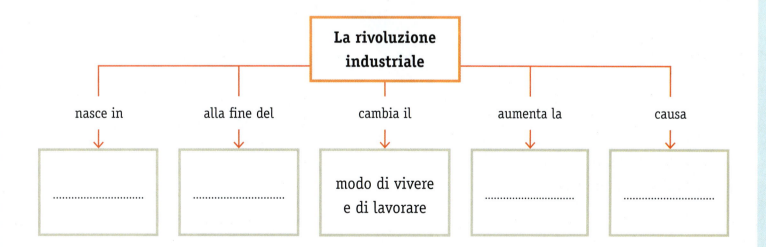

La rivoluzione industriale
- nasce in: ....
- alla fine del: ....
- cambia il: modo di vivere e di lavorare
- aumenta la: ....
- causa: ....

Capitolo 9 — L'età dei Lumi e delle riforme

CESARE BECCARIA

GUARDA! IL VIDEO

MI ORIENTO NEL CAPITOLO dal 1680 → al 1795

1

Nel Settecento si diffonde l'**Illuminismo**, un movimento di idee che esalta la **ragione** come strumento di **progresso** per l'umanità.

2

Gli illuministi criticano il potere assoluto e la schiavitù: un governo giusto, guidato dalla ragione, deve promuovere l'**uguaglianza** e la **giustizia** e mirare al **benessere** dei cittadini.

3

In alcuni casi, le idee illuministe giungono a influenzare i monarchi europei: i **sovrani illuminati** introducono **riforme**, fondano **scuole pubbliche**, aboliscono la **servitù** dei contadini, la **tortura** e la **pena di morte**.

4

Nuovi conflitti tra gli Stati europei fanno emergere la **Prussia** come **nuova potenza**. L'**impero coloniale inglese** si espande grazie alle esplorazioni della **flotta di James Cook** nel Pacifico.

1. L'Illuminismo: l'età della ragione

La "luce" della ragione

Il Settecento fu il secolo dell'**Illuminismo**, un vasto movimento di pensiero che nacque in Inghilterra ma si sviluppò soprattutto in **Francia**, diffondendosi poi in tutta Europa e producendo un profondo rinnovamento nelle idee e nella cultura del tempo.

Gli illuministi, cioè i seguaci del movimento, nutrivano una fede assoluta nella **ragione umana**, o meglio, come essi dicevano, nei "lumi" della ragione: la parola Illuminismo deriva proprio dal termine francese *lumière*, che significa luce o lume.

Secondo gli illuministi solo la "luce" della ragione può rischiarare le "tenebre" dell'ignoranza, della paura e della superstizione, che indeboliscono gli uomini e li rendono schiavi di governi ingiusti e di credenze paurose. Solo la ragione e il suo uso critico possono guidare i popoli sulla via del **progresso**, del benessere e della felicità.

L'Illuminismo fu un movimento di **élite***, che coinvolse solo un numero ristretto di persone ricche e colte, appartenenti alla nobiltà o all'alta borghesia, ma ebbe grande influenza sullo sviluppo successivo dell'intera società, non solo europea.

ORGANIZZO I CONCETTI

RAGIONE → luce → progresso → felicità → tolleranza → uguaglianza

IGNORANZA → tenebre → paura → ingiustizia → intolleranza → schiavitù

*** Élite**
È la parte più scelta e raffinata di una società: di solito la più colta, ricca e influente.

Le idee dei pensatori illuministi

Gli illuministi si dedicarono con passione allo studio di quelle discipline da cui dipende la felicità degli uomini sulla terra, come la politica, le scienze, l'economia, la pedagogia (cioè la scienza dell'educazione). Nel nome della ragione, che accomuna tutti gli uomini, essi si sentivano "cittadini del mondo" e proclamavano l'**uguaglianza di tutti gli esseri umani**, a qualunque popolo appartenessero.

▶ *Il pranzo dei filosofi*, dipinto di Jean Huber del 1773 circa. L'uomo con il berretto rosso e la mano alzata è probabilmente Voltaire, uno dei maggiori illuministi francesi.
Oxford, Voltaire Foundation.

Dopo anni di **fanatismo*** e di guerre di religione, gli illuministi esaltavano la **tolleranza**, cioè uno spirito di comprensione verso idee, credenze, usanze diverse dalle proprie. Condannavano la caccia alle streghe, la guerra e – in nome della ragione che affratella tutti i popoli – la tratta dei neri. Alcuni di loro si proclamavano **atei**, cioè negavano l'esistenza di Dio. Altri, più numerosi, erano **deisti**, cioè credevano in un Essere supremo, ma rifiutavano i dogmi e l'autorità delle Chiese.

* **Fanatismo**
Entusiasmo eccessivo e cieco che porta a manifestazioni esagerate e irrazionali.

Percorso di geostoria
Le forze della natura e la storia
p. 312

La diffusione delle idee illuministe

Fra le persone colte le idee illuministe si diffusero rapidamente per mezzo di pubblicazioni a stampa, libri e **giornali**. I giornali, apparsi fin dal Seicento, ebbero in quest'epoca un grande sviluppo. Erano semplici foglietti e non uscivano con regolarità, ma contenevano informazioni sugli avvenimenti più importanti e, là dove la **censura*** sulla stampa era stata abolita (per esempio, in Inghilterra), anche notizie politiche.

Per leggere giornali, discuterli e commentarli, intellettuali e uomini d'affari si davano appuntamento nei **caffè**, locali alla moda che stavano moltiplicandosi in tutte le città (a Venezia ce n'erano 25 soltanto in piazza San Marco).

Agli artisti, ai letterati, ai filosofi le signore della buona società aprivano i loro **salotti**. Qui si leggevano le ultime novità letterarie; si "faceva musica", cioè si ascoltavano solisti e piccoli concerti; si eseguivano esperimenti scientifici e si discuteva degli argomenti più vari.

Giornali, caffè e salotti contribuirono alla nascita dell'**opinione pubblica**, un modo di pensare comune alla maggioranza dei cittadini – a quel tempo, in verità, solo dei cittadini ricchi e istruiti – che in numero crescente volevano conoscere e giudicare fatti e idee e far sentire pubblicamente la propria voce.

* **Censura**
È il controllo dello Stato su tutte le opere pubblicate o rappresentate.

COLLEGO CAUSE ED EFFETTI

Le idee degli illuministi si diffondono anche **PERCHÉ**:
› sono pubblicate su foglietti a stampa, libri e giornali
› sono discusse nei caffè e nei salotti

Il musicista austriaco Wolfgang Amadeus Mozart fa sosta a Napoli durante il tour di concerti con il padre.

Il padre di Mozart, Leopold, suona il clavicembalo.

Il padrone di casa è un amante dell'arte, dei libri e della musica.

Il pittore Pietro Fabris si autoritrae nel quadro.

◁ **Un concerto privato** nel salotto di un nobile scozzese stabilitosi a Napoli. Dipinto del 1770.
Edimburgo, National Galleries of Scotland.

La moda del Grand Tour

Spesso nei salotti erano presenti anche viaggiatori stranieri. Era diventato di moda, infatti, fra i figli delle famiglie nobili e ricche, **completare la propria educazione** intraprendendo un lungo viaggio – detto *Grand Tour* – attraverso Paesi ricchi di storia e di arte, primo fra tutti l'Italia, con le sue immense ricchezze artistiche e culturali e le sue suggestive rovine dell'antichità romana.

Il *Grand Tour*, toccava sempre città come Venezia, Firenze, Roma, Napoli e comprendeva anche la visita agli scavi archeologici di Ercolano e Pompei, due città campane cancellate nel 79 d.C. da una catastrofica eruzione del Vesuvio e riportate alla luce dagli archeologi proprio agli inizi del Settecento [→ Patrimonio della cultura p. 218].

Gentiluomini inglesi in viaggio ammirano le bellezze di Roma. Dipinto del 1750 circa.
Yale, Center for British Art.

La pubblicazione dell'Enciclopedia

Gli illuministi consideravano fondamentale combattere l'ignoranza e diffondere l'istruzione. Perciò in Francia fu pubblicata un'opera colossale, *l'Enciclopedia*, una raccolta di tutte le conoscenze in campo scientifico, artistico, tecnico, storico, letterario, musicale. Fra coloro che collaborarono alla pubblicazione, figuravano i più noti illuministi francesi dell'epoca, come **Diderot**, **Voltaire**, **Rousseau**, **D'Alembert**.

L'*Enciclopedia* criticava apertamente alcuni aspetti delle società del tempo, perciò la sua diffusione incontrò molti ostacoli e resistenze. Il governo francese ne bloccò per due volte la stampa e gli ultimi due volumi dovettero uscire clandestinamente. Nonostante queste difficoltà, l'opera fu interamente pubblicata **fra il 1751 e il 1772**, e ottenne un grande successo sia in Francia sia nel resto d'Europa, dove il francese era diventato la lingua dell'aristocrazia e delle persone colte.

Un contributo alla diffusione del sapere illuminista fu dato anche dalla massoneria*, una società segreta che, nell'età dei Lumi, condivideva gli ideali di fratellanza, aiuto reciproco e lotta alla superstizione, propri dell'Illuminismo.

> **COLLEGO CAUSE ED EFFETTI**
>
> ▶ **PERCHÉ** gli illuministi pubblicano l'Enciclopedia? Completa le frasi.
>
> - Vogliono combattere l'........................ .
> - Desiderano diffondere le .... di ogni campo del sapere.

* **Massoneria**
Il nome di questa società segreta deriva dalla parola *mason*, "muratore" in inglese. Gli associati facevano uso di simboli derivati dal lavoro dei muratori (come la squadra e il compasso).

> **COLLOCO GLI EVENTI NEL TEMPO**

età dell'Illuminismo

1680 — 1690 — 1700 — 1710 — 1720 — 1730 — 1740 — 1750 — 1760 — 1770 — 1780 — 1790

1751-1772 pubblicazione dell'*Enciclopedia*

Patrimonio della cultura

Pompei, il passato che vive

Pompei, un'antica città della Campania, seppellita nel I secolo d.C. dalle ceneri del Vesuvio in eruzione e riportata alla luce a partire dal Settecento, è oggi uno dei più famosi e frequentati centri archeologici del mondo. Proviamo a ricostruire i giorni della catastrofe che fece scomparire la città sotto una coltre di cenere e lapilli.

È il 24 agosto (o il 24 ottobre, secondo le più recenti ricerche) del 79 d.C.

Nella zona, già da qualche giorno il terreno trema. Dal Vesuvio giungono boati sordi, brontolii e qualche esplosione. Improvvisamente, intorno alle 13, la massa di roccia compatta che fa da tappo al cratere del vulcano esplode, spinta dai magmi che premono da sotto.

Un'enorme colonna di fumo nero si alza fulminea nel cielo, proiettando intorno enormi macigni fumanti che precipitano sugli abitati e sul mare.

Mentre le scosse di terremoto continuano, su Pompei comincia a cadere una **pioggia** fittissima di **sassi**, pietre e soprattutto, di pomici, cioè frammenti di lava porosa che il Vesuvio scaglia interminabilmente, fino a coprire i primi piani delle case e a far crollare tetti e soffitti, sotterrando tutti coloro – moltissimi – che hanno cercato riparo al coperto.

Quando, dopo ore, la pioggia di pomici cessa, qualcuno tenta di fuggire. Ma non è finita. Dalla colonna eruttiva si sprigionano **nubi di gas**, di **vapori** caldissimi, di **ceneri** e di **lava polverizzata** che rotolano come valanghe lungo le pareti del vulcano. Nella vicina **Ercolano** nubi simili a queste hanno già ucciso migliaia

◁ **Turisti inglesi osservano gli scavi** che riportano alla luce il tempio di Iside a Pompei. Stampa da un libro del 1776.
St Andrews, University Library.

▽ **Vista panoramica delle rovine di Pompei**, con il Vesuvio sullo sfondo.
Foto G. Frazao/Shutterstock.

di persone. Ora è la volta di Pompei. Silenziose e velocissime, le nubi ardenti raggiungono le persone in fuga, le avvolgono all'improvviso con una cenere fine e impalpabile, che s'incolla alla pelle, toglie il respiro, si accumula sui corpi caduti. Sepolti vivi fra le ceneri calde, molti pompeiani muoiono di una morte terribile.

Poi cade il silenzio: la cenere, che copre ogni cosa, fissa nel tempo l'immagine della città così com'era al momento della tragedia. Gli scavi archeologici ci hanno restituito le strade, le case, i monumenti, le tracce dei lavori in corso, i segni della fuga affannosa: monete e oggetti preziosi perduti per via, porte dei negozi spalancate, pani messi in forno per il pasto della giornata. Ancora più toccante è l'immagine delle vittime. Col tempo i corpi imprigionati fra le ceneri si sono dissolti, lasciando al loro posto una cavità; ma la cenere, indurendosi, ne ha conservato l'impronta, proprio come in uno stampo. Versando nelle cavità gesso liquido gli archeologi hanno ottenuto **calchi** di uomini, donne, bambini, animali di duemila anni fa, colti negli ultimi istanti della loro vita. Questi calchi suscitano oggi turbamento e commozione e, insieme ai resti archeologici, costituiscono una documentazione storica, unica ed eccezionale, che attira a Pompei milioni di turisti.

⌃ **Un'edicola con le divinità protettrici della casa** rinvenuta all'interno di un *thermopolium* (una specie di tavola calda) di Pompei.
Foto Miropink/Shutterstock.

▷ **Una strada di Pompei**. Sono visibili i grandi blocchi di pietra utilizzati per l'attraversamento pedonale.
Foto Lautz/Shutterstock.

⌄ **Il calco del corpo di una vittima** dell'eruzione del Vesuvio del 79 d.C.
Foto BlackMac/Shutterstock.

COMPRENDO LE TRADIZIONI CULTURALI E RELIGIOSE

1. Numerandole progressivamente, disponi in ordine di successione le varie fasi dell'eruzione del Vesuvio del 79 d.C.
   - ☐ a. caduta di massi e rocce
   - ☐ b. pioggia di pomici
   - ☐ c. brontolii sordi ed esplosioni
   - ☐ d. esplosione del tappo del cratere
   - ☐ e. terremoti
   - ☐ f. nubi di ceneri ardenti
   - ☐ g. colonna scura di fumo

2. Spiega in che modo gli archeologi sono riusciti a ottenere calchi di gesso.

2. Le idee politiche ed economiche degli illuministi

I poteri dello Stato devono essere divisi e indipendenti

Gli illuministi erano d'accordo nel combattere il potere assoluto, ma avevano opinioni diverse su quale fosse la forma migliore di governo.

Charles de Montesquieu (1689-1755), per esempio, che era di origine aristocratica, era favorevole a una **monarchia costituzionale** sul modello di quella inglese. Nella sua opera *Lo spirito delle leggi* (**1748**) egli sostiene che i tre poteri su cui si fonda lo Stato, cioè il potere **legislativo** (di fare le leggi), **esecutivo** (di farle applicare) e **giudiziario** (di giudicare chi non le rispetta) non debbono essere concentrati nelle mani di una sola persona. Per garantire la libertà politica ed evitare che pochi prevalgano su molti, è necessario che i tre poteri restino divisi e indipendenti [→ Fonti p. 222].

Il principio della **separazione dei poteri** è accolto oggi dalle Costituzioni di quasi tutti i Paesi. In Italia, per esempio, il potere legislativo spetta al **parlamento**, cioè a rappresentanti del popolo liberamente eletti; il potere esecutivo al **governo**; quello giudiziario alla **magistratura**, costituita dall'insieme dei giudici.

La sovranità appartiene al popolo

Diverso era il pensiero di **Jean-Jacques Rousseau** (1712-1778), un filosofo di Ginevra, autore del *Contratto sociale* (**1762**).

Per Rousseau la **sovranità** – cioè il potere di comandare legittimamente uno Stato – **appartiene interamente al popolo** (e non, per esempio, a un re o al suo governo). Spetta soltanto al popolo votare le leggi che ritiene giuste e decidere il bene comune in pubbliche assemblee. Il governo deve essere al servizio del popolo e agire in suo nome; e il popolo può, in ogni momento, deporlo o sostituirlo.

Il principio della **sovranità popolare**, per cui il popolo è la fonte di tutti i poteri, sta alla **base delle moderne democrazie**. Anche il primo articolo della nostra Costituzione afferma: «L'Italia è una repubblica democratica. [...] La sovranità appartiene al popolo, che la esercita nelle forme e nei limiti della Costituzione».

Per Rousseau la forma ideale di governo è la **democrazia diretta**, nella quale il popolo esercita direttamente il suo potere sovrano, senza intermediari né delegati. Questo tipo di democrazia – Rousseau stesso ne era consapevole – può realizzarsi bene in villaggi o in città dove gli abitanti sono pochi (come nell'antica Atene, dove infatti nacque nel V secolo a.C.); ma è assai meno adatta all'amministrazione di Stati estesi e popolosi. Perciò nelle democrazie moderne, come la nostra, la sovranità popolare viene esercitata indirettamente, attraverso i rappresentanti (per esempio, deputati e senatori) eletti dal popolo: si parla quindi di **democrazia rappresentativa**.

Jean-Jacques Rousseau in un ritratto di Maurice Quentin de La Tour, 1753.
Ginevra, Musée d'Art et d'Histoire.

Voltaire propone il dispotismo illuminato

A differenza di Rousseau, la maggioranza dei pensatori illuministi considerava il popolo troppo ignorante per governarsi da sé, troppo immaturo e pronto a farsi raggirare da scaltri imbroglioni.

Il più famoso dei filosofi illuministi, per esempio, **François-Marie Arouet**, detto **Voltaire** (1694-1778), non aveva nel popolo nessuna fiducia. Egli preferiva piuttosto una **monarchia assoluta**, retta però da un sovrano "illuminato", disposto a lasciarsi guidare dalla **ragione**, e non dal capriccio, e attento al benessere dei sudditi e all'efficienza dello Stato.

Parecchi sovrani europei parvero sensibili alle idee illuministe e attuarono nei loro Stati importanti **riforme***: furono sovrani assoluti "illuminati" (o **despoti*** illuminati) e il loro sistema di governo prese il nome di dispotismo (o assolutismo) illuminato.

* **Riforma**
Innovazione e/o cambiamento introdotti dalle autorità legittime con l'intento di migliorare la società e lo Stato: nel breve periodo del dispotismo illuminato le riforme di alcuni sovrani coincisero con i programmi di riforma illuministi.

* **Despota**
Nell'antica Grecia era il "padrone della casa". Politicamente il termine significa "signore, monarca assoluto".

Nascono le moderne scienze economiche

Sotto l'impulso delle idee illuministe anche i fenomeni economici cominciarono a essere studiati con rigore scientifico: nacquero così le moderne scienze economiche, delle quali si considera fondatore lo scozzese **Adam Smith** (1723-1790). Nella sua opera più importante – *La ricchezza delle nazioni*, pubblicata nel **1776** – Smith afferma che la fonte di ogni ricchezza è il lavoro produttivo (quello che produce beni materiali) e che, per aumentare la **produttività** del lavoro – cioè per ottenere un numero maggiore di prodotti spendendo e lavorando meno – lo strumento principale è la **divisione del lavoro**, tipica del sistema di fabbrica [→ cap. 8 par. 2].

> **L'economista Adam Smith** in una moneta commemorativa del 1797.
Foto Getty Images.

Fonti

Riflessioni per migliorare lo Stato e la società

Da *Lo spirito delle leggi* (1748), capolavoro di Montesquieu, riportiamo due brevi passi, in cui l'autore parla delle diverse forme di governo e della separazione dei poteri.

> « Quando il popolo tutto detiene il potere sovrano, abbiamo una democrazia. Quando il potere sovrano è fra le mani di una parte soltanto del popolo, abbiamo una aristocrazia. Il popolo ha bisogno di essere guidato da un consiglio. Ma perché abbia fiducia in tale organo deve eleggerne i membri. Il popolo è adattissimo a scegliere coloro a cui deve affidare una parte della propria autorità. »

> « Libertà politica non significa affatto far tutto ciò che si vuole: libertà significa far tutto ciò che è permesso dalle leggi. Ma è esperienza eterna che chiunque abbia il potere tende ad abusarne. Affinché non si abusi del potere occorre regolarlo in modo che ciascun potere limiti l'altro. Quando il potere legislativo è unito con quello esecutivo in una sola persona o in una sola istituzione, non vi è libertà. Né vi è libertà se il potere giudiziario non è separato da quello legislativo o da quello esecutivo. »

Nel suo *Trattato sulla tolleranza* (1763) Voltaire critica i sentimenti di intolleranza religiosa che avevano provocato le guerre di religione nei secoli precedenti.

> « La tolleranza non ha mai provocato una guerra civile, l'intolleranza ha coperto la terra di massacri. Più la religione è divina, meno si addice all'uomo imporla. L'intolleranza non produce che ipocriti o ribelli. Vorreste voi sostenere con i carnefici la religione di un Dio che non ha predicato che la dolcezza e la pazienza? Non ci vuole una grande arte per provare che dei cristiani devono tollerarsi a vicenda. Dirò di più. Vi dirò che bisogna considerare tutti gli uomini come fratelli. Che! Mio fratello il turco? Mio fratello il cinese, l'ebreo, il siamese? Sì, senza dubbio: non siamo tutti figli dello stesso Dio? »

LAVORO SULLE FONTI

1. Descrivi i tre documenti indicando da dove sono tratti, chi ne sono gli autori e in quale data furono pubblicati.
2. Prova a spiegare perché, secondo Montesquieu, i tre poteri dello Stato devono essere separati.
3. Spiega perché Voltaire condanna l'intolleranza, la considera ingiustificata in campo religioso e ritiene giusto che anche persone di religione diversa si tollerino a vicenda.
4. Sulla base di questi testi, prova a scrivere una definizione di libertà e una di tolleranza.

> **La Giustizia** in un dipinto di Pierre Subleyras.
> Cherbourg, Musée Thomas Henry/Giraudon/Bridgeman Images.

Capitolo 9 L'età dei Lumi e delle riforme

La «mano invisibile» del mercato

Per spiegare il funzionamento del **mercato*** Smith parla di una «**mano invisibile**», di una "legge di mercato" che spingerebbe gli imprenditori a produrre di più, cioè ad aumentare l'offerta e ad alzare i prezzi quando la domanda è forte (cioè, quando la merce è molto richiesta) [→ cap. 2 par. 4]; e a produrre di meno e ad abbassare i prezzi quando la domanda è debole (cioè, quando la merce è poco richiesta).

La legge del mercato è la seguente: se la domanda è alta i prezzi salgono, se è bassa i prezzi scendono. Secondo Adam Smith questa **legge** – detta anche **della domanda e dell'offerta** – conviene a tutti, sia agli imprenditori che guadagnano molto quando i prezzi sono alti, sia ai compratori, anche ai meno ricchi, che possono comprare la merce quando i prezzi calano.

Seguendo la legge di mercato – scriveva Smith – ogni imprenditore, anche se opera soltanto per il proprio interesse individuale, finisce per costruire ricchezza e benessere per l'intera collettività. È però necessario che lo Stato non ostacoli i meccanismi "naturali" del mercato, imponendo tasse sulle merci (per esempio dazi e tasse doganali) o concedendo privilegi.

Con Adam Smith nasce una nuova dottrina economica, che prende il nome di **liberismo** e che troverà ampia diffusione nel corso dell'Ottocento e del Novecento.

* **Mercato**
Nel linguaggio dell'economia, con il termine mercato si intende l'insieme di tutti gli scambi e di tutte le contrattazioni che avvengono fra acquirenti e venditori.

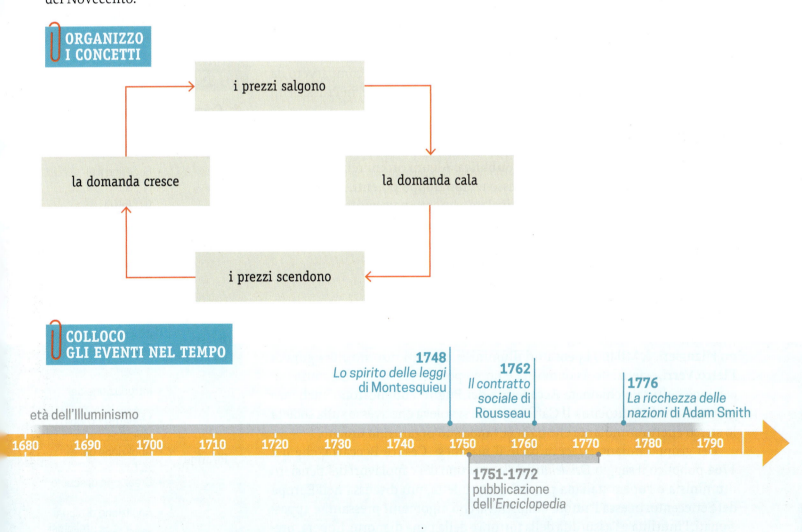

ORGANIZZO I CONCETTI

- i prezzi salgono
- la domanda cala
- i prezzi scendono
- la domanda cresce

COLLOCO GLI EVENTI NEL TEMPO

età dell'Illuminismo

1680 – 1690 – 1700 – 1710 – 1720 – 1730 – 1740 – 1750 – 1760 – 1770 – 1780 – 1790

- 1748 *Lo spirito delle leggi* di Montesquieu
- 1762 *Il contratto sociale* di Rousseau
- 1776 *La ricchezza delle nazioni* di Adam Smith
- 1751-1772 pubblicazione dell'*Enciclopedia*

3. Un vento di riforma attraversa l'Europa

I sovrani illuminati accolgono le nuove idee

In Europa i protagonisti del dispotismo illuminato furono, in particolare, **Federico II di Prussia**, allievo e amico personale di Voltaire; l'imperatrice **Maria Teresa d'Austria** e suo figlio **Giuseppe II**; la zarina **Caterina II di Russia** (detta Caterina la Grande), che accettava consigli da Diderot; e, in Italia, **Pietro Leopoldo**, granduca di Toscana e **Carlo di Borbone**, re di Napoli e di Sicilia [→ I protagonisti p. 231].

Comune a tutti i despoti illuminati fu il tentativo di **rafforzare i poteri dello Stato** nei confronti di categorie privilegiate di sudditi (come i nobili e il clero), attuando provvedimenti di riforma che furono diversi nei vari Stati.

Le riforme nell'età dei Lumi

In Austria e nei domini austriaci, l'imperatrice Maria Teresa fece eseguire un **catasto**, un inventario delle case e dei terreni, che permise di imporre le tasse con maggiore giustizia.

Alcuni sovrani si preoccuparono di **modernizzare l'agricoltura**, sopprimendo la servitù dei contadini e l'obbligo delle *corvées*, che scomparvero da tutta l'Europa centrale (rimasero invece nell'Europa orientale, in Prussia e in Russia).

Nei Paesi cattolici i sovrani cercarono di ridurre il potere della Chiesa, a cui fu tolto anche il monopolio dell'istruzione: si moltiplicarono così le scuole laiche e fu incoraggiata l'**istruzione pubblica**. Alcuni ordini religiosi, considerati "inutili" per la società e allo stesso tempo troppo potenti, furono combattuti con asprezza. I gesuiti, in particolare, vennero perseguitati ed espulsi da molti Paesi; infine, lo stesso papa fu costretto a sopprimere la Compagnia di Gesù (1773).

Gli illuministi italiani

In Italia i centri più attivi dell'Illuminismo furono **Napoli** e **Milano**. A Napoli operarono economisti e giuristi di fama, come Antonio Genovesi e Gaetano Filangieri. A Milano i pensatori illuministi, raccolti intorno alla figura di **Pietro Verri**, scienziato, economista e uomo politico, diedero vita a un'associazione culturale chiamata **Accademia dei Pugni**. Pubblicarono anche un giornale, che fu intitolato «**Il Caffè**», perché si voleva che avesse sulla società lo stesso effetto stimolante che ha la bevanda sull'organismo umano.

Del gruppo milanese faceva parte il marchese **Cesare Beccaria**, che nel **1764** pubblicò il saggio *Dei delitti e delle pene*, uno dei capolavori del pensiero illuminista e l'opera italiana più diffusa, più letta, più discussa nell'Europa del Settecento. In essa l'autore dimostrava, con argomenti pressanti e appassionati, l'inutilità e l'assurdità della tortura e della pena di morte. L'opera, presto tradotta in molte lingue, contribuì a far cambiare leggi e procedimenti

Federico II di Prussia in visita da Voltaire. Incisione del XIX secolo.
Versailles, Château de Versailles. Foto RMN-GP.

ORGANIZZO I CONCETTI

▶ Completa la tabella.

L'illuminismo in politica	
Sovrani illuminati	• Federico II di .... • .... d'Austria • .... d'Austria • Caterina II di .... • ...., granduca di Toscana • Carlo di Borbone, re di ....
Obiettivo comune	Rafforzare il potere del sovrano sulle ....
Riforme	• Introduzione del .... • Modernizzazione dell'.................... • Abolizione delle .... • Creazione di scuole .... • Abolizione di alcuni .... religiosi

giudiziari in alcuni Stati, fra cui la Toscana del granduca **Pietro Leopoldo** – che per primo **abolì torture e condanne a morte** – e il grande impero austriaco di Giuseppe II.

Contro la tortura e la pena di morte: Cesare Beccaria

Nel Settecento si ricorreva normalmente alla tortura nel corso degli interrogatori per costringere i colpevoli a confessare. Ma – scrive Beccaria – **nessun uomo può essere considerato colpevole prima della condanna** e, mentre ancora è incerto se egli sia innocente o reo, nessun giudice ha il diritto di infliggergli una qualsiasi pena. Con la tortura non si raggiunge alcuna certezza della verità, perché può darsi che un innocente confessi una colpa non commessa pur di sottrarsi ai supplizi.

D'altra parte, continua Beccaria, la ferocia dei supplizi non ha mai reso migliore l'umanità, né il timore della condanna a morte ha mai dissuaso i malfattori dal compiere i propri delitti. Dunque la **pena di morte è inutile**, e meglio sarebbe condannare i colpevoli a lavori forzati di pubblica utilità. Inoltre, la pena di morte è anche **dannosa**. Essa offre agli uomini un esempio di atrocità, perché l'esecuzione avviene in luogo pubblico, e perché sono le stesse leggi che puniscono l'assassinio ad ammettere poi che se ne compia un altro, pubblico e legale.

Nel 2007, su proposta dell'Italia, l'ONU ha approvato una sospensione (o moratoria) della pena di morte nel mondo.

ORGANIZZO I CONCETTI

Cesare Beccaria
↓ scrive
Dei delitti e delle pene
↓ suscita
dibattito in tutta Europa
↓ convince
Pietro Leopoldo e Giuseppe II
↓ ad abolire
pena di morte e tortura

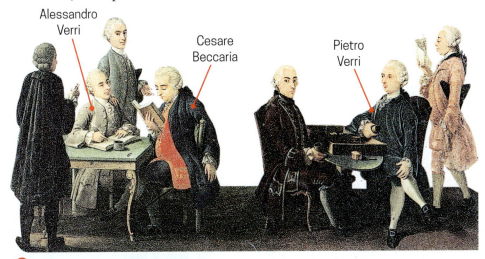

◁ Una riunione dell'Accademia dei **Pugni**. Dipinto di Antonio Perego del 1776.
Milano, Collezioni Sormani Andreani Verri.

COLLOCO GLI EVENTI NEL TEMPO

- 1748 *Lo spirito delle leggi* di Montesquieu
- 1762 *Il contratto sociale* di Rousseau
- 1764 *Dei delitti e delle pene* di Cesare Beccaria
- 1776 *La ricchezza delle nazioni* di Adam Smith
- 1751-1772 pubblicazione dell'*Enciclopedia*

età dell'Illuminismo

1680 — 1690 — 1700 — 1710 — 1720 — 1730 — 1740 — 1750 — 1760 — 1770 — 1780 — 1790

4. Nuovi rapporti di forza in Europa

Le guerre di successione spagnola, polacca e austriaca

Nella prima metà del Settecento le principali potenze europee si fronteggiarono in tre successivi conflitti di grandi dimensioni, che furono detti **guerre di successione**. In tutti e tre i casi, infatti, si trattava di scegliere un successore là dove mancava un erede diretto, perché una dinastia si era estinta, come in Spagna, oppure perché la monarchia era elettiva, come in Polonia, o ancora perché non c'era un erede maschio, come in Austria. Le guerre di successione spagnola e polacca furono combattute rispettivamente negli anni **1702-1714** [→ cap. 7 par. 2] e **1733-1738**; quella austriaca iniziò nel **1740** e si concluse nel **1748** con la **pace di Aquisgrana**. La mancanza di eredi era solo un pretesto per scatenare le ostilità. In realtà in tutte queste guerre la vera posta in gioco era l'**egemonia in Europa** che le potenze più forti si contendevano a spese di quelle più deboli o più frammentate (come la Polonia, l'impero romano germanico e l'Italia). Dai conflitti trasse profitto l'**Inghilterra** che, senza impegnarsi troppo sul continente, riuscì a consolidare il suo **predominio sui mari**.

◁ **L'Italia dopo la pace di Aquisgrana.**
Con la pace di Aquisgrana gli Asburgo d'Austria conservano il ducato di Milano ed esercitano la loro influenza sul granducato di Toscana, mentre il regno di Napoli e Sicilia e il ducato di Parma sono assegnati a principi della casa reale dei Borbone di Spagna. Grazie all'equilibrio di forze raggiunto fra le due grandi potenze rivali, l'Italia può godere di un lungo periodo di pace.

- Ducato di Milano (Asburgo)
- Ducato di Parma (ai Borbone di Spagna)
- Ducato di Modena
- Repubblica di Lucca
- Granducato di Toscana (ai Lorena, essendo estinta la dinastia dei Medici)

Capitolo 9   L'età dei Lumi e delle riforme

La guerra dei sette anni

Fu proprio la volontà di conquistare la **supremazia sui mari e sulle colonie** a scatenare, pochi anni più tardi, una nuova **guerra**, detta **dei sette anni** perché durò **dal 1756 al 1763**. Le potenze coinvolte furono, da un lato, **Inghilterra** e **Prussia** e, dall'altro, **Francia**, **Austria**, **Russia** e, più tardi, **Spagna**. La guerra dei sette anni venne combattuta sia in Europa, sia in Africa, sia nelle Indie orientali e occidentali – dove si trovavano i territori colonizzati o da colonizzare – e assunse perciò dimensioni veramente mondiali.

Per la Francia il conflitto si risolse in un disastro. Nelle colonie fu ripetutamente battuta dagli Inglesi e, con la **pace di Parigi** del **1763**, dovette cedere all'Inghilterra l'intero Canada e quasi tutti i suoi possedimenti nordamericani. L'Inghilterra, inoltre, ottenne anche la Florida dalla Spagna, che era intervenuta invano a favore dei Francesi.

ORGANIZZO I CONCETTI

La guerra dei sette anni (1756-1763)	
Scoppia perché	le grandi potenze europee vogliono conquistare la supremazia sui mari e sulle colonie
Viene combattuta	in Europa, Africa, America e Asia

L'impero inglese si estende

L'impero coloniale inglese era sempre più vasto e si estendeva ormai su tutti i continenti: **Asia**, **America**, **Africa** e perfino **Oceania**, "scoperta" agli inizi del Seicento da navigatori olandesi.

Nel Settecento il governo inglese affidò a **James Cook**, il più importante esploratore dell'età moderna, il compito di guidare tre spedizioni scientifiche nel Pacifico. Esse portarono alla scoperta della **Nuova Zelanda**, un arcipelago che fa parte dell'Oceania, e all'esplorazione delle coste orientali dell'Australia, di cui Cook prese possesso nel 1770, in nome del re d'Inghilterra [→ Uno sguardo sul mondo, p. 195].

Nel luogo in cui poi sarebbe sorta la grande città di **Sydney**, gli Inglesi fondarono nel 1788 una colonia penale, la prima colonia dell'Oceania, destinata a ospitare i condannati al lavoro forzato.

Dov'è Sydney?

 Le navi del capitano Cook approdano a Tahiti, nel 1769. Lo scopo ufficiale di quella spedizione era eseguire osservazioni astronomiche per conto della Royal Society. Solo dopo averle svolte, Cook poté aprire la busta, fino ad allora sigillata, che conteneva gli ordini per la seconda parte del viaggio: cercare, nel sud del Pacifico, la mitica "Terra Australe". Cook dubitava della sua esistenza, ma nell'aprile 1770 raggiunse l'Australia. Londra, Maritime Museum.

Una nuova potenza in ascesa: la Prussia

Nel corso delle guerre settecentesche un ruolo di primo piano fu giocato da una nuova potenza, la **Prussia**. All'inizio del Seicento era un piccolo ducato tedesco, posto sulle rive del Mar Baltico e governato dai principi **Hohenzollern**, signori del Brandeburgo e di Kleve. Nel 1701 Federico I di Hohenzollern ottenne il titolo di re e pose la sua capitale a Berlino. Il successore, **Federico Guglielmo**, detto il "re sergente" (1713-1740), creò un esercito sottoposto a ferrea disciplina e trasformò la Prussia in un immenso campo militare: i soldati si addestravano in modo permanente e tutto il popolo lavorava per nutrire, vestire e alloggiare le truppe.

Suo figlio, **Federico II** detto **il Grande** (1740-1786), fu un re colto e illuminato (era amico di Voltaire) e attuò molte riforme per migliorare l'economia del Paese. Strappò all'Austria la Slesia e più tardi annetté la **Prussia occidentale**, giungendo quasi a raddoppiare l'estensione dei suoi domini. Nasceva così uno Stato in grado di contendere all'Austria la supremazia nell'Europa centrale.

L'espansione della Prussia nel Settecento.

- La Prussia agli inizi del Settecento
- Territori conquistati nel 1748
- Territori conquistati nel 1772

Con Pietro il Grande la Russia diventa europea

Fra Sei e Settecento anche la Russia, dove dal 1613 regnava la dinastia dei Romanov, cominciò a "occidentalizzarsi", vale a dire ad aprirsi all'influenza europea. Ciò avvenne per opera di **Pietro I** detto **il Grande**, zar dal **1682** al **1725**. Quando egli salì al trono, l'economia dell'impero russo si basava su un'agricoltura arretrata, il Paese esportava solo materie prime (non manufatti) e mancava di sbocchi sul mare: l'unico porto importante (quello di Arcangelo, sul fiume Dvina) era reso impraticabile dai ghiacci per la maggior parte dell'anno. La popolazione russa non superava i 10 milioni di abitanti, il 90 per cento dei quali erano contadini, quasi tutti servi e legati alla terra.

Pietro il Grande volle fare della Russia uno Stato moderno, simile a quelli dell'Europa occidentale che egli aveva più volte visitato sia come capo di Stato sia sotto falso nome (in veste di muratore, di marinaio, di dentista, di soldato) per meglio conoscere l'opinione del popolo. Perciò riordinò l'esercito sul modello prussiano, diede alla Russia una marina da guerra, introdusse un regolare, e durissimo, sistema di tassazione e incoraggiò lo sviluppo dell'economia nazionale. In politica estera riuscì a togliere agli Svedesi il controllo sul Baltico e a conquistare uno sbocco sul mare. Nel 1703, sulle rive del fiume Neva, presso il Baltico,

Pietro il Grande viaggia per l'Europa in incognito. In questo dipinto è travestito da carpentiere per visitare i cantieri navali olandesi.
Zaandam, Zaans Museum.

fondò una nuova città, **San Pietroburgo**, che gradualmente si arricchì di monumenti (come il Palazzo d'Inverno e l'Ermitage, oggi uno dei più importanti musei del mondo) e divenne la nuova capitale della Russia, al posto di Mosca.

ORGANIZZO I CONCETTI

▶ Completa la tabella.

La Russia fino al Seicento	Le riforme di Pietro il Grande
• Poco popolata • il 90% degli abitanti sono	Per trasformare la Russia in uno Stato moderno, Pietro introduce: • nuovo sistema di .... • nuovo .... • marina da guerra.
Economia basata su: • .... arretrata • esportazione di	Incoraggia lo sviluppo dell'................. .
Nessuno sbocco sul	Toglie agli .... il controllo del Mar Baltico.
Capitale:	Fonda una nuova città e vi trasferisce la capitale: ....

La Russia fra XV e XVIII secolo.

La "scomparsa" della Polonia

A fare le spese delle ambizioni di potenza dei vari Paesi europei fu, in particolare, la Polonia. Verso la fine del Settecento questa fragile monarchia, governata da un re debolissimo, era circondata da vicini energici e aggressivi, come la Prussia, l'Austria e la Russia di Caterina la Grande. Su proposta di Federico II di Prussia, questi Paesi si allearono, invasero con un pretesto il regno polacco e se lo spartirono per tre volte, nel **1772**, nel **1793** e nel **1795**. Con la terza spartizione la Polonia cessò di esistere, interamente inglobata negli Stati vicini, e sparì dalla carta geografica. Rinacque soltanto nel 1918, dopo la prima guerra mondiale, a distanza di più di un secolo.

▼ Le tre spartizioni della Polonia.

- Territori occupati dalla Prussia
- Territori occupati dagli Asburgo
- Territori occupati dalla Russia
- Confini polacchi dopo la prima spartizione
- Confini polacchi dopo la seconda spartizione

GUARDA! LA CARTA ANIMATA

Unità 3 Ragione e rivoluzione

RICOSTRUISCO LA MAPPA DEL CAPITOLO

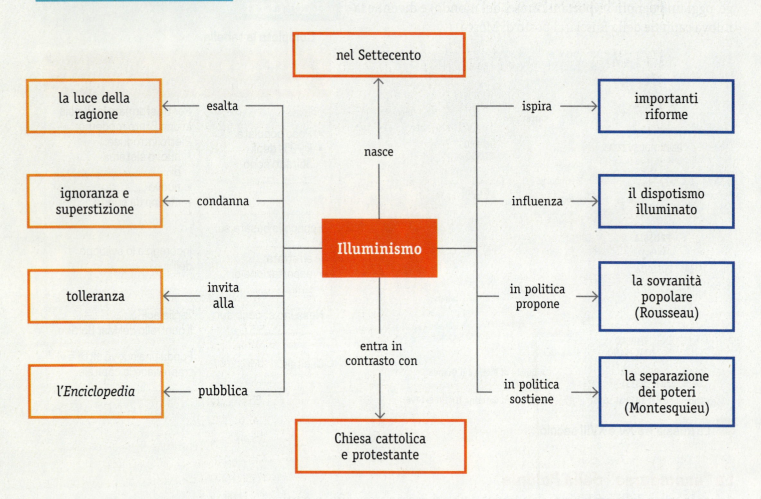

COLLOCO GLI EVENTI NEL TEMPO

I protagonisti

Due sovrane illuminate: Maria Teresa d'Austria e Caterina II di Russia

Nel **1740**, quando l'imperatore Carlo VI muore, il trono degli Asburgo è fra i più traballanti d'Europa. Infatti l'unica erede di Carlo è sua figlia **Maria Teresa**, che – in quanto donna – non ha diritto di succedergli al trono. In verità, per assicurare la sopravvivenza della dinastia, l'imperatore ha già emanato una legge, la *Prammatica Sanzione*, con cui si riconosce il diritto di successione a tutti i primogeniti, maschi o femmine. Tuttavia, questo non basta per tenere a freno le maggiori potenze europee, che scatenano una guerra (**guerra di successione austriaca**, 1740-1748) nell'intento di spartirsi i domini asburgici.

Maria Teresa però difende i propri diritti con grande energia, limita al minimo le perdite (solo la Slesia passa alla Prussia di Federico II) e conserva il trono. Governa poi per circa quarant'anni da sovrana "illuminata", introducendo **riforme audaci** che aboliscono privilegi secolari. Poiché le serve un esercito forte e ha bisogno di denaro per organizzarlo, impone anche ai nobili, che ne sono esenti, l'obbligo di pagare le tasse. E affinché le imposte siano adeguate al valore dei beni posseduti, fa eseguire nuovi **catasti**, che descrivono con precisione le proprietà terriere di ciascuno. Inoltre dà avvio alla creazione di una rete di **scuole pubbliche e laiche** che sarà completata dal figlio e successore Giuseppe II.

Altrettanto avventurosa – ma assai più spregiudicata – è l'ascesa al trono di **Caterina II di Russia**, divenuta zarina grazie a una congiura ai danni dello zar Pietro III, suo cugino e marito. Caterina (1762-1796) è anch'essa una sovrana "illuminata". Amica di Voltaire, Diderot, D'Alembert, riordina l'amministrazione pubblica e l'assistenza sanitaria e progetta una riforma delle leggi ispirata ai princìpi illuministi. In politica estera le conquiste con cui estende i confini del Paese le valgono il titolo di "Caterina la Grande". Tuttavia, durante il suo regno, si accrescono i privilegi dei proprietari terrieri ai danni dei contadini. La zarina infatti, come altri despoti illuminati, attua soltanto le **riforme** che non danneggiano la monarchia. Non è un caso che proprio durante il suo regno scoppi nelle campagne la più violenta **rivolta** che la Russia ricordi: quella guidata dal cosacco **Emel'jan Pugačëv**, che raduna un esercito di 25 mila uomini spacciandosi per lo zar Pietro III e promettendo la liberazione dei contadini legati alla terra e il massacro dei proprietari terrieri. La rivolta non avrà successo: Pugačëv sarà sconfitto e ferocemente giustiziato e la condizione dei contadini russi non migliorerà.

◁ **L'imperatrice Maria Teresa d'Austria** in un ritratto del 1740.
Vienna, Kunsthistorisches Museum. Foto Scala, Firenze.

▽ **La zarina Caterina II di Russia** in una miniatura del 1765 circa.
San Pietroburgo, Ermitage.

Sintesi

1. L'Illuminismo: l'età della ragione

Nel Settecento si diffonde l'**Illuminismo**, un movimento di pensiero che considera la **ragione** come lo strumento fondamentale per il progresso dell'umanità.

Gli Illuministi criticano l'assolutismo e le religioni; sostengono invece la **tolleranza** e l'**uguaglianza fra tutti gli uomini**.

Le loro idee si diffondono attraverso libri e giornali, nei salotti e nei **caffè**: luoghi d'incontro e di dibattito dove comincia a formarsi l'**opinione pubblica**.

Per diffondere il sapere, gli illuministi francesi pubblicano l'*Enciclopedia*, una raccolta di tutte le conoscenze dell'epoca.

2. Le idee politiche ed economiche degli illuministi

Gli illuministi hanno idee diverse sulla forma di governo migliore.

Montesquieu ritiene indispensabile la **separazione dei poteri** e sostiene la **monarchia costituzionale**.

Rousseau crede nel principio della **sovranità popolare**, ancora oggi alla base delle democrazie.

Voltaire accetta la monarchia assoluta ma il sovrano deve essere "illuminato", cioè deve farsi guidare dalla ragione (**dispotismo illuminato**).

Nascono le moderne **scienze economiche**, di cui si considera fondatore lo scozzese **Adam Smith**.

3. Un vento di riforma attraversa l'Europa

I principali **sovrani illuminati** in Europa sono Federico II di Prussia, Maria Teresa d'Austria e suo figlio Giuseppe II, Caterina II di Russia, Pietro Leopoldo di Toscana e Carlo di Borbone, re di Napoli. Questi sovrani introducono alcune **riforme**: cercano di imporre tasse più giuste, di modernizzare l'agricoltura e istituiscono scuole pubbliche.

Pietro Leopoldo di Toscana e Giuseppe II d'Austria aboliscono la tortura e la pena di morte seguendo le idee espresse da **Cesare Beccaria** nella sua opera *Dei delitti e delle pene*.

4. Nuovi rapporti di forza in Europa

Nel Settecento si combattono tre guerre per la successione al trono (in Spagna, in Polonia e in Austria) e la **guerra dei sette anni**, che ha per obiettivo il **controllo sui mari e sulle colonie**.

L'impero coloniale inglese si estende su nuovi territori come la Nuova Zelanda e l'Australia, scoperte da **James Cook**.

La **Prussia**, soprattutto con Federico II il Grande, raddoppia il suo territorio e si trasforma in una nuova potenza. La **Russia** si modernizza e si espande sotto la guida dello zar Pietro il Grande e più tardi di Caterina II.

Capitolo 9 L'età dei Lumi e delle riforme

Esercizi

COSTRUISCO LE MIE COMPETENZE

VERIFICO LE CONOSCENZE
Paragrafo 1

1 **Completa il brano con le parole adatte.**
Nel Settecento si diffonde un nuovo movimento culturale chiamato .... I suoi sostenitori hanno una profonda fiducia nella .... , grazie alla quale pensano di poter .... le condizioni di vita dell'umanità. Per vincere l'ignoranza e diffondere il sapere pubblicano l' .... , una raccolta di tutte le conoscenze umane. La nuova cultura si diffonde attraverso le accademie, i .... , i .... e i salotti.

STABILISCO COLLEGAMENTI E RELAZIONI
Paragrafo 1

2 **Spiega perché si verificarono gli avvenimenti elencati.**
a. Il nuovo movimento culturale fu chiamato Illuminismo.
b. Gli illuministi esaltarono la tolleranza.
c. La pubblicazione dell'*Enciclopedia* incontrò molti ostacoli.

LAVORO SULLE FONTI
Paragrafo 1

3 **Osserva l'immagine, leggi la didascalia, poi rispondi alle domande.**

> **Filosofi, letterati e artisti** riuniti nel salotto parigino di madame Geoffrin durante la prima lettura di un'opera di Voltaire.
> Rueil-Malmaison, Château Malmaison. Foto Josse/Scala, Firenze.

a. Chi veniva invitato nel salotto di madame Geoffrin?
b. Che cosa stanno facendo gli invitati?
c. Madame Geoffrin e i suoi invitati ti sembrano persone povere o ricche? Istruite o incolte? Da che cosa lo capisci?
d. Quale fu in età illuminista la funzione dei salotti? E quella dei caffè?

STABILISCO COLLEGAMENTI E RELAZIONI
Paragrafo 2

4 **Spiega il perché, completando le frasi che seguono.**
a. Secondo Montesquieu i poteri dello Stato devono essere divisi e indipendenti, per
....
b. Secondo Rousseau è il popolo che deve votare le leggi e decidere il bene comune, perché
....
c. Nelle moderne democrazie la sovranità popolare viene esercitata attraverso rappresentanti eletti, perché
....
....
d. Voltaire era disposto ad accettare il "dispotismo illuminato", perché
....

Esercizi

RIORGANIZZO DATI E CONCETTI
Paragrafo 2

5 A quale illuminista puoi attribuire le opinioni politiche elencate? Metti la crocetta.

	Montesquieu	Rousseau	Voltaire
La sovranità appartiene al popolo.			
Il sovrano deve lasciarsi guidare dalla ragione.			
I poteri legislativo, esecutivo e giudiziario devono essere separati.			
Spetta soltanto al popolo votare le leggi.			
Il sovrano illuminato deve attuare riforme.			
La forma migliore di governo è la monarchia costituzionale di tipo inglese.			

USO LE PAROLE DELLA STORIA
Paragrafo 2

6 Completa le frasi con le parole adatte.

a. Il potere di fare le leggi si chiama ....

b. Il potere di applicare le leggi si chiama ....

c. Il potere di giudicare chi non rispetta le leggi si chiama ....

d. L'insieme dei giudici si chiama ....

e. Una forma di governo in cui i sovrani, pur senza rinunciare al potere assoluto, realizzano riforme si chiama ....

LAVORO SULLE FONTI
Paragrafo 3

7 Osserva l'immagine, leggi la didascalia che la accompagna, poi rispondi alle domande.

a. Che cosa ha fatto il boia? Che cosa mostra alla Giustizia?

b. La Giustizia approva o respinge la pena di morte?

c. Gli arnesi ai piedi della Giustizia suggeriscono di sostituire alla pena di morte un altro tipo di condanna: quale?

> Questa stampa, che rappresenta **il boia** (a destra) **e la personificazione della Giustizia** (a sinistra), è posta all'inizio del libro *Dei delitti e delle pene* dell'illuminista italiano Cesare Beccaria e illustra le idee dell'autore sulla pena di morte.
> Milano, Museo del Risorgimento. Foto White Star/Scala, Firenze.

VERIFICO LE CONOSCENZE
Paragrafo 4

8 Stabilisci, mettendo le crocette, a quale sovrano si riferiscono le affermazioni elencate.

	Pietro il Grande	Federico II il Grande
Regnò fra il 1682 e il 1725.		
Regnò fra il 1740 e il 1786.		
Fu zar di Russia.		
In gioventù viaggiò molto negli altri Paesi europei.		
Fu re di Prussia.		
Fu amico di Voltaire e di altri illuministi.		
Modernizzò e occidentalizzò il proprio regno.		
Riuscì quasi a raddoppiare l'estensione del proprio regno.		
Dotò il proprio Paese di una grande marina da guerra.		

LAVORO SULLE FONTI
Paragrafo 4

9 Osserva l'immagine, leggi la didascalia, poi componi un breve testo seguendo la scaletta indicata.
  a. Che cosa rappresenta la vignetta?
  b. Perché la Polonia era una facile terra di conquista?
  c. Quali Stati aspiravano a espandersi a sue spese?
  d. Che cosa fecero questi Stati, e che cosa accadde alla Polonia?
  e. Il titolo di questa vignetta può essere tradotto in italiano come "La torta dei re". Perché è stato scelto, secondo te?

> **La prima spartizione della Polonia** in una vignetta del 1772. La carta geografica della Polonia viene contesa fra i diversi sovrani d'Europa.

LEGGO UNA CARTA STORICA
Paragrafo 4

10 Confronta la carta a p. 226 con una carta politica attuale dell'Italia. Poi rispondi alle domande.
  a. A quale Stato (o a quali Stati) apparteneva la regione in cui tu abiti dopo la pace di Aquisgrana?
  b. Di quale Stato faceva parte la tua città o il tuo paese, all'epoca?

Unità 3 Ragione e rivoluzione

Il capitolo a colpo d'occhio

QUANDO

1. In che anno si sono svolti questi eventi? SCRIVI le date sui puntini, poi COLLOCALE sulla linea del tempo: 1682-1725, 1756-1763, 1764.

A

B

C

.... Cesare Beccaria pubblica *Dei delitti e delle pene*.

.... Guerra dei sette anni.

.... Pietro il Grande zar di Russia.

| 1680 | 1690 | 1700 | 1710 | 1720 | 1730 | 1740 | 1750 | 1760 | 1770 | 1780 |

DOVE

2. OSSERVA la carta, LEGGI la legenda e RISPONDI alle domande.

a. Che cosa indica la linea rossa?

b. Quante volte fu divisa la Polonia nel corso del Settecento?

c. Quali potenze se la spartirono?

d. Quando avvenne la terza spartizione?

e. Dopo la terza spartizione la Polonia sopravvisse come Stato indipendente oppure no?

LA TERZA SPARTIZIONE DELLA POLONIA (1795)

— Confini originari del regno di Polonia
■ Territori occupati dalla Prussia
■ Territori occupati dagli Asburgo
■ Territori occupati dalla Russia

Capitolo 9 L'età dei Lumi e delle riforme

LE PAROLE DA RICORDARE

3. COMPLETA le definizioni. SCEGLI le parole o le espressioni dell'elenco.

Illuminismo • rispettosi • ragione umana • scienze • progresso • credenze religiose • associazioni • poteri

.... : movimento di idee che vede nella .... la guida verso il ....

Tolleranza: tendenza a mostrarsi comprensivi e .... verso idee, usanze, ... diverse dalle proprie.

Accademie: .... in cui si riunivano gli studiosi delle letterature, delle arti e delle ....

Sovranità popolare: principio secondo cui il popolo è la fonte di tutti i ....

LA MAPPA DEI CONCETTI

4. COMPLETA la mappa inserendo al posto giusto le parole seguenti.

Pietro • Rousseau • Federico • sette anni • Illuminismo • ragione • successione

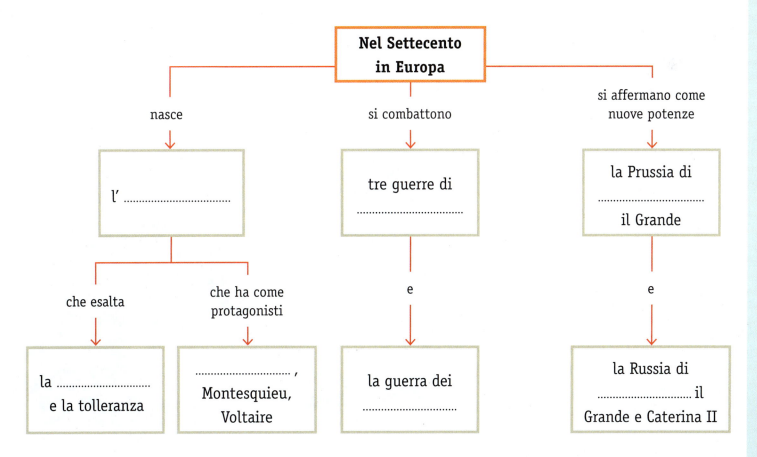

Capitolo 10 — Nascono gli Stati Uniti d'America

trattato di Versailles
1782 — 1783 — 1784

GUARDA! IL VIDEO

MI ORIENTO NEL CAPITOLO — dal 1607 → al 1867

1 Nell'America del nord le **tredici colonie** inglesi hanno caratteristiche diverse per origine, religione, popolazione, risorse e attività economiche. Nei territori più a ovest vivono tribù di **indiani pellirosse**.

2 Quando l'Inghilterra impone nuove tasse, le colonie si ribellano, **si proclamano indipendenti** e formano un esercito guidato dal generale **Washington**.

3 Nasce la federazione degli **Stati Uniti d'America**. L'espansione verso ovest, con lo **scontro tra coloni e indiani**, porta allo **sterminio** quasi completo dei pellirosse.

1. Le tredici colonie inglesi

Le origini e gli abitanti delle colonie

Nell'America settentrionale l'Inghilterra controllava tredici colonie, sorte **fra il 1607 e il 1732** sulle coste dell'Oceano Atlantico e delimitate a nord dalla regione dei laghi, a sud dalla Florida spagnola, a ovest dalla catena dei monti Appalachi.

L'origine delle colonie era quanto mai varia. I coloni inglesi sbarcati in Virginia nel 1607, per esempio, erano in gran parte degli avventurieri, attratti dal miraggio dell'oro. I "Padri Pellegrini", approdati in Massachusetts nel 1620, erano dei puritani, perseguitati nell'Inghilterra di Carlo I Stuart [→ cap. 7 par. 3] a causa della loro religione. La Georgia, l'ultima delle colonie, fu popolata inizialmente da un gruppo di condannati per piccoli reati, ai quali si concedeva di rifarsi una vita nel Nuovo Mondo.

Intorno al 1775, le tredici colonie contavano circa due milioni e mezzo di abitanti, in rapidissima crescita. I coloni erano in maggioranza Inglesi, ma non mancavano Irlandesi, Svedesi, Polacchi, Tedeschi. C'erano fra loro anglicani, puritani, luterani, cattolici, ebrei e rappresentanti di altre sètte (piccoli gruppi religiosi).

ORGANIZZO I CONCETTI

Differenze fra le tredici colonie	
Colonie del nord e del centro	• Abitate da agricoltori, pescatori, mercanti, artigiani. • Economia vivace.
Colonie del sud	• Abitate da grandi latifondisti e schiavi. • Economia ricca, ma tutta basata sulle piantagioni.

Le differenze fra le colonie sono numerose

Le tredici colonie, diverse per origine, per religione e per popolazione, si differenziavano anche per altri aspetti, riguardanti l'**economia** e la **società**.

Nelle cinque colonie del sud (Virginia, Maryland, Georgia, Carolina del Nord e Carolina del Sud) si erano sviluppate ricche **piantagioni di tabacco**, **riso**, **canna da zucchero**, **indaco***, **cotone**. I grandi latifondisti erano pochi, vivevano in belle ville, circondati da una numerosa servitù di colore, e conservavano i costumi signorili della piccola nobiltà di campagna, da cui a volte discendevano.

Nel centro e nel nord predominava la **piccola proprietà**: la maggioranza dei coloni conduceva un'esistenza modesta, benché non povera. Nelle piccole fattorie le famiglie degli agricoltori lavoravano duramente per procurarsi con le proprie mani tutto quanto era necessario per vivere: non solo i prodotti della terra, ma anche la casa, gli abiti, gli attrezzi da lavoro. Molti erano pescatori, artigiani, mercanti. Sorgevano al centro e al nord le città più popolose e vivaci (Philadelphia, New York, Boston), che ospitavano **manifatture** e piccole fabbriche ed erano i centri del commercio fra le colonie e l'Inghilterra.

* **Indaco**
Pianta da cui si ricava un colorante blu, molto usato nell'industria tessile.

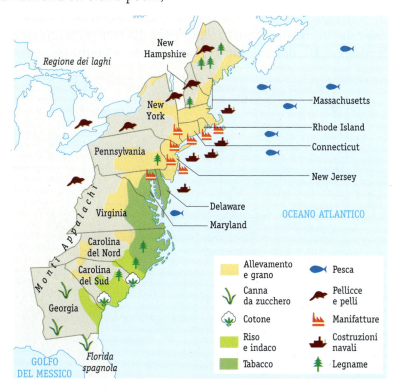

▶ L'economia delle tredici colonie inglesi del Nordamerica.

Nuovi modi di pensare alla politica e alla società

Gli Stati moderni d'Europa consideravano l'unità religiosa del Paese come un elemento fondamentale per la solidità dei regni, perciò la imponevano ai sudditi o cercavano di costruirla in tutti i modi. Nel Nuovo Mondo, invece, dove religioni, lingue e popoli erano molti e diversi, si dava grande valore alla **difesa della libertà** – anche religiosa – di ciascuno e alla tolleranza per le credenze degli altri. Inoltre, fra le nuove popolazioni d'America mancavano ceti privilegiati per legge (come, per esempio, la nobiltà in Europa) e ciò favoriva la diffusione di idee di uguaglianza fra gli abitanti.

Queste idee, tuttavia, valevano solo per il mondo dei bianchi, in particolare per i maschi adulti e liberi; meno per le **donne**; niente affatto per gli **schiavi neri**, considerati come una merce, e per i **pellirosse**, visti come un ostacolo all'espansione dei coloni verso l'interno.

> **COLLEGO CAUSE ED EFFETTI**
>
> ▶ **PERCHÉ** nel Nuovo Mondo l'idea di uguaglianza è così diffusa?
> Cerca la risposta nel testo. Trovi che ci sia contraddizione tra questi ideali e il modo in cui sono messi in pratica?

ORGANIZZO I CONCETTI

Gli indiani o pellirosse

Nel Nordamerica vivevano numerose tribù di pellirosse, detti anche indiani. Ogni tribù era divisa in clan, gruppi formati da coloro che discendevano da un antenato comune e si ritenevano legati da rapporti di parentela con l'animale da cui il clan prendeva il nome. Le differenze fra una tribù e l'altra erano fortissime. Gli indiani non avevano un'unica lingua (si è calcolato che le lin-

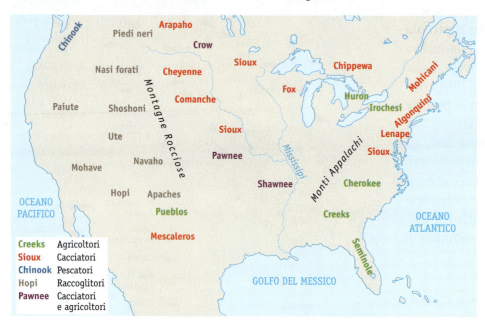

▲ Indiano del Nordamerica in una incisione del XIX secolo.
Collezione privata. Foto Bridgeman/Alinari.

◀ Le principali tribù indiane fino al XVIII secolo.

gue parlate in America fossero da 1000 a 2000) né usanze comuni. Nel nordest del territorio in cui sarebbero sorti gli Stati Uniti vivevano tribù prevalentemente sedentarie (per esempio, gli Irochesi) che coltivavano mais e legumi e abbandonavano le loro terre solo nella stagione della caccia. Nel sud-ovest le comunità indiane (per esempio, quella degli indiani *Pueblo*) praticavano l'agricoltura, conoscevano ceramica e tessitura e vivevano in villaggi stabili.

Gli indiani delle pianure

Gli indiani che, a partire dal Seicento, si insediarono nelle sconfinate pianure del Nordamerica (Sioux, Cheyenne, Comanche) erano invece nomadi, cacciatori e guerrieri. La loro principale fonte di vita erano i **bisonti**, animali molto diffusi nell'America del nord. Gli indiani utilizzavano ogni parte dei capi abbattuti: la carne per nutrirsi, la pelle per fabbricare tende, scudi, vestiti e mocassini, i tendini per farne lacci, le ossa per gli aghi e gli arpioni, gli escrementi per alimentare il fuoco. L'abitazione tipica degli indiani che vivevano nelle pianure era il *tepee*, la tenda di pelle a forma di cono e facilmente smontabile, che conteneva pochissimi arredi, sempre pronti per le frequenti partenze dovute alla vita nomade.

◀ **Un villaggio comanche.**
In secondo piano, il *tepee* e le pelli di bisonte conciate stese ad asciugare. Dipinto di George Catlin del 1834.
Washington, Smithsonian American Art Museum.

▼ **La caccia al bisonte** in un dipinto di George Catlin, 1832.
Washington, Smithsonian American Art Museum.

COLLOCO GLI EVENTI NEL TEMPO

1607-1732 fondazione delle tredici colonie

1700 — 1725 — 1750 — 1775 — 1800 — 1825 — 1850 — 1875 — 1900

2. La guerra d'indipendenza americana

I rapporti fra le colonie e la madrepatria peggiorano

All'inizio i rapporti fra le colonie inglesi d'America e la madrepatria furono buoni. I coloni godevano di larghe **autonomie**. Il governo britannico aveva loro imposto di commerciare solo con l'Inghilterra, ma i controlli erano scarsi e il divieto poteva essere facilmente aggirato. La madrepatria, poi, assicurava **protezione** contro eventuali pretese della Francia e della Spagna e, soprattutto, contro la minaccia costante degli indiani. Le cose peggiorarono dopo la guerra dei sette anni [→ cap. 9 par. 4], quando l'Inghilterra, temendo nuovi – e dispendiosi – scontri con le tribù indiane delle pianure, vietò ai coloni di spingersi al di là della catena dei monti Appalachi. Ma già in questo periodo il rapido aumento della popolazione rendeva incontrollabile la tendenza dei coloni a espandersi verso ovest.

Lo *Stamp Act* e la ribellione dei coloni

Nel **1765**, con una legge denominata *Stamp Act*, l'Inghilterra impose il pagamento di una marca da bollo su tutti i documenti e le pubblicazioni a stampa. I coloni interpretarono questa legge come un attacco alla loro libertà, e **si rifiutarono di obbedire**. Essi sapevano bene che la legislazione inglese vietava di imporre tasse ai cittadini senza l'approvazione dei loro rappresentanti in parlamento e, poiché al parlamento di Londra i coloni non erano rappresentati, la tassa – dicevano – era illegittima. Molti giunsero a **boicottare**, cioè a non acquistare, le merci inglesi aumentate di prezzo perché su di esse erano stati imposti nuovi dazi. Quando poi, nel **1773**, il governo britannico assegnò alla Compagnia delle Indie il **monopolio** della vendita del tè, con grave danno per i commercianti delle colonie, alcuni cittadini di **Boston**, travestiti da pellirosse, protestarono, aggredendo tre navi della Compagnia e rovesciandone il carico in mare: l'episodio divenne noto con il nome di *tea party* di Boston. Londra reagì chiudendo il porto della città e inviando nuove truppe in America.

> **COLLEGO CAUSE ED EFFETTI**
>
> **Le colonie inglesi:**
> - godono di ampie autonomie
> - aggirano l'obbligo di commerciare solo con la madrepatria
> - sono protette contro Francia, Spagna e pellirosse
>
> ↓ ma
>
> **l'Inghilterra:**
> - impedisce l'espansione verso ovest
> - aumenta le tasse
>
> ↓ perciò
>
> **i rapporti peggiorano**

◁ **La distruzione del carico di tè a Boston**: alcuni coloni, travestiti da pellirosse per non farsi riconoscere, buttano a mare le casse di tè inglese. Stampa del 1846.
New York, Museum of the City.

Le tredici colonie si proclamano indipendenti

I rappresentanti delle tredici colonie, riuniti a Philadelphia in un'assemblea detta **Congresso**, si accordarono per difendere le proprie autonomie, senza però giungere a una dichiarazione di guerra. Ma quando, nel **1775**, gli scontri fra l'esercito regio e le milizie coloniali scoppiarono ugualmente, essi, riuniti in un secondo Congresso, decisero di separarsi dalla madrepatria e di **rendersi indipendenti**. La *Dichiarazione d'indipendenza*, scritta da **Thomas Jefferson**, fu approvata il 4 luglio **1776**: per questo il 4 luglio in America è festa nazionale.

La *Dichiarazione d'indipendenza* conteneva tre punti fondamentali: 1) tutti gli uomini sono creati uguali e hanno diritto alla vita, alla libertà e alla ricerca della felicità; 2) i governi sono stati istituiti per garantire questi diritti; 3) quando un governo opera in contrasto con questi obiettivi, è diritto del popolo abolirlo e istituirne uno nuovo. Erano dunque **idee illuministe** quelle su cui intendeva fondarsi il nuovo Stato americano.

I rappresentanti delle colonie firmano la *Dichiarazione d'indipendenza*.
New Haven, Yale University. FotoBridgeman/Alinari.

Fonti

La *Dichiarazione d'indipendenza*

Quando le tredici colonie inglesi decisero di separarsi dall'Inghilterra, un comitato di cinque uomini, guidato da Thomas Jefferson, fu incaricato di giustificare le motivazioni di questo grave gesto nella *Dichiarazione d'indipendenza*, un documento che il Congresso approvò il 4 luglio 1776. Ne riportiamo una piccola parte.

« Noi riteniamo di per sé evidenti queste verità: che tutti gli uomini sono stati creati uguali; che essi sono dotati dal loro Creatore di certi diritti ai quali non possono rinunciare; che tra questi diritti sono la vita, la libertà, la ricerca della felicità; che al fine di garantire tali diritti, vengono istituiti fra gli uomini i governi, che derivano i loro giusti poteri dal consenso di coloro che sono governati. Ogni volta che un governo venga in contrasto con questi fini, il popolo ha diritto di modificarlo o abolirlo e di istituire un nuovo governo [...]. Noi, pertanto, rappresentanti degli Stati Uniti d'America, riuniti in congresso generale [...] dichiariamo che queste colonie sono, e per diritto devono essere, Stati liberi e indipendenti, che sono sciolte da ogni sudditanza alla corona britannica, che hanno pieno potere di far guerra, concludere pace, contrarre alleanze, stabilire commercio e compiere tutti gli atti e le cose che gli Stati indipendenti possono a buon diritto fare. »

LAVORO SULLE FONTI

1. Descrivi il documento indicando di che tipo di documento si tratta; chi l'ha scritto e perché; chi l'ha approvato e quando.

2. Sottolinea nel testo con colori diversi la parte che contiene un elenco dei diritti fondamentali spettanti a tutti gli uomini, e quella in cui si proclama l'indipendenza delle tredici colonie americane.

3. Elenca i tre diritti fondamentali di tutti gli uomini enunciati nella *Dichiarazione*.

4. Spiega a quale scopo sorgono i governi e da chi deriva il loro potere.

5. Elenca i poteri dei nuovi Stati indipendenti.

6. A quale movimento culturale si rifanno i princìpi esposti nella *Dichiarazione d'indipendenza*?

La guerra d'indipendenza

Alla *Dichiarazione d'indipendenza* fece seguito la guerra, che all'inizio fu disastrosa per i coloni. L'Inghilterra era una delle maggiori potenze del mondo, disponeva di truppe ben addestrate, poteva contare sull'appoggio di coloni rimasti fedeli alla madrepatria (i **lealisti***) e di alcune tribù indiane che speravano di frenare l'avanzata dei bianchi nelle loro terre.

I coloni, invece, si battevano con coraggio, ma potevano contare solo su un piccolo esercito di volontari, non abituati alle lunghe campagne di guerra e poco disposti ad accettare la dura disciplina militare. Toccò al generale **George Washington** il compito di trasformare queste truppe indisciplinate in un vero esercito, efficiente e vittorioso. Intanto **Benjamin Franklin**, l'inventore del parafulmine, percorreva l'Europa per sostenere la causa degli Americani contro il governo inglese.

Nel 1777 i coloni riportarono la prima grande vittoria a **Saratoga**. Allora anche Francia e Spagna e, più tardi, Olanda dichiararono guerra all'Inghilterra, nella speranza di recuperare i territori americani perduti e di infliggere un duro colpo al commercio inglese. Il loro intervento cambiò le sorti della guerra: gli Inglesi furono definitivamente sconfitti a **Yorktown (1781)** da un esercito per metà americano e per metà francese.

Nascono gli Stati Uniti d'America

Con il trattato di Versailles, la Gran Bretagna fu costretta a riconoscere, nel **1783**, l'indipendenza delle colonie e ad attribuire loro un vasto territorio oltre i monti Appalachi. Il nuovo Stato prese il nome di Stati Uniti d'America (*United States of America* o, abbreviato, USA). Il Congresso stabilì che la bandiera dei tredici Stati avesse tredici strisce alternate bianche e rosse e che l'unione fosse simboleggiata da tredici stelle bianche su fondo azzurro. Oggi la bandiera contiene cinquanta stelle, perché altri Stati si sono aggiunti al nucleo iniziale delle tredici colonie atlantiche.

Lealista
Chi si mantiene fedele a un governo o a un'altra autorità costituita.

History Highlights
Benjamin Franklin's mission to France
p. 307

George Washington **con l'esercito americano** durante la guerra d'indipendenza. Dipinto celebrativo di Johnson Eastman (copia dell'originale di Emanuel Leutze del 1851).
Collezione privata.

COLLOCO GLI EVENTI NEL TEMPO

- 1607-1732 fondazione delle tredici colonie
- 1765 Stamp Act
- 1773 tea party di Boston
- 1775-1783 guerra d'indipendenza americana
- 1776 Dichiarazione d'indipendenza
- 1781 gli Inglesi sconfitti a Yorktown
- 1783 trattato di Versailles: nascono gli USA

3. Gli Stati Uniti: organizzazione politica e conquista del West

La Costituzione degli Stati Uniti

Rimaneva da stabilire l'organizzazione politica dei nuovi Stati, dove la mancanza di un potere forte si faceva sentire. I problemi da risolvere erano molti: bisognava porre fine ai contrasti fra Stato e Stato, uniformare dazi e dogane, facilitare gli scambi commerciali; ma le ex colonie temevano di perdere le loro autonomie e di essere danneggiate da un eccessivo potere centrale. Perciò, prima di giungere a un accordo, si dovettero superare contrasti e resistenze. Infine, nel **1787**, una commissione di rappresentanti dei tredici Stati, presieduta da **George Washington**, mise a punto una **Costituzione** che ancora oggi sta alla base dello Stato americano. Alla Costituzione, fra il 1789 e il 1791, furono aggiunti dieci articoli (i dieci **emendamenti***), che dovevano proteggere Stati e cittadini da eventuali abusi del potere centrale.

* **Emendamento**
Modifica o correzione apportata a una legge.

L'organizzazione politica

Gli Stati Uniti sono da allora una **federazione**, cioè un'unione di Stati. Ogni Stato ha le sue leggi e i suoi magistrati, ma tutti sono soggetti a un governo centrale, detto **governo federale**, che si occupa degli affari di interesse generale: politica estera, difesa, commercio, finanze. Il potere legislativo è affidato al **Congresso**; il potere giudiziario alla magistratura, al cui vertice sta la **Corte suprema**; il potere esecutivo a un **presidente**, eletto per quattro anni con ampi poteri. Il primo presidente degli Stati Uniti fu **George Washington**: da lui prese il nome la nuova capitale, inaugurata nel 1801.

* **Pioniere**
Chi, per primo, si espone ai rischi dell'esplorazione e della colonizzazione di terre sconosciute.

Il popolo americano alla conquista del West

Dopo la vittoriosa guerra d'indipendenza, la spinta del popolo americano verso l'ovest (il West, in lingua inglese) riprese con rinnovato slancio. L'Inghilterra ormai non era più in grado di opporsi all'avanzata dei coloni [→ par. 2] e lo Stato americano, con una delle sue prime leggi, permise a tutti di appropriarsi di nuove terre dietro pagamento di una cifra minima. Così una fiumana di **pionieri*** si riversò verso ovest, dando inizio alla cosiddetta conquista del West, che in pochi decenni fra il Sette e l'Ottocento portò gli Americani fino alle coste del Pacifico [→ I protagonisti p. 248].

> **Pionieri al ritorno dalla caccia.**
Incisione a colori del 1867.
Collezione privata.

L'espansione territoriale

Alcune terre furono ottenute dietro pagamento di somme di denaro. Nel **1803** il governo degli Stati Uniti acquistò dalla Francia la **Louisiana**, uno sterminato territorio dagli incerti confini, che si estendeva a ovest del fiume Mississippi. Nuovi acquisti furono compiuti nel **1819**, quando la Spagna cedette agli USA la **Florida**, e ancora nel **1867**, quando lo zar di Russia vendette agli Stati Uniti il territorio dell'**Alaska**, di cui si ignoravano le ricchezze in oro e petrolio.

Altre terre furono conquistate con la forza delle armi. A farne le spese fu la repubblica del Messico, con cui gli Stati Uniti entrarono in conflitto per una questione di confini dopo aver annesso il **Texas** (1845). La guerra durò due anni (1846-1848): infine gli Stati Uniti, vittoriosi, occuparono i territori messicani a nord del Rio Grande (fra cui i futuri Stati di California, Nevada e Arizona).

> **LAVORO CON LA CARTA**
>
> ▶ Elenca i nomi delle tredici colonie inglesi (escludi il Maine, che in origine faceva parte del Massachusetts)

L'espansione territoriale degli Stati Uniti.

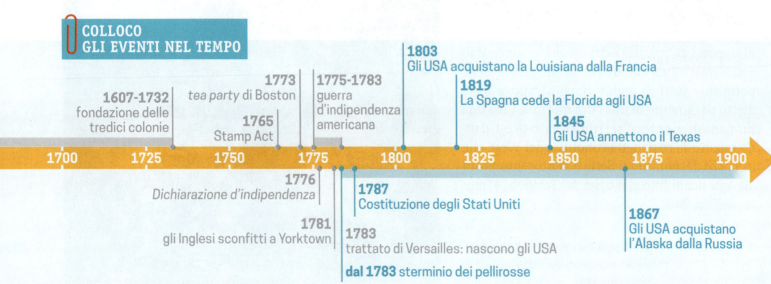

COLLOCO GLI EVENTI NEL TEMPO

Lo sterminio dei pellirosse

Con l'avanzare della linea di frontiera – il confine via via raggiunto dai bianchi –, i pellirosse furono **scacciati dalle loro terre** e respinti sempre più a ovest. Alcune tribù furono deportate a migliaia di chilometri di distanza dalle loro sedi d'origine. Inizialmente i coloni britannici si erano impegnati a proteggere le terre indiane contro l'avanzata dei pionieri. Ma nel corso dell'Ottocento – e soprattutto negli ultimi decenni di quel secolo – si verificarono massicce immigrazioni dall'Europa e da altri continenti: la fame di terre da parte dei bianchi aumentò e i contrasti con gli indiani si fecero sempre più violenti e più spietati. Questo fenomeno fu acuito anche dalla **"corsa all'oro"**: nel 1848 si scoprirono delle pepite d'oro nelle acque del fiume Sacramento, in California; l'anno dopo tutte le strade che portavano alla California furono prese d'assalto dai cercatori d'oro. Armati di piccone o di crivello per setacciare la sabbia, minatori e avventurieri giunsero da ogni parte d'Europa e d'America, molti perfino dalla Cina.

I pellirosse opposero un'accanita **resistenza** all'invasione dei loro territori. Ma gli **scontri con i coloni e con l'esercito** americano, le **malattie** (spesso portate dai bianchi) e la **strage dei bisonti** – animali da cui dipendeva la loro stessa sopravvivenza e che i cacciatori bianchi abbattevano a migliaia – finirono per provocarne lo **sterminio** quasi totale.

RICOSTRUISCO LA MAPPA DEL CAPITOLO

Le colonie inglesi d'America

si ribellano alla ↓

madrepatria

e firmano la ↓

Dichiarazione d'indipendenza

poi vincono la ↓

guerra d'indipendenza

e danno forma agli ↓

Stati Uniti d'America

in seguito si espandono verso ↓

ovest

sterminando i ↓

pellirosse

Il cowboy e *Il Cheyenne*, due sculture dell'artista americano Frederic Remington, 1900 circa.
New York, Metropolitan Museum.

247

I protagonisti

Gli uomini del West: pionieri, sceriffi, *cowboy*, cercatori d'oro

Dopo la conquista dell'indipendenza, al di là dei monti Appalachi si riversò un numero crescente di coloni americani in cerca di terra, di oro e di avventura. Alcuni affrontavano il viaggio da soli, a cavallo, portando con sé tutti i loro averi e a tracolla un fucile sempre pronto a sparare. Altri viaggiavano in carovana, su carri di legno coperti di tela, nei quali caricavano masserizie e famiglie. Non c'erano strade, ma piste polverose. Sui fiumi mancavano i ponti, e il cassone dei carri doveva trasformarsi in una specie di zattera a ogni guado.

Questi audaci **pionieri**, che aprirono per primi la strada verso l'Ovest, conducevano una vita assai dura, esposta a mille pericoli e, più tardi, resa leggendaria da romanzi, film e canzoni. Nelle pianure deserte e ventose al di là del Missouri gli agricoltori soffrivano per la scarsità di acqua e di alberi. Per irrigare i campi dovevano scavare pozzi profondi, e spesso il possesso di un corso d'acqua era causa di sanguinose contese. Il rispetto della legge doveva essere assicurato dallo **sceriffo**, ma le vendette erano frequenti e nelle case di legno, isolate le une dalle altre, ogni famiglia teneva armi per la difesa personale.

Nelle pianure del lontano Ovest (*Far West*, in inglese) i *cowboy* (guardiani di mandrie) catturavano bovini selvatici facendo roteare il *lazo*, li riunivano a primavera per marchiarli a fuoco col simbolo del proprietario, li guidavano in lunghi spostamenti verso pascoli e fonti d'acqua, o verso la ferrovia che li avrebbe condotti al macello.

Sulle tracce dei primi pionieri presero la via dell'Ovest agricoltori, mercanti di pellicce, minatori, esploratori, missionari e, dopo la scoperta casuale di alcuni giacimenti in California, anche **cercatori d'oro**.

Benché la vita nelle terre di frontiera fosse aspra e difficile, l'avanzata verso il West non si arrestò. Presto i villaggi di legno lasciarono il posto a città con case in muratura, banche, botteghe, alberghi, tribunali e, a volte, un teatro. La popolazione aumentò. Verso il 1890, fra l'Atlantico e il Pacifico non esistevano quasi più territori da colonizzare.

Cercatori d'oro nel 1894.
Foto Utah State Historical Society.

L'autunno del cowboy, dipinto di Frederic Remington, 1908.
Forth Worth, Amon Carter Museum of American Art.

Geostoria

La storia nei nomi geografici

Spesso i nomi delle località rivelano qualcosa del loro passato: è il caso di **New York**, una delle città più grandi del mondo, che ha una storia piuttosto interessante. Venne fondata nel 1625 da alcuni mercanti olandesi che qualche anno prima, nel 1613, avevano acquistato dagli indigeni la zona meridionale dell'isola di Manhattan (in lingua locale, «isola celeste»). Gli Olandesi chiamarono la loro colonia Nuova Amsterdam; più tardi, nel 1664, la città passò sotto il dominio degli Inglesi, che le imposero il nome attuale.

I nuovi padroni modificarono leggermente anche altri nomi geografici: quello dell'isola (e del quartiere) di Brooklyn, per esempio, deriva dalla parola olandese *breukelen*, che significa «laguna paludosa». Il fiume Hudson, che attraversa la città, fu chiamato così in onore del navigatore inglese Henry Hudson, che ne esplorò un lungo tratto agli inizi del Seicento. Ma già nel 1524 il fiume era stato scoperto da un esploratore italiano: quel Giovanni da Verrazzano che per primo gettò l'ancora nell'ampia baia su cui si stende oggi la città, e al quale i newyorchesi hanno intitolato un celebre ponte.

Non solo a New York, ma su tutto il territorio degli Stati Uniti i **toponimi** (cioè i nomi delle località geografiche) riconducono spesso alla storia del Paese, prima abitato dagli Indiani, poi da colonizzatori europei, infine da emigranti provenienti da tutto il mondo. Nomi francesi sono frequenti nell'immensa regione colonizzata dai Francesi nel XVII secolo e chiamata **Louisiana** in onore del re Luigi (Louis) XIV. Qui molti nomi di città terminano con "-ville" ("città", in francese): per esempio Belleville, o Fayetteville (in ricordo dell'ufficiale francese La Fayette, che combatté nella guerra d'indipendenza contro l'Inghilterra). Nelle terre del sud-ovest, tolte dagli Americani agli Spagnoli o cedute, più tardi, dal Messico, grandi città portano nomi spagnoli: come Las Vegas («Le pianure fertili»), Los Alamos («I pioppi»), Los Angeles («Gli angeli»).

Altri toponimi, come Dakota, Iowa, Lago Navajo, Manitou Springs («Sorgenti di Manitou», il Grande Spirito per gli indiani), si riferiscono alla **cultura degli antichi abitatori amerindi**.

Alcuni nomi geografici statunitensi, infine, hanno il sapore della nostalgia: rimandano infatti alle **città di origine degli emigranti** che le fondarono, come le molte Athens (Atene), Bristol e York.

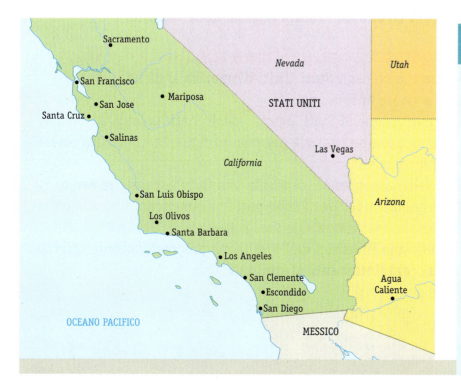

MI ORIENTO NELLA COMPLESSITÀ DEL PRESENTE

1. Trascrivi tutti i toponimi spagnoli che riesci a trovare sulla carta.

2. Spiega perché negli Stati Uniti d'America tanti nomi geografici hanno origini indiane, francesi e spagnole.

Sintesi

① Le tredici colonie inglesi

Nel corso del Settecento, in America settentrionale, l'Inghilterra controlla **tredici colonie nate sulla costa dell'Atlantico**, oltre al Canada e ad altri possedimenti.

Le colonie sono **molto diverse** fra loro **come origine**. Alcune sono nate per motivi di commercio, altre per ospitare minoranze religiose perseguitate in Europa o gruppi di condannati per piccoli reati.

Ci sono **molte differenze** anche dal punto di vista **economico e sociale**. Nelle colonie del nord vivono piccoli proprietari terrieri, artigiani, pescatori; ci sono manifatture e città popolose. Nel sud sono diffuse grandi piantagioni di ricchi latifondisti, in cui lavorano schiavi neri.

Anche le popolazioni di **Indiani** (o **pellirosse**) sono molto diverse fra loro: alcune sono sedentarie e agricole, altre sono nomadi e vivono di caccia.

② La guerra d'indipendenza americana

L'Inghilterra si era sempre occupata della difesa delle proprie colonie e aveva concesso loro molta autonomia. Dopo la guerra dei sette anni, l'Inghilterra decide di far pagare alle colonie una parte delle **spese per la loro difesa**.
Vieta ai coloni di espandersi a ovest per non provocare **scontri con gli indiani** e impone **nuove tasse**.

I coloni si ribellano, formano un esercito e si **dichiarano indipendenti** dall'Inghilterra (Philadelphia, **1776**).

All'inizio le colonie sono molto in svantaggio, perché il loro esercito è piccolo e male addestrato. In seguito, tuttavia, grazie alla guida del generale **George Washington** e all'aiuto di Francia, Spagna e Olanda, ottengono la vittoria.

Nel 1783 **l'Inghilterra riconosce l'indipendenza delle colonie**.

③ Gli Stati Uniti: organizzazione politica e conquista del West

Nel 1787 la nuova federazione degli **Stati Uniti d'America** si dà una **Costituzione**, che è in vigore ancora oggi.

Gli Stati Uniti sono un'unione di Stati: ognuno degli Stati ha leggi autonome, ma tutti fanno capo a un governo centrale per quanto riguarda la politica estera, la difesa, le finanze e il commercio.

Dopo la conquista dell'indipendenza, comincia una forte espansione **verso ovest**, la cosiddetta "conquista del West", che porta gli Americani fino alle coste dell'Oceano Pacifico.

I **pellirosse** che abitavano i territori dell'ovest sono progressivamente scacciati dalle loro terre e **quasi completamente sterminati**.

Capitolo 10   Nascono gli Stati Uniti d'America

Esercizi

COSTRUISCO LE MIE COMPETENZE

VERIFICO LE CONOSCENZE
Paragrafo 1

1 Completa il brano con le parole dell'elenco.

commerciali ▪ coloni olandesi ▪ Atlantico ▪ piccoli criminali ▪ religiosi ▪ piccola proprietà ▪ latifondisti ▪ uguaglianza ▪ tolleranza ▪ Stati

Le tredici colonie inglesi d'America sorgevano sulle coste dell'…………………………… . Erano state fondate da compagnie …………………………… oppure da gruppi …………………………… perseguitati in patria. Una, New York, era stata tolta ai …………………………… ; un'altra, la Georgia, era stata destinata a …………………………… perché si facessero una nuova vita. Nelle colonie del sud erano numerosi i …………………………… . Al centro e al nord predominava la …………………………… . Nelle colonie vivevano emigrati di differenti religioni, provenienti da diversi …………………………… europei. La necessità di convivere in pace fece prevalere princìpi di …………………………… religiosa. L'assenza di ceti privilegiati – come la nobiltà – rafforzò l'idea di …………………………… fra i cittadini.

RIORGANIZZO DATI E CONCETTI
Paragrafo 1

2 Mettendo le crocette, completa la tabella che riassume le principali differenze fra le colonie inglesi del sud e quelle del centro e del nord.

Caratteristiche	Colonie del sud	Colonie del centro e del nord
Predomina l'agricoltura di piantagione.		
Predomina la piccola proprietà familiare.		
Il numero di schiavi neri è elevatissimo.		
I grandi proprietari terrieri sono ricchi e poco numerosi.		
Le famiglie di agricoltori conducono un'esistenza modesta.		
Molti coloni sono artigiani e mercanti.		
Vi sorgono le città più attive e popolose.		
Vi sorgono alcune industrie manifatturiere.		

LAVORO SULLE FONTI
Paragrafo 2

3 Osserva le immagini e rispondi alle domande.

a. Nella prima bandiera, quante sono in tutto le strisce rosse e bianche? Quante sono le stelle? Perché?

b. Confronta le due bandiere; che cosa è cambiato? Sai spiegare perché? Quanti sono oggi gli Stati che fanno parte della federazione?

c. L'ultimo Stato entrato a far parte degli Stati Uniti nel 1959, è un arcipelago dell'Oceano Pacifico. Sai qual è? Se non lo sai, cercalo sull'atlante.

Unità 3 Ragione e rivoluzione

Esercizi

STABILISCO COLLEGAMENTI E RELAZIONI
Paragrafo 2

4 Spiega il perché, completando le frasi che seguono.
   a. Gli abitanti delle colonie ritenevano di non dover pagare tasse agli Inglesi, perché ....
   ....
   ....
   ....

   b. I cittadini di Boston rovesciarono in mare il carico di tè delle navi inglesi, perché ....
   ....
   ....

   c. Il 4 luglio negli Stati Uniti è festa nazionale, perché ....
   ....

   d. All'inizio la guerra d'indipendenza fu disastrosa per le milizie delle colonie, perché ....
   ....
   ....
   ....

   e. Francia, Spagna e poi Olanda intervennero a favore degli insorti, perché ....
   ....
   ....

LAVORO SULLE FONTI
Paragrafo 2

5 Osserva l'immagine, leggi l'introduzione che la precede, poi rispondi alle domande.
L'immagine rappresenta allegoricamente, cioè per mezzo di immagini simboliche, l'idea dello sfruttamento delle colonie americane (raffigurate come un'oca dalle uova d'oro) da parte dell'Inghilterra.

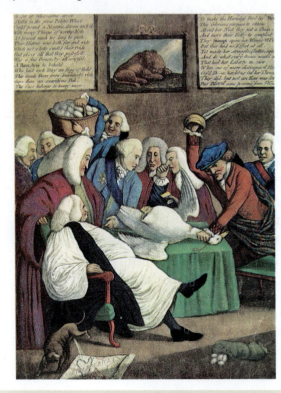

   a. Individua i seguenti elementi dell'immagine: le colonie americane, le preziose uova dell'oca, i ministri inglesi imparruccati, il loro funzionario con la spada.
   b. Che cosa sta succedendo all'oca (cioè alle colonie inglesi), secondo l'autore di questa vignetta?
   c. Chi si impadronisce delle uova?
   d. Che cosa rappresentano le uova, secondo te?
   e. Quale concetto vuole raffigurare l'immagine?
   f. Perché possiamo definire l'immagine "allegorica"?

Capitolo 10 Nascono gli Stati Uniti d'America

COLLOCO NEL TEMPO
Paragrafo 2

6 Aggiungi a ciascuno dei seguenti avvenimenti la data corrispondente, poi numerali in ordine cronologico.

Avvenimento	Data	Ordine cronologico
L'esercito inglese è definitivamente sconfitto a Yorktown.		
I rappresentanti delle colonie approvano la *Dichiarazione d'indipendenza*.		
I coloni riportano la prima grande vittoria a Saratoga.		
L'Inghilterra impone ai coloni una tassa sulle pubblicazioni a stampa.		
Alcuni cittadini di Boston rovesciano in mare il tè trasportato da tre navi inglesi.		
L'Inghilterra riconosce l'indipendenza degli Stati Uniti d'America.		

COMPLETO UNA CARTA STORICA
Intero capitolo

7 Completa la carta degli Stati Uniti secondo le indicazioni della legenda (l'esercizio è avviato).
Poi rispondi: quale altro Stato, non rappresentato nella carta, fu ceduto agli Stati Uniti dalla Russia, e quando? Se non ricordi bene, rivedi la carta a p. 246.

L'espansione territoriale degli Stati Uniti

☐ Territori delle colonie d'origine (1776)

☐ Territori ceduti dall'Inghilterra (1783)

☐ Territori della Louisiana acquistati dalla Francia (1803)

☐ Territori della Florida ceduti dalla Spagna (1819)

☐ Territori del Texas annessi nel 1845

▣ Territori dell'Oregon ceduti dall'Inghilterra (1846)

☐ Territori ceduti dal Messico (1848-1853)

LAVORO CON LE MAPPE
Intero capitolo

8 Rileggi la mappa a p. 247, poi componi un testo riassuntivo seguendo la traccia delle domande e collegando le risposte fra loro.
   a. Quante sono e dove si trovano le colonie inglesi d'America?
   b. Quando e per quali motivi si ribellano?
   c. Dove e in che anno si proclamano indipendenti?
   d. Con quale documento? Quali princìpi vi sono affermati?
   e. Come si svolge la guerra d'indipendenza?
   f. Quando nascono gli Stati Uniti? Quale organizzazione politica si danno? Chi ne è il primo presidente?
   g. Qual è l'atteggiamento del nuovo Stato nei confronti degli indiani?

Unità 3 Ragione e rivoluzione

Il capitolo a colpo d'occhio

QUANDO

1. In che anno si sono svolti questi eventi? SCRIVI le date sui puntini, poi COLLOCALE sulla linea del tempo: 1765, 1776, 1787.

A

B

C

.... *Dichiarazione d'indipendenza* delle colonie inglesi d'America.

.... L'Inghilterra impone lo *Stamp Act*, che provoca le proteste dei coloni.

.... George Washington firma la Costituzione degli Stati Uniti.

1760 — 1765 — 1770 — 1775 — 1780 — 1785 — 1790

DOVE

2. OSSERVA la carta, LEGGI la legenda e COMPLETA la didascalia.

Le .... colonie americane sono situate sulla costa atlantica, fra la regione dei .... e la Florida .... ; sono delimitate a ovest dai monti ....

La loro economia è molto diversificata. Nelle colonie del nord si pratica l' .... e si coltiva il .... , e la .... è un'attività importante. Nelle colonie del centro sorgono .... e cantieri per la costruzione .... In quelle del sud ci sono le grandi piantagioni di riso, ... , cotone e ....

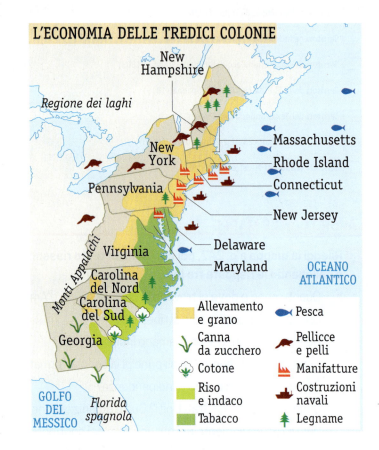

L'ECONOMIA DELLE TREDICI COLONIE

254

Capitolo 10   Nascono gli Stati Uniti d'America

LE PAROLE DA RICORDARE

**3. SCRIVI le parole seguenti accanto alle definizioni corrispondenti.
ATTENZIONE alle parole in più.**

Congresso • monopolio • federazione • sceriffo • lealista • pioniere

.... chi esplora terre sconosciute per stabilirvisi

.... assemblea che esercita il potere legislativo secondo la Costituzione americana

.... diritto di commerciare senza concorrenti

.... unione di stati, ciascuno con le proprie leggi, ma tutti sottoposti a un governo centrale per le questioni di comune interesse

LA MAPPA DEI CONCETTI

**4. COMPLETA la mappa inserendo al posto giusto le parole seguenti.
ATTENZIONE alle parole in più.**

Stati Uniti d'America • l'Inghilterra • degli immigrati • degli Indiani • indipendenti • il West • il Messico

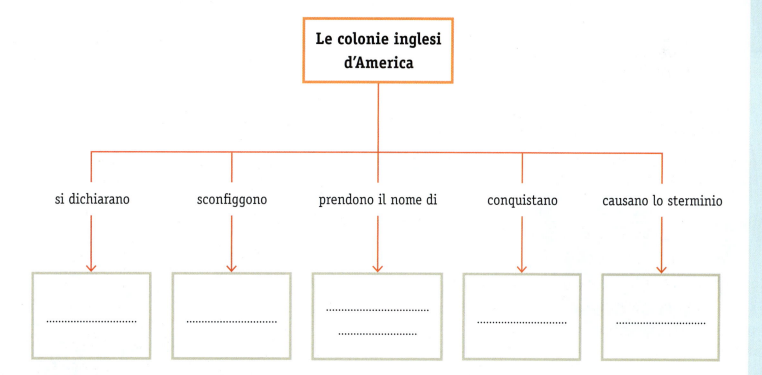

Capitolo 11 — La rivoluzione francese

GUARDA! IL VIDEO

MI ORIENTO NEL CAPITOLO dal 1789 ➔ al 1799

1. La **situazione economica** della Francia è **gravissima** e il popolo soffre la fame. Luigi XVI riunisce gli **Stati generali** per obbligare anche la nobiltà e il clero a pagare le tasse.

2. Quando una folla di popolani assalta la prigione della **Bastiglia**, scoppia la **rivoluzione**. Viene approvata la *Dichiarazione dei diritti dell'uomo e del cittadino*.

3. La Francia entra in **guerra** contro Austria e Prussia. Nel 1792 viene proclamata la **repubblica**. Luigi XVI, accusato di tradimento, è condannato alla **ghigliottina**.

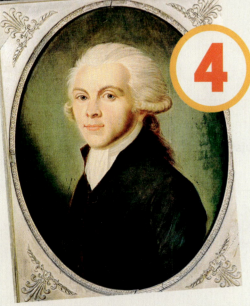

4. Inizia il periodo del **Terrore**: il **Comitato di salute pubblica** guidato da **Robespierre** condanna a morte migliaia di persone.

1. La Francia alla vigilia della rivoluzione

La popolazione francese è divisa in ceti

Verso la fine del Settecento la Francia contava quasi 26 milioni di abitanti, divisi in **tre ceti*** (detti anche ordini o stati): la **nobiltà**, il **clero** e il **terzo stato**. Il ceto di appartenenza dipendeva in parte dalla ricchezza ma soprattutto dalla nascita, dalla parentela, dal modo di vivere, di vestire, di comportarsi.

Nobiltà e clero erano ceti privilegiati. Uniti insieme, non costituivano nemmeno il 2% della popolazione, ma possedevano circa il 40% delle terre e godevano di vari privilegi: per esempio, erano esenti dal pagamento delle tasse ordinarie che gravavano invece su tutti i contadini [→ grafici a fianco].

Il **terzo stato** comprendeva tutto il resto della popolazione, composto da categorie di persone quanto mai varie. Ne facevano parte un piccolo gruppo di **ricchi borghesi** (commercianti, banchieri, proprietari di manifatture) e di **professionisti** (soprattutto uomini di legge, giudici, avvocati); il **popolo delle città** (artigiani, bottegai, lavoranti di bottega, operai); poi tutti **gli abitanti delle campagne** (medi e piccoli proprietari terrieri, contadini, braccianti, pastori) che formavano la gran massa delle popolazione. In Francia i contadini potevano vendere o lasciare in eredità le terre che lavoravano, ma dovevano pagare pesanti tributi al signore da cui le avevano ottenute, tasse allo Stato e la decima (una tassa sul raccolto) alla Chiesa.

Questo tipo di società, basato sulla disuguaglianza fra i ceti, prese il nome di società di *ancien régime**.

* **Ceti**
Gruppi sociali che hanno diritti e doveri diversi e leggi differenti.

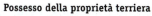

rappresentante del clero — rappresentante della nobiltà — rappresentante del terzo stato

I **tre ordini** nella Francia del Settecento.
Parigi, Musée Carnavalet.

* ***Ancien régime***
L'antico regime è il tipo di governo e di società combattuto dalla rivoluzione francese e, in senso più ampio, il periodo della storia europea dal XVI al XVIII secolo.

* **Deficit**
Deficit è una voce verbale latina che significa "manca", ma viene usato in italiano come sostantivo. Indica il denaro che manca per mettere in pari le spese e gli incassi.

La Francia affronta una grave crisi finanziaria

Negli ultimi decenni del Settecento la Francia si trovò a dover affrontare una grave crisi finanziaria. Lo Stato era in **deficit***, ovvero le uscite (cioè i denari spesi) superavano largamente le entrate (cioè i denari incassati). Fin dal tempo del Re Sole le spese statali erano cresciute incessantemente per le guerre continue, il lusso della corte, l'aumento dei funzionari pubblici e, negli ultimi anni, per il sostegno dato alle colonie inglesi in lotta contro la madrepatria [→ cap. 10 par. 2]. Per risanare le finanze dello Stato occorreva far pagare le tasse anche ai ceti privilegiati: era ciò che Luigi XVI, re dal 1774, e i suoi ministri si apprestavano a fare.

La convocazione degli Stati generali

I nobili però difendevano accanitamente i propri privilegi e la monarchia non aveva la forza di imporsi su di loro. L'unica via d'uscita sembrava essere la riunione degli **Stati generali**, l'assemblea medievale formata dai rappresentanti dei tre ordini, a cui spettava il diritto di approvare l'introduzione di nuove tasse.

L'annuncio della convocazione degli Stati generali suscitò grandi speranze. Su invito del re i sudditi francesi poterono esprimere le loro proteste in migliaia di lettere destinate al sovrano, i *cahiers de doléances*, i "quaderni delle lamentele".

Le aspettative dei vari gruppi sociali erano però molto diverse. Tutti e tre i ceti volevano porre un limite all'assolutismo della monarchia e chiedevano perciò nuove **assemblee rappresentative***. Il terzo stato però si spingeva oltre e rivendicava l'**uguaglianza** dei sudditi di fronte alla legge, l'**abolizione dei privilegi**, il libero **accesso alle cariche** e ai pubblici uffici (prima riservati ai soli nobili); inoltre i contadini miravano a liberarsi dall'oppressione dei **diritti signorili** o, come si diceva ancora nel Settecento, dei "diritti feudali".

* **Assemblea rappresentativa**
È quella formata da rappresentanti dei diversi ceti e gruppi sociali.

La questione del voto: per stato o per testa?

Gli Stati generali si riunirono solennemente nel maggio **1789**. Subito sorsero contrasti sul sistema di votazione. Seguendo l'uso medievale, i rappresentanti di ciascun ceto non votavano per testa (cioè individualmente, un voto per ogni deputato) ma per stato (cioè un voto per ogni ceto). In questo modo, nobiltà e clero alleati, disponendo di due voti su tre, avrebbero facilmente messo in minoranza il terzo stato. Questo, invece, reclamava il **voto individuale**, sperando di far approvare dall'assemblea il suo programma rinnovatore.

> **ORGANIZZO I CONCETTI**
>
> ▶ Completa la mappa.
>
> Per risolvere la .... finanziaria
>
> ↓
>
> Luigi XVI convoca gli
>
> ↓
>
> ....
>
> ↓
>
> ma si pone
>
> ↓
>
> il problema delle modalità di ....

◁ **L'apertura degli Stati generali nel 1789**. I nobili sono seduti alla sinistra del re, i membri del clero alla sua destra e il terzo stato di fronte.
Parigi, Bibliothèque Nationale.

Sulla questione delle modalità del voto le discussioni andarono avanti per cinque settimane senza che si giungesse a nessuna conclusione. Infine, essendosi rivelato impossibile ogni accordo, i rappresentanti del terzo stato – con l'appoggio anche di alcuni membri del clero – si autoproclamarono **Assemblea nazionale**, mostrando così di voler rappresentare l'intera nazione.

Il giuramento della pallacorda

Nel timore che l'Assemblea nazionale prendesse decisioni per proprio conto, il re fece sbarrare la porta della sala delle adunanze. A questo punto i deputati decisero di trasferirsi in un altro locale, fino a quel momento destinato al gioco della pallacorda (una specie di tennis), e qui giurarono di non separarsi prima di aver dato una Costituzione alla Francia. L'accordo prese il nome di **giuramento della pallacorda**. Ai deputati del terzo stato si aggiunsero la maggioranza del clero e una cinquantina di nobili "illuminati".

Il re fu costretto a invitare anche i rappresentanti più ostinati della nobiltà e del clero a unirsi all'Assemblea nazionale, che da questo momento prese il nome di **Assemblea nazionale costituente** perché si accingeva a preparare una nuova Costituzione.

ORGANIZZO I CONCETTI

▶ **Completa la mappa.**

I rappresentanti del terzo ....

formano ↓

Assemblea ....

che unendosi con ↓

nobili e clero

diventa ↓

Assemblea nazionale ....

con il compito di ↓

scrivere una nuova ....

◀ *Il giuramento della pallacorda.* Il pittore Jacques-Louis David fu incaricato di rappresentare questo importante avvenimento del 1789. Ma nel 1793, quando terminò il suo bozzetto, la situazione politica in Francia era cambiata: molti dei partecipanti al giuramento non erano più rappresentabili, perché ormai considerati "nemici della patria". Perciò il quadro rimase incompiuto.
Versailles, Musée National des Châteaux de Versailles et du Trianon.

COLLOCO GLI EVENTI NEL TEMPO

1789 Stati generali: Assemblea nazionale costituente

1785 — 1790 — 1795 — 1800

2. Lo scoppio della rivoluzione

La presa della Bastiglia

Già da parecchi mesi si manifestavano in Francia gli effetti di alcune annate di **cattivi raccolti**, che avevano fatto alzare vertiginosamente il **prezzo del pane**, provocando miseria e disordini nelle città e nelle campagne.

Fra i popolani di Parigi, già esasperati dalla carestia e dal carovita, si diffuse la notizia che truppe armate si stavano concentrando intorno alla capitale. Allora i Parigini, spinti dal sospetto – non infondato – che il re volesse sciogliere con la forza l'Assemblea, si riversarono per le strade e cominciarono ad armarsi, saccheggiando caserme e negozi d'armaioli.

Il **14 luglio 1789** una folla composta da bottegai e artigiani, da lavoranti a giornata, da impiegati e da qualche professionista prese d'assalto il carcere della **Bastiglia**, simbolo del potere del re, vi penetrò a forza e la distrusse, liberando i prigionieri (pochi in verità) che vi erano rinchiusi.

La presa della Bastiglia in un dipinto di Jean-Baptiste Lallemand. La data di questo evento, il 14 luglio, in Francia è festa nazionale.
Parigi, Musée Carnavalet.

Da Parigi la rivoluzione si estende

Un comitato rivoluzionario si impadronì del Comune di Parigi e, a difesa dell'Assemblea, si formò spontaneamente un corpo militare di cittadini volontari: la **Guardia nazionale**. Il re fu costretto a riconoscere le nuove autorità parigine e l'esempio della capitale fu seguito dalle altre città: dovunque si formarono comitati rivoluzionari e reparti di guardie nazionali. Al bianco della bandiera francese, che era il colore della monarchia, si aggiunsero il rosso e l'azzurro del comune parigino, e presto una **coccarda** con questi tre colori divenne il distintivo dei rivoluzionari [→ Vita quotidiana p. 264].

Intanto nelle campagne correvano voci incontrollate di una congiura di nobili e di prossimi assalti di briganti. In molte province della Francia **contadini e braccianti si ribellarono**. Travolti da un'ondata di terrore collettivo, assaltarono castelli e abbazie, bruciarono i registri e i documenti che attestavano i loro obblighi verso i signori e rifiutarono di pagare le tasse, la decima sui raccolti e ogni altro tributo, in denaro o in natura.

Una coccarda tricolore dei rivoluzionari francesi; il tricolore sostituì la bandiera con i gigli di Francia.
Berlino, Deutsches Historisches Museum. Foto Bridgeman/Alinari.

La fine dell'*ancien régime*

Fino ad allora l'Assemblea costituente aveva trascurato i problemi della popolazione rurale (cioè delle campagne), ma l'aggravarsi della situazione la spinse a intervenire. La notte del 4 agosto proclamò la **fine del regime feudale** e abolì decime, *corvées* e servitù personali.

Capitolo 11 La rivoluzione francese

Poi, sull'esempio degli Stati Uniti d'America, approvò una **Dichiarazione dei diritti dell'uomo e del cittadino** (26 agosto), in cui si proclamava che tutti i cittadini sono uguali davanti alla legge e hanno diritto alla proprietà privata, alla sicurezza e alla libertà di parola, di stampa, di opinione. La *Dichiarazione* prevedeva inoltre che i cittadini potessero intervenire nella «formazione delle leggi» e nel «controllo degli atti del potere esecutivo», cioè del governo. Questo richiamo alla sovranità della nazione era un segno certo della fine dell'*ancien régime*.

> Un rivoluzionario con una copia della *Dichiarazione dei diritti dell'uomo e del cittadino*. Acquerello del XVIII secolo. Parigi, Musée Carnavalet. Foto Giraudon/Bridgeman Images.

Fonti

La *Dichiarazione dei diritti dell'uomo e del cittadino*

Il 26 agosto 1789 l'Assemblea nazionale costituente approvò la *Dichiarazione dei diritti dell'uomo e del cittadino*, di cui riportiamo alcuni articoli. La *Dichiarazione* ha carattere universale, perché fa riferimento a diritti che non solo ogni cittadino francese ma ogni uomo (o donna) possiede per natura, qualunque sia il Paese o l'epoca in cui è nato. I diritti naturali sono "imprescrittibili": ciò significa che non vengono mai meno e che nessuna legge può pretendere di abolirli o di non tenerne conto. Il carattere universale della *Dichiarazione* è la ragione principale della sua fama e dell'influenza che essa esercitò in epoche diverse e ben oltre i confini della Francia.

« **Art. 1.** Gli uomini nascono e rimangono liberi e uguali nei diritti [...].
Art. 2. I diritti naturali dell'uomo [...] sono la libertà, la proprietà, la sicurezza e la resistenza all'oppressione. [...]
Art. 4. La libertà consiste nel poter fare tutto ciò che non nuoce agli altri [...].
Art. 6. La legge è l'espressione della volontà generale [...]. Essa deve essere uguale per tutti, sia che protegga, sia che punisca. Tutti i cittadini essendo uguali ai suoi occhi sono ugualmente ammissibili a tutte le dignità [...].
Art. 10. Nessuno deve essere molestato per le sue opinioni, anche religiose, purché la manifestazione di esse non turbi l'ordine pubblico [...].
Art. 11. La libera comunicazione dei pensieri e delle opinioni è uno dei diritti più preziosi dell'uomo; ogni cittadino può dunque parlare, scrivere, stampare liberamente [...]. »

LAVORO SULLE FONTI

1. Descrivi il documento indicando di che cosa si tratta, chi lo ha emanato e quando.

2. Cerca e trascrivi le definizioni di «libertà» e di «legge» e discutine con i compagni.

3. Indica a quali articoli si riferiscono le seguenti affermazioni:
   a. tutti gli uomini hanno uguali diritti: .... ;
   b. tutti gli uomini sono uguali davanti alla legge: .... ;
   c. tutti gli uomini sono liberi per natura: .... ;
   d. tutti i cittadini possono esprimere liberamente le loro idee: .... ;
   e. tutti i cittadini possono parlare e scrivere liberamente: .... ;
   f. tutti i cittadini possono ricoprire impieghi pubblici: .... ;
   g. i cittadini possono avere convinzioni religiose diverse: .... ;
   h. la legge deve stabilire pene uguali per tutti: .... ;
   i. la proprietà e la sicurezza sono diritti naturali: ....

4. Spiega sul tuo quaderno le ragioni dell'influenza che la *Dichiarazione dei diritti dell'uomo e del cittadino* ha esercitato in varie epoche e in vari Paesi.

Le donne di Parigi marciano su Versailles. Incisione del 1798.
Parigi, Musée Carnavalet.

Le donne marciano su Versailles

Ma Luigi XVI, sostenuto dai **moderati*** che facevano parte dell'Assemblea, si rifiutava di approvare i decreti del 4 agosto e la *Dichiarazione dei diritti*. Si mossero allora le donne di Parigi, che la mattina del 5 ottobre 1789 marciarono su Versailles, armate di picche, forconi e pistole, per reclamare pane e per riportare il re nella capitale, dove il popolo avrebbe potuto più facilmente tenerlo d'occhio [→ I protagonisti: Le donne e la rivoluzione p. 271].

Le seguirono, poche ore più tardi, alcune migliaia di guardie nazionali e un altro corteo di popolani armati. Sotto la pressione della folla, il re fu costretto a cedere sui decreti e a trasferirsi a Parigi, nel palazzo delle Tuileries. La carrozza reale vi giunse sotto buona scorta, accompagnata da carri di grano e di farina per la popolazione affamata.

La costituzione civile del clero

Restava ancora da risolvere il problema della crisi finanziaria. Per raccogliere il denaro necessario, l'Assemblea decise di **requisire*** i beni ecclesiastici (novembre 1789). Edifici e terreni appartenenti alla Chiesa vennero dichiarati **beni nazionali** e furono messi in vendita per riportare in pareggio il deficit dello Stato. Fra gli acquirenti ci furono molti borghesi ma anche parecchi contadini: si formò così in Francia un ceto numeroso di **piccoli e medi proprietari terrieri** che sostennero la rivoluzione perché a essa dovevano la loro fortuna.

Ma il clero, che era già stato privato delle decime, perdeva ora anche le sue terre: perciò si poneva il problema del mantenimento di preti e vescovi. L'Assemblea stabilì di assegnar loro uno stipendio, a patto che essi giurassero fedeltà allo Stato. Con questo provvedimento, chiamato **costituzione civile del clero**, i sacerdoti venivano di fatto sottratti all'autorità del papa. Perciò soltanto una minoranza fra loro (sette vescovi su oltre un centinaio, e circa la metà dei preti) accettò di prestare giuramento: furono detti «preti giurati». Gli altri, che si rifiutarono di farlo, furono detti «preti refrattari».

* **Moderato**
In politica, chi rifugge da posizioni estreme (le più intransigenti e rigorose, sia di destra sia di sinistra) e di solito si colloca al centro dello schieramento politico.

* **Requisire**
Occupare o togliere, per ordine delle autorità, beni o proprietà di privati per urgenti necessità pubbliche.

ORGANIZZO I CONCETTI

La costituzione civile del clero
↓ divide
gli ecclesiastici francesi
── fra ──
PRETI GIURATI — che giurano → fedeltà allo Stato
PRETI REFRATTARI — che restano → fedeli al papa

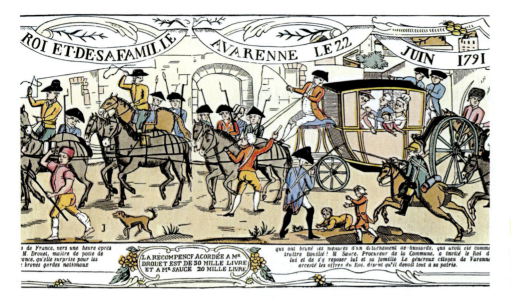

L'arresto della famiglia reale a Varennes, nel giugno 1791, narrato in una incisione dell'epoca.
Parigi, Musée Carnavalet.

La fuga del re

I fatti di ottobre, che avevano costretto il re e la regina a cedere all'imposizione della folla, e più ancora la requisizione delle terre agli ecclesiastici misero in grande allarme molti aristocratici. Non sentendosi più sicuri in Francia, essi decisero di trasferirsi all'estero, sia per mettere in salvo la propria persona e i propri beni, sia per cercare aiuti presso le corti straniere contro la Francia rivoluzionaria.

Nella notte fra il 20 e il 21 giugno **1791**, temendo per la sua sorte, anche **Luigi XVI tentò di fuggire** in Belgio (che all'epoca era un dominio austriaco), insieme con la famiglia. Ma a Varennes, presso il confine settentrionale, il sovrano fu riconosciuto e venne ricondotto a Parigi dalla Guardia nazionale, fra due ali di popolo ormai decisamente ostile. Il tentativo di fuga mostrava infatti che il re era contrario alla rivoluzione e progettava di combatterla dall'estero, con l'aiuto delle monarchie europee, in particolare dell'Austria e della Prussia.

La Francia diventa una monarchia costituzionale

Nel settembre 1791 l'Assemblea nazionale costituente votò definitivamente la nuova Costituzione, che trasformava la Francia in una **monarchia costituzionale**. Al sovrano rimaneva il potere esecutivo, mentre il potere di votare le leggi veniva affidato a una **Assemblea legislativa**, eletta sulla base del **censo** (il patrimonio posseduto, la ricchezza): dell'Assemblea potevano fare parte solo i cittadini più benestanti.

L'Assemblea legislativa, che nell'ottobre 1791 succedette all'Assemblea costituente, era composta da gruppi di deputati di diverso orientamento politico, per lo più aderenti a **club** (o circoli politici) diffusi in tutta la Francia e particolarmente numerosi a Parigi. Fra i club più importanti c'erano quelli dei foglianti e dei giacobini. I due nomi derivavano dal luogo in cui gli associati erano soliti riunirsi: il monastero dei foglianti (monaci cistercensi) e l'ex convento domenicano di san Giacomo.

Vita quotidiana

Mode e costumi della rivoluzione

Mode e comportamenti si adeguano al rapido succedersi degli eventi rivoluzionari. Gli uomini abbandonano le parrucche e gli abiti multicolori dell'*ancien régime* e indossano un frac scuro a code svasate, detto "alla rivoluzione". Le donne sostituiscono gonne ampie, bustini e guardinfanti con abiti comodi, che non impacciano i movimenti.

Il modo di vestirsi e di abbigliarsi diventa uno strumento con cui si manifestano i propri sentimenti rivoluzionari: scialli, fasce e cinture sono ornati di frange coi colori nazionali (bianco, rosso e blu); **coccarde tricolori** vengono appuntate su vesti, cuffie, cappelli e perfino sugli zoccoli. Vanno di moda spille e fermagli fatti con pezzi di pietra della Bastiglia demolita e presto saranno in vendita orecchini a forma di ghigliottina (la macchina per le decapitazioni dei condannati, che deve il suo nome all'inventore francese Guillotin) [→ par. 3].

Dal 1791 diventa d'uso comune il **berretto frigio**, che anticamente era portato dagli schiavi liberati ed è simbolo di libertà. Lo portano i popolani di Parigi, i cosiddetti sanculotti [→ par. 3]. Il loro abbigliamento tipico sono i pantaloni lunghi, una casacca detta "carmagnola", un fazzoletto al collo e gli zoccoli ai piedi.

Ovunque si piantano "**alberi della libertà**", che sono querce, pioppi, a volte semplici pali, adorni di coccarde tricolori e sormontati da un rosso berretto frigio. Intorno a essi i popolani si scatenano in vorticose danze in tondo, da secoli considerate indecenti e vietate dalla legge, perché nella danza i ballerini saltano, volteggiano e si abbracciano. La rivoluzione impone anche un nuovo modo di esprimersi. Non si usano più parole come "signora" o "signore": in omaggio al principio di uguaglianza, ci si chiama tutti semplicemente "cittadino" o "cittadina".

◀ **Un sanculotto** in una incisione della fine del XVIII secolo.
Parigi, Musée Carnavalet.

▶ **Cappello frigio** indossato dai rivoluzionari, fine XVIII secolo.
Parigi, Musée Carnavalet.

◀ **Zoccoli** con coccarda, fine XVIII secolo.
Romans, Musée International de la Chaussure.

COLLOCO GLI EVENTI NEL TEMPO

- **1789** Stati generali: Assemblea nazionale costituente
- **1789** presa della Bastiglia; *Dichiarazione dei diritti dell'uomo e del cittadino*; marcia su Versailles
- **1791** fuga del re; la Francia diventa monarchia costituzionale

3. La Francia rivoluzionaria e repubblicana

I contrasti all'interno dell'Assemblea legislativa

Il club dei **foglianti** era favorevole al mantenimento della monarchia, ormai divenuta costituzionale, e nell'Assemblea sedeva alla destra del presidente: era perciò detto «la Destra». I **giacobini**, meno numerosi, erano orientati verso cambiamenti politici più radicali* e chiedevano l'estensione del diritto di voto a tutti i maschi adulti. Per via dei posti che occupavano nell'Assemblea, erano detti «la Sinistra».

La maggioranza dei deputati era di tendenze moderate, ma dopo la fuga del re cominciavano a levarsi in Assemblea – non solo fra i giacobini – voci contrarie alla monarchia e favorevoli alla proclamazione di una repubblica.

* **Radicale**
Nel linguaggio politico significa «drastico, portato all'estremo».

La Francia rivoluzionaria entra in guerra

Ai contrasti interni all'Assemblea si aggiungeva la preoccupazione per un attacco straniero, che pareva imminente. Si sapeva che i nobili emigrati concentravano truppe ai confini del Paese, che le monarchie europee erano ostili alla Francia rivoluzionaria, che Luigi XVI poteva contare sull'aiuto di molte dinastie reali con cui era imparentato (l'imperatore d'Austria era suo cognato, il re di Spagna suo cugino).

L'Assemblea non voleva farsi prendere alla sprovvista e pensava di entrare in guerra per prima, per prevenire e bloccare ogni attacco. Gran parte dei deputati erano infatti convinti che i popoli d'Europa sarebbero insorti contro i loro sovrani, facendo lega con le truppe francesi liberatrici. Così, nel **1792**, la Francia dichiarò guerra ad Austria e Prussia.

> **COLLEGO CAUSE ED EFFETTI**
>
> **La Francia dichiara guerra ad Austria e Prussia PERCHÉ:**
>
> - i loro sovrani aiutano Luigi XVI e i nobili francesi emigrati
> - spera che Austriaci e Prussiani insorgano contro i loro sovrani
> - non vuole essere presa alla sprovvista

I volontari si mobilitano per difendere la patria

Ma, nonostante l'entusiasmo dell'Assemblea, il Paese non era affatto preparato al conflitto: le sue truppe sul campo si sbandavano mentre i nemici forzavano i confini entrando sul suolo francese.

Di fronte al pericolo incombente e al sospetto che re, nobili e preti refrattari congiurassero con i nemici per stroncare la rivoluzione, la **Francia si mobilitò**: da ogni parte del Paese giunsero a Parigi migliaia di volontari, animati dal desiderio di difendere la «patria in pericolo». C'era fra loro un battaglione proveniente da Marsiglia che marciava al ritmo di un nuovo canto rivoluzionario: la *Marsigliese*, il futuro inno nazionale della Francia.

I cittadini francesi si arruolano in massa per difendere la patria in pericolo.
Parigi, Musée Carnavalet. Foto Bridgeman Images.

I sanculotti: la passione e la violenza

Da questo momento e fino al 1795 la rivoluzione ebbe dei nuovi protagonisti che già più volte erano comparsi sulla scena politica (per esempio, durante la presa della Bastiglia e la marcia su Versailles) portando in campo tutta la loro passione, ma anche la loro violenza. Furono i **popolani di Parigi** (artigiani, bottegai, piccoli proprietari, apprendisti), sprezzantemente chiamati **sanculotti** perché non portavano gli stretti calzoncini al ginocchio (le *culottes*) indossati dai nobili, ma larghi pantaloni alla caviglia.

Il 10 agosto 1792 i popolani di Parigi, insieme a molti volontari, diedero l'**assalto al palazzo reale delle Tuileries**, accusando il re di tradimento. Luigi XVI cercò scampo presso l'Assemblea legislativa. Ma i deputati, intimoriti dalla pressione popolare, sospesero il sovrano dalle sue funzioni e lo fecero rinchiudere, assieme alla famiglia, nella prigione del Tempio.

Nel settembre dello stesso anno si diffuse la voce di una congiura, nata nelle prigioni di Parigi. Allora una folla di sanculotti penetrò con la forza nelle carceri e fece strage dei prigionieri (stragi di settembre). Le vittime furono centinaia, in maggioranza nobili o preti refrattari.

L'assalto al palazzo reale delle Tuileries. Dipinto del 1793 di J. Duplessis-Bertaux.
Versailles, Musée National des Châteaux de Versailles et du Trianon.

La Convenzione proclama la repubblica

Il movimento popolare era sostenuto dal Comune di Parigi, dominato dai giacobini **Marat**, **Danton** e **Robespierre**. Dopo l'assalto alle Tuileries il Comune divenne la più grande autorità di Francia; l'Assemblea legislativa, invece, ormai priva di potere, fu sostituita nel settembre 1792 da una nuova assemblea costituente, detta **Convenzione**.

All'interno della Convenzione si contrapponevano i deputati "della montagna", o montagnardi, cioè i giacobini più rivoluzionari, che venivano quasi tutti da Parigi e costituivano la Sinistra, e i girondini, che formavano la Destra. Al centro si collocava il grosso gruppo "della pianura" (detta anche palude), composto da deputati moderati.

Capitolo 11 La rivoluzione francese

Il 20 settembre 1792, a **Valmy**, l'esercito rivoluzionario francese, rinvigorito dai volontari, riportò la sua prima importante **vittoria** sulle truppe nemiche, costringendo alla ritirata i soldati prussiani, che erano considerati i migliori del mondo. Il giorno dopo, nel corso della sua prima riunione, la Convenzione dichiarò decaduta la monarchia. Il **22 settembre 1792** fu dichiarato «**primo giorno della repubblica**».

Dov'è Valmy?

Luigi XVI viene ghigliottinato

I contrasti fra girondini e montagnardi si fecero particolarmente acuti quando si trattò di processare Luigi XVI, accusato di tradimento.

I girondini, pur condannando l'operato del re, fecero di tutto per salvarlo, mentre i montagnardi ne chiedevano la morte. Dopo un dibattito durato più di un mese, la Convenzione riconobbe la colpevolezza del sovrano e lo condannò alla **ghigliottina***: il 21 gennaio **1793**, il giorno dopo la sentenza, il re fu decapitato.

La notizia della morte di Luigi XVI impaurì e allarmò le monarchie di tutta Europa e, di lì a poco, la Francia si trovò in guerra contro una vasta **coalizione*** che comprendeva quasi tutti gli Stati europei: oltre a Prussia e Austria, anche Inghilterra, Olanda, Spagna, il regno di Sardegna, lo Stato della Chiesa e il regno di Napoli.

* **Ghigliottina**
Macchina per la decapitazione dei condannati a morte. Fu ideata dal medico francese Guillotin (da cui il nome), con l'intento di ridurre le sofferenze prodotte dalla mannaia del boia.

* **Coalizione**
Alleanza di Stati contro un comune nemico.

◁ L'esecuzione di Luigi XVI in una incisione del 1793.
Collezione privata.

COLLOCO GLI EVENTI NEL TEMPO

- **1789** Stati generali: Assemblea nazionale costituente
- **1789** presa della Bastiglia, *Dichiarazione dei diritti dell'uomo e del cittadino*, marcia su Versailles
- **1791** fuga del re, la Francia diventa monarchia costituzionale
- **1792** guerra contro Austria e Prussia, proclamazione della repubblica, prima coalizione antifrancese
- **1793** Luigi XVI ghigliottinato

4. Guerra civile e Terrore

Un momento drammatico: guerra e rivolte

Cominciava un periodo particolarmente drammatico per la rivoluzione. La Francia era quasi accerchiata dai nemici e già gli eserciti della coalizione penetravano nel suo territorio. All'interno si era all'inizio di una **guerra civile**, perché in alcune regioni, fra cui la **Vandea**, i contadini erano insorti in nome del re e in difesa della religione. La situazione economica era gravissima: mancavano generi di prima necessità e, rispetto al 1789, i **prezzi** erano aumentati anche del 200 per cento.

Minacciata dall'esterno e all'interno, la Francia rivoluzionaria sembrava sul punto di crollare. La Convenzione decise allora di attribuire poteri straordinari a un gruppo ristretto di uomini che formarono il **Comitato di salute pubblica** (aprile 1793), alla cui guida, per un anno, fu il montagnardo **Maximilien Robespierre**.

Fu approvata una **nuova Costituzione** (giugno 1793) che introduceva il **suffragio universale maschile** (cioè il diritto di voto per tutti i cittadini maschi maggiorenni; le donne erano escluse) e riconosceva **diritti avanzati** (diritto al lavoro, all'istruzione, all'insurrezione ecc.). Questa Costituzione, detta dell'anno primo, **non entrò mai in vigore** perché, data la situazione d'emergenza, tutto il potere fu mantenuto dal governo rivoluzionario, la cui espressione era il Comitato di salute pubblica.

Un capo della resistenza **vandeana** in un dipinto di P.N. Guérin del 1817. Nello stendardo si intravede il motto «Viva il re».
Cholet, Musée d'Art et d'Histoire. Foto Lessing.

Il governo rivoluzionario

Per salvare la rivoluzione, Robespierre e i membri del Comitato di salute pubblica rafforzarono l'alleanza con le forze popolari, prendendo provvedimenti graditi al popolo: fecero approvare un **calmiere*** e imposero la pena di morte per gli **accaparratori**, coloro che facevano grandi scorte di merci per rivenderle a un prezzo più alto.

Contro le forze della coalizione riorganizzarono l'esercito e decretarono la **leva in massa**, cioè la chiamata alle armi, per sorteggio, dei giovani fra i 20 e i 25 anni.

L'obbligo del servizio di leva fu uno dei motivi per cui la Vandea insorse. Esso tuttavia permise la nascita di una grande armata popolare e rivoluzionaria che si batteva con entusiasmo in difesa della repubblica.

***Calmiere**
Livello massimo dei prezzi imposto sui prodotti di maggior consumo.

Maximilien de Robespierre in un ritratto del 1793 circa.
Versailles, Château de Versailles.

Il periodo del Terrore

Contro i nemici interni – ribelli, controrivoluzionari, oppositori politici – la repressione fu spietata. Un semplice sospetto era sufficiente per essere arrestati, bastava uscire senza la coccarda tricolore per essere denunciati come «nemici della rivoluzione».

Nel periodo detto del **Terrore (agosto 1793-luglio 1794)** il governo istituì speciali **tribunali rivoluzionari** che emisero decine di migliaia di sentenze di morte, le prigioni si riempirono e la ghigliottina lavorò senza tregua. Fra i condannati ci furono anche personaggi illustri, come la regina **Maria Anto-**

nietta, il celebre chimico **Lavoisier** [→ cap. 8 par. 3], il giacobino **Danton**, e poi girondini, nobili e preti, generali e accaparratori, contadini e sanculotti.

Per sottolineare la volontà di rompere definitivamente con il passato, fu adottato un **nuovo calendario** (calendario rivoluzionario) nel quale si contavano gli anni a partire dal 22 settembre 1792, primo giorno della repubblica.

Un colpo di Stato pone fine al Terrore

Intanto la rivoluzione della Vandea era quasi domata – benché a prezzo di sanguinosi massacri – e l'esercito rivoluzionario sbaragliava a **Fleurus** le forze nemiche (giugno **1794**) penetrando in Belgio. La Francia era ormai fuori pericolo.

Nella nuova situazione politica il regime del Terrore, che era frutto di un momento di emergenza, non aveva più ragione di esistere. Nella Convenzione si formò quindi una nuova maggioranza ostile a Robespierre, che fu arrestato il 27 luglio 1794 – il 9 termidoro, secondo il nuovo calendario rivoluzionario – e il giorno seguente venne ghigliottinato senza processo.

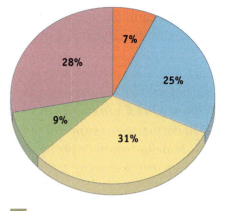

Condannati a morte durante il Terrore (1793-1794).

- Membri del clero
- Borghesi
- Artigiani e operai
- Ex nobili
- Contadini

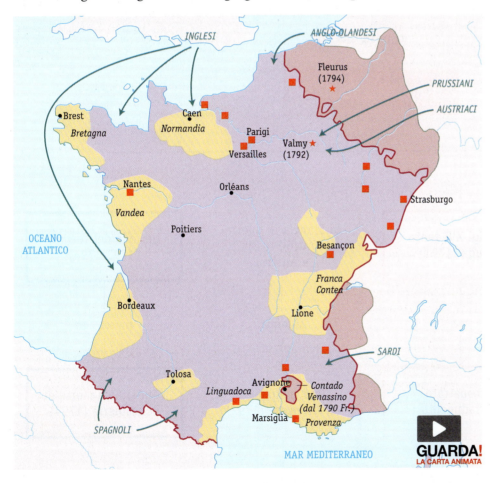

La Francia rivoluzionaria e i suoi nemici.

- Confini francesi nel 1789
- Centri rivoluzionari nel 1789
- Moti controrivoluzionari
- Offensive delle coalizioni antifrancesi
- Vittorie francesi
- Annessioni francesi (1792-1795)

La Costituzione dell'anno terzo e il Direttorio

I "termidoriani", cioè i politici moderati che il 9 termidoro avevano posto fine al Terrore, si preoccuparono soprattutto di riportare il Paese all'**ordine** e alla **normalità**. Mantennero il regime repubblicano, ma limitarono fortemente i poteri del Comitato di salute pubblica, indebolendo così il governo rivoluzionario. In campo economico abolirono il calmiere, provocando la ribellione dei sanculotti, contro i quali fu mandato l'esercito.

Una nuova Costituzione, la **Costituzione dell'anno terzo** (1795) – che ancora una volta escludeva i più poveri dal voto –, affidò il potere esecutivo a un consiglio di cinque membri, detto **Direttorio**, che governò la Francia **dal 1795 al 1799**. Club e giornali giacobini furono soppressi e contro i sostenitori di Robespierre – o supposti tali – si scatenò il **Terrore bianco** (così detto dal colore della bandiera borbonica), cioè la vendetta degli oppositori politici, che fu particolarmente sanguinosa nel sud-est della Francia.

RICOSTRUISCO LA MAPPA DEL CAPITOLO

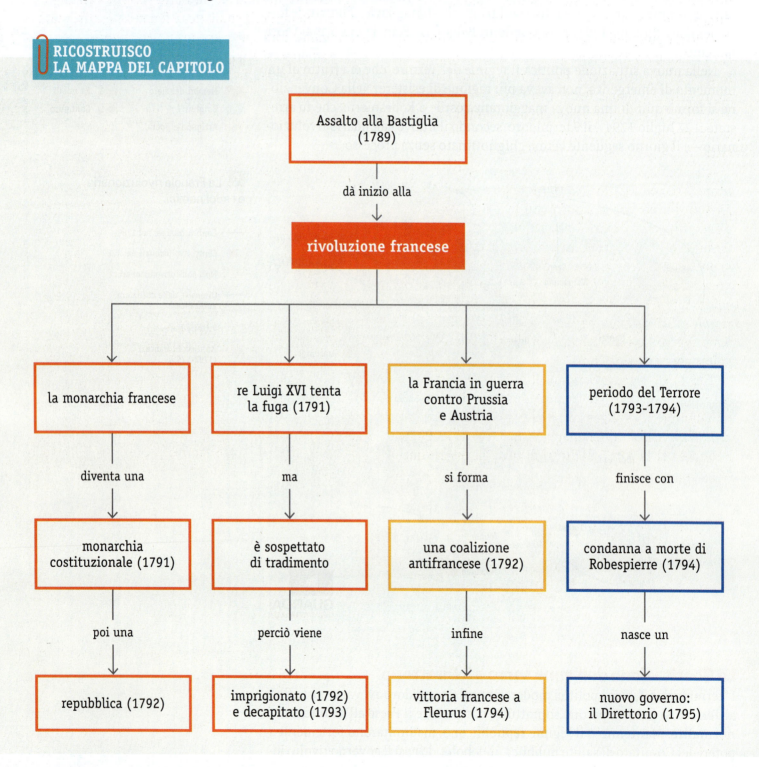

I protagonisti

Le donne e la rivoluzione

Fin dall'inizio della rivoluzione le donne lottano a fianco degli uomini. Sono presenti durante l'assalto alla **Bastiglia** e nell'attacco alle **Tuileries**. Sono le prime a mobilitarsi e a marciare su **Versailles**, quando il re rifiuta di firmare i decreti.

Allo scoppio della guerra (1792), trecento donne di Parigi chiedono di potersi arruolare e un centinaio di loro riesce a partire per il fronte, nonostante l'opposizione dell'Assemblea. Benché non possano votare né essere elette, le donne assistono alle riunioni dell'Assemblea e ascoltano gli interventi, che approvano o criticano ad alta voce, pur continuando a lavorare a maglia: saranno chiamate *tricoteuses* (dal francese *tricoter*, «lavorare a maglia»). Alcune creano dei **club femminili**, dove si commentano le leggi e i giornali e si discute di politica. Tanto attivismo preoccupa gli uomini che, salvo rare eccezioni, preferirebbero vedere le donne intente alle attività domestiche, e considerano le rivoluzionarie delle pericolose agitatrici. Perfino coloro che si battono perché l'ultimo cittadino possa ricevere l'istruzione e partecipare alla vita politica trovano inaccettabile l'idea che gli stessi diritti possano valere anche per le donne.

Nel 1791, seguendo il modello della *Dichiarazione dei diritti dell'uomo e del cittadino*, la romanziera parigina **Olympe de Gouges** compila una *Dichiarazione dei diritti della donna e della cittadina*, in cui invita le donne a lottare per la parità di diritti di tutti gli esseri umani, sia maschi sia femmine. Viene accusata di attentare alla sovranità popolare e, nel 1793, condannata alla ghigliottina.

La rivoluzione non dà alle donne nessun vantaggio, ma il problema della condizione femminile, affrontato apertamente forse per la prima volta, comincia lentamente ad imporsi all'opinione pubblica fino a portare, con il tempo, a risultati concreti.

▼ **Rivoluzionaria francese** armata di picca in una incisione del XIX secolo.

▼ **Le *tricoteuses***: durante la rivoluzione francese, queste donne del popolo assistevano sferruzzando alle riunioni della Convenzione e alle esecuzioni sotto il palco della ghigliottina.
Parigi, Musée Carnavalet. Foto White Images/Scala, Firenze.

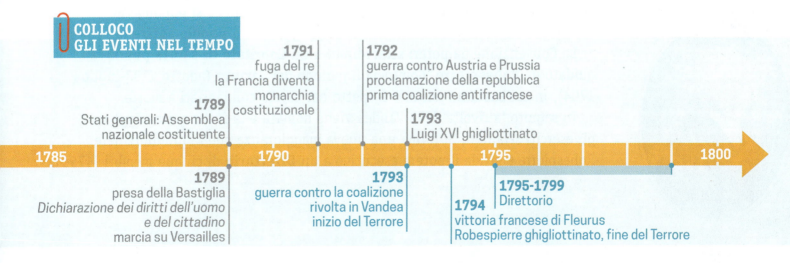

COLLOCO GLI EVENTI NEL TEMPO

- **1789** Stati generali: Assemblea nazionale costituente
- **1789** presa della Bastiglia; *Dichiarazione dei diritti dell'uomo e del cittadino*; marcia su Versailles
- **1791** fuga del re; la Francia diventa monarchia costituzionale
- **1792** guerra contro Austria e Prussia; proclamazione della repubblica; prima coalizione antifrancese
- **1793** Luigi XVI ghigliottinato
- **1793** guerra contro la coalizione; rivolta in Vandea; inizio del Terrore
- **1794** vittoria francese di Fleurus; Robespierre ghigliottinato, fine del Terrore
- **1795-1799** Direttorio

Sintesi

1. La Francia alla vigilia della rivoluzione

Nel Settecento la società francese è divisa in **tre ceti**: nobiltà, clero e terzo stato, che comprende il 98% della popolazione.

Il Paese attraversa una grave crisi finanziaria. Nel 1789 re Luigi XVI convoca gli **Stati generali**, per costringere nobiltà e clero a pagare le tasse.

L'accordo fra i ceti non si trova, perciò i rappresentanti del terzo stato si proclamano **Assemblea nazionale** e giurano di dare una **Costituzione** alla Francia. Il re invita nobiltà e clero a unirsi a loro: nasce l'**Assemblea costituente**.

2. Lo scoppio della rivoluzione

Il popolo parigino teme che il re usi l'esercito per bloccare l'Assemblea. Per questo il **14 luglio 1789** assalta la **Bastiglia**: è l'inizio della **rivoluzione**.

In agosto l'Assemblea costituente approva la *Dichiarazione dei diritti dell'uomo e del cittadino*. I suoi principi fondamentali sono l'uguaglianza dei cittadini davanti alla legge e la sovranità popolare. Per risolvere la crisi finanziaria, le proprietà della Chiesa sono requisite e messe in vendita.

Molti nobili cercano di fuggire all'estero. Tra loro anche il re, che però viene scoperto, riportato a Parigi e incarcerato con la sua famiglia.

L'Assemblea costituente vota la nuova Costituzione, che trasforma la Francia in **monarchia costituzionale**. Il potere di fare le leggi spetta a una nuova **Assemblea legislativa** eletta dai cittadini più ricchi.

3. La Francia rivoluzionaria e repubblicana

Tutte le monarchie europee sono contrarie alla rivoluzione. La Francia, temendo un attacco, **dichiara guerra** per prima **ad Austria e Prussia**. Si forma una **coalizione** (alleanza di Stati) **antifrancese**.

Nel 1792 una nuova assemblea, chiamata Convenzione, proclama la **repubblica**. **Luigi XVI** è processato per tradimento e **ghigliottinato** (gennaio 1793).

4. Guerra civile e Terrore

Scoppia una **guerra civile**, perché regioni come la Vandea si oppongono alla rivoluzione. La situazione economica peggiora e il **popolo soffre la fame**.

La Convenzione dà poteri straordinari a un **Comitato di salute pubblica**, guidato da **Robespierre**. Comincia il periodo del **Terrore** (agosto 1793-luglio 1794), in cui basta un minimo sospetto per essere condannati a morte.

In seguito la rivolta della Vandea viene domata e la Francia sconfigge gli eserciti stranieri. Si forma una nuova maggioranza che fa ghigliottinare Robespierre e affida il potere esecutivo a un **Direttorio** di cinque membri (1795).

Capitolo 11 La rivoluzione francese

Esercizi

LEGGO UN GRAFICO
Paragrafo 1

1 Osserva i grafici a p. 257 e rispondi alle domande.
a. Quanti e quali ceti comprendeva la società francese alla vigilia della rivoluzione?
b. Che percentuale della popolazione francese costituivano i nobili e il clero? Che percentuale costituiva il terzo stato?
c. Qual era la percentuale dei terreni appartenenti ai nobili e al clero? Qual era la percentuale posseduta dal terzo stato?

USO LE PAROLE DELLA STORIA
Paragrafo 1

2 Scrivi una frase con ciascuna di queste parole o espressioni.
a. *Ancien régime*
b. Deficit
c. *Cahiers de doléances*
d. Voto per testa

LAVORO SULLE FONTI
Paragrafo 1

3 Osserva l'immagine, leggi l'introduzione che la accompagna, poi rispondi alle domande.

La stampa rappresenta i tre ceti (clero, nobiltà e terzo stato) alla vigilia della rivoluzione francese.

a. Individua nella stampa i personaggi che rappresentano rispettivamente la nobiltà, il clero, il terzo stato e completa la legenda.
  1 ....
  2 ....
  3 ....

b. Che cosa simboleggia il macigno raffigurato nell'immagine? Scegli la risposta corretta.
  ☐ I diritti del clero
  ☐ Il deficit della Francia.
  ☐ Le tasse gravose.

c. Seguendo la traccia della scaletta, scrivi una didascalia di non più di venti parole che spieghi la stampa.
  - Quale dei tre ceti appare oppresso?
  - Da che cosa?
  - A vantaggio di chi?
  - Quali sono invece i ceti privilegiati?

273

Esercizi

STABILISCO COLLEGAMENTI E RELAZIONI
Paragrafi 1 e 2

4 Spiega il perché, completando le frasi che seguono.
- a. Re Luigi XVI convocò gli Stati generali perché ....
- b. All'interno degli Stati generali sorsero dei contrasti perché ....
- c. Il popolo di Parigi insorse e abbatté la Bastiglia perché ....
- d. L'insurrezione si diffuse anche nelle campagne perché ....
- e. I beni della Chiesa vennero requisiti perché ....
- f. Molti preti non giurarono fedeltà alla Costituzione perché ....

VERIFICO LE CONOSCENZE
Paragrafo 3

5 Completa il testo con le parole dell'elenco. Fai attenzione: alcune non ti serviranno.
Francia ▪ ghigliottinato ▪ repubblica ▪ Convenzione ▪ Costituzione ▪ incarcerato ▪ Prussia ▪ re ▪ *Marsigliese*

Temendo un attacco straniero, la .... dichiarò guerra a .... e Austria, ma le prime battaglie furono sfavorevoli ai Francesi. Il popolo attribuì le sconfitte al tradimento del .... perciò diede l'assalto al palazzo reale e il re venne .... Nel 1792 una nuova assemblea, la .... , proclamò la .... L'anno successivo Luigi XVI venne giudicato colpevole di tradimento e fu ....

LAVORO SULLE FONTI
Paragrafo 4

6 Leggi alcuni articoli della *Dichiarazione dei diritti della donna e della cittadina*, scritta nel 1791 da Olympe de Gouges. Poi indica se le affermazioni proposte sono vere (V) o false (F).

« Art. 1 – La donna nasce libera e rimane uguale all'uomo nei diritti.
Art. 6 – La legge deve essere l'espressione della volontà generale: tutte le cittadine e tutti i cittadini devono concorrere alla sua formazione.
Art. 10 – La donna ha il diritto di salire il patibolo, ella deve avere del pari quello di salire la tribuna [*cioè di partecipare alla vita politica*].
Art. 13 – Per il mantenimento della forza pubblica e per le spese dell'amministrazione i contributi dell'uomo e della donna sono uguali, ella partecipa a tutti i servizi e a tutti i lavori penosi; dunque deve avere la stessa parte nella distribuzione dei posti, degli impieghi, delle cariche, delle dignità e delle industrie. »

Olympe de Gouges afferma che:
- a. le donne sono uguali agli uomini nei diritti. [V] [F]
- b. le donne non possono contribuire, come gli uomini, alla formulazione delle leggi. [V] [F]
- c. le donne, come gli uomini, se sbagliano sono condannate a morte. [V] [F]
- d. le donne, come gli uomini, devono poter partecipare alla vita politica. [V] [F]
- e. le donne non pagano le tasse per l'esercito e per l'amministrazione. [V] [F]
- f. le donne devono essere ammesse a qualsiasi tipo di lavoro e di carica pubblica. [V] [F]

Che cosa pensi delle affermazioni di Olympe de Gouges? Discutine con i compagni.

STABILISCO COLLEGAMENTI E RELAZIONI
Paragrafo 4

7 Spiega il perché, completando le frasi che seguono.
- a. In Vandea si combatté una guerra civile perché ....
- b. La Convenzione assegnò poteri straordinari al Comitato di salute pubblica perché ....
- c. La Costituzione dell'anno 1 non entrò mai in vigore perché ....
- d. Il periodo fra il 1793 e il 1794 fu detto del Terrore perché ....
- e. Dopo le vittorie militari si formò una maggioranza ostile a Robespierre perché ....
- f. Il Terrore bianco si scatenò perché ....

LAVORO SULLE FONTI
Paragrafo 4

8 Osserva la tabella e rispondi alle domande.

Calendario rivoluzionario francese			
Mesi	**Durata**	**Inizio**	**Fine**
vendemmiaio	30 giorni	22 settembre	21 ottobre
brumaio	30 giorni	22 ottobre	20 novembre
frimaio	30 giorni	21 novembre	20 dicembre
nevoso	30 giorni	21 dicembre	19 gennaio
piovoso	30 giorni	20 gennaio	18 febbraio
ventoso	30 giorni	19 febbraio	20 marzo
germinale	30 giorni	21 marzo	19 aprile
floreale	30 giorni	20 aprile	19 maggio
pratile	30 giorni	20 maggio	18 giugno
messidoro	30 giorni	19 giugno	18 luglio
termidoro	30 giorni	19 luglio	17 agosto
fruttidoro	30 giorni	18 agosto	16 settembre
+ 5 giorni complementari (o 6 negli anni bisestili)			

- a. Perché la Francia rivoluzionaria adottò un nuovo calendario?
- b. Perché il capodanno rivoluzionario cadeva il 22 settembre?
- c. A che cosa erano ispirati i nomi dei diversi mesi? Quanto durava ciascun mese?
- d. In quale mese e in quale giorno saresti nato/a tu, secondo il calendario rivoluzionario?
- e. Che mese e che giorno sarebbe oggi secondo il calendario rivoluzionario?
  (Puoi trovare su Internet delle tabelle di conversione fra il nostro calendario e quello rivoluzionario.)

Unità 3 Ragione e rivoluzione

Esercizi

COLLOCO NEL TEMPO
Intero capitolo

9 Osserva la linea del tempo e rispondi alle domande.

maggio 1789 Stati generali 14 luglio 1789 presa della Bastiglia 26 agosto 1789 *Dichiarazione dei diritti*		22 settembre 1792 primo giorno della repubblica 21 gennaio 1793 il re è ghigliottinato agosto 1793-luglio 1794 periodo del Terrore		
monarchia		repubblica		
1789 Assemblea costituente (1789-1791)	Assemblea legislativa (1791-1792)	Convenzione (1792-1795)	Direttorio (1795-1799)	**1799**
	1792 la Francia in guerra agosto 1792 il re in carcere		luglio 1794 colpo di Stato del 9 termidoro	

a. Quanti anni dura complessivamente la rivoluzione francese? Quanti sono gli anni di monarchia? Quanti gli anni di repubblica? Quali assemblee si succedono nel corso di questi anni, suddividendo il periodo rivoluzionario in quattro fasi?

b. Spiega sinteticamente gli eventi principali di ciascuna fase rivoluzionaria.

COLLOCO NEL TEMPO
Intero capitolo

10 Costruisci una tabella cronologica riordinando gli avvenimenti dell'elenco e aggiungendo, per ciascuno di essi, la data corrispondente.

abolizione del regime feudale • convocazione degli Stati generali • *Dichiarazione dei diritti dell'uomo e del cittadino* • periodo del Terrore • assalto alla reggia di Versailles • presa della Bastiglia • primo giorno della repubblica • Costituzione del 1791 • vittoria di Valmy • si forma la prima coalizione antifrancese • assalto alle Tuileries • decapitazione di Luigi XVI

AVVENIMENTI	DATE

Capitolo 11 La rivoluzione francese

Imparo a imparare — RIASSUMO CON LE IMMAGINI — Intero capitolo

Le illustrazioni del tuo libro di storia possono offrirti un valido aiuto nello studio. Infatti, non sono state scelte casualmente, ma secondo una strategia precisa, perché ti potessero servire a fissare i momenti più importanti della narrazione storica. Puoi quindi usarle come una sorta di scaletta, a partire dalla quale ti sarà possibile sviluppare un riassunto personale. Ti riproponiamo alcune immagini inserite nel capitolo che hai appena studiato. Svolgi le attività suggerite e, a partire dal prossimo capitolo, prova a guardare alle illustrazioni del libro con occhio più critico, considerandole come "alleate" per lo studio.

11 Le immagini che ti proponiamo in queste pagine sono disposte in ordine cronologico. Assegna a ciascuna un titolo, scegliendolo dall'elenco. Poi, usale come filo conduttore per esporre, a voce o con un breve testo, i fatti principali che si succedettero in Francia fra il 1789 e il 1793.

Decapitazione di Luigi XVI ▪ presa della Bastiglia ▪ fuga di Luigi XVI ▪ assalto alle Tuileries ▪ giuramento della pallacorda ▪ *Dichiarazione dei diritti dell'uomo e del cittadino* ▪ marcia delle donne su Versailles

Unità 3 Ragione e rivoluzione

Il capitolo a colpo d'occhio

QUANDO

1. In che anno si sono svolti questi eventi? SCRIVI le date sui puntini, poi COLLOCALE sulla linea del tempo: 1789, 1792, 1794.

A

B
Foto Roger-Viollet.

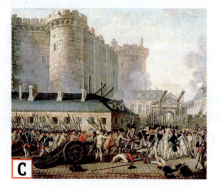
C

.... La Francia diventa una repubblica.

.... Fine del Terrore.

.... I Parigini insorgono e assaltano la Bastiglia.

1785 — 1790 — 1795 →

DOVE

2. OSSERVA la carta, LEGGI la legenda e RISPONDI alle domande.

— Confini francesi nel 1789.

→ Offensive delle coalizioni antifrancesi

▮ Moti controrivoluzionari

▮ Annessioni francesi (1792-1795)

★ Vittorie francesi

a. Contro quali popoli combatte la Francia fra il 1792 e il 1795?

b. Dove e quando riporta importanti vittorie?

c. La Francia amplia i suoi territori negli anni della rivoluzione? Da che cosa lo capisci?

d. Tutti i Francesi sono favorevoli alla rivoluzione? Da che cosa lo capisci?

LE PAROLE DA RICORDARE

3. SCRIVI le parole seguenti accanto alle definizioni corrispondenti. ATTENZIONE alle parole in più.

Rivoluzione • coccarda • sanculotti • ghigliottina • coalizione • Terrore • suffragio universale maschile

.... Cambiamento profondo di una situazione esistente (politica, economica, sociale).

.... Macchina per le decapitazioni, inventata per ridurre le sofferenze dei condannati a morte.

.... Popolani di Parigi che portavano pantaloni lunghi e ampi.

.... Nastro ripiegato a forma di cerchio o di rosa che si porta come distintivo.

LA MAPPA DEI CONCETTI

4. COMPLETA la mappa inserendo al posto giusto le parole seguenti.

Direttorio • Austria • *Dichiarazione dei diritti dell'uomo e del cittadino* • Bastiglia • Prussia • Francia • Robespierre • Luigi XVI • Terrore • repubblica

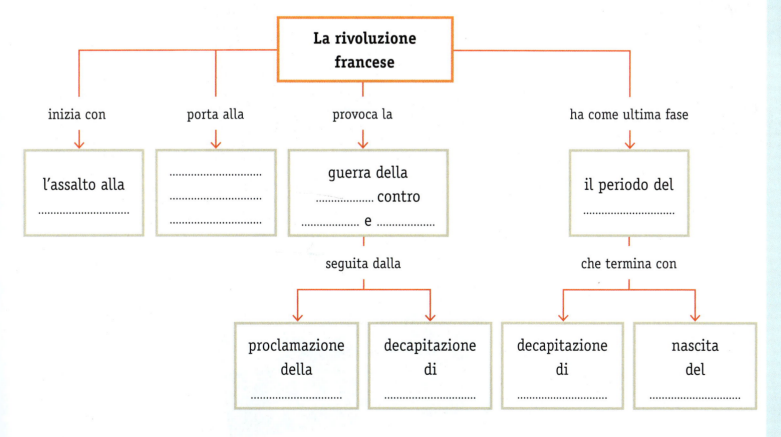

Capitolo 12 — L'Europa napoleonica

MI ORIENTO NEL CAPITOLO dal 1796 al 1821

1 Contro gli Stati che ancora combattono la Francia rivoluzionaria, il Direttorio conta sul giovane generale **Napoleone Bonaparte**, che riporta molte **vittorie**.

2 Napoleone prende il potere: abolisce il Direttorio e si nomina prima console, poi **imperatore**. Introduce importanti **riforme** per modernizzare la Francia e si lancia alla **conquista dell'Europa**.

3 Tra gli Stati europei nascono diverse **coalizioni** per contrastare Napoleone, che alla fine viene **sconfitto** e mandato in **esilio**.

CIAK si impara! GUARDA! IL VIDEO

1. Napoleone Bonaparte: un generale d'eccezione

Continua la guerra tra la Francia e la prima coalizione

La guerra tra la Francia repubblicana e la prima coalizione antifrancese non era ancora terminata. Dopo la brillante vittoria della Francia a Fleurus [→ cap. 11 par. 4], alcuni Paesi della coalizione si erano ritirati dal conflitto, ma l'Austria, l'Inghilterra e quasi tutti gli Stati italiani restavano ancora in armi. Contro l'Austria furono allestite tre armate: due ricevettero l'ordine di marciare su Vienna attraversando la Germania; la terza doveva intervenire in Italia. L'**armata d'Italia** era piccola, perché il fronte italiano era considerato secondario, ma aveva un generale d'eccezione: **Napoleone Bonaparte**.

Nato nel 1769 in Corsica (l'isola mediterranea che solo un anno prima Genova aveva venduto alla Francia), Bonaparte aveva fatto una rapida carriera nell'esercito rivoluzionario: a 25 anni era stato nominato generale e a 27, nel 1796, aveva ricevuto dal Direttorio il comando dell'armata d'Italia.

Il giovane generale Bonaparte ritratto dal pittore Antoine-Jean Gros nel 1797 circa.
San Pietroburgo, Museo dell'Ermitage.

La campagna d'Italia

La campagna d'Italia (**1796-1797**) fu **un trionfo**. Bonaparte batté ripetutamente Piemontesi e Austriaci, si impadronì di **Nizza** e della **Savoia**, che facevano parte del regno di Sardegna, ed entrò a **Milano**, capoluogo della Lombardia austriaca. Poi invase il territorio della repubblica di **Venezia**, che invano si era proclamata neutrale, e, dopo la resa degli Austriaci a Mantova, puntò su Vienna. Battaglie e vittorie erano ben propagandate in Francia, dove Napoleone divenne subito famoso [→ Geostoria p. 294].

Nell'ottobre del 1797 Francia e Austria firmavano la **pace di Campoformio**: l'Austria cedeva alla Francia la **Lombardia** e il **Belgio**; la Francia consegnava all'Austria il **Veneto**, l'**Istria** e la **Dalmazia**. Cessava così di esistere, dopo più di mille anni, la gloriosa repubblica di Venezia.

I Francesi entrano a Milano nel 1796. Incisione francese dell'epoca.
Parigi, Bibliothèque Nationale.

ORGANIZZO I CONCETTI

L'armata francese

- si impadronisce di → **Nizza e Savoia** → che appartenevano al → **regno di Sardegna**
- annette → **Lombardia e Belgio** → togliendoli all' → **Austria** ← all'
- invade la → **repubblica di Venezia** → e la consegna con → **Istria e Dalmazia**

La campagna d'Egitto

Sconfitta l'Austria, restava da battere l'Inghilterra, che però sembrava inattaccabile, essendo circondata dal mare e protetta da una flotta potente. Bonaparte decise di danneggiarla economicamente, occupando l'**Egitto**, che gli Inglesi usavano come base per i loro traffici con le Indie orientali. L'Egitto era allora una provincia dell'impero ottomano, dominata dai Turchi.

Sbarcato ad Alessandria, Bonaparte cominciò la sua marcia verso l'interno e, presso le piramidi, riportò un'importante vittoria sulla cavalleria turca (**1798**).

Intanto, però, gli Inglesi guidati dall'ammiraglio **Horatio Nelson** sorprendevano e affondavano la flotta francese nel golfo di **Abukir**. Senza più navi, il generale Bonaparte si trovò improvvisamente bloccato in Egitto. Tuttavia non si perse d'animo e dopo qualche tempo si imbarcò per la Francia, sfuggendo avventurosamente agli Inglesi.

Le "repubbliche sorelle"

Fra il 1796 e il 1799, su impulso dei Francesi si formarono, in Europa e soprattutto in Italia, numerose "repubbliche sorelle", così chiamate per indicare che anch'esse condividevano gli ideali della rivoluzione francese. La prima, in Italia, fu la **repubblica cispadana** (1796), che comprendeva i territori di Bologna, Modena, Reggio e Ferrara. La cispadana (il nome significa "al di qua del Po") si diede subito una bandiera (il tricolore verde, bianco e rosso) e una Costituzione, ma ebbe vita brevissima perché, dopo pochi mesi, Bonaparte la unì alla **repubblica cisalpina** ("al di qua delle Alpi"), sorta nel 1797 e comprendente la Lombardia e parte dell'Emilia e della Toscana. Nello stesso 1797 nacque la **repubblica ligure**; nel 1798 si formò la **repubblica romana**; e nel 1799, a Napoli, la **repubblica partenopea** o napoletana [→ I protagonisti: Eleonora de Fonseca Pimentel p. 285].

Proprio a causa della nascita di tante repubbliche, i tre anni dal 1796 al 1799 furono detti **triennio repubblicano**. I regnanti italiani – i re di Sardegna e di Napoli e il granduca di Toscana – furono costretti alla fuga o all'esilio; l'anziano pontefice Pio VI, portato in Francia e dichiarato prigioniero (1799), morì poche settimane dopo.

> **Il 7 gennaio 1797** i rappresentanti della repubblica cispadana, riuniti in congresso a Reggio Emilia, adottarono come bandiera il tricolore verde, bianco e rosso (con strisce disposte in orizzontale o in verticale). Nell'Ottocento il tricolore divenne il simbolo del regno d'Italia e, nel Novecento, quello della Repubblica italiana.
>
> Milano, Museo del Risorgimento.

> La penisola italiana nel 1799.
>
> - Francia e territori annessi
> - "Repubbliche sorelle"
> - (1798) Anno di istituzione
> - Territori ceduti dalla Francia all'Austria

I patrioti italiani e la Francia: dall'entusiasmo alla delusione

Le repubbliche sorelle, formalmente autonome, erano di fatto sottoposte alla Francia, che dirigeva l'operato dei governi, retti da **giacobini italiani**. "Giacobini" erano chiamati, in particolare dai loro avversari, i sostenitori delle idee rivoluzionarie, i quali invece preferivano definirsi con il nome di **patrioti***.

Fra di loro l'arrivo di Napoleone Bonaparte aveva suscitato illusioni e speranze: con l'aiuto dei Francesi essi pensavano di poter realizzare i loro ideali di libertà o, addirittura, di unità della penisola.

I Francesi, tuttavia, diffidavano dei patrioti italiani, preferendo fra loro i più **moderati**, cioè quelli più lontani dalle idee rivoluzionarie. Mostravano inoltre di considerare l'Italia come una **terra da sfruttare**: imponevano tasse e requisizioni di terreni, ville, cavalli, viveri; facevano razzia di ogni tipo di opere d'arte: quadri, statue, manoscritti, oggetti preziosi, perfino i quattro cavalli di bronzo della basilica di San Marco a Venezia.

Non esitavano, infine, a usare gli Stati italiani come merce di scambio nelle trattative diplomatiche, com'era accaduto a Venezia, ceduta all'Austria in cambio della Lombardia e del Belgio. Perciò fra i patrioti cominciavano a diffondersi il malcontento e la delusione.

*** Patriota**
Chi ama la propria patria (la terra in cui è nato) e per essa è disposto a combattere.

La vittoria delle repubbliche giacobine in Italia è simboleggiata dall'immagine della Libertà, impressa su una moneta della repubblica napoletana.
Collezione privata.

ORGANIZZO I CONCETTI

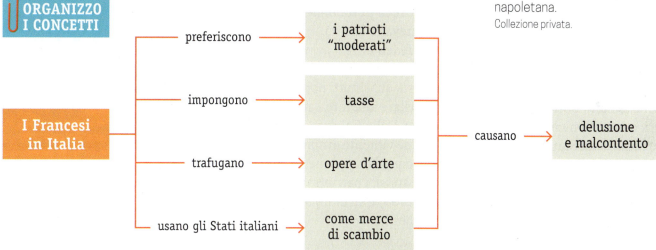

Percorso multimediale

La parabola di Napoleone
47 documenti

Il saccheggio francese delle opere d'arte in Italia in una caricatura inglese dell'inizio del XIX secolo.
Fontainebleau, Musée du Château.

Contro la Francia una nuova coalizione e rivolte popolari

Dopo la battaglia di Abukir, mentre Bonaparte era ancora isolato in Egitto, **Austria**, **Russia** e **Inghilterra**, a cui questa volta si aggiunse l'**impero turco**, formarono una **seconda coalizione** antifrancese (1798). L'obiettivo era la riconquista della penisola italiana.

Nella primavera del **1799** un forte esercito austro-russo scese in Italia e fece crollare tutte le repubbliche sorelle italiane. L'avanzata delle truppe fu resa più facile dallo scoppio di **rivolte antifrancesi** lungo tutta la penisola (dal Piemonte alla Toscana, allo Stato pontificio, alla repubblica partenopea). Furono soprattutto le masse popolari e contadine – guidate da preti, militari, aristocratici e avventurieri – a sollevarsi contro i giacobini francesi e italiani, in difesa della Chiesa, del re, della tradizione.

La fine della repubblica partenopea

La sorte più drammatica toccò alla repubblica partenopea. Qui, all'avvicinarsi dei Francesi, il re **Ferdinando di Borbone** si era affrettato ad abbandonare Napoli, protetto dalla marina inglese, e i patrioti avevano proclamato la repubblica partenopea. Ma presto le truppe francesi che, a fianco dei patrioti, difendevano la città furono richiamate al nord, per affrontare l'esercito austro-russo. La repubblica rimase **indifesa**, mentre la flotta inglese di Nelson cannoneggiava Napoli e bande di ribelli percorrevano la città.

I popolani di Napoli, infatti, erano rimasti fedeli al re e avevano in odio sia i Francesi – che la propaganda regia dipingeva come feroci nemici di Dio e della Chiesa – sia i patrioti repubblicani. Questi, quasi tutti nobili e borghesi, ricchi e istruiti, non erano riusciti a conquistare alla loro causa le masse popolari, o forse non ne avevano avuto il tempo. Dalla Calabria avanzava infatti l'**armata della Santa Fede**, formata da bande violente di contadini (detti «sanfedisti») che dicevano di battersi per il re e per la religione, al comando del cardinale **Fabrizio Ruffo**. Abbandonati a sé stessi, i patrioti si difesero coraggiosamente, ma furono sopraffatti (giugno 1799) e su di loro si abbatté la terribile vendetta di re Ferdinando, tornato dall'esilio.

> **COLLEGO CAUSE ED EFFETTI**
>
> ▶ **PERCHÉ** nel 1799 crollano le repubbliche sorelle? Scegli le risposte giuste.
>
> ☐ Perché l'impero turco aderisce alla seconda coalizione antifrancese.
> ☐ Perché le truppe della coalizione antifrancese le aggrediscono.
> ☐ Perché in molte parti della penisola il popolo organizza rivolte antifrancesi.

Ferdinando di Borbone in un ritratto del 1782 della pittrice Angelika Kauffmann.
Bregenz, Vorarlberger Landesmuseum.

> **COLLOCO GLI EVENTI NEL TEMPO**

1796-1797 prima campagna d'Italia

1798-1799 campagna d'Egitto

1796-1799 "repubbliche sorelle" in Italia

I protagonisti

Eleonora de Fonseca Pimentel

Nel gennaio del 1799, prima ancora che le truppe francesi entrassero in città, i patrioti napoletani si impadronirono della fortezza di Castel Sant'Elmo e proclamarono la repubblica. Fra di essi era **Eleonora de Fonseca Pimentel**, nobildonna di intelligenza e di cultura non comuni, dotata di straordinario coraggio, che per le sue idee progressiste aveva già sopportato alcuni mesi di carcere sotto la monarchia.

A lei la neonata repubblica affidò la direzione del «**Monitore napoletano**», il nuovo giornale patriottico che si occupava di politica, di cultura, di scienza e pubblicava, per volere di Eleonora, un supplemento in dialetto per farsi intendere anche dal popolo.

Ma il popolo diffidava dei patrioti, troppo ricchi e troppo colti per comprendere i bisogni delle masse miserabili e analfabete, e sopportava di malavoglia anche i soldati francesi, che a parole promettevano libertà e uguaglianza ma si comportavano in maniera superba e prepotente. Eleonora, dal suo giornale, suggeriva di migliorare la condizione popolare, ma il governo repubblicano era troppo debole per mettere mano alle necessarie riforme.

Intanto la breve avventura della repubblica partenopea stava già volgendo al termine: il **cardinale Ruffo** avanzava con le truppe sanfediste verso Napoli e i Francesi si preparavano ad abbandonare la città. Lasciati soli, i patrioti si batterono con grande coraggio, ma tutto fu vano: **Ferdinando IV** rientrò a Napoli e si abbandonò alle sue vendette. Perfino san Gennaro, colpevole di aver permesso il miracolo della liquefazione del sangue durante il governo repubblicano, fu (temporaneamente) privato del titolo di protettore della città.

Sulla piazza del mercato venne alzata la forca per le esecuzioni capitali. Più di 120 patrioti furono messi a morte, dopo processi farsa nei quali fu loro negata ogni possibilità di difesa. Anche Eleonora de Fonseca fu condotta in catene al patibolo, e il suo corpo senza vita rimase esposto fino a notte fonda agli oltraggi della folla. Affrontò la sua sorte con coraggio, gridando, in punto di morte, un messaggio di speranza per il futuro.

◁ **Perquisizione a casa di Eleonora de Fonseca Pimentel** in un dipinto commemorativo di Domenico Battaglia.
Napoli, Castel Capuano. Foto Pedicini.

2. Napoleone conquista l'Europa e crea un impero

Dal Direttorio al Consolato

Dopo il crollo delle repubbliche sorelle, i confini della Francia erano di nuovo esposti agli attacchi della coalizione antifrancese, mentre il Direttorio si mostrava debole e diviso di fronte alle nuove difficoltà.

Ma nell'ottobre **1799**, sfuggendo alla sorveglianza della flotta inglese che controllava il Mediterraneo, Bonaparte abbandonò l'Egitto e sbarcò in Francia, dove fu accolto come un trionfatore. Molti vedevano in lui, per le sue doti militari e per la sua popolarità, "l'uomo forte" di cui il Paese aveva bisogno per ristabilire l'ordine e la sicurezza.

Certo della fedeltà dell'esercito, il 9 novembre (18 brumaio), Bonaparte **sciolse il Direttorio** e impose un nuovo governo, detto **Consolato** e formato da tre consoli. Fu un vero e proprio **colpo di Stato***, perché veniva rovesciato con la forza un governo legittimo; tuttavia il popolo approvò ugualmente la nuova Costituzione, che attribuiva al **primo console**, cioè a Bonaparte stesso, poteri quasi dittatoriali, fra cui l'intero potere esecutivo e il diritto di proporre leggi.

La riorganizzazione della Francia

Divenuto padrone quasi assoluto della Francia, Bonaparte si impegnò a riorganizzare il Paese e a restituirgli stabilità: al periodo fra il 1800 e il 1805 appartengono infatti le principali riforme da lui operate.

Sottopose l'intero territorio al **controllo del governo centrale**, nominando un gran numero di rappresentanti del governo, i **prefetti**, presenti in ogni regione. Riformò l'**istruzione pubblica**, istituendo o riorganizzando scuole superiori e **licei**, destinati a preparare i figli delle famiglie ricche alle carriere amministrative e militari.

Modernizzò finanze e commerci, fondando a Parigi la **Banca di Francia** (1800), la prima banca di Stato, e qualche anno più tardi mise in circolazione nuove monete, come il franco d'argento e il napoleone d'oro. Per facilitare il trasporto di persone e di merci e un più rapido spostamento degli eserciti, fece realizzare (o migliorare) **grandi opere stradali**, come le carrozzabili che attraversano i valichi alpini del Sempione, del Moncenisio e del Monginevro.

Nel 1801, infine, concluse con il papa un **concordato**, cioè un accordo che gli garantiva l'appoggio della Chiesa e restituiva alla Francia la pace religiosa dopo i contrasti dell'età rivoluzionaria.

Il Codice napoleonico

Ma la più importante opera di pace fu il **Codice napoleonico**, una raccolta di leggi emanata nel **1804** e divenuta poi fonte di diritto per un gran numero di Paesi, non solo europei. Il Codice confermava le principali conquiste della rivoluzione, come l'uguaglianza di tutti davanti alla legge e l'abolizione

---

> **COLLEGO CAUSE ED EFFETTI**
>
> ▶ **PERCHÉ** il popolo francese permette a Napoleone di prendere il potere? Scegli le risposte giuste.
>
> ☐ Napoleone ha guadagnato popolarità con i successi in battaglia.
>
> ☐ Molti vedono in lui una garanzia di ordine e sicurezza.
>
> ☐ Il potere di Napoleone è limitato: il potere esecutivo resta al Direttorio.

* **Colpo di Stato**
Conquista del potere ottenuta con la forza o con metodi illegali, di solito per opera di gruppi militari.

> **ORGANIZZO I CONCETTI**
>
> ▶ Completa la tabella.

AMBITO	RIFORMA
GOVERNO	.... in ogni regione
....	scuole pubbliche e licei
ECONOMIA	Banca di ....
....	nuove strade
RELIGIONE	.... con la Chiesa
....	Codice napoleonico

dei diritti feudali; inoltre proteggeva il **diritto di proprietà**, che stava a cuore ai ricchi borghesi, e regolamentava il **diritto di famiglia**, assegnando al padre e marito un ruolo predominante.

Napoleone diventa imperatore dei Francesi

Contemporaneamente Napoleone riprese il comando delle operazioni di guerra contro le potenze della seconda coalizione.

Nella primavera del 1800 passò il valico del Gran San Bernardo, ancora coperto di neve, con un'armata di 60000 uomini e a **Marengo**, in Piemonte, batté gli Austriaci, che furono costretti a chiedere la pace (1801). In Italia rinacque la repubblica cisalpina, ribattezzata, nel 1802, **repubblica italiana**. Nello stesso anno, con la pace di Amiens, uscì dalla guerra anche l'Inghilterra, unica potenza rimasta in armi.

Forte dei successi militari, Bonaparte si fece nominare **console a vita** (1802), con il diritto di scegliere il proprio successore e, nel 1804, **imperatore dei Francesi**. La cerimonia dell'incoronazione si svolse a Parigi, alla presenza di papa Pio VII. Ma Napoleone, per sottolineare che non riconosceva al pontefice alcuna superiore autorità, gli tolse di mano la corona imperiale e se la pose sul capo da sé [→ I protagonisti: Napoleone imperatore p. 289; Imparo a imparare: Leggo un dipinto propagandistico p. 299].

Nel 1805 la repubblica italiana fu trasformata nel **regno d'Italia**, di cui Napoleone fu re. Viceré divenne il figlio adottivo Eugenio Beauharnais. Da allora Napoleone trattò l'Italia come fosse una proprietà della famiglia imperiale: nominò la sorella Elisa duchessa di Lucca, la sorella Paolina duchessa di Guastalla e assegnò il regno di Napoli (da cui erano stati scacciati i sovrani Borbone) prima al fratello **Giuseppe**, poi al cognato **Gioacchino Murat**.

La conquista dell'Europa

Tuttavia, nonostante i trattati del 1801 e del 1802, la pace era in pericolo. A Napoleone non bastava aver rinforzato i confini "naturali" della Francia (le Alpi e il Reno): la sua fama aveva bisogno di azioni clamorose ed egli meditava la **conquista dell'intera Europa**. Le grandi potenze sconfitte, dal canto loro, cercavano una **rivincita**.

Così, nel 1805, la guerra riprese. Nel corso di quattro anni si formarono ben **tre coalizioni antifrancesi**, mentre Napoleone, alla testa di un grande esercito di centinaia di migliaia di uomini, percorreva l'Europa, passando di successo in successo.

Bonaparte valica il passo del Gran San Bernardo. È raffigurato in atteggiamento fiero, mentre domina con mano ferma il cavallo che s'impenna. Dipinto di J.-L. David del 1800-1801.
Versailles, Musée du Château.

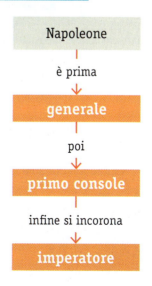

ORGANIZZO I CONCETTI

Napoleone
↓
è prima
↓
generale
↓
poi
↓
primo console
↓
infine si incorona
↓
imperatore

Ad **Austerlitz**, nel **1805**, riportò una sfolgorante vittoria sull'esercito austro-russo, guidato dagli imperatori di Austria e di Russia (questo scontro fu chiamato «la battaglia dei tre imperatori»). Nel 1806 creò nel cuore dell'Europa la **Confederazione del Reno** (una lega di Stati tedeschi), ponendo fine all'esistenza del Sacro romano impero di nazione germanica; nello stesso anno batté la Prussia e occupò Berlino. Nel 1808 invase, con un pretesto, la Spagna e nel 1809 entrò a Vienna.

Il controllo francese sull'Europa fu rafforzato da una nuova alleanza con la Russia e dal matrimonio di Napoleone con **Maria Luisa d'Asburgo**, figlia dell'imperatore d'Austria. Egli la sposò nel 1810 – dopo aver divorziato dalla prima moglie Giuseppina Beauharnais – ed ebbe da lei l'erede tanto desiderato, al quale fu dato il nome di Napoleone e il titolo di «re di Roma».

▲ **L'imperatrice Maria Luisa** in un ritratto di François Gerard del 1810 circa.
Versailles, Musée du Château. Foto Lessing.

GUARDA! LA CARTA ANIMATA

◀ **L'impero napoleonico nel 1812.**

▨ Impero napoleonico
▨ Stati dipendenti dalla Francia
▨ Stati alleati della Francia

COLLOCO GLI EVENTI NEL TEMPO

- **1796-1797** prima campagna d'Italia
- **1804** Codice napoleonico
- **1804-1814** Napoleone imperatore
- **1799-1804** Napoleone console
- **1798-1799** campagna d'Egitto
- **1805** vittoria di Austerlitz
- **1796-1799** "repubbliche sorelle" in Italia

I protagonisti

Napoleone imperatore

Divenuto imperatore, Napoleone si preoccupa – proprio come i sovrani dell'*ancien régime* – di concludere **alleanze matrimoniali** con le altre monarchie e di rafforzare il suo potere ponendo a capo dei regni da lui creati fratelli, parenti, amici fedeli.

Nel palazzo delle Tuileries, dove ha posto la sua residenza, si circonda di una vera corte, molto simile a quella di un sovrano assoluto. Nei ritratti ufficiali fa sfoggio di tutti i **simboli del suo potere**: il manto di velluto e di ermellino, la corona d'alloro, le aquile, la spada e lo scettro.

Parigi, la capitale dell'impero, viene arricchita di archi, piazze e colonne, ed è essa stessa un inno alla gloria imperiale. Dalla corte di Parigi si diffonde in tutta Europa un nuovo stile: lo **«stile impero»**, che caratterizza le decorazioni architettoniche, gli oggetti di arredamento, i mobili, le tappezzerie, gli stessi abiti delle signore.

I modelli delle decorazioni (tralci di vite, ghirlande di alloro, figure geometriche) sono spesso forniti dalle scoperte archeologiche di Ercolano e Pompei [→ cap. 9 par. 1], ma alludono anche alla potenza di Napoleone (sono frequenti l'iniziale "N" e le aquile ad ali spiegate, simbolo dell'impero).

Con il passare del tempo il potere di Napoleone diventa più dispotico: ricompare la **censura** su libri e giornali, si controllano i programmi di insegnamento nelle scuole, si ordina ai preti di predicare l'obbligo di obbedienza all'imperatore.

Alcuni protestano. Ma il popolo francese, dopo la rivoluzione e tante guerre, desidera soprattutto stabilità e sicurezza, e Napoleone è l'unico in grado di assicurarle. D'altra parte egli è un **despota illuminato** che dà alla Francia un'amministrazione efficiente, si preoccupa dell'istruzione e affascina le masse con lo splendore delle sue vittorie.

Così, anche dopo la sua caduta, egli rimane nell'immaginario popolare un superuomo, un eroe quasi mitico, e la sua figura continua a lungo a ispirare romanzieri e poeti.

> **I simboli del potere** in un ritratto di Napoleone imperatore del pittore François Gérard, 1810 circa. Amsterdam, Rijksmuseum.

- corona d'alloro, simbolo di gloria
- scettro con l'aquila, simbolo dell'impero
- manto di ermellino, simbolo regale
- globo, simbolo del potere universale
- mano di giustizia, simbolo del potere giudiziario

3. L'impero napoleonico verso la fine

Il blocco continentale

Nel corso delle guerre napoleoniche gli eserciti francesi di terra si erano sempre mostrati invincibili. Non così la flotta, già affondata nel 1798 ad Abukir, poi nuovamente distrutta nel 1805, presso capo **Trafalgar** (Spagna), dagli Inglesi dell'ammiraglio Nelson (che morì in battaglia).

L'Inghilterra, **potenza marittima**, restava dunque il nemico da battere. Nell'intento di colpire gli interessi commerciali dell'isola, nel **1806** Napoleone vietò ai Paesi dell'impero e agli Stati alleati di commerciare con gli Inglesi: il provvedimento prese il nome di **blocco continentale**.

In realtà, il blocco non danneggiò troppo l'Inghilterra, che era padrona dei mari e poteva rifornirsi in altri continenti, ma lasciò i Paesi europei privi di materie prime indispensabili (come lo zucchero, il cotone, la lana) e creò fra le popolazioni un malcontento via via crescente.

L'insurrezione della Spagna

Il moltiplicarsi dei fronti di guerra aveva costretto Napoleone ad arruolare nelle sue armate anche migliaia di giovani dei Paesi alleati o sconfitti. Le popolazioni, però, erano ormai stanche delle guerre che si prolungavano all'infinito, delle requisizioni, delle tasse imposte dai Francesi, del **reclutamento*** forzato di tanti giovani per l'esercito. Dappertutto, nei Paesi sottomessi, cominciavano a serpeggiare ribellioni e rivolte.

Nel 1808 insorsero gli Spagnoli, scontenti perché Napoleone aveva sostituito il loro re con il proprio fratello, Giuseppe Bonaparte. Fu l'inizio di una

* **Reclutamento**
Chiamata obbligatoria alle armi.

ORGANIZZO I CONCETTI

Napoleone impone il ....

↓ con lo scopo di

nuocere all' ....

↓ che però

può rifornirsi in altri ....

↓ inoltre gli altri Paesi europei

sono danneggiati dal blocco

La repressione in Spagna nel dipinto di Francisco Goya *Los fusilamientos del tres de mayo*, 1814. Madrid, Museo del Prado.

lunga **guerriglia***, che Napoleone non riuscì mai a soffocare, benché inviasse in Spagna quasi 400 000 uomini e mettesse in atto una repressione molto dura. Nel 1812 le *Cortes* di Spagna (le antiche assemblee medievali) si diedero una **Costituzione** che introduceva la separazione dei poteri e la monarchia costituzionale. La **Costituzione di Cadice** – così detta perché nacque in quella città, assediata dai Francesi – fu il modello a cui si ispirarono, almeno fino al 1848, quasi tutte le successive Costituzioni richieste o ottenute in Europa e nell'America Latina.

* **Guerriglia**
Lotta condotta da piccoli gruppi di combattenti mobili, basata su attacchi a sorpresa, agguati e sabotaggi.

La violazione del blocco provoca nuove guerre

Nascevano intanto nuovi contrasti con papa Pio VII, contrario sia ad attuare il blocco continentale sia ad accettare il Codice napoleonico (che, fra l'altro, ammetteva il matrimonio civile e il divorzio).

Anche lo zar di Russia, Alessandro I, aveva ripreso a commerciare con l'Inghilterra, violando il blocco che danneggiava il suo Paese. Allora, con l'intenzione di piegare lo zar ai suoi voleri, Napoleone organizzò la **campagna di Russia** (1812). Sottovalutava i rischi dell'impresa ed era convinto di poter portare rapidamente i suoi soldati alla vittoria.

Ma i generali russi adottarono la tattica di ritirarsi, quasi senza combattere, attirando l'armata napoleonica sempre più all'interno del Paese. Dietro di sé lasciavano terra bruciata, cioè distruggevano case e raccolti, perché gli invasori non trovassero né cibo né riparo. Quando le truppe francesi raggiunsero Mosca, la città era deserta e poco dopo fu semidistrutta da un incendio che durò vari giorni. Napoleone attese invano che lo zar chiedesse la pace; ma alla fine, poiché si avvicinava il terribile **inverno russo**, fu costretto a ordinare la ritirata. Il gelo, la fame, le malattie, gli attacchi di soldati e di contadini russi trasformarono la marcia di ritorno in una catastrofe senza precedenti. Particolarmente drammatico fu il passaggio del fiume **Beresina**, dove l'esercito napoleonico subì perdite enormi. Dei 650 000 uomini partiti per la Russia, ne tornarono in patria meno di 50 000.

ORGANIZZO I CONCETTI

TATTICA DI NAPOLEONE	TATTICA DEI RUSSI
guerra lampo	terra bruciata e ritirata
per	per
lasciare la Russia	attirare i Francesi all'interno del Paese
prima del	e annientarli grazie al
terribile inverno	

Le truppe napoleoniche in ritirata sul fiume Beresina. Stampa del XIX secolo.
Parigi, Musée de l'Armée. Foto RMN/Archivi Alinari.

La resa dei conti

I nemici della Francia ripresero coraggio e una **sesta coalizione** inflisse a Napoleone una grave sconfitta a **Lipsia** (in Germania) nel **1813**. L'anno dopo Napoleone fu costretto ad **abdicare***, i vincitori posero sul trono di Francia **Luigi XVIII**, fratello del re ghigliottinato, e assegnarono al vinto imperatore la sovranità della piccola **isola d'Elba**, nel Mediterraneo. Poi i rappresentanti di tutti gli Stati e gli staterelli europei si riunirono in **congresso a Vienna** (autunno 1814) per decidere il futuro politico del continente. Il lungo periodo di guerre e rivoluzioni che aveva sconvolto l'Europa sembrava ormai alle spalle.

Ma nel febbraio **1815** Napoleone riuscì a fuggire dall'Elba, raggiunse la Francia, fu accolto trionfalmente dalla popolazione e dall'esercito e, mentre Luigi XVIII si affrettava a fuggire, entrò a Parigi.

La nuova avventura napoleonica durò **cento giorni**. Le potenze europee non tardarono a formare la settima (e ultima) coalizione, e a **Waterloo**, in Belgio, Napoleone fu definitivamente sconfitto il 18 giugno **1815**. Gli Inglesi, a cui si consegnò, lo esiliarono a **Sant'Elena**, una sperduta isoletta dell'Atlantico, dove morì il 5 maggio **1821**.

* **Abdicare**
Rinunciare al trono o a un potere legittimo.

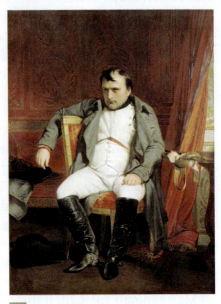

▲ **Un Bonaparte sconfitto** e ormai privo dei simboli del suo potere nel quadro di Paul Delaroche *Napoleone abdica a Fontainebleau*, 1840.
Parigi, Musée de l'Armée.

Il proclama agli Italiani di Gioacchino Murat

Quando Napoleone fuggì dall'Elba, Gioacchino Murat, re di Napoli e cognato dell'imperatore, invitò gli Italiani a combattere contro l'Austria per dare all'Italia unità e indipendenza.

L'appello di Murat, noto come "Proclama di Rimini", rimase però inascoltato. Murat fu sconfitto dai Borbone a maggio, un mese prima della battaglia di Waterloo, e fu poi catturato a Pizzo Calabro dai contadini durante uno sbarco progettato per riconquistare il regno.

L'eredità napoleonica

L'epoca napoleonica era finita: aveva provocato enormi sconvolgimenti, guerre senza fine, grandi illusioni e profonde delusioni, ma lasciava dietro di sé un'**eredità preziosa**.

COLLOCO GLI EVENTI NEL TEMPO

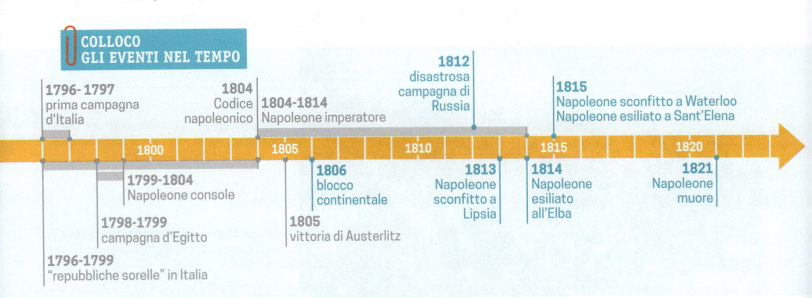

Le armate di Napoleone, lo volessero o meno, avevano esportato in Europa le **idee della rivoluzione**: uguaglianza di fronte alla legge, abolizione dei privilegi, cancellazione dei diritti feudali e aspirazione alla libertà.

Il **Codice napoleonico** aveva introdotto in molti Paesi leggi più chiare e spesso più moderne, cancellando il groviglio di norme, a volte contrastanti, che si erano sovrapposte nei secoli. I governi voluti da Napoleone avevano prodotto **Costituzioni** moderate e avevano affidato alte cariche di governo anche a quelli che, non essendo nobili, ne erano sempre stati esclusi.

Gli occupanti francesi, inoltre, pur con le loro violenze e i loro abusi, avevano risvegliato nelle popolazioni sottomesse – in particolare fra i Tedeschi e gli Italiani – un comune sentimento di patria, un'iniziale coscienza di **nazione***, che avrebbe avuto, nel corso dell'Ottocento, maturazione e sviluppo.

Per l'Italia, in particolare, l'arrivo delle armate napoleoniche e il lungo sconvolgimento che ne era seguito avevano segnato una svolta, una vera frattura con la storia precedente, tanto che molti studiosi indicano il 1796 come l'anno nel quale avrebbe avuto inizio il **Risorgimento italiano** (di cui parleremo nei prossimi capitoli).

> **ORGANIZZO I CONCETTI**
>
> ▶ **Completa l'elenco.**
>
> L'eredità di Napoleone
> - diffonde gli ideali della ....
> - lascia .... più chiare e giuste
> - fa nascere nei popoli sottomessi la .... nazionale

*** Nazione**
Nel XIX secolo la nazione è intesa come una comunità fondata su lingua, tradizioni storiche e costumi condivisi. Il concetto di «nazione» è quindi diverso da quello di «Stato», che è un'istituzione giuridica e politica e può includere nazioni diverse.

RICOSTRUISCO LA MAPPA DEL CAPITOLO

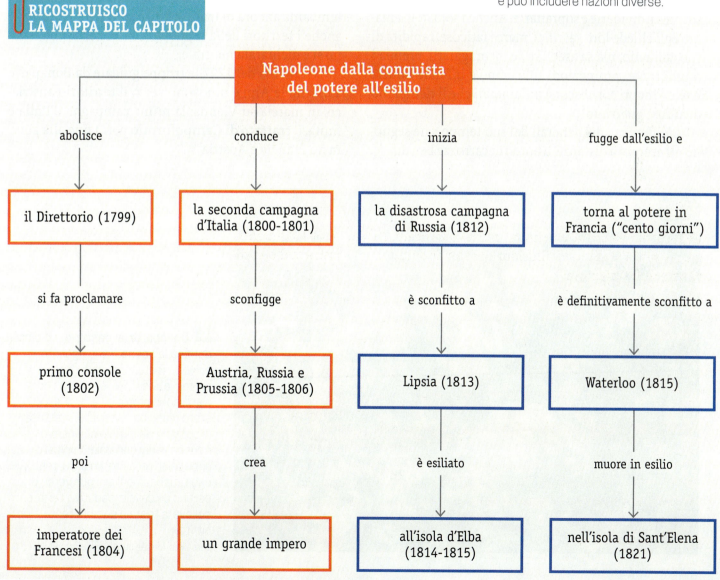

Geostoria

I luoghi della prima campagna di Bonaparte in Italia

Il 1796 è un anno di svolta per il giovane Napoleone Bonaparte: è l'anno in cui, anche grazie all'intervento di sua moglie Giuseppina Beauharnais, che ha conoscenze altolocate nel Direttorio, il giovane ma ambizioso generale ottiene il comando dell'armata d'Italia.

Bonaparte ha 27 anni, molti dei suoi ufficiali sono più anziani di lui e diffidano della sua inesperienza. Ma egli saprà farli ricredere e si guadagnerà la loro fiducia: in guerra è audace e imprevedibile, sa creare tattiche geniali per accerchiare le forze nemiche, coglierle di sorpresa, dividerle e sopraffarle. Anche i soldati lo amano. Egli chiede loro sacrifici, marce faticose, rapidità di spostamento, ma sa ascoltarli e incoraggiarli, premia i migliori con promozioni sul campo e infonde fiducia nei loro cuori con discorsi infiammati che li riempiono di ardore guerriero.

A differenza dei generali del suo tempo, che seguono gli eserciti a distanza, a bordo di carrozze ben difese, Bonaparte si mescola ai suoi uomini o addirittura si pone alla loro testa, in prima linea e con grande sprezzo del pericolo.

In Italia, l'armata francese passa di successo in successo. I Piemontesi sono presto battuti e il re di Sardegna è costretto a firmare l'**armistizio di Cherasco** e a cedere alla Francia Nizza e Savoia. Anche gli Austriaci sono ripetutamente sconfitti. La **battaglia di Lodi**, sul ponte dell'Adda apre a Bonaparte la via di Milano, quella di **Rivoli** porta alla resa di Mantova, ultima fortezza lombarda ancora in mano austriaca. Vengono occupati anche i territori della repubblica di Venezia, che invano si è dichiarata neutrale.

Nel marzo del 1797 le truppe guidate da Bonaparte valicano le Alpi e muovono verso il territorio austriaco, in marcia su Vienna: la prima campagna d'Italia è finita, il **trattato di Campoformio** porrà fine alla guerra fra Francia e Austria.

Bonaparte, al centro del dipinto, domina la scena. Il suo sguardo è rivolto lontano, là dove ferve la battaglia. Ma tutte le figure in primo piano sono protese verso di lui: lo stato maggiore, a cavallo, in attesa di comandi; l'ufficiale che riceve il cappello del generale; il soldato appoggiato al carro; un altro, ferito, che faticosamente si gira verso di lui; perfino un cavallo caduto a terra, che solleva la testa e sembra tentare un nitrito.
Versailles, Musée du Château. Foto RMN.

Capitolo 12 L'Europa napoleonica

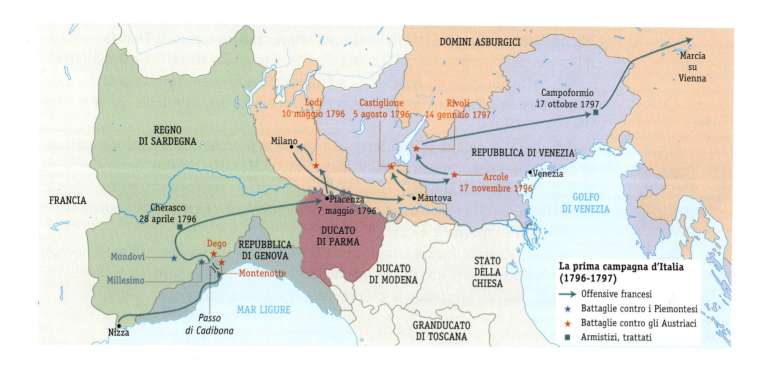

La prima campagna d'Italia (1796-1797)

LAVORO CON LA CARTA

1. La carta riporta molto dettagliatamente tutte le fasi della campagna d'Italia. Osservala con attenzione e ricostruisci gli eventi completando la didascalia.

   Il 26 marzo 1796 Napoleone parte da .... a capo di 47 000 soldati, poi attraversa il passo di .... ed entra in Italia, con l'obiettivo di raggiungere Milano.
   Austriaci e Piemontesi tentano di sbarrargli la strada: ma i primi vengono battuti a .... e a Dego, i secondi a .... e a .... La strada verso le pianure piemontesi è spianata: il 28 aprile 1796 il re di Sardegna firma l'armistizio di .... e si ritira dalla coalizione.
   Gli Austriaci si schierano oltre il Po, che Napoleone riesce a passare a Piacenza il .... Il 10 maggio il nuovo scontro presso la cittadina di .... per la conquista di un ponte sull'Adda è violentissimo, ma alla fine gli Austriaci devono ritirarsi.
   Cinque giorni più tardi Bonaparte entra a .... da trionfatore.
   In giugno pone l'assedio a .... , unica fortezza rimasta agli Austriaci sul suolo lombardo. Per liberarla dall'assedio, l'esercito austriaco tenta tre offensive, ma viene per tre volte sconfitto: il 5 agosto 1796 a .... , il 17 novembre dello stesso anno ad .... e infine, il .... , a ....
   Attraverso i territori della repubblica di .... , divenuti ormai terra di conquista, Bonaparte si apre la strada verso l'Austria e Vienna.
   Il 17 ottobre 1797 gli Austriaci sottoscrivono il trattato di .... , con cui devono cedere a Bonaparte i territori lombardi, ma ottengono il Veneto.

2. Costruisci una linea del tempo intitolata *La prima campagna d'Italia del generale Bonaparte*, riportando i sei episodi che ti sembrano più importanti.

Sintesi

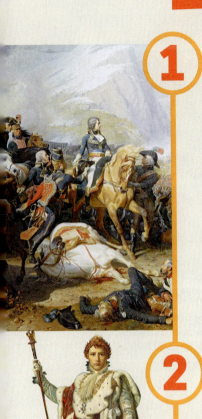

1. Napoleone Bonaparte: un generale d'eccezione

Poiché l'Austria e molti Stati italiani combattono ancora contro la Francia, il Direttorio dà il comando dell'armata d'Italia al generale **Napoleone Bonaparte**.

Egli batte più volte gli Austriaci, costringendoli a firmare il **trattato di Campoformio** (1797): la Francia ottiene la Lombardia ma, in cambio, cede Venezia all'Austria.

Nel 1798, per colpire l'Inghilterra, Bonaparte organizza una spedizione militare in Egitto, base dei commerci inglesi. L'ammiraglio **Horatio Nelson**, però, distrugge la flotta francese ad Abukir.

In Italia, dopo la rivoluzione, nascono le **repubbliche sorelle**, appoggiate dai Francesi e governate da patrioti italiani.

Nel 1799 Austria, Russia e Inghilterra formano una nuova alleanza antifrancese: l'esercito austro-russo abbatte le repubbliche sorelle, mentre la flotta di Nelson bombarda Napoli, favorendo la caduta della repubblica partenopea.

2. Napoleone conquista l'Europa e crea un impero

Rientrato in Francia dall'Egitto, Napoleone abbatte il Direttorio con un colpo di Stato (1799) e crea il **Consolato**: egli è primo console con poteri quasi dittatoriali.

Riorganizza la Francia con **importanti riforme** e introduce il **Codice napoleonico**, che conferma importanti conquiste della rivoluzione come l'uguaglianza di tutti davanti alla legge.

Dopo aver sconfitto di nuovo l'Austria e aver riconquistato l'Italia, si fa nominare console a vita e, nel 1804, **imperatore dei francesi**.

Riporta molte altre vittorie contro Austriaci, Russi e Prussiani e in questo modo impone il suo dominio su buona parte dell'Europa.

3. L'impero napoleonico verso la fine

Resta da battere l'**Inghilterra**. Napoleone decide di colpirne l'economia con il **blocco continentale**, che vieta a tutti gli alleati della Francia di commerciare con gli Inglesi.

Poiché lo zar di Russia non rispetta il blocco, nel 1812 Napoleone avvia una **campagna militare contro la Russia**. La spedizione è un disastro: l'esercito francese subisce molte perdite e deve ritirarsi a causa del freddissimo inverno russo.

Napoleone viene sconfitto a Lipsia nel 1813 ed **esiliato all'isola d'Elba**. Intanto le potenze europee si riuniscono in **congresso a Vienna** per decidere il destino dell'Europa.

Bonaparte riesce a fuggire dall'Elba, ma viene definitivamente sconfitto a **Waterloo** nel 1815. Viene **esiliato nell'isola di Sant'Elena**, dove muore il 5 maggio 1821.

Capitolo 12   L'Europa napoleonica

Esercizi

STABILISCO COLLEGAMENTI E RELAZIONI
Paragrafo 1

1 Spiega il perché, completando le frasi che seguono.
a. Nel 1797 Venezia perdette l'indipendenza ....
b. Bonaparte decise di occupare l'Egitto ....
c. Bonaparte si ritrovò bloccato in Egitto con le sue truppe ....
d. Le repubbliche sorte fra il 1796 e il 1799 con l'appoggio dei Francesi presero il nome di "repubbliche sorelle" ....
e. Fra i patrioti italiani si diffusero presto delusione e scontento ....
f. Nel 1798 si formò una seconda coalizione antifrancese ....

LAVORO SULLE FONTI
Paragrafo 1

2 Leggi il documento e l'introduzione che lo precede, poi rispondi alle domande.

Una delle pagine più oscure della campagna napoleonica in Italia fu la razzia di opere d'arte (quadri, sculture, manoscritti, codici preziosi, capolavori d'arte rinascimentale e così via) che per anni presero la via della Francia e andarono ad arricchire il Louvre, il museo nazionale francese. Fu lo stesso Direttorio a invitare Napoleone al saccheggio, come risulta dal messaggio che riportiamo.

« Cittadino generale, [...] l'Italia deve all'arte la maggior parte delle sue ricchezze e della sua fama; ma è venuto il momento di trasferire in Francia questi tesori d'arte per consolidare e abbellire il regno della libertà. Il Museo nazionale [*il Louvre*] deve racchiudere tutti i più celebri monumenti artistici e voi non mancherete di arricchirlo di quelli che esso si attende dalle conquiste dell'Armata d'Italia. [...] Il Direttorio vi esorta pertanto a cercare, riunire e far portare a Parigi tutti i più preziosi oggetti di questo genere, e a dare ordini precisi per l'esecuzione di queste disposizioni. »

a. A chi è indirizzato il messaggio? Da chi è inviato? A quale scopo?
b. Perché l'Italia, in particolare, deve essere saccheggiata dei suoi tesori artistici?
c. Perché il Museo nazionale francese deve contenere tutti i più preziosi oggetti d'arte?
d. Perché si afferma che la Francia è «il regno della libertà»?
e. Come è definito il destinatario del messaggio? Perché?

USO LE PAROLE DELLA STORIA
Paragrafi 1 e 2

3 Completa le frasi con le parole adatte.
a. Il consiglio di cinque membri che governò la Francia dal 1795 al 1799 si chiama ....
b. I sostenitori italiani delle idee della rivoluzione francese definiscono se stessi ....
c. La soppressione di un governo legittimo compiuta di solito con la forza delle armi si dice ....
d. Il governo sorto dopo il colpo di Stato del 18 brumaio si chiama ....
e. L'accordo concluso fra Napoleone e il papa si chiama ....
f. La raccolta di leggi voluta da Napoleone si chiama ....

Unità 3 Ragione e rivoluzione

Esercizi

LAVORO SULLE FONTI Paragrafo 2

4 Leggi il documento e l'introduzione che lo accompagna, poi rispondi alle domande.

Ecco che cosa scrive Napoleone all'arcicancelliere dell'impero francese.

> « Milano, 27 maggio 1805
> Caro cugino, l'incoronazione è avvenuta ieri con solennità. La chiesa era bellissima. La cerimonia è andata bene come a Parigi. Prendendo la corona di ferro e mettendola in testa, ho aggiunto queste parole: Dio me la dà, guai a chi la tocca. Spero che sarà una profezia. »

a. A quale cerimonia, avvenuta a Milano, si riferisce Napoleone nella sua lettera?
b. In quale occasione una cerimonia simile si è svolta anche a Parigi?
c. Perché Napoleone decide di porsi da solo in testa la «corona di ferro»?
d. Che cosa significano le parole che pronuncia dopo l'incoronazione?

COMPLETO UNA CARTA STORICA Paragrafo 2

5 La carta rappresenta la penisola italiana nel 1799. Completala e rispondi alle domande.

a. Scrivi sulla carta il nome delle quattro "repubbliche sorelle" italiane.
b. Da chi erano governate le repubbliche sorelle?
c. Su quale di essa si abbatté la terribile vendetta di Ferdinando di Borbone?

298

Imparo a imparare — LEGGO UN DIPINTO PROPAGANDISTICO

Paragrafo 2

In questo quadro il pittore Jacques-Louis David rappresenta Napoleone nel momento in cui sta per porre la corona sul capo della moglie Giuseppina **1**, dopo essersi incoronato imperatore di propria mano. Tutto nel quadro celebra il potere e la gloria di Napoleone. La cerimonia nella cattedrale di Notre-Dame è solenne, le vesti dei presenti sono sontuose; Napoleone **2**, in piedi sui gradini dell'altare al centro del quadro, domina la scena e ben 191 personaggi, fra marescialli, ambasciatori, prelati e parenti, si affollano intorno a lui. Il papa Pio VII **3**, successore di Pio VI, ha una funzione marginale (non è lui a incoronare l'imperatore) e un volto assorto e rassegnato, ma la sua presenza è necessaria per legittimare il rito. Proprio per dare più valore alla cerimonia il pittore ha scelto di rappresentarvi anche alcune persone che sicuramente non erano presenti (per esempio, la madre dell'imperatore **4**, all'epoca in urto con Giuseppina; l'ambasciatore austriaco, avversario politico di Napoleone; e l'ambasciatore turco, di fede musulmana **5**).

Napoleone, che commissionò il quadro, fu fra i primi a comprendere l'importanza delle immagini come strumento per colpire gli animi, e le usò sistematicamente, fin dalla prima campagna d'Italia, a fini di informazione e di propaganda.

Incoronazione imperiale nella cattedrale di Notre-Dame di Parigi: dipinto di Jacques-Louis David del 1805-1807. Parigi, Musée du Louvre.

6 Rispondi alle domande.

a. Prova a indicare quali elementi del quadro mettono in risalto la figura di Napoleone e ne sottolineano la potenza e la grandezza.

b. Spiega a quale espediente ricorre il pittore per sottolineare l'importanza della cerimonia e l'ampiezza del consenso di cui gode Napoleone.

Esercizi

STABILISCO COLLEGAMENTI E RELAZIONI
Paragrafo 3

7 Spiega il perché, completando le frasi che seguono.

a. Napoleone decretò il blocco continentale perché ....
....

b. Il blocco non danneggiò molto l'Inghilterra perché ....
....

c. Fra le popolazioni sottomesse alla Francia si diffuse un forte malcontento perché ....
....

d. La Costituzione di Cadice è particolarmente importante perché ....
....

e. La campagna di Russia si risolse in una disfatta per la Francia perché ....
....

f. Nel 1814 i rappresentanti degli Stati europei si riunirono in congresso perché ....
....

g. Nonostante le guerre e le distruzioni l'età napoleonica lasciò un'eredità preziosa perché ....
....

LAVORO SULLE FONTI
Paragrafo 3

8 Leggi il documento e l'introduzione che lo precede, poi rispondi alle domande.

Napoleone ebbe sostenitori fanatici e nemici irriducibili. Molti, però, erano pronti a cambiare idea con il mutare delle situazioni. Il quotidiano di Parigi «Le Moniteur», informando i lettori della fuga di Napoleone dall'Elba, offre dal 9 al 22 marzo 1815 un esempio di questi cambiamenti di opinione e di bandiera.

> (9 marzo) Il mostro è fuggito dal luogo dell'esilio.
> (10 marzo) L'orco della Corsica è sbarcato in Costa Azzurra.
> (11 marzo) Il tigre si è fatto vedere a Gap.
> (13 marzo) Il tiranno è ora a Lione. Al suo apparire il timore ha invaso tutti.
> (18 marzo) L'usurpatore si è avventurato fino a sessanta ore di marcia dalla capitale.
> (19 marzo) Bonaparte avanza a marce forzate ma è da escludere che possa raggiungere Parigi.
> (20 marzo) Napoleone arriverà domani alle porte di Parigi.
> (22 marzo) Ieri sera Sua Maestà l'Imperatore ha fatto il suo solenne ingresso alle Tuileries. La gioia della popolazione è indescrivibile.

a. Trascrivi le espressioni con cui, di giorno in giorno, è definito Napoleone.
....

b. All'inizio il giornale è favorevole al ritorno di Napoleone? Da che cosa lo si capisce?
....

c. Da che cosa si capisce che alla fine l'atteggiamento del giornale verso Napoleone è cambiato?
....

d. Prova a spiegare le ragioni di questo cambiamento.
....

COMPLETO UNA TABELLA CRONOLOGICA
Intero capitolo

9 Trascrivi nella tabella i seguenti avvenimenti in ordine cronologico e aggiungi a ciascuno la data corrispondente.

- a. È sconfitto a Lipsia.
- b. Decreta il blocco continentale.
- c. Dà inizio alla prima campagna d'Italia.
- d. Muore a Sant'Elena.
- e. Diventa imperatore.
- f. Firma la pace di Campoformio.
- g. Si fa nominare primo console.
- h. Viene confinato all'isola d'Elba.
- i. Guida la campagna d'Egitto.
- j. Sposa Maria Luisa d'Asburgo.
- k. È sconfitto a Waterloo.
- l. Dà inizio alla campagna di Russia.
- m. Pubblica il Codice napoleonico.

Avvenimenti della vita di Napoleone	Date

RICERCO E PRODUCO
Intero capitolo

10 Svolgi le attività indicate nella traccia proposta.

Prova, con i compagni e con la guida dell'insegnante, a scoprire la storia della tua città (o della tua regione) in un'epoca convulsa come fu quella napoleonica (1796-1815). Potrete fare ricerche su testi di storia locale o su Internet, oppure consultare fonti storiche originali visitando un archivio (l'edificio in cui vengono conservati documenti scritti particolarmente importanti). Archivi statali esistono in tutti i capoluoghi di provincia e in alcuni Comuni. Con la guida dell'insegnante e del personale dell'archivio, scegliete i documenti che vi interessano e fotocopiateli. In classe esaminateli lavorando in gruppo; poi, per ciascun documento, preparate una piccola presentazione. Spiegate di che cosa si tratta (per esempio, un discorso, una lettera, un proclama), chi ne è l'autore, a chi si rivolge, in quale occasione è stato scritto o pubblicato, con quale scopo, che cosa contiene, se comprende stemmi, simboli, sigilli. Aggiungete tutto ciò che vi sembra necessario per descrivere bene il documento e il momento storico in cui venne prodotto.

Unità 3 Ragione e rivoluzione

Il capitolo a colpo d'occhio

QUANDO

1. In che anno si sono svolti questi eventi? **SCRIVI** le date sui puntini, scegliendole tra le seguenti, poi **COLLOCALE** sulla linea del tempo: 1796, 1798, 1799, 1815, 1821.

A .... Napoleone è sconfitto a Waterloo.

B .... Napoleone abolisce il Direttorio e si nomina primo console.

C .... Prima campagna d'Italia: le truppe francesi entrano a Milano.

1795 — 1800 — 1805 — 1810 — 1815 — 1820

DOVE

2. OSSERVA la carta, **LEGGI** la legenda e **COMPLETA** la didascalia.

La carta rappresenta la .... del .... napoleonico nel tempo. Oltre che in Francia, esso entrerà in vigore anche in .... e nel ....

Con qualche modifica, verrà adottato anche in ...., ... e ....

Il diritto francese esercita un'importante influenza anche in altri Paesi, come il Portogallo, l'impero ottomano, i ...., molti Stati del Centro e del Sud America e perfino l' ....

LA DIFFUSIONE DEL CODICE NAPOLEONICO

- Paesi in cui è in vigore il Codice civile dopo il 1815
- Paesi in cui il Codice civile è adottato con modifiche
- Paesi europei influenzati dal diritto francese
- → Paesi d'oltremare influenzati dal diritto francese

LE PAROLE DA RICORDARE

3. SCRIVI le parole seguenti accanto alle definizioni corrispondenti. ATTENZIONE alle parole in più.

Costituzione • blocco continentale • concordato • consolato • abdicare • repubbliche sorelle • guerriglia

.... Repubbliche sorte in Italia e in Europa in età napoleonica.

.... Rinunciare al titolo di re, di imperatore o a ogni altra carica.

.... Guerra combattuta per mezzo di agguati, sabotaggi, attacchi a sorpresa.

.... Legge fondamentale dello stato, a cui devono uniformarsi tutte le altre.

.... Divieto di commerciare con l'Inghilterra imposto da Napoleone ai Paesi alleati.

LA MAPPA DEI CONCETTI

4. Nella mappa a stella le parole disposte in circolo sono in relazione con quella centrale. SCEGLI quattro riquadri e SPIEGA ciascun abbinamento con una semplice frase.

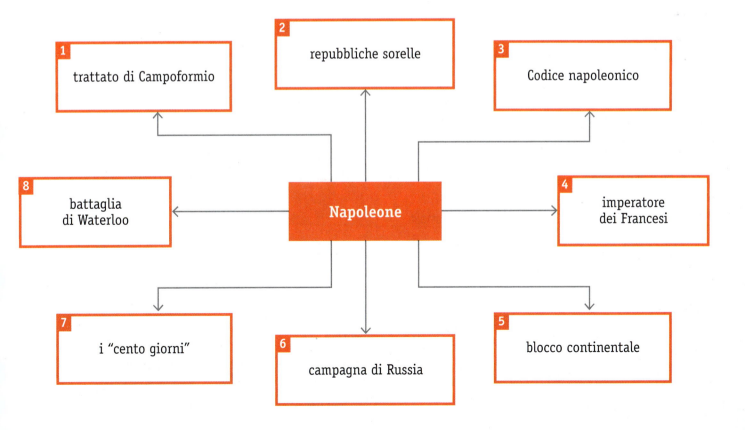

1. trattato di Campoformio
2. repubbliche sorelle
3. Codice napoleonico
4. imperatore dei Francesi
5. blocco continentale
6. campagna di Russia
7. i "cento giorni"
8. battaglia di Waterloo

Napoleone

Sei pronto per la verifica?

IN 1 ORA Punteggio massimo: 100 punti   Sufficienza: 60 punti

1. VERIFICARE LE CONOSCENZE

Completa il testo con le parole dell'elenco.

Madrepatria ▪ coalizione ▪ rivoluzione industriale ▪ costituzionale ▪ Napoleone Bonaparte ▪ vapore ▪ ragione ▪ Stati Uniti ▪ esilio ▪ repubblica ▪ imperatore ▪ Direttorio ▪ Terrore ▪ Lipsia e Waterloo ▪ ghigliottinato

Nel Settecento in Inghilterra ha inizio la .... , basata sull'uso del carbone, sull'energia del .... e sulla meccanizzazione. In Francia gli illuministi esaltano la "luce" della .... , guida sicura verso il progresso. In America le tredici colonie inglesi si ribellano alla .... e si dichiarano indipendenti. Segue una guerra che si conclude con la nascita degli ....

Scoppia la rivoluzione francese: la Francia diventa prima una monarchia .... e poi una .... Il re Luigi XVI viene .... e, dopo il periodo del .... , nasce un nuovo governo: il Direttorio. La Francia è in guerra contro una .... di Stati europei. Il generale .... , vittorioso nelle campagne d'Italia e d'Egitto, abbatte il .... Diventa primo console e poi .... dei Francesi e crea un grande impero. Ma dopo le disastrose battaglie di .... , Napoleone è condannato all' .... nell'isola di Sant'Elena dove muore nel 1821.

1 punto per ogni risposta corretta – Punti: ..../15

2. ORIENTARSI NELLO SPAZIO

Osserva la carta e completa la didascalia.

Nel 1812 fanno parte dell'impero napoleonico la Francia, il .... , l' .... , le regioni italiane di .... , ... , ... , ... e, al di là dell'Adriatico, le Province ....

Dipendono dalla Francia, a ovest, il regno di .... ; nell'Europa centrale la Vestfalia, la Confederazione del Reno, la .... e il Granducato di .... ; nella penisola italiana il regno d' .... e il regno di ....

1 punto per ogni risposta corretta – Punti: ..../12

L'IMPERO NAPOLEONICO NEL 1812

3. COLLOCARE NEL TEMPO

Disponi gli avvenimenti in ordine cronologico numerandoli da 1 a 8.

- ☐ Presa della Bastiglia
- ☐ Napoleone imperatore dei Francesi
- ☐ Luigi XVI ghigliottinato
- ☐ Periodo del Terrore
- ☐ Battaglie di Lipsia e di Waterloo
- ☐ Napoleone muore a Sant'Elena
- ☐ *Dichiarazione dei diritti* in Francia
- ☐ Napoleone abolisce il Direttorio

3 punti per ogni risposta corretta – Punti: ..../24

4. STABILIRE COLLEGAMENTI E RELAZIONI

Spiega perché si verificarono i seguenti avvenimenti.

a. La rivoluzione industriale ebbe inizio in Inghilterra.

b. Il movimento culturale diffuso nel Settecento si chiama Illuminismo.

c. I rapporti fra le colonie inglesi d'America e la madrepatria col tempo peggiorarono.

d. Nel 1793 contro la Francia repubblicana si formò una coalizione di Stati europei.

e. In Francia furono assegnati grandi poteri al Comitato di salute pubblica, guidato da Robespierre.

f. Napoleone decise di attaccare la Russia.

3 punti per ogni risposta corretta – Punti: ..../18

5. USARE LE PAROLE DELLA STORIA

Costruisci una frase con ciascuna delle seguenti parole o espressioni.

macchina a vapore ▪ inquinamento ▪ conquista del West ▪ sanculotti ▪ repubbliche sorelle ▪ blocco continentale ▪ esilio ▪ Direttorio ▪ trattato di Campoformio

3 punti per ogni risposta corretta – Punti: ..../27

6. LAVORARE SULLE FONTI

a. Qual è il nome di questi due simboli rivoluzionari?

b. Che cosa rappresentano?

2 punti per ogni risposta corretta – Punti: ..../4

7. STABILIRE COLLEGAMENTI E RELAZIONI

Spiega per quali motivi Cesare Beccaria condannava la tortura e la pena di morte. Oggi la pena di morte è ancora in vigore nel mondo?

[extra-punteggio] 4 punti per la risposta corretta

Compito di realtà

La lunga storia delle macchine a vapore

L'IDEA

A partire dalla fine del Settecento alcuni inventori misero a punto macchine a vapore sempre più efficienti, che trasformarono enormemente l'economia europea e diedero un fondamentale apporto alla rivoluzione industriale. Le macchine a vapore erano particolari motori capaci di trasformare l'energia termica (il calore prodotto nella loro caldaia) in energia meccanica (il movimento delle parti della macchina). Svolgi una ricerca per approfondire il loro funzionamento e prova a illustrarlo con un modellino.

CHE COSA DEVI FARE

Lavorando in piccoli gruppi, tu e i tuoi compagni procedete seguendo le istruzioni di questa scaletta.

1. Con l'aiuto dell'insegnante di Tecnologia, approfondite il funzionamento di queste macchine – in particolare di quella realizzata da James Watt nel 1769 – e imparate il lessico che serve a definirne le diverse parti. Documentatevi anche sui primi esemplari di motori a vapore, alcuni dei quali risalgono addirittura all'antichità: per la tua ricerca, puoi partire dalla pagina it.wikipedia.org/wiki/Motore_a_vapore.
2. Scegliete un macchinario o un meccanismo da riprodurre in un modellino (può essere solo il meccanismo pistone - biella - manovella) oppure realizzate un plastico che illustri una delle tante applicazioni pratiche delle macchine a vapore fra la fine del Settecento e dell'Ottocento (sul manuale ci sono molte immagini da cui potete trarre spunto). Se possibile, dotate il vostro elaborato di elementi mobili, che facciano capire come funzionavano queste macchine.
3. Progettate il vostro modellino, procuratevi i materiali necessari e realizzatelo.
4. Illustrate l'elaborato ai vostri compagni di classe e all'insegnante.

INDICAZIONI DI LAVORO

Tempo a disposizione e discipline coinvolte

2 ore a scuola per la prima fase (Tecnologia)
2 ore a scuola per la progettazione della macchina e l'inizio della costruzione (Storia + Tecnologia)
Alcune ore a casa per il completamento dei modellini
1 ora a scuola per la presentazione del lavoro finito

Materiali e strumenti utilizzabili

Libro di testo di storia.
Internet ed enciclopedie.
Materiali per modellismo (per esempio plastilina, cartapesta, legno, cartone, polistirolo, fil di ferro, materiali di recupero, muschio) e/o giochi di costruzioni.

Unità 3 Ragione e rivoluzione

History Highlights

 CLIL

Benjamin Franklin's mission to France

GUARDA!
IL VIDEO

1. Warm up

Match each word or expression with its Italian equivalent.

task	ex
former	relazioni amichevoli
yet	trattato
treaty	tuttavia
amity	compito, missione

2. Read and check your comprehension

Look at the picture and complete the captions. Fill in the gaps with the English words from exercise 1, then listen and check.

On October 1776 the Congress gave Benjamin Franklin the .... of going to France: he was the first American ambassador and had to persuade the French to help the .... Thirteen Colonies in their fight for independence.

At that time, France and Britain were the most powerful countries in Europe. There was a fierce rivalry between them. .... , the French did not openly support the United States until they felt that an American victory over the British was possible.
It was only on February 1788 that a .... of Alliance was signed, together with a Treaty of .... and Commerce.

This porcelain statue depicts the French king Louis XVI giving the two treaties to Benjamin Franklin.

3. Historians at work

Look at the picture above and tick the correct answer.

a. King Louis XVI is wearing
   ☐ a simple dress and no wig.
   ☐ a ceremonial dress and a wig.

b. Benjamin Franklin is wearing
   ☐ a simple dress and no wig.
   ☐ a ceremonial dress and a wig.

c. When the treaties were signed, the war between Americans and British
   ☐ was still in progress. ☐ was already finished.

d. France helped the Americans
   ☐ convincing Britain to put an end to the war.
   ☐ sending its army to fight by their side.

CITTADINANZA e COSTITUZIONE

Unità 3 Ragione e rivoluzione

Gli esseri umani e l'ambiente

Ieri e oggi

Già i nostri antenati neolitici intervennero sull'ambiente trasformando i **paesaggi** con l'agricoltura e con l'allevamento e modificando molte **specie viventi**, sia vegetali sia animali. Diedero fuoco a parte delle foreste, per coltivarne il terreno. Scelsero per la semina i chicchi più grossi, operando una primitiva **selezione** che con il tempo diede origine a nuove piante (il **grano domestico**, per esempio, ha chicchi ben più grossi di quello selvatico). Fra gli animali addomesticati ne fecero riprodurre soltanto alcuni, scelti fra i più robusti e i più mansueti. Bovini, ovini e suini domestici ebbero corna più corte, zanne ridotte, taglie più piccole (o più grandi) rispetto alle specie selvatiche.

Per migliaia di anni ancora, dall'Antichità fino a gran parte del Settecento, le attività economiche dominanti furono l'agricoltura, l'allevamento del bestiame, l'artigianato e il commercio. La popolazione mondiale rimase scarsa, gli interventi umani sull'ambiente furono locali e le conseguenze limitate. Fu la **rivoluzione industriale** a determinare una svolta epocale nel **rapporto fra l'ambiente e l'umanità**. A partire dalla fine del Settecento, l'industrializzazione si diffuse, gradatamente ma incessantemente, alterando il paesaggio europeo con l'infittirsi delle fabbriche e delle alte ciminiere e spopolando le campagne, da cui molti contadini emigrarono in città in cerca di un lavoro.

Per alimentare le caldaie a vapore le fabbriche utilizzavano soprattutto il **carbone**, che inquinava con fumi e vapori tossici le città industrializzate. Le **scorie** delle lavorazioni venivano scaricate nell'ambiente e si riversavano poi nell'acqua dei fiumi, che tutti gli scrittori del tempo descrivono come nerastra, maleodorante e piena di melma e rifiuti.

Per trasportare rapidamente sia le materie prime necessarie alla produzione industriale sia le merci prodotte, occorrevano nuove vie di comunicazione. Nei Paesi del Nord Europa – primo fra tutti l'Inghilterra – vennero costruiti **ponti** metallici, reti di **canali** navigabili, **strade** più larghe, nuove **banchine** attrezzate per i porti. Nel corso dell'Ottocento il paesaggio rurale fu solcato dai binari delle prime **linee ferroviarie**, e punteggiato da frequenti stazioni. Negli ultimi decenni del secolo, con la nascita delle prime **centrali idroelettriche*** che fornivano elettricità alle industrie e alle città, si costruirono **dighe**, **bacini** di raccolta, **canali** e **condotte forzate** che modificarono ulteriormente il paesaggio.

Nei contemporanei, queste trasformazioni suscitavano sentimenti contrastanti: di ammirazione e orgoglio per le capacità creative degli esseri umani, di sgomento e nostalgia nei confronti della natura incontaminata dei tempi passati. Ma, anche se qualcuno cominciava a esprimere timori relativi all'**inquinamento**, non si era ancora compresa la gravità del problema, e i più erano persuasi che la natura avrebbe trovato da sé la forza per rigenerarsi. Oggi invece sappiamo che l'**equilibrio fra ambiente e attività umane**, rotto con l'avvento dell'industria, **non è stato ancora ricostituito**.

* **Centrale idroelettrica**
Impianto che produce energia elettrica sfruttando l'acqua in movimento.

▲ **Le ciminiere** di un'acciaieria tedesca. Incisione del 1890.

Cambiamenti ambientali rapidi e forse irreversibili

Nel corso del Novecento la situazione è peggiorata. Il **petrolio** ha gradualmente sostituito il carbone, diventando la principale forma di energia. I prodotti derivati dalla raffinazione del petrolio (benzina, gasolio, oli combustibili) hanno messo in moto automobili, treni, aerei, navi e macchine sempre più perfezionate per la **produzione industriale**. Il mondo è stato inondato da una grande quantità di beni di consumo e nei Paesi economicamente più avanzati il livello di vita si è elevato di molto.

Ma intanto l'**ambiente naturale veniva sfruttato** e modificato come mai in precedenza, e già molte voci allarmate si levavano a denunciare i danni che gli esseri umani avevano provocato alla natura, senza porsi il problema delle conseguenze che potevano derivarne.

Cambiamenti ambientali di grande portata si erano verificati anche nei tempi passati: montagne erano state corrose dall'azione di ghiaccio, piogge, vento e fiumi; nuove pianure si erano formate; antiche foreste, una volta distrutte, non si erano ricostituite mai più. Ma questi processi avevano richiesto secoli. Ormai non era più così. Il **degrado** dell'ambiente era diventato assai più rapido e, forse, irreversibile.

Il riscaldamento globale del pianeta

Oggi il problema ambientale più grave e più significativo è il progressivo riscaldamento dell'atmosfera, l'involucro di gas che circonda la Terra.

Gli studiosi hanno constatato che, fra i gas contenuti nell'atmosfera, è notevolmente aumentata, a partire dall'età industriale, la percentuale di biossido di carbonio (comunemente detto **anidride carbonica**). Questo gas è in gran parte prodotto dalle **attività umane**, in particolare dal continuo e crescente consumo di **combustibili fossili** (carbone, petrolio, metano), impiegati per produrre energia, per usi industriali, per l'agricoltura, per l'alimentazione di veicoli, per il riscaldamento delle abitazioni e per altre attività domestiche.

Ma l'anidride carbonica – insieme al vapore acqueo e ad altri gas presenti nell'atmosfera – trattiene parte del calore del sole e innalza la temperatura della superficie terrestre. Questo fenomeno, in gran parte responsabile del riscaldamento globale del pianeta, è detto **effetto serra**. Le serre, infatti, per favorire la crescita delle piante, hanno pareti in vetro che permettono il passaggio dei raggi solari e ne imprigionano il calore.

La deforestazione

Un'altra causa dell'aumento di anidride carbonica nell'atmosfera è la **deforestazione**, cioè la distruzione di foreste allo scopo di utilizzarne il legname o di ottenere terreni da mettere a coltura.

Il fenomeno è particolarmente grave nelle regioni tropicali, dove si trovano foreste molto estese, considerate i "polmoni della Terra" perché arricchiscono l'atmosfera di ossigeno. Le piante infatti, mentre assorbono e trasformano l'energia luminosa del Sole (mediante un processo chiamato **fotosintesi**), consumano anidride carbonica e liberano ossigeno che viene immesso nell'atmosfera. Con l'abbattimento delle foreste la nostra atmosfera è **più povera d'ossigeno**, mentre aumenta nell'aria la quantità di anidride carbonica, non più consumata dalle piante.

> **La foresta amazzonica**, la più vasta del pianeta, si estende nell'America meridionale e comprende l'intero bacino del Rio delle Amazzoni.

- Estensione attuale della foresta pluviale
- Aree già distrutte o danneggiate attorno al 1950
- Aree in cui oggi la deforestazione è più intensa
- Aree oggi abitate dalle comunità indigene sopravvissute

Le conseguenze del riscaldamento

Il progressivo riscaldamento del pianeta non è solo un'ipotesi futura: alcuni effetti dell'innalzamento della temperatura si stanno manifestando già adesso.

I ghiacci si sciolgono in tutto il mondo sia nelle regioni temperate, dove molti ghiacciai alpini vanno scomparendo, sia nelle regioni polari, dove enormi blocchi di ghiaccio (gli iceberg) si staccano dalla **banchisa*** e galleggiano alla deriva. Se la fusione dei ghiacci continuerà ai ritmi attuali, i livelli di mari e oceani si innalzeranno, sommergendo le coste piatte e inghiottendo pianure e città. Aumenterà il rischio di temporali e di uragani con piogge violente e venti vorticosi anche nelle regioni temperate, dove in passato questi fenomeni non si sono mai visti. Alle basse latitudini, invece, le precipitazioni diminuiranno, favorendo l'espandersi di zone aride e di deserti.

Il cambiamento climatico minaccia anche la sopravvivenza di molte specie vegetali e animali che, private del loro ambiente naturale, non potranno che migrare o estinguersi. Già oggi l'innalzamento della temperatura ha attirato nelle acque del Mediterraneo, divenute più calde, pesci e alghe dei mari tropicali.

La desertificazione in Burkina Faso (Africa).

***Banchisa**
Distesa di ghiaccio sui mari delle regioni polari.

La questione ambientale

La questione ambientale, cioè il problema del progressivo peggioramento dell'ambiente, fu a lungo sottovalutata sia dalle popolazioni sia dagli Stati. Soltanto intorno agli anni Settanta del Novecento, con lo sviluppo di una nuova sensibilità ecologista, si formarono i primi **movimenti ambientalisti**, animati soprattutto da giovani, che denunciavano l'uso indiscriminato delle risorse della natura e i rischi che potevano derivarne. Nello stesso periodo molti Paesi cominciarono a dotarsi di una legislazione relativa all'ambiente e proclamarono il 22 aprile "Giornata della Terra".

Ma la questione ambientale è un problema globale, che riguarda l'intero pianeta e che nessuno Stato, da solo, può affrontare e risolvere. Per questo motivo furono indette conferenze internazionali (a **Stoccolma** nel 1972, a **Rio de Janeiro** nel 1992, a **Kyoto** nel 1997) per discutere del riscaldamento della Terra e dei provvedimenti da adottare.

Si fece strada il concetto di "**sviluppo sostenibile**", cioè di nuove forme di sviluppo economico, sociale e ambientale, in grado di soddisfare le necessità della generazione presente, ma rispettose dell'ambiente e tali da non compromettere la vivibilità futura del pianeta.

Gli ambientalisti, infatti, considerano l'ambiente come un **bene comune** che tutti gli esseri umani hanno il dovere di conservare e di proteggere per lasciarlo in eredità alle generazioni che verranno.

La Giornata della Terra coinvolge ogni anno fino a un miliardo di persone in ben 192 Paesi del mondo, ed è quindi a tutti gli effetti l'evento di sensibilizzazione alla tutela del pianeta più importante al mondo.
Foto Earth Day Italia.

CITTADINANZA e COSTITUZIONE

Dalla conferenza di Kyoto ai nostri giorni

I partecipanti alla conferenza di Kyoto giunsero a un accordo – il **protocollo di Kyoto** – che entrò in vigore nel 2005. L'obiettivo era quello di ridurre le emissioni di gas inquinanti (in primo luogo dell'anidride carbonica), in gran parte responsabili dell'effetto serra.

Non era un compito facile. I **Paesi industrializzati** temevano infatti che norme più restrittive sull'inquinamento danneggiassero le loro industrie, riducendo la produzione e i consumi e abbassando il livello di benessere della popolazione. I **Paesi in via di sviluppo**, da parte loro, si preoccupavano che tali norme bloccassero, forse per sempre, l'espansione industriale ed economica da poco avviata. Perciò diversi Stati (fra cui alcuni dei maggiori inquinatori del mondo) **non aderirono all'accordo**.

Dopo Kyoto conferenze internazionali su clima e ambiente si sono susseguite con cadenza quasi annuale fino al 2015; l'opinione pubblica mondiale è diventata più sensibile al problema e alcuni governi hanno preso provvedimenti per garantire una maggiore sicurezza ambientale. L'Unione Europea, per esempio, si è impegnata a tagliare del 20% entro il 2020 le proprie emissioni di gas serra e ad aumentare del 20% la produzione di energia pulita.

Tuttavia nel complesso i progressi conseguiti nella difesa dell'ambiente restano ancora scarsi e, anche se qualcosa è stato ottenuto, **moltissimo resta ancora da fare**.

Una manifestazione ambientalista a Los Angeles nel 2013.
Foto Ambient Images/Superstock.

CONOSCO LA REALTÀ SOCIALE

1. Completa la tabella descrivendo le possibili conseguenze del riscaldamento atmosferico sui diversi elementi naturali elencati.

Ghiacciai	
Mari e oceani	
Temporali e uragani	
Le zone aride e deserte	
Molte specie animali e vegetali	

2. Osserva la carta della foresta amazzonica a p. 309, leggi la didascalia e la legenda, poi scrivi un breve testo rispondendo alle domande.
   a. Dove si trova la foresta amazzonica?
   b. Da dove deriva il suo nome?
   c. Gli alberi della foresta sono mai stati abbattuti in passato? Ai nostri giorni la deforestazione continua?
   d. Da quali popolazioni è abitata la foresta? Saranno più o meno numerose che in passato? Perché?

3. Che cosa si può fare per difendere l'ambiente? Discutine con i compagni e, insieme, definite dieci regole di comportamento da mettere in pratica nella vita di tutti i giorni, allo scopo di preservare l'ambiente dai danni dell'inquinamento o dello spreco.

Percorso di geostoria

Le forze della natura e la storia

Epidemie e carestie

Il flagello delle epidemie ha accompagnato tutta la storia dell'umanità, almeno a partire dall'Età Neolitica, quando lo sviluppo dell'agricoltura e dell'allevamento permise ad alcuni germi di malattie, che prima colpivano esclusivamente gli animali, di adattarsi all'organismo umano e di passare dagli animali all'uomo [→ vol. 1 cap. 13 p. 342]. Altrettanto devastanti per il genere umano furono le **carestie*** che si ripeterono nel corso di secoli, a volte terribili e prolungate, e causa di spaventosi cali demografici.

All'origine delle carestie erano, nel passato, l'arretratezza dell'agricoltura e dei trasporti e, soprattutto, la totale **dipendenza dalle condizioni climatiche**. Bastavano una gelata improvvisa, una grandinata, piogge torrenziali o, al contrario, la mancanza di pioggia e l'eccessiva aridità della terra, per rovinare interi raccolti e ridurre alla fame campagne e città. Sull'agricoltura poi influivano profondamente le **variazioni del clima**, vale a dire l'alternarsi nel corso dei secoli di lunghi periodi freddi e umidi con altri periodi caldi, aridi e altrettanto lunghi che, secondo i **climatologi***, si sono succeduti negli ultimi 2000 anni.

* **Carestie**
Periodo in cui manca il cibo e il necessario per vivere.

* **Climatologo**
Chi studia i climi.

Le variazioni climatiche

Come puoi vedere dalla linea del tempo qui sotto, gli studiosi hanno individuato quattro periodi climatici alternativamente freddi o caldi, l'ultimo dei quali è quello in cui stiamo vivendo.

A un periodo **freddo e piovoso**, che va indicativamente dal V a parte del IX secolo – durante il quale secondo molte cronache altomedievali si verificarono gravi episodi di carestia – fa seguito una ripresa di clima caldo, che dal IX secolo si prolunga fino a tutto il 1200 raggiungendo il suo vertice nei secoli XII e XIII. Questo periodo, che gli studiosi chiamano **periodo caldo medievale** fu uno dei più prosperi per l'Europa: i raccolti divennero più abbondanti, la

PERIODO FREDDO E PIOVOSO	PERIODO CALDO MEDIEVALE culmina nei secoli XII e XIII	PICCOLA ETÀ GLACIALE culmina fra fine XVI e inizio XVII secolo	RIALZO GLOBALE DELLA TEMPERATURA (molto rapido dalla metà del XX secolo)
dal V a parte del IX secolo	dal IX al XIII secolo	dal XIV a metà XIX secolo	da metà del XIX secolo a oggi

popolazione europea quasi raddoppiò, si svilupparono traffici e commerci [→ vol. 1, cap. 9]. Nel Nord Europa l'aumento delle temperature permise agli agricoltori inglesi di intraprendere redditizie produzioni di vino, agli Islandesi di coltivare l'orzo e ai Vichinghi di chiamare Greenland (cioè «terra verde») l'oggi gelida Groenlandia.

La piccola età glaciale

Ma dopo il 1200 il clima cambiò. All'inizio ci fu un moderato raffreddamento della temperatura; poi, dal 1500, ebbe inizio quella che gli studiosi chiamano **piccola età glaciale**. Per tre secoli e mezzo i ghiacciai avanzarono in tutta Europa invadendo suoli coltivati e distruggendo molti villaggi. Laghi e mari ghiacciarono, la Groenlandia si spopolò. Le **carestie** si fecero più **frequenti** e **disastrose**. Gli anni più gelidi furono quelli fra il 1590 e il 1620, quando molta gente morì di freddo e aumentò il numero di poveri e mendicanti.

Cacciatori nella neve, un dipinto di Pieter Bruegel il Vecchio del 1565. Vienna, Kunsthistorisches Museum.

La combustione di carbone, petrolio e altri idrocarburi disperde nell'atmosfera anidride carbonica contribuendo da sola al 50% del cosiddetto effetto serra.
Foto M. Shcherbyna/Shutterstock.

L'aumento della temperatura e la responsabilità degli esseri umani

Verso il 1850 la piccola età glaciale ebbe termine e la temperatura riprese a salire, prima lentamente poi, dalla metà del Novecento, in maniera sempre più rapida: noi viviamo oggi in una fase di **riscaldamento globale del pianeta**.

Molte variazioni climatiche hanno accompagnato la storia della Terra. Ma, secondo gli scienziati, le variazioni del passato dipendevano quasi esclusivamente da **cause naturali** (per esempio, da una più intensa attività del Sole che, emettendo maggiore energia, riscaldava di più la Terra) mentre oggi le **cause** del **cambiamento climatico** sono dovute soprattutto all'azione dell'uomo. Sappiamo già che gli esseri umani, con le loro attività, immettono nell'atmosfera quantità sempre maggiori di gas a effetto serra, contribuendo così all'aumento della temperatura [→ Cittadinanza e Costituzione p. 308].

Percorso di geostoria

Che cosa sono i terremoti

Che di molte catastrofi naturali sia responsabile, almeno in parte, l'umanità stessa è un'opinione oggi confermata dalla scienza, ma già avanzata dal filosofo illuminista **Jean-Jacques Rousseau** a proposito del terribile **terremoto** che nel 1755 distrusse la città di Lisbona.

Già dallo scorso anno sappiamo [→ vol. 1 Percorso di geostoria p. 130] che la litosfera è divisa in zolle o placche mobili, che scivolano una accanto all'altra, si allontanano l'una dall'altra oppure si urtano, sprofondando l'una sotto l'altra. I movimenti della litosfera sono lenti ma continui e, specialmente sui margini delle zolle, deformano e piegano le masse rocciose fino a spaccarle. Si creano così delle fratture, dette **faglie**. Dal punto del sottosuolo dove inizia la rottura, detto **ipocentro**, partono violente vibrazioni che si propagano come onde verso tutte le direzioni (**onde sismiche**), attraversando l'intero pianeta. Sono queste vibrazioni, più o meno veloci, più o meno intense, che fanno tremare la Terra e che noi chiamiamo **terremoti** (dal latino, *terrae motus*= movimento della Terra) o **sismi**. L'intensità dei terremoti, vale a dire il loro effetto distruttivo, è tanto maggiore quanto più ci si avvicina all'**epicentro**, il punto della superficie terrestre posto verticalmente sopra l'ipocentro.

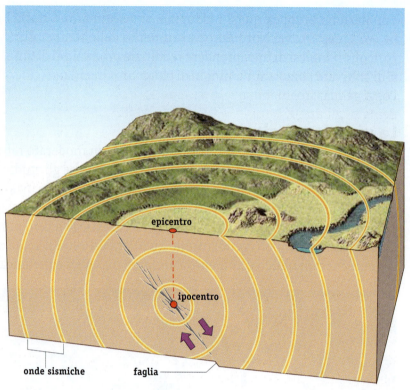

Lisbona, 1° novembre 1755

Il terremoto di Lisbona fu uno dei più terribili e catastrofici che la storia ricordi.

Colpì la città all'improvviso, il 1° novembre verso le 9,30 del mattino. La prima scossa, della durata di vari minuti (dai 3 ai 6), fece sussultare violentemente il terreno abbattendo gran parte delle case e delle chiese (affollate a quell'ora di fedeli, che celebravano la festa cristiana di Ognissanti) e seppellendo sotto le macerie un gran numero di persone. Una seconda scossa, giunta poco più tardi, alle 9,50, demolì quanto era rimasto in piedi della città. In poco meno di mezz'ora Lisbona – in quel tempo quarta capitale europea per grandezza – fu rasa al suolo.

Al terremoto fece seguito un **incendio** che distrusse per sempre il centro cittadino. Ma una sciagura forse ancora peggiore stava per abbattersi sulla città. Il mare si ritirò all'improvviso e poco dopo un'onda di **tsunami** alta fra 15 e 20 metri si rovesciò sulla costa travolgendo uomini e cose. A causa del terremoto, dell'incendio e dello tsunami perse la vita circa un terzo degli abitanti di Lisbona.

L'ampiezza del disastro

Gli studiosi hanno localizzato l'**epicentro del terremoto** nel golfo atlantico di Cadice, una zona in cui la zolla africana e quella euroasiatica si scontrano e si accavallano e la crosta terrestre presenta un gran numero di faglie.

Le scosse di terremoto furono avvertite in mezza Europa e in gran parte dell'Africa settentrionale dove il sisma colpì duramente città come Tangeri e Algeri. Lo tsunami interessò l'intera costa del Portogallo, tutta l'Africa nord-occidentale, gli arcipelaghi di Madera e delle Azzorre e, dopo aver attraversato l'Atlantico, anche il continente americano, dove giunse nel pomeriggio dello stesso 1° novembre, danneggiando i porti delle Piccole Antille.

Il dibattito intellettuale

Fra gli intellettuali del tempo il terremoto suscitò un acceso dibattito.

Nel Settecento nessuno poteva sapere quale fosse la vera causa dei terremoti e anche allora, come nei secoli precedenti, la spiegazione "più facile" era quella di chi vedeva, dietro ogni tragico evento, la mano punitrice di un Dio irato. Ma si era in pieno Illuminismo e cominciavano a essere proposte anche spiegazioni più scientifiche e razionali. Sul tema del terremoto si confrontarono, ad esempio, Voltaire e Rousseau, due massimi esponenti del pensiero illuminista [→ cap. 9 par. 2].

Voltaire accusava la natura, non "madre" ma "matrigna", e portatrice di sofferenze per tutte le creature. Nel suo *Poema sul disastro di Lisbona* scriveva: «Il male è sulla terra e tutti gli elementi della natura – animali, esseri umani, piante e minerali – sono in guerra. [...] La natura è il regno della distruzione». Rousseau suggeriva invece che la catastrofe avesse anche cause sociali, attribuibili agli esseri umani. Nella sua *Lettera a Voltaire sul disastro di Lisbona* si esprimeva così: «I nostri mali sono per la maggior parte opera nostra [...]. La natura non aveva riunito in quel luogo ventimila case di sei o sette piani e se gli abitanti fossero stati meglio distribuiti e alloggiati in edifici meno imponenti, il disastro sarebbe stato meno violento».

Il terremoto di Lisbona del 1755 in una incisione dell'epoca.
Foto North Wind Picture Archives/Alamy Stock Photo.

MI PREPARO AL TEMA DI ATTUALITÀ

1. A proposito del terremoto di Lisbona i filosofi Voltaire e Rousseau danno interpretazioni differenti: a chi attribuisce Voltaire la "responsabilità" della sciagura? A chi (in gran parte) Rousseau?

2. Discuti con i compagni, poi scrivi un testo di non più di dieci righe, esponendo le idee dei filosofi e il tuo parere personale sul terremoto di Lisbona.

3. Ricerca su Internet notizie e immagini relative ai terremoti che hanno colpito, a più riprese, il centro Italia nel 2016. Scegli otto immagini, fra quelle che ti sembrano più significative e, per ciascuna, scrivi una didascalia di almeno 3 righe.

4. Molti sostengono che nelle zone terremotate la ricostruzione deve cominciare dalle scuole. Perché, secondo te? Discuti con i compagni e con l'insegnante, poi scrivi un testo di non più di cinque righe, esponendo il tuo punto di vista.

Unità 4

L'ETÀ DELLE RIVOLUZIONI LIBERALI E NAZIONALI

Capitolo 13
In Europa e in America rivolte e rivoluzioni

Capitolo 14
Il Risorgimento italiano

Capitolo 15
Contrasti e tensioni nella società industriale

Capitolo 16
Europa e Italia alle soglie del Novecento

Compito di realtà

Prova Invalsi

Uno sguardo sul mondo
L'espansione coloniale europea nel XIX secolo

La distribuzione della popolazione mondiale nel XIX secolo

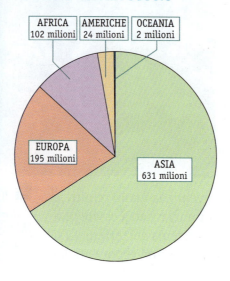

- AFRICA 102 milioni
- AMERICHE 24 milioni
- OCEANIA 2 milioni
- EUROPA 195 milioni
- ASIA 631 milioni

Alaska (Russia)
Oregon (G.B.-USA)
STA[TI]
MESSICO
OCEANO PACIFICO

Le cinque città più grandi nel 1812

Pechino	1 100 000
Londra	960 000
Guangzhou (Canton)	800 000
Edo (Tokyo)	685 000
Istanbul	570 000

- Possedimenti spagnoli
- Possedimenti portoghesi
- Possedimenti inglesi
- Possedimenti francesi
- Possedimenti olandesi
- Possedimenti danesi
- Possedimenti russi

Comprendo i cambiamenti nello spazio e nel tempo

AMERICHE
- ▼ 1804-1828 indipendenza dell'America Latina

EUROPA E ITALIA
- ▼ 1815 Congresso di Vienna
- ▼ 1820-1821 moti rivoluzionari in Spagna, Portogallo, Italia e Grecia
- ▼ 1830-1831 moti rivoluzionari in Francia, Belgio, Polonia e Italia
- ▼ 1815-1848 Restaurazione

1800 — 1810 — 1820 — 1830 — 1840

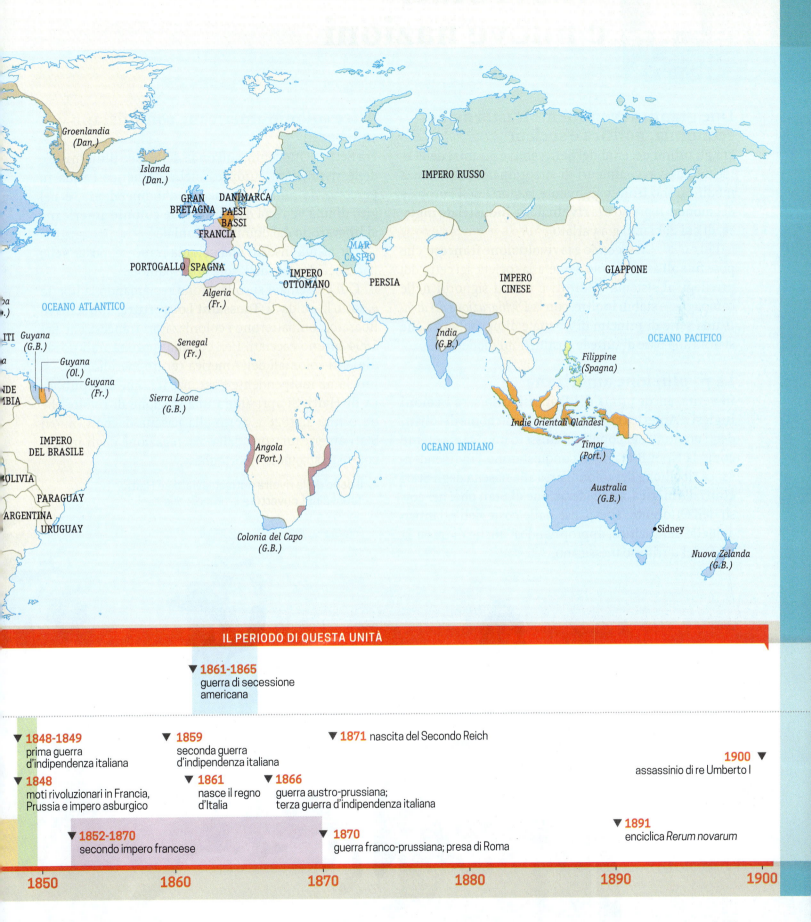

IL PERIODO DI QUESTA UNITÀ

▼ **1861-1865** guerra di secessione americana

▼ **1848-1849** prima guerra d'indipendenza italiana

▼ **1859** seconda guerra d'indipendenza italiana

▼ **1871** nascita del Secondo Reich

1900 ▼ assassinio di re Umberto I

▼ **1848** moti rivoluzionari in Francia, Prussia e impero asburgico

▼ **1861** nasce il regno d'Italia

▼ **1866** guerra austro-prussiana; terza guerra d'indipendenza italiana

▼ **1891** enciclica *Rerum novarum*

1852-1870 secondo impero francese

▼ **1870** guerra franco-prussiana; presa di Roma

1850 — 1860 — 1870 — 1880 — 1890 — 1900

Unità 4 — Nuovi Stati e nuove nazioni

Due grandi avvenimenti trasformano economia, politica e società

Fra gli ultimi decenni del Settecento e gli inizi dell'Ottocento due avvenimenti di straordinaria importanza modificarono irreversibilmente la storia dell'Europa e del mondo. Il primo è la **rivoluzione industriale inglese**, di cui abbiamo già parlato [→ Uno sguardo sul mondo p. 194 e cap. 8]. Il secondo è la **rivoluzione francese**, che pose fine all'assolutismo dei re, alla società dei ceti e dei privilegi, al sistema di diritti e tributi signorili nelle campagne, e stabilì inoltre, con la *Dichiarazione dei diritti*, una serie di princìpi di libertà e di uguaglianza che stanno alla base di tutte le costituzioni moderne.

La rivoluzione americana

In verità, ancor prima dei Francesi, insorsero i **coloni inglesi d'America** che, combattendo in nome dei diritti degli uomini e dei popoli, sconfissero uno Stato potente come la Gran Bretagna e conquistarono l'indipendenza. La ribellione dei coloni portò alla nascita degli **Stati Uniti d'America**, una federazione di Stati che, nel corso dell'Ottocento, si espanse dalle coste dell'Atlantico a quelle del Pacifico, appropriandosi anche di quasi la metà del territorio messicano.

Altre colonie americane conquistano la libertà

Fra Sette e Ottocento, sull'onda delle idee illuministe e delle rivoluzioni europee, anche l'America Latina fu percorsa da nuove aspirazioni d'indipendenza, e nel giro di una ventina d'anni **tutte le colonie americane si liberarono** dal dominio coloniale [→ cap. 13 par. 4].

Per prima insorse una colonia francese, posta nella parte occidentale dell'isola di Hispaniola.

Qui gli schiavi si sollevarono reclamando la libertà e, sotto la guida di **Toussaint Louverture**, uno schiavo liberato, combatterono i colonizzatori francesi, che nel 1804 furono cacciati. L'ex colonia – prima fra i possedimenti coloniali dell'America centro-meridionale – si proclamò indipendente e assunse il nome di **repubblica di Haiti**. Si aprì allora una stagione di rivolte che durò fino al 1828 e portò alla nascita di molti nuovi Stati americani, sorti dalla disgregazione degli imperi coloniali spagnolo e portoghese.

⌄ **Il capo della rivolta antischiavista ad Haiti Toussaint Louverture** in un'incisione degli inizi del XIX secolo.
Foto Granger Collection/Archivi Alinari.

⟩ La *Dichiarazione dei diritti dell'uomo e del cittadino* è sorretta dall'allegoria dell'Uguaglianza. Incisione francese del 1793.
Montreuil, Musée de l'Histoire vivante.

Nuove conquiste in Asia

In altre zone del mondo le conquiste coloniali proseguirono. Nell'Ottocento l'**impero russo** estese i suoi domini asiatici fino alle coste del Pacifico e si appropriò anche dell'Alaska, in territorio americano.

La **Gran Bretagna**, da tempo padrona dei mari, creò l'**impero coloniale più ricco ed esteso** del mondo, strappando il Canada alla Francia con la guerra dei Sette anni [→ cap. 9 par. 4], fondando una colonia nell'**Australia**, da poco scoperta, e completando la conquista dell'India, avviata verso la metà del Settecento [→ Uno sguardo sul mondo p. 195].

Più a oriente, l'**impero cinese** era ancora chiuso nell'isolamento imposto nel Cinquecento dalla dinastia Ming [→ vol. 1 cap. 16]. Ma con il tempo il Paese si era indebolito e ciò lo esponeva alle mire espansionistiche dell'occidente. Insidiato dalla **Gran Bretagna**, l'impero fu infine costretto ad aprire le frontiere al commercio europeo.

Nascono lentamente le nazioni

Nell'Europa del primo Ottocento molti degli Stati che oggi conosciamo (Polonia, Germania, Italia) erano ancora frammentati o sottomessi a un dominio straniero. Ma gli eventi della rivoluzione francese [→ cap. 11] e del periodo napoleonico [→ cap. 12] avevano suscitato nei popoli dei Paesi oppressi nuovi entusiasmi, speranze e attese: ormai molti patrioti europei sognavano per la propria nazione un futuro di libertà e indipendenza. Anche l'Italia si riscosse. Qui, dopo una storia centenaria di divisioni e di dominazioni straniere, il sentimento di appartenenza a un'unica nazione, diffuso soprattutto fra gli intellettuali (ma non solo), portò nel giro di alcuni decenni all'unificazione quasi completa della penisola italiana e alla **proclamazione del regno d'Italia**. Di questo – e di altro – parleremo nei prossimi capitoli.

> **COMPRENDO I CAMBIAMENTI NELLO SPAZIO E NEL TEMPO**
>
> 1. Confronta la carta a p. 316 con una carta attuale degli Stati Uniti (puoi trovarla a p. 246 o su un atlante) ed elenca gli Stati federati che gli Stati Uniti strapparono al Messico con annessioni o guerre.
>
> 2. Osserva la carta dell'Italia a p. 321: in quanti Stati era divisa la penisola dopo il Congresso di Vienna (1815)?

Le nazioni europee marciano verso la statua della Repubblica: sono riconoscibili la bandiera francese, quella tedesca e quella italiana. Litografia di F. Sorrière del 1848.
Parigi, Bibliothèque Nationale.

Capitolo **13** **In Europa e in America rivolte e rivoluzioni**

CIAK si impara!

GUARDA! IL VIDEO

MI ORIENTO NEL CAPITOLO dal 1811 ⟶ al 1865

1 Con il **Congresso di Vienna**, le grandi potenze che hanno sconfitto Napoleone **si spartiscono il controllo dell'Europa**.

2 Tra il 1820 e il 1821 scoppiano **rivolte** in Europa contro i governi assoluti. I moti rivoluzionari sono organizzati da **società segrete** come la **carboneria**.

3 Nel 1830 **il popolo francese insorge** di nuovo. Il re fugge e sale al trono Luigi Filippo d'Orléans. Le rivolte si propagano in diversi Stati, ma non in **Inghilterra**.

4 In **America Latina** i Paesi sottomessi da secoli al dominio di **Spagna** e **Portogallo** chiedono l'**indipendenza**. A capo dei movimenti si pongono generali valorosi come **Simón Bolívar**.

5 Negli **Stati Uniti** scoppia una **guerra civile** tra gli Stati del nord e quelli del sud. Alla fine del conflitto, viene abolita la **schiavitù**.

Capitolo 13 In Europa e in America rivolte e rivoluzioni

1. Si ritorna al passato: la Restaurazione

Le potenze europee al Congresso di Vienna

Alla notizia della fuga di Napoleone dall'Elba, i rappresentanti degli Stati europei riuniti in **congresso** a **Vienna** [→ cap. 12 par. 3] interruppero i loro lavori, ma li ripresero con energia dopo Waterloo e li conclusero nel **1815**.

Le potenze europee si impegnarono a **restaurare** (ossia a ristabilire) la situazione politica precedente la rivoluzione francese e le guerre napoleoniche. Perciò, seguendo il principio di **legittimità**, riposero sui troni i sovrani spodestati da Napoleone o i loro legittimi eredi: i Borbone, ad esempio, tornarono a Parigi, i Savoia a Torino, il papa a Roma e così via.

La principale preoccupazione del congresso però fu quella di creare un durevole **equilibrio** di forze fra le maggiori potenze, perché nessuna potesse prevalere sulle altre come aveva fatto la Francia. L'equilibrio politico fra gli Stati assicurò all'Europa un lungo periodo di pace, detto "concerto europeo". Tuttavia, per raggiungere questo obiettivo, il congresso non tenne conto dei desideri e delle aspirazioni dei popoli (o almeno di una parte di essi), e ciò fu causa di frequenti **insurrezioni** e **rivolte**.

Con il Congresso di Vienna ebbe inizio l'**età della Restaurazione**, che durò **dal 1814 al 1848**.

ORGANIZZO I CONCETTI

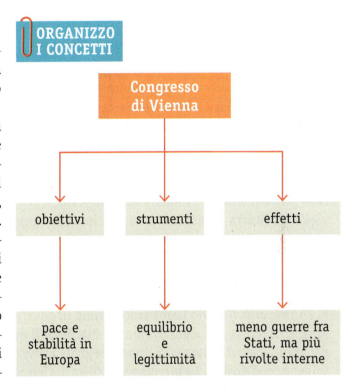

Congresso di Vienna
- obiettivi: pace e stabilità in Europa
- strumenti: equilibrio e legittimità
- effetti: meno guerre fra Stati, ma più rivolte interne

▼ L'Europa e l'Italia dopo il Congresso di Vienna

L'Europa dopo il Congresso di Vienna

Come puoi vedere nella carta a pagina precedente, ai confini orientali della Francia fu creata una barriera di **Stati cuscinetto*** (i Paesi Bassi, la Svizzera, il regno di Sardegna) per scoraggiare futuri tentativi di espansione francese.

L'**Austria** cedette il Belgio (che fu unito ai Paesi Bassi) ma ottenne la Lombardia e Venezia con gran parte dei suoi territori italiani e adriatici (Dalmazia). Inoltre poté esercitare un ruolo predominante sulla Confederazione germanica, un'associazione di tutti gli Stati tedeschi, fondata dal congresso.

L'**Inghilterra** mantenne tutte le colonie francesi, spagnole e olandesi che aveva conquistato nel corso delle guerre napoleoniche e riaffermò il suo predominio sui mari.

Quanto all'**Italia** – che i Francesi avevano in parte unificato nella repubblica italiana – il congresso tornò a spezzettarla. La penisola fu divisa in nove Stati. Di essi, uno, il regno **Lombardo-Veneto** fu governato direttamente dall'Austria; altri (come il ducato di Parma e Piacenza, il ducato di Modena e Reggio e il granducato di Toscana) furono assegnati a sovrani legati agli Asburgo, gli imperatori d'Austria. La piccola repubblica di Genova fu unita al regno di Sardegna. Al centro, lo Stato della Chiesa rimase al papa. Al sud, il regno di Napoli e quello di Sicilia furono uniti nel nuovo **regno delle Due Sicilie**, assegnato a Ferdinando I di Borbone (che divenne Ferdinando I delle Due Sicilie).

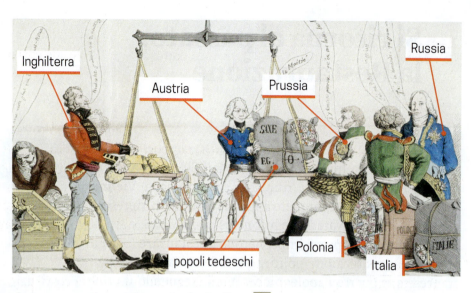

La spartizione dell'Europa al Congresso di Vienna in una stampa satirica francese del tempo: i rappresentanti degli Stati più potenti si suddividono Paesi e ricchezze, mentre i popoli d'Europa, impotenti, sono chiusi dentro sacchi e barili.
Parigi, Musée Carnavalet.
Foto Bridgeman/Archivi Alinari.

* **Stato cuscinetto**
Stato posto a barriera fra altri due per ridurre il pericolo di guerre e di invasioni.

La Santa Alleanza: un patto ambiguo

Le decisioni del Congresso di Vienna furono rafforzate dal patto della **Santa Alleanza**, firmato nel 1815 dai sovrani d'Austria, Russia e Prussia. Con la Santa Alleanza essi si proponevano di «proteggere la religione, la pace, la giustizia» e, come sovrani cristiani (uno cattolico, uno protestante, uno ortodosso), si impegnavano ad aiutarsi e a sostenersi reciprocamente.

Il trattato, voluto soprattutto dallo zar di Russia, era ispirato a princìpi di fratellanza cristiana. Le potenze europee però – prima fra tutte l'Austria, per opera dell'abile ministro **Klemens von Metternich** – lo trasformarono in un temibile strumento politico, interpretandolo come un impegno a **intervenire militarmente** nei Paesi in cui fossero scoppiati disordini rivoluzionari.

Rinascono i governi assoluti

Fra i governi restaurati solo alcuni mantennero il Codice napoleonico e altre riforme avviate in età napoleonica. Altri invece tentarono di far dimenticare tutte le innovazioni introdotte dai Francesi, ristabilendo le antiche monarchie assolute e restituendo agli aristocratici titoli e cariche. Ferdinando VII di Spagna, per esempio, si affrettò ad abolire la Costituzione di Cadice [→ cap. 12 par. 3];

ORGANIZZO I CONCETTI

▶ Completa la tabella.

Decisioni del Congresso di Vienna	
Stati cuscinetto	Paesi Bassi (uniti al ....), Svizzera, regno di ....
Austria	• cede il .... • ottiene .... , Veneto, Dalmazia
Inghilterra	conserva le colonie che ha tolto a .... , Spagna e ....
Italia	è divisa in .... Stati

e il re di Sardegna Vittorio Emanuele I ripropose vecchie mode (come la parrucca e il codino) e giunse a sconsigliare ai sudditi l'uso delle strade costruite dai Francesi in Italia.

L'opposizione ai governi assoluti

Alla Restaurazione e al ritorno al passato si opposero quei borghesi e quegli aristocratici che chiedevano ai governanti di rispettare i **diritti fondamentali** dei cittadini: per esempio, la libertà di pensiero, di parola, di stampa, di associazione, di culto. Questi **sostenitori delle libertà** cominciarono a essere chiamati, nei primi decenni dell'Ottocento, con il termine di **liberali**. Le varie forme del pensiero liberale furono dette liberalismo*. Politicamente i liberali si dividevano in due gruppi: **moderati** e democratici*.

Per i primi la miglior forma di governo era una **monarchia costituzionale**, in cui un parlamento, eletto dai cittadini, potesse limitare il potere del re. Essi però riconoscevano il diritto di voto solo ai cittadini in possesso di una certa ricchezza (censo) e di una certa istruzione.

I **democratici** invece, rifacendosi all'idea di Rousseau della sovranità popolare [→ cap. 9 par. 2], ritenevano che i parlamenti dovessero essere eletti a suffragio* universale maschile, cioè da tutti i maschi adulti. Fra di loro molti erano convinti che un **governo repubblicano** potesse realizzare questo obiettivo meglio di una monarchia.

Motivi di scontento nei confronti dei governi

In Italia l'insoddisfazione nei confronti dei governi si diffuse soprattutto fra **soldati** e **ufficiali**, che avevano combattuto con l'esercito francese e rimpiangevano le possibilità di gloria e di carriera offerte dall'età napoleonica; fra **studenti** e **intellettuali**, irritati, fra l'altro, per la rigida censura* sulla stampa imposta da alcuni governi; fra i **funzionari** che avevano collaborato con l'amministrazione francese e per questo erano guardati con sospetto.

Proteste venivano anche da alcuni **imprenditori** (soprattutto agricoli), scoraggiati nei loro tentativi di introdurre miglioramenti e tecniche innovative, e da molti **commercianti**, che vedevano i loro affari danneggiati dai dazi*, che alzavano il prezzo delle merci, o dai limiti che alcuni governi ponevano alle importazioni. I liberali furono sensibili anche a queste esigenze del mondo economico e sostennero la **libertà degli scambi**, opponendosi agli interventi dei governi che, con l'imposizione di dazi e dogane, alteravano il libero mercato [→ cap. 9 par. 2].

ORGANIZZO I CONCETTI

Liberali moderati → vogliono → diritto di voto per cittadini ricchi e istruiti → e → la monarchia costituzionale

Liberali democratici → vogliono → suffragio universale maschile → e per lo più → la repubblica

* **Liberalismo**
Insieme di dottrine che tendono a ridurre il potere dello Stato e ad accrescere le libertà dei singoli cittadini; in campo economico il pensiero liberale (liberismo) sostiene il libero mercato e pone limiti all'intervento statale.

* **Democratico**
Nell'Ottocento, chi era favorevole al suffragio universale.

* **Suffragio**
La parola significa voto: solo chi ha diritto di suffragio, cioè di voto, può partecipare alle elezioni.

* **Censura**
Controllo delle autorità su libri, giornali, manifestazioni culturali.

* **Dazio**
Tassa sulle merci, da pagare all'entrata o in uscita da un territorio.

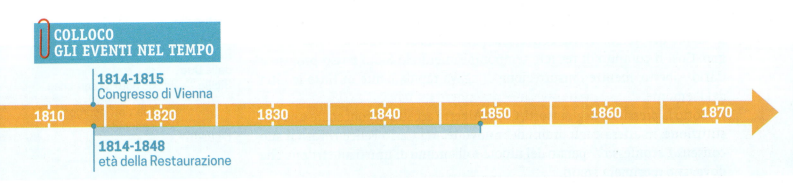

COLLOCO GLI EVENTI NEL TEMPO

1814-1815 Congresso di Vienna
1814-1848 età della Restaurazione

Unità 4 L'età delle rivoluzioni liberali e nazionali

2. I primi moti rivoluzionari

Le sette segrete

I governi della Restaurazione si preoccuparono di combattere le idee liberali, che consideravano pericolose e rivoluzionarie, e le polizie del tempo furono costantemente impegnate a reprimere manifestazioni di **dissenso***.

Tuttavia insurrezioni e rivolte (i moti, come allora si chiamavano) nel periodo della Restaurazione divennero più frequenti che mai. Ne furono protagoniste le **sette*** (o società) segrete, formate da oppositori dei governi che si riunivano in segreto per sfuggire alla sorveglianza della polizia.

Sette segrete, come la **massoneria**, esistevano fin dal Settecento ma nell'età della Restaurazione esse si moltiplicarono in tutta Europa. In Italia la più importante fu la **carboneria**, che riprendeva linguaggio e simboli dal mondo dei carbonari (così come la massoneria li riprendeva da quello dei muratori).

Pur senza condividere un unico programma, gli iscritti alla carboneria si proponevano obiettivi come la Costituzione, la conquista di libertà individuali, il rifiuto dell'influenza austriaca sui governi della penisola. Aderirono alla carboneria soprattutto soldati, studenti e intellettuali.

* **Dissenso**
Disaccordo, disapprovazione, critica.

* **Setta**
Gruppo di persone che ha idee (politiche o religiose) contrastanti con quelle della maggioranza.

Cerimonia di iniziazione di un carbonaro. Prima di essere accolto nella setta, l'aspirante carbonaro doveva sottoporsi a un rito durante il quale, a occhi bendati, prestava giuramento solenne. Incisione del 1820 circa.
Foto White Images/Scala, Firenze.

I moti del 1820-1821

Fra il 1820 e il 1821 un'ondata di ribellioni si abbatté sull'Europa meridionale.

La prima a insorgere fu la **Spagna**, che già nel 1812 si era data una Costituzione: la Costituzione di Cadice [→ cap. 12 par. 3], che era poi stata abolita nel 1814. Nel gennaio 1820 alcuni reparti di soldati riuniti a Cadice, in attesa di partire per le colonie americane, rifiutarono di imbarcarsi, non volendo combattere contro i coloni spagnoli d'America in rivolta contro la madrepatria [→ par. 4]. Subito si unirono a loro i borghesi liberali, e il re Ferdinando VII fu costretto a rimettere in vigore la Costituzione del 1812.

L'esempio spagnolo fu subito seguito dal **Portogallo**, dove insorsero Porto e Lisbona, e poco dopo dal **regno delle Due Sicilie**. Qui, nel napoletano, si ribellò un reparto di cavalleria guidato da due ufficiali che aderivano alla carboneria. L'insurrezione si diffuse rapidamente e il re Ferdinando I di Borbone dovette, a malincuore, concedere la Costituzione di Spagna (luglio 1820).

Fu poi la volta del **Piemonte**, dove i patrioti erano convinti di poter contare sull'appoggio del principe **Carlo Alberto**, probabile erede al trono [→ Fonti p. 325]. Allo scoppio del moto (marzo 1821), il re Vittorio Emanuele I abdicò in favore del fratello **Carlo Felice**, che però allora si trovava lontano dal regno. Così il compito di reggere temporaneamente lo Stato passò proprio a Carlo Alberto, mentre l'insurrezione dilagava rapidamente in tutte le città del Piemonte.

Sotto la pressione degli insorti, Carlo Alberto accettò di concedere una Costituzione, in attesa degli ordini del nuovo re. Ma Carlo Felice rifiutò il suo consenso, sconfessò l'operato del nipote e gli ordinò di unirsi alle truppe che dovevano reprimere i moti.

ORGANIZZO I CONCETTI

▶ Completa la tabella.

I moti del 1820-1821	
Spagna	I soldati si rifiutano di combattere contro i .... spagnoli d'America.
Portogallo	Insorgono Porto e ....
Regno delle Due Sicilie	Si ribella un reparto di .... guidato da carbonari.
Piemonte	I patrioti insorgono, sperando nell'appoggio di ....

Fonti

I patrioti e Carlo Alberto

Qualche giorno prima che scoppiassero i moti del Piemonte alcuni patrioti ebbero un incontro segreto con il principe reggente Carlo Alberto. Ecco come due protagonisti dell'avvenimento – il patriota Santorre di Santarosa e il principe – riportano quell'incontro.

>> Fummo introdotti per una scala segreta nella biblioteca del principe. Carlo di San Marzano prese per primo la parola. Parlò da uomo profondamente convinto; tutti gli ostacoli, tutte le difficoltà aveva la sua ardente immaginazione appianato. Tutti noi facemmo sentire al principe che avevamo dinnanzi agli occhi l'Italia e che la rivoluzione piemontese avrebbe iniziato l'epoca più gloriosa per la Casa Savoia. Aggiungemmo che nulla di sinistro [minaccioso] avrebbe dovuto temersi per il re e per la sua famiglia, a cui i nostri petti avrebbero servito da scudo. Nulla gli fu nascosto e queste memorande parole gli furono indirizzate: "Principe, tutto è pronto; non s'aspetta più che il vostro consenso. [...]. Carlo Alberto diede quel consenso. >>

(Da Santorre di Santarosa, *De la révolution piémontaise* [La rivoluzione piemontese], Parigi 1822.)

>> Il 6 marzo vennero da me Santarosa, San Marzano e altri due [...]. Mi dissero che appartenevano a sette segrete che da tempo lavoravano per l'indipendenza d'Italia e che, poiché io avevo sempre dimostrato un grande attaccamento per il mio paese, non potevo avere altro scopo che la gloria; perciò speravano che mi sarei schierato dalla loro parte. Risposi che non potevo agire altro che secondo quanto mi imponevano la religione e l'onore e che nulla avrebbe potuto allontanarmi dai miei doveri. Cercai anche di farli ragionare e di mostrare loro la follia di una simile impresa. Dissi che se non potevo dissuaderli mi sarei schierato contro di loro con le artiglierie. Ma tutto fu inutile. >>

(Da Carlo Alberto, *Rapporto sulla rivoluzione*.)

◀ **L'incontro tra Carlo Alberto e i liberali piemontesi**: un momento di grandi speranze, poi deluse, per i patrioti italiani.
Torino, Museo del Risorgimento. Foto De Gregorio.

📎 LAVORO SULLE FONTI

1. Rispondi alle domande.
   a. I due testi parlano dello stesso argomento? Giungono alle stesse conclusioni?
   b. Quando avviene l'incontro descritto? Dove? A che scopo?
   c. Lo scopo viene raggiunto secondo i patrioti? E secondo Carlo Alberto? Sottolinea in entrambi i testi le frasi che lo fanno capire.

2. Indica con una crocetta nella colonna corrispondente chi ha pronunciato le seguenti affermazioni.

Chi sostiene che...	I patrioti	Carlo Alberto
Il principe ha approvato l'insurrezione.		
Il principe ha cercato di dissuadere i patrioti.		
Il fine dell'insurrezione è il bene dell'Italia.		
L'insurrezione porterà gloria alla casa Savoia.		
L'insurrezione è una follia.		
L'insurrezione è facile da organizzare.		
La famiglia reale non subirà danni.		
In caso di necessità userà le artiglierie.		
Resterà fedele ai propri doveri.		

I moti vengono soffocati

Ma già le potenze della Santa Alleanza, alla quale nel frattempo avevano aderito molti altri Stati europei fra cui la Francia, organizzavano interventi armati contro i rivoltosi.

A **Napoli** la rivolta fu soffocata da un esercito austriaco, chiamato dallo stesso re Ferdinando, che pure aveva giurato fedeltà alla Costituzione.

In **Piemonte** gli insorti, guidati da **Santorre di Santarosa**, furono sconfitti dall'esercito regio, fiancheggiato da truppe austriache.

In **Spagna** la Restaurazione fu imposta con la forza nel 1823 da un esercito francese. Alla sconfitta seguì la **repressione***: tutte le Costituzioni furono abolite, i controlli di polizia vennero rafforzati e molti patrioti furono condannati a morte, al carcere o all'esilio.

Ci furono arresti e processi in quasi tutta Italia perché, dopo i moti, le polizie divennero particolarmente sospettose. In Lombardia furono condannati, fra gli altri, **Federico Confalonieri**, che era stato in stretto rapporto con gli insorti piemontesi, e alcuni membri della carboneria, come **Silvio Pellico** e **Piero Maroncelli** [→ I protagonisti p. 330].

L'arresto di Federico Confalonieri in un'incisione del XIX secolo.
Roma, Museo del Risorgimento.
Foto White Images/Scala, Firenze.

* **Repressione**
L'insieme degli interventi (arresti, condanne, scontri armati ecc.) voluti dai governi per impedire con la forza ribellioni e cambiamenti politici.

La repressione di re Ferdinando nel quadro di Antonio Gisbert Pérez *La fucilazione del generale Torrijos e dei suoi compagni sulla spiaggia di Malaga*, 1888.
Madrid, Museo del Prado.

Il successo della rivoluzione greca

Fra tanti insuccessi e sconfitte ci fu però un'eccezione: la rivoluzione greca. La Grecia faceva parte dell'impero ottomano, che da tempo era in crisi e già nel 1818 aveva dovuto concedere ai Serbi insorti una certa autonomia. Nel 1821 anche i Greci si ribellarono contro i Turchi, chiedendo libertà e indipendenza.

L'insurrezione della Grecia, culla della civiltà europea, destò commozione ed entusiasmo nell'animo di poeti e artisti, liberali e intellettuali europei, molti dei quali accorsero a combattere in aiuto del popolo greco.

Andarono, fra gli altri, il patriota italiano Santorre di Santarosa, uno dei capi dello sfortunato moto piemontese del 1821, e il poeta romantico inglese **George Byron**, che in Grecia trovarono la morte.

Anche le potenze della Santa Alleanza, in particolare Russia e Francia, che avevano tutto da guadagnare da un ulteriore indebolimento dell'impero ottomano, si schierarono a fianco degli insorti. I Turchi infine furono battuti e dovettero riconoscere l'**indipendenza della Grecia** (1829).

Un ritratto di Lord Byron in costume greco. Atene, Museo Benaki.

ORGANIZZO I CONCETTI

- **Spagna** → ottiene → Costituzione
- **Portogallo** → ottiene → Costituzione
- **regno delle Due Sicilie** → ottiene → Costituzione
- **Piemonte** → ottiene → Costituzione

ma interviene la → Santa Alleanza → quindi → le Costituzioni sono abolite e comincia la repressione

- **Grecia** → contro → impero ottomano → con l'aiuto dei → liberali di tutta Europa → ottiene → l'indipendenza

COLLOCO GLI EVENTI NEL TEMPO

- **1814-1815** Congresso di Vienna
- **1820-1821** moti in Spagna, Portogallo, Italia, Grecia
- **1829** indipendenza della Grecia
- **1814-1848** età della Restaurazione

3. Nuovi moti indeboliscono la Restaurazione

Francia 1830: una nuova rivoluzione e un nuovo re

Dieci anni dopo i moti del 1820-1821 scoppiarono nuove insurrezioni che inflissero il primo serio colpo alle forze della Restaurazione. L'esempio della rivoluzione venne dalla Francia. Qui nel 1824 a Luigi XVIII di Borbone, re costituzionale, successe il fratello **Carlo X**, che non nascondeva la sua simpatia per le monarchie assolute. Carlo X limitò le libertà garantite dalla Costituzione, emanò leggi a favore della nobiltà e nel 1830, poiché il parlamento appena eletto gli era contrario, decise di scioglierlo.

Allora i Parigini insorsero: per tre giornate, poi dette "gloriose" (dal 27 al 29 luglio **1830**), affrontarono l'esercito regio e, per impedirne manovre e spostamenti, sbarrarono le strette vie della città innalzando **barricate**. Artigiani, operai, studenti e anche ricchi borghesi, donne e bambini combattevano per strada, uno accanto all'altro: infatti la "**rivoluzione di luglio**" fu opera di tutto il popolo parigino. Carlo X fu costretto a fuggire e la corona passò a un suo lontano parente, **Luigi Filippo, duca d'Orléans**, che si proclamò re dei Francesi non «per diritto divino» ma «per volontà della nazione» e governò diciotto anni con l'appoggio della ricca borghesia.

COLLEGO CAUSE ED EFFETTI

Carlo X
↓
scioglie
↓
il parlamento
↓
scoppia
↓
la "rivoluzione di luglio"
↓
che mette
↓
il re in fuga
↓
sale al trono
↓
Luigi Filippo d'Orléans

◁ Le barricate di Parigi nel 1830 in un dipinto di Nicholas-Edward Gabe. Collezione privata.

Il Belgio insorge e si rende indipendente dall'Olanda

La rivoluzione di luglio diede l'avvio a una catena di insurrezioni in molti Paesi d'Europa ancora sottomessi o divisi, come il Belgio, la Polonia, l'Italia.

Non tutte ebbero successo. Si conclusero felicemente solo quelle che erano sostenute da una borghesia forte e non urtavano gli interessi delle grandi potenze. Il **Belgio**, per esempio, Paese ricco e industriale, insorse nell'agosto **1830** chiedendo il distacco dall'Olanda, cui era stato unito dal Congresso di Vienna [→ par. 1]. Le richieste dei Belgi furono sostenute dall'Inghilterra e soprattutto dalla Francia, che era interessata a smantellare uno Stato forte presso i suoi confini. Così, nel **1831** il Belgio ottenne l'indipendenza e si diede una Costituzione fra le più avanzate d'Europa.

In Polonia e in Italia le insurrezioni vengono represse

Molto diverso fu l'esito delle rivolte in quei Paesi – come la **Polonia** e l'**Italia** – in cui le aspirazioni dei liberali contrastavano con le esigenze politiche degli altri governi europei.

Sperando nell'aiuto di Francesi e Inglesi, i Polacchi insorsero e lottarono eroicamente per sottrarsi alla dominazione russa. Ma Francia e Inghilterra non intervennero e gli insorti, abbandonati a se stessi, furono sconfitti e duramente puniti.

In Italia l'insurrezione partì da **Modena** nel febbraio 1831 e si diffuse poi a **Parma**, a Bologna e in altri territori pontifici (**Romagna**, **Marche**, **Umbria**). I patrioti avevano posto le loro speranze nell'aiuto del re dei Francesi. Luigi Filippo invece non si mosse, e un esercito inviato dall'Austria pose presto fine alla rivolta e alle illusioni degli insorti. Il modenese **Ciro Menotti**, uno dei capi della congiura, fu condannato a morte dal duca di Modena Francesco IV che, a quanto pare, in un primo momento aveva incoraggiato i patrioti all'azione [→ I protagonisti p. 330].

La repressione dell'insurrezione di **Modena** nel 1831.
Foto De Agostini/Getty Images.

L'Inghilterra sceglie la strada delle riforme

Gli echi rivoluzionari arrivarono anche in Inghilterra. In questo Paese, dove il parlamento era un'istituzione antichissima, la vita politica era dominata da un **partito conservatore** che escludeva dal potere la maggior parte della **borghesia liberale**. Naturalmente l'irritazione dei borghesi era grande. Ma in Inghilterra non si giunse a una rivoluzione perché il governo, spinto dai fatti di Francia, nel **1832** realizzò un'importante **riforma elettorale**: concesse il diritto di voto a un numero molto più ampio di cittadini, fra cui tutti i borghesi (gli elettori passarono da 500 000 a 800 000).

I liberali finirono per conquistare la maggioranza in parlamento e anche l'Inghilterra, come la Francia, divenne un punto di riferimento politico per i borghesi di tutta Europa.

> **COLLEGO CAUSE ED EFFETTI**
>
> ▶ **PERCHÉ** in Inghilterra non ci sono moti rivoluzionari? Scegli la risposta giusta.
>
> ☐ C'è già una Costituzione.
> ☐ Viene concessa una Costituzione.
> ☐ Viene concessa una riforma elettorale che permette ai borghesi di votare.

COLLOCO GLI EVENTI NEL TEMPO

- **1814-1815** Congresso di Vienna
- **1814-1848** età della Restaurazione
- **1820-1821** moti in Spagna, Portogallo, Italia, Grecia
- **1829** indipendenza della Grecia
- **1830** rivoluzione di luglio in Francia
- **1830-1831** insurrezioni in Belgio, Polonia, Italia
- **1832** riforma elettorale in Inghilterra

I protagonisti

Patrioti italiani del primo Ottocento

Ricordiamo brevemente la vita, le opere, gli ideali, le sofferenze di alcuni patrioti del primo Risorgimento.

Silvio Pellico (1789-1854)

Patriota piemontese iscritto alla carboneria, fu arrestato nel 1820 dagli Austriaci (per l'Austria, l'iscrizione alle sette segrete era un atto di alto tradimento) e condannato a 15 anni di carcere da scontare presso la fortezza dello Spielberg, in Moravia. Graziato dall'imperatore nel 1830, pubblicò un diario di prigionia, *Le mie prigioni*, che ebbe una grande diffusione. Il racconto dei patimenti subìti nello Spielberg da lui e dai suoi compagni destò orrore in tutta Europa e inflisse un duro colpo al prestigio dell'Austria. Per questo motivo si disse del libro che "costò all'Austria più di una guerra perduta".
A fianco, ritratto del patriota in una litografia ottocentesca.
Milano, Raccolta Bertarelli.

Federico Confalonieri (1785-1846)

Il conte milanese Federico Confalonieri fu fra i fondatori del periodico *Il Conciliatore*, una rivista che propagandava idee moderatamente liberali e che la censura austriaca si affrettò a chiudere. Confalonieri cercò di promuovere riforme e innovazioni, come la navigazione a vapore, l'illuminazione a gas e l'istituzione di nuove scuole.
Iscritto alla carboneria e coinvolto nei falliti moti piemontesi del 1821, venne arrestato e condannato a morte. Questa pena fu mutata prima in carcere a vita nella fortezza dello Spielberg, poi nella deportazione in America.
A sinistra, Federico Confalonieri in un ritratto del 1820-1821.
Brescia, Museo del Risorgimento.

Santorre di Santarosa (1783-1825)

Nel 1821 fu fra i capi dei moti piemontesi e, dopo il fallimento della rivolta, venne condannato a morte. Riuscì però a fuggire all'estero: prima in Svizzera, poi in Francia, quindi in Inghilterra. Infine, nel 1824, s'imbarcò per la Grecia. Qui, nell'isoletta di Sfacteria, morì nel 1825, combattendo contro i Turchi per la causa greca.
A destra, Santorre di Santarosa in un ritratto ad acquerello del XIX secolo.
Torino, Museo del Risorgimento.

Ciro Menotti (1798-1831)

Patriota modenese, nel 1831 – confidando nell'appoggio del sovrano francese Luigi Filippo e del duca di Modena Francesco IV – organizzò un'insurrezione che coinvolgeva molte città italiane. Proprio alla vigilia della rivolta, Francesco IV lo fece arrestare insieme ad altri congiurati. L'insurrezione scoppiò ugualmente, propagandosi in gran parte dell'Italia centrale, ma alla fine venne soffocata.
Ciro Menotti fu condannato a morte e giustiziato. In suo onore, qualche anno più tardi, Giuseppe Garibaldi chiamò Menotti il proprio figlio primogenito.
Qui accanto, Ciro Menotti ritratto poco prima della sua impiccagione.
Modena, Museo del Risorgimento.

4. Il sentimento di nazione e le rivoluzioni nazionali d'America

Nascono le idee di patria e di nazione

Ancora nel Settecento la parola "patria" significava soltanto la città d'origine e il termine "nazione" indicava una piccola comunità cittadina o regionale (o al massimo l'insieme di coloro che usavano la stessa **lingua letteraria***).

Solo fra il XVIII e il XIX secolo – di pari passo con i grandi rivolgimenti politici dell'età rivoluzionaria e napoleonica, che avevano posto sotto il dominio francese l'Europa intera – cominciò a farsi strada lentamente un nuovo **sentimento nazionale**.

La parola "nazione" cominciò a indicare una comunità di persone che condividono lingua, storia, religione, tradizioni e costumi. Il discorso sulla patria si arricchì di termini tratti dai rapporti di parentela o dal linguaggio religioso: "patria" non è più soltanto il luogo in cui si nasce, ma la "terra dei padri"; la patria è "madre" e i suoi figli, appartenenti a una stessa nazione, sono tutti "fratelli"; l'amore per la patria è "sacro" e chi muore combattendo è definito un "martire".

Alla nascita di questo linguaggio esaltante e appassionato contribuì non poco un nuovo movimento d'arte e di pensiero: il Romanticismo [→ Patrimonio della cultura p. 334].

* **Lingua letteraria**
È la lingua colta, usata da scrittori e poeti.

Il Romanticismo

Il Romanticismo nacque in Germania alla fine del XVIII secolo e si diffuse poi in tutta Europa influenzando la letteratura e la filosofia, la pittura e la musica.

Agli inizi dell'Ottocento molti di coloro che avevano creduto negli ideali illuministi di pace e di progresso erano rimasti profondamente delusi. Infatti né la rivoluzione francese né il dominio napoleonico avevano saputo realizzare quella società perfetta, basata sugli insegnamenti della ragione, in cui credevano gli illuministi. Al contrario, avevano riempito l'Europa di lutti e di rovine.

Perciò i romantici si opposero, almeno in parte, alle idee illuministe. Invece della ragione, esaltarono il **sentimento**, la **fantasia**, la **libertà creatrice dell'artista**; riscoprirono l'importanza della **religione**, che l'Illuminismo aveva criticato o trascurato, e **rivalutarono il Medioevo** che per gli illuministi era un'età d'ignoranza e di superstizione.

Artisti e letterati romantici misero in luce quanto ciascun popolo aveva di più proprio e originale, ciò che più lo distingueva dagli altri, formandone l'**identità***: perciò esaltarono tradizioni e costumi locali, ricercarono poesie, leggende, fiabe popolari, rievocarono episodi gloriosi dell'Antichità o del Medioevo. Contribuirono così al risveglio del sentimento nazionale, anche in questo distaccandosi dagli illuministi che si consideravano invece "cittadini del mondo".

▲ **L'uomo di fronte all'infinita maestà della natura** nel *Viandante sul mare di nebbia*, un dipinto del pittore tedesco Caspar David Friedrich del 1818 che è uno dei quadri-simbolo del Romanticismo. Amburgo, Kunsthalle.

* **Identità**
Insieme di caratteristiche che rendono un individuo (o un gruppo, un popolo, una nazione) quello che è, differenziandolo da tutti gli altri.

Molti di coloro che condividevano le idee del Romanticismo assunsero un impegno politico concreto e, come il poeta Byron, parteciparono attivamente alle lotte per la libertà e l'indipendenza dei popoli. Altri poeti, scrittori e musicisti sostennero la causa delle nazioni attraverso le loro opere.

ORGANIZZO I CONCETTI

Gli ideali del Romanticismo
- lotte per libertà e indipendenza
- nazione
- rivalutazione del Medioevo
- immaginazione e sentimento
- religione

Le rivoluzioni in America Latina

Nei primi decenni dell'Ottocento, anche nei Paesi dell'America Latina, da secoli sottoposti al dominio coloniale di Spagna e di Portogallo, si manifestarono nuove aspirazioni all'**indipendenza**.

Nelle colonie, agli inizi dell'Ottocento, era ancora diffusa la **schiavitù** (soprattutto in Brasile e nelle Antille) e la società coloniale era dominata dai **bianchi**, divisi fra **Europei**, provenienti dal vecchio continente, e **creoli**, nati in America da genitori bianchi. Fra questi due gruppi si collocavano i meticci, i mulatti e gli *Indios* [→ cap. 2 par. 3].

I creoli erano ricchi, possedevano miniere e piantagioni e controllavano il commercio dei prodotti coloniali. Molti di loro avevano studiato in Europa, si erano fatti conquistare dalle idee rivoluzionarie, subivano il fascino della guerra d'indipendenza americana e degli Stati Uniti d'America. Inoltre sopportavano malvolentieri i limiti posti dalla madrepatria alla piena libertà dei commerci e il grande potere dei funzionari europei che ricoprivano le cariche più alte. Così, la maggior parte dei creoli si schierò decisamente per l'indipendenza delle colonie dal dominio spagnolo.

Simón Bolívar in un ritratto del 1820.
Collezione privata.

La conquista dell'indipendenza

A capo del movimento per l'indipendenza si posero due valorosi generali, il venezuelano **Simón Bolívar** (1783-1830) e l'argentino **José de San Martín** (1778-1850), ciascuno dei quali, alla testa delle forze rivoluzionarie, si guadagnò il titolo di *Libertador* (liberatore). Sotto la loro guida, in poco meno di vent'anni (**fra il 1811 e il 1828**) tutta l'America centro-meridionale si liberò dalla dominazione spagnola.

Nel 1822 anche il Brasile (colonia portoghese) si staccò pacificamente dal Portogallo. Nella colonia francese di Saint-Domingue, già dal 1804, una rivolta di schiavi neri aveva portato alla proclamazione della repubblica di Haiti.

Tutti i nuovi Stati, tranne il Brasile, che fu governato da un imperatore, ebbero governi repubblicani. Dovunque alle lotte per l'indipendenza parteciparono anche *Indios*, meticci e neri.

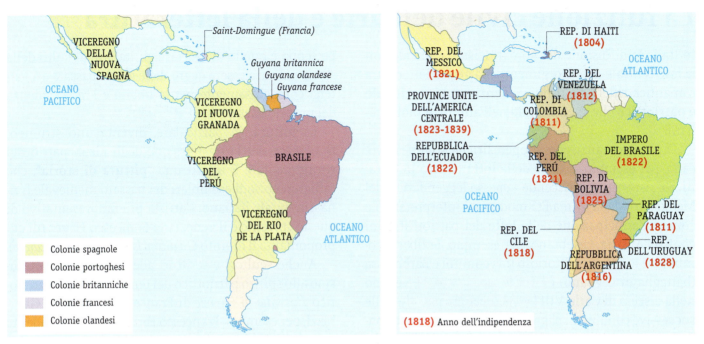

Le colonie in America Latina nel XVIII secolo.

L'America Latina nel 1830.

La dottrina di Monroe

Due Paesi contribuirono alla conquista dell'indipendenza dell'America Latina. Il primo fu la **Gran Bretagna**, che durante la guerra si schierò più volte a fianco degli insorti, forte del suo dominio sui mari e desiderosa di conquistare i mercati americani. Il secondo furono gli **Stati Uniti**. Il loro presidente **James Monroe**, nel suo messaggio alla nazione del **1823**, prese posizione contro qualunque tentativo di riconquista delle colonie, affermando che gli Stati Uniti avrebbero considerato ogni intervento europeo in America come un'aggressione contro il loro stesso Paese.

La "dottrina di Monroe", che si può riassumere nella formula "l'America agli Americani", era un chiaro avvertimento alle potenze europee a non intromettersi nelle vicende americane e, nello stesso tempo, un'affermazione dell'**egemonia** che gli Stati Uniti intendevano esercitare sul continente.

Patrimonio della cultura

La funzione civile dell'arte e della letteratura

In Italia la diffusione del Romanticismo coincide con la fase centrale del Risorgimento. L'arte e la letteratura romantica riflettono il nuovo **sentimento nazionale e patriottico** che sta nascendo nell'animo di molti Italiani.

Dipinti, romanzi, poesie, opere liriche, stampe rievocano, per esempio, il tema della **lotta contro lo "straniero"**, ispirandosi a vicende – spesso leggendarie – del Medioevo o della prima Età moderna e interpretandole come un'anticipazione delle lotte dei patrioti italiani contro l'Austria. Celebrano, per esempio, le libertà comunali e lo scontro vittorioso fra i comuni e Barbarossa (battaglia di Legnano) [→ vol. 1 cap. 12 par. 1]; vedono nella discesa di Carlo VIII [→ vol. 1 cap. 15 par. 3] e nelle successive conquiste spagnole [→ cap. 5 par. 1] il tramonto della libertà italiana; rammentano i tentativi, eroici e spesso sfortunati, di liberazione e di riscatto.

Lo scopo è quello di esortare gli Italiani al culto della storia patria, a essere degni delle glorie passate e a battersi coraggiosamente per la libertà e l'indipendenza del proprio Paese.

La pittura, in particolare, diventa uno strumento efficace per la trasmissione degli ideali patriottici risorgimentali. È infatti una **"pittura di storia"**, che raffigura episodi esemplari del passato medievale o rinascimentale italiano. L'artista più rappresentativo di questa corrente è il veneziano Francesco Hayez (di cui proponiamo il dipinto *Gli ultimi istanti di Marin Faliero*).

Anche scultori e scrittori aderiscono con entusiasmo allo spirito patriottico dei tempi. Nel romanzo storico *L'assedio di Firenze* di Francesco Domenico Guerrazzi, per esempio, Francesco Ferrucci – il comandante delle milizie cittadine, che si trova a fronteggiare l'attacco delle truppe di Carlo V – si sacrifica eroicamente

◀ A sinistra, **Gli ultimi istanti di Marin Faliero**, dipinto di Francesco Hayez del 1867. Il doge Marin Faliero è accusato dalle famiglie veneziane di comportarsi da tiranno (cioè di governare in modo autoritario, con la violenza e la prepotenza) e per questo viene pubblicamente giustiziato.
Milano, Pinacoteca di Brera. Foto Scala, Firenze.

◀ Qui accanto, **il comandante Francesco Ferrucci**, in una scultura di Pasquale Romanelli del 1847.
Firenze, Loggiato degli Uffizi.

e, già ferito e a terra, viene ucciso per mano del condottiero traditore Francesco Maramaldo, pronunciando una frase rimasta famosa: «Vile! Tu uccidi un uomo morto». Intorno alla figura di Ferrucci (che è ricordato anche nell'inno di Mameli) nacque un vero e proprio culto nazionale, tanto che a Gavinana, il paese toscano in cui morì, venivano organizzati regolari pellegrinaggi patriottici.

Uno degli strumenti più potenti di propaganda politica risorgimentale fu la musica e, in particolare, l'**opera lirica** (o melodramma) che verso la metà dell'Ottocento era diventata uno spettacolo popolare e contava appassionati in tutte le classi sociali. In un tempo di accesi sentimenti patriottici bastava poco per infiammare gli animi degli spettatori: era sufficiente che le vicende rievocate sul palcoscenico – non importa se storiche o leggendarie – esaltassero la libertà e la lotta contro l'oppressore o richiamassero, in qualche modo, la situazione politica del tempo. In Italia i brani d'opera più famosi erano sulla bocca di tutti e la gente li cantava per le strade, magari modificando alcune parole per esprimere i propri sentimenti antiaustriaci. Nel coro *Si ridesti il Leon di Castiglia* (tratto dall'opera *Ernani* di Giuseppe Verdi) molti, per esempio, sostituivano la parola "Castiglia" con "Venezia", volendo alludere a una rivolta del leone di San Marco contro l'Austria. Uno dei cori verdiani più noti era *Va' pensiero sull'ali dorate*, dall'opera *Nabucco* di Verdi. Cantato dal popolo ebreo, schiavo a Babilonia, esso conteneva parole di struggente nostalgia per la patria lontana; parole che alle orecchie dei patrioti italiani suonavano come un lamento per la sorte dell'Italia, prigioniera degli Austriaci.

Lo stesso nome di Verdi si prestava a esprimere le aspirazioni politiche dei patrioti. La scritta «**W VERDI**», infatti, che compariva di frequente sui muri delle città, manifestava ammirazione per il celebre musicista, ma poteva anche essere letta come un'abbreviazione in codice della frase «W Vittorio Emanuele Re D'Italia».

Va' pensiero sull'ali dorate, il coro degli schiavi ebrei nel *Nabucco* di Verdi.

Viva Verdi! Un messaggio patriottico nascosto sotto le vesti di un innocuo apprezzamento per il musicista.
Milano, Raccolte Bertarelli.

COMPRENDO LE TRADIZIONI CULTURALI E RELIGIOSE

1. A quali periodi della storia italiana si ispirarono artisti e scrittori risorgimentali? A quale scopo?
2. Di quale episodio fu protagonista Francesco Ferrucci, ricordato anche nell'inno nazionale italiano?
3. Quale significato poteva nascondere la scritta «W Verdi»?

5. Una guerra civile americana

Un periodo di grande sviluppo per gli Stati Uniti

Nella prima metà dell'Ottocento la giovane nazione americana era in grande sviluppo. Il numero degli Stati dell'Unione era in aumento, la popolazione cresceva, i confini continuavano a espandersi verso ovest, dove l'agricoltura guadagnava rapidamente terreno. Dopo una sanguinosa **guerra contro il Messico** (1846-1848), il territorio degli Stati Uniti giunse a comprendere l'intera fascia di terre dall'Oceano Atlantico al Golfo del Messico e al Pacifico.

Fu proprio la corsa all'ovest a scatenare nel Paese, nella seconda metà del secolo, una furiosa guerra civile.

Il problema della schiavitù divide gli Stati Uniti

Negli Stati del nord-est – la zona più ricca e più **urbanizzata***, dove sorgevano le industrie e il bisogno di operai era grande – si era diffuso da tempo un **movimento abolizionista**, favorevole alla soppressione della schiavitù dei neri. I latifondisti del sud, invece, proprietari di sterminate **piantagioni** di cotone e tabacco, miravano a estendere anche nei nuovi territori dell'ovest il sistema di coltivazione basato sul lavoro degli schiavi [→ cap. 10 par. 1]. Inoltre, chiedevano ai governanti **libertà di scambio** per favorire l'esportazione dei loro prodotti. Gli imprenditori del nord, invece, per **proteggere le loro industrie** dalla concorrenza europea, volevano imporre **dazi** sui prodotti stranieri.

La situazione precipitò nel **1860**, quando fu eletto presidente **Abraham Lincoln**, decisamente contrario a introdurre la schiavitù nei **territori*** in via di colonizzazione. Allora undici Stati del sud decisero di staccarsi dall'Unione e di dar vita a una **confederazione autonoma**, con un altro presidente.

* **Urbanizzata**
Si dice di una zona in cui le città sono numerose e in espansione.

* **Territori**
Le terre dell'ovest conquistate dai pionieri venivano via via organizzate in territori, cioè grandi regioni che avevano una legislazione propria e si autogovernavano. Solo quando un territorio raggiungeva un certo numero di abitanti poteva trasformarsi in un vero e proprio Stato e scegliere, con un referendum, se entrare a far parte della federazione degli Stati Uniti.

La guerra di secessione e la ricostituzione dell'unità

Questa decisione segnò l'inizio di una sanguinosa guerra civile, detta **guerra di secessione** (cioè di separazione), che durò più di quattro anni e costò oltre mezzo milione di vite umane.

Le truppe confederate (o sudiste) in un primo momento ebbero la meglio. Poi la situazione cambiò a favore degli Stati del nord, che avevano un esercito molto più numeroso e maggiori risorse industriali. Fallita a Gettysburg (1863) l'offensiva sudista, le truppe del nord penetrarono sempre più profondamente nel territorio dei confederati, che resistettero ancora per quasi due anni, arrendendosi solo nell'aprile **1865**. Nello stesso anno, mentre la **schiavitù veniva abolita** in tutti gli Stati Uniti, Abraham Lincoln fu assassinato da un fanatico sudista.

L'assassinio di Lincoln nel 1865 in una stampa del XIX secolo.
Foto Mary Evans Picture Library/ Scala, Firenze.

Gli schieramenti durante la guerra di secessione (1861-1865).

- Stati dell'Unione
- Stati schiavisti rimasti fedeli all'Unione
- Territori fedeli all'Unione
- Stati secessionisti
- ★ Battaglie

Uno schiavo all'asta in un'illustrazione del 1863. Washington, Library of Congress.

Continua la tratta degli schiavi

La vittoria del movimento abolizionista negli Stati Uniti non significò la fine della schiavitù. La domanda di schiavi africani non accennò a diminuire, quindi la tratta dei neri – che pure era stata solennemente condannata da tutti i Paesi europei durante il Congresso di Vienna – proseguì. Anzi, il traffico degli schiavi attraverso l'Atlantico divenne, se possibile, ancora più crudele. I negrieri, infatti, non esitavano a rovesciare in mare il loro carico umano quando rischiavano di essere sorpresi dalle navi di controllo.

Il commercio degli schiavi verso il Nuovo Mondo si esaurì soltanto verso la **fine dell'Ottocento**, quando la schiavitù fu definitivamente abolita in tutti i Paesi americani.

All'abolizione si giunse per **motivi umanitari** (tutti gli esseri umani sono uguali) e **religiosi** (tutti gli esseri umani sono fratelli). Ma si aggiunsero anche **ragioni economiche**. Infatti il lavoro gratuito degli schiavi teneva bassi i costi di produzione in America e ciò danneggiava quegli imprenditori europei che, dovendo pagare la manodopera, erano costretti a imporre prezzi più alti.

COLLOCO GLI EVENTI NEL TEMPO

- **1814-1815** Congresso di Vienna
- **1814-1848** età della Restaurazione
- **1823** dottrina di Monroe
- **1829** indipendenza della Grecia
- **1832** riforma elettorale in Inghilterra
- **1861-1865** guerra di secessione americana
- **1811-1828** indipendenza delle colonie spagnole in America Latina
- **1820-1821** moti in Spagna, Portogallo, Italia, Grecia
- **1830-1831** insurrezioni in Belgio, Polonia, Italia
- **1830** rivoluzione di luglio in Francia
- **1860** Lincoln presidente degli USA

Unità 4 L'età delle rivoluzioni liberali e nazionali

RICOSTRUISCO LA MAPPA DEL CAPITOLO

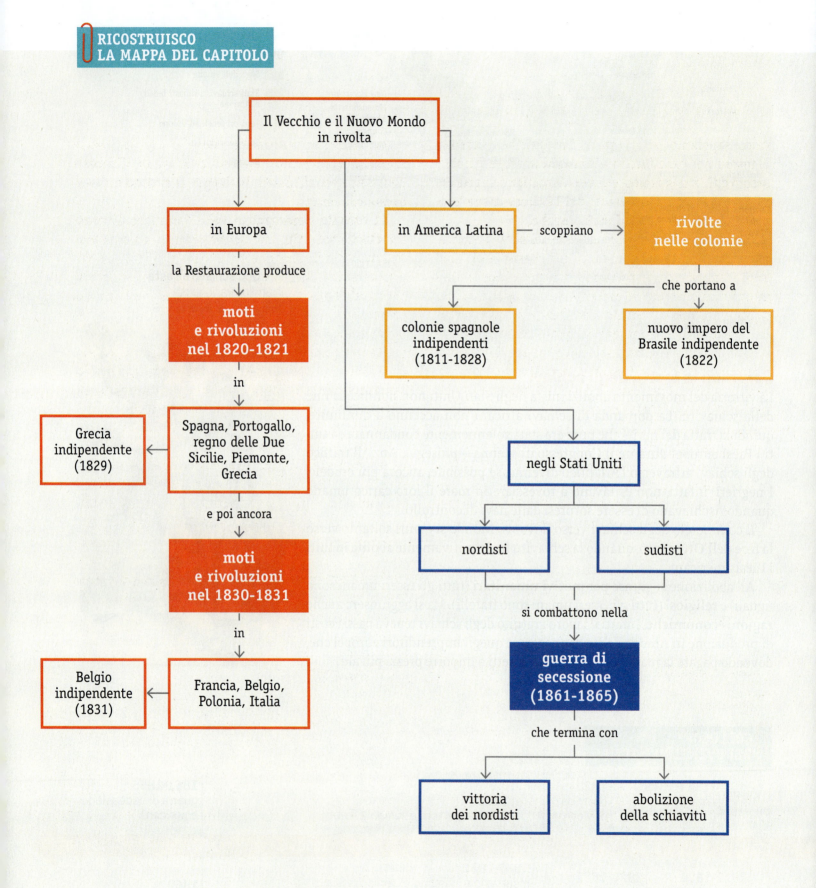

Geostoria

I movimenti migratori verso le Americhe

Come sappiamo [→ p. 4] i primi Europei che toccarono le terre americane furono **Vichinghi** norvegesi, nel IX secolo d.C.; ma la conoscenza dell'America da parte degli Europei cominciò soltanto nel 1492, con la sua "scoperta" da parte di **Cristoforo Colombo**.

Ebbe inizio allora l'occupazione del suolo americano, prima a opera di Spagnoli e Portoghesi, poi di Olandesi, Francesi e Inglesi. Intanto la popolazione indigena diminuiva drammaticamente a causa delle malattie portate dall'Europa, delle guerre e degli stenti [→ cap. 2 par. 3]. Proprio per compensare il **calo demografico**, si diede inizio alla **tratta di schiavi neri**, che durò secoli e terminò soltanto a fine Ottocento. È stato calcolato che il numero complessivo di africani deportati abbia superato i 10 milioni di individui.

Gli Europei che fra il Cinquecento e la fine del Settecento presero volontariamente la via dell'Atlantico furono invece relativamente pochi, meno di 5000 l'anno, fra contadini senza terra, missionari, perseguitati per motivi religiosi, pirati, contrabbandieri. Molto più numerosi furono i servi a contratto che si impegnavano a lavorare per un padrone per cinque o sette anni nella speranza, quasi sempre vana, di guadagnare il denaro necessario per affrontare il viaggio di ritorno e riconquistare la libertà.

La **crescita demografica** delle Americhe divenne impetuosa solo alla fine del Settecento, quando gradualmente la rivoluzione industriale si affermò anche oltreoceano. Il Nuovo Mondo infatti richiedeva manodopera abbondante per lo sviluppo della sua industria nascente, mentre agli agricoltori offriva vaste estensioni di terreno adatte a essere coltivate.

Furono quasi 35 milioni gli Europei che fra la metà dell'Ottocento e gli anni Trenta del ventesimo secolo emigrarono in America e a essi si aggiunse anche un buon numero di Asiatici. Fra di loro parecchi erano i cosiddetti *coolie*: lavoratori non qualificati provenienti dall'India o dalla Cina, spesso reclutati con la forza, tenuti in condizioni miserevoli e costretti al lavoro forzato. Il loro trasporto verso l'America (ma anche verso l'Oceania) costituì, di fatto, la continuazione della tratta schiavistica che era stata ufficialmente abolita.

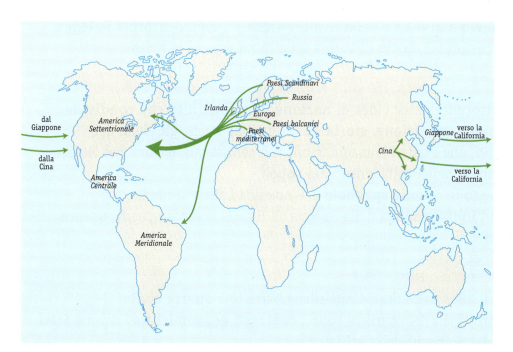

Le migrazioni verso le Americhe fra XIX e XX secolo.

COMPRENDO I CAMBIAMENTI NELLO SPAZIO E NEL TEMPO

1. Da quali Paesi d'Europa partivano gli emigranti verso l'America?
2. Da quali Paesi dell'Asia?
3. Dove si dirigevano di preferenza gli emigranti asiatici?

Sintesi

1. Si ritorna al passato: la Restaurazione

Il **Congresso di Vienna** riporta l'Europa alla situazione politica precedente la rivoluzione francese e Napoleone, seguendo **due principi**: quello **di legittimità** (i sovrani cacciati da Bonaparte devono tornare sul trono), e quello **di equilibrio** (nessuna potenza deve essere troppo forte).

Russia, Austria e Prussia danno vita alla **Santa Alleanza**.

Alle monarchie assolute si oppongono i **liberali**, che chiedono ai governanti di **rispettare le libertà fondamentali** (di pensiero, di parola, di stampa) conquistate con la rivoluzione francese.

2. I primi moti rivoluzionari

Nell'età della Restaurazione le rivolte sono frequenti. A organizzarle sono soprattutto le **società segrete**. In Italia la più importante è la **carboneria**.

Fra il 1820 e il 1821 scoppiano rivolte in Spagna, in Portogallo, in Italia (a Napoli e in Piemonte), che però falliscono per l'intervento della Santa Alleanza.

Ha successo solo la **rivoluzione greca**, che porta la Grecia all'indipendenza dall'impero ottomano (1829).

3. Nuovi moti indeboliscono la Restaurazione

Nel 1830 il re di **Francia** Carlo X è cacciato da una nuova rivoluzione che porta sul trono **Luigi Filippo d'Orléans**, sostenuto dai borghesi liberali.

Dalla Francia i moti di rivolta si estendono a vari Stati. Il **Belgio** ottiene l'indipendenza dall'Olanda; falliscono invece le insurrezioni in **Polonia** e in **Italia**.

In **Inghilterra** non si arriva alla rivolta perché il governo **riforma la legge elettorale** e concede il diritto di voto a un alto numero di cittadini.

4. Il sentimento di nazione e le rivoluzioni nazionali d'America

Fra Sette e Ottocento nasce l'idea di **nazione**: una **comunità che condivide lingua, religione, tradizione, storia**. Si diffondono anche gli ideali del **Romanticismo**, che esalta l'immaginazione e il sentimento e cerca nel Medioevo e nell'Antichità le radici dell'identità dei popoli.

Nell'Ottocento le **colonie spagnole** dell'America Latina si ribellano e **conquistano l'indipendenza** dalla Spagna. Il Brasile si separa pacificamente dal Portogallo.

5. Una guerra civile americana

Fra il 1861 e il 1865 negli Stati Uniti si combatte una **guerra civile**.

Le cause principali del conflitto sono i **contrasti economici** fra i diversi Stati, divisi anche dal problema della **schiavitù**.

Con la vittoria degli Stati del nord torna l'unità e la schiavitù viene abolita.

Capitolo 13 — In Europa e in America rivolte e rivoluzioni

Esercizi  COSTRUISCO LE MIE COMPETENZE

VERIFICO LE CONOSCENZE — Paragrafo 1

1 Completa il testo con le parole dell'elenco. Fai attenzione: alcune non ti serviranno.
Santa Alleanza • libertà • Stato cuscinetto • liberali • equilibrio • legittimità • Metternich • Vienna • Europa • stampa

I rappresentanti degli Stati europei, riuniti in un congresso a ……………………, si proposero di restituire i troni ai sovrani deposti da Napoleone (principio di ……………………) e di impedire che qualche Stato diventasse così potente da minacciare gli altri (principio di ……………………).
I sovrani di Russia, Prussia e Austria firmarono la ……………………, impegnandosi ad aiutarsi l'un l'altro.
Il congresso assicurò all' …………………… un periodo di pace. Ma alla cancellazione di molte riforme introdotte dai Francesi si opposero i ……………………, che rivendicavano alcune ……………………
(di parola, di …………………… , di associazione).

LAVORO CON LE MAPPE — Paragrafo 1

2 Nella mappa tutti i concetti posti nei riquadri esterni sono in relazione con il concetto posto nel riquadro centrale. Esprimi questa relazione con semplici frasi, una per ogni abbinamento.
(Per esempio: *Il Congresso di Vienna assicurò un equilibrio di forze fra le potenze europee.*)

VERIFICO LE CONOSCENZE — Paragrafo 2

3 Completa il testo con le parole dell'elenco. Fai attenzione: alcune non ti serviranno.
Francia • Portogallo • Austria • indipendenza • depressi • carboneria • moti • impero ottomano • repressi • regno delle Due Sicilie • morte • massoneria

Nell'età della Restaurazione le insurrezioni (o ……………………) furono frequenti. Le sette segrete, come la ……………………, organizzarono insurrezioni negli anni 1820-1821 in Spagna, in …………………… , nel …………………… e in Piemonte. Ma tutti i moti furono …………………… e molti patrioti furono condannati a …………………… o al carcere. Solo la Grecia, insorta contro l' ……………………, ebbe il sostegno della Santa Alleanza e dei patrioti di tutta Europa e riuscì a proclamare l' …………………… nel 1829.

Esercizi

LAVORO SULLE FONTI — Paragrafo 2

4 Leggi il documento e l'introduzione che lo accompagna, poi rispondi alle domande. Rivedi, se necessario, la scheda a p. 330.

Il patriota piemontese Silvio Pellico, condannato per essersi iscritto alla carboneria, trascorse nove anni nel carcere dello Spielberg e su questa triste esperienza pubblicò un diario dal titolo *Le mie prigioni*. Ne riportiamo un brano.

> « In Moravia, una regione dell'impero asburgico, s'innalza la fortezza dello Spielberg, un tempo reggia dei signori di Moravia, oggi il più severo ergastolo [carcere] della monarchia austriaca [...]. Circa trecento condannati, per lo più ladri e assassini, sono qui custoditi, quali a carcere duro, quali a durissimo. Il carcere duro significa essere obbligati al lavoro [*di solito, spaccar legna o fare la calza*], portare la catena ai piedi, dormire su nudi tavolacci e mangiare il più povero cibo immaginabile. Il durissimo significa essere incatenati più orribilmente con una cerchia di ferro intorno ai fianchi e la catena infitta [piantata] nel muro, tanto che appena si possa camminare rasente il tavolaccio che serve di letto. Noi, prigionieri di Stato, eravamo condannati al carcere duro. Maroncelli [*un carbonaro forlivese*] e io fummo condotti in un corridoio sotterraneo, dove ci s'apersero due tenebrose stanze non contigue. Ciascuno di noi fu chiuso nel suo covile. »

a. Perché Silvio Pellico fu condannato a morte?
b. Perché si disse che il suo diario di prigionia «costò all'Austria più di una guerra perduta»?
c. Perché l'Austria perseguiva gli iscritti alle sette segrete?
d. Qual è la differenza fra carcere duro e carcere durissimo?
e. Che cosa significa l'espressione «prigionieri di Stato»?
f. Perché Silvio Pellico chiama «covile» (cioè tana) la sua cella?
g. Prova a spiegare le ragioni del grande rigore della giustizia austriaca nei confronti dei patrioti italiani.

COMPONGO UN TESTO — Paragrafo 3

5 Seguendo la traccia delle domande componi un breve testo.

a. Perché nel 1830 i Parigini insorsero contro re Carlo X?
b. Che nome prese quella rivoluzione?
c. Quale titolo scelse per sé Luigi Filippo d'Orléans?
d. Quali altri Paesi insorsero sull'esempio della Francia?
e. Quali rivolte ebbero esito positivo?
f. Quali vennero represse?
g. Perché in Inghilterra non si giunse a una rivoluzione?

Capitolo 13 In Europa e in America rivolte e rivoluzioni

VERIFICO LE CONOSCENZE
Paragrafo 4

6 Completa il testo con le parole dell'elenco. Fai attenzione: alcune non ti serviranno.
Napoleone ▪ Simón Bolívar ▪ James Monroe ▪ José de San Martín ▪ America Latina ▪ Portogallo ▪ indipendenza ▪ Stati Uniti ▪ creoli ▪ piantagioni ▪ colonie ▪ rivoluzioni

Le prime .... nazionali scoppiarono in .... Nelle colonie spagnole il divieto di commerciare liberamente danneggiava i ...., che possedevano miniere e ....
A capo del movimento per l'indipendenza delle colonie si posero due generali: .... e .... Sotto la loro guida le .... si liberarono dal dominio spagnolo in meno di vent'anni. Il Brasile, invece, si staccò pacificamente dal ....

LAVORO CON LE MAPPE
Paragrafo 4

7 Osserva la mappa a p. 332 e trasformala in un testo di circa dieci righe.

COSTRUISCO UNA TABELLA
Paragrafo 4

8 Osserva la carta a p. 333 e completa la tabella.

Colonie all'inizio dell'Ottocento	Madrepatria	Stati indipendenti presenti sugli stessi territori nel 1830
Viceregno della Nuova Spagna		
Viceregno di Nuova	Spagna	
Viceregno del Perù		
Viceregno del		
Brasile		

LEGGO UNA CARTA STORICA
Paragrafo 5

9 Osserva la carta a p. 337 e rispondi alle domande.
   a. Gli Stati colorati in verde sono contrari oppure no alla schiavitù?
   b. Quanti sono gli Stati secessionisti?
   c. Metti una crocetta sugli altri nomi con cui questi Stati vengono chiamati:
      ☐ nordisti   ☐ confederati   ☐ antiabolizionisti
      ☐ sudisti   ☐ abolizionisti
   d. Qual è la città più settentrionale raggiunta dall'offensiva dei sudisti?
   e. Dove si combatté il maggior numero di battaglie, nei territori del nord o del sud?
   f. Quale delle due parti in lotta subì danni maggiori nella guerra?

Unità 4 L'età delle rivoluzioni liberali e nazionali

Il capitolo a colpo d'occhio

QUANDO

1. **In che anni si sono svolti questi eventi? SCRIVI le date sui puntini, poi COLLOCALE sulla linea del tempo: 1814-1815, 1830, 1861-1865.**

A

B

C

.... Guerra di secessione negli Stati Uniti.

.... Il Congresso di Vienna decide il futuro politico dell'Europa.

.... In Francia scoppia la "rivoluzione di luglio".

1810 1815 1820 1825 1830 1835 1840 1845 1850 1855 1860 1865 1870

DOVE

2. **OSSERVA la carta e COMPLETA la legenda.**

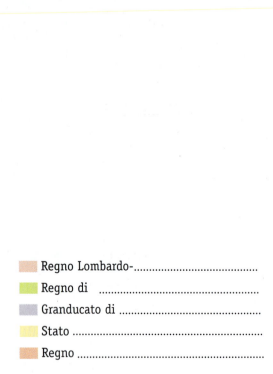

- Regno Lombardo-..............................
- Regno di ....
- Granducato di ....
- Stato ....
- Regno ....

Capitolo 13 In Europa e in America rivolte e rivoluzioni

LE PAROLE DA RICORDARE

**3. SCRIVI le parole seguenti accanto alle definizioni corrispondenti.
ATTENZIONE alle parole in più.**

Nazione • Restaurazione • unionisti • repressione • moti • confederazione • secessione

.... periodo dopo il Congresso di Vienna, che dura più di trent'anni.

.... tumulti, sommosse popolari.

.... l'insieme dei provvedimenti usati dai governi per soffocare le rivolte.

.... distacco di un territorio dallo Stato di cui fa parte.

LA MAPPA DEI CONCETTI

**4. COMPLETA la mappa inserendo al posto giusto le parole seguenti.
ATTENZIONE alle parole in più.**

Santa Alleanza • America Latina • colonie • battaglia • Europa • moti • guerra • Costituzione • Restaurazione • Grecia • Belgio • secessione • indipendenti

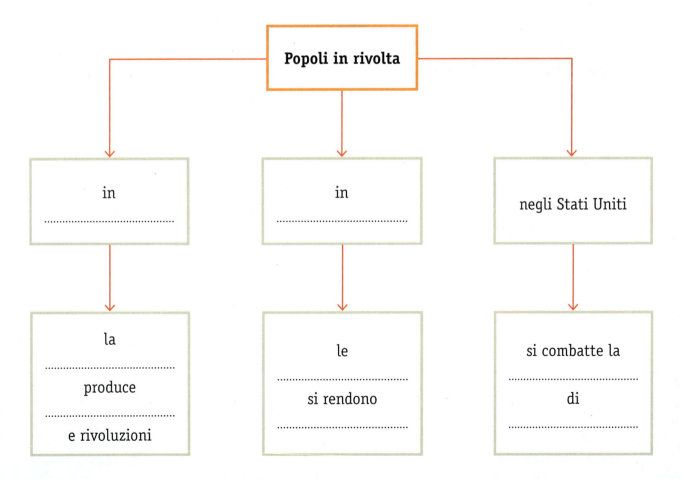

Capitolo 14
Il Risorgimento italiano

GUARDA! IL VIDEO

MI ORIENTO NEL CAPITOLO dal 1831 ⟶ al 1861

1 Politici come **Mazzini**, **Gioberti** e **Cattaneo** progettano la nuova organizzazione dell'Italia. Alcuni sovrani introducono **riforme** o concedono **Costituzioni**, come lo **Statuto Albertino** promulgato nel regno di Sardegna.

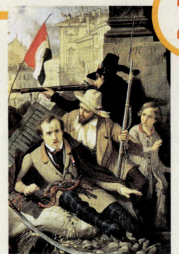

2 Il **1848** è un anno di rivoluzioni in tutta Europa. I **patrioti di Milano** e di **Venezia** insorgono. Inizia la prima guerra d'indipendenza italiana che però termina con un **insuccesso**.

3 In Italia e in Europa le rivolte sono **soffocate**: i sovrani cacciati tornano sui loro troni. In **Francia** un nipote di Napoleone rovescia il governo repubblicano e diventa **imperatore** con il nome di **Napoleone III**.

4 Nel 1858 il primo ministro piemontese **Cavour** e Napoleone III firmano un accordo segreto contro l'Austria. Nel 1859 scoppia la **seconda guerra d'indipendenza**. Il regno di Sardegna ottiene la **Lombardia**.

5 Nel 1860 **Garibaldi**, con un esercito formato da **un migliaio di volontari**, sbarca in Sicilia e risale la penisola conquistando il regno delle Due Sicilie. Il **17 marzo 1861** nasce il **regno d'Italia**.

1. Si programma l'Italia futura

Giuseppe Mazzini vede nel popolo il motore della rivoluzione

Giuseppe Mazzini (1805-1872), politico e patriota genovese, dedicò la sua opera e la sua vita alla causa dell'**unità nazionale d'Italia**. Egli pensava che i moti liberali del 1820-1821 e del 1830-1831 fossero falliti soprattutto perché gli insorti non erano riusciti a coinvolgere il **popolo** nelle rivolte.

Con la parola "popolo" il democratico Mazzini non si riferiva solo alle persone benestanti e istruite – come facevano i liberali moderati – ma anche alle grandi masse popolari, che egli considerava il vero motore delle rivoluzioni.

Ogni popolo, pensava Mazzini, ha una **missione** da compiere: l'Italia dell'Ottocento, in particolare, doveva scacciare l'Austria, dando l'esempio dell'insurrezione nazionale a tutti i popoli oppressi d'Europa.

Giuseppe Mazzini in un ritratto del 1846.
Genova, Museo del Risorgimento.

Mazzini e il Risorgimento

In gioventù Mazzini si era iscritto alla carboneria. Presto però si era allontanato da quella società, che criticava per la mancanza di un progetto unitario e per l'eccessiva segretezza degli obiettivi, spesso tenuti nascosti agli stessi iscritti. Il programma mazziniano, invece, aveva un carattere **nazionale**, riguardava cioè l'Italia intera e non si limitava, come quello carbonaro, a ristrette aree regionali.

Perciò nel **1831** Mazzini fondò a Marsiglia, dove viveva in esilio, una nuova associazione: la **Giovine Italia**, a cui affidò il compito di realizzare il risorgimento della patria.

Proprio in questo periodo si cominciò a indicare con il nome di **Risorgimento** il processo storico basato sull'idea di nazione, che era iniziato alla fine del Settecento con la venuta di Napoleone in Italia e si sarebbe concluso con l'unità territoriale e politica della penisola. Il termine "Risorgimento" significa "risurrezione", "risveglio" dell'Italia, dopo secoli di decadenza e di servitù, e "ritorno" a un passato descritto come eroico e luminoso.

L'Italia nel 1830.

Il programma della Giovine Italia

A differenza delle altre organizzazioni segrete, la Giovine Italia rese pubblico, attraverso la diffusione clandestina di giornali e di volantini, il suo **programma politico**: l'Italia futura doveva essere **repubblicana**, perché solo un governo repubblicano può garantire uguaglianza fra i cittadini; **indipendente** dal dominio straniero; e **unita**, perché senza unità non può esserci forza. Agli iscritti Mazzini affidò il compito di svolgere un'opera continua di **educazione politica**.

Gli obiettivi della Giovine Italia conquistarono, oltre a borghesi e a nobili liberali, anche operai e artigiani delle città. Ma alla maggioranza del popolo italiano, formato da contadini analfabeti, il messaggio mazziniano non arrivò mai (o arrivò deformato); così neppure le iniziative di Mazzini ebbero l'appoggio popolare che egli sperava.

La bandiera della Giovine Italia con il motto «Unione, forza e libertà!!». Genova, Museo del Risorgimento. Foto De Agostini/Archivi Alinari.

Il fallimento dei moti mazziniani

I primi **moti mazziniani** (nel **1833** e nel **1834**) furono scoperti ancor prima di cominciare o vennero rapidamente repressi. Uno sfortunato tentativo fu compiuto nel 1844 dai fratelli **Attilio** ed **Emilio Bandiera**, ufficiali della marina austriaca iscritti alla Giovine Italia. Benché Mazzini non avesse dato la sua approvazione, i due fratelli sbarcarono in Calabria, persuasi di poter sollevare il popolo contro i Borbone. Ma vennero scambiati per briganti, assaliti dagli stessi abitanti che volevano liberare, presi prigionieri e fucilati.

L'iniziativa passa ai liberali moderati

Dopo il fallimento dei moti mazziniani l'iniziativa passò ai liberali di idee moderate. Essi si proponevano di risolvere i problemi dell'Italia per mezzo di **graduali riforme**, evitando scontri e rivoluzioni e facendo leva sulla religione cattolica, considerata il primo fattore di unità nella società italiana. I liberali moderati si orientarono verso il **federalismo**. Si proposero cioè di realizzare non l'unità d'Italia, ma una **confederazione**, ossia un'associazione di Stati italiani, nessuno dei quali avrebbe perduto la propria autonomia.

La fucilazione dei fratelli Bandiera in un dipinto del XIX secolo. Genova, Museo del Risorgimento. Foto Scala, Firenze.

Vincenzo Gioberti e Carlo Cattaneo

Il più influente dei federalisti fu **Vincenzo Gioberti**, un abate di idee liberali che tentò di mettere d'accordo liberalismo e religione cattolica. Gioberti riteneva che l'unità politica d'Italia fosse un progetto irrealizzabile. In un suo famoso libro, *Il primato morale e civile degli Italiani*, egli propose invece di formare una confederazione di Stati italiani, presieduta dal papa e protetta militarmente dal regno di Sardegna. Il programma di Gioberti non prevedeva guerre né rivoluzioni, perciò ebbe grande successo fra i cattolici e contribuì alla diffusione di una corrente cattolica liberale che fu detta **neoguelfa**.

Altri moderati, fra cui **Cesare Balbo**, indicarono come capo della confederazione Carlo Alberto, divenuto re del Piemonte nel 1831.

Convinto federalista fu anche **Carlo Cattaneo**, politico e scrittore milanese che immaginò la nascita di una confederazione italiana, inserita nella più grande confederazione europea degli "Stati Uniti d'Europa". Il federalismo di

ORGANIZZO I CONCETTI

▶ Completa l'elenco.

I liberali moderati
• Non vogliono rivoluzioni, ma .... graduali.
• Considerano la .... un fattore di unità.
• Sostengono il ....

Cattaneo non fu né papale né monarchico, ma **repubblicano** (l'Italia doveva essere una confederazione di repubbliche dotate di ampie autonomie) **e democratico** (Cattaneo era favorevole al suffragio universale maschile).

L'elezione di Pio IX suscita entusiasmi e speranze

Nel 1846 fu eletto al trono pontificio un nuovo papa, **Pio IX**. Poco dopo la sua elezione egli concesse alcune riforme di tipo liberale: allentò la censura sulla stampa, istituì una specie di parlamento laico (la **consulta** di Stato), permise che si costituisse una **guardia civica**, formata da volontari, e avviò delle trattative con Piemonte e Toscana per formare una **lega doganale**, cioè un accordo economico tra gli Stati per abolire le tasse sulle merci scambiate lungo le frontiere.

Questi provvedimenti suscitarono un irrefrenabile entusiasmo in tutta la penisola: nel nuovo pontefice molti vedevano il **papa riformatore** descritto da Gioberti.

> **ORGANIZZO I CONCETTI**
>
> ▶ Completa l'elenco.
>
> | Le riforme di Pio IX |
> |---|
> | • Allenta la ....
> • Istituisce la ....
> • Fa nascere la ....
> • Progetta una .... con Piemonte e Toscana. |

Le prime Costituzioni

In tutta Italia si susseguirono manifestazioni e cortei in onore del papa e gli altri principi dovettero seguire il pontefice sulla via delle riforme. **Ferdinando II delle Due Sicilie**, che non lo fece, si trovò a dover fronteggiare un'insurrezione **separatista** scoppiata a Palermo e in altre province della Sicilia nel gennaio 1848. I Siciliani, infatti, non avevano gradito l'unione della loro isola al regno di Napoli, imposta dal Congresso di Vienna. Per conservare il trono, il sovrano fu costretto a concedere una **Costituzione** (febbraio 1848).

Spinti dalla pressione dell'opinione pubblica, anche gli altri Stati italiani – **Toscana, Piemonte, Stato della Chiesa** – concessero statuti e Costituzioni. Lo statuto promulgato a Torino da Carlo Alberto (**Statuto Albertino**) rimarrà in vigore per cento anni, dal 4 marzo **1848** al 1° gennaio 1948, quando sarà sostituito dalla Costituzione della Repubblica italiana.

▽ La promulgazione dello Statuto Albertino nel 1848.
Torino, Museo del Risorgimento.
Foto Getty Images.

Cittadinanza e Costituzione
La Costituzione della Repubblica italiana
p. 424

COLLOCO GLI EVENTI NEL TEMPO

- 1831 nasce la Giovine Italia
- 1833-1834 primi moti mazziniani
- 1848 Costituzioni e statuti in Italia

2. Il 1848: l'anno delle rivoluzioni

La seconda repubblica francese

La rivolta scoppiata in Sicilia agli inizi del 1848 [→ par. 1] fu il primo segnale di una ondata di insurrezioni che investì l'Italia e tutta l'Europa. Il **1848**, l'anno delle rivoluzioni, fu preceduto da una grave **crisi economica** che diffuse disoccupazione e miseria e preparò il terreno alle rivolte.

In **Francia** la crisi aumentò il malcontento popolare nei confronti del re, **Luigi Filippo d'Orléans**, accusato di attuare una politica troppo moderata e di favorire la grande borghesia. Nel febbraio 1848 fu sufficiente che il governo vietasse una riunione politica, perché a Parigi scoppiassero tumulti. Il popolo insorse chiedendo diritti politici (fra cui il suffragio universale maschile) e maggiore **giustizia sociale***. La Guardia nazionale, mandata a sedare la sommossa, si unì ai dimostranti e, dopo due giorni di scontri, Luigi Filippo, detto il «re borghese», rinunciò al trono e fuggì. Fu l'ultimo re di Francia. Il 25 febbraio venne proclamata la **seconda repubblica***.

* **Giustizia sociale**
È quella che tende alla maggiore uguaglianza possibile fra tutti i membri di una società, in particolare sotto l'aspetto economico, cercando di evitare che si creino forti differenze fra chi è ricco e chi è povero.

* **Seconda repubblica**
La prima repubblica era stata proclamata nel 1792 ed era durata fino al 1804.

La rivoluzione in Europa

Da Parigi, la **rivoluzione si diffuse** rapidamente in tutta l'Europa centrale. Focolai di rivolta si accesero in **Germania**, in **Prussia** e perfino a **Vienna** (13-15 marzo 1848), la capitale dell'impero asburgico. Qui il primo ministro Metternich fu costretto a dimettersi e l'imperatore promise la Costituzione. Ma ormai tutto l'impero era in rivolta e i vari popoli che ne facevano parte chiedevano maggiori **libertà**, **Costituzioni**, **autonomie** e perfino l'**indipendenza**. Insorsero i patrioti croati, sloveni, boemi, slovacchi, ungheresi. Si sollevarono, naturalmente, anche gli Italiani del Lombardo-Veneto.

Venezia e Milano insorgono

Il 17 marzo, quando la notizia dei fatti di Vienna giunse a **Venezia**, la città insorse e pochi giorni dopo proclamò la **repubblica**.

Il 18 marzo toccò a **Milano**. Qui la popolazione eresse le barricate e per cinque giorni – le celebri **Cinque giornate di Milano** – combatté eroicamente contro le truppe austriache, guidate dal maresciallo Radetzky. Il 22 marzo gli Austriaci dovettero abbandonare la città.

Fin dall'inizio della rivolta gli insorti lombardi chiesero aiuto ai principi italiani e specialmente al vicino Piemonte. Ma Carlo Alberto esitava: avrebbe voluto estendere i confini del suo regno, ma sapeva che l'esercito austriaco era il più forte d'Europa. Soprattutto, non si fidava degli insorti milanesi, molti dei quali erano democratici e repubblicani (democratico e repubblicano era, per esempio, Carlo Cattaneo, che dirigeva il Consiglio di guerra e, a sua volta, diffidava del re sabaudo).

Finalmente, il 23 marzo, quando Milano si era già liberata da sé, Carlo Alberto decise di dichiarare guerra all'Austria e l'esercito piemontese varcò il Ticino (il fiume che faceva da confine fra Piemonte e Lombardia): cominciava così la prima guerra d'indipendenza italiana.

Patrioti sulle barricate durante le Cinque giornate di Milano. Dipinto della metà del XIX secolo.
Milano, Museo del Risorgimento.

La prima guerra d'indipendenza

Dalla Toscana, dallo Stato della Chiesa e dal regno delle Due Sicilie accorsero in aiuto di Lombardi e Piemontesi **reparti regolari** e, accanto a questi, **truppe volontarie** di patrioti combattenti. Tutti i giornali liberali sostenevano l'impresa e l'entusiasmo era alle stelle.

Ma in pochissimo tempo la situazione cambiò completamente. L'azione militare del Piemonte sembrava incerta. I principi italiani partecipavano alla guerra malvolentieri temendo, non a torto, che il regno di Sardegna volesse ingrandirsi a loro spese. In aprile Pio IX dichiarò pubblicamente di non potere, in quanto papa, far guerra alla cattolica Austria e richiamò le sue truppe dal fronte. Altrettanto fecero gli altri sovrani, anche se molti soldati rimasero a combattere come volontari. L'esercito piemontese riportò ancora alcune vittorie (a **Goito** e a **Peschiera**, nel maggio 1848), ma furono le ultime. Nel luglio di quell'anno Carlo Alberto fu battuto a **Custoza** e chiese all'Austria un armistizio, cioè un'interruzione della guerra. Un altro tentativo, compiuto l'anno dopo, si risolse in un disastro: nuovamente sconfitto sul campo di **Novara** (marzo **1849**), Carlo Alberto abdicò (cioè rinunciò al trono) in favore del figlio, **Vittorio Emanuele II**, e si ritirò in volontario esilio.

Dov'è Goito?

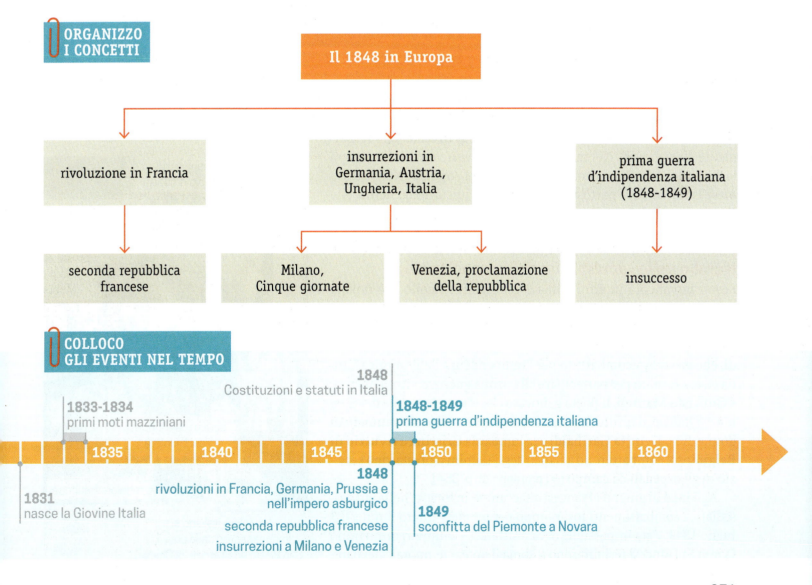

3. La vittoria delle forze conservatrici

Le repubbliche di Venezia e di Roma

La sconfitta del re ridiede vigore ai **democratici**, che facevano leva non sulla guerra regia ma sull'insurrezione popolare.

Venezia, che già aveva proclamato la repubblica, si preparò a sostenere a oltranza l'attacco degli Austriaci.

A **Roma** e a **Firenze** cominciarono violente agitazioni popolari. Il papa, ormai in aperto contrasto con il movimento liberale, decise di abbandonare la città e si rifugiò a Gaeta, sotto la protezione di Ferdinando II. Là lo raggiunse il granduca di Toscana, Leopoldo d'Asburgo-Lorena, quando a Firenze si formò un governo democratico. A Roma, in assenza del papa, fu eletta a suffragio universale maschile un'assemblea costituente, che dichiarò **decaduto il papato** e proclamò la **Repubblica romana** (9 febbraio 1849). Provvisoriamente il potere fu assunto da un triumvirato (un comitato di tre uomini) del quale fece parte anche Mazzini. Subito si cominciò a preparare una Costituzione democratica, la prima della storia d'Italia, che però non entrò mai in vigore.

La repressione in Italia

Dopo la sconfitta di Carlo Alberto a Novara, cominciò la repressione e la sorte di tutti i governi provvisori italiani fu segnata. L'Austria riconquistò tutte le **città lombarde** che si erano ribellate (fra cui **Brescia**, che resistette eroicamente dieci giorni). Nel maggio 1849 un esercito austriaco occupò la **Toscana**, dove poté ritornare il granduca Leopoldo. Nello stesso mese Ferdinando II portò a termine la riconquista della **Sicilia**, che si era staccata da Napoli proclamandosi indipendente.

Il crollo delle repubbliche di Roma e Venezia

Restavano ancora in armi Roma e Venezia. Per ricollocare il papa sul trono si mobilitarono la Francia, l'Austria e il regno delle Due Sicilie. In difesa della Repubblica romana accorsero volontari da tutte le parti d'Italia. C'erano, fra i tanti patrioti, **Giuseppe Garibaldi**, che già aveva combattuto per l'indipendenza dell'America Latina ed era tornato per partecipare alla prima guerra contro l'Austria, e **Goffredo Mameli**, il poeta genovese che scrisse le parole del *Canto degli Italiani*, il futuro inno nazionale italiano. Un folto numero di donne, fra cui **Anita Garibaldi** e la lombarda **Cristina Trivulzio di Belgioioso**, combatterono a fianco degli uomini o prestarono servizio negli ospedali da campo [→ I protagonisti p. 354].

Agli inizi di giugno i Francesi attaccarono in forze e, nella città assediata, i combattimenti infuriarono per un mese intero. Infine, il 3 luglio 1849, vista impossibile ogni resistenza, i triumviri ordinarono la resa e i Francesi restaurarono a Roma il potere temporale dei papi.

La Repubblica francese pugnala alle spalle la Repubblica romana (1849).
Milano, Raccolta Stampe Bertarelli.

- la Repubblica romana con il berretto frigio, simbolo di libertà
- la Repubblica francese sta perdendo il berretto frigio (la libertà)
- aquila imperiale (Asburgo)
- tiara papale infilzata dal tricolore
- tricolore francese
- il tricolore italiano si è impossessato delle chiavi di San Pietro (lo Stato della Chiesa)

Venezia resistette ancora più di un mese. Ma poi, assediata, cannoneggiata, priva di viveri e colpita da un'epidemia di colera, fu costretta ad arrendersi: gli Austriaci vi entrarono il 26 agosto.

Il fallimento delle insurrezioni europee

Dal resto d'Europa non giungevano notizie migliori. In **Germania** l'assemblea di Francoforte tentò di formare un regno federale sotto la guida del re di Prussia, ma questi rifiutò la corona perché gli veniva offerta da una assemblea popolare, nata dalla rivoluzione.

Nell'impero asburgico resisteva ancora l'**Ungheria**. Al debole imperatore Ferdinando I era succeduto il nipote **Francesco Giuseppe**, che aveva solo diciotto anni ma era energico e determinato. Egli ottenne l'aiuto dello zar di Russia e fra agosto e settembre 1849 gli Ungheresi furono sconfitti.

La Francia da repubblica a impero

In Francia era stato eletto presidente della repubblica **Luigi Napoleone Bonaparte**, un nipote di Napoleone. In gioventù, Luigi Napoleone aveva avuto simpatie per i carbonari, ma era un uomo ambizioso e non voleva perdere la sua popolarità né i suoi elettori: così nel 1849, per conservare i voti dei cattolici francesi, inviò truppe a reprimere la Repubblica romana.

Nel 1851, Luigi Napoleone pose fine alla repubblica, poi – dopo un **plebiscito*** popolare a lui favorevole – diede alla Francia una nuova Costituzione che riconosceva al presidente, cioè a lui stesso, grandi poteri.

Nel **1852** un nuovo plebiscito a suffragio universale maschile approvò con una maggioranza schiacciante la rinascita dell'impero. Per sottolineare la discendenza dallo zio Napoleone, l'ex carbonaro prese il nome di Napoleone III e diede vita a un governo **autoritario*** e **conservatore**.

COLLEGO CAUSE ED EFFETTI

Le repubbliche di Roma e Venezia crollano PERCHÉ:

- Francia, Austria e regno delle Due Sicilie vengono in aiuto del papa
- i Francesi conquistano Roma e il papa torna al potere
- gli Austriaci prendono Venezia dopo un lungo assedio e un'epidemia di colera

* Plebiscito
Voto a cui è chiamato il popolo per prendere decisioni importanti e solenni. Il termine viene dal latino (*scitum*, "decreto", e *plebis*, "del popolo") e indica le decisioni prese dal popolo nella Roma repubblicana.

* Autoritario
Che concentra in sé tutto o gran parte del potere e lo esercita con durezza limitando il ruolo delle opposizioni.

Napoleone III circondato dalla sua corte riceve gli ambasciatori del Siam. Dipinto del 1864.
Versailles, Châteaux de Versailles et de Trianon. Foto Archivi Alinari.

I protagonisti

Una patriota italiana: Cristina Trivulzio di Belgioioso

Anche molte donne condivisero con gli uomini gli ideali patriottici dell'Ottocento e collaborarono attivamente alle lotte del Risorgimento con gli scritti, con le opere, con cospicui versamenti in denaro oppure con le armi.

Fra di esse emerge la patriota e scrittrice **Cristina Trivulzio di Belgioioso**, un'aristocratica milanese che per la sua passione patriottica dovette affrontare l'ostilità dei funzionari austriaci che governavano la Lombardia e visse molti anni di esilio in Francia. In patria ritornò nel 1846, quando tutta la penisola era in subbuglio per il diffondersi dei moti nazionali. Nel 1848, al momento dello scoppio della rivolta antiaustriaca a Milano, Cristina si trovava a Napoli. Ma non si perse d'animo. Noleggiò un battello a vapore a sue spese, e fece spargere la voce di essere pronta a portare con sé tutti i volontari che avessero voluto combattere per l'indipendenza italiana. Ne raccolse più di 180 e con loro sfilò per le vie di Milano, fra le acclamazioni della folla.

L'anno dopo partì per Roma, dove il popolo si era sollevato e aveva costretto papa Pio IX a fuggire. Era un tempo di grandi rivolgimenti: a Roma erano già accorsi Mazzini e Garibaldi e nel gennaio 1849 una "Assemblea costituente italiana" aveva dichiarato decaduto il papato e proclamato la Repubblica romana. Cristina fu chiamata a organizzare e a dirigere le attività degli ospedali di guerra. Assolse il suo compito con scrupolo e passione, requisendo antichi conventi per trasformarli in ospedali, denunciando coraggiosamente tutte le irregolarità che riscontrava, rivolgendo appelli alle donne italiane perché accorressero ad assistere i feriti della repubblica: all'invito risposero circa trecento volontarie di tutte le condizioni sociali.

Dopo la fine della Repubblica romana Cristina restò diversi anni lontano dall'Italia, e vi fece ritorno solo nel 1855. Fu dapprima onorata, come una delle gloriose artefici del Risorgimento, ma poi il suo nome e la sua opera furono quasi dimenticati. Già anziana, scrisse un saggio dal titolo *Della condizione delle donne e del loro avvenire*. Esso si conclude con queste parole:

> « *Vogliano le donne felici e onorate dei tempi avvenire rivolgere tratto tratto [di quando in quando] il pensiero ai dolori e alle umiliazioni delle donne che le precedettero nella vita, e ricordare con qualche gratitudine i nomi di quelle che loro apersero e prepararono la via alla non mai prima goduta, forse appena sognata, felicità.* »

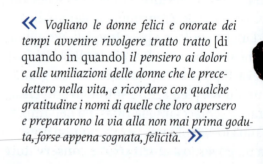

> **Cristina Trivulzio di Belgioioso** in un ritratto di Francesco Hayez del 1832.
> Collezione privata.
> Foto The Art Archive/Alamy.

COLLOCO GLI EVENTI NEL TEMPO

- **1831** nasce la Giovine Italia
- **1833-1834** primi moti mazziniani
- **1848** Costituzioni e statuti in Italia
- **1848** rivoluzioni in Francia, Germania, Prussia e nell'impero asburgico; seconda repubblica francese; insurrezioni a Milano e Venezia
- **1848-1849** prima guerra d'indipendenza italiana
- **1849** sconfitta del Piemonte a Novara; crollano le repubbliche di Roma e di Venezia
- **1852** secondo impero francese

4. Cavour: diplomazia e guerre vittoriose

Il Piemonte costituzionale

Dopo le sconfitte del 1848-1849 gli Austriaci tornarono nel Lombardo-Veneto e i principi sui loro troni; le Costituzioni liberali furono soppresse, democratici e moderati furono tenuti in disparte, perseguitati o, come avvenne nel regno delle Due Sicilie, incarcerati per lunghi periodi. Soltanto nel regno di Sardegna rimasero in vigore sia lo statuto sia il parlamento, nonostante le pressioni fatte dall'Austria su Vittorio Emanuele II perché li abolisse. Il Piemonte costituzionale divenne un punto di riferimento per i patrioti perseguitati negli altri Stati italiani e migliaia di esuli vi trovarono rifugio.

Il conte di Cavour si dimostra un abile statista

A partire dal **1852** (e poi quasi ininterrottamente per molti anni) fu presidente del Consiglio dei ministri il piemontese **Camillo Benso, conte di Cavour**.

Egli era un liberale moderato, sostenitore di una politica di riforme da attuarsi gradualmente all'interno di una monarchia costituzionale. Sin da giovane, aveva viaggiato a lungo nei Paesi più progrediti d'Europa (Inghilterra, Francia, Belgio, Svizzera) e si era persuaso che lo sviluppo economico doveva andare di pari passo con il progresso politico. Perciò, divenuto ministro, volle fare del regno di Sardegna un Paese moderno.

Per dare slancio all'economia, firmò **trattati di libero scambio** con altri Paesi, costruì **canali** (fra gli altri quello nel territorio di Novara che avrebbe preso il nome di canale Cavour), **strade e ferrovie** (nel 1859 il Piemonte aveva 807 chilometri di linee ferroviarie, più di ogni altro Stato italiano), e fece di Genova il primo porto d'Italia. Sotto la sua guida il Piemonte divenne, in pochi anni, uno Stato prospero e in pieno sviluppo.

Camillo Benso, conte di Cavour. Dipinto del 1861.
Torino, Museo del Risorgimento. Foto Bridgeman Images/Alinari.

* Azione diplomatica
Che si riferisce alla diplomazia, cioè l'insieme delle norme e delle forme con cui si regolano i rapporti pacifici fra gli Stati.

La guerra di Crimea e il Congresso di Parigi

Ma soprattutto, grazie all'**azione diplomatica*** di Cavour, il piccolo Piemonte poté stringere le **alleanze militari** di cui aveva bisogno per battere l'Austria.

L'occasione fu offerta dalla **guerra di Crimea**, scoppiata fra impero russo e impero ottomano. Temendo che la Russia si rafforzasse troppo, Francia e Inghilterra presero le parti della Turchia. A fianco delle truppe franco-inglesi anche il Piemonte inviò 18 000 uomini, benché non avesse nessun interesse diretto in quelle terre lontane. Ma la partecipazione al conflitto permise a Cavour di intervenire al **Congresso di Parigi**, che si tenne nel **1856**, dopo la sconfitta della Russia.

In questa conferenza internazionale Cavour poté esporre il problema italiano – che i giornali inglesi, francesi e tedeschi resero noto all'opinione pubblica di tutta Europa – e gettò le **basi di un'alleanza con Napoleone III**, l'imperatore dei Francesi, che aveva tutto l'interesse ad aiutare il Piemonte, per ridurre il potere dell'Austria.

Dov'è la Crimea?

Nasce la Società nazionale

Le iniziative di Cavour furono sostenute da tutti i liberali moderati e anche da molti democratici ed ex mazziniani. Questi, delusi per il fallimento di tanti moti, erano disposti a sacrificare – almeno per il momento – l'ideale repubblicano, e a continuare, sotto la guida del Piemonte monarchico, la lotta per l'unificazione d'Italia con maggiori possibilità di successo. Si creò così un movimento patriottico indipendentista, vicino alla monarchia sabauda e aperto a tutte le forze unitarie, sia monarchiche sia repubblicane, che prese il nome di **Società nazionale** (1857). Vi aderì anche **Giuseppe Garibaldi**, che ne divenne vicepresidente.

Il tentativo di Carlo Pisacane

Altri patrioti invece rimasero fedeli al programma di Mazzini, oppure, come il napoletano **Carlo Pisacane**, cercarono di porre in primo piano il problema della grande povertà delle masse popolari, che consideravano più grave della mancanza di unità politica.

Nel 1857 Pisacane tentò, insieme ad alcuni compagni, una spedizione nel meridione d'Italia, una delle aree più arretrate della penisola. Imbarcatisi a Genova, i patrioti fecero rotta verso l'isola di Ponza, dove liberarono circa 300 prigionieri che si unirono a loro; poi sbarcarono a **Sapri**, in Campania, persuasi che i contadini meridionali si sarebbero sollevati contro i Borbone.

Ma ciò non avvenne, perché il governo aveva già diffuso la notizia che quella in arrivo era una banda di delinquenti e di evasi: così la popolazione diede man forte alla polizia per catturarli. Pisacane, ferito, si uccise per non cadere prigioniero.

> **ORGANIZZO I CONCETTI**
>
> ▶ Completa l'elenco.
>
> **La Società nazionale**
>
> - è un'associazione patriottica e ....
> - nasce nel ....
> - mira all'........................ dell'Italia, sotto la guida del .... retto dalla dinastia dei ....
> - comprende sia forze .... sia forze ....

La morte di Carlo Pisacane. Dipinto della seconda metà del XIX secolo.

Catania, Museo Civico. Foto Bridgeman Images/Archivi Alinari.

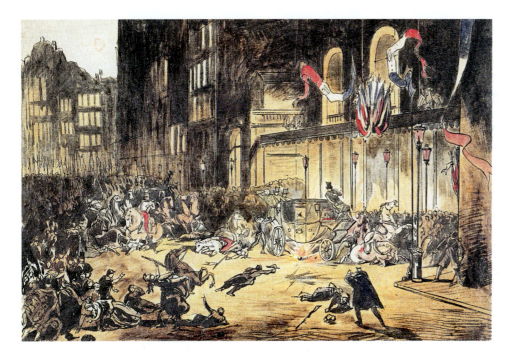

L'attentato di Felice Orsini contro Napoleone III. Incisione del XIX secolo.
Parigi, Bibliothèque Nationale. Foto Archives Charmet/Bridgeman Images.

L'attentato di Felice Orsini

Continuavano intanto le trattative di Cavour con Napoleone III in vista di un'alleanza. Ma nel gennaio 1858 un evento drammatico minacciò di far fallire ogni intesa. A Parigi alcuni esuli mazziniani, guidati da **Felice Orsini**, lanciarono tre bombe contro la carrozza di Napoleone III, il grande protettore dello Stato pontificio, che consideravano responsabile della triste situazione politica italiana.

Il sovrano rimase illeso, ma tra la folla vi furono morti e feriti. Orsini fu arrestato e, prima di salire sulla ghigliottina, scrisse all'imperatore scongiurandolo di difendere la causa italiana. Le sue lettere impressionarono l'opinione pubblica francese e convinsero Napoleone III che, per bloccare i rivoluzionari italiani, era necessario cacciare gli Austriaci dall'Italia.

L'accordo segreto di Plombières

Così, nel luglio 1858, nella stazione termale di Plombières, in Francia, si svolse un incontro segreto fra l'imperatore e Cavour. Napoleone III si impegnò ad aiutare militarmente il Piemonte in una guerra contro l'Austria, purché fosse l'Austria ad attaccare per prima. Dopo la vittoria sarebbe sorto un regno dell'Alta Italia (comprendente il Piemonte, il Lombardo-Veneto, Parma, Modena e la Romagna). In cambio dell'aiuto prestato, le regioni di Nizza e della Savoia, appartenenti entrambe al regno di Sardegna, sarebbero passate alla Francia.

Si trattava ora di provocare l'Austria perché dichiarasse la guerra. Il re Vittorio Emanuele II cominciò con l'affermare in un discorso al parlamento che il Piemonte non era insensibile al «grido di dolore» di tanti Italiani oppressi che chiedevano libertà e indipendenza. Intanto, con il pretesto di compiere esercitazioni, venivano ammassate truppe sul confine del Lombardo-Veneto. L'Austria, allarmata, ordinò al Piemonte di disarmare e, poiché ciò non avvenne, il 26 aprile 1859 dichiarò guerra: era l'inizio della seconda guerra d'indipendenza [→ Fonti p. 358].

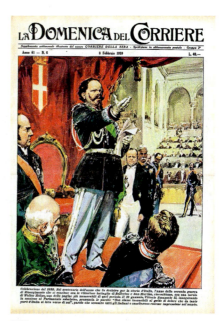

Vittorio Emanuele II tiene il famoso discorso del «grido di dolore» al parlamento piemontese. Copertina della rivista «La Domenica del Corriere», disegnata nel 1959 per celebrare il centenario di quell'avvenimento.

Fonti

Il «grido di dolore» dell'Italia oppressa

Il 10 gennaio del 1859 il re di Sardegna, Vittorio Emanuele II, lesse in parlamento il suo messaggio d'inizio d'anno. Esso si concludeva con parole particolarmente gravi e significative, che suscitarono allarme nel governo austriaco e riaccesero nei patrioti italiani la speranza di una nuova guerra d'indipendenza dopo quella, sfortunata, del 1848-1849. Riportiamo l'ultima parte del discorso.

> « Signori Senatori, Signori Deputati. L'orizzonte in mezzo a cui sorge il nuovo anno non è pienamente sereno, ciò non dimeno vi accingerete con la consueta alacrità [operosità] ai vostri lavori parlamentari. Confortati dall'esperienza del passato, andiamo incontro risoluti alle eventualità dell'avvenire.
>
> Quest'avvenire sarà felice, la nostra politica riposando sulla giustizia, l'amore della libertà e della patria. Il nostro Paese piccolo per territorio acquistò credito [prestigio, rispetto] nei consigli [congressi] dell'Europa perché grande per le idee che rappresenta, le simpatie ch'esso ispira.
>
> Questa condizione non è scevra [priva] di pericoli. Giacché nel mentre che rispettiamo i trattati* non siamo insensibili al grido di dolore che da tante parti d'Italia si leva verso di noi. »

* Si riferisce alla pace di Milano, firmata con l'Austria nell'agosto 1849, dopo la prima guerra d'indipendenza.

LAVORO SULLE FONTI

1. Descrivi il documento elencandone le caratteristiche: che tipo di documento è, chi lo pronuncia, quando, a chi è rivolto.

2. Sottolinea con colori diversi i passi del discorso in cui si fa cenno: alle difficoltà politiche del presente; ai riconoscimenti che il Piemonte ha ottenuto dalle potenze europee.

3. Il documento allude, senza nominarli apertamente, ad avvenimenti importanti per la storia del Risorgimento: individua, se necessario con l'aiuto dell'insegnante, a quali fatti si riferiscono le espressioni:
   - «Il nostro Paese [...] acquistò credito nei consigli dell'Europa»
   - «Il nostro Paese [...] grande per [...] le simpatie che ispira» (ricordi a quale sovrano, in particolare, il Piemonte ispirava simpatia?)

4. Spiega che cosa intende Vittorio Emanuele II con l'espressione poi divenuta famosa: «Nel mentre che rispettiamo i trattati non siamo insensibili al grido di dolore che da tante parti d'Italia si leva verso di noi».

5. Spiega perché il discorso suscitò l'entusiasmo dei patrioti italiani.

La seconda guerra d'indipendenza: la conquista della Lombardia

Ancora una volta accorsero migliaia di volontari da ogni parte d'Italia: quindicimila andarono a formare il corpo dei Cacciatori delle Alpi, che si batté vittoriosamente al comando di Garibaldi. Giungeva intanto l'esercito francese che era molto più numeroso di quello del Piemonte. **Napoleone III** assunse il comando delle operazioni e vinse gli Austriaci a **Magenta**, in Lombardia: ai primi di giugno l'imperatore e Vittorio Emanuele II entrarono a Milano, fra l'entusiasmo della popolazione. Di lì a poco gli Austriaci, che tentavano la rivincita, furono nuovamente battuti a **Solferino** (dai Francesi) e a **San Martino** (dai Piemontesi).

Intanto la Toscana, i ducati di Parma e Modena e la Romagna, dopo aver cacciato i loro sovrani, chiedevano l'**annessione**, cioè l'unione, **al regno di Sardegna**. Queste richieste erano in contrasto con i piani di Napoleone III, che voleva tenere l'Italia sotto il suo controllo, e preoccupavano

Dov'è Magenta?

moltissimo i cattolici francesi, timorosi per la sorte dello Stato pontificio. Napoleone III allora decise di porre fine alla guerra all'insaputa di Vittorio Emanuele e concluse con l'Austria l'**armistizio di Villafranca** (11 luglio 1859). Con esso la Lombardia veniva ceduta a casa Savoia; il Veneto invece restava ancora in mani austriache.

Le annessioni e i plebisciti

Ma **Toscana**, **Emilia** e **Romagna**, che sarebbero dovute tornare ai sovrani cacciati, rifiutarono di sottomettersi e si prepararono a resistere con le armi. Nel marzo **1860** i governi provvisori indissero dei **plebisciti** per decidere l'annessione al Piemonte: a schiacciante maggioranza le popolazioni votarono per l'unione. Poco dopo, plebisciti simili deliberarono il passaggio alla Francia di **Nizza** e **Savoia**.

L'annuncio dell'armistizio di Villafranca in un dipinto di Domenico Induno, 1862.
Milano, Soprintendenza per i Beni Architettonici e del Paesaggio.

ORGANIZZO I CONCETTI

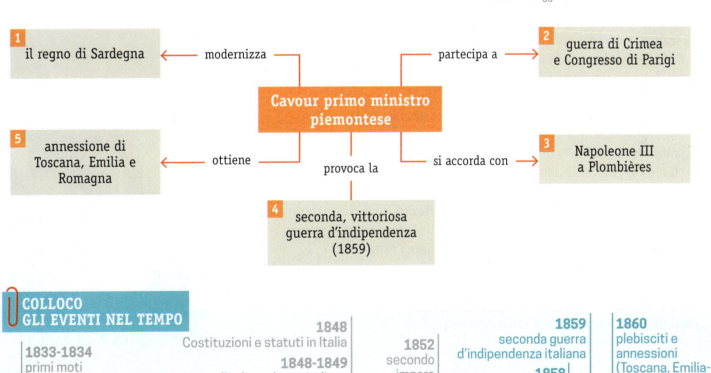

COLLOCO GLI EVENTI NEL TEMPO

5. Garibaldi e la spedizione dei Mille

L'espansione del regno di Sardegna

In seguito alla seconda guerra d'indipendenza il regno di Sardegna si era molto ingrandito e comprendeva ormai **Piemonte**, **Liguria**, **Sardegna**, **Lombardia**, **Toscana**, **Emilia** e **Romagna**.

Ma il processo di unificazione territoriale e d'indipendenza politica non era ancora concluso. In tutta la penisola i democratici facevano piani per liberare il **regno delle Due Sicilie**, e in vista di una spedizione, raccoglievano fondi per comperare fucili (sembra che lo stesso Vittorio Emanuele abbia partecipato, di nascosto, a questa sottoscrizione). Tuttavia i tentativi dei fratelli Bandiera (1844) e di Carlo Pisacane (1857), entrambi conclusi tragicamente, avevano mostrato quanto fosse rischioso uno sbarco nel Mezzogiorno d'Italia. Perciò Garibaldi attendeva un'occasione propizia. Ma quando a Palermo scoppiò una rivolta popolare, nell'aprile 1860, il generale decise di passare all'azione.

> **COLLEGO CAUSE ED EFFETTI**
>
> Garibaldi decide di entrare in azione **PERCHÉ**:
> - il regno di Sardegna si è molto ingrandito
> - i democratici vogliono liberare il regno delle Due Sicilie e raccolgono fondi per le armi
> - a Palermo scoppia una rivolta popolare

La spedizione dei Mille

La notte fra il 5 e il 6 maggio **1860**, dopo essersi impossessato di due piroscafi, il *Piemonte* e il *Lombardo*, Garibaldi salpò dal porticciolo ligure di **Quarto** alla volta della Sicilia. Aveva con sé poco più di un migliaio di volontari in camicia rossa: i **Mille**.

Le parole d'ordine della spedizione erano «*Italia e Vittorio Emanuele!*»: Garibaldi, cioè dichiarava di voler combattere in nome del re per costruire un'Italia monarchica sotto la dinastia dei Savoia.

L'11 maggio i Mille sbarcarono in Sicilia, a **Marsala**, e fin dal primo scontro batterono l'esercito borbonico a **Calatafimi**. Ma la battaglia decisiva per la conquista della Sicilia fu combattuta a **Milazzo**, dove Garibaldi fu raggiunto da 15 000 volontari arrivati dal continente: le truppe dei Borbone vennero nuovamente sconfitte e dovettero abbandonare l'isola.

In meno di un mese tutta la Sicilia era sotto il controllo dei garibaldini. Garibaldi comandava ormai un vero piccolo esercito, a cui si erano aggregati, oltre ai volontari del continente, anche molti insorti siciliani, soprattutto contadini [→ Geostoria: Sulle orme dei Mille p. 364].

Giuseppe Garibaldi sbarca a Marsala. Dipinto della seconda metà del XIX secolo.
Foto TopFoto.

Le speranze deluse dei contadini del sud

L'avanzata di Garibaldi nel meridione era infatti seguita, o preceduta, da rivolte di contadini che speravano di liberarsi dalla loro secolare miseria e di potersi impadronire di un pezzo di terra. Sbarcando in Sicilia, Garibaldi aveva abolito la tassa sul macinato (cioè sulle farine), che colpiva soprattutto i più poveri, e aveva promesso di distribuire ai contadini che combattevano con lui le terre tolte al **demanio***. Ma, anche se la giustizia sociale gli stava a cuore, egli lottava soprattutto per cacciare i Borbone e unificare l'Italia: per-

*** Demanio**
L'insieme dei beni appartenenti allo Stato.

ciò non poteva tollerare illegalità e disordini che avrebbero potuto togliergli l'appoggio di molti borghesi possidenti e fornire il pretesto per interventi delle potenze straniere. Così, quando i contadini siciliani insorsero contro i latifondisti e occuparono le terre (per esempio, a **Bronte**, in provincia di Catania), i garibaldini intervennero prontamente e repressero la rivolta con grande durezza. Episodi come questo indussero i grandi proprietari terrieri siciliani a pensare che solo la protezione del forte regno piemontese poteva difendere le loro proprietà. E, in gran numero, assecondarono la rivoluzione garibaldina.

Interviene l'esercito regio

Continuava intanto la guerra contro i Borbone. Dopo la caduta di Milazzo, Garibaldi sbarcò in Calabria e qui la sua marcia si fece inarrestabile. Le città del regno cadevano una dopo l'altra, mentre l'esercito borbonico si sfasciava e il giovane re **Francesco II**, successo nel 1859 al padre Ferdinando, abbandonava la capitale per rifugiarsi nella fortezza di Gaeta. Il 7 settembre 1860 Garibaldi entrò a **Napoli** quasi senza combattere.

La trionfale avanzata dei garibaldini preoccupava molto Cavour. Egli temeva che Garibaldi proclamasse una **repubblica** nel sud d'Italia e che volesse proseguire la sua marcia fino alla **conquista di Roma**. In quest'ultimo caso l'intervento francese in difesa del papa sarebbe stato inevitabile, come ai tempi della Repubblica romana. Perciò bisognava togliere l'iniziativa militare a Garibaldi e affidarla all'esercito regio.

Due giovani garibaldini in una foto dell'epoca.
Bologna, Museo del Risorgimento.

L'Italia verso l'unità.

- Il regno di Sardegna all'inizio del 1859
- Territori ceduti alla Francia nel marzo 1859
- Acquisizioni con la seconda guerra d'indipendenza
- Annessioni del marzo 1860
- Annessioni dell'ottobre e del novembre 1860

Nuove annessioni al regno di Sardegna

Con il consenso di Napoleone III un esercito piemontese occupò le **Marche** e l'**Umbria**, nello Stato pontificio. Poco dopo, quando Garibaldi ebbe sconfitto l'esercito borbonico nella **battaglia del Volturno** (2 ottobre), lo stesso re Vittorio Emanuele prese il comando delle truppe e si diresse verso sud per bloccare i garibaldini. Intanto venivano proclamati i **plebisciti** che decisero l'annessione al Piemonte del **regno delle Due Sicilie** e, più tardi, delle **Marche** e dell'**Umbria**. Il 26 ottobre Garibaldi e Vittorio Emanuele si incontrarono a **Teano**, presso Caserta: il generale consegnò al sovrano sabaudo le terre conquistate, rinunciando a ogni ricompensa e a ogni potere.

◁ **L'incontro di Garibaldi e Vittorio Emanuele II a Teano.** Affresco di Pietro Aldi del 1886.
Siena, Palazzo Pubblico. Foto Archivi Alinari.

Viene proclamato il regno d'Italia

Il regno di Sardegna comprendeva ormai quasi tutta la penisola: mancavano solo, a nord, il Veneto con Trento e Trieste – sottoposti al dominio austriaco – e, al centro, il Lazio con Roma. Il **17 marzo 1861** il parlamento di Torino poteva proclamare **Vittorio Emanuele II re d'Italia**. Capitale del nuovo **regno d'Italia** restava Torino, benché Cavour, prima della sua morte – avvenuta nel giugno 1861 – avesse fatto dichiarare Roma «capitale predestinata del regno».

COLLOCO GLI EVENTI NEL TEMPO

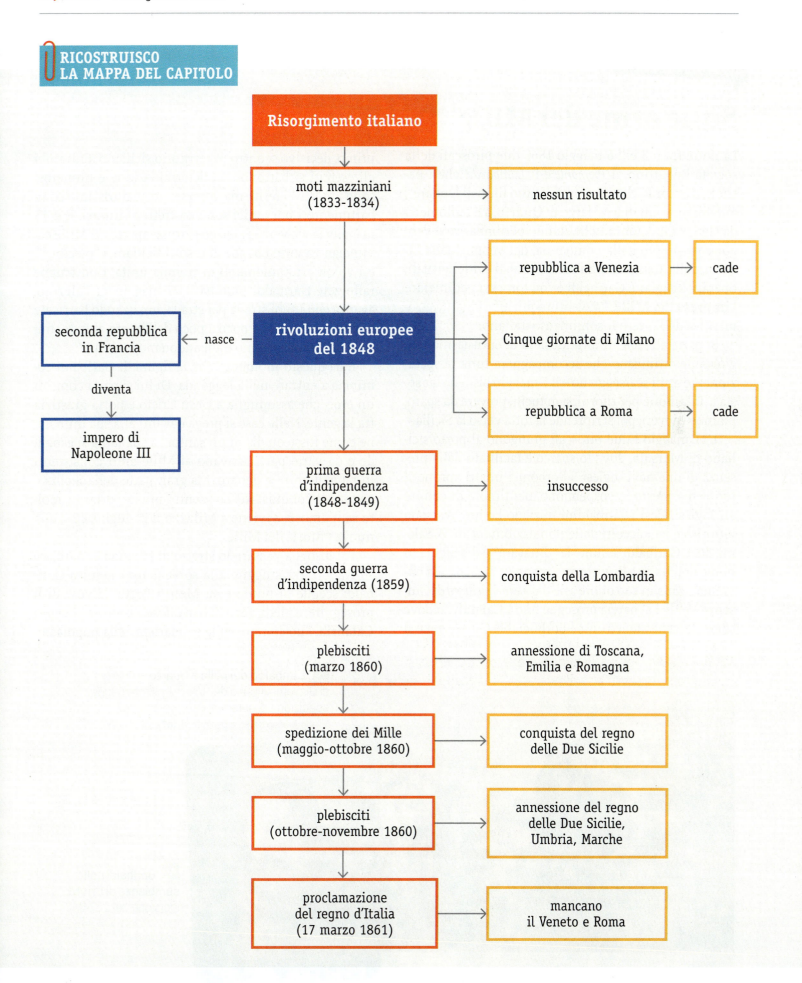

Geostoria

Sulle orme dei Mille

La notte fra il 5 e il 6 maggio 1860 due piroscafi della società Rubattino, il *Piemonte* e il *Lombardo*, che i patrioti, d'accordo con la società, hanno finto di "rubare", attendono sbuffando al largo di **Quarto**, a 6 chilometri da Genova. I volontari che stanno per imbarcarsi vengono per lo più dalla Lombardia, dal Veneto, dalla Liguria, dalla Toscana; sono professionisti e intellettuali, operai e artigiani. Garibaldi è con loro: sta per iniziare l'**impresa dei Mille**, l'avventura più affascinante e romantica dell'intero Risorgimento italiano.

Si parte all'alba, in un'atmosfera di entusiasmo e di giovanile ottimismo che accompagnerà tutta la spedizione. Le armi scarseggiano e il 7 maggio bisogna far sosta a **Talamone** per rifornirsi di fucili, polvere da sparo, piombo e viveri; poi si riprende la rotta verso la Sicilia.

L'11 maggio i due piroscafi giungono al porto siciliano di **Marsala**, dove lo sbarco è facilitato dalla presenza di due navi inglesi: i borbonici infatti aprono il fuoco ma presto lo sospendono, nel timore di colpire gli Inglesi. Così i garibaldini iniziano la loro avanzata vittoriosa, ben accolti dalle popolazioni locali. A Salemi, dove Garibaldi assume la "dittatura" della Sicilia in nome dell'Italia e di Vittorio Emanuele II, la banda cittadina suona in suo onore arie dai *Vespri siciliani* di Giuseppe Verdi. La marcia prosegue fino a **Calatafimi** dove sono concentrate le truppe borboniche. Qui avviene il primo, decisivo scontro in territorio siciliano. Entrambi gli eserciti si battono con determinazione e numerosi sono i morti e i feriti, ma dopo sei ore di durissimo combattimento i borbonici sono costretti a ritirarsi. È il 15 maggio: la via verso Palermo è ormai aperta. Ai Mille cominciano a unirsi bande di insorti siciliani, i "picciotti", e i volontari aumentano di tremila unità. Con truppe rafforzate Garibaldi piomba il 27 maggio su **Palermo**, avanza con i suoi strada per strada, innalzando barricate e impadronendosi a poco a poco dell'intero abitato, finché i borbonici cedono e abbandonano la città.

È da questo momento che la figura di Garibaldi comincia a entrare nella leggenda. Di lui si parla come di un eroe, che assomiglia a Gesù Cristo e porta giustizia fra la gente. Nelle case si prega davanti alla sua immagine come fosse quella di un santo. La sua fama si espande e da varie parti arrivano ai Mille aiuti consistenti in navi, uomini e denaro. Ma gran parte della Sicilia è ancora da conquistare. Lo scontro più importante, molto sanguinoso, avviene a **Milazzo** il 20 luglio, ed è una nuova vittoria dei Mille.

Poi bisogna passare lo stretto di Messina e marciare su Napoli. Per sfuggire alla sorveglianza nemica Garibaldi sceglie di puntare su **Melito Porto Salvo** e di lì proseguire, a piedi, verso il ben difeso castello di **Reggio Calabria**. Può contare sulla solidarietà della popolazio-

L'imbarco dei Mille a Quarto in un dipinto di Girolamo Induno del 1860. Il pittore seguì la spedizione di persona.
Milano, Museo del Risorgimento. Foto Scala, Firenze.

Garibaldi nelle sembianze di Cristo. Incisione del 1850.
Roma, Museo Centrale del Risorgimento.

ne e dei liberali reggini, così, nella notte fra il 20 e il 21 agosto i garibaldini penetrano silenziosamente nella città. La battaglia è violenta, ma infine sul castello viene issata la bandiera bianca, in segno di resa.

Dopo Reggio Calabria, Garibaldi non incontra praticamente più resistenza. Il 7 settembre, accolto dalla popolazione in festa, entra nella reggia di **Napoli**, che poche ore prima il re Francesco II e la regina Maria Sofia hanno abbandonato per rifugiarsi nella fortezza di Gaeta. Lo stesso giorno l'esercito piemontese varca i confini dello Stato pontificio, conquista Castelfidardo, poi tutte le Marche e l'Umbria. Il regno napoletano ha i giorni contati: la sua fine sarà decretata dalla decisiva **battaglia sul Volturno** il 1° e il 2 ottobre, ancora una volta vinta dai garibaldini. Quando Garibaldi il 26 ottobre incontra a **Teano** Vittorio Emanuele II, può ormai salutarlo "re d'Italia".

> La spedizione dei Mille.

COMPRENDO I CAMBIAMENTI NELLO SPAZIO E NEL TEMPO

1. Completa la legenda della carta inserendo queste diciture al posto giusto.
   Battaglie ▪ Itinerario dei Mille ▪ Itinerario delle truppe piemontesi

2. Completa la tabella riportando in ordine cronologico gli episodi più importanti dell'impresa dei Mille, sintetizzati in poche parole (l'esercizio è avviato).

Località	Data	Evento
Talamone (Toscana)	7 maggio 1860	Sosta per rifornimenti

Sintesi

RICOSTRUISCO LE INFORMAZIONI

1. Si programma l'Italia futura

Giuseppe Mazzini, fondatore della Giovine Italia, vuole che l'Italia sia una repubblica indipendente e unita. **Vincenzo Gioberti** vuole una confederazione di Stati monarchici con a capo il papa. **Carlo Cattaneo** sogna una confederazione repubblicana. Le riforme concesse da papa Pio IX spingono altri sovrani italiani a concedere Costituzioni, come lo **Statuto Albertino**.

2. Il 1848: l'anno delle rivoluzioni

Nel 1848 in **Francia** il re viene cacciato e **rinasce la repubblica**. Scoppiano rivolte in **Germania**, in **Prussia** e nell'**impero austriaco**. Anche il **Lombardo-Veneto** si ribella: Venezia proclama la repubblica, Milano insorge e caccia gli Austriaci.

Il re di Sardegna Carlo Alberto dichiara guerra all'Austria: è la **prima guerra d'indipendenza** (1848-1849). Altri sovrani mandano rinforzi, ma **l'esercito austriaco vince**. Carlo Alberto lascia il trono al figlio, **Vittorio Emanuele II**.

3. La vittoria delle forze conservatrici

Venezia e **Roma**, che si sono autoproclamate **repubbliche**, resistono agli attacchi di Francia, Austria e regno delle Due Sicilie ma alla fine devono arrendersi. Anche nel resto d'Europa **le rivoluzioni falliscono**. Nel 1852 in Francia il presidente della repubblica Luigi Napoleone Bonaparte diventa **imperatore** con il nome di **Napoleone III**.

4. Cavour: diplomazia e guerre vittoriose

Quasi ovunque i sovrani ritirano le Costituzioni, ma nel regno di Sardegna lo Statuto Albertino e il parlamento restano in vigore.

Nel 1858 l'abile primo ministro piemontese **Cavour** stringe un accordo segreto con **Napoleone III** contro l'Austria. Nel 1859, con un pretesto, Cavour spinge l'Austria a dichiarare guerra: è la **seconda guerra d'indipendenza**.

Tra il 1859 e il 1860 **Toscana**, **Emilia** e **Romagna** votano con plebisciti di **unirsi al regno di Sardegna**. Napoleone III, però, si ritira dal conflitto accordandosi con l'Austria: la Lombardia passa al regno di Sardegna ma il Veneto resta all'Austria.

5. Garibaldi e la spedizione dei Mille

Nel 1860, per liberare il regno delle Due Sicilie dai Borbone, **Garibaldi** e i **Mille sbarcano in Sicilia** e poi risalgono la penisola. Cavour teme che vogliano attaccare Roma, causando l'intervento della Francia in difesa del papa. Manda allora l'esercito piemontese alla conquista di Umbria e Marche. Con altri plebisciti anche **l'ex regno delle Due Sicilie, l'Umbria e le Marche sono uniti al Piemonte**. Il **17 marzo 1861** nasce il **regno d'Italia**.

Esercizi

LAVORO SULLE FONTI — Paragrafo 1

1 **Leggi il documento e l'introduzione che lo accompagna, poi rispondi alle domande.**
Come era costume presso tutte le società segrete, anche per essere ammessi nella Giovine Italia gli aspiranti dovevano pronunciare un giuramento, di cui riportiamo una piccola parte. Esso era insieme un programma politico e un solenne impegno morale e, come mostra l'uso di diversi termini propri del linguaggio cristiano, anche un atto di fede religiosa.

> « Nel nome di Dio e dell'Italia. Nel nome di tutti i martiri della santa causa italiana [...]. Io, credente nella missione affidata da Dio all'Italia, e nel dovere che ogni uomo italiano ha di contribuire al suo adempimento; convinto che dove Dio ha voluto fosse nazione esistono le forze necessarie a crearla – che il Popolo è depositario di quelle forze – che nel dirigerle per il Popolo e col Popolo sta il segreto della vittoria; convinto che la Virtù sta nell'azione e nel sacrificio – che la potenza sta nell'unione e nella costanza della volontà; do il mio nome alla Giovine Italia, associazione d'uomini credenti nella stessa fede, e giuro: di consacrarmi tutto e per sempre a costituire con essi l'Italia in Nazione, Una, Indipendente, Libera, Repubblicana [...]. »

a. Ricerca nel testo e sottolinea: la definizione di Giovine Italia; gli obiettivi politici che la Giovine Italia si pone; i comportamenti necessari per giungere alla virtù e alla potenza (forza).
b. In nome di chi e di che cosa il giovane aspirante si accinge a giurare?
c. Chi sono i "martiri" di cui parla?
d. Con quale aggettivo è definita la causa dell'Italia?
e. Ricerca e trascrivi i termini che ti sembrano propri del linguaggio religioso.

VERIFICO LE CONOSCENZE — Paragrafo 1

2 **Completa il testo con le parole dell'elenco. Fai attenzione: alcune non ti serviranno.**
Vincenzo Gioberti • riforme • statuti • Ferdinando II • sovrani • Carlo Alberto • costituzione

Papa Pio IX attuò molte .... nello Stato della Chiesa e fu imitato dagli altri .... a eccezione di ...., re delle Due Sicilie. Qui scoppiò una rivoluzione e il re finì per concedere una .... (1848). Anche gli altri sovrani concessero Costituzioni e ....

VERIFICO LE CONOSCENZE — Paragrafo 2

3 **Completa il testo con le parole dell'elenco. Fai attenzione: alcune non ti serviranno.**
Roma • Venezia • Milano • Parigi • Vienna • Prussia • Austria • Metternich • Carlo Alberto • Luigi Filippo d'Orléans • Piemonte • indipendenza • monarchia • repubblica

Nel 1848 il popolo di .... insorse contro ....; il re fuggì e in Francia fu proclamata la .... La rivoluzione si diffuse: insorsero la Germania, la .... e l'Austria. In Italia .... proclamò la repubblica, ... cacciò gli Austriaci dalla città. Il Piemonte dichiarò guerra all'...................., ma la prima guerra d'....................italiana si concluse con una sconfitta; per questo .... rinunciò al trono.

Unità 4 L'età delle rivoluzioni liberali e nazionali

Esercizi

LAVORO SULLE FONTI Paragrafo 2

4 Osserva l'immagine e descrivila, seguendo la traccia indicata dalle domande.

Durante le Cinque giornate i Milanesi eressero barricate accatastando gli oggetti più diversi (carri, panche di chiesa, mobili, botti, sedie del teatro, pianoforti…). Questa stampa del 1850 rappresenta l'episodio decisivo dell'insurrezione milanese: la battaglia di Porta Tosa, poi chiamata Porta Vittoria.

a. Ci sono popolani fra gli insorti? Borghesi? Donne? Bambini? Vedi dei feriti?
b. Vedi insorti che combattono dalle finestre o arrampicati sui tetti?
c. Alcuni insorti spingono avanti una "barricata mobile", formata da una grossa fascina di legna: dove sono?
d. Gli insorti sono armati soprattutto di fucili: riesci a vedere anche armi improprie, come forconi o bastoni?
e. Sai riconoscere alcuni dei materiali usati a Porta Tosa per costruire la barricata?
f. Quanti tricolori riesci a contare nella stampa? Che cosa significano?
g. In cielo vola un pallone aerostatico (una specie di mongolfiera), usato per trasmettere notizie ai paesi vicini: chi lo avrà lanciato?

VERIFICO LE CONOSCENZE Paragrafo 3

5 Completa il testo con le parole dell'elenco. Fai attenzione: alcune non ti serviranno.
Giuseppe Garibaldi ▪ Roma ▪ Venezia ▪ repubblica ▪ francesi e austriache ▪ Carlo Pisacane ▪ il papa ▪ Repubblica romana

Nel 1848 Venezia aveva proclamato la …………………………… . Nel 1849 a Roma tumulti popolari spinsero …………………………… ad abbandonare la città. Un'assemblea costituente proclamò la …………………………… . Per difenderla accorsero volontari da tutta Italia, fra i quali c'era anche …………………………… . Ma Roma, attaccata da truppe …………………………… , dovette arrendersi. Poco dopo cadde anche la repubblica di …………………………… .

USO LE PAROLE DELLA STORIA Paragrafi 1, 3 e 4

6 Costruisci una frase con ciascuna delle parole elencate.
Suffragio ▪ repressione ▪ confederazione ▪ plebiscito ▪ attentato ▪ annessione

STABILISCO COLLEGAMENTI E RELAZIONI
Paragrafo 4

7 Spiega perché si verificarono gli avvenimenti elencati.
   a. Il Piemonte divenne un punto di riferimento per i patrioti italiani.
   b. Il Piemonte partecipò alla guerra di Crimea.
   c. Molti democratici e repubblicani si schierarono a fianco del Piemonte monarchico.
   d. Il tentativo di Carlo Pisacane fallì.
   e. Il Piemonte, dopo Plombières, provocò l'Austria schierando truppe ai confini.
   f. Napoleone III concluse con l'Austria l'armistizio di Villafranca.

VERIFICO LE CONOSCENZE
Paragrafo 5

8 Completa il testo con le parole dell'elenco. Fai attenzione: alcune non ti serviranno.
Sardegna ▪ Sicilia ▪ Marche ▪ 1844 ▪ Piemonte ▪ Calabria ▪ 1848 ▪ Italia ▪ Napoli ▪ Umbria ▪ 1860 ▪ 1861 ▪ Mille

Nel .... Giuseppe Garibaldi, alla guida dei .... , salpò dalla Liguria alla volta della .... , impegnandosi a combattere in nome di Vittorio Emanuele, re di .... Dopo alcune vittorie le truppe garibaldine si ingrossarono e in un mese la Sicilia fu conquistata. Varcato lo stretto di Messina, Garibaldi sbarcò in .... , poi entrò trionfalmente a .... Allora, temendo un intervento della Francia, l'esercito piemontese occupò le .... e l'........................ . I plebisciti fatti nelle terre conquistate decisero l'annessione al .... Il 17 marzo .... fu proclamato il regno d'........................ .

RICERCO E PRODUCO
Intero capitolo

9 Non c'è quasi città o paese d'Italia che non abbia dedicato agli eroi del Risorgimento e a eventi gloriosi di quell'epoca nomi di strade e di piazze, statue e monumenti.
Divisi in gruppi, cercate sulla mappa della vostra o di un'altra città il maggior numero di vie, viali e piazze, la cui toponomastica rinvii al Risorgimento; scaricate le immagini di statue e monumenti e organizzate una visita a quelli più significativi. Poi presentate ai compagni i risultati della vostra ricerca.

COLLOCO NEL TEMPO
Intero capitolo

10 Scrivi la data accanto a ciascuno di questi avvenimenti e poi riordinali cronologicamente. (L'esercizio è avviato.)

☐ a. (........................ , 23 marzo) Inizia la prima guerra d'indipendenza.
☐ b. (........................) Al Congresso di Parigi Cavour getta le basi per un'alleanza con la Francia.
☐ c. (........................ , ottobre) A Teano Garibaldi consegna a Vittorio Emanuele II le terre conquistate.
☐ d. (........................ , 13-15 marzo) Vienna insorge e Metternich è costretto a fuggire.
☐ e. (........................) Napoleone III è eletto imperatore dei Francesi.
☐ f. (........................ , marzo) Emilia, Romagna e Toscana vengono annesse al regno di Sardegna.
☐ g. (........................ , 22 marzo) Milano caccia gli Austriaci dopo cinque giorni di combattimenti.
☐ h. (........................ , 17 marzo) Vittorio Emanuele II di Savoia è proclamato re d'Italia.

Unità 4 L'età delle rivoluzioni liberali e nazionali

Esercizi

SCOPRO I CAMBIAMENTI NELLO SPAZIO E NEL TEMPO
Intero capitolo

11 Confronta le carte e rispondi alle domande.

↑ L'Italia nel 1859.   ↑ L'Italia nel 1861.

a. Quanti anni separano le due carte?
b. Da quanti Stati è costituita l'Italia nella prima carta? Da quanti nella seconda?
c. Quale grande regno è completamente scomparso nel 1861?
d. Quali trasformazioni noti nel Lombardo-Veneto? Quali nello Stato della Chiesa?
e. Osservando con attenzione noterai che il Piemonte ha perduto pezzi verso ovest: sai dire quali, quando e perché?
f. L'unificazione dell'Italia è completa nel 1861? Quali regioni mancano ancora?

LAVORO CON LE MAPPE
Intero capitolo

12 Spiega la mappa finale del capitolo (p. 363) componendo un testo di circa 20 righe.

LAVORO SULLE FONTI
Intero capitolo

13 Prova a scegliere, nei capitoli 13 e 14, una decina di immagini significative che possano servirti da scaletta per illustrare il Risorgimento italiano (o parte di esso). Confronta la tua scelta con quella dei tuoi compagni.

Imparo a imparare — LEGGO IL TESTO DI UN INNO NAZIONALE — Intero capitolo

Fratelli d'Italia fu scelto come inno nazionale italiano nel 1946, alla fine della seconda guerra mondiale, quando fu proclamata la Repubblica italiana e l'ultimo re di casa Savoia dovette andare in esilio. A quel tempo l'inno aveva già quasi cent'anni. Era stato composto nel 1847, in pieno Risorgimento, con il titolo di **Canto degli Italiani**. L'autore era il giovane poeta e patriota genovese **Goffredo Mameli**, che partecipò alla prima guerra di indipendenza e alla difesa della Repubblica romana nel 1849. Qui fu ferito e morì, poco più che ventenne, dopo una crudele agonia.

L'inno, musicato dal genovese Michele Novaro, divenne immediatamente popolare sia per i sentimenti patriottici che esprimeva sia per il suo ritmo incalzante e impetuoso. Lo stesso Giuseppe Verdi, nel suo *Inno delle Nazioni* del 1862, scelse come simbolo della patria non la *Marcia Reale*, che era allora l'inno ufficiale del regno d'Italia, ma proprio il *Canto degli Italiani* di Mameli e Novaro.

L'inno è ricco di riferimenti a **personaggi** e a **episodi eroici** della storia patria, notissimi ai patrioti del Risorgimento, ma al giorno d'oggi più difficili da comprendere. Ne riportiamo alcune strofe.

Fratelli d'Italia
L'Italia s'è desta,
Dell'elmo di Scipio
S'è cinta la testa.
Dov'è la Vittoria?
Le porga la chioma,
Ché schiava di Roma
Iddio la creò.
Stringiamci a coorte
Siam pronti alla morte
L'Italia chiamò.

Noi siamo da secoli
Calpesti, derisi,
Perché non siam popolo,
Perché siam divisi.
Raccolgaci un'unica
Bandiera, una speme:
Di fonderci insieme
Già l'ora suonò.
Stringiamci a coorte
Siam pronti alla morte
L'Italia chiamò. [...]

Dall'Alpi a Sicilia
Dovunque è Legnano,
Ogn'uom di Ferruccio
Ha il core, ha la mano,
I bimbi d'Italia
Si chiaman Balilla,
Il suon d'ogni squilla
I Vespri suonò.
Stringiamci a coorte
Siam pronti alla morte
L'Italia chiamò.

Il termine "fratelli" è usato per indicare tutti i "figli dell'Italia", immaginata come comune "madre". L'Italia si ridesta dopo una lunga soggezione allo straniero (*l'Italia s'è desta*) e indossa l'elmo che fu di Scipione l'Africano (*Scipio*), il generale romano che sconfisse le truppe di Cartagine nel corso delle guerre puniche. A lei, armata e pronta alla battaglia, la Vittoria porge la chioma perché le venga tagliata (secondo l'uso antico di tagliare i capelli alle schiave): essa infatti per volere divino fu sempre schiava di Roma vittoriosa (*le porga la chioma / ché schiava di Roma / Iddio la creò*). Alla chiamata della nuova Italia (*l'Italia chiamò*) gli Italiani devono accorrere in armi (*stringiamci a coorte*), pronti a morire per la patria. Per secoli gli Italiani furono calpestati (*calpesti*) e oppressi dallo straniero a causa delle loro divisioni. Ora dovranno raccogliersi sotto un'unica bandiera, guidati da un'unica comune speranza (*speme*): quella di essere uniti e indipendenti.

Il poeta allude a episodi e personaggi, in gran parte romanzati (battaglia di Legnano, Francesco Ferrucci, Balilla, i Vespri siciliani), che appartengono a tempi diversi della storia e qui sono accomunati solo dalla volontà tutta risorgimentale di trovarvi riferimenti ai fatti dell'Ottocento. Con la **battaglia di Legnano** i comuni della Lega lombarda riportarono nel 1176 una netta vittoria sulle forze dell'imperatore tedesco Federico I Barbarossa. Ferruccio è **Francesco Ferrucci**, la cui morte a Gavinana nel 1530 segna, nel pensiero risorgimentale, la morte delle libertà comunali e l'inizio dell'oppressione straniera sull'Italia. Secondo la tradizione, **Balilla** è il ragazzo genovese Giovanni Battista Perasso che, scagliando un sasso contro un ufficiale austriaco nel 1746, dette il via alla rivolta che liberò la città dagli Austriaci. L'accenno ai **Vespri siciliani** ricorda l'insurrezione del popolo palermitano contro gli Angioini (1282), che portò poi alla cacciata dei Francesi dalla Sicilia.

Unità 4   L'età delle rivoluzioni liberali e nazionali

Il capitolo a colpo d'occhio

QUANDO

1. In che anno si sono svolti questi eventi? SCRIVI le date sui puntini, poi COLLOCALE sulla linea del tempo: 1848, 1860, 1861.

A

B

C

.... Nasce il regno d'Italia.

.... Rivoluzioni in Italia, Francia, Germania, Prussia e impero asburgico.

.... Spedizione dei Mille.

1845 — 1850 — 1855 — 1860 — 1865 →

DOVE

2. OSSERVA la carta, LEGGI la legenda e COMPLETA la didascalia.

La carta mostra la situazione della penisola dodici mesi prima della nascita del regno d'Italia. Dopo la fine della .... guerra di indipendenza (luglio 1859) la .... era passata sotto il dominio piemontese, ma il .... era rimasto agli Austriaci. Nel marzo 1860 .... , Romagna e .... votano l'annessione al regno di Piemonte, che però deve cedere alla Francia la contea di .... e la ....

372

LE PAROLE DA RICORDARE

**3. SCRIVI le parole seguenti accanto alle definizioni corrispondenti.
ATTENZIONE alle parole in più.**

Annessione • suffragio • diplomatico • statista • plebiscito • spedizione • esilio

.... Allontanamento dalla patria, volontario oppure forzato.

.... Voto a cui è chiamato il popolo per decidere di questioni molto importanti.

.... Chi governa o dirige uno Stato.

.... Atto con cui uno Stato amplia il proprio territorio estendendo la propria sovranità su quello di un altro Stato.

LA MAPPA DEI CONCETTI

**4. COMPLETA la mappa inserendo al posto giusto le parole seguenti.
ATTENZIONE alle parole in più.**

Carlo Alberto • Emilia • Umbria • Lombardia • Toscana • Vittorio Emanuele II • perduta • vinta • fallimento • d'Italia • delle Due Sicilie • Mille • Garibaldi

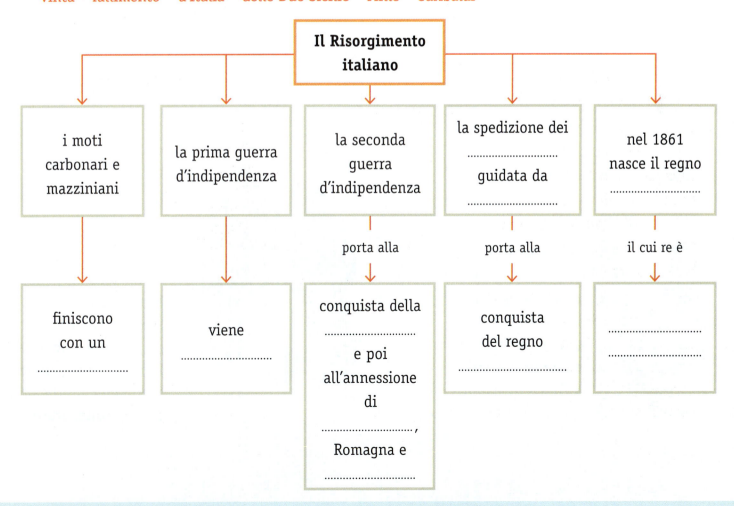

Capitolo 15
Contrasti e tensioni nella società industriale

GUARDA! IL VIDEO

MI ORIENTO NEL CAPITOLO — dal 1825 → al 1891

1 Nella prima metà dell'Ottocento l'**agricoltura europea è ancora arretrata**. Solo l'introduzione di **macchine agricole** e **concimi chimici** renderà le carestie meno frequenti.

2 Nella società industriale gli **imprenditori** si arricchiscono, mentre molti **operai** vivono in povertà. Le prime associazioni di lavoratori **scioperano** per ottenere migliori condizioni di lavoro.

3 **Marx ed Engels** sostengono l'idea della **lotta di classe**, lo scontro rivoluzionario tra operai e borghesia. Il **papa** afferma invece che imprenditori e operai devono **collaborare**.

4 Chi appartiene alla **borghesia** ha uno **stile di vita** benestante, si distingue per un **abbigliamento** curato e dignitoso, vive in **abitazioni** confortevoli con **comodità** moderne.

1. Un'economia che lentamente si trasforma

L'agricoltura europea nell'Ottocento

Nonostante il lento diffondersi dell'industria, all'inizio dell'Ottocento l'economia dell'Europa continentale era ancora **prevalentemente agricola** e sostanzialmente **arretrata**. In agricoltura l'uso di macchine e di concimi artificiali rimaneva sconosciuto. La prima mietitrice meccanica fu inventata nel **1834** dallo statunitense McCormick, e i fertilizzanti artificiali, frutto degli studi del chimico tedesco Justus von Liebig, comparvero solo dopo il 1840. Tuttavia fu necessario attendere ancora a lungo perché queste innovazioni si diffondessero nelle campagne.

Ciò avvenne verso la fine del secolo e solo in alcuni Paesi, come l'Inghilterra, la Germania, la Francia e alcune zone dell'Italia settentrionale. Nell'Europa orientale e in gran parte dell'area mediterranea vaste estensioni di terreno continuarono a essere tenute a pascolo o coltivate dai contadini, aiutati, ma non sempre, da qualche animale da traino.

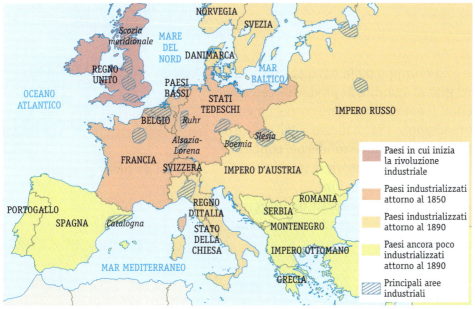

L'industrializzazione in Europa nell'Ottocento.

Una crisi da sottoproduzione, tipica dell'età preindustriale

Le carestie non erano infrequenti. Inoltre le pessime condizioni delle strade e la lentezza dei trasporti ostacolavano l'invio di aiuti alle regioni colpite.

Ancora nel 1846-1847 in Irlanda – un Paese poverissimo in cui la maggioranza della popolazione si nutriva soprattutto di patate – una malattia di questa pianta provocò la morte di un milione di Irlandesi (un ottavo della popolazione) e altrettanti furono costretti a emigrare in America.

La tragedia della carestia in Irlanda in un dipinto del 1850.
Compton, Watts Gallery. Foto Bridgeman Images/ArchiviAlinari.

La catastrofe del **1846-1847**, tipica dell'età preindustriale, fu provocata da annate di scarsi raccolti. Per l'Europa essa fu l'ultima **crisi da sottoproduzione**, una crisi tipica dell'economia agricola preindustriale, che non conosceva macchine né concimi chimici e dipendeva ancora completamente dall'imprevedibile andamento delle stagioni.

Le crisi cicliche dei Paesi industrializzati

Anche i Paesi industrializzati però erano soggetti a crisi economiche che si ripresentavano **ciclicamente**. Queste crisi non erano provocate da scarsità di prodotti agricoli, come era avvenuto nell'era preindustriale; al contrario, nell'Ottocento, la causa era l'**eccesso di produzione** di alcune merci (da qui il nome di **crisi da sovrapproduzione**): si produceva più di quanto si riuscisse a vendere e ciò aveva come conseguenza il forte ribasso dei prezzi, l'accumulo delle merci nei magazzini, il fallimento delle aziende e la disoccupazione degli operai.

In Europa, per esempio, nel 1873 ebbe inizio un periodo di crisi che i contemporanei chiamarono "grande depressione". Essa faceva seguito a un ventennio di vivace espansione industriale, durante il quale le macchine a vapore, i filatoi, i telai meccanici, le locomotive si erano diffusi in molte regioni dell'Europa continentale e negli Stati Uniti.

Una crisi da sovrapproduzione

Negli anni fra il 1850 e il 1873, grazie allo sviluppo della navigazione a vapore, si riversarono sui mercati europei grandi quantità di prodotti – cereali, prima di tutto – provenienti dall'America. Il grano americano costava meno di quello europeo perché i coloni d'oltreoceano avevano messo a coltura immense estensioni di terreno fertile, utilizzando **tecniche moderne**, **concimi chimici** e **macchine agricole** – in particolare nuove mietitrici e trebbiatrici a trazione animale o a vapore – che aumentavano la produzione.

La concorrenza americana fece **crollare il prezzo dei cereali**, danneggiando in Europa le aziende agricole grandi e piccole, e provocando fra la popolazione delle campagne disoccupazione e miseria.

ORGANIZZO I CONCETTI

Età preindustriale

agricoltura arretrata e trasporti lenti
↓
produzione insufficiente al bisogno
↓
crisi da sottoproduzione

Età industriale

produzione eccessiva rispetto al bisogno
↓
accumulo di merci invendute
↓
fallimenti e disoccupazione
↓
crisi da sovrapproduzione

La trebbiatrice a vapore Hornsby: un modello sperimentale presentato alla Grande Esposizione di Londra del 1851.
Foto Granger Historical Picture Archive/Alamy.

Governi, industrie e banche reagiscono alla crisi

Per combattere la crisi, molti governi cercano di proteggere la produzione interna dalla concorrenza di altri Paesi, imponendo **forti dazi sulle merci di importazione** per alzarne il costo e scoraggiarne l'acquisto.

Le industrie, invece, formarono dei **cartelli** o *trust*, cioè dei gruppi di imprese – aziende, banche, società commerciali – che si accordavano fra loro per non farsi concorrenza e mantenere alti i profitti. Stabilivano, per esempio, il prezzo a cui vendere i prodotti, la quantità massima delle merci da produrre, la distribuzione sui mercati di vendita, la quota di vendita consentita a ciascuna impresa. Alcuni di questi gruppi divennero così potenti da controllare totalmente i mercati e da poter influenzare anche l'attività politica dei governi [→ Geostoria: Parole della geografia economica p. 388].

Il potere di un grande gruppo industriale: negli Stati Uniti la Standard Oil di John Rockefeller arrivò a controllare il 90% dell'intera produzione petrolifera e poté agire quasi in condizioni di monopolio (cioè senza concorrenti). La Standard Oil è rappresentata come una piovra i cui tentacoli si stendono sull'industria e sulle sedi del potere americano.
Washington, Library of Congress.

COLLOCO GLI EVENTI NEL TEMPO

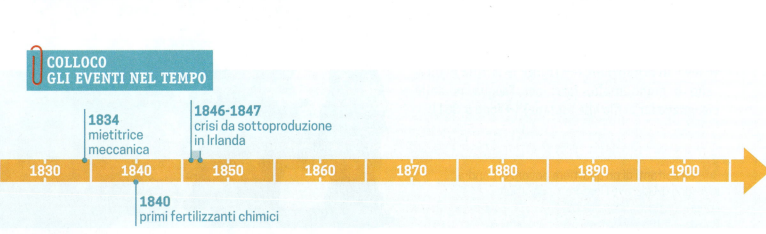

1834 mietitrice meccanica

1840 primi fertilizzanti chimici

1846-1847 crisi da sottoproduzione in Irlanda

Unità 4 L'età delle rivoluzioni liberali e nazionali

2. La società industriale

Imprenditori e operai

Con la rivoluzione industriale nacquero due nuove figure sociali: gli **imprenditori** e gli **operai**.

Un piccolo numero di imprenditori aveva origini aristocratiche, ma la grande maggioranza proveniva dalla **borghesia**, la **classe*** emergente che, grazie allo spirito di iniziativa e all'impegno sul lavoro, finì per divenire la protagonista assoluta dello sviluppo economico. Gli imprenditori erano di solito proprietari terrieri o ricchi commercianti che disponevano di **capitali** e li impiegavano in imprese produttive. Per esempio, impiantavano fabbriche, acquistavano materie prime o nuovi macchinari per ingrandire le aziende. Se l'impresa rendeva bene, ottenevano un profitto – in pratica un nuovo capitale – che potevano nuovamente investire.

Nelle fabbriche la manodopera era costituita da **operai** che lavoravano in cambio di un **salario**. Nei centri industriali, dove si concentravano le fabbriche, la manodopera era abbondante, perché lo sviluppo delle industrie creava nuovi posti di lavoro e attirava masse di contadini nelle città. La classe operaia, che non possedeva capitali e al processo di produzione forniva la propria capacità di lavorare (la forza lavoro), fu chiamata anche **proletariato***. Con lo sviluppo dell'industria ebbe inizio il periodo del **capitalismo*** industriale.

* **Classe**
Indica un gruppo sociale considerato da un punto di vista economico, in base al ruolo che esso svolge nell'organizzazione del lavoro e nel sistema di produzione.

* **Proletariato**
È una classe sociale che dispone di un reddito molto basso. Nell'antica Roma il termine *proletarius* indicava i cittadini la cui unica proprietà era costituita dalla prole, cioè dai figli.

* **Capitalismo**
Il sistema di produzione basato sul capitale.

Le condizioni di vita e lavoro della classe operaia

L'abbondanza di manodopera permetteva agli imprenditori di mantenere i **salari molto bassi**, di poco superiori al livello di sussistenza. Il **lavoro minorile** (dei bambini e delle bambine) era pagato anche dieci volte di meno rispetto a quello di un operaio adulto. Gli ambienti di lavoro erano spesso **nocivi**, perché troppo caldi, troppo freddi, troppo umidi, pieni di fumo, di rumori assordanti, di sostanze inquinanti. Gli operai non potevano contare su **nessun tipo di assistenza** in caso di malattia, di invalidità o di vecchiaia, e su tutti gravava la minaccia del licenziamento, che poteva essere improvviso e che l'imprenditore non era tenuto a giustificare. La condizione dei lavoratori era poi aggravata dalla **povertà dei quartieri operai** [→ cap. 8 par. 2]: quartieri cresciuti in fretta, sovraffollati e privi dei più elementari servizi igienici (nessuno provvedeva alla rimozione dei rifiuti, le latrine mancavano o erano molto rare, per l'acqua potabile bisognava far la fila alle fontane) [→ Fonti p. 381].

> **Gli abitanti di un quartiere povero di Londra.**
Incisione di Gustave Doré tratta dal volume *Londra: un pellegrinaggio*, 1872.
Foto Universal History Archive/UIG/Bridgeman Images.

Capitolo 15 Contrasti e tensioni nella società industriale

Una primitiva forma di protesta: la distruzione delle macchine

Una delle prime forme di reazione alla rivoluzione industriale fu il **luddismo**, cioè la distruzione delle macchine, considerate la causa principale della disoccupazione e delle basse paghe (una sola macchina, infatti, poteva eseguire il lavoro di molti operai e provocarne il licenziamento). In Inghilterra, dove nacque, il movimento luddista organizzò, fra la fine del XVIII e l'inizio del XIX secolo, grandi sommosse che furono represse sanguinosamente. Non furono però gli operai delle fabbriche gli iniziatori del movimento, ma gli artigiani tradizionali, i tessitori a domicilio e i lavoranti a giornata, messi in crisi dalla diffusione di telai meccanici: proprio da un tessitore inglese – il leggendario **Ned Ludd**, che sarebbe stato giustiziato per aver distrutto il telaio su cui lavorava – deriva il nome del movimento.

Le prime conquiste operaie

La forza degli operai consisteva nell'essere uniti. Ma la nascita di **associazioni operaie** fu a lungo **proibita per legge**. Solo nel **1825**, dopo anni di agitazioni e proteste, la Gran Bretagna autorizzò le *Trade Unions* (Unioni di Mestieri), legalizzandole definitivamente nel 1871: furono le prime **organizzazioni sindacali** formate dai lavoratori per difendere i propri interessi (per esempio, per ottenere salari e orari di lavoro migliori).

Le prime leggi a favore degli operai si posero come obiettivo la protezione dei ragazzi-lavoratori: nel **1833** in Inghilterra venne ridotto l'orario di lavoro a 8 ore per i ragazzi sotto i 12 anni, e a 12 per quelli al di sotto dei 18. Prima in Gran Bretagna e poi nel continente cominciarono a diffondersi anche **associazioni di mutuo soccorso** e **cooperative di consumo** operaie. Nel primo caso gruppi di lavoratori mettevano in comune una piccola parte del loro salario per utilizzarlo in situazioni di necessità (malattia, invalidità, vecchiaia); nel secondo si univano in società per acquistare all'ingrosso beni di consumo (alimenti, carbone) e rivenderli a prezzi bassi, rinunciando a una parte del guadagno.

COLLEGO CAUSE ED EFFETTI

Secondo i luddisti

le macchine
↓
svolgono
↓
il lavoro di molti operai
↓
che restano
↓
disoccupati
↓
o ricevono
↓
paghe basse
↓
perciò
↓
le macchine vanno distrutte

▶ **Tessera di un sindacato inglese** del 1852.
Londra, TUC Library Collections.

- la cornucopia è simbolo di abbondanza
- l'uomo che accetta la pergamena simboleggia il diritto e la cultura
- l'operaio che rifiuta la spada offerta dal soldato simboleggia la condanna della violenza
- costruttore di macchine per mulini
- fabbri
- falegnami
- macchinisti
- siate uniti e industriosi

Nuove forme di lotta: gli scioperi

In Inghilterra, dove l'industrializzazione era molto avanzata, si svolsero anche i primi **scioperi**, astensioni collettive dal lavoro che danneggiavano seriamente gli imprenditori perché fermavano le macchine, interrompendo la produzione.

All'inizio lo sciopero era considerato un delitto contro la proprietà, perciò gli imprenditori potevano richiedere l'intervento della polizia contro gli scioperanti. Nella seconda metà dell'Ottocento, però, molti Paesi – per prima l'Inghilterra nel **1875** – riconobbero agli operai il diritto di sciopero.

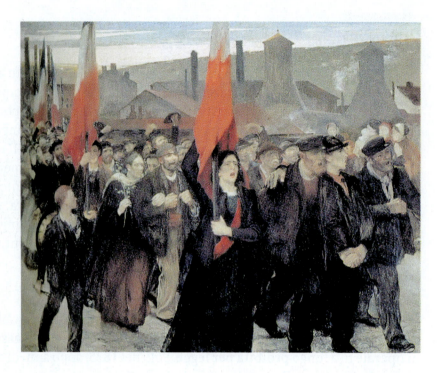

> *Lo sciopero*, un quadro del pittore francese Jules Adler del 1899.
> Pau, Musée des Beaux-Arts.

ORGANIZZO I CONCETTI

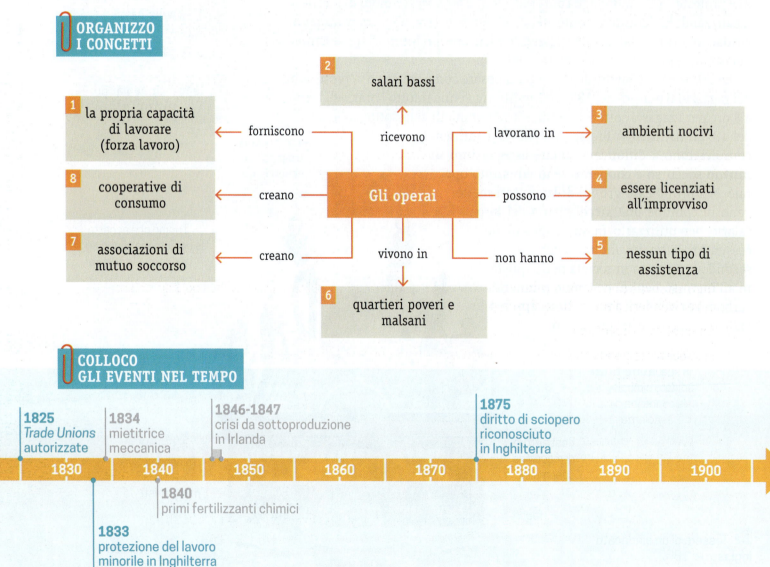

COLLOCO GLI EVENTI NEL TEMPO

- **1825** *Trade Unions* autorizzate
- **1833** protezione del lavoro minorile in Inghilterra
- **1834** mietitrice meccanica
- **1840** primi fertilizzanti chimici
- **1846-1847** crisi da sottoproduzione in Irlanda
- **1875** diritto di sciopero riconosciuto in Inghilterra

Fonti

Engels fra gli operai inglesi

Friedrich Engels (1820-1895) è un filosofo e rivoluzionario tedesco di cui parleremo nel prossimo paragrafo. Figlio di un industriale tessile, fu inviato dal padre a Manchester, in Inghilterra, per controllare un cotonificio appartenente alla sua famiglia. In quell'occasione si rese conto delle terribili condizioni di vita degli operai: le esaminò in una documentata relazione intitolata *La situazione della classe operaia in Inghilterra* (1845). Ne riportiamo alcuni passi, che descrivono abitazioni, ambiente cittadino e di fabbrica.

Il bucato in cortile.
Due bambini con le scarpe sfondate e gli abiti laceri scaldano l'acqua per lavare i panni. Fotografia scattata in un quartiere povero di Londra alla fine dell'Ottocento.

>> Una normale casa operaia nella città di Leeds copre una superficie di pochi metri quadrati e consiste ordinariamente di una cantina e due camere. Queste abitazioni, piccole e scomode, sono sovraffollate giorno e notte e pericolose sia per la salute sia per la moralità di chi vi abita. A Leeds trovammo genitori, figli, figlie e altre persone dei due sessi, che dividevano la stessa stanza per dormire [...].
> La città di Bradford è bagnata da un piccolo fiume con acque nere come la pece e puzzolenti e, nei giorni di lavoro, è coperta da una grigia nube di fumo. Vi domina la stessa sporcizia e la medesima inabitabilità che a Leeds e le case operaie, ammassate fra le alte fabbriche, occupano i quartieri più sporchi della città [...].
> Manchester è costruita in modo che vi si può abitare per anni e avere contatto esclusivamente con operai: questo avviene perché i quartieri della classe operaia sono nettamente separati da quelli della classe media [...].
> Nelle filande di cotone o di lino l'aria è piena di una polvere filamentosa che produce disturbi al torace. Le conseguenze più comuni sono respiro pesante e sibilante, dolore di petto, insonnia, tosse, insomma tutti i sintomi dell'asma, che nei casi peggiori portano alla tubercolosi. Particolarmente malsana è la filatura a umido del lino che viene eseguita da giovani ragazze e da bambini. L'acqua schizza loro addosso inzuppandone gli abiti e mantenendo sempre bagnato il pavimento [...]. >>

(Adattamento da F. Engels, *La situazione della classe operaia in Inghilterra*.)

LAVORO SULLE FONTI

1. Scrivi da dove è tratto il documento, chi ne è l'autore e la data in cui fu pubblicato; indica di che tipo di documento si tratta (lettera, diario, trattato di pace, poesia...).

2. Dai un titolo al documento.

3. Individua nel testo e sottolinea con tre colori diversi le parti che descrivono: le abitazioni, le città, le fabbriche.

4. Rispondi alle domande.
   a. Com'è la "normale casa operaia" di Leeds? (Descrivila con non più di quattro aggettivi.) Perché il sovraffollamento può essere pericoloso per la salute e per la "moralità" (il comportamento morale) di chi vi abita?
   b. Quali aspetti ambientali descrive l'autore nella città di Bradford? Perché, secondo te, la città è sempre sovrastata da una nuvola grigia nei giorni di lavoro? Perché il fiume è nero e puzzolente? Dove sono collocati i quartieri operai?
   c. Perché a Manchester si potrebbero incontrare soltanto operai anche vivendoci per anni?

5. Quali tipi di fabbrica descrive Engels? In quali condizioni sono costretti a lavorare uomini, donne e bambini? Quali sono le conseguenze sulla loro salute? Quale reparto è particolarmente malsano? Perché?

3. Soluzioni diverse per i problemi sociali

Verso una maggiore uguaglianza sociale

Mentre gli operai lottavano per migliorare il proprio livello di vita, anche molti intellettuali si interrogavano sul modo migliore di risolvere la "questione sociale", cioè il problema di grandi masse di lavoratori costretti a vivere in condizioni di terribile miseria.

Alcuni, i **democratici**, pensavano che per risollevare la sorte degli operai fosse necessario **estendere** a tutti gli uomini, anche ai più miseri, **il diritto di voto** (suffragio universale maschile). Altri invece, i **socialisti**, giudicavano insufficiente la sola uguaglianza dei diritti politici: in una società in cui le differenze fra i ricchi e i poveri erano così forti, bisognava assicurare anche una **maggiore uguaglianza sociale ed economica**, distribuendo in modo più giusto la ricchezza prodotta dall'industria.

Alcuni socialisti progettano una società ideale

Con grande impegno personale alcuni socialisti, come **Henri de Saint-Simon**, **Charles Fourier**, **Robert Owen** (e i loro seguaci), tentarono di dar vita a piccole comunità di lavoratori in cui venivano rispettati i princìpi socialisti di uguaglianza e di giustizia. Erano convinti che, seguendo il loro esempio, l'intera società si sarebbe trasformata. Ma i loro progetti non ebbero successo. Perciò questi socialisti, che sembravano rincorrere un sogno irrealizzabile, un'utopia, furono chiamati più tardi **socialisti utopisti**.

Marx ed Engels scrivono il *Manifesto del partito comunista*

Nel **1848** due intellettuali tedeschi, **Karl Marx** e **Friedrich Engels**, pubblicarono a Londra un volumetto, il *Manifesto del partito comunista*, in cui esponevano un **programma rivoluzionario** che il proletariato avrebbe dovuto realizzare.

I due filosofi sostenevano che nel corso della storia sono sempre esistite classi dominanti e classi dominate in lotta fra loro: nell'età del capitalismo industriale le classi in lotta erano la borghesia e il proletariato.

I borghesi possedevano tutti i mezzi di produzione (per esempio, fabbriche e macchinari); i proletari invece non possedevano nulla, venivano sfruttati dagli imprenditori che li pagavano con salari inferiori al valore del loro lavoro. Secondo il *Manifesto*, lo scontro fra borghesia e proletariato sarebbe stato perciò inevitabile: i proletari di tutto il mondo, uniti nella lotta rivoluzionaria – la **"lotta di classe"** –, avrebbero abbattuto la borghesia e il capitalismo, diventando la classe dominante. Allora sarebbe sorta una nuova società comunista, senza più classi né sfruttamento e caratterizzata dalla proprietà collettiva di tutti i mezzi di produzione. La dottrina enunciata da Marx ed Engels fu chiamata **marxismo** o "socialismo scientifico".

ORGANIZZO I CONCETTI

Affrontare la disuguaglianza sociale	
Democratici	• Estensione del diritto di voto a tutti gli uomini
Socialisti	• Diritto di voto • Distribuzione equa della ricchezza
Marxisti	• Lotta di classe per abbattere la borghesia • Proprietà collettiva dei mezzi di produzione

↑ **Karl Marx e Friedrich Engels** in un monumento a Berlino.
Foto A. Trejo/Shutterstock.

Nasce la Prima Internazionale

Le idee socialiste si diffusero rapidamente. Nel **1864**, rappresentanti di lavoratori di diversi Paesi europei, riuniti a Londra, fondarono la **Prima Internazionale**, cioè la prima associazione internazionale di lavoratori, che si proponeva di coordinare la lotta dei vari movimenti operai per l'affermazione dei propri diritti.

La Prima Internazionale fu dominata dal pensiero di Karl Marx. Tuttavia, fra i vari gruppi che la costituivano, esistevano contrasti e divisioni, che si manifestarono negli anni successivi. Per primi si staccarono dall'Internazionale i **democratici di Mazzini**, che non condividevano l'idea marxista della lotta di classe. Poi, nel 1872, fu espulso **Michail Bakunin**, il principale rappresentante della **corrente anarchica**. Gli anarchici vedevano nelle masse dei contadini – più che negli operai delle fabbriche – i protagonisti della rivoluzione sociale e si proponevano di abolire quelli che consideravano gli strumenti del potere capitalistico (Stato, proprietà privata, esercito, polizia ecc.).

La Seconda Internazionale e il Primo maggio

Una Seconda Internazionale fu fondata nel **1889**, per iniziativa dei dirigenti del partito socialista francese. Nel congresso, che si tenne a Parigi, fu indicato come obiettivo primario del movimento operaio la **riduzione a otto ore della giornata lavorativa**. Per raggiungere questo scopo fu stabilita una giornata di lotta, da celebrare ogni anno in tutto il mondo. La data fu scelta in ricordo di un **fatto drammatico** avvenuto a Chicago (Stati Uniti) il primo maggio del 1886: qui, nel corso di uno sciopero, una bomba fu lanciata fra la folla e otto operai – poi risultati innocenti – vennero condannati a morte. Oggi il Primo maggio, diventato la "festa dei lavoratori", è celebrato in moltissimi Paesi con cortei, comizi e manifestazioni.

Manifestazioni e organizzazioni operaie nell'Ottocento

Manifestazioni e organizzazioni operaie nell'Ottocento.

Manifesto francese del Primo maggio, 1898.
Foto Akg.

Socialdemocratici e socialisti rivoluzionari

Nella Seconda Internazionale ottennero la maggioranza i **socialisti riformisti** (più tardi chiamati **socialdemocratici**). Pur non rinunciando agli ideali del marxismo, essi ritenevano più opportuno porsi anche obiettivi immediatamente realizzabili, come inviare rappresentanti ai parlamenti, battersi per l'allargamento del diritto di voto o per altre riforme democratiche. Di tendenze riformiste erano i maggiori partiti socialisti europei, già nati o che si andavano formando, come il **Partito socialdemocratico tedesco**, sorto nel 1875, e il **Partito del lavoro** (o Partito laburista), che nascerà in Inghilterra nel 1906.

Altri socialisti invece, contrari alla socialdemocrazia, rimasero legati alla natura rivoluzionaria del marxismo: furono i **socialisti rivoluzionari**. Correnti rivoluzionarie si formarono all'interno di tutti i principali partiti socialisti europei.

Il socialismo scaccia il vampiro capitalista che opprime la classe operaia. Stampa tedesca del 1885. Foto Bpk.

La posizione della Chiesa cattolica

Sui problemi sociali prese posizione anche la Chiesa cattolica. Nel **1891** papa **Leone XIII** (che era succeduto a Pio IX) inviò ai vescovi un'**enciclica**, cioè una lettera in latino, chiamata, dalle parole con cui comincia, *Rerum novarum* (cioè "Le novità"). In essa il papa **condannava** le idee socialiste e in particolare il principio della **lotta di classe**, che era giudicato un gravissimo errore. In nome dell'insegnamento cristiano invitava imprenditori e operai all'accordo e alla collaborazione. Gli operai dovevano essere laboriosi e rispettosi dei loro capi; gli imprenditori dovevano rispettare la dignità umana degli operai e ricompensarli con un salario adeguato. Inoltre il papa incoraggiava operai e artigiani a formare società ispirate ai princìpi cristiani, riconoscendo loro il diritto di organizzarsi per migliorare le proprie condizioni di vita. Sorsero così in gran numero società operaie e artigiane di mutuo soccorso, cooperative e sindacati di ispirazione cattolica.

COLLOCO GLI EVENTI NEL TEMPO

4. Il mondo della borghesia

Diverse categorie di borghesi

Nella seconda metà dell'Ottocento, con il trionfo della rivoluzione industriale, la borghesia diventò la **classe dominante** in molti Paesi d'Europa.

Fra i borghesi esistevano differenze molto forti. Alcuni erano ricchissimi ed esercitavano professioni prestigiose, come i banchieri, i grandi industriali, i ricchi commercianti. Essi costituivano l'**alta borghesia** e il loro stile di vita era simile a quello della nobiltà.

C'erano anche una **media** e una **piccola borghesia**, entrambe in forte crescita. La prima era formata da proprietari terrieri o da professionisti (avvocati, notai, medici, ingegneri), la seconda da impiegati, insegnanti, piccoli commercianti, artigiani.

Valori borghesi, rispettabilità e apparenza

Ciò che accomunava categorie tanto diverse era l'aspirazione a uno stesso modello di vita, basato su alcuni "**valori**" detti appunto borghesi (come il culto del lavoro e della famiglia, il senso del dovere, la serietà professionale, la tendenza al risparmio) e sul **decoro esteriore**, cioè su un modo di vestirsi, di comportarsi e di vivere particolarmente **rispettabile** e **dignitoso**.

Per le donne essere rispettabili significava prima di tutto essere riservate e modeste prima del matrimonio, e mantenersi fedeli dopo le nozze. Nella famiglia il marito era il capo indiscusso ed esercitava la propria autorità sulla moglie e sui figli. L'adulterio femminile era severamente condannato dalle leggi e dalla società, mentre si ammetteva quello maschile, almeno finché non dava scandalo e avveniva in segreto, rispettando apparenze e convenzioni.

Eleganti rappresentanti dell'alta borghesia.

Ragazze al pianoforte, un dipinto di Auguste Renoir del 1892 che mostra un'intima scena di vita domestica borghese.
New York, Metropolitan Museum.

Abbigliamento e abitazioni

Come sappiamo, l'abbigliamento era il **segno distintivo** della condizione sociale, perciò uomini e donne delle classi superiori vi dedicavano grande attenzione e grandi spese. Altrettanto importante era la cura per le abitazioni: le case borghesi, oltre ai locali per uso privato (cucina, camera da letto, studio) e alle camere per la servitù (di solito relegate ai piani più alti) comprendevano anche sale "di rappresentanza", dove si ricevevano gli amici. Queste sale dovevano dar subito l'idea della ricchezza del padrone di casa. Perciò contenevano tappeti, tappezzerie, quadri, mobili e soprammobili, spesso un pianoforte per intrattenere gli ospiti e, non appena lo sviluppo delle tecniche lo permise, ritratti fotografici appesi alle pareti.

I borghesi di condizioni più modeste erano disposti a qualunque sacrificio pur di vivere in modo decoroso, almeno all'apparenza. Perciò evitavano di confondersi con operai e contadini, imitavano i borghesi più ricchi e tenevano al proprio servizio almeno una domestica.

I quartieri borghesi

Nelle città di fine Ottocento i quartieri borghesi erano nettamente separati da quelli popolari. Sorgevano infatti in zone verdi o nei centri storici, che in molte grandi città erano stati ricostruiti abbattendo i vecchi edifici e sostituendoli con bei palazzi, strade ampie e giardini. Negli eleganti quartieri residenziali in cui vivevano i borghesi le case erano fornite di acqua potabile e di gas illuminante che giungevano attraverso tubazioni. Alcune abitazioni erano già dotate di water closet, la tazza del gabinetto con sciacquone in uso anche oggi, e di vasche da bagno che ricevevano acqua da un rubinetto (prima ci si lavava nelle tinozze riempite a mano) e, come oggi, la scaricavano nella rete fognaria. Intorno alla fine del secolo molte abitazioni signorili ebbero anche l'ascensore [→ Vita quotidiana p. 387].

La meraviglia dell'illuminazione a gas. Manifesto pubblicitario del 1899. Collezione privata.

RICOSTRUISCO LA MAPPA DEL CAPITOLO

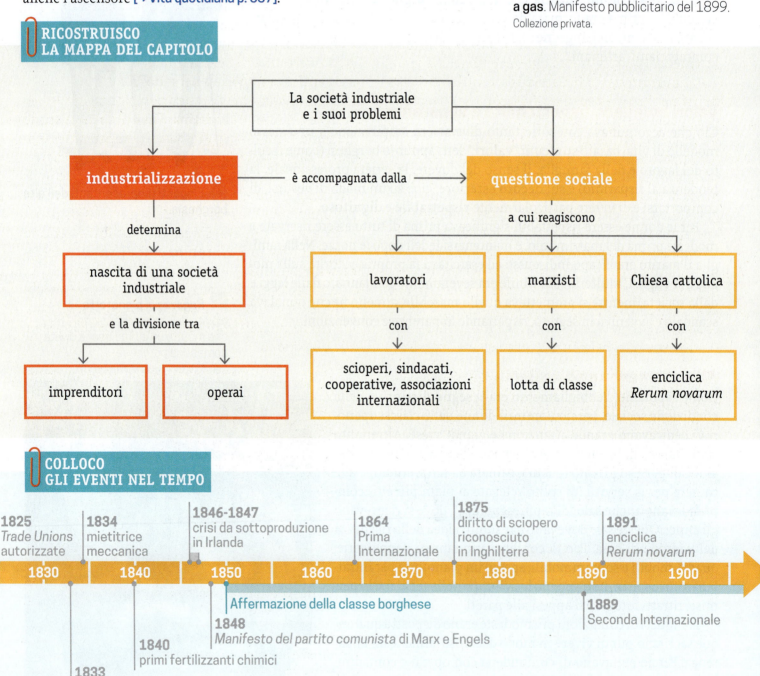

COLLOCO GLI EVENTI NEL TEMPO

- **1825** Trade Unions autorizzate
- **1833** protezione del lavoro minorile in Inghilterra
- **1834** mietitrice meccanica
- **1840** primi fertilizzanti chimici
- **1846-1847** crisi da sottoproduzione in Irlanda
- **1848** Manifesto del partito comunista di Marx e Engels
- **Affermazione della classe borghese**
- **1864** Prima Internazionale
- **1875** diritto di sciopero riconosciuto in Inghilterra
- **1889** Seconda Internazionale
- **1891** enciclica Rerum novarum

Vita quotidiana

Il nuovo volto delle città

Negli ultimi decenni del XIX secolo le città si ingrandirono e si arricchirono di nuovi ponti, palazzi e parchi pubblici, piazze eleganti. I centri più grandi ebbero tutti anche una monumentale stazione ferroviaria, spesso costruita senza badare a spese, con strutture moderne di ghisa e di vetro.

Fra le metropoli che subirono importanti trasformazioni ci fu **Parigi**: il centro storico della città, che con il suo intrico di vicoli era stato teatro di tante insurrezioni, cedette il posto a strade larghe e rettilinee, fiancheggiate da palazzi signorili. Cacciati dai centri storici, a Parigi come altrove, i poveri si rifugiarono nelle periferie, che intanto si estendevano smisuratamente per l'arrivo di moltissimi immigrati dalle campagne.

Per spostarsi nelle città ingrandite, chi poteva si serviva di carrozze private. Per gli altri furono istituiti mezzi di trasporto pubblici: prima gli **omnibus**, grandi vetture tirate da cavalli (*omnibus*, in latino, significa «per tutti») poi i **tram elettrici**. Nel 1863 fu inaugurata a **Londra** la prima **ferrovia metropolitana** e presto altre ne furono costruite a New York, Parigi, Berlino. Nel 1852, a Parigi, si aprirono i primi **grandi magazzini**, che vendevano ogni sorta di articoli a prezzi più bassi di quelli praticati nei negozi: i proprietari, infatti, riuscivano ugualmente a guadagnare, puntando sull'alto numero di vendite. Per attirare molti visitatori e indurli a fare acquisti si cominciò a far uso della pubblicità. Apparvero quindi annunci sui giornali, cartelloni, slogan: anche artisti famosi accettarono a volte di disegnare manifesti pubblicitari.

Intanto le comodità aumentavano. Presto, nei principali centri abitati, le **strade** furono **lastricate** e poi coperte di asfalto. Chilometri di **tubazioni di ghisa** cominciarono a fornire alle case l'acqua potabile: le fognature si estesero in una rete interminabile di gallerie e di canali che si snodava nel sottosuolo.

Altre reti sotterranee resero possibile una delle meraviglie del secolo: l'**illuminazione a gas** delle strade cittadine. Ogni sera un lampionaio passava ad accendere i lampioni che poi spegneva la mattina successiva. Sul finire del secolo la costruzione di centrali elettriche e l'invenzione della lampadina (brevettata dall'americano Thomas Alva Edison nel 1879) portarono alla progressiva diffusione dell'**illuminazione elettrica**. New York fu la prima città illuminata elettricamente nel 1882.

Nelle campagne, invece, le strade rimasero buie e sterrate e le abitazioni, ancora per lungo tempo, furono rischiarate solamente dalla fioca luce di lampade a olio o a petrolio.

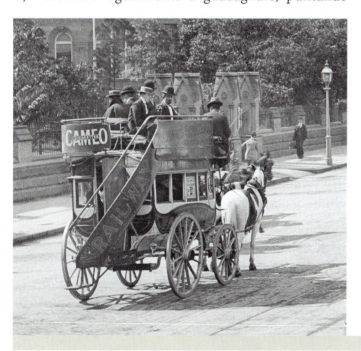

Un omnibus trainato da cavalli a Sydney nel 1898.
Sydney, Powerhouse Museum.

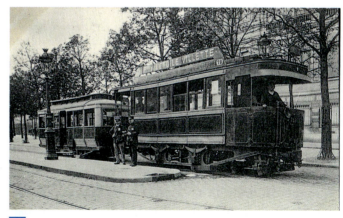

Un tram elettrico a Parigi tra la fine del XIX e l'inizio del XX secolo.
Collezione privata.

Geostoria

Parole della geografia economica: settori economici e indicatori di sviluppo

Come già sappiamo [→ cap. 2 par. 4] l'economia è l'insieme delle attività con cui gli esseri umani producono i beni e attivano i servizi necessari a soddisfare i propri bisogni.

Le attività economiche si suddividono in tre settori: il settore primario, il secondario e il terziario.

Del **settore primario** fanno parte quelle attività che utilizzano direttamente le risorse offerte dalla natura: l'agricoltura, lo sfruttamento dei boschi, l'allevamento del bestiame, la pesca, le attività minerarie.

Al **settore secondario** appartengono invece l'industria e l'artigianato, le due attività che trasformano le materie prime – cioè le materie grezze prodotte dal settore primario – ricavandone prodotti finiti (cioè lavorati). Gli artigiani (falegnami, liutai, orafi, sarti e così via) lavorano di solito con le proprie mani, servendosi di semplici macchinari e realizzando pezzi unici, che a volte possono essere piccole opere d'arte. Le industrie invece utilizzano macchinari complessi e lavoratori salariati (in anni recenti anche automi, cioè sistemi in grado di funzionare senza controllo umano) e producono pezzi fatti in serie, cioè tutti identici l'uno all'altro.

Il **settore terziario** riguarda quelle attività che forniscono servizi utili alla collettività: come per esempio i trasporti (reti stradali e ferroviarie, porti, aeroporti); l'istruzione (scuole, musei, biblioteche); l'assistenza sanitaria (ambulatori, ospedali); la sicurezza (polizia, carabinieri, vigili urbani); i commerci (negozi, centri commerciali); il turismo (alberghi, attrezzature sciistiche, balneari, termali); il divertimento (cinema, teatri, discoteche); l'amministrazione pubblica (informazioni, disbrigo pratiche, consegna certificati). Servizi molto qualificati, che richiedono una lunga preparazione e hanno contenuti innovativi – come la ricerca tecnico-scientifica, la telematica, l'astronautica – fanno parte del cosiddetto **terziario avanzato** (o **quaternario**).

Come puoi vedere dal grafico, in Italia, come negli altri Paesi a economia avanzata, il settore economico che oggi conta più addetti è quello terziario.

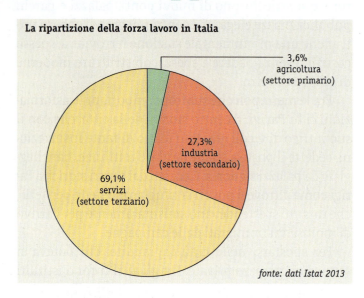

La ripartizione della forza lavoro in Italia

- 3,6% agricoltura (settore primario)
- 27,3% industria (settore secondario)
- 69,1% servizi (settore terziario)

fonte: dati Istat 2013

Sotto forma di beni e di servizi le attività economiche dei diversi settori producono ricchezza, che gli economisti calcolano stabilendo degli indici (o indicatori) come il **PIL** (Prodotto Interno Lordo) e l'**ISU** (Indice di Sviluppo Umano).

Il Prodotto Interno Lordo di uno Stato corrisponde al valore complessivo dei beni e dei servizi prodotti in quello Stato in un anno. Suddividendo il PIL totale per il numero di abitanti si ottiene il PIL pro capite, cioè a testa. Tuttavia questo indicatore non tiene conto di come la ricchezza sia distribuita fra la popolazione: essa potrebbe concentrarsi nelle mani di pochi privilegiati, lasciando tutti gli altri nella miseria. Per questo motivo negli ultimi anni gli economisti hanno preferito calcolare l'Indice di Sviluppo Umano che, oltre al PIL prende in considerazione anche la **speranza di vita alla nascita*** e il **livello medio di istruzione*** degli abitanti: quanto più alto è l'indice ISU tanto maggiore è il benessere della popolazione.

* **Speranza di vita alla nascita**
  È il numero degli anni che un neonato può sperare di vivere, in media.
* **Livello medio di istruzione**
  È il numero medio di anni di studio frequentati.

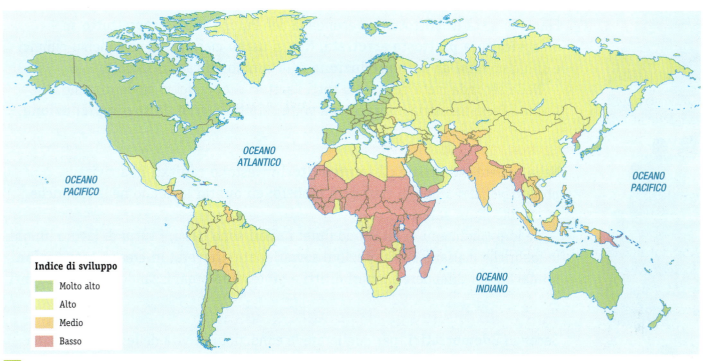

L'indice di sviluppo umano nei vari paesi del mondo, secondo il Rapporto ONU pubblicato il 14 dicembre 2015 e basato sui dati dell'anno precedente.

Ancora oggi i dati raccolti dagli economisti mettono in rilievo una grande disuguaglianza sociale fra i Paesi del mondo. La speranza di vita non raggiunge in media i 57 anni nei Paesi poco sviluppati, contro i 75 (e più) di chi ha la fortuna di nascere in un Paese a economia avanzata. Il livello di istruzione è particolarmente basso in molti Paesi poveri del mondo, dove l'analfabetismo degli adulti raggiunge il 50%, a volte addirittura l'80% della popolazione.

I dieci Paesi con indice ISU più alto	ISU (2015)	I dieci Paesi con indice ISU più basso	ISU (2015)
Norvegia	0,944	Mali	0,419
Australia	0,935	Mozambico	0,416
Svizzera	0,930	Sierra Leone	0,413
Danimarca	0,923	Guinea	0,411
Paesi Bassi	0,922	Burkina Faso	0,402
Germania	0,916	Burundi	0,400
Irlanda	0,916	Ciad	0,392
Stati Uniti	0,915	Eritrea	0,391
Canada	0,913	Repubblica Centrafricana	0,350
Nuova Zelanda	0,913	Niger	0,348

MI ORIENTO NELLA COMPLESSITÀ DEL PRESENTE

1. Scrivi una didascalia di non più di 15 parole che spieghi l'areogramma sui settori economici in Italia.

2. Osserva la carta che illustra l'ISU nel mondo e la tabella qui a fianco, poi rispondi alle domande.

   a. In quali continenti è maggiore il benessere della popolazione? In quali è minore?

   b. In Italia e, in genere, in tutta l'Europa occidentale, la speranza di vita alla nascita e il livello medio di istruzione sono alti o bassi? Qual è la situazione in Africa e in Asia?

Sintesi

1. Un'economia che lentamente si trasforma
Fino alla metà dell'Ottocento l'economia dell'Europa si basa soprattutto su un'**agricoltura piuttosto arretrata**. Non si usano macchinari né concimi chimici e si hanno **crisi da sottoproduzione** nelle annate di cattivi raccolti.

Nella seconda metà del secolo tutti i settori economici si modernizzano. Ma anche i Paesi industrializzati sono a volte colpiti da **crisi da sovrapproduzione**.

2. La società industriale
Nella società industriale gli **imprenditori** investono **capitali** in attività produttive, allo scopo di trarne un profitto; gli **operai** lavorano nelle fabbriche in cambio di un **salario**.

Le loro condizioni di vita sono dure: i salari sono bassi, i turni di lavoro lunghi, le fabbriche malsane e le abitazioni sovraffollate. I lavoratori creano **associazioni sindacali** per difendere i propri diritti e protestano organizzando i primi **scioperi**.

3. Soluzioni diverse per i problemi sociali
Secondo i **democratici**, per migliorare le condizioni di vita delle masse bisogna garantire la **parità dei diritti politici** (e quindi estendere ai più poveri il diritto di voto); per i **socialisti** invece ci vuole anche l'**uguaglianza sociale ed economica**.

Nel 1848 il *Manifesto del partito comunista* di **Karl Marx** e **Friedrich Engels** espone una nuova concezione politica: il **marxismo**. Esso si basa sul principio che fra il proletariato e la borghesia ci sia una **lotta di classe**, e che i proletari debbano abbattere la borghesia.

Queste idee si diffondono nella **Prima Internazionale**, un'associazione internazionale di lavoratori nata nel 1864 a Londra. Nella Seconda Internazionale (Parigi, 1889) si fissa il **Primo maggio** come giornata di lotta per i diritti dei lavoratori.

Su questi temi sociali prende posizione anche la Chiesa: papa **Leone XIII** si oppone alla lotta di classe e invita imprenditori e operai a collaborare.

4. Il mondo della borghesia
Esistono un'alta borghesia (banchieri, industriali, ricchi commercianti), una media borghesia delle professioni (avvocati, ingegneri, medici) e una piccola borghesia (impiegati, insegnanti, artigiani).

Chi fa parte della **borghesia**, a qualunque livello, ha uno stile di vita che dà importanza al lavoro e alla rispettabilità. I quartieri borghesi sono separati da quelli popolari, l'abbigliamento borghese è sempre decoroso, le abitazioni signorili cominciano a essere dotate di comodità come acqua potabile, wc e ascensore.

Esercizi

RIORGANIZZO DATI E CONCETTI — Paragrafo 1

1 Completa la tabella collocando nella colonna giusta le parole e le espressioni elencate.

età industriale • età preindustriale • Europa, 1873 • Irlanda, 1846-1847 • crollo dei prezzi • accumulo di merci invendute • fallimenti di aziende • annate di scarsi raccolti • difficoltà dei rifornimenti • disoccupazione degli operai • lentezza dei trasporti • offerta superiore alla domanda • domanda superiore all'offerta • "grande depressione"

Crisi da sottoproduzione	Crisi da sovrapproduzione

VERIFICO LE CONOSCENZE — Paragrafo 1

2 Completa il testo con le parole dell'elenco. Fai attenzione: alcune non ti serviranno.

assistenza • sciopero • capitali • imprenditori • servizi igienici • *Trade Unions* • operai • mutuo soccorso • salari • *trust* • macchinari

Con la rivoluzione industriale nascono due nuove figure sociali: gli .... , che possiedono capitali da investire, e gli .... , che lavorano in cambio di un salario. Gli operai lavorano duramente, non hanno .... in caso di vecchiaia e di malattia e ricevono bassi .... I quartieri operai sono sovraffollati e privi di .... Per migliorare le loro condizioni gli operai si uniscono in associazioni come le .... e ricorrono allo strumento dello .... , che in un primo tempo è considerato un reato.

STABILISCO COLLEGAMENTI E RELAZIONI — Paragrafo 2

3 Spiega il perché, completando le frasi che seguono.
   a. Gli imprenditori potevano tener bassi i salari, perché ....
   b. Gli ambienti di lavoro erano dannosi alla salute perché ....
   c. I quartieri operai erano malsani perché ....
   d. La prima forma di protesta fu la distruzione delle macchine perché ....
   e. Gli operai non si riunirono subito in associazioni per difendere i propri interessi perché ....

Esercizi

RIORGANIZZO DATI E CONCETTI
Paragrafo 3

4 Per risolvere i problemi della società industriale furono proposti vari rimedi: quali furono, e da chi furono sostenuti? Completa la tabella mettendo le crocette.

Chi voleva…	Operai	Democratici	Marxisti	Socialisti riformisti	Chiesa e cattolici
estendere il diritto di voto agli operai					
indurre ricchi e poveri all'accordo e alla collaborazione					
creare associazioni sindacali, società di mutuo soccorso e cooperative					
fare la lotta di classe					
migliorare le condizioni dei lavoratori con graduali riforme					

LAVORO SULLE FONTI
Paragrafo 3

5 Leggi il documento e l'introduzione che lo accompagna, poi rispondi alle domande.

L'industriale inglese Robert Owen (1771-1858) descrive le condizioni in cui lavoravano i più giovani operai del cotonificio di New Lanark, prima che egli lo acquistasse nel 1799.

« In quel tempo constatai che vi erano 500 bambini, che erano stati presi da ospizi per i poveri, e questi bambini erano generalmente dell'età di 5 e 6 anni fino a 7 e 8 anni. Le ore di lavoro in quel tempo erano 13, incluso l'orario per i pasti per i quali si concedeva un'ora e mezza. Ben presto mi accorsi che il loro sviluppo fisico e mentale era sostanzialmente danneggiato dall'essere essi occupati al lavoro, a quell'età, nei cotonifici per undici ore e mezza al giorno. È vero che quei bambini avevano un bell'aspetto e a un osservatore superficiale apparivano in buona salute; pure essi erano in generale deformi negli arti, il loro sviluppo fisico era arrestato e, sebbene a istruirli fosse impegnato un maestro, che faceva loro lezione regolarmente ogni sera, in generale essi progredivano molto poco anche nell'imparare il comune alfabeto. »

(Dalla deposizione resa da Robert Owen a una commissione parlamentare nel 1816.)

a. Che età avevano i bambini-operai del cotonificio? Da dove provenivano?
b. Quanto durava il loro turno di lavoro?
c. Andavano anche a scuola? Quando? Perché, a tuo parere, non riuscivano a imparare l'alfabeto?
d. Come furono chiamati i socialisti che, come Owen, pensavano di poter cambiare la società fondando comunità modello?

USO LE PAROLE DELLA STORIA
Paragrafi 2 e 3

6 Costruisci una frase con ciascuna delle seguenti parole ed espressioni.

Proletariato • lavoro minorile • luddismo • sciopero • socialisti • utopisti • marxismo

LAVORO SULLE FONTI

Paragrafo 3

7 Osserva l'immagine di un manifesto austriaco che pubblicizza la festa del Primo maggio e rispondi alle domande.

a. In che anno fu pubblicato il manifesto?
....

b. Quale conquista dei lavoratori celebra questa festa?
....

c. In ricordo di quale drammatico evento si decise di celebrarla proprio in quella data?
....
....
....
....
....

VERIFICO LE CONOSCENZE

Paragrafo 4

8 Completa il testo con le parole dell'elenco. Fai attenzione: alcune non ti serviranno.

valori • illuminante • potabile • ricchissimi • operai • borghesia • autorità • dominante • rispettabile • residenziali • fedeli • corrente

Nella seconda metà dell'Ottocento la classe .... era la .... C'erano borghesi .... e altri quasi poveri, ma tutti aspiravano a un modo di vivere .... , riconoscevano l'............................ del marito all'interno della famiglia e l'obbligo per le donne di essere riservate e ....

I quartieri borghesi sorgevano ben lontano dai quartieri .... Le case borghesi avevano acqua .... e gas .... , e alcune disponevano persino del water closet, in uso anche oggi.

LAVORO SULLE FONTI

Paragrafo 4

9 Osserva l'immagine e completa la didascalia che la accompagna.

Questo dipinto del 1880, realizzato dal pittore parigino Maurice Delondre, si intitola ☐ *Sulla carrozza di famiglia* / ☐ *Sull'omnibus*. Mostra un gruppo di persone che
☐ non si conoscono / ☐ sono imparentate fra loro e usano il medesimo mezzo di trasporto.
Dal loro abbigliamento possiamo dedurre che appartengono
☐ alla classe operaia / ☐ alla media e alta borghesia.
Fra i passeggeri ci sono quattro donne: le due più eleganti sono accompagnate, ciascuna, da un uomo, probabilmente il loro marito; le altre due viaggiano per conto proprio: questo ci fa capire che mezzi di trasporto come quello raffigurato erano considerati sufficientemente ☐ rispettabili e decorosi / ☐ economici e veloci.

Il capitolo a colpo d'occhio

QUANDO

1. In che anno si sono svolti questi eventi? SCRIVI le date sui puntini, poi COLLOCALE sulla linea del tempo: 1848, 1875, 1891.

A

B

C

.... Papa Leone XIII scrive l'enciclica *Rerum novarum*, che tratta della questione sociale.

.... Marx ed Engels pubblicano il *Manifesto del partito comunista*.

.... In Inghilterra viene riconosciuto agli operai il diritto di sciopero.

1845 — 1850 — 1855 — 1860 — 1865 — 1870 — 1875 — 1880 — 1885 — 1890 — 1895

DOVE

2. OSSERVA la carta, LEGGI la legenda e COMPLETA la didascalia.

La prima associazione internazionale operaia, detta Prima ...., viene fondata nel .... a ...., con lo scopo di gestire in tutto il mondo la lotta per i diritti dei ....

La Seconda .... viene fondata nel .... a .... ; in quell'anno l'obiettivo primario del movimento operaio è la riduzione a otto ore della giornata lavorativa.

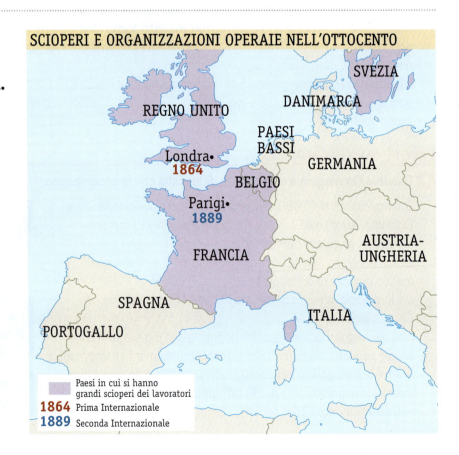

SCIOPERI E ORGANIZZAZIONI OPERAIE NELL'OTTOCENTO

Paesi in cui si hanno grandi scioperi dei lavoratori
1864 Prima Internazionale
1889 Seconda Internazionale

LE PAROLE DA RICORDARE

**3. SCRIVI le parole seguenti accanto alle definizioni corrispondenti.
ATTENZIONE alle parole in più.**

Trade Unions • *trust* • "questione sociale" • lotta di classe • anarchia • borghesia • utopia

.... Scontro fra proletariato e borghesia, ritenuto indispensabile da Marx.

.... Prime organizzazioni sindacali dei lavoratori autorizzate in Inghilterra.

.... È il problema della miseria in cui vivono migliaia di lavoratori.

.... Illecito accordo fra più aziende per non farsi concorrenza.

.... Dottrina politica che propone l'abolizione dello Stato.

LA MAPPA DEI CONCETTI

**4. COMPLETA la mappa inserendo al posto giusto le parole seguenti.
ATTENZIONE alle parole in più.**

Miseria • sovrapproduzione • "questione sociale" • imprenditori • intellettuali • capitali • operai • salario • disoccupazione

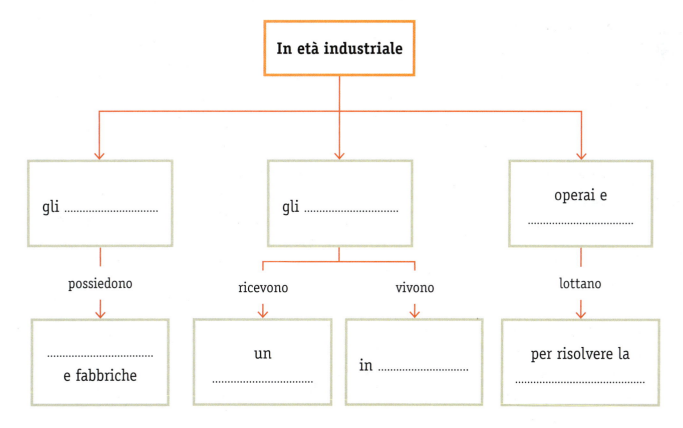

Capitolo 16 — Europa e Italia alle soglie del Novecento

GUARDA! IL VIDEO

MI ORIENTO NEL CAPITOLO — dal 1861 → al 1900

1

Nel regno d'Italia l'**economia** è **arretrata**. L'imposizione di **tasse pesanti** danneggia i più **poveri**. Come reazione, al sud si diffonde il **brigantaggio**.

2

L'Italia si allea con la **Prussia** e dichiara guerra all'Austria: la **terza guerra d'indipendenza** porta all'annessione del **Veneto**. Il re di Prussia **Guglielmo I** viene incoronato imperatore del **Secondo Reich**.

3

Mentre in **Francia** l'imperatore abdica e si proclama la **terza repubblica**, la **Gran Bretagna** entra in un periodo di grande prosperità sotto il governo della **regina Vittoria**.

4

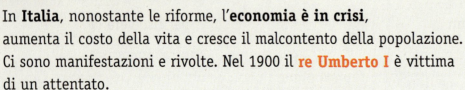

In **Italia**, nonostante le riforme, l'**economia è in crisi**, aumenta il costo della vita e cresce il malcontento della popolazione. Ci sono manifestazioni e rivolte. Nel 1900 il **re Umberto I** è vittima di un attentato.

Capitolo 16 Europa e Italia alle soglie del Novecento

1. L'Italia alla prova

Destra e Sinistra

La legge elettorale del nuovo regno d'Italia riconosceva il diritto di voto ai soli cittadini maschi dai 25 anni in su, capaci di leggere e di scrivere e provvisti di un certo livello di ricchezza (suffragio universale maschile sulla base del censo). Perciò, su 25 milioni di abitanti, gli elettori non furono più di 500 000, tutti proprietari terrieri, industriali, ricchi commercianti, professionisti, aristocratici, militari di alto grado [→ Geostoria: La popolazione d'Italia ieri e oggi p. 412].

I deputati si riunivano in due raggruppamenti politici (o schieramenti), chiamati "**Destra**" e "**Sinistra**" in base al posto che occupavano rispetto al presidente della Camera. Alla destra sedevano i seguaci di Cavour, in gran parte aristocratici, possidenti, di tendenze politiche monarchiche liberali e moderate, che costituivano la **maggioranza***. Alla sinistra stavano mazziniani e garibaldini, di tendenze repubblicane e democratiche, che formavano l'**opposizione***.

Dal 1861 al 1876, il regno d'Italia fu governato dalla Destra, poi detta **Destra storica** per distinguerla dalle destre del secolo successivo.

* **Maggioranza**
In parlamento la maggioranza è costituita dal partito o dall'insieme di partiti che dispongono di un maggior numero di rappresentanti e per questo possono far prevalere una decisione piuttosto che un'altra. Nelle votazioni la maggioranza è costituita dalla metà dei voti più uno.

* **Opposizione**
In parlamento, il partito o l'insieme dei partiti contrari alla politica del governo.

Esistono profonde differenze fra regione e regione

La Destra si trovò di fronte a un compito non facile. Il Paese che doveva governare era caratterizzato da **grandi differenze** fra regione e regione. Ognuno dei vecchi Stati aveva le sue leggi, il suo sistema di tassazione, le sue monete (ne circolavano più di 50 tipi), le sue unità di misura, per non parlare delle tradizioni e delle abitudini di vita, diversissime da un luogo all'altro.

Si può dire che quasi non esistesse neanche una **lingua comune**: l'italiano era usato abitualmente solo da una minoranza di persone colte, mentre tutti gli altri parlavano i loro dialetti.

Inoltre, lungo la penisola, le **comunicazioni** erano **difficili**, perché le strade erano poche e in cattivo stato, e i due terzi delle ferrovie erano concentrati in Piemonte. In molte zone le scuole mancavano e 78 Italiani su cento non sapevano né leggere né scrivere.

Le reti ferroviarie in Italia nel 1865.

L'organizzazione del nuovo Stato

Alla Destra toccava il compito di organizzare il nuovo Stato partendo da realtà molto diverse e difficili da sanare. Proprio tenendo conto delle grandi differenze esistenti nella penisola, alcuni uomini politici pensavano a uno **Stato di tipo federale** [→ cap. 14 par. 1] e proponevano di lasciare una certa autonomia alle comunità locali. L'idea federale però non prevalse, perché era troppo forte il timore che l'Italia potesse sfasciarsi di nuovo, rendendo vani tutti i sacrifici compiuti per l'unità. Il governo di Torino si orientò dunque verso la costruzione di uno Stato fortemente **accentrato***.

Gli uomini al governo volevano dare al Paese in tempi rapidi un'**unica legislazione** e un **unico sistema amministrativo**. Decisero perciò di estendere all'intera penisola lo **Statuto Albertino** [→ cap. 14. par. 1], che divenne la prima Costituzione del regno. Tutto il territorio nazionale fu diviso in province a capo delle quali fu posto un rappresentante del governo centrale, il **prefetto**, con ampi poteri di controllo sugli organi di governo locali (per esempio, i Comuni); gli stessi sindaci furono di nomina regia.

L'Italia è un Paese povero e arretrato

Al momento dell'unificazione l'Italia era un Paese povero e arretrato. L'industria muoveva allora i primi passi, e soltanto in Lombardia, Piemonte e Liguria, mentre altrove era quasi assente.

L'agricoltura, che era l'attività predominante, presentava di luogo in luogo livelli di sviluppo diversi. Al nord stavano nascendo aziende agricole moderne per merito di abili imprenditori che investivano nell'agricoltura i loro capitali. Al sud invece dominava il **latifondo***, concentrato nelle mani di pochi e ricchi proprietari che vivevano in città e non si curavano di migliorare, con nuovi investimenti, la produzione delle loro terre. Nel latifondo i metodi di lavorazione erano antiquati e la gran massa dei contadini viveva in condizioni di incredibile miseria.

COLLEGO CAUSE ED EFFETTI

▶ **PERCHÉ** è difficile governare il nuovo regno d'Italia? Scegli le risposte giuste.

☐ Ci sono leggi e tasse differenti.
☐ Ci sono monete e unità di misura diverse.
☐ Si parla una lingua comune.
☐ Le comunicazioni sono difficili.
☐ A causa del federalismo, l'unità del regno è fragile.

* **Accentrato**
Si dice di uno Stato in cui il governo centrale detiene i principali poteri e può controllare anche gli organi di governo locali.

* **Latifondo**
Vasta proprietà terriera appartenente a un unico padrone, il latifondista.

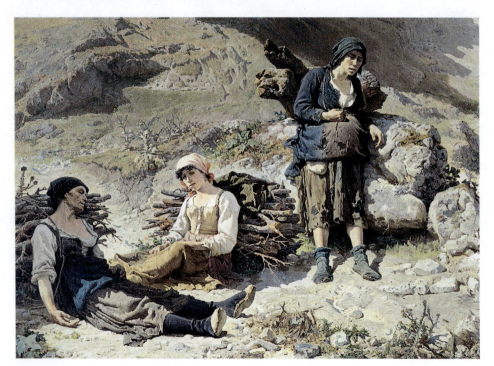

◁ **L'estrema miseria dei contadini del Mezzogiorno** nel quadro del pittore abruzzese Teofilo Patini *Bestie da soma*, 1886.
Castel di Sangro, Pinacoteca Patiniana. Foto Bridgeman Images.

Obiettivi raggiunti dalla Destra storica: ferrovie, mercato nazionale, esercito

Prima di tutto, il governo della Destra si preoccupò di migliorare le comunicazioni all'interno della penisola, collegando fra loro le principali città italiane, comprese quelle del Mezzogiorno: entro il 1871 venne infatti triplicata l'estensione della **rete ferroviaria**. Poiché l'industrializzazione italiana era ancora agli inizi, la costruzione delle nuove ferrovie dovette essere affidata, in massima parte, a imprese straniere.

In nome dei princìpi liberisti [→ cap. 13 par. 1] **dogane e dazi interni** furono **aboliti** su tutto il territorio italiano. Tale provvedimento – insieme all'**adozione della lira** (1862) come moneta valida in tutto il regno – favorì la nascita di un unico **mercato nazionale**. Ma le poche industrie del sud, fino ad allora protette dai dazi sulle merci d'importazione e troppo deboli per reggere alla concorrenza di industrie rivali, furono danneggiate e dovettero chiudere.

Per difendere il giovane Stato fu poi necessario creare un **esercito** comune e una **marina**. Così fu esteso a tutta l'Italia l'**obbligo del servizio militare**, che durava alcuni anni e che alcune regioni (per esempio la Sicilia) non avevano mai conosciuto. Il provvedimento fu subito impopolare, soprattutto nel sud agricolo, dove dominavano i latifondi, coltivati a grano con metodi tradizionali che richiedevano molta manodopera. Per le famiglie contadine l'allontanamento dei figli nel pieno vigore delle forze significava la perdita di un importante contributo di lavoro e un aumento della già grande miseria.

> **ORGANIZZO I CONCETTI**
>
> **Innovazioni della Destra storica**
> - Legislazione unica (Statuto Albertino)
> - Estensione della **rete ferroviaria**
> - Abolizione di **dogane** e **dazi interni**
> - **Mercato nazionale**
> - **Esercito nazionale** e marina

Un altro obiettivo centrato: portare il bilancio in pareggio

Per costruire strade e ferrovie, mantenere l'esercito e sostenere l'istruzione, lo Stato aveva bisogno di molto denaro. Inoltre le guerre del Risorgimento erano costate care e, dopo le annessioni, il nuovo regno aveva dovuto accollarsi anche i debiti degli Stati annessi. Poiché le uscite (cioè le spese) superavano del 60 per cento le entrate (cioè il denaro incassato), lo Stato italiano si trovò in condizioni di grave *deficit* finanziario. Per riportare in **pareggio il bilancio** (cioè per giungere alla parità fra entrate e uscite), i governi della Destra dovettero aumentare le **imposte** (tasse): sia quelle dirette, pagate da ciascuno in proporzione al proprio reddito (cioè alla propria ricchezza), sia quelle indirette applicate ai beni di consumo (sale, tabacchi, carbone ecc.).

Nel **1868** fu introdotta una **tassa sul macinato**, cioè sulle farine, che fece alzare il prezzo di alimenti di largo consumo, come il pane e la polenta, colpendo duramente soprattutto i più poveri.

Alla fine il governo riuscì a colmare il *deficit* e a riportare il **bilancio in pareggio**, ma l'imposizione delle nuove tasse creò delusione e scontento fra gli strati più disagiati della popolazione e provocò proteste e disordini.

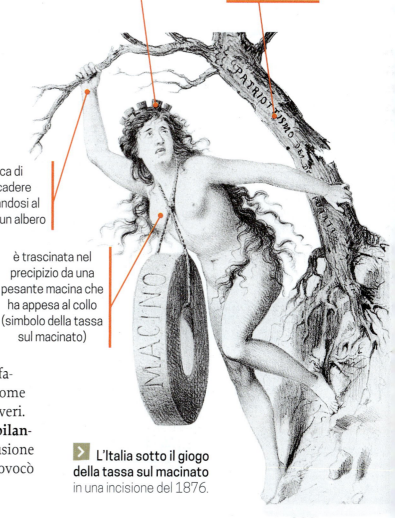

- l'Italia è raffigurata come una giovane dall'espressione preoccupata
- l'albero, che rappresenta il patriottismo dei deputati, sta per spezzarsi
- cerca di non cadere afferrandosi al ramo di un albero
- è trascinata nel precipizio da una pesante macina che ha appesa al collo (simbolo della tassa sul macinato)

> L'Italia sotto il giogo della tassa sul macinato in una incisione del 1876.

Il brigantaggio

Nel Mezzogiorno, in particolare, il risentimento della popolazione contro il nuovo Stato era profondo e diffuso. Il governo di Torino, infatti, non aveva cambiato in meglio le condizioni di vita dei contadini; al contrario, con la **pesante tassazione** e, soprattutto, con l'istituzione del **servizio di leva obbligatorio**, le aveva peggiorate.

Neppure l'antico sogno contadino di impadronirsi di un pezzo di terra poté essere realizzato. In verità, dopo l'unificazione furono messi in vendita molti terreni comunali o ecclesiastici, ma se li accapararono nobili e ricchi latifondisti: gli unici che avessero denaro per acquistarli o forza sufficiente per impadronirsene.

Il malcontento delle popolazioni rurali assunse presto forme di ribellione aperta contro i Piemontesi, considerati come oppressori. Al fenomeno fu dato il nome di **brigantaggio**. Alle bande di briganti si unirono, oltre ai contadini ribelli, anche militari del disciolto esercito borbonico e giovani che rifiutavano la leva militare. L'ex re delle Due Sicilie **Francesco di Borbone**, da Roma, dove si trovava, sosteneva e finanziava i rivoltosi.

Contro i briganti lo Stato italiano intervenne, impiegando nella lotta quasi metà dell'esercito. La guerriglia durò quattro anni (**1861-1865**) fra orribili violenze compiute dai ribelli e la feroce repressione militare dello Stato. Alla fine il brigantaggio fu sconfitto [→ I protagonisti p. 401].

Un brigante famoso, Ninco Nanco, fotografato dopo la morte per dimostrare ai contadini che nessuno era invincibile.
Milano, Pinacoteca di Brera.

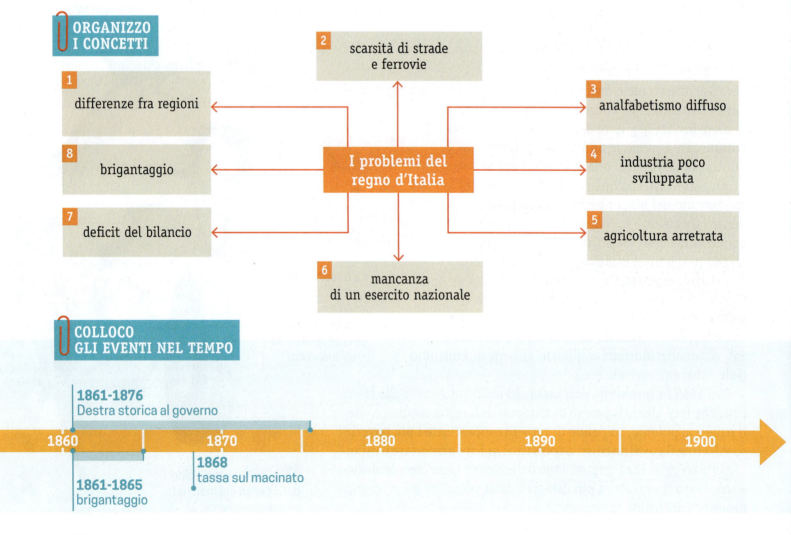

I protagonisti

I briganti e il nuovo Stato

Tutti i problemi economico-sociali che affliggevano l'Italia si manifestavano al sud in forma più acuta. Qui il malcontento dei contadini per le condizioni di **miseria** in cui vivevano, fu inasprito dall'**aumento delle tasse** fra cui, come sappiamo, la tassa sul macinato, che Garibaldi aveva abolito nel 1860 [→ cap. 14 par.5]. Per di più i terreni che lo Stato italiano aveva messo in vendita dopo la spedizione dei Mille non erano stati distribuiti ai contadini privi di terra, ma erano finiti in mani di privati, nobili e ricchi. Questi vietavano alle comunità locali di andarvi a far legna o di portarvi le bestie a pascolare, com'era in uso da secoli. Ma soprattutto le famiglie contadine si ribellavano all'**imposizione del servizio di leva obbligatorio**. Per alcune di esse la perdita del contributo di forze giovanili nel lavoro dei campi era un danno così grave che, alla nascita di figli maschi, molti genitori giunsero a farli registrare come femmine, per sottrarli al servizio di leva.

Fra il 1861 e il 1865 l'irritazione dei contadini meridionali esplose nella forma violenta del **brigantaggio**. Il brigantaggio era un fenomeno dalle origini antiche, in cui si esprimeva la protesta delle classi più povere nei confronti dei potenti. Si davano alla macchia, cioè diventavano briganti, sia comuni criminali sia giovani che non trovavano lavoro o volevano evitare il servizio militare, sia poveracci che non avevano soldi per pagare le tasse, il padrone o l'usuraio che aveva loro prestato denaro. Dopo l'unità d'Italia, si aggiunsero a loro anche numerosi soldati e ufficiali borbonici.

Organizzati in **bande**, i briganti scendevano da inaccessibili rifugi montani e rubavano, torturavano, uccidevano seminando il terrore. Molti contadini li tolleravano e spesso li proteggevano, perché ai loro occhi il brigante era un alleato contro i soprusi dei potenti, un vendicatore dei torti subìti, forse perfino un "eroe". Nacquero anche bande femminili, capeggiate da **donne**, che prendevano parte ai combattimenti.

Il regno d'Italia, nato da poco, si preoccupò di reprimere questa ribellione che sconvolgeva quasi metà del suo territorio, e inviò l'**esercito** per soffocarla. Il brigantaggio fu stroncato, ma a prezzo di un'aspra lotta fratricida che durò quattro anni e che rimase impressa a lungo – per la ferocia con cui fu combattuta da entrambe le parti – nei ricordi e nelle leggende contadine.

Tre brigantesse appartenenti alla banda Crocco, fotografate nel 1865.
Roma, Museo storico dell'Arma dei Carabinieri.

La cattura di due briganti nel quadro di Giovanni Fattori *Episodio della campagna contro il brigantaggio*, 1863.
Collezione privata. Foto A. Dagli Orti/De Agostini/Getty Images.

2. Unità d'Italia e unità tedesca si compiono insieme

Per l'unificazione italiana Roma è il maggior problema

Ai governi della Destra spettò anche il compito di **completare l'unità d'Italia** (mancavano ancora il Veneto, il Trentino, la Venezia Giulia e Roma con il Lazio).

Roma, sede dello Stato della Chiesa, era il problema più difficile da risolvere, non solo perché il 99 per cento degli Italiani era cattolico, ma anche perché la città era difesa da truppe francesi, inviate nel 1849 a combattere la Repubblica romana [→ cap. 14 par. 3] e mai richiamate in patria.

Per entrare a Roma bisognava trovare un accordo con il papa e con Napoleone III, l'imperatore di Francia, ma né l'uno né l'altro erano disposti ad accordi.

Venezia spera di unirsi all'Italia. Dipinto allegorico di Andrea Appiani il Giovane del 1861. La città è simboleggiata da una fanciulla che ha perso i simboli della sovranità (il manto di ermellino e il berretto regale del doge), ma è accompagnata dal leone di San Marco, emblema della protezione divina.
Milano, Museo del Risorgimento.

Un tentativo di Garibaldi

A conquistare Roma provò **Garibaldi** nel 1862, persuaso che Vittorio Emanuele II non fosse ostile all'impresa. Partì dalla Sicilia insieme ai suoi volontari, ma sull'**Aspromonte** (in Calabria) fu fermato, ferito e tratto in arresto per ordine del governo: il giovane regno d'Italia non voleva inimicarsi Napoleone III, il potente alleato francese, fermamente contrario all'impresa.

Anzi, per rassicurare l'imperatore, lo Stato italiano si assunse il compito di proteggere Roma con il proprio esercito, sostituendo le truppe francesi nella difesa della città. Nel 1864, quasi a garanzia degli impegni presi, la **capitale** del regno fu spostata **da Torino a Firenze**, lasciando intendere che l'Italia aveva rinunciato a Roma capitale.

Un nuovo alleato per l'Italia: la Prussia

Si apriva intanto per il regno d'Italia la possibilità di ottenere il **Veneto**, ancora in mano austriaca, combattendo contro l'Austria a fianco di un nuovo alleato: la **Prussia**, uno Stato della Confederazione germanica.

Negli anni Sessanta la Prussia era diventata una grande **potenza economica**. Possedeva industrie moderne (si trovavano in Prussia i due terzi delle macchine a vapore tedesche), le banche più importanti della Germania, un'efficiente rete ferroviaria che la collegava a quasi tutti gli Stati della Confederazione; inoltre, faceva parte di una lega doganale (lo *Zollverein*, sorto nel 1834) che aveva abolito dazi e dogane, **liberalizzando*** traffici e commerci.

Alla Prussia gli altri Stati tedeschi riconoscevano il ruolo di guida sulla via dell'unificazione. Lo Stato prussiano si assunse decisamente questo compito nel **1862**, quando il re di Prussia nominò **cancelliere** (cioè capo del governo, *Kanzler* in tedesco) il conte **Otto von Bismarck**, grande statista e diplomatico che rimase in carica fino al **1890**.

* Liberalizzare
Rendere liberi da divieti e limitazioni scambi e commerci (ma anche mestieri e professioni) secondo i princìpi del liberismo, per esempio eliminando dazi e dogane, esclusioni e vincoli.

Otto von Bismarck il «cancelliere di ferro»

Otto von Bismarck era un rappresentante del ceto degli *Junker*, i grandi proprietari terrieri, aristocratici e politicamente conservatori, che ricoprivano le più alte cariche nell'esercito e nell'amministrazione dello Stato prussiano.

Bismarck fece propria la causa dell'unificazione della Germania. Per raggiungere questo obiettivo, si affidò completamente alla **potenza militare** della Prussia, rifiutando ogni contributo da parte delle forze liberali e democratiche del Paese. Era convinto infatti che i problemi dell'unità tedesca non si risolvessero «con i discorsi e con le decisioni parlamentari», bensì «col ferro e col sangue», vale a dire con la forza delle armi e con la guerra contro l'Austria, che considerava il primo ostacolo sulla via dell'unificazione. Non per nulla fu definito il «cancelliere di ferro».

Il cancelliere tedesco Otto von Bismarck in una fotografia del 1870 circa.
Foto H. Guttmann.

Scoppia il conflitto austro-prussiano (o terza guerra d'indipendenza italiana)

Alla guerra Bismarck si preparò meticolosamente, rafforzando l'esercito, assicurandosi la neutralità della Francia e della Russia e procurandosi l'alleanza italiana, essenziale perché avrebbe costretto l'Austria a combattere su due fronti. Quando tutto fu pronto, approfittò di un contrasto territoriale con l'impero austriaco e diede inizio alla guerra: era l'estate del 1866.

La guerra non durò più di tre settimane. L'esercito e la marina italiani affrontarono gli Austriaci sia per terra (a **Custoza**) sia per mare (a **Lissa**), ma furono sconfitti. Solo Garibaldi con le sue "camicie rosse" riportò qualche successo in Trentino. Intanto però l'esercito prussiano sbaragliava le forze austriache con una sola decisiva vittoria a **Sadowa**.

L'Austria, battuta e indebolita, perse ogni influenza sulla Confederazione germanica e dovette **cedere il Veneto** all'Italia, per la quale il conflitto rappresentò la **terza guerra d'indipendenza**. Inoltre, nel 1867, l'imperatore austriaco fu costretto a riconoscere ampie autonomie all'Ungheria, fino ad allora sottoposta al dominio asburgico. I due Paesi divennero due Stati distinti (**impero d'Austria** e **regno d'Ungheria**), ciascuno dotato di un proprio parlamento e di un proprio governo. Tuttavia l'imperatore d'Austria fu anche re d'Ungheria, e da allora l'**impero** fu detto **austro-ungarico**.

Dove sono Custoza e Lissa?

L'imperatore Guglielmo I in alta uniforme. Fotografia del 1884 circa.

La guerra franco-prussiana e il Secondo Reich

Sconfitta l'Austria, Bismarck si volse contro la Francia che, proprio come la Prussia, aspirava ad affermare la propria egemonia in Europa.

La guerra fu scatenata da un pretesto e, come quella del 1866, si risolse in tempi brevi. Nel **1870** le truppe prussiane accerchiarono l'esercito francese e lo sconfissero a **Sedan** [→ carta a p. 404], facendo prigionieri 100 000 uomini, fra cui lo stesso imperatore Napoleone III. In Francia l'impero fu dichiarato decaduto e si formò un governo provvisorio che resistette ancora quattro mesi.

Intanto, nel **febbraio 1871** i principi di tutti gli Stati tedeschi si riunirono a Versailles, la reggia simbolo della potenza dei re di Francia, e proclamarono imperatore **Guglielmo I di Prussia**. Dalla disciolta Confederazione germanica nacque così, nel cuore dell'Europa, un nuovo impero tedesco (o *Reich*): era il secondo, dopo quello fondato da Ottone I di Sassonia in Età medievale.

Unità 4 L'età delle rivoluzioni liberali e nazionali

L'Europa nel 1871.

La presa di Roma

La sconfitta di Napoleone III aprì all'Italia la via di Roma.

Dopo la sfortunata impresa del 1862, Garibaldi aveva compiuto nel 1867 un secondo tentativo per conquistare la città, sperando in una insurrezione popolare. Ma la rivolta era fallita e Garibaldi era stato sconfitto a **Mentana** da truppe francesi, dotate di armi più moderne (fucili a retrocarica).

Ma ormai, sconfitto Napoleone III e caduto l'impero, non c'era più motivo di rimandare la presa di Roma. Il **20 settembre 1870**, dopo un breve combattimento, un reparto di bersaglieri entrò nella città, aprendo un varco nelle mura, presso **Porta Pia**. Qualche giorno più tardi il popolo romano votò, con un plebiscito, l'annessione di Roma e del Lazio al regno d'Italia.

Dopo la presa di Roma, il parlamento approvò la **legge delle guarentigie** (cioè delle garanzie). Con essa lo Stato italiano assicurava al pontefice tutte le condizioni necessarie al libero svolgimento della sua missione spirituale: gli assegnava i palazzi del Vaticano, del Laterano e di Castel Gandolfo, riconosceva l'inviolabilità della sua persona e si impegnava a versargli una somma annua a titolo di risarcimento. Ma Pio IX rifiutò l'offerta e **vietò ai cattolici di partecipare alla vita politica** del regno d'Italia.

Il plebiscito romano del 1870: una donna in abiti tradizionali vota a favore dell'annessione di Roma e del Lazio al regno d'Italia. Dipinto di Luigi Riva, 1874.
Milano, Museo del Risorgimento.

COLLOCO GLI EVENTI NEL TEMPO

- 1861-1876 Destra storica al governo
- 1870-1871 guerra franco-prussiana
- 1862-90 Bismarck cancelliere
- 1871 nasce il Secondo Reich
- 1870 presa di Roma
- 1861-1865 brigantaggio
- 1866 terza guerra d'indipendenza

3. Le potenze europee a fine Ottocento

Alla Francia è imposta una pace umiliante

Dopo la sconfitta di Sedan l'imperatore Napoleone III abdicò e in Francia fu proclamata la **terza repubblica**.

Il nuovo governo repubblicano dovette accettare condizioni di pace durissime, che prevedevano, fra l'altro, l'occupazione temporanea della capitale da parte dei Tedeschi e il passaggio alla Germania di due province ricche di risorse minerarie, l'Alsazia e la Lorena [→ carta a p. 404].

Ma il popolo di Parigi, esasperato dalla pace umiliante e dai disagi provocati dalla guerra, rifiutò di deporre le armi e diede vita a un nuovo **governo rivoluzionario**, detto **la Comune**, che si basava sulla **democrazia diretta***: tutti i funzionari, per esempio, venivano eletti – o deposti – dal popolo ed erano revocabili in qualunque momento.

* **Democrazia diretta**
Nelle democrazie dirette – proprie di piccole comunità – tutte le decisioni vengono prese direttamente dall'assemblea dei cittadini.

La Comune: un'esperienza rivoluzionaria

I "comunardi" (così furono chiamati i sostenitori della Comune) speravano che l'esempio di Parigi fosse seguito anche da altre città. Ma ormai la Francia era stata sopraffatta dai Tedeschi e lo stesso governo repubblicano francese temeva le idee estremiste degli insorti.

Contro la capitale ribelle fu dunque inviato l'esercito governativo, e una **lotta fratricida**, di Francesi contro Francesi, si svolse per le vie di Parigi sotto gli occhi dei vincitori tedeschi. Il numero delle vittime fu altissimo e, dopo una settimana di massacri, la Comune cessò di esistere.

Per la Francia, che aveva mantenuto intatto il suo territorio perfino dopo la caduta di Napoleone, la disfatta di Sedan e la perdita delle due province furono un'umiliazione profonda che alimentò un forte **desiderio di rivincita** in tutti gli strati della popolazione.

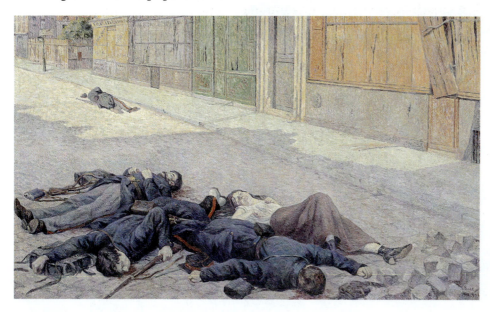

I morti della Comune di Parigi del 1871 in un dipinto di Maximilien Luce del 1903.
Parigi, Musée d'Orsay.

L'impero tedesco

Nel nuovo impero tedesco, nato in seguito alla vittoria sulla Francia, la superiore autorità dello Stato e il culto della forza militare occuparono sempre un posto prevalente rispetto ai princìpi di libertà e di uguaglianza dei cittadini.

L'impero era una confederazione di 25 Stati, che conservavano le vecchie dinastie e godevano di alcune **autonomie** prevalentemente **amministrative**. Le grandi decisioni politiche venivano prese dal governo centrale, di cui **Otto von Bismarck** restò cancelliere per circa trent'anni. Bismarck era sostenuto sia dagli *Junker* sia dalla borghesia liberale e aveva poteri vastissimi. Non era tenuto a render conto del suo operato al parlamento – che quindi non poteva costringerlo a dimettersi –, ma solo all'imperatore che l'aveva nominato.

La Germania di Bismarck

Dopo l'unificazione tedesca Bismarck si adoperò per scoraggiare tentativi di rivincita da parte della Francia e a questo scopo concluse **patti di alleanza** con le due maggiori potenze europee – l'impero russo e l'impero austro-ungarico – e, più tardi, anche con il regno d'Italia.

Combatté il **partito socialdemocratico**, che considerava una minaccia per lo Stato. Tuttavia, **fra il 1883 e il 1889** diede alla Germania la **legislazione sociale*** **più avanzata d'Europa**, che prevedeva assicurazioni obbligatorie per gli operai in caso di malattia, infortunio, vecchiaia e invalidità, pagate, in parti diverse, dal lavoratore, dal datore di lavoro e dallo Stato.

Nel 1890, quando Bismarck si dimise a causa di contrasti con il nuovo imperatore Guglielmo II, la Germania era il primo Paese dell'Europa continentale per la forte crescita economica, la potenza del suo esercito, l'alto numero degli abitanti (40 milioni) e l'efficienza del suo sistema d'istruzione.

* **Legislazione sociale**
Leggi emanate dagli Stati per evitare conflitti sociali (in particolare fra operai e imprenditori). Le prime apparvero in Germania (fine del XIX secolo), le più avanzate in Gran Bretagna (inizio del XX secolo).

La potenza della Germania di Bismarck ebbe le sue fondamenta nell'industria siderurgica. Nel dipinto del 1875 *Il lavoro al laminatoio*, Adolph von Menzel mostra la forza quasi eroica degli operai tedeschi impegnati in una moderna fonderia.
Berlino, Alte Nationalgalerie.

La Gran Bretagna nell'età vittoriana

Nella seconda metà dell'Ottocento la **Gran Bretagna** era, fra le grandi potenze europee, la più prospera e la più progredita. Una potente flotta navale (la *Royal Navy*) assicurava al Paese il **dominio sui mari**. I vasti **possedimenti coloniali**, estesi a tutti i continenti, lo rifornivano delle materie prime necessarie al suo sviluppo. Londra era una città gigantesca e il suo porto era il più importante del mondo.

Questo periodo di grande prosperità si svolse quasi interamente sotto il regno della regina **Vittoria** (1819-1901), che salì al trono appena diciottenne, nel **1837**, e regnò per un periodo lunghissimo (64 anni), dando il nome alla sua epoca, conosciuta appunto come "età vittoriana". Dei costumi, dei comportamenti, delle idee dominanti nel suo tempo la regina Vittoria fu insieme ispiratrice e interprete perfetta.

History Highlights
Queen Victoria and her long reign
p. 423

Un periodo di prosperità per l'Inghilterra

L'età vittoriana fu caratterizzata dall'ascesa economica e politica della **borghesia** inglese (la *middle class* o classe media), che si arricchì con l'industria, il commercio, le attività finanziarie.

Fra il benessere delle classi superiori e la povertà di gran parte della popolazione il contrasto era stridente; tuttavia, grazie ai provvedimenti disposti dai vari governi, anche le masse popolari poterono lentamente migliorare le loro condizioni di vita. Sia i governi conservatori sia quelli liberali si preoccuparono di evitare lotte sociali troppo violente. Perciò in Inghilterra furono istituite **scuole elementari pubbliche** destinate ai più poveri. Fu inoltre **esteso il diritto di voto**, triplicando il numero degli elettori. Ai lavoratori fu riconosciuto il **diritto di sciopero**, che era stato a lungo tenacemente negato.

> **La regina Vittoria** in una litografia del 1887.
> Collezione privata. Foto Bridgeman Images/Archivi Alinari.

COLLOCO GLI EVENTI NEL TEMPO

- **1861-1876** Destra storica al governo
- **1870-1871** guerra franco-prussiana
- **1883-1889** legislazione sociale in Germania
- **1862-90** Bismarck cancelliere
- **1871** nasce il Secondo Reich
- **1870** presa di Roma
- **1861-1865** brigantaggio
- **1866** terza guerra d'indipendenza

4. In Italia il secolo si chiude fra tensioni e tumulti

La Sinistra al potere

Nel 1876 il governo della Destra, non più sostenuto dal parlamento, si dimise e il re affidò l'incarico di formare il nuovo governo a un deputato della Sinistra: **Agostino Depretis**. Il programma della Sinistra – che rimase al governo **dal 1876 al 1883** – prevedeva riforme di tipo liberal-democratico.

La prima di esse (1877) riguardò l'**istruzione elementare** (cioè la scuola primaria), che fu resa obbligatoria per i bambini dai sei ai nove anni (in precedenza erano previsti due soli anni di frequenza). Fu una riforma importante, anche se non eliminò le vere cause dell'analfabetismo, legate alla mancanza di edifici scolastici e alla povertà delle famiglie, che preferivano avviare i bambini al lavoro.

La Sinistra inoltre **abolì la tassa sul macinato**, che negli anni precedenti aveva provocato molte proteste e manifestazioni, e nel **1882** attuò un'importante **riforma elettorale**, innalzando dal 2 al 7 per cento il numero di coloro che avevano diritto di voto.

Il dettato, dipinto di Demetrio Cosola del 1890.
Torino, Galleria d'Arte Moderna.

Vita quotidiana

I primi passi della scuola italiana

Anche dopo la riforma scolastica del 1877 l'alfabetizzazione e l'istruzione degli Italiani si diffusero lentamente. Soprattutto nelle campagne e nel Mezzogiorno, mancavano gli **edifici scolastici** e quelli esistenti erano privi, in tutto o in parte, delle attrezzature, banchi compresi. I **maestri** erano pochi e poco preparati. Molti bambini a scuola non andavano mai o frequentavano irregolarmente, perché le famiglie avevano bisogno del loro aiuto sia per lavorare i campi sia – se erano bambine – per sorvegliare i fratelli più piccoli.

Per di più, diversi politici non ritenevano opportuno diffondere l'insegnamento scolastico, perché erano convinti che l'istruzione potesse spingere il popolo a pericolose rivendicazioni e rivolte. Così alla fine del secolo gli analfabeti erano ancora il 40% della popolazione e molti Italiani dovevano rivolgersi agli scrivani pubblici per scrivere (o leggere) lettere e documenti.

Nelle scuole le **classi** erano **affollate** (potevano comprendere anche più di 60 alunni), tutte maschili o tutte femminili. Le classi miste erano evitate e gli edifici scolastici più grandi avevano entrate distinte per maschi e per femmine. Il programma non era uguale per tutti (le bambine imparavano anche a cucire e a ricamare, i ragazzi di campagna avevano testi diversi rispetto a quelli di città). Nelle aule i banchi erano di legno, con i sedili fissi. Sul ripiano del banco era incastrato il **calamaio** per l'inchiostro, dove gli alunni intingevano la **penna**, che era un'asticciola di legno nella quale si inseriva il **pennino**. A volte per scrivere usavano il gesso e la lavagnetta personale. Per imparare a contare si servivano di un **pallottoliere**, formato da una cornice in legno e da dieci file di palline scorrevoli su fil di ferro.

L'apprendimento, di solito, era meccanico e affidato alla memoria. La **disciplina** era severa perché la scuola doveva insegnare il rispetto per l'autorità: non di rado i maestri usavano la verga (una bacchetta lunga e sottile) per punire gli scolari svogliati o irrequieti.

L'inizio del trasformismo

Fin dall'inizio del suo governo, e più decisamente dopo il 1882, Depretis cercò l'appoggio dei deputati di tendenze **riformiste** e **moderate** non solo di sinistra ma anche di destra. Le lotte risorgimentali erano finite da un pezzo e non c'era più una distanza insuperabile fra i due schieramenti politici. Così, per mezzo di accordi o concedendo favori in cambio di voti (per esempio, posti di lavoro), Depretis riuscì a ottenere il sostegno di parte dei deputati di entrambi i raggruppamenti.

Questo metodo politico, che riduceva o addirittura cancellava le differenze ideali che esistevano fra Destra e Sinistra, fu chiamato spregiativamente **trasformismo**.

> **ORGANIZZO I CONCETTI**
>
> **Innovazioni della Sinistra storica**
> - Scuola obbligatoria fino a 9 anni d'età
> - Riforma elettorale
> - Triplice Alleanza
> - Protezionismo economico

L'alleanza con Austria e Germania

In politica estera Depretis nel **1882** firmò la **Triplice Alleanza**, un patto difensivo che legava l'Italia all'impero tedesco e all'impero austro-ungarico. Il patto aveva lo scopo di togliere l'Italia dalla situazione di isolamento in cui il Paese si trovava rispetto agli altri Stati europei, nessuno dei quali aveva ancora riconosciuto come legittima la presa di Roma.

L'alleanza con l'impero austro-ungarico suscitò però lo sdegno dei gruppi patriottici italiani, detti "**irredentisti**", che si battevano per liberare le terre "non redente" ("non salvate", cioè ancora sottoposte al dominio austriaco): il Trentino e Trieste.

In segno di protesta contro la Triplice Alleanza, l'irredentista triestino **Guglielmo Oberdan** progettò un attentato contro l'imperatore austriaco: ma il piano fu scoperto e Oberdan venne condannato a morte.

Il protezionismo economico: un'arma a doppio taglio

In campo economico i governi della Sinistra ritennero di dover "proteggere" dalla concorrenza* straniera le industrie nazionali, imponendo forti dazi sui prodotti industriali provenienti dall'estero allo scopo di scoraggiarne l'importazione. Questi provvedimenti protezionistici* gettarono le basi per il successivo decollo industriale italiano, che sarebbe avvenuto proprio alle soglie del Novecento con lo sviluppo di grandi stabilimenti nell'Italia settentrionale (Breda, Pirelli, Fiat).

Misure protezionistiche furono prese anche per difendere le aziende agricole del sud dalla concorrenza dei meno costosi cereali americani [→ cap. 15 par. 1]. Sul grano importato dall'America, per esempio, il governo impose dazi pesanti che ne triplicarono il prezzo. L'intervento ebbe però alcune conseguenze negative. Anzitutto destò **malcontento nei consumatori**, che dovettero pagare di più. Inoltre i grandi latifondisti del sud, già soddisfatti per il rialzo dei prezzi, non sentirono il bisogno di modernizzare l'**agricoltura meridionale**, che **rimase** tecnicamente **arretrata**. Per di più alcune colture specializzate del Mezzogiorno (vino, olio, agrumi), che venivano esportate all'estero, restarono in gran parte **invendute**, per ritorsione contro le leggi protezionistiche italiane.

* **Concorrenza**
Competizione fra imprenditori per produrre e vendere di più.

* **Protezionismo**
Imposizione di dazi su prodotti esteri per scoraggiarne l'importazione e favorire così le imprese nazionali. Questa dottrina economica è in contrasto con il principio della libera concorrenza e quindi con le dottrine liberiste.

La mensa dei poveri in un dipinto del 1887.
Milano, Galleria d'Arte Moderna.
Foto Scala, Firenze.

Francesco Crispi e il malcontento della popolazione

Aumentava intanto il costo della vita, a causa di una **grave crisi economica** che negli ultimi decenni dell'Ottocento toccò tutta l'Europa. Sul finire del secolo il malcontento popolare esplose sotto forma di scioperi e di manifestazioni in varie regioni d'Italia.

Nel **1891-1894**, in Sicilia insorsero contadini e operai, riuniti in associazioni dette **fasci**, per protestare contro i dazi, le tasse, il carovita. Capo del governo era allora l'ex garibaldino **Francesco Crispi**, un politico di tendenze autoritarie che diresse lo Stato con grande energia. Crispi promosse importanti riforme, come l'aumento del numero degli elettori e l'approvazione del nuovo **codice penale Zanardelli** (così chiamato dal nome del ministro che lo emanò), che **aboliva la pena di morte** e, di fatto, ammetteva il **diritto di sciopero**. Ai fasci siciliani reagì con estrema durezza: fece sciogliere tutte le associazioni e soffocò le rivolte nel sangue.

Francesco Crispi in una incisione del 1894.
Collezione Privata.

La crisi di fine secolo

In Italia la crisi economica e sociale raggiunse il suo culmine negli ultimi anni dell'Ottocento.

I fatti più gravi avvennero a **Milano** nel **1898**, quando la popolazione insorse per protestare contro l'aumento del prezzo del pane. L'allora primo ministro Antonio di Rudinì, deputato della Destra, permise che l'esercito, guidato dal generale Bava Beccaris, prendesse a cannonate i manifestanti: i morti furono oltre ottanta e centinaia i feriti. Più tardi il re **Umberto I** – succeduto nel 1878 a Vittorio Emanuele II – premiò con una decorazione proprio **Bava Beccaris**, responsabile della repressione.

Seguì un periodo di grande tensione durante il quale il nuovo capo del governo tentò di ridurre i poteri del parlamento e le libertà di stampa e di associazione dei cittadini. Ma il tentativo non riuscì perché nel **1900** gli elettori votarono contro questa politica autoritaria e il governo fu costretto a dimettersi.

Nel luglio dello stesso anno il re Umberto I fu ucciso a colpi di pistola dall'anarchico **Gaetano Bresci**, che voleva vendicare i morti innocenti di Milano.

L'assassinio di Umberto I in una illustrazione dell'epoca.
Foto Leemage.

COLLOCO GLI EVENTI NEL TEMPO

Capitolo 16 — Europa e Italia alle soglie del Novecento

RICOSTRUISCO LA MAPPA DEL CAPITOLO

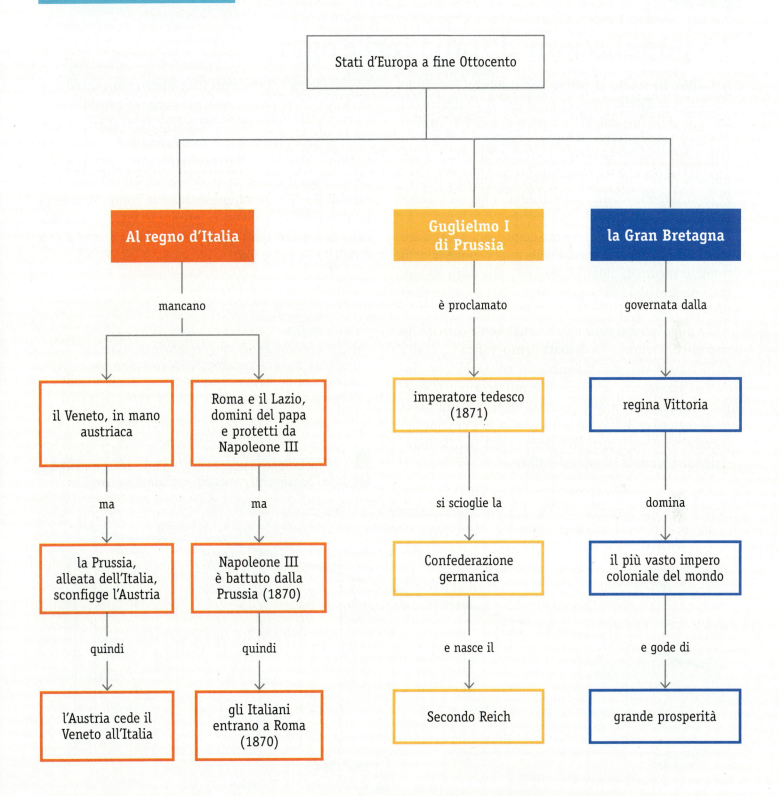

Geostoria

La popolazione d'Italia ieri e oggi

Nel 1861 fu svolto il primo **censimento***, secondo cui il regno d'Italia contava poco più di 22 milioni di abitanti. Alla fine del 2015, a poco più di 150 anni di distanza, la popolazione italiana si era quasi triplicata, arrivando a più di 60 milioni e mezzo di persone. Per numero di abitanti l'Italia si colloca al quinto posto in Europa, dopo la Russia, la Germania, il Regno Unito e la Francia.

Di pari passo con l'aumento demografico è aumentata anche la **densità media** della popolazione (cioè il numero medio di abitanti per km^2), che dagli 87 abitanti per km^2 del 1861 è salita fino ai 201 del 2015 (dati ISTAT).

La popolazione però non è ugualmente distribuita su tutto il territorio. La **densità demografica** è più alta nelle zone pianeggianti, facilmente coltivabili, ben industrializzate, ricche di vie di comunicazione (come, per esempio, la Pianura padana), mentre è più bassa nelle regioni collinari e montuose e in alcune zone del meridione, dove il terreno è poco produttivo, le industrie sono scarse e i trasporti difficili.

La carta tematica nella pagina a fianco illustra la diversa densità di popolazione nelle varie regioni d'Italia.

Una delle caratteristiche dell'andamento demografico italiano, che il nostro Paese condivide con le altre nazioni evolute, è l'**invecchiamento della popolazione**. Esso è messo in evidenza dai grafici, detti "**piramidi d'età**", che rappresentano la composizione di una popolazione, divisa in gruppi (o fasce) a seconda dell'età degli abitanti (per esempio, da 0 a 4 anni, da 5 a 9, da 10 a 14 e così via).

* **Censimento**
Registrazione delle persone appartenenti, in un dato momento, a una certa categoria (per esempio, alla popolazione di uno Stato) e delle loro condizioni di vita. In Italia i censimenti si tengono ogni dieci anni a partire dal 1861.

▼ La popolazione residente in Italia tra il 1861 e il 2016, secondo i censimenti nazionali (migliaia di abitanti).

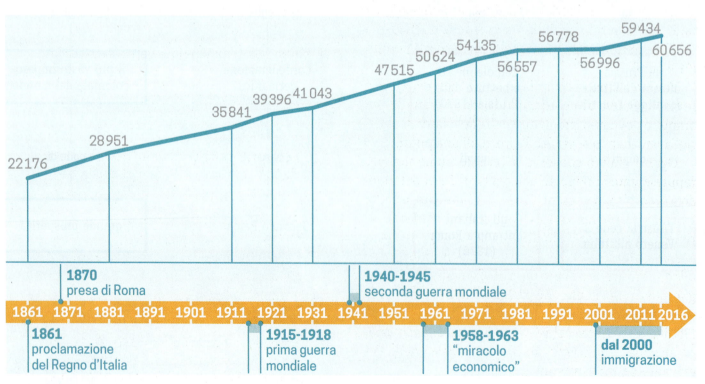

Capitolo 16 Europa e Italia alle soglie del Novecento

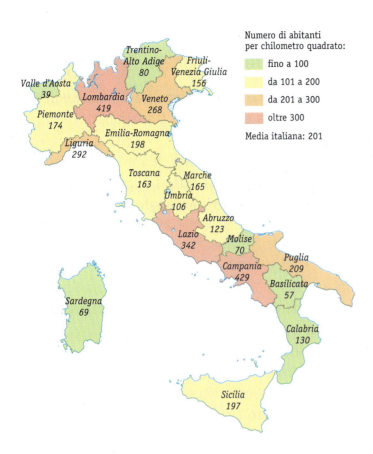

Le piramidi d'età relative all'Italia e al Mali nel 2016.

La densità demografica nelle regioni italiane (dati 2015).

La piramide d'età riguardante l'Italia mostra una leggera prevalenza numerica femminile. Essa dipende dal fatto che la durata media della vita delle donne (84,5 anni) è più lunga rispetto a quella media degli uomini (79,4 anni).

Fino ad alcuni decenni fa in tutti i Paesi del mondo le fasce relative ai neonati e ai bambini erano le più ampie, e poi con il progredire dell'età le fasce si assottigliavano dando al grafico l'aspetto di una piramide.

Oggi il grafico conserva il vecchio nome ma, per rappresentare la popolazione dei tanti Paesi del mondo a **crescita zero*** come l'Italia, ha cambiato aspetto. Le fasce relative ai bambini e ai giovanissimi si sono ristrette a causa del calo della **natalità***. Quelle degli anziani (gli abitanti dai 65 anni in su) si sono invece allargate in seguito ai progressi della medicina e al migliorato livello di vita, che prolungano la sopravvivenza e consentono l'invecchiamento della popolazione: l'Italia è un "Paese vecchio", dove la fascia di popolazione anziana ha già superato in percentuale quella dei giovani e dei giovanissimi.

* **Crescita zero**
Indica un periodo in cui la popolazione non cresce.

* **Natalità**
Il numero medio di nascite in un determinato periodo.

MI ORIENTO NELLA COMPLESSITÀ DEL PRESENTE

1. Confronta la piramide d'età dell'Italia con quella del Mali, un Paese dell'Africa occidentale, fra i più poveri del mondo. Quali differenze noti?

2. Secondo te, il Mali è un Paese "giovane" o "vecchio"?

3. Secondo te, in Mali la natalità è alta o bassa? E la speranza di vita?

4. Perché l'invecchiamento della popolazione è tipico dei Paesi a economia avanzata?

5. Osserva la carta della densità della popolazione italiana ed elenca le regioni che superano la densità demografica di 200 abitanti per km².

Sintesi

RICOSTRUISCO LE INFORMAZIONI

① L'Italia alla prova

Nel nuovo regno d'Italia il **diritto di voto** è concesso solo ai maschi adulti benestanti e capaci di leggere e scrivere. In parlamento ci sono due gruppi politici: la **Destra** e la **Sinistra**.

I problemi da risolvere sono molti: ci sono grandi differenze fra le varie regioni, **l'economia è arretrata** e la maggior parte della popolazione è analfabeta.

La Destra governa dal 1861 al 1876. Realizza strade, ferrovie e scuole, e rende obbligatorio il servizio militare. Risana il bilancio dello Stato, ma impone **tasse pesanti** come quella sul macinato, che danneggia soprattutto i più poveri.

Al sud il governo deve affrontare il fenomeno del **brigantaggio**, sconfitto solo dopo anni di dura lotta.

② Unità d'Italia e unità tedesca si compiono insieme

L'unità d'Italia non è completa: mancano il Veneto, il Trentino, la Venezia Giulia, Roma e il Lazio. Il Veneto si unisce all'Italia dopo la **terza guerra d'indipendenza** (1866), combattuta a fianco della Prussia contro l'Austria.

La Prussia mira a espandersi. Perciò il suo primo ministro, **Otto von Bismarck**, attacca e sconfigge l'Austria nel 1866 e poi, nel 1871, anche la Francia di Napoleone III, che deve rinunciare al trono. La Germania viene unificata e nasce il Secondo Reich (impero), guidato da **Guglielmo I** di Prussia.

Dopo la caduta di Napoleone III, grande protettore del papato, **l'Italia occupa anche Roma**. Con un plebiscito il popolo vota per unire la città e tutto il Lazio al regno d'Italia.

③ Le potenze europee a fine Ottocento

In **Francia** nasce la terza repubblica. Le condizioni di pace imposte dalla Germania sono dure: la Francia deve cedere l'**Alsazia** e la **Lorena** e Parigi stessa viene occupata dai Tedeschi. I parigini si ribellano e formano un governo rivoluzionario, la **Comune**, sconfitto poi dall'esercito governativo.

Bismarck dà alla Germania **le leggi sociali più progredite d'Europa** e stringe alleanze con l'Austria-Ungheria, con la Russia e con l'Italia.

Durante il regno della **regina Vittoria** (1837-1901), la **Gran Bretagna** vive un periodo di **grande prosperità** grazie al suo immenso impero coloniale.

④ In Italia il secolo si chiude fra tensioni e tumulti

Nel 1876 sale al governo la Sinistra, guidata da **Agostino Depretis**. Egli mette in atto varie riforme: alza l'obbligo scolastico fino a nove anni, abolisce la tassa sul macinato, allarga il numero di coloro che hanno diritto di voto e, nel 1882, firma la Triplice Alleanza con Austria e Germania. I governi della Sinistra introducono anche leggi protezionistiche.

Capitolo 16 Europa e Italia alle soglie del Novecento

Esercizi

STABILISCO COLLEGAMENTI E RELAZIONI Paragrafo 1

1 Spiega perché si verificarono gli avvenimenti elencati.
   a. Il primo parlamento italiano fu eletto solo da 500 000 elettori su una popolazione di 25 milioni di abitanti.
   b. Alcuni politici preferivano uno Stato federale.
   c. Fu scelto uno Stato accentrato.
   d. La costruzione delle ferrovie fu in gran parte affidata a industrie straniere.
   e. Fu introdotto il servizio militare obbligatorio.
   f. Le famiglie contadine del meridione furono danneggiate dal servizio militare obbligatorio.
   g. La tassa sul macinato colpiva soprattutto i poveri.
   h. Si diffuse il fenomeno del brigantaggio.

LAVORO CON LE MAPPE Paragrafo 1

2 Leggi la mappa a p. 400 e scrivi una didascalia che la spieghi, completando il seguente testo.
Al momento dell'unificazione, in Italia erano forti le .... fra le regioni. Le strade e le .... erano poche e in cattivo stato e, fra i cittadini, l'................................. era molto diffuso. Inoltre l'................................. era poco sviluppata e l'................................. era arretrata, soprattutto nel meridione. Bisognava poi organizzare un .... per difendere lo Stato e riportare in pareggio il .... , che era in deficit. Infine, bisognava combattere il ....

VERIFICO LE CONOSCENZE Paragrafo 2

3 Completa il testo con le parole dell'elenco. Fai attenzione: alcune non ti serviranno.
Prussia • Austria • Francia • Mazzini • Garibaldi • guerra d'indipendenza • potere temporale • Otto von Bismarck • Napoleone III

L'Italia ottiene il Veneto nel 1866 grazie a una terza .... , combattuta contro l'Austria con l'alleanza della .... Quanto a Roma, ... tenta due volte di conquistarla, ma non riesce per l'opposizione della Francia: solo dopo la caduta di .... , l'Italia può conquistare la città (1870) ponendo fine al .... dei papi.

RIORGANIZZO DATI E CONCETTI Paragrafo 2

4 Completa la tabella confrontando le principali caratteristiche dell'unificazione tedesca e di quella italiana.

	Unificazione italiana	Unificazione tedesca
Stato-guida		
Anni dell'unificazione		
Stati alleati		
Stati ostili		
Forma di governo		
Nome del sovrano		
Primo ministro		

415

Esercizi

Imparo a imparare — RIFLETTO SULLA RICOSTRUZIONE DI UN FATTO STORICO — Paragrafo 2

Militarmente, la presa di Roma fu un episodio di scarsa importanza (il papa aveva dato ordine ai suoi soldati di non spargere sangue e di opporre resistenza passiva). Per il giovane regno d'Italia, invece, fu il simbolo più alto dell'avvenuta unificazione nazionale, dopo dieci anni di attese e tentativi falliti. La presa di Roma apparve quindi come il compimento delle lotte risorgimentali e venne celebrata con stampe e dipinti e immortalata dalla nascente arte fotografica. Le due ricostruzioni dell'evento che ti mostriamo danno dell'episodio una rappresentazione eroica e drammatica, che è ben diversa dalla realtà dei fatti e che può essere spiegata considerando la lunga attesa e il grande valore simbolico che ebbe, per l'Italia appena unita, quella conquista.

◄ In questo dipinto di Michele Cammarano del 1871, i bersaglieri irrompono nella città dopo aver sfondato a cannonate le mura presso Porta Pia. Il pittore mette in rilievo l'ardimento e la determinazione degli assalitori e anche il loro sacrificio: un trombettiere è colpito e cade (nella realtà i bersaglieri non incontrarono quasi resistenza).
Napoli, Museo di Capodimonte. Foto Scala, Firenze.

◄ Questa foto fu scattata il 21 settembre 1870, il giorno dopo la presa di Roma, ed è quindi una ricostruzione fatta ad arte, con i soldati fermi e messi in posa, i morti disegnati e alcuni particolari, come la bandiera, aggiunti più tardi. Del resto non poteva essere che così, sia perché i primi apparecchi fotografici richiedevano tempi lunghi per lo scatto, sia perché le fotografie allora erano concepite più come ritratti o dipinti che come istantanee.
Roma, Istituto per la Storia del Risorgimento.

5 **Prova a spiegare perché:**
   a. i bersaglieri entrati a Roma non incontrarono una forte resistenza;
   b. il giovane regno d'Italia esaltò e celebrò la presa di Roma con stampe, foto e dipinti;
   c. la foto della "presa di Roma" non corrisponde alla realtà;
   d. le prime fotografie non potevano documentare i fatti con precisione assoluta.

VERIFICO LE CONOSCENZE
Paragrafo 3

6 Completa il testo con le parole dell'elenco. Fai attenzione: alcune non ti serviranno.

Vittoria ▪ monarchia ▪ repubblica ▪ Otto von Bismarck ▪ leggi ▪ Italia ▪ Comune ▪ pace ▪ *Junker*

La Francia, diventata una ...., deve subire una .... umiliante. Parigi si ribella e proclama il governo rivoluzionario della ...., che viene repressa sanguinosamente. Il *Kanzler* tedesco, ..., stringe alleanze con l'Austria e la Russia e, più tardi, anche con l'......................... . In Germania vengono concesse le .... sociali più avanzate d'Europa. L'Inghilterra della regina ...., grazie alle sue colonie, vive un periodo di grande prosperità.

LAVORO SULLE FONTI
Paragrafo 4

7 Osserva l'immagine, leggi l'introduzione che la accompagna, poi rispondi alle domande.

In questa stampa satirica del 1887 le tre potenze della Triplice Alleanza (da sinistra a destra, Italia, impero tedesco, impero austro-ungarico) si esibiscono in un concertino, ma una sola dirige, mentre le altre porgono l'orecchio ed eseguono i comandi.

a. Chi dirige l'orchestra?
b. Chi si limita a eseguire?
c. Da quale particolare dell'abbigliamento è riconoscibile l'Italia? E la Germania?
d. Qual è il nome del primo ministro tedesco?
e. Che cosa significa la stampa?
f. La Triplice Alleanza fu ben accolta in Italia?
g. Chi si oppose al patto e perché?

COLLOCO NEL TEMPO
Intero capitolo

8 Sul tuo quaderno, prova a costruire una tabella cronologica, riportando le date e gli avvenimenti più importanti della storia d'Italia dalla proclamazione del regno fino al 1900. Segui l'esempio e aiutati con il testo, poi confronta con i compagni le scelte fatte.

Date	Avvenimenti
1861	Proclamazione del regno d'Italia

COMPONGO UN TESTO
Intero capitolo

9 Sulla base della tabella cronologica, componi un testo di non più di trenta righe sulla storia d'Italia fra il 1861 e il 1900.

Unità 4 L'età delle rivoluzioni liberali e nazionali

Il capitolo a colpo d'occhio

QUANDO

1. **In che anno si sono svolti questi eventi? SCRIVI le date sui puntini, poi COLLOCALE sulla linea del tempo: 1866, 1870, 1871.**

A

B

C

.... Roma viene annessa al regno d'Italia.

.... Terza guerra d'indipendenza: l'Austria cede il Veneto all'Italia.

.... Guglielmo di Prussia è incoronato imperatore del Secondo Reich.

1865 — 1866 — 1867 — 1868 — 1869 — 1870 — 1871 — 1872 — 1873 — 1874 — 1875

DOVE

2. **OSSERVA la carta e COMPLETA la didascalia.**

Dopo la terza guerra di indipendenza, il .... entra a far parte del regno d'Italia.

Successivamente viene annessa anche la città di .... con il ....

Intanto la Germania sottrae alla Francia l' .... e la ....

ITALIA E GERMANIA NEL 1871

Capitolo 16 Europa e Italia alle soglie del Novecento

LE PAROLE DA RICORDARE

**3. SCRIVI le parole seguenti accanto alle definizioni corrispondenti.
ATTENZIONE alle parole in più.**

Santa Alleanza • Triplice Alleanza • pareggio del bilancio • protezionismo • irredentismo • guarentigie • trasformismo

....	Movimento che si batte per togliere all'Austria il Trentino e Trieste.
....	Parità fra uscite (spese) ed entrate (incassi) dello Stato.
....	Garanzie che lo Stato italiano assicura al papa dopo il 1870.
....	Patto difensivo che lega l'impero tedesco, l'impero austro-ungarico e il regno d'Italia.

LA MAPPA DEI CONCETTI

**4. COMPLETA la mappa inserendo al posto giusto le parole seguenti.
ATTENZIONE alle parole in più.**

Prussia • battaglia • l'unificazione • presa • la Francia • la Confederazione tedesca • l'impero austro-ungarico • l'impero tedesco • monarchia • repubblica

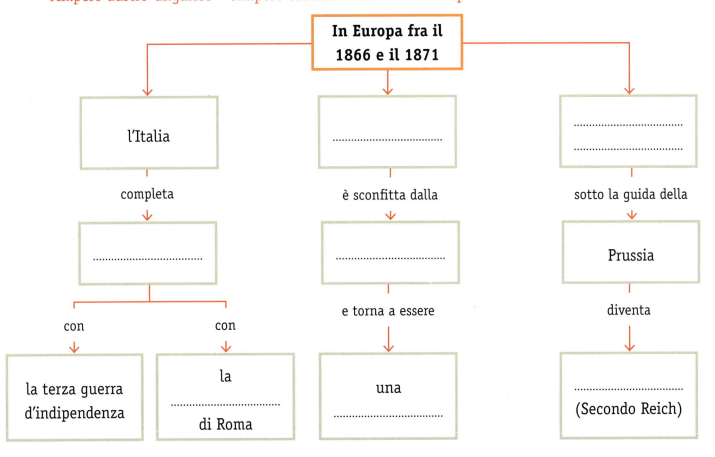

Sei pronto per la verifica?

IN 1 ORA

Punteggio massimo: 100 punti   Sufficienza: 60 punti

1. VERIFICARE LE CONOSCENZE

Completa il testo con le parole dell'elenco.

Vittorio Emanuele II • spedizione dei Mille • guerra d'indipendenza • seconda • regno d'Italia • Piemonte • Lombardia • Prussia • problemi • unificazione • analfabetismo

Nel 1848 il Piemonte di Carlo Alberto combatté la prima, sfortunata, ... contro l'Austria. La .... guerra d'indipendenza fu combattuta nel 1859 dal nuovo re .... a fianco dell'imperatore Napoleone III: l'Italia ottenne la .... Altri Stati (Toscana, Emilia, Romagna) si unirono volontariamente al .... Il regno delle due Sicilie, conquistato da Garibaldi con la .... , fu annesso nel 1860 insieme a Marche e Umbria. L'anno dopo fu proclamato il ....

Il nuovo Stato dovette affrontare gravi .... (brigantaggio, arretratezza economica, ...) e portare a termine l'........................... del Paese. Il Veneto fu ottenuto grazie all'alleanza con la .... Infine fu presa Roma.

1 punto per ogni risposta corretta – Punti: ..../11

2. ORIENTARSI NELLO SPAZIO

La carta rappresenta l'Europa dopo il Congresso di Vienna. Osservala e completa la didascalia.

Dopo il Congresso di Vienna l'impero creato da .... cessa di esistere.

A nord-est della Francia è nato il regno dei .... , che comprende anche il ....

Il Piemonte forma insieme alla Liguria e alla Sardegna il ....

Il Lombardo-Veneto è posto sotto il dominio dell'........................... .

1 punto per ogni risposta corretta – Punti: ..../5

3. COLLOCARE NEL TEMPO

Disponi gli avvenimenti in ordine cronologico numerandoli da 1 a 10.

- ☐ Prima guerra d'indipendenza
- ☐ Congresso di Vienna
- ☐ Accordi di Plombières
- ☐ Presa di Roma
- ☐ Proclamazione del regno d'Italia
- ☐ Seconda guerra d'indipendenza
- ☐ Destra storica al potere
- ☐ Spedizione dei Mille
- ☐ Terza guerra d'indipendenza
- ☐ Sinistra storica al potere

3 punti per ogni risposta corretta – Punti: ..../30

4. STABILIRE COLLEGAMENTI E RELAZIONI

Spiega perché si verificarono i seguenti avvenimenti.

a. Dopo il Congresso di Vienna diminuirono le guerre fra Stati, ma si moltiplicarono le rivolte.
b. La Santa Alleanza divenne uno strumento di repressione.
c. L'elezione di Pio IX suscitò entusiasmi e speranze.
d. Le vittorie di Garibaldi e dei Mille preoccuparono molto Cavour.
e. I democratici mazziniani si staccarono dalla Prima Internazionale.
f. La presa di Roma fu possibile solo dopo la sconfitta di Napoleone III a Sedan.

3 punti per ogni risposta corretta – Punti: ..../18

5. USARE LE PAROLE DELLA STORIA

Costruisci una frase con ciascuna delle seguenti parole o espressioni.

liberali ▪ democratici ▪ censura ▪ Romanticismo ▪ Risorgimento ▪ Costituzione ▪ diplomazia ▪ Triplice Alleanza ▪ tassa sul macinato ▪ bilancio

3 punti per ogni risposta esatta – Punti: ..../30

6. LAVORARE SULLE FONTI

Leggi la lettera scritta da Garibaldi a Vittorio Emanuele II, poi rispondi.

> « Quarto, 5 maggio 1860
> Sire, [...] non io ho consigliato la rivolta dei Siciliani [scoppiata a Palermo nell'aprile 1860], ma dal momento che essi sono insorti contro la più immane tirannide [quella dei Borboni], non ho creduto dover esitare nel pormi a capo della spedizione. [...] Se ci arride la fortuna, io sarò lieto di ornare la corona della Maestà vostra di una nuova e forse più splendida gemma [il regno delle Due Sicilie]. »

a. Qual è il nome della spedizione di cui Garibaldi decide di porsi a capo? Come giustifica la decisione presa? Che cosa promette al re se la spedizione avrà successo?

2 punti per ogni risposta esatta – Punti: ..../6

7. STABILIRE COLLEGAMENTI E RELAZIONI 🏆

Spiega quali differenze ci sono fra le crisi economiche dell'età preindustriale e quelle dell'età industriale.

[extra-punteggio] 4 punti per la risposta esatta

Compito di realtà

La penisola italiana e le sue suddivisioni

L'IDEA

Il 17 marzo 1861 viene proclamato il regno d'Italia, che comprende quasi tutto il territorio della penisola. Dopo ben 1293 anni (contati a partire dal 568, anno in cui l'arrivo dei Longobardi spezza l'unità della penisola) la carta politica italiana non somiglia più a un mosaico cangiante di Stati piccoli e grandi, alcuni dei quali sottoposti alla dominazione straniera.
Cimentatevi con una sfida: provate a rappresentare nella maniera più accurata possibile i tanti cambiamenti politici subiti dall'Italia fra il 476 (anno della caduta dell'impero romano d'occidente) e il 1861.

CHE COSA DEVI FARE

Lavorando in piccoli gruppi, tu e i tuoi compagni procedete seguendo le istruzioni di questa scaletta.
1. Selezionate, usando come fonte il primo e il secondo volume del manuale di storia, tutte le carte politiche in cui compare la penisola italiana. Per ciascuna annotate la pagina in cui compare e, soprattutto, l'anno o l'epoca a cui si riferisce.
2. Con l'aiuto dell'insegnante, fissate i criteri di valutazione della sfida che opporrà i diversi gruppi di lavoro (per esempio: completezza, accuratezza, originalità del progetto presentato). Preparate tutti insieme le schede per esprimere i punteggi nella fase finale, quella in cui voterete i diversi progetti. Decidete anche gli eventuali premi in palio.
3. Ora comincia la fase più creativa: come rappresentare su una linea del tempo, in modo chiaro e accattivante, il cambiamento illustrato dalle diverse carte? L'insegnante di Arte e immagine potrà darvi indicazioni utili sulla comunicazione grafica.
4. Completate il progetto in classe o a casa.
5. Illustrate in classe il vostro elaborato: i compagni degli altri gruppi lo voteranno, compilando le schede di valutazione preparate in precedenza. Vince la squadra che totalizza più punti.

INDICAZIONI DI LAVORO

Tempo a disposizione e discipline coinvolte

2 ora a scuola per la selezione delle carte (Storia)
1 ora a scuola per la seconda fase (Storia)
2 ore a scuola per la messa a punto dell'idea creativa e l'avvio del lavoro (Arte e immagine)
2 ore a casa per il completamento dell'elaborato
1 ora a scuola per la presentazione e la votazione (Storia + Arte e immagine)

Materiali e strumenti utilizzabili

Libro di testo di storia
Carta da lucido, cartoncino, pennarelli, materiali di cancelleria

Unità 4 L'età delle rivoluzioni liberali e nazionali

History Highlights CLIL

Queen Victoria and her long reign

1. Warm up

Match each word or expression with its Italian equivalent.

(to be) toppled   le classi medie, la media borghesia
Famine   la classe operaia
subjects   carestia
middle classes   sudditi
working class   (essere) rovesciate

2. Read and check your comprehension

Read the text and fill in the gaps with the English words from exercise 1. Then listen and check.

Queen Victoria came to the throne in 1837. She was just 18 years old, and she was to rule for almost 64 years, until 1901. Her reign was a time of peace and prosperity for many of her .... , but not for everyone. Between 1840 and 1901, for example, the population of England, Wales and Scotland rose rapidly as those regions experienced a second wave of industrialisation; but Ireland's population decreased sharply, because of the Great .... (1846-1851) that killed about 1 million people and forced other 2 million people to emigrate in search of a better life.

In 1848 many European monarchies were .... by revolutions. There was serious discontent in Britain as well, but the government avoided revolution through compromise: political reforms satisfied the .... , but didn't improve the life of the ....

In 1876 Victoria became Empress of India. During her reign the British Empire achieved its greatest expansion.

▲ **A portrait of Queen Victoria in 1859**, by Franz Xaver Winterhalter. Royal Collection.

3. Check your comprehension

Tick the correct answer.

a. When did Victoria come to the throne?
☐ In 1837.
☐ In 1840.
☐ In 1848.

b. Where did she become empress?
☐ In 1837.
☐ In 1876.
☐ In 1901.

4. Historians at work

Decide if the following statements are true (T) or false (F).

a. The Great Famine struck Scotland and Wales. T F

b. In 1848 the British monarchy was toppled by revolution. T F

c. England experienced industrial growth during Victorian Age. T F

d. The British Empire was bigger than ever during Victorian Age. T F

CITTADINANZA e COSTITUZIONE

Unità 4 L'età delle rivoluzioni liberali e nazionali

La Costituzione della Repubblica italiana

Ieri e oggi

L'Italia non è sempre stata una repubblica. Per buona parte della sua storia di Stato indipendente fu una monarchia: il **regno d'Italia**, che nacque nel 1861 ed ebbe come primo re Vittorio Emanuele II [→ cap. 14 par. 5].

La prima costituzione dell'Italia unita fu lo **Statuto Albertino**, promulgato da Carlo Alberto di Savoia nel 1848 per il regno di Sardegna e poi esteso a tutto il territorio nazionale. Lo Statuto Albertino rimase in vigore per cent'anni, fino al 1948, quando fu sostituito dalla **Costituzione della Repubblica italiana**.

Fra lo Statuto Albertino e la Costituzione della Repubblica esistono profonde e sostanziali differenze, che non si limitano alla definizione della forma di governo (che è **monarchica** nello Statuto e **repubblicana** nell'attuale Costituzione italiana).

Una differenza fondamentale sta nel fatto che lo Statuto era una "concessione" del re, una sorta di dono dovuto alla sua benevolenza e rivolto a una popolazione composta di **sudditi**, sottoposti al potere sovrano e tenuti all'obbedienza. La **sovranità**, infatti, apparteneva totalmente al re, che era capo dello Stato per carica ereditaria, comandante supremo delle forze armate e capo del governo (deteneva cioè il potere esecutivo). Egli partecipava inoltre del potere legislativo, creando le leggi insieme al parlamento e nominando i senatori, che restavano in carica per tutta la vita. Il potere giudiziario spettava alla magistratura, ma anche i magistrati erano nominati direttamente dal re. Nel Regno, inoltre, si votava a **suffragio ristretto**: ciò significa che il diritto di voto era riservato solo ai maschi adulti, dotati di una certa cultura e di un determinato livello di ricchezza.

Foto G. Morara/Shutterstock.

Al contrario dello Statuto Albertino, espressione della volontà del re, la **Costituzione della Repubblica italiana** si può considerare l'espressione della volontà di tutto un popolo, che non è più composto da sudditi ma da liberi **cittadini**, dotati di diritti e di doveri.

Essi esprimono la propria volontà eleggendo liberamente i propri rappresentanti politici e affidando loro il compito di tradurre in concreti interventi legislativi i propri bisogni, le proprie idee, le proprie aspirazioni.

Com'è nata la nostra Costituzione

Il 2 giugno 1946, appena usciti dalla seconda guerra mondiale, i cittadini italiani scelsero tramite un referendum la forma repubblicana di governo. Contemporaneamente elessero un'**Assemblea costituente**, che ebbe il compito di scrivere il testo di una nuova Costituzione per la nascente **Repubblica italiana**. Le votazioni si svolsero a **suffragio universale**: per la prima volta votarono anche le donne e non furono posti limiti di cultura o di censo (cioè di ricchezza).

Il testo della Costituzione fu messo a punto da un ristretto gruppo di parlamentari, scelti fra i rappresentanti più prestigiosi di tutti i partiti democratici e antifascisti. Passò poi alla discussione dell'intera Assemblea di 556 membri, che lo approvò, prima articolo per articolo, poi complessivamente. La votazione finale si tenne nel dicembre 1947, e il **1° gennaio del 1948** la Costituzione repubblicana **entrò in vigore**, cioè cominciò ad avere efficacia.

Com'è fatta la Costituzione

Il testo della Costituzione è suddiviso in tre parti: una premessa che contiene i **Princìpi fondamentali** su cui si fonda il nostro sistema politico e sociale (articoli 1-12) e due parti dedicate ai **Diritti e doveri dei cittadini** (articoli 13-54) e all'**Ordinamento della repubblica** (articoli 55-139).

Concludono il testo costituzionale 18 **Disposizioni transitorie e finali**, che servirono a regolare il passaggio dalla monarchia alla repubblica e dal fascismo allo Stato democratico.

Un articolo della Costituzione prescrive che la forma repubblicana dello Stato non possa essere messa in discussione. Tuttavia il testo costituzionale non è immutabile. La Costituzione ammette che anche leggi costituzionali possano essere modificate, benché a particolari condizioni, stabilite dall'articolo 138.

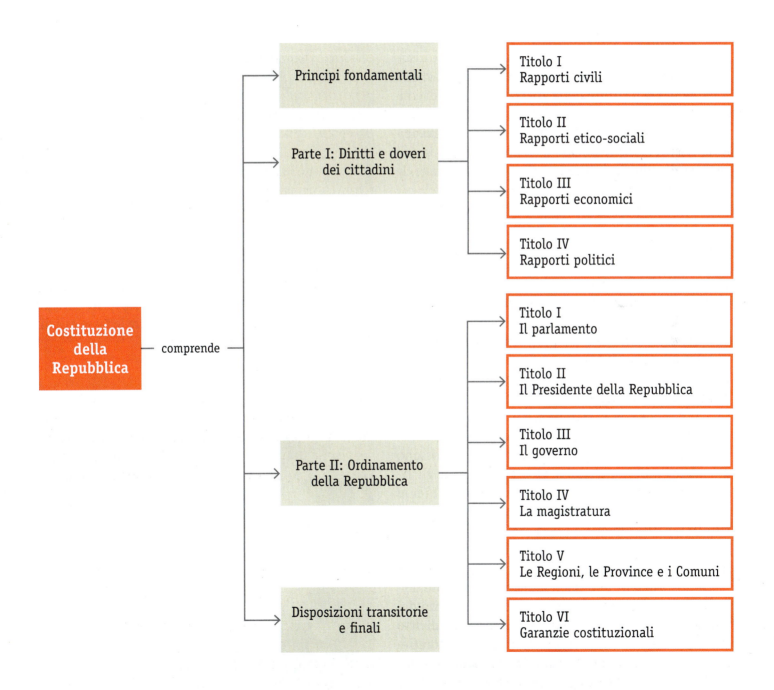

Princìpi fondamentali

I Princìpi fondamentali fissano innanzitutto la **forma dello Stato** (repubblica democratica), il principio della **sovranità popolare** (la sovranità appartiene al popolo) e il fondamentale ruolo del **lavoro** nella vita della Repubblica italiana.

La Costituzione afferma che tutti i cittadini, uomini e donne, hanno **uguali diritti** qualunque sia la loro condizione sociale, culturale o economica, e sollecita i governi a rimuovere le condizioni che sono di ostacolo a una reale uguaglianza; riconosce piena **libertà religiosa** a tutte le confessioni; impegna lo Stato a promuovere lo **sviluppo culturale, scientifico e tecnologico** (scuola, cultura, ricerca sono le basi su cui si costruisce il futuro delle nuove generazioni e del Paese); proclama solennemente il **rifiuto della guerra** per motivi di conquista e come strumento di offesa.

Pur stabilendo che la Repubblica è una e indivisibile, la Costituzione riconosce un'ampia autonomia agli **enti locali**, come i Comuni, le Città Metropolitane, le Province e le Regioni.

Diritti e doveri dei cittadini

In questa prima parte la Costituzione garantisce l'**inviolabilità delle libertà personali**. Nessun cittadino può essere arrestato o perquisito arbitrariamente (come accadeva in Età moderna e come accade anche oggi nei Paesi sottoposti a regimi dittatoriali); nessuno può introdursi nell'abitazione altrui, se non è autorizzato. Tutti i cittadini possono manifestare e sostenere pubblicamente le proprie opinioni non solo con la parola, ma anche con la stampa o tramite un qualunque altro mezzo di comunicazione di massa, come la radio, la televisione, gli strumenti telematici. Tutti possono difendere i propri interessi in giudizio mediante gli avvocati (e lo Stato deve garantire un avvocato a chi non è in grado di procurarsene uno). Tutti hanno **diritto di riunirsi**, pacificamente e senza armi, e di formare associazioni: sono vietate solo le associazioni segrete e le formazioni paramilitari.

La Costituzione afferma il fondamentale **ruolo della famiglia** e stabilisce la sostanziale **uguaglianza dei coniugi** nel matrimonio; definisce la **salute un diritto fondamentale** dell'individuo e si impegna a garantire cure gratuite ai **poveri**; tutela i **diritti dei lavoratori**, uomini e donne. Riconosce la **proprietà privata**, pone però limiti alla proprietà terriera per evitare il fenomeno del latifondismo.

Un'ultima sezione di questa parte si intitola **Rapporti politici**. In essa vengono stabiliti il diritto di votare e di essere eletti, di associarsi in partiti, di ricoprire cariche pubbliche, ma anche il dovere di pagare le tasse e di difendere la patria.

CITTADINANZA e COSTITUZIONE

La Costituzione della Repubblica italiana

Ordinamento della Repubblica

Questa seconda parte della Costituzione è la più ampia e tratta temi della massima importanza per garantire il buon funzionamento dello Stato e il corretto rapporto fra i vari poteri statali. La Costituzione distingue infatti fra il potere di fare le leggi (o **potere legislativo**), il potere di farle eseguire (o **potere esecutivo**), il potere di giudicare se le leggi sono o no rispettate (**potere giudiziario**). Il primo potere è assegnato al parlamento, il secondo al governo, il terzo alla magistratura, cioè ai giudici. Infatti, nei moderni Stati democratici il potere viene suddiviso per evitare che qualche persona o qualche organismo ne abbia troppo e possa approfittarne.

La Costituzione prevede che il parlamento, cioè l'organo legislativo, sia **bicamerale** cioè composto da due assemblee (o camere): il **Senato della Repubblica**, formato da 315 membri più alcuni senatori a vita nominati dal capo dello Stato per meriti particolari, e la **Camera dei deputati**, formata da 630 membri. Il parlamento è eletto dai cittadini e rimane in carica per cinque anni.

Il **governo**, cioè l'organo esecutivo, è formato dal **presidente del Consiglio dei ministri** (nominato dal presidente della Repubblica e chiamato anche primo ministro o premier) e dai ministri da lui proposti e nominati dal capo dello Stato.

Il capo dello Stato è il **presidente della Repubblica**, che deve essere eletto dal parlamento a camere unite e resta in carica sette anni. Il presidente della Repubblica è il rappresentante dell'unità nazionale e ha il compito di vigilare perché vengano sempre rispettati i princìpi democratici della Costituzione.

Inoltre il sistema politico italiano prevede anche un organo apposito, la **Corte costituzionale** o Consulta, che garantisce i cittadini contro abusi di potere e contro leggi che contrastino con le norme della Costituzione.

CONOSCO LA REALTÀ SOCIALE

1. Stabilisci, mettendo le crocette, se le caratteristiche elencate appartengono allo Statuto Albertino o alla Costituzione italiana in vigore.

Chi voleva...	Statuto Albertino	Costituzione italiana
Forma di governo repubblicana		
Sovranità al re		
Potere esecutivo al governo		
Testo costituzionale espressione della volontà popolare		
Forma di governo monarchica		
Suffragio ristretto		
Sovranità al popolo		
Testo costituzionale "concesso dall'alto"		
Suffragio universale		
Potere esecutivo al re		

2. In quale parte della Costituzione, sotto quale titolo cercheresti notizie:
   - sulla famiglia? ....
   - sul diritto di voto? ....
   - sui partiti politici? ....
   - sui poteri del capo dello Stato? ....
   - sui poteri del presidente del Consiglio dei ministri? ....

3. Come si chiama l'attuale presidente della Repubblica Italiana? ....

4. E l'attuale presidente del Consiglio dei ministri? ....

Prova Invalsi

Lo storico inglese Denis Mack Smith, narrando la storia della spedizione dei Mille nella sua opera *Garibaldi, una grande vita in breve*, descrive i rapporti di Garibaldi con i suoi soldati, con i contadini siciliani, con i proprietari terrieri, e arricchisce la narrazione di particolari curiosi.

Garibaldi in Sicilia

Il successo della spedizione dei Mille aveva moltiplicato il numero dei volontari. A parte i siciliani, c'era un contingente straniero composto per lo più di ungheresi e francesi, e a distanza di poche settimane l'una dall'altra arrivano per mare dal Nord altre spedizioni. Un corrispondente di giornale straniero giudicò che in breve s'era giunti a diecimila soldati di prim'ordine, la cui disciplina e assuefazione al combattimento miglioravano ogni giorno, capaci di marciare per trenta miglia al giorno con poco cibo. Un esercito così raccogliticcio conteneva per forza alcuni elementi indegni; ma il comandante inglese Forbes lo stimava assai superiore alla media: «Per sobrietà e buona condotta generale, questa formazione indisciplinata superava di gran lunga qualsiasi truppa regolare». Garibaldi fucilava senza pietà la gente anche soltanto se rubava uva, con la stessa facilità con cui li avrebbe fucilati alla presenza del nemico per diserzione.

Anche in fatto di vestiario continuava a esserci la più grande varietà; alcuni ufficiali non permettevano la camicia rossa, sostenendo a ragione che era un buon bersaglio e che rivelava la loro consistenza. L'eccentrica contessa Della Torre era arrivata in stivali e speroni, con tunica bianca intrecciata alla ussara e in più un cappello spagnolo piumato e una spada che cigolava sinistramente al cammino. [...] Mentre [Dumas*] seguiva eccitatissimo gli eventi per conto d'un giornale parigino, il suo lussuoso panfilo, ben fornito di champagne e adorno di un'altra dama esotica che si divertiva a indossare l'uniforme d'ammiraglio, serviva da fabbrica di camicie rosse.

Nella prima fase Garibaldi aveva approfittato largamente dell'aiuto dei contadini siciliani insorti in vendette primitive e spesso atroci contro i proprietari terrieri e il governo borbonico. Più avanti nell'estate quegli stessi contadini, via via che la loro vita tornava naturalmente al normale corso, prosaico e piatto, intuirono con tristezza e desolazione che dopo tutto Garibaldi non era un riformatore sociale con una soluzione magica per la loro eterna fame e miseria. Al contrario, lo troviamo perfino a reprimere nelle tenute di Nelson a Bronte un movimento «comunistico» che impediva il progresso militare. I contadini non erano veramente interessati a una guerra politica, ma solo a una loro guerra sociale che tagliava la politica di traverso; nell'impadronirsi di terra e di bestiame erano però così violenti e turbolenti, che perfino i più reazionari fra i latifondisti giunsero a scorgere nella protezione del dittatore radicale e della sua rivoluzione l'unica speranza di legge e di ordine. Fu un'immensa benché accidentale vittoria per la causa dell'Italia unificata, in quanto dal punto di vista politico i proprietari erano la classe più solida e coerente. La loro graduale e spesso riluttante accettazione dell'insurrezione fu un evento decisivo nella storia italiana.

(Da D. Mack Smith, *Garibaldi. Una grande vita in breve*, Laterza, Roma-Bari 1982.)

---

* Alexandre Dumas padre, romanziere e drammaturgo francese, partecipò come cronista alla spedizione dei Mille, su cui scrisse *I garibaldini: la rivoluzione di Sicilia e di Napoli* (1861).

Unità 4 L'età delle rivoluzioni liberali e nazionali

1. L'esercito di Garibaldi in Sicilia era formato:
- [A] da 10 000 uomini fra siciliani, stranieri e primi volontari.
- [B] da varie migliaia di contadini siciliani.
- [C] da 10 000 uomini fra contadini e tipi poco raccomandabili.
- [D] da circa 1000 volontari.

2. Per quale motivo alcuni ufficiali e soldati non indossavano la camicia rossa?
- [A] Non erano disponibili abbastanza divise per tutti.
- [B] La camicia rossa poteva essere un facile bersaglio.
- [C] Alcuni volevano distinguersi dagli altri garibaldini.
- [D] Alcuni volevano nascondere di essere garibaldini.

3. Qual era la principale conseguenza del successo della spedizione dei Mille, secondo l'autore?
- [A] Molti scrittori e giornalisti erano arrivati in Sicilia.
- [B] Il numero dei volontari era aumentato.
- [C] La fama di Garibaldi cresceva di giorno in giorno.
- [D] Il popolo siciliano parteggiava per Garibaldi.

4. Quale categoria di persone diede man forte a Garibaldi nella prima fase della spedizione?
- [A] I proprietari terrieri.
- [B] L'esercito borbonico.
- [C] I contadini.
- [D] I rivoluzionari.

5. Secondo l'autore, quale idea di Garibaldi si fecero a poco a poco i contadini?
....

6. Perché, dopo un primo momento, il sostegno dei contadini a Garibaldi venne meno? Individua la risposta *scorretta*.
- [A] La guerra politica di Garibaldi non interessava alle masse contadine.
- [B] Il compito di Garibaldi non era quello di ridurre la miseria contadina.
- [C] Per i contadini le campagne militari erano troppo dure e pericolose.
- [D] Garibaldi aveva fatto reprimere alcune violente rivolte contadine.

7. Perché, secondo l'autore, cambia l'atteggiamento dei proprietari nei confronti di Garibaldi?
- [A] I proprietari erano stanchi del governo borbonico.
- [B] I proprietari si auguravano di ottenere nuove terre.
- [C] Volevano essere protetti contro le rivolte contadine.
- [D] Temevano che Garibaldi togliesse loro le proprietà.

8. Quale fatto, secondo l'autore, favorì la riuscita della spedizione dei Mille?
- [A] Il sostegno dell'opinione pubblica all'impresa di Garibaldi.
- [B] L'appoggio dei proprietari terrieri all'impresa di Garibaldi.
- [C] L'organizzazione di un esercito efficiente e disciplinato.
- [D] La rinuncia di Garibaldi a difendere i diritti dei contadini.

9. Oltre a eventi storici l'autore narra anche fatti curiosi. Sottolinea nel testo almeno due frasi significative.

Progetto multidisciplinare

 VERIFICO LE MIE COMPETENZE

Le doppie interviste impossibili

L'IDEA

Scienziati, artisti, uomini politici, esploratori, inventori: studiando i secoli compresi fra il Quattrocento e l'Ottocento hai conosciuto tanti personaggi che, pur operando in ambiti diversi, hanno lasciato ciascuno un contributo indelebile nella storia dell'umanità.
Immagina di intervistare, direttamente e in parallelo, due di loro, in una doppia intervista impossibile.

CHE COSA DEVI FARE

Lavorando in coppie o a piccoli gruppi, tu e i tuoi compagni procederete seguendo le istruzioni di questa scaletta.

1. Compilate una lista dei personaggi storici che vi sembrano più significativi e interessanti e di cui si parla in questo volume.
2. Scegliete due personaggi storici, possibilmente entrambi appartenenti a una stessa categoria (per esempio, sovrani o uomini politici, artisti, scienziati e così via).
3. Con l'aiuto dei vostri insegnanti, preparate le domande che porrete a entrambi gli intervistati e le loro risposte. Fate in modo di inserire, nel testo che comporrete, anche informazioni biografiche, approfondimenti legati all'ambito di azione dei due personaggi, curiosità che rendano più vivida la loro "testimonianza".
4. Ricercate immagini dei personaggi per realizzare, eventualmente, dei costumi da utilizzare durante le interviste.
5. Mettete in scena e filmate la vostra intervista: due alunni per ciascun gruppo reciteranno il ruolo degli intervistati, mentre gli altri si occuperanno dell'organizzazione e delle riprese.
6. Presentate il vostro video ai compagni di classe. Potrete anche caricarlo sul sito Internet della scuola.

INDICAZIONI DI LAVORO

Tempo a disposizione e discipline coinvolte

1 ora a scuola per la prima e la seconda fase (Storia)
2 ore a scuola per la ricerca delle informazioni e la stesura dell'articolo
(Storia + Italiano + un'altra materia di riferimento)
2 ore a casa per completare i testi e provare la recitazione
1 ora a scuola per filmare l'intervista
2 ore a scuola per la presentazione degli elaborati

Materiali e strumenti utilizzabili

Libri di testo di Storia, Scienze, Arte e immagine, Musica
Internet
Smartphone o videocamera
Personal computer, software per il montaggio video.